連想法による
道徳授業評価

教育臨床の技法

上薗恒太郎 著

教育出版

は じ め に

　連想法は，授業についての新しい語り方で，子どもの意識に映った授業を描いてみせる。すなわち，子どもの胸中に去来するさまざまな思いを，思いつく言葉を集めて，学びの集団に何が結集したかを，知識，思考，心情などの全体として臨床的に評価する技法である。

　本論は，道徳の時間の評価(assessment)技法として連想法を提案し，道徳授業を子どもの意識において評価して，連想法が有効である旨を述べる。連想法は，連想と情報の結びつきによって生まれた。言葉を思い浮かべることを，言葉を選択する確率として計算する。そして授業は，想起する言葉の変容として評価できる。

　連想法が独創的な評価方法であること，および道徳授業を評価する考えが広がっていないことの2点から，何のために必要かにさかのぼって，第1章と第2章で論じる。第1章では教育学と教育実践の関係から話をはじめ，教育臨床の必要を主張し，第2章で道徳教育における評価について論じる。第3章において連想法を連想研究史に位置づける。第3章第1節で連想思想史および連想心理学研究史と連想法の関係を叙述し，第2節で連想法の考え方について，連想マップを構成する用語について説明する。そのあと連想法を使った例を取り上げ，連想法が有効であると述べる。第4章では，道徳授業の基盤としての学校評価，文化比較，市民教育に連想法が多様に活用できる一端を示し，第5章で道徳授業が連想法を使って学習者の意識において再現され評価されるようすを描き，第6章で道徳遠隔授業について連想法による授業結果を示す。

　連想法そのものは評価の技法であり，提示語から想起する言葉によって人々の意識を視覚的にまた数値によって描き出す。だからその使用は道徳授業評価に限定されず，人の意識の集まるところどこにでも使える。しかし，技法を価値自由だと放置するのではなく，使い方を組み込む考え方を提示する必要があり，歴史や体系の枠組みに位置づける必要がある。技術は，妥当な適用の論があって，人間の営みのよき支えとなる。

　なぜ連想法が欧米で生まれなかったのか，連想を使う構えがあり，情報理論を生み，評価の考えをもつのだが，と考えると，個人に依拠する思考と普遍に向かう志向の故だと思う。連想法の考え方は，個人に対して場を，普遍に対して臨床を主張する。コミュニケーションの場を，すなわち人と人とが関わる集団をとらえる思考は，個人に根ざす発想から生まれず，また個別から普遍に飛ぼうとする思考では，臨床に踏み止まることはなかった。学習や文化形成を含むコミュニケーションの場を臨床として評価する考えは，従来の思考からすると新しい。したがって本論で連想法の新たな位置づけをする必要があった。

　連想法を道徳教育の分野にしぼって論じたのは，筆者の関心からであり，また道徳教育が評価において難しいとされるからである。連想法が知識や考えや情意を含む全体としての意識評価技法として道徳の分野に使えるならば，他の分野にも役立つ。その際，本論で示した連想法の枠組みは，この技法の前提である。例えば，連想法を個人の評価としては用いないとの前提がそうである。個人に解体せずに場において評価する趣旨は，連想法の性質から導出される。また例えば，意識は場に結びついており，いきなり普遍の論へと遊離しないとの前提も，連想法の特異性であり，臨床における使用を想定している。場の意識を評価する技

法としての連想法は，これまでの評価方法からは独自である。

　道徳授業評価に引きつければ，連想法には次の特質がある。
1．連想法によって，道徳授業は１つのまとまりとして評価できる。授業のねらいの方向に学習者の意識が動いたか，考えや思いを広げる授業であったか，一定の方向に意識を集約する授業であったか，発言に現れない思いを明らかにするなど，連想法による評価から見えるところは大きい。
2．連想法によってつくられる連想マップによって意識のありようが視覚的にまた数値として表され，これを見て，授業を参観していなくても論議に参加できる。すなわち，授業の検討が参観に縛られず，時間と場所に限定されずに可能となる。これによって優れた授業を蓄積することも可能になる。
3．連想法による評価に要する時間は短く，容易に使える点も連想法の特質である。調査時間が短く，連想マップに至る処理時間が短く，日常に使える。連想法は教員が，自分のおこなった授業の結果を知り，反省しながら自立して教育を進める道具となる。

　本論の研究スタイルについて言及しておく。本論でおこなった道徳授業は，授業者の工夫によるのはもちろんのこと，筆者が主導して，授業素材，授業展開，発問，授業の場の設定まで踏み込んだ。楽しく深い子どもの思考のためには，授業設計者相互の徹底した論議と理解，ならびに計画の統一性が必要である。その意味で筆者は，ニュートラルな観察者ではなかった。筆者は授業を細部にわたって組織したが，しかし，子どもの前に立つことはなかった。臨床は，臨む者が床にある者ではない。臨床として関わる研究者は，教育の場にともにあるが，授業者や学習者ではない。道徳授業創造に共同して責任を負うが，場に生きる者にとって代わるわけではない，それが臨床研究の構えだと思う。臨床の場において連想法は，全ての臨床者の目となる技法である。

　連想法は多くの共同によってつくりあげられた。発想と骨格は糸山景大教授によって練られ，連想処理プログラムを作成したのは藤木卓教授であり，本論に名前の登場する教員らの努力を得て連想法が授業へともたらされた。連想法は，多くの協力者なしに育たなかった。筆者は，道徳分野への適用，ならびに多くの努力の全体のまとめと，連想の歴史また教育学での位置づけを担った。本論の叙述は筆者の責であるが，幾多の意見のやりとりは，楽しく創造的であった。連想法を担った諸氏に，深甚の謝意を表せざるをえない。

　また時間のかかった本論をお待ちいただいた土戸敏彦教授に深く御礼を申し上げる。待っていただくことは，大きな励ましであった。そして，いち早く連想法の有用性に注目し，お使いいただいた教員の皆さんに，お待たせした御礼を申し上げる。そして教育出版の青木佳之氏にも本論の完成をお待ちいただいたこと，心からお礼申し上げる。

　本論は2010年九州大学の博士論文に手を入れたものであり，また長崎大学の出版助成を受けた。記して感謝申し上げる。

　連想法による道徳授業評価をまとめる営みは，ロンドンの思い出と結びついている。ロンドンで時間を割くことができたからである。

　願わくは，連想法が１つの評価方法として受け入れられ，教育改革の一助となってほしい。また教育分野に限らず，連想法が広範に展開してほしい。

2010年9月

目　　次

はじめに

第1章　教育臨床 …………………………………………………………………… 1
第1節　課題・関係・臨床 ………………………………………………………… 1
1-1-Ⅰ　課題 ―道徳授業への筆者のこれまでの関わり ……………………… 1
1-1-Ⅱ　教育学と道徳教育 ……………………………………………………… 6
第2節　教育学・教育・教育臨床 ………………………………………………… 14
1-2-Ⅰ　教育学と教育の関わり ………………………………………………… 14
1-2-Ⅱ　第二次世界大戦後道徳教育と本論 …………………………………… 19
1-2-Ⅲ　教育臨床にかかわる論議 ……………………………………………… 26

第2章　道徳における評価 ………………………………………………………… 36
第1節　道徳授業における評価 …………………………………………………… 36
2-1-Ⅰ　道徳授業評価への疑問 ………………………………………………… 36
2-1-Ⅱ　行為を評価するか ……………………………………………………… 39
2-1-Ⅲ　道徳的実践力を評価する ……………………………………………… 45
2-1-Ⅳ　道徳判断の評価 ………………………………………………………… 46
2-1-Ⅴ　授業進行チェックから授業評価へ …………………………………… 50
2-1-Ⅵ　道徳授業1単位時間で何をとらえるか ……………………………… 55
第2節　道徳授業の展開と型 ……………………………………………………… 57
2-2-Ⅰ　第二次世界大戦までの道徳と評価 …………………………………… 57
2-2-Ⅱ　第二次世界大戦後の道徳と評価 ……………………………………… 60
2-2-Ⅲ　道徳授業における評価のようす ……………………………………… 76

第3章　連想法の考え方 …………………………………………………………… 91
第1節　連想についての概観 ……………………………………………………… 91
3-1-Ⅰ　教育臨床として語る用語 ……………………………………………… 91
3-1-Ⅱ　連想の歴史的な背景 …………………………………………………… 92
3-1-Ⅲ　実験心理学と深層心理における連想 ………………………………… 95
3-1-Ⅳ　連想基準表 ……………………………………………………………… 97
3-1-Ⅴ　連想のメカニズム概観 ………………………………………………… 100
3-1-Ⅵ　子どもの連想 …………………………………………………………… 102
3-1-Ⅶ　子どもの連想基準と臨床の場の技法 ………………………………… 105
3-1-Ⅷ　連想は動く ……………………………………………………………… 110

v

	3-1-Ⅸ	動く連想を意味によってつなぎとめる	111
	3-1-Ⅹ	意味のつながりによる評価	115
	3-1-Ⅺ	連想の安定性	117

第2節　連想法による授業評価の考え方　120

	3-2-Ⅰ	連想マップを構成する基本的な考え方	120
	3-2-Ⅱ	連想マップを構成する基本的な量	125
	3-2-Ⅲ	回答者数と連想諸量の関係	130
	3-2-Ⅳ	連想時間と連想諸量の関係	132
	3-2-Ⅴ	提示語〈死ぬ〉による連想時間と回答語種の関係	133
	3-2-Ⅵ	連想による回答語と質問紙票による回答語	141

第4章　道徳授業の基盤への連想法の多様な活用　147

第1節　連想調査による子どもが感じた学校評価　147

	4-1-Ⅰ	情意の測定	147
	4-1-Ⅱ	調査と視覚化	149
	4-1-Ⅲ	〈学校〉の対連想マップ	149
	4-1-Ⅳ	〈先生〉雰囲気は好きでも暴力は嫌で厳しい	152
	4-1-Ⅴ	〈勉強〉は嫌いだが，表現し，できることは楽しい	154
	4-1-Ⅵ	〈放課後〉は開放感にあふれる	155
	4-1-Ⅶ	〈友だち〉きびしさのない関係	157
	4-1-Ⅷ	本節の終わりに	158

第2節　いじめに関するドイツ，マレーシア，日本の意識比較　158
──連想調査によるオスナブリュック，ペナン，長崎の大学生の調査──

	4-2-Ⅰ	本節のはじめに	159
	4-2-Ⅱ	オスナブリュック，ペナン，長崎におけるいじめの語感と連想	159
	4-2-Ⅲ	長崎における1996年と2002年の〈いじめ〉による連想マップ比較	168
	4-2-Ⅳ	本節の終わりに	170

第3節　市民育成としての知識に基づく道徳上の判断形成　171

	4-3-Ⅰ	知らない	172
	4-3-Ⅱ	日本における教科書の構成	175
	4-3-Ⅲ	冗長性を	177

第5章　連想法による道徳授業評価　181

第1節　日常の道徳授業の評価　181

	5-1-Ⅰ	家族をテーマにした日常の道徳授業	181
	5-1-Ⅱ	授業2「手品師」	185
	5-1-Ⅲ	授業1，2と連想法による評価　－道徳教育における理解－	188
	5-1-Ⅳ	指導の違いによる授業（揺さぶりのある授業）	195

	5-1-V 授業5：再びいのちの授業	203
	5-1-Ⅵ 5つの授業全体として	205
第2節	ゲーム感覚の，またゲスト・ティーチャーを招いた道徳授業の評価	206
	5-2-Ⅰ ゲーム感覚の授業〈あき缶〉	206
	5-2-Ⅱ ゲスト・ティーチャーを招いての授業	208
	5-2-Ⅲ 子どもの意識変容をとらえる	214
第3節	グループ・エンカウンターとつなげた道徳授業	214
	5-3-Ⅰ 子どもの関わり	214
	5-3-Ⅱ 授業の全体構成	216
	5-3-Ⅲ 結果の考察〈友だち〉〈自分〉	219
	5-3-Ⅳ 本節のまとめとして	225

第6章 道徳遠隔授業の授業評価　227

第1節　郷土を見つめる道徳遠隔授業の構成　227
- 6-1-Ⅰ 郷土を見つめる道徳遠隔授業の構成　227
- 6-1-Ⅱ 共同の学びを組み込んだ遠隔授業　230
- 6-1-Ⅲ 道徳遠隔授業　234
- 6-1-Ⅳ 子どもの感想による授業評価　241

第2節　多地点接続による道徳授業　243
- 6-2-Ⅰ 生活の素材で自己をふりかえるしかけ　243
- 6-2-Ⅱ 多地点接続による道徳遠隔授業の概要　244
- 6-2-Ⅲ 連想調査で見る，赤米でつなぐ道徳遠隔授業　245
- 6-2-Ⅳ 多地点接続による道徳授業の意義　254
- 6-2-Ⅴ 多地点接続による道徳遠隔授業の終わりに　257

第3節　いのちへの思いを育てる道徳遠隔授業　258
- 6-3-Ⅰ 死を取り上げて遠隔で話し合う授業　258
- 6-3-Ⅱ 質問項目による子どもの授業評価　261
- 6-3-Ⅲ 連想調査による子どもの意識の動き　263
- 6-3-Ⅳ 〈いのち〉の授業として　266
- 6-3-Ⅴ 〈自分〉の育成　266
- 6-3-Ⅵ 本節の結語　272

終わりに　273

註　276

引用文献　286

索引　297

第1章　教育臨床

　連想法が新しい評価方法であることから，何のために新しい評価方法が必要かから話を始める。連想法が何のために必要かの直截な答は，道徳授業を評価するためにであるが，教育臨床の場を構成する教育学の努力の一環としてというのがもう1つの答である。教育学が課題を共有して教育に関わる場を，教育臨床と呼んでおく。教育臨床には，授業という学校教育の基本の単位であり営みを含む。学校教育は授業の場を基本とする子どもへの意図的な関わりであるから，教育臨床は授業を含んで当然である。個人の問題に焦点化するだけが臨床ではない。とくに道徳教育の場合，授業が，課題に向かう場として構成されるべきである。そして授業評価は，授業が全体として子どもの意識にもたらした結果によっておこなわれるべきである。

　第1章の背景には，連想法による道徳授業評価を支える考え方として，1．授業の場を評価する技法が求められること，2．子どもの意識に何が起こったかによって評価がおこなわれること，3．知識，考え，心情を含む全体の評価が，とくに道徳教育において必要であること，4．課題に応じて教育臨床として構成された授業が，道徳の時間において要請されること，がある。

　第1章は本論を，教育と教育学の関わり，道徳教育に関する論議，また教育臨床に関わる論議に，位置づける役割を果たす。論述の流れとしては，道徳授業への筆者のこれまでの関わりを通じて用語について述べ，教育学と道徳教育がこれまで近代的個人と普遍性志向に依拠してきたが，本論では集団における関わりをとらえ，コミュニケーションの場において，課題へと向かう教育臨床を設定すべきであると主張する。論述はさらにこれまでの教育学理論における教育学と教育の関係をふりかえって教育臨床を位置づけ，日本における戦後道徳教育の出発点からの論議に本論を位置づけ，本論の評価がアセスメントであること，教育臨床に関わる教育学の論議ならびに関連した論議を見る。

第1節　課題・関係・臨床

1-1-I　課題 ―道徳授業への筆者のこれまでの関わり

　筆者は，これまでも道徳の時間に関わってきた。道徳資料の可能性を広げる『民話による道徳授業論』(1992年)を出して赤ずきんなど物語の背景を探りながら，地域の民話を道徳授業素材として用いて複数価値をあつかう道徳授業を提唱し，また死の教育と道徳授業を結んだ。民話を使うのは，人々が伝えた物語に力があるからである。文化は人々のなかにあって誕生や死について物語るが，その語りは必ずしも事実ではない。力の源泉はリアリティであり，人々の関心と課題に応えたフィクションがリアリティをもって響く。個人の経験だけが，リアリティの源泉ではない。筆者はさらに『子どものあり方生き方を支える新しい道徳資料集　九州パイロット版』(2003年)で地域に根ざし，時代の課題に応える，カウンセリング道徳資料，ゲーム感覚の資料，職場体験をあつかった資料，老いを人のあり方として語る資料，また郷土資料を開発してきた。取り上げたのは，時代を呼吸する子どもの課題である。

　こうして教育の場に関わるなかで，それぞれの地域がかかえる課題があり，それぞれの子どもがかかえる課題があることが見えてくる。課題は個

別であり，子ども，教室，学校，地域，文化圏などによってそれぞれであるが，5つの例を挙げておく。

1. 離島や山間部の少人数学校にありがちな考え方の多様性の少なさをどう克服するかに，教員は子どもの発達と将来を考えて心を砕いている。子どもの考え方の視野を広げることが，こうした地域の課題になる。この個別地域の課題は，見方を変えれば，少人数教育をおこなう今後の日本の教育が考えておくべき課題である。また多様性の薄さは，世界のなかの島国である日本の課題である。

2. 成長への励まし，すなわちこの世は生きるに値すると子どもに伝えることは，教科の目的でもあり，道徳の時間において語る場を設定できるメッセージである。大きくなること，生への励ましは，大人にはもはや必要ではなくても，子どもにとっては切実な願いであり，今日の子どもの多くが支援を必要としている課題である。生への励ましをメッセージとして送る授業が設定されるべきある[1-1]。

3. 不登校やいじめなどとして現れる問題，子どもが学校との関係においてかかえ込む問題は，個人において現れた教育の危機である。個人がかかえる限り，個人に向かって応答する必要があるが，また幾多の子どもが死に至っているのだから，学校教育の歪みとして学校を変革する必要のある課題である。

4. 危機が，痛手，喪失，障がいとして，生の営みにおいて出現することがある。危機は，事物や考えに専心[1-2]しているときに，行く手をふさぐものとして立ち現れることもある。事物や考えに専心しての危機は，生の営みの危機とは別に見えるが，専心して己を賭けている者にとっては，自分の危機である。行き詰まるとき，課題が生じる。行き詰まりに陥った者をケアすること，あるいはその課題をともに引き受けてケアする対応も，道徳の課題を含むところで

は道徳において取りあげるべき課題になる。そしてこうした危機への応答は，個人に限らず，集団においても課題として立ち現れる。集団の道徳上の危機が存在するし，人類という集団にとって解決を迫られる課題がある。

5. 時に応じた課題がある。死について世間が騒いで子どもの関心が惹起されているときに，死を取り上げ，子どもに耳を傾け，語ることは，子どもの必要に沿うことである。道徳教育の課題は，子どものあり方，地域，時に応じて生まれ，子どもの意識の方向を見てとる教員に応答を迫り，専門の見識を求め，関係者の共同を要請する。1つの場における課題は個別に非連続に生じうるが，共通の広がりをもつ課題でもありうる。

具体的に課題の例を示す。図1−1は連想法によって得られた連想マップで，長崎県の2つの市の14歳の〈自分〉認識を示している。連想マップによって，1つの町，1つの学校，1つの学年あるいは1つの学級の状況を示すこともできるが，ここでは全体の傾向としてまとめてある。

連想マップ（図1−1）の右にあるカテゴリからわかるのは，自分に否定的な言葉を発している子どもが人数比にして110.5％あり，肯定的な言葉が80.7％とカテゴリ《否定的》に比べて少ない。子どもが自分を意識する言葉として，自己否定が上回っている。14歳の子どもの自己肯定感の薄さは，S市，G市それぞれに分けても変わらない。

同じ調査の年齢段階で見ると，小学校中学年では，自己肯定感が上回っている。年齢が上がると自分に否定的になるということは，学校教育を長く受けるほどに，自分に肯定的になるわけではないことになる。学校教育の根本に，何かができるようになること，この世界で生きることを引き受けること，生の楽しさへの励まし，があるはずだと考えるとき，学校は役割を果たしていないと子どもの自己意識は語っている。

回答語で見ると，子どもは自分を「人間」(人数比13.9%)であると意識する次には，自分を「バカ」(人数比12.3%)と想起している。この意識の現実は，座視できない。

子どもの自己肯定感の薄さに驚いた１人に池田芳和がいる。東京都港区の小学校６年生の自己肯定感の薄さに，「この改善から手をつけなければ『学校の信頼』が得られないと思った」(池田芳和，2008，p.45)と書く。

小松郁夫がいうように「教育サービスの提供(学校や行政―小松郁夫による括弧書)より受容者(『顧客』―小松郁夫による括弧書)を優先する改革」(小松郁夫，2007，p.15)のためには，公教育に長く付き合えば自分を「バカ」だと思う事態は，何より改善されるべきである。子どもの自己肯定感の低さは，

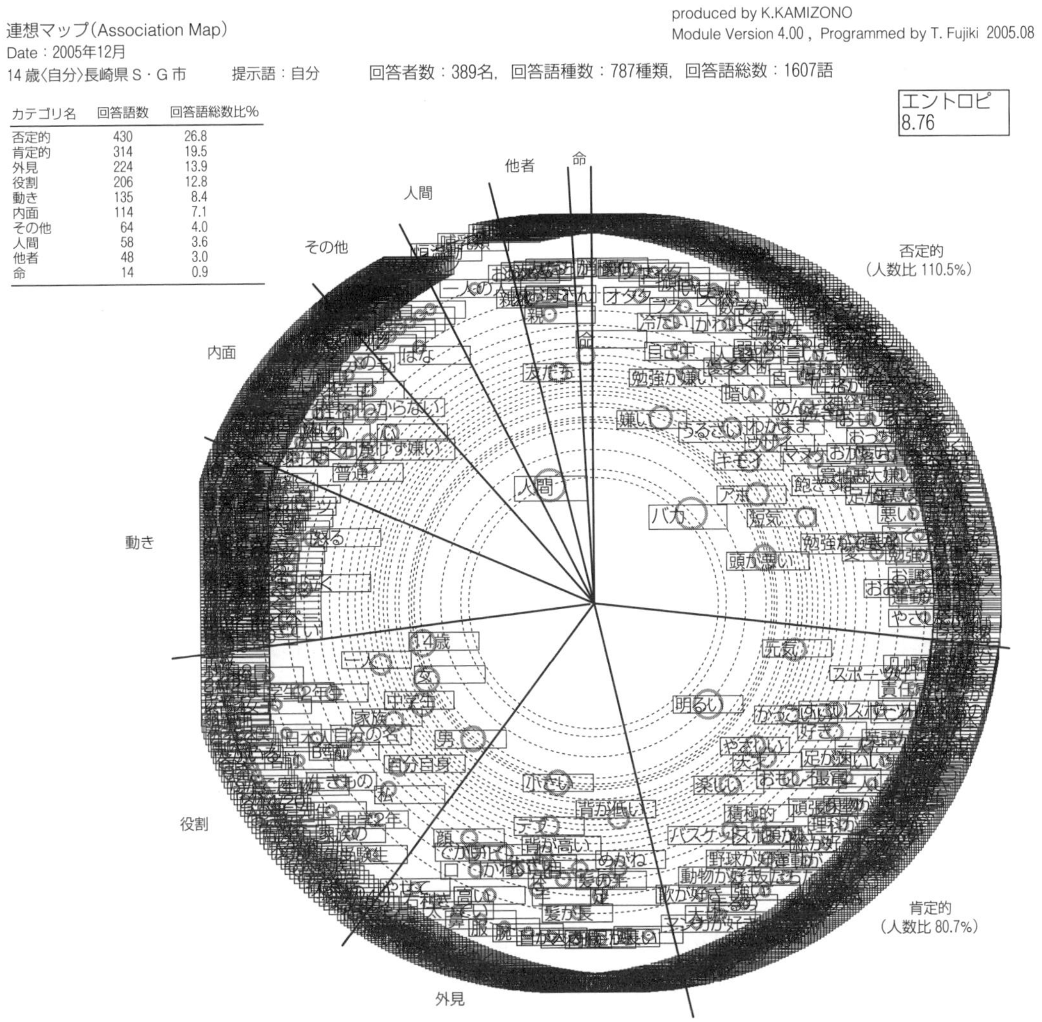
連想マップ(Association Map)
Date：2005年12月
14歳〈自分〉長崎県Ｓ・Ｇ市　提示語：自分　回答者数：389名，回答語種数：787種類，回答語総数：1607語
produced by K.KAMIZONO
Module Version 4.00，Programmed by T. Fujiki 2005.08
エントロピ
8.76
カテゴリ名　回答語数　回答語総数比%
否定的　430　26.8
肯定的　314　19.5
外見　224　13.9
役割　206　12.8
動き　135　8.4
内面　114　7.1
その他　64　4.0
人間　58　3.6
他者　48　3.0
命　14　0.9
命
他者
人間
その他
否定的
(人数比 110.5%)
内面
動き
役割
肯定的
(人数比 80.7%)
外見
人間
バカ

図１－１　14歳が意識する〈自分〉

(2005年10月から12月，長崎県Ｓ市・Ｇ市において計11校を無作為抽出。有効回答率90.9%。有効回答389名の連想法による連想マップ。提示語〈自分〉から思いつく言葉をできるだけたくさん書いてもらう単一提示語による自由連想。数の多い回答語ほど全体の中心に位置する。最外周は１人１語の回答語。カテゴリは右上から時計回りに多い順に並ぶ，また左上にまとめてカテゴリ表を示してある。)

何のために学校に行くのか，学校の存在意義を揺るがす課題である。子どもの意識状況や学校の雰囲気を規定するのは，学校現場の努力であり学校運営である。子どもの自己肯定感を学校の課題として掲げて地域，家庭，研究機関や教育委員会などと連携し，道徳，特別活動，教科，外国語活動，総合的な学習の時間で学校をあげて取り組む[1-3]ことは，学校を活性化するだろう。子どもの意識状況は，個人の課題であるとともに，教育の課題として共通の広がりをもつ。個別の課題を見いだして教育を改善する運営が，学校の信頼と活性化への道であろう。個人の課題，個別の課題を見いだして取り組む教育は，教育基本法や学習指導要領の文言が指示したり，教育理論が普遍的に指示する実践とは異なりうる。そこで，個別の場における教育を設定するために，教育臨床を主張する必要がある。

　教員は，教室という空間にもち込まれるさまざまな課題をかかえながら，授業において子ども同士の交流を通して，道徳上の意識の高まりをめざしている。授業は，個人意識の寄せ集めではなく，考えや心情の交流によるまとまりを構成し，全体としてかもし出された意識は意味構造をもち，継続する意識生成の場として進行する。ところが教員は，授業が全体として成し遂げたものを論証する手法に乏しい。熱心な教員も，授業研究となると学問風に理解可能な表現形式を求められて，授業での子どもの思考と思いを全体として有効に示せないまま苦しんでいる。道徳授業に関わるほどに，教育関係学会の作法と教育の場のずれが気になった。教員に使える技法[1-4]の開発によって支援し，教育臨床を構成する必要を感じた。

　学校の道徳授業が成果をあげてきたかの検証を欠いたまま，政治上でまたマスコミによって，必要・不要が論じられる。この現状を見るとき，教員の努力が取り上げられていないと思う。道徳教育を大局から論じるさいにも，道徳授業の成果を見る必要がある。道徳教育が語られるさいに，個別の事件が取り上げられる割には，授業の結果は取り上げられない。それは1つには，教育が，政治の文脈において誰もが意見を言える事柄であり，当事者である子どもは語らず，事柄が政治的，ジャーナリスティックにあつかわれて動きがちなためであり，2つには，学校教育が内部の用語によって語られ，学校外の教育論との対話に向かうよりも独自の世界に引きこもる傾向のためであり，3つには，道徳教育に適切な評価方法を教育学が開発してこなかったためである。3つのうち，第2の点で，教育独特の用語が専門家の世界を構成してきた意義がある一方で，外部に対する防衛手段として機能してきた傾きがある。この点では，教育者に説明責任がある。第3の点では，教育学者に努力が求められる。

　道徳教育は教育の核心として，日本のみならずいくつもの国や教育学説において，教育の目的とされる。ところが，道徳に関する評価となると，1．各個人の関心事である，2．多様性を認める必要がある，3．長期間を必要とする，との理由によって，個別の授業評価になじまないと考えられてきた。だが，授業をおこなう以上，おこなった授業の評価は必要である。そして授業の評価は，子ども個人の道徳性を評価する趣旨とは異なる。

　道徳に関する教員の営みの評価は，個人性，多様性，長期性の影のなかに押し止められていた。教員も道徳性は，個人に関する事柄であり，さまざまな考え方があり，長い期間にわたるものとして，ひとまとまりの教育行為によって子どもがどう変わるのか説明する点に熱心ではなかった。教員は，学習指導要領にならべられた大ぶりの価値項目を掲げて授業をこなすことに満足し，1単位時間の教育行為が子どもに何を引き起こしたか説明責任を果たす努力を怠りがちであった。また，適当な評価の技法が用意されなかった。成長と発達に関する評価基準は，個別の教育行為に当てはめるにはおうおうにして大きすぎる。道徳性発達検査は，評価者から見た項目別の印象評価として

意味をもつが，1つの道徳授業の評価としては大ぶりにすぎる。子どもの発言をたどる授業研究は，表明された発言に偏る。いわゆるテストは切り離された個人の知識に偏る。

教科において教員の努力は，いわゆるテストで，1人1人の子どもの知識と技術を，ペーパーテストであれ行為をともなう試験であれ，成果として示せば，おおかたの納得が得られる。いわゆるテストはしかし，切り離された個人を測ろうとする。個人の能力測定では，助け合うことを許されない状況で個人が検証される。テストでは，断絶された個人に帰せられる知識や技術の度合いが計測され，人のつながりをつくる力や検索能力は封印される。人とモノのチームワークを組織しての課題解決能力は，評価されない。切り離された個人を測定するテストによって子どもと学校がランクづけされる圧力は，日本だけでなくヨーロッパにおいても，世界ランキングとしても強い。しかし道徳において，こうしたテストは使いにくい。それは，1．道徳性を知識や技術として切り分けにくいためであり，2．知識や技術の獲得だけでは道徳的な人だとは考えにくいためであり，3．個人の道徳性を授業結果として評価できるか，また許されるか疑問だからであり，4．結果として提出された考えや行為よりも，道徳の時間は理由づけや心情の動きといった過程を重視するからである。道徳に関わる評価には，知識，考え，心情，スキル，行為を含む。漢字習得の場合は例えば漢字で「命」と書ければよく，日常では漢字を使わない，「いのち」とひらがなで書くと主張していい。しかし道徳の場合，知識の獲得と使用で評価が完結せず，心情が動き行為への方向が見いだされていい授業だと評価される。授業で命の大切さはわかったが，日常では別だと主張されては，それでいいとは言えない。そして道徳の場合，知識の獲得，心情のあり方，日常の行為が，一体として人となりに統合されているべきだと要請される。多層にわたって成果が要請され評価されるべきだとなると，道徳授業の評価は無理だという答が簡明である。この一挙に全部をとの重圧を避けるためには，授業では小さく絞ったねらいを掲げて45分または50分で達成可能な範囲に限定するほかないし，また限定する必要がある。1単位時間でできることに授業のねらいを絞ることは，また，授業が何を達成したかを明らかにするために必要である。

道徳教育の場合には，日本の学習指導要領も，道徳授業における子どもの人格評価には慎重である。2008年学習指導要領にも堅持された姿勢，「児童の道徳性については，常にその実態を把握して指導に生かすよう努める必要がある。ただし，道徳の時間に関して数値などによる評価は行わないものとする」(文部科学省，2008a，p.110。また「児童」を「生徒」に変えた同文を中学校学習指導要領，2008b, p.122に掲載)が道徳授業の評価を縛っている。日本の道徳教育が子どもの評価に控えめなのは，道徳授業における道徳性評価の困難ばかりでなく，日本の歴史が背景にある。いわゆる満州事変いらい15年間の戦争へと進んだ道徳と天皇制との結びつきへの反省，修身首位の弊害への反省があり，修身が子どもを戦場に送る梃子になったとの反省から道徳の時間特設が反対の合唱にさらされた歴史がある。これは日本の道徳教育の歴史的背景として，海外における歴史文化宗教上の背景を背負った道徳教育のあり方と同様に，尊重されるべきである[1-5]。

道徳授業に対する要求が広大であり，学習指導要領が消極的だとなると，道徳授業評価は避けて通る傾向にあった。

しかし教員がおこなう教育，公共の活動としての教育は，子どもに何が起こったのか，社会と子どもと自らに説明しながら進む必要がある。すなわち評価を必要とする。教員の行為が正当性をもつのは，適切な評価によって反省しながら進むからである。教員の授業は，適切な評価によって公共の意味と妥当を説明して正当性を得る。

すぐれた授業を成立させてきた教員の努力は，授業が子どもに何をもたらしたかによって語りうるはずであり，子どもと教員の営為の表現に道が開かれるべきである。そのために評価が必要であり，評価技法が必要であり，臨床という学問の場が必要である。知識に止まらず授業の成果を全体として描いてみせる技法は，とくに道徳授業において求められる。道徳授業検証技法の開発は，教育の営みを全体として表現し，教育を健全にするために必要である。

筆者は，道徳資料と授業の可能性を広げようとするほどに，道徳の時間を1つのまとまりとして子どもの意識において評価する必要を感じた。

1-1-Ⅱ 教育学と道徳教育

教育学は日本への導入以来，西欧流の思考を引き受けて展開した。その基盤の1つが近代的個人に依拠する思考であり，もう1つが普遍性志向である。近代的個人思考は，いわば皮膚を境とする個人を，人のつながりから切り離してとらえる。教育学は，19世紀に入ると普遍的な学問であることを主張して学問であるとの認知を得ようとした。普遍性への志向は，教育学に止まらず教育についての諸学が学問として自立するさいに主張してきたやり方である。

1-1-Ⅱ-1 近代的個人

近代的個人は，つながりから切り離され，いわば皮膚を限界としてとらえられてきた。この個人のイメージが当然視されるところに，学校教育の落とし穴があるのではないか。

近代的個人を基盤にする思考として，石黒広昭は学校における「個体能力主義」(石黒広昭，2003，p.105)を指摘している。「学校では個体の能力を改善したり，向上させることが求められる。メインストリームにある科学的心理学も個体の能力をターゲットとして研究を進めている」(石黒広昭，2003，p.105)。「『裸の能力』を想定する個体能力主義は，

『無媒介性』『脱文脈性』『没交渉性』として特徴づけることができる。つまり，それは，人間の活動は何にも媒介されず，知識は脱文脈化され，意味や価値は安定していると捉える活動観，知識観，意味観をとっている」(石黒広昭，2003，p.118)。学習指導要領に記された価値項目を子どもの課題に結びつけることもなく，状況から切り離された教室空間で教え，つながりから切り離した個人を評価するとき，この道徳授業が子どもの生と関わらないのは当然ではないか。

ジョン・ウイルソンは道徳性の評価について"The assessment of Morality"のタイトルで哲学の立場から論じており，結論部分でアセスメントによって埋めきれない広大な中間領域が哲学・心理学を含めた研究と経験の間にあることを指摘して「緊密に組織された研究者のチーム」ワークの必要を語っている(J. Wilson，1973，p.102)。道徳についての評価におけるこれまでの学問と現実との間の空隙を意識している点でJ. ウイルソンは学問の限界を見ていると思う。しかしJ. ウイルソンが道徳性の評価において取りあつかいが難しいタイプとして「自身の一貫した見方が全くないように見える移ろいやすい人」(J. Wilson，1973，p.72)を挙げるとき，評価の難しさが個人に起因すると見ていることになる。質問事項に対して個人として責任ある回答がおこなわれて，妥当な評価がおこなわれるとの前提がある。J. ウイルソンはこの指摘において，評価対象として個人を前提にする点で，心理学および西欧近代個人主義の思考に立っている。

近代的個人の思考に対して，ヴィゴツキーは「子どもは共同のなかではつねに自分一人でやるよりも多くのことをすることができる」「共同のなかでは，子どもは自分一人でする作業のときよりも強力になり，有能になる。かれは，自分が解く知的難問の水準を高く引き上げる」(ヴィゴツキー，柴田義松訳，2006，p.300)という。これは道徳上の思考について述べたものではないが，子どもが1

人で試される場合と共同のなかにあるときでは異なることを示している。ヴィゴツキーはまた「あらゆる高次の精神機能は、子どもの発達において二回あらわれる。最初は、集団的活動・社会的活動として、すなわち、精神間的機能として、二回目には、個人的活動として、子どもの思考内部の方法として、精神内的機能としてあらわれる」（ヴィゴツキー、柴田義松訳、1962、p.270。ヴィゴツキーによる強調を省略、またロシア語概念記述を略す）と定式化する。すると、評価において、つながりのなかにある子どもを、切り離された個人とは別に考えるほうがよいことになる。

教育が子どもの変容と多様性とを関係のなかで組織することであるならば、変容の過程にあり多様なつながりのなかにある子どもからJ.ウイルソンが期待したように移ろわない回答を得ると前提するのは難しい。評価に応じる個人の回答は、さまざまに生起した思いを表す言葉のなかから、他者に向けた言葉を選び、言語操作によって文章化される。教員や質問者に尋ねられての答は、子どもの内にある言葉や、仲間の掟と時としてずれる。安定する回答をする人であっても、選択された答の外に、つぶやきや揺れを含む内言語がある。子どもが地域や学校や子ども仲間など多様な関わりの場で生活し、感じ、考える以上、多様な価値意識が交錯するなかから語ることを考慮すべきである。

ヴィゴツキーについて小林芳和が言うように「いわば人間の心理機能というものが、個人内において存在するのではなく、その起源からしても社会・歴史的産物として発生し、発展してきたものだとして定式化する方向を認めることができ」（小林芳和、2003、p.219）るのであれば、社会・歴史的に生み出されたものを、教室という集団の場における学びの過程として再構成し、社会・歴史的に再創造していく授業の方向が見えてくる。少なくとも授業において「『ひとつの正確で理想的な解釈』…のモデルと現実の子どもの理解のギャップを埋めるための教授活動」（小林芳和、2003、p.240）が授業の全てではない。とくに道徳上の価値を扱うことは、社会・歴史的に生み出されたものを、人のつながりにおいて意味あるものとして再構築する活動を通じて、再び社会・歴史的なものにする活動であろう。道徳は、人のつながりに関わる。

石黒広昭が言うように「本来人間に関わる『問題』はまず関係の歪みとして理解されるべきである」[1-6]（石黒広昭、2003、pp.105-6）ならば、課題は、個人に切り離されて存在するわけではない。考えるべきは、近代的個人を前提とした評価のあり方も関係する1つとして、教育における課題を生起させていたのではないかという点である。教育における評価は教育の一環としておこなわれるのだから、評価にも責任がある。1人1人を大切にする趣旨は、切り離された個人を能力と見なして測定することではない。

近代的個人を規定してきた3つの枠組み、1．西欧近代個人主義の前提、2．諸学問における近代的個人の前提、3．学校の個体能力主義の前提からすると、道徳において、道徳性の内面化された個人を前提に評価が考えられたことに不思議はない。しかし、道徳授業に、近代的個人という前提を当てはめるには、ずれがある。1つは、子どもは共同で、考え、判断し、感情をいだく点。すなわち教室の場は、切り離された1人ずつではなく、まとまりとして機能することによって授業が成立している。言いかえれば、教員は、1人1人を視野にとらえているけれども教室という場のなかにある1人としてとらえており、教員の努力はいかなる学級集団をつくるかに向けられている。2つには、子どもの成長は他者との影響関係における意識形成の過程である点、子ども集団が子どもの成長を支えている点である。すなわち子ども集団のなかで1人がどのように受容されるかを抜きにして子どもの自己形成を語ることはできない。道徳は、関わりから切り離されて自存する能力と

して育成され発揮されるのではないだろう。すると，関係のなかで子どもを理解するほうが，子どもにとっての意識状況を反映することになる。3つには，他者やコミュニティが子どもを支え，それぞれの文化の特質に応じて，子どもの意識の視野に規範として関わる点。子どもは教員から，コミュニティの一員として宗教，言語，民族，地域，文化様式の共通性を基礎にした共同を奨励される点である。例えば日本の教員が思いやり意識を強調するのは日本の文化様式を伝えたいのだろう。

　子どもの日常を見て子どもの課題を取り上げる道徳授業において，子どもの多様なつぶやきを共同の意味へと授業過程に乗せることが，授業の醍醐味であろう。すぐれた教師は，つぶやきやわだかまりを拾い上げて授業に乗せる。子どもは関わりの影響関係のなかにあり，地域社会にあって，また学校がつくる諸関係のなかに生きている。人と人とのつながり，物を介在したつながり，また自然とのつながりなど，多様なつながりの網の目にあって道徳が意味をもち，意味は，どのような意味として意識するかに依存する。どのような意味なのか，さまざまな考えが個人のなかで，グループとして，交錯する場に視点を浮き彫りにするところに授業を仕組む意義がある。すると，授業評価も教室に広がる多様な思いをすくい上げ，意識の動きをとらえるようにする必要がある。

　山下栄一は，「教育を"教師から児童・生徒への教えこみの過程"としてとらえる教育観の基底には，児童・生徒をアトム化した個人としとらえてしまう，現代に広くゆきわたった個人主義的人間観が横たわっている。行動主義的心理学の示す人間像はそれに拍車をかけるものでしかなかった」(山下栄一，1981，p.252)との問題意識を示し，授業がおこなわれている現実について，「教師の体験する現実とは，何よりもまず教師と子どもたち相互がつくり出すきわめて錯綜したダイナミックな交わりの状況そのものだというべきではないのか」(山下栄一，1981，p.241)と述べる。

　中田基昭は，教室の子ども集団のあり方について「特に一斉授業においては，単に知識や認識方法が伝達されるだけではなく，多数の人間が共通の事柄や課題に向かうことによって何かしら独特な生の営みがなされているのではないか」(中田基昭，1993，p.i)と問い，教室という場が多くの場合「一つの所与性としての子ども共同体」(中田基昭，1997，p.326)だとの考えに至っている。つまり「子ども集団や子ども集団の心的活動が教師にとって一つの所与として現われて」(中田基昭，1997，p.327)おり，そこでは「教師に対する或る子どもの触発がその子どもと共に一つの所与性を形成している他の子どもたちへと伝播する」(中田基昭，1997，p.333)。

　ジュディス・リッチ・ハリスは，子どもは家族のなかにおいてよりもむしろ，子ども集団のなかで社会性を獲得していくと強調する。「集団は子どもたちにとって自然な環境だ」(J. R. ハリス，石田理恵訳，2000，p.439)，「社会化(socialization)は文脈特殊的であり，家庭外での社会化が子ども期と青年期のピア・グループで起こる。集団内と集団間の過程は，2つの部分からなる関係ではなく，文化の伝達ならびに子ども個人の性格の環境による変容との要因である。子ども集団の広範な存在が，社会内と社会の間に見られる両親の行動に大きな違いが見られるのに，なぜ発達は逸脱しないのかを説明する」(J. R. Harris, 1995, p.458)。こうしてJ. R. ハリスは，子ども集団の広範な存在とピア・グループの影響による社会化を主張する集団社会化(group socialization)論を，家庭が責任をもつ子育て論の代替案として提出する。そして「子どもたちは自分に似た人たちで形成される集団と自分を同一視し，その集団の規範を身につける」(J. R. ハリス，石田理恵訳，2000，p.440)，「今日の先進社会では子どもたちが同年齢ばかり同性ばかりの集団を形成できることから，社会化のほとんどはそのような集団内で行われる」(J. R. ハリス，石田理恵訳，2000，p.440)，「もし仲間集団の文化が親の文

化と異なる場合，勝つのは仲間集団の文化と決まっている」(J. R. ハリス，石田理恵訳，2000, p.441) と言う。集団の影響関係において子どもが育つのであれば，学校においても，子ども集団の意識の動きに注目することが自然である。

小浜逸郎は学校で起こることについて「ある現象が目についてきたとき，その実質を担っているのは集団としての生徒なのだ」「生徒集団がその（学校の―引用者註）教育や管理を通して（媒介として）どういう『学校意識』を形成しているか，ということを冷静に分析してみる必要がある」(小浜逸郎, 1987, p.27。強調と括弧書きで，引用者註と記さないものは小浜逸郎による) と言い，子どもを集団において分析する必要を語る。その上で授業において「現在の生徒たちは，〈学校〉的な古い制約にふさわしくない知覚と感覚の質を身につけてきていながら，この古い制約のなかに押しこめられているため，その知覚と感覚をもとにした一種独特な集団性を，制約そのものからは相対的に自立した形でつくりあげている」(小浜逸郎, 1987, p.147) のであり，その集団の質は「きわめて粘着性のある」「ベタつきということばで形容できるような力動的な」(小浜逸郎, 1987, p.147。強調は小浜逸郎)無意識的な志向があるという。子ども集団が学校において「独自な集団性の力学」(小浜逸郎, 1987, p.183)を形づくっているのであれば，教員が教室集団に語る言葉が，どのような反射をもたらすのかを知る方法，評価の技法を求めざるを得ない。

小浜逸郎が挙げる英語の授業例，すなわちheadという単語の教室集団でのとらえ方は，授業が子どもにもった意味として，評価されるべきである。小浜逸郎はいう，「英語の授業で初めてheadという単語を学習した。…おそらく教師が，head，『頭』，と説明したのを，中のひょうきんな誰かがすかさずとらえて，『××だ！』とその子の名を叫び，周囲の笑いをさそいでもしたのだろう。…それからというもの，headという単語がリーダーに出てくるたび，その子はクラスの中で笑いものになった」(小浜逸郎, 1987, p.116)。この例を連想法はとらえることができる。Headの衝撃が学級全体のどれほどの広がりをみせたか，数値で示すことができる。実際，道徳の研究授業で数分間であったが，お化け，の言葉で子どもが盛り上がったことがあった。授業後の研究会では，エピソードにすぎないとの判断であろう，または授業者を傷つけたくないとの判断であろう，また教員の意識が授業のやり方に向きがちなせいであろう，お化けの件は話題にならなかった。しかし連想調査結果を見ると，この授業は子どもにとってお化けの授業として印象に残っていた。子どもにとってお化けの授業であったとわかれば，授業の後どのような対応をするにせよ，放置するとの判断にせよ，教員は対処できる。Headの場合，headと言えばその子を笑う構造の形成に，この英語の授業評価結果を見てすぐに対応することもできる。この対応は学力を測るテストの役割ではない。教育臨床の場に即した評価によって可能である。授業者にとっては小さなエピソードにすぎないとしても，子どもの意識にどのようなはね返りを生じたかを分析する必要がある。

子どもが学校に行くのは，友だちがいるからであることを，本論第4章第1節「連想調査による子どもが感じた学校評価」が明らかにしている。子どもは個人としての勉強のために学校に赴くよりも，友だちゆえに学校に通う。子どもの意識が友だちのいるところにあるのならば，授業の成果を子ども仲間において探ればいい。

道徳がどこで育つのかを考えるとき，評価においても，子どもの集団における意識を取り上げ，教室という場における意識の変容をとらえる必要がある。道徳の時間が互いの関わりによって生起する子どもの意識の織りなす1つのまとまりであるとき，その結果は，関わり合った子どもの意識において理解されることが実態に沿っている。子どもをばらばらにしたこれまでの評価手法で，教員の道徳教育に向けた努力が，すなわち子どもが

仲間とともに考え理解し意欲をもつような全体として成立させようとする道徳の時間が，表現されにくかったのは当然だろう。

授業の過程を通じて意識に湧き上がった子どもの，家庭や地域，コミュニティ，教員や学校，文化の反映を含む意識を，また自分自身との関わりからの応答の両方を，授業の場に生起した言葉の集積としてとらえることができれば，表出されなかった内言語を含めて意識の全体を探ることができるとの思いがあり，そこに連想を評価手法として使う意図がある[1-7]。

1-1-II-2　普遍性志向

学問は専門化とともにそれぞれ独自性を主張して，独自の視点を強調しながら手続きの厳密さによる普遍に走った。視点の独自性が各学問の立場を保証し，手続きの厳密さから結果の普遍性が得られると考えてきた。ここには個別の全体性を失う危険，ならびに場を消す危険の2つがある。

授業のおこなわれる教室は，子どもと教員がつくる独立した1つの場である。場と規定することによって，授業の全体を参加者の意識においてとらえる道が開ける。そのときの，場について規定しておきたい。場は以下の3点で成立する。

1　意識の視野が向けられた時間や空間を，参加者が共にしている。
2　参加者が共にする時間や空間に相対的独立性がある。
3　参加者による密度のあるコミュニケーションが成立し，情報の相互作用がある。

1人で読書をしている場合でも，場は成立しうる。1人の意識が1冊の本に向けられ，本の提供する情報との精神的相互作用が活発におこなわれていると見えて外からはちょっと声をかけるのをためらわせる雰囲気があるとき，そこには1つの場が成立している。読書に集中している場を支えている状況は，地域の図書館での平和で静かな文化的状況であったり，生活の余裕時間をもてる状況であったり，読書に耐える健康な状況であったり，いく層もの状況を読み取ることができる。読書において意識は本とのコミュニケーションに集中して場として独立しているが，ひとたび声をかければ，意識の視野は，本への専心から，声をかけた者を含む外界へと移り広がる。

1人での読書はしかし，2者関係の多様な形の1つであろう。他者が，本の形をとっている。授業は，教員中心に進められる場合，教員と子ども関係を軸として，子ども関係がこれを補う場の形である。子どもの関心によるグループ学習の場合，子ども関係を軸として，教員と子どもの関係が背景にある形の場である。仮想空間を使っての学習では，読書と共通の状況が生まれるが，仮想空間での学習を支えるのは，教員や情報提供者や機器提供者などの意図によって設定された場である。子ども同士の遠隔授業の場合，子どもは相手を意識しながら学習を進める形が生まれる。遠隔授業の相手は，日ごろの仲間とは異なる応答をもたらす鏡の意味をもつ。遠隔の形で小グループを編成すると，小グループの親密さと遠隔による意識の鏡の役割を互いにはたすことができる。遠隔授業においてはとくに場の構成が意図的に設計される。しかし通常の教室も，教員の視野から逃れることの少ない四角い空間と机の配置によって一定時間を区切っておこなう学習の場であり，日常意識にのぼらないとしても，建築構造，子どもの配置，時間編成など，意図によって設計された場である。場の枠組みがどのように構成されるかは，めざす学習にどのような場がふさわしいかによる。場をどのように構成するかは，教員の腐心するところである。

自然科学において場の概念は電磁，重力，電気などの分野で使われるが，ほかにも援用される。心理学においてクルト・レヴィンは，時間経過 dt における x の位置変化を dx/dt としたとき，「もしも我々が行動なる述語を心理学的な場におけるいかなる変化をも尽くすものであるように理

解するならば，物理学における dx/dt と等価なものは，心理学における"行動"なる概念である」（クルト・レヴィン，猪股佐登留訳，1985，p.60）という。さらに行動には，動作，思考，希望，努力，評価，成就などを含むと解説される（クルト・レヴィン，猪股佐登留訳，1985，p.5）。クルト・レヴィンのいう行動は，思考や評価を，希望をも含んで広範である。それならば授業評価における dx/dt と等価なものは，意欲や態度を含む意識の変容と考えていい。それは，後述するように，道徳授業が行為を直接にめざさない日本の道徳授業において，意識の変容と規定しておくことが有効である。

清水博は，客観性に関わって場を規定する。「人間には共有可能な主観的領域があり」そこでは「科学技術を主客非分離的対象に対しても用いることができるのではないか」（清水，2003，p.12），そして「主客非分離性を考慮して主体(自己)の活き（清水によるルビ―引用者註）を入れると，（場所的自己言及によって―清水博による註）場が現れる」（清水博，2003，p.13），「場とは…自分を包んでいる全体的な生命の活きのことである」（清水博，2003，p.13）。場が観察者を含み込んだあり方を表す表現であるならば，授業者や研究者のいる授業のようすを表現するのに適切である。該当研究者あるいは評価者が，自分の働きを切り離して対象を観察する関わり方ではなく，主体としての活動を入れてともにつくりあげる授業においては，場の表現がふさわしい。教室において，授業参観者も，子どもの意識の視野に直接入らないとしても，学習の場を構成している。研究者が，参観者以上に授業に関わるとき，場を構成する主体の1人である。評価もまた，授業に関わっており，授業の1つの要素として場を構成する。例えば，授業者が授業後の評価を意識すること，あるいは子どもが抱く評価に対する雰囲気，好意的に答えよう，適当にすまそうなどを含めて場のありように関わっている。

伊丹敬之は，組織論を展開して場を次のように定義する。「場とは，人々がそこに参加し，意識・無意識のうちに相互に観察し，コミュニケーションを行い，相互に理解し，相互に働きかけ合い，相互に心理的刺激をする，その状況の枠組みのことである」（伊丹敬之，2005，p.42およびp.103）。そして場の基本要素として4つ，アジェンダ（情報は何に関するものか―括弧による説明は伊丹敬之による，以下2項目の括弧も同じ），解釈コード（情報はどう解釈すべきか），情報のキャリー（情報を伝えている媒体），連帯欲求を挙げる。これを援用すると，アジェンダは課題や授業の目標であり，学校文化は特定の解釈コードを形づくっており，典型的な情報媒体は教科書であり，教員は子どもに学級としての連帯感をもたせようと図っている。伊丹敬之の想定する場は，企業の組織運営であるが，学級もまた1つの組織として運営されており，その中核を構成するのが学習の場である。

学習の場は，アジェンダ（議題）があるばかりではなく，方向性がある。国家，地域，そして学校と教員が期待する方向にしたがって学習は組織され，子どものもつ方向，あるいは子どものこだわりによって学ばれる。子どもにとって学級は，自由な自己決定の場ではなく，子どもの意識を超えた意図によって組まれている。同じことは，教員にとっても当てはまる。教員の授業を遂行する意図と離れて，教室の構造，行政上の制約，地域の文化，保護者の思いがあり，そこに教育に関わる状況を明らかにする学問の役割がある。だからこそ，逆に，教員の営みを離れずに，教員と子どもに即して関わる教育臨床を掲げる意味があり，学びの時間・空間を教員と子どもの意識の場と規定する意味がある。

状況の用語について述べておきたい。山下栄一は「教育状況とは，教師がその本来の役割を果たすべくおかれた場，つまり複数の児童・生徒が集まり，そこに教師が加わって教え＝学ぶという営みが展開されている状況をいうのである」（山下栄一，1981，p.243）という。山下栄一は「教師の主体性という視点からとらえていく」（山下栄一，1981，

p.243) というが，本論の場合子どもの意識をとらえようとしており，したがって子どもの生活を構成する全体が状況に含まれる。状況を子どもは自分の意識の視野においてとらえている。教員は教員としての意図において，研究者はその視点から，それぞれ異なりのある視野から状況をとらえ，そして課題を共通に見いだすところから授業が構想される。教員が意識に入れるのは，子どもの発言だけではなく，生活であり，また授業の場であろう。教員は，1人1人の子ども，学校という場，子どもの生活背景を視野に入れながら授業をおこない，地域や時代を考えて授業を展開する。

すると，「教え＝学ぶという営みが展開されている状況」に限定するのは，研究者の視点ではないか。教えることが成立する状況に限定するところに，学問の独自性を意識する教育研究の視点があるのだろう。小林博英はランゲフェルドの状況概念について「広義には政治学，法律学，経済学についてもあてはまる概念であるが，ここではもっと現代の精神医学が問題としているような個人の人格変容や広く人格の形成に直接関係してくる状況をいっていることは明らかである」(小林博英, 1984, p.115) と限定する。しかし，個人の人格変容を軸にその深みと広がりにおいてとらえる視野は必ずしも子どもと教員の意識の視野ではない。教員は授業の場の成立を視野の軸に置いている。状況は，子どもと教員にとって，また教育に関わろうとする研究者にとって，1．意識するとしないとに関わらず，引き受けることを要請されているつながり，人や物や自然を含めたつながりの全体であり，2．異質なもの，異なった理解をもたらす他者との関わりにあって，応答を必要とするつながりの全体であり，3．自らの関わりによって動かすことのできるつながりの全体である。教員と子どもは状況の交錯するなかで，学びの場を構成する。学びは，場として相対的な独立性をもって展開する。

学問として自立しようとする教育諸科学の独自の視点は，状況を見せる切り口の新鮮さや学問としての独自性につながっても，子どもがかかえる状況の全体であるか，また教育として意味のある見方かは別である。一定の視点からいわば病をよく説明できても，子どもの生活を見ない事態がありうるし，子どもの病を意識することが教育としてすぐれているかは別である。教育において全体というとき，5つの複合した様相が含まれている。1つは，子どもとその成長を見通した1人の子どもの全体であり，2つには，つながりのなかにある子ども同士の全体であり，3つには，学校の教育，道徳教育，地域，文化を含む，教育を成立させる状況の全体であり，4つには，授業構想と授業位置づけから，授業の過程，授業結果の解釈と反省へと至る，計画された一連の過程全体であり，5つには，いずれにおいても見えていないところがあるとの構え，再発見と再理解への開かれた全体への構えである。これらのどこかの様相に意識の焦点を当てる場合があり，複合したままに構えている場合がある。目にする様相が安定しているときがあり，意識の焦点が動くときがある。

状況に関わらず近代的個人から学問上の普遍命題に飛ぼうとする思考では，仲間のモラルや文化に依存する道徳は飛び超される。教育を支える学問が子どもの生の状況に資するのであれば，子どもの引き受けている状況を飛び超えて普遍に走らない，あるいは学問の普遍性から語らないところに意味がある。

教育に関わる学問が，西欧近代に通用する普遍を語り始めるとき，子どもの視野を構成している場を飛び超えてしまい，子どもや教員の意識の視野とは必ずしも重ならなかった。教員は具体的な子どもを全体として見通し，つながりのなかで，子どもの意識の視野において働きかける。子どもの意識の視野に寄り添いながら進める教員の仕事とともに子どもを支援するには，教育学は子どもの意識の視野に沿うあり方を追求すべきであろう。ここに教育における臨床を設定する意味がある。

授業の場において，子どもは自分の状況のなかで，意識の世界においてリアリティをもち，考え，心情をいだいている。このリアリティは，切り離された個人の意識ではなく，関わりのなかで生まれる。子どもの状況，子ども同士と教員の関わりによって生まれたリアリティのある場で，新たな授業が成立する。授業のねらいは子どものリアリティによって設定され，子どもの意識への意図的な働きかけがなされる。授業の場において子どもの意識は，つながりにおいて成立しており，子ども個人のリアリティは，多様性として現れる。個人としての意識は，授業において，子ども同士の，そして教員とのコミュニケーションを通じて，授業の場に位置づけられる。そして子どもの参加とともに場として授業の意識が形成される。子どもが授業において意識の焦点を当てている時空は，外部からはすなわち教室外の生活からは相対的に独立している。この独立が，授業を場として成立させる。子どもの意識は，学びによって，集団における意識の動きのなかで変容していく。この変容が授業の結果になる。ねらいにかかわる子どものリアリティが授業によって構造化されるなど，変容するだろう。授業評価は，子どもの意識に何が結果したかによって理解されるべきである。教育臨床は，子どもが依存する状況と子どもの意識の視野，すなわち子どもにとってリアリティのある場にこだわる。

　互いに普遍を主張して分立する学問に対して，人間学は，人間のもとに学問を統合する方向をめざした。これによって教育現実を教育学に回収すると同時に，普遍性によって教育を全体として支える意図があった。教育学の統合は，小林博英の問題意識であった。「教育の諸科学といわれるものの統合の志向は，教育を人間存在の本質的様態（傍点は小林博英）として捉え直すことを要請するが，そこでは理論的統合の支点を見出そうとする動機が働いている。同時に他方では，人間のアイデンティティーの確立と行為の方向性の規定の欲求や要請をもっとも直接的，持続的に受けとめるのが，教育という行為である以上，そこでの行為論的統合（傍点は小林博英）は，人間存在の他のどの様態におけるよりも明瞭に逃れ得ないし方で課題として意識されることは明らかである」(小林博英, 1984, p.159)。小林博英は，理論的統合と行為論的統合の2つの統合要請を挙げているが，なかでも行為論的統合を意識している。「行為論的パースペクティヴにおいては…規範探求志向的接近が」優位である(小林博英, 1984, p.225)，すなわち「事実観察者としての道および価値の可能性の開示者，解釈者としての道」に対して「教育において目的として何を立て，その達成のために何を教え，どんな能力を育み，いかなる方法をとるべきか，また現行の教育のあり方は何が，なぜ誤りであり，どう改められるべきか，その判断の根拠は何か等，積極的に価値判断・評価を志向するという道であり」「…明らかに規範的思考である。そのかぎりでこの接近のし方は第一義的に実践学としての教育学の要請に即している」(小林博英, 1984, p.220)。ここでは，行為論の視野において理論の統合を見いだそうとする点で，教育という行為を根拠づける教育学が意識されている。しかしそのさいの教育は，子どものかかえる課題を視野に入れた個別の場というより，目的，教育素材，子ども像，教育方法という定式化され教員の意識から見た教育イメージで語られており，普遍性のある教育学への手綱を意識した姿で語られている。すると，個別の状況と普遍性志向とは統合されるよりも，分離しようとする緊張関係におかれざるを得ない。小林博英自身この緊張関係を意識しており，「…実践者が課題として意識している教育の現実を，より総合的，より根底的に意味づけようとする統一的な見通しとしての世界観を得ようと絶えず努める」とともに「より近く具体的な子供を前にした直接に決断を迫られている状況の個別的な価値要請」(小林博英, 1984, p.220)の「二つの契機の間の緊張」(小林博英, 1984, pp.220-221)と表現してい

る。「二つの契機」と表現されているのは，教育学の学問としての普遍性要求と臨床への方向性の分裂である。小林博英は教育学の普遍的な根拠を求める手綱を放さないまま歩みを止めた。

徳永正直は「すべての教育作用の根底には人間とは何であり，何でなければならないかについての一定の観念が存在するのであり，それなしには，教育という作用が『教育』の名に値するか否かの判定も不可能になる」から「『人間学』(Anthropologie)だけが，教育学に対して，唯一例外的な位置を占める」(徳永正直，2004, pp.3-4)と，人間学による根拠づけを考えている。徳永正直にとって，「『全体としての人間』(Mensch im ganzen,―ママ)をその本質において深く捉える人間学，すなわち，『哲学的人間学』」(徳永正直，2004, p.3)が，唯一例外的に教育を支えることができる。しかし，人間学が学問の普遍の争いに止まるかぎり，統合の基盤としての人間は普遍の中空に浮いたままであろう。

和田修二は「私見によれば」と断って，「教育人間学の実際的な遂行は，臨床教育学に収斂することになろう」と，教育人間学の臨床への道を語り，「生きた全体としての人間と教育の本質理解は，常に個別的な人間と具体的な教育状況に即して，絶えず実践的に問い直されなければならないのである」(和田修二，1995, p.218)と教育人間学にとっての臨床教育学の意味を示唆している。教育の臨床課題に応えながら教育人間学としての教育学の学問としての全体性を維持するためには，両者の幸福な結びつきを期待することになる。しかし問題は，両者が予定調和的であり得るか否かである。最初から調和が予定されるとき，臨床は理論の主張する普遍に予定調和的に取り込まれていることになる。和田修二の「私見によれば」のためらいを，臨床が場において独自に展開するときがあり，理論に取り込まれることを予定するわけではない旨の保留と読み取りたい。

教育に関わる現象を本質において描こうとする

M. v. マーネンは，子どもの姿を見ようとしている。マーネンの描く視線と人が，分立する学問の命題に比べていきいきとしているのは，教育の視線を描き出そうとしているからである。どのような関わりが教育なのか，つながりと子どもの全体としての姿が描かれているからだろう。しかしマーネンは子どもを集団において，あるいは教室を全体として見る描き方はしていない。その意味では個人に軸足を置いている。とはいえ，マーネンの努力の方向は，普遍命題を語ろうとする教育学への問いである。

教育学と教育の関わりについて教育学史をふりかえり，教育の場で両者を結ぶタクトに言及したい。

第2節　教育学・教育・教育臨床

1-2-I　教育学と教育の関わり

道徳授業の評価を考えることは，教育学が教育とどのように関わるかを問う作業を含んでいる。教育臨床を設定し，授業の評価を主張することは，理論と実践の2項による枠組みを破る。教育学と教育の関係への問いは，教育学が学問として成立しようとしたときから生まれている。理論と実践という枠組みは，無理をかかえており，そのために個々の臨床場面での関わりをタクトをもち出して委ねたと理解できる。学問としての教育学の成立は，教育と密接であったこと，教育学と技術と教育実践との3項をたてての構想であったこと，個々の教育場面をタクトに頼るならば，教育学がタクトに沿って構成されることを考えていい。以下説明する。

教育学が普遍的な命題体系をもつ学問として成立しようとして以来，教育学と教育実践とのつながりは，強く意識されてきた。教育学が教育実践を志向する学問であるからである。しかし，教育学が学問として成立しようとした時期に両者がどのようにつながっていたかは見落とされがちであ

る。教育学に必要だったのは，学問であるとの主張であり，子どもを育てる経験上の知恵の集積に止まらず学問として成立させる構えであった。教育学の学問としての樹立は，教育学が認知されるために必要であった。19世紀初頭，J. F. ヘルバルトは，原理から構成された命題体系として教育学を学問として樹立しようとした。『教育学講義綱要』(1841)がその形である。「教育の根本概念は，生徒の陶冶可能性である」(J. F. Herbart, 1841, p.165)が叙述の最初の命題であり，徳を目的とする意図的教育を体系づけた。ヘルバルトは教育学史上学問としての教育学を樹立した点で注目されてきたが，彼の教育場面への関心は早くから継続している。

ヘルバルトは，ペスタロッチをシュタンツに訪問し，ペスタロッチの直観論に関する著作を1802年に著している。教えることを体系化する意図は，後期啓蒙主義の意識に支えられており，その理想はフンボルトに影響された新人文主義の一般的人間像であったと見ていいだろう。ヘルバルトは特定の階層ではなく一般的な人間のためにペスタロッチの実践からくみとった教育方法を使おうとした。W. クラフキは，スイスのシュタイゲル家での家庭教師時代(1797年夏から1799年末)の報告にすでに，後に展開される理論の核となる要素があると言う(W. Klaflki, 1994講演，第3章)。W. クラフキはヘルバルトの「教育的教授」の目的が倫理上の行為規範を直接に伝えることではない，「訓練(Zucht)」は若い人々の道徳上の自己教育を行為面から支援することを意図している，と従来のヘルバルト教育のイメージから離れて現代に引きつける解釈をしている。生活訓練が道徳上の自己教育を支えるという構図である。

ケーニヒスベルクにいたヘルバルトの時代の課題は，フランス革命(1789年)後のそしてナポレオン(1806年，イエナ，アウステルリッツ，1807年チルジット)後のドイツをどのように形成するかであった。ヘルバルト個人はむしろ家庭教師としての力量を含めて教員の資質を念頭においていたが，プロイセンが求めたのは国家形成に必要な人材を養成する公的な教員であった。国家形成に向ける教育課題を，アヘン戦争(1839～1842年，中国)のもたらした悲劇を知っていた明治政府の人々が，危機意識をもって共有する課題と感じたとしても不思議ではない。

ヘルバルトは1804年に『教育の主要任務としての世界の美的提示』，1806年に『一般教育学』を出版している。このときから『教育学講義綱要』までの，主要著作としては教育学にとって空白に見える1809年から1833年に，つまりI. カント後の講座を引き継いだケーニヒスベルク大学時代にもヘルバルトは教育実践との関わりをもっている。ヘルバルトは講壇にあってカントを引き継いで哲学とともに教育学の講義をおこなったばかりでなく，教員養成に努力していた。1810年に教授学練習所を開き，1818年に教育学ゼミナールに改組，小規模だが付属の実験学校(プロイセンは教育学ゼミナールに500ターレルを出したが，ヘルバルトは家屋を準備するために自分で10,000ターレルを支出している)，またプロイセンの地方教育評議会にあって学校改革に関与するなどヘルバルトの教育への関わりは，教育学を形成するいわば通奏低音として注目されるべきである[1-8]。

教育学における理論と実践とのつながりは，ヘルバルト以後も引きつがれる。W. ラインは，イエナ大学の教育学ゼミナールを隆盛に導き，実験学校を運営しながら授業理論を整備して世界的にした。W. ラインらの教育編成の考え方，授業進行の形式は，世界から注目を集める。授業の進め方が，近代学校における子どもとの関係を創りあげる教員の努力の軸になったからである。E. ハウスクネヒトが日本でヘルバルト派教育学を講じたほか，日本からも多くの教育分野の留学生がライプチヒやイエナで学ぶ[1-9]。

当初アメリカ合衆国のヘルバルト協会に属し，やがてヘルバルトを批判したJ. デューイが，シ

カゴ大学に実験学校を開いて自分の理論を展開したことは有名である。教育学と教育実践とは，19世紀初めの学問としての教育学の当初から，付属学校をもつ日本の教育学部の形に至るまで共にある。授業をどう成立させるかは，学校が批判される今日でもなお，教員の努力の中心にある。

　教育学が自立しようとするとき，2つの努力を必要とする。1つは，学問理論において正当性を主張しなければならない。もう1つは，教育場面に有意味であると説明する必要がある。教育理論と教育実践の関わりをどのように構築するかは今日なお課題である。

　教育学は，理論として自立しようとしたときから，実践との関係を課題としてかかえた。教育学が学問として自立し，理論が実践の行為に屹立しようとしたとたんに，理論が行為にどのような役割をはたすのかが問われる。近代教育制度は教育を主に学校として組織してきたが，そのさいに教育学が影響力をもった。教育学にとって，学校を機能させる教員の努力が，理論を体現していることが期待された。

　ヘルバルトの学問としての教育学への努力が教育実践とともにあったのならば，理論と実践はどのような関係にあったのか。ヘルバルトは，タクトを理論と実践の接点として取り上げる。

　ヘルバルトは理論と実践の関係について，「学問としての教育学を教育の技術から，まず区別」(J. F. Herbart, 1802, p.283)する。彼はさらに「熟練した教育者の技術を技術の個々の営みから区別」(J. F. Herbart, 1802, p.284)する[1-10]。2つの点を指摘しておきたい。ここではまず，1．教育の学問と，2．教育の技術と，3．個々の実践の3つが区別されている。この，技術と個々の営みとの区別に関するパラグラフは，「最初の教育学講義」(高久清吉訳, 1972)の日本語訳には訳出されていない。そのためもあったか，教育における技術の意味は，正当にあつかわれてこなかったように思う。訳し落としは，理論と実践という2分法による教育学の意識に淵源があった，また淵源となったのではないか。さらに，ヘルバルトの「技術」のドイツ語はKunstであり，英訳するとartであり，技術と芸術の営みとが分けられていない。教育者の技法が，芸術の創造性を含む技術として，学問としての教育学確立の当初にあったことに注目しておきたい。そこで本論では技法の用語によって，学問としての教育学成立の当初から教育における技術と表現されていたKunstを表し，意図による方法であり授業における芸術的なうまさを含む表現として使いたい。技術は，教育の学問と個々の実践とともに，教育を構成する3つのうちの1つである。

　授業において，授業者ではない者，研究者が関わることのできるのは学問においてでありまた技法として使われる方法によってである。個々の実践場面に研究者が身を入れて関わることはできず，観察者としてかたわらにいることができる程度である。しかしかたわらにいることは臨床の原型である。

　ヘルバルトは，「タクトが，理論が空白にしておいた場所に入り，そうして実践を直接に取り仕切るようになる」(J. F. Herbart, 1802, p.286)と整理する。

　本論で言う教育臨床は，教育学が教育実践を支援するために個別の状況，そして状況に由来する課題にあたるべきだという教育理論のあり方をめぐる表現である。ヘルバルトの場合，教育学は命題体系として叙述され，タクトから離れた普遍性を示す理論として構想されている。しかし，技法を理論とも実践場面とも別に設定したヘルバルトは，理論が個々の実践場面を指導する二分法を考えていたわけではなく，理論を知り技法を手にした教員の実践を意識していた。ここでは教員は，理論のほかは徒手空拳で教育に向かう存在ではなく，技法に支えられている。技法は，道具であり，芸術の営みである。

ヘルバルトの場合しかし，理論が屹立している。学問の示す広範な普遍性に忠実なタクトをもつ教師が，すぐれている (J. F. Herbart, 1802, p.286)[1-11]。実践家は学問としての教育学を導きの地図として，また自分の目として，現実に対応するよう求められる。

　タクト論は，ヘルバルトの，またヘルバルト派の歴史のなかで重要な位置を占めることなく，教育の理論整備のなかに吸収されていったように思われる。しかし第二次世界大戦後のドイツにおいて，タクトが論じられる。これを徳永正直は，戦後ドイツの社会的文化のエートス壊滅のなかで，すなわち「人間の画一性と一様性に強く抗議して，人間の個性と人格の尊厳を回復するため」また「大衆や集団の不気味な匿名性の中で，」「個人の自由な主体的決断」と「他者に対する各個人の責任」のために，タクトが教育的―治療的に対処する有力な手がかりとして求められたと述べている (徳永正直, 2004, p.57)。タクトは，つながりにおいて個別に発揮される点で，教育を臨床として救い出す役割を期待されたのであろう。

　教育臨床の場を設定するべきまた別の理由がある。ヘルバルト教育学にせよ，コールバーグらの発達理論にせよ，教育の連続的なあり方を前提にしている。教育の道筋は，陶冶の連続的なあり方に依拠して計画可能である。しかし，教育の場面には，連続する教育課程としては処理しきれない課題が立ち現れる。計画できなかった場面への対応が，教育の臨床を要請する。O. F. ボルノーは，ヘルバルトの陶冶性の概念が連続的な教育を表現しており，これを教育の本質の基本的な部分としながらも，「教育を妨げ，中断させ，不成功または完全な挫折に導くものは，これでは（連続的な教育の課程では―引用者註）たんなる偶然の，外部からの妨げであり，その障害は避けるべきであったし本質的に避けられたはずのものであり，とにかく教育の本質にふれる現象ではないように見える」(O. F. ボルノー, 浜田正秀訳, 1973, p.68) が，しかし「人間生活の経過のなかで非連続な要素が本質的な意味を」(O. F. ボルノー, 浜田正秀訳, 1973, p.69) もっているという。理論と実践という2項のなかでタクトに与えられた役割は連続的で普遍の教育形式に沿うように調整する役割であったが，むしろ非連続において教育の本質が現れるならば，臨床の場におけるタクトをもった対応が教育である。教育臨床を設定することによって，理論による実践の影でしかなかったタクトの本来の意味が現れ，タクトに沿った教育学の構成が可能になろう。教育の臨床によって，非連続に応じる教育の場が設定される。O. F. ボルノーは，教育の非連続の形として，例えば，「出会い」「危機」を挙げ「新たな始まりを可能にするものとして危機をとらえることができる」(O. F. ボルノー, 浜田正秀訳, 1973, p.84) と言う。こうした教育の非連続性を含めて応じる構えに理論上の場と意味を設定する必要がある。教育の連続性を頼りに精緻に計画された近代教育の課程にとって，計画にない現象が絶えず対応を迫る教育の現状を見るとき，教育臨床の要請は，教育にとって本質的である。

　するとタクトは，連続的な教育を進めるうまさだけではなく，非連続性を含めた教育の全体に対応すべきことになる。教育の理論と技法とは，教育臨床の場において，非連続に立ち現れる出会いや危機への対応を含めて支援する構えを必要とし，タクトもまた理論と実践の2項枠から外れて，教育の全体に応える位置に立つ。

　今日，教育の場におけるタクトを積極的に叙述しているM. v. マーネンは，タクトに沿って教育学が構成されていいと示唆する。マーネンは教育のまなざしの生きる場にこだわり，タクトの特徴を次のように挙げる：「タクトは控えめである」「タクトは子どもの経験にオープンである」「タクトは主観に調子を合わせる」「タクトは微妙な影響である」「タクトは状況を確信している」「タクトは即興の才能である」「タクトは子どもの空間を維持する」「タクトは傷つきやすさを守る」

「タクトは傷つけることを予防する」「タクトは壊れたもの全体を整える」「タクトは善さを強化する」「タクトは独自性を高める」「タクトは個人の成長と学びを保証する」(M. v. Manen, 1991, pp.149-170)。マーネンはタクトを「実践から理論がやっかいにも分離するのを克服する助けとなる概念と見てもいい」(M. v. Manen, 1991, p.128)，「教育学の思慮深さとタクトは教育学の卓越性を形づくっているのかもしれない」「教育学はタクトのように構成される」(M. v. Manen, 1991, p.130)と，タクトが教育にとって重要な役割をはたすという以上に，教育学がタクトに沿って構成されていいと考える。

タクトに沿って構成される教育学は，連続的に計画されまた非連続の現れに応じる教育臨床の場で，状況を教育として見る目をもつことになる。個々の場においてどう応答するかはタクトによる。子どもとの関わりによって生じる状況を，どのように受けとめ，判断し，応答することが，教育なのか，反省による意識化は臨床の場で行われる。どう応答するかの反省思考の場において，事態をどのように読み取り創造していくか，言いかえればどうすることが教育として適切なのか，教員や研究者を含む共同によって進めることができる。

マーネンは今日，理論に依拠する専門家に危険を見いだして次のように言う：「子どもたちを専門的に考察することには重大な危険がある。臨床心理学者，授業相談者，カリキュラム開発に携わる人，学習資料の専門家，校長，カウンセラー，評価の専門家，研究者，私たちは全員，子どもたちを抽象的なカテゴリで分類して，考え，語るという危険性を持っている。子どもの『科学』という理論的な概念を使って，私たちは個々の子どもたちの独自性をあまりにも安易に共通の特徴で語り，あらかじめ構想されたやり方で分類し，ふるい分けをし，測定し，管理し，応答する」(M. v. マーネン, 2003, pp.52-53)。

心理相談室で発達心理テストを実施しようとする心理学者についてマーネンは，テスト以前にもつべき子どもに接する者としての構えについて次のように述べる：「この子はこの状況をどのように経験しているか？」という本質的な第一の問いが答えられていないのである。その心理学者はたくさんの臨床心理学の「知識」はもっているが，「思慮深さ」を欠いている。「思慮深さ」は特別な種類の知識である (M. v. マーネン, 2003, p.16)。

さらにマーネンは，「教育学的思慮深さは，ある種の見ること，耳を澄ますこと，応答することによって支えられている。思慮深さのこの基盤の上に，私たちと子どもたちとの関わり合いにおける教育的タクトは育まれる」(M. v. マーネン, 2003, p.23)という。ここでマーネンが教育におけるタクトを思慮深さと結びつけていることは賢明であろう。タクトがその場面においてすぐれた力を発揮するが，タクトだけで教育を進めることはできず，教育の全体と結びつけられて意味をもつ。タクトはまた，教員(授業者)の力量であるが，授業結果として表現しにくく，参観者にとって見る目が必要であり，授業の向かうところへの理解，教育が何であるかの理解，状況を見る目がなければ，そして応答への構えがなければ，タクトの意味を見抜くことは容易ではない。

タクトがそのすぐれた働きによって教育の場に欠くことができないとしても，タクトに頼る構想は，不安定を免れない。タクトが場面から取りだされて説明されたとしても，他の場面で同じ行動をとれば同じ進行が保証されるわけではない。すると，結果としてうまくいったケースだけがタクトと称されることになる。どうすることがタクトかの理解は，子どもと教員の関わりが多様な状況でおこなわれる以上，状況によって異なり，文化圏によっても異なる。例えば，心配りにうまさを見るか，独立性やユーモアに意味を見いだすか，文化によって関心の方向が異なる。タクトは，教育においてマーネンの言う働きをし，またとくに音楽芸術においてすぐれた働きをもつ。しかしまた近代工業の文脈では，速さと確実さと結果の優

秀さとして，例えば第二次世界大戦中の長崎県大村市の航空機生産システムがタクトシステムと称されて，機械と人間の無駄のない確実な進行が誇りにされたように(渡辺三郎，2005，とくにp.37)，またスクーターが使い勝手の良い道具，スムーズな走りのすぐれた道具としての意味[1-12]を付与されて名付けられたように，使われている。ここでは理論の優秀さと技法の確かさがタクトに結びつけられている。

　教育を全体として考えた場合，場における個々の教員の優秀さに頼らなければ進行しない教育や授業の設計はすぐれているとは言えない。教育におけるタクトについても，教育を準備する理論と技法の確かさを考えていい。授業に関するすぐれた考え方，技法の確かさが，授業後のふりかえりとしての評価の技法を含めて準備され，教育とは何かについての思慮深さに含まれて，教育におけるタクトが支えられると考えていいのではないか。理論と技法によって準備された場において，教育者の臨機応変の応答としてタクトは働く。思慮深さは，教育の場ならびに場に関わってくる状況の全体を統合する。教育の思慮深さがタクトと結びつくまでには，教育思想，制度，学校建築，授業素材，教え方，評価といった全体を視野に入れておく必要があろう。教え方や評価ばかりでなく，教育としてどのような場をつくるか，制度，建築，授業素材も教育の技法として意識される。ここには，教員(授業者)だけに頼らない，多様なスタッフの協力を得て進める教育臨床の必要がある。

　もちろんその上で，しかし本質的にとマーネンは教員について次のように言うのであろう。すなわち「教師は，発達の全体を視野に入れておかなければならないことをよく知ったうえで，子どもの成長のある側面について特別な関心を持っている。教育者はある基準，あるいは規範を例示して，子どもたちが彼ら自身の関心について洞察するようにする」(M. v. マーネン，2003，pp.54-55)。

　道徳授業は，教員が子どもの全体を理解すること，および子どもの自己洞察(道徳授業の時間の用語としては，ふりかえり)を外すことはできない。すると，マーネンの先の言表は，道徳教育に当てはまる。道徳教育は子どもの全体を見る目を必要とする。道徳授業において子どもに規範を示すことは，学習指導要領の内容項目を道徳の各時間に割り振って示す営みではない。価値にかかわる課題は，連続的に計画される教育であれ，非連続に立ち現れて応答を迫る課題であれ，子どもの全体に関わる姿勢によって見いだされる。規範は，思慮深さにより子どもの課題に沿って提示されて，子どもにとって意味をもつ。子どもの関心事である課題に応じて，提示される価値が子どもの自己洞察のよりどころとなる。子どもが関心にしたがって成長する営みを支援するところに道徳授業の眼目がある。W. クラフキは，1994年5月9日の「J. F. ヘルバルトにおける教育経験と教育理論」と題したオルデンブルクにおけるヘルバルトギムナジウム150周年記念講演において，ヘルバルトの「『教育的教授』は倫理上の行為規範を直接に伝えること(Vermittlung)を目的としていない」，また「訓練」は「若い人々の道徳上の自己教育を行為において支援すること(Hilfe)だ」と述べ，従来のヘルバルト理解を現代に組みかえる解釈を提出している。強制の典型と見なされがちであった訓練も，再構成されることによって，子どもが彼ら自身の行為について支援する営みとして教育臨床に組み込まれうる。身体の鍛錬，スキルのトレーニング(考える力を含めて)もまた，臨床において，子どもの道徳性を支える。

1-2-Ⅱ　第二次世界大戦後道徳教育と本論

　道徳授業は，子どもの必要に沿って，子どものかかえる課題，時々の課題，地域の課題を扱ってきた，と書き始めると，今のところ多くの人が異論を唱えるであろう。道徳授業にどれほどの効果があったかわからない，子どもの問題に走り回ったのは生徒指導であって道徳授業は教室のきれい

ごとに終始していた，道徳授業が時代の課題に応えたのは皮肉にも天皇制浸透と戦争への道を歩んだ修身のときに他ならなかった，価値項目の羅列による押しつけは子どもの必要から離れている，との声が聞こえそうである。

「道徳教育に関する問題点(草案)」(日本教育学会教育政策特別委員会，1957)は，歴史的な反省を基調として道徳の時間特設の問題点を指摘している。それは学習指導要領に対して今日なお有効な批判を含む文書であるが，子どもの課題を必ずしも見ていない。道徳の時間が特設される直前であるこの文書に拠って，今日の道徳授業につながる2点を取り上げる。

1. いわゆる徳目の羅列に関して，この文書は次のように述べる。「特設された時間に徳目を提示して系統的に指導するということは，…紋切型の思惟様式と行動様式にみちびくことのないよう，生徒の自発的積極的な活動を鼓舞して自主的な判断力を培うにふさわしい方向にそうものであるかどうか」(日本教育学会教育政策特別委員会，1957，p.41)。「道徳教育に関する問題点(草案)」は，教えられたように子どもが導かれるとの危機意識に根ざしている。教えに対する子どもの姿勢としては自発的，積極的，自主的という型にはまった表現をしている。「主題設定の自由をあたえずに一斉に同一の題目についての指導を展開させようとするもの」「このような指導計画は一人一人の生徒の主体的な生きかたの問題に根をおろさないままで表面的形式的な指導しか生み出さないおそれがある」(日本教育学会教育政策特別委員会，1957，p.55)との批判は，学習指導要領に示された内容項目を教える道徳授業が陥る浅さを突いている。おこなわれてきた道徳授業を考えると，学習指導要領に盛り込まれた内容項目(「道徳教育に関する問題点(草案)」のいう「徳目」)を教えようとする教員に対して子どもは教室において紋切り型で応答する姿勢を身につけたと，成果をふりかえることができよう。

教員にとっては教えるための一定の授業展開様式すなわち型に沿うことが正当な道徳授業であると喧伝され，多くの教員が，教科内容を教えると同様に道徳の内容項目を1時間に1つ割りふって授業をこなしていった。学習指導要領によって指示された価値項目を教えようとする教員の姿勢は，批判通りの浅い道徳授業を生み出したが，子どものほうは道徳授業の内容項目を想起しながら生活するわけではない健全さを保持したと見ることができよう。それは，子どもの意識がどこに向かったかの授業評価がおこなわれなかった結果だともいえる。

2. 人間性の内面を切り離す危険に対する批判は，今日のいわゆる心の教育批判と読める。曰く，「道徳はたしかに人間の内面性，良心の問題ではあるが，この側面だけをとり出し，強調するゆき方は，道徳をもっぱら個人の心情の領域に属するものとして科学の領域から峻別し，…また…道徳を具体的な生活問題，社会理解からきりはなす」(日本教育学会教育政策特別委員会，1957，p.43)。今日も道徳授業は個人の心情に訴えることが多い。道徳における気持主義は，日本的なやり方でもあるが，これを支えたのは心身二元論と近代的個人の思考である。この批判は，デカルト以来の心身の二元論による近代の思惟が心理主義をますます推し進め，心の教育として個人の内面をあつかおうとする今日の心理主義への批判にまで引きのばして読むことができる。

C.メンツェは「ドイツにおける教育についての学問」において次のように叙述する：デカルトによるこの(明証性に関する―引用者註)熟考を学問の歴史にとって非常に革命的なものにしたのは，自己へのかつ自己意識への回帰である。彼は哲学の思考に自己反省だけによって到達することのできる新しい意識の領域を開拓した。哲学自体が人間学的になり，諸対象の多様性から意識へと，つまり所与の世界の模写ではなく，そうしたもの一般をまず自ら算出する意識へと方向転換したのだ。

…教育学の解明にとってこの考えの大きな意味は，単に真理と認識の新しい理解に，またそうした認識に相応した真理発見の方法にあるばかりでなく，他の誰よりも自己意識(mens ipsa)へと向かうことによって自我の必要な解釈をするところにある。そこから，また人間自身が，多方面の研究の対象となる。人間自身が多様なものを，それが明証であるというだけの基準で真理として，したがって存在するものとして認めるという要求に服さなければならない。この端緒となる考えから2方向への展開が生じる。1つは，思弁的で先験的－哲学的観念論において終結するところの，デカルトによる主観性と内部性の自由に設定された形而上学の展開へと導かれ，2つには主観性の深みの動きを思弁に任せるのではなく，自然科学の方法を人間にも適用することによって新たに経験から，観察から，記述，実験によって生じる認識を得ようとする考え方の源泉へと導かれる。この第2の，デカルト自身が闘った，意識の心理学から生じる発展は，近代の学問的教育学にとってとくに意義深いものになろう。というのも，意識の心理学化によって，自然科学の手法による一貫した方向で心的なものを心の外に現れた諸形式から把握しようとする新しい心理学が構成されるからである (Menze, Clemens 1976, pp.10-11)。

教育学において価値の問題を内面の道徳性の問題としてあつかう方向は，関係から切り離した個人を心理技法の対象とするにせよ，個人の内面を普遍的な科学の対象にするにせよ，また本論のように意識の間主観的な了解技法をめざすにせよ，デカルト以来の近代科学の路線を踏襲している点では同根である。主観という個人を土台にして使い続けられた表現を使うならば，本論は主観を成りたたせている状況をつながりにおいて理解する，言いかえれば間主観のあり方を集団の場へのアプローチとして読み取ろうとしている。本論は，場において間主観的に成立している意識のあり方を理解しようとするが故に臨床という言い方を試み，理解の技法を提出しようとしている。

本論で使う集団の用語について，述べておきたい。本論でいう集団は，教育または授業の方法として使われてきた集団ではなく，集団主義教育や集団学習を示唆するわけではない。また集団を個の独自性に優先する趣旨はない。場としてのまとまりを人のあり方として集団と表現しており，文化圏としてのまとまりや学級のまとまりを指す。教育における評価として使う場合，地域，コミュニティ，学校，学級，グループなどを指す。子どもの生活や活動が成立するまとまりを集団と表現している。個人が存立している場を，互いの関わりにおいてとらえる趣旨によって集団の用語を使う。評価技法として連想法は，どのような教育または授業方法にも適応できる。つながりのなかで思考や思いが展開されるとき，この場で子どもの意識において何が起こったかをとらえたいと思う。

本論の方向は，個人をつながりにおいて，個人の意識に浮かぶものを想起された言葉として収集し，言葉を場に生じた意識として理解しようとする。間主観的と言うならば，二重の意味でそうである。1つは，言葉のやりとりを介して成立する授業進行の場がそうであり，2つには授業者，支援者，研究者，時には授業参加者を含めた相互の反省的理解の場がそうである。間主観的であるという点で，個人の主観に責任を帰した回答を根拠とする技法や科学から，本論の方向は離れている。

1958年のいわゆる特設道徳への批判を展開した「道徳教育に関する問題点(草案)」は，個人の内面を切り離すことに「道徳を具体的な生活問題，社会理解からきりはなすために…危険がある」(日本教育学会教育政策特別委員会，1957，p.43)という。この危険は指摘するに値する。「われわれの生活現実とはなれたところで道徳体系を構築し」，「内面性をいたずらに強調することが道徳を現実の政治や経済の動きの外で考えさせ」(日本教育学会教育政策特別委員会，1957，p.43)るかどうかは，どのような道徳授業がおこなわれるかによる。現実の

生活や政治や経済とつながる道徳授業がおこなわれた場合，現実とつながる意識が言葉として子どもから返されることによって，そのような授業がおこなわれたと，連想法によって理解できる。

しかし，臨床の場を設定する必要の認識からすると，個人の内面性道徳批判と心理主義批判がすぐに生活主義や社会意識へとつながるかは疑問である。むしろ個人か社会かという設定に，近代の二分法の思考を見る。例えば，コミュニティが自己の範疇に入るか，社会の範疇に入るかは，自己と社会の定義による。皮膚によって断絶した個人を前提とするならばコミュニティは社会の側に属するであろうし，国家に対してコミュニティは自己同一性を保証して自己のアイデンティティの範疇に属する。学級集団もまた，個人と社会の二分法では，いずれにも属しうる。学級集団は，社会であるとともに，まだ社会ではない。個人といい，社会といい，状況を抜いた普遍を語るよりも，子どもの意識の視野において語ることが課題に応じた教育への支援につながる。

「道徳教育に関する問題点（草案）」はさらに，歴史的反省を基調にしながら「教育の中立性」(日本教育学会教育政策特別委員会，1957，p.61)を語り，来るべき道徳授業の問題点について先を憂慮する指摘をしている。1956年に清瀬一郎文部大臣が紀元節式典実施を認める発言をしている（船山謙次，1981，p.270）時代の雰囲気からすれば「教育の中立」の表現は教育の世界を守る意義ある橋頭堡であった。しかし，「道徳教育に関する問題点（草案）」は，44ページで「道徳教育の内容として何をおさえるかは今後の研究にまたなければならない」と留保するように，道徳が取り上げるべき内容への言及は薄い。この文書は，道徳教育の内容として「人間としての生き方が問題となるかぎり，少なくとも次のもの」として（イ）民族の伝統としての生活習慣　（ロ）個人的な生活信条　（ハ）集団の規律　（ニ）労働と学習についての徳性　（ホ）社会の制度についての徳性　（ヘ）社会観・人間観(日本教育学会教育政策特別委員会，1957，p.44)を挙げるが，挙げられた内容はこの時代の一定の政治傾向を示しているように見える。「道徳教育に関する問題点（草案）」は，教育における政治的な次元での批判であり，子どものかかえる課題を取り上げたというには距離がある。「道徳教育に関する問題点（草案）」が，ホームルームの指導計画のいわばカタログを示して「主体的問題が具体的な形をとってあらわれてくる『問題の領域』の基本的なものを押える」といい，「主体的な道徳」(日本教育学会教育政策特別委員会，1957，p.54)というとき，子どものかかえる課題への方向をとろうとしていると理解できる。しかし，道徳教育の内容は「学習」「労働」「社会」「経済」「余暇」「健康」「教養」「進路」「個人」「宗教」という一般的カタログに止まっており，例えば地域差の課題といった意識はない。

子どもに向けた道徳教育の内容について，「道徳教育に関する問題点（草案）」によって批判した側だけでなく，実施する側の文部省も，何がすぐれているかの認識は薄いままであったようだ。当時の初等中等教育局長が「その教え方は，できるだけ文芸作品，例えばイソップ物語…などにより興味深く教えこむ必要があり」[1-13]と述べている。すなわち，イソップ物語を文芸作品として見，しかも子どもに道徳を語るに適切な授業素材だと例示しているわけで，その認識レベルは低い。イソップ物語は，愚かな者が愚かな行為をすると愚かな結果になるという型の語りであり，これを推奨することは道徳を説教だと言うことになる。イソップ寓話集を翻訳した山本光雄は1987年のイソップ寓話集の解説において「悪く言えば，やはり奴隷の道徳である」「凡俗醜悪な人生の活図を見るべきである」(山本光雄，1987，p.272)と述べる。子どもに奴隷の道徳を教えることが局長の本意ではないとしても，子どもにとって迷惑な内容が示されたものである[1-14]。

イソップ物語がいいと語られた後，実際，イソ

ップ物語風の説教道徳は，その後の道徳資料と授業に位置を占めることになる。例えば「一ぽんばしのやぎ」は，かつて『新編あたらしいせいかつ1』でイソップ作とされ，やがてイソップの名は消された[1-15]が，編集委員会も間違えるほどのイソップ型の物語である。イソップ型の説教道徳授業は，1．普遍からの言葉かけ，悪いことを悪いと言う，に止まり，2．状況の認識を欠いているために，状況を変える行為を描くことがなく，3．道徳上のつながりを創造し，新しい道徳の可能性を開いて見せることがない。したがって価値項目の説教に終わりやすい授業素材である。

　道徳授業も，新しい見方や感じ方を示して，おもしろい時間になる。道徳授業にも学びがある。しかし，子どもの必要を見ないまま実施を急いだ道徳授業の時間は，質の検討がおろそかなままであった。子どもの課題を支援し，自己肯定感を育て，希望を描いてみせることのないままで，子どもにとって教室から外にもちだすに値しなかったのが実状だろう。

　押谷由夫は，「新聞の世論調査や文部省が行った調査では，『道徳の時間』特設を評価する意見がかなり多いにもかかわらず(押谷は読売新聞の調査結果を引用しているが省略—引用者註)，学校現場では大きな混乱が起こった。その大きな原因は，子どもたちと学校教育の現実を直視しながらの教育論が十分に議論されることがなく，文部省があまりにも早く学校現場での実施を急いだことも含めて，政治的側面からの相互不信及び対立が激しく，ことさらに政治的論争(批判—原著者による括弧書)にさらされたためとみることができる」(押谷由夫, 2001, p.200)と言う。押谷由夫自身は，「本書は，『道徳の時間』特設反対あるいは賛成という立場からの研究ではなく，事実として」(押谷由夫, 2001, p.10およびp.224)と説明する。先の引用から，文部省を何であれ正当化するわけではないことは理解する。しかし，「道徳の時間の教育的意味」が7つあり(押谷由夫, 2001, p.203, 7つの内容はp.201からp.203)「そのことが実現してきたかどうか」と思考する以上，賛成派だということになる。すなわち，押谷由夫は，「今日の時代的状況」の変化を見据える必要を語りながらも，「これからの道徳教育は，もう一度昭和33年当時の『道徳の時間』特設の原点に返って，…本来的な道徳教育の在り方を探り実践していく必要がある」(押谷由夫, 2001, p.203)との認識に立ち，道徳教育の方向を1958年特設道徳の枠組みでの推進に求めている。

　その上で押谷由夫は「これからの我が国の道徳教育の在り方」の「1つの方向」と断りながら自己の「総合単元的道徳学習論」(押谷由夫, 2001, p.206)を次のように提唱する。「それは(道徳学習は—引用者註)，各教科，領域等の区分を離れて連続性をもち，かつ家庭や地域社会を含む全生活圏において行われる。総合単元的道徳学習は，日常の生活をしっかりと見つめながら，かつ長期的に人間としての在り方や生き方の展望をもって，子どもたちが道徳学習を主体的に展開してくれることを願い，それを支援する道徳教育はどうあればよいのかを探ろうとするのである」(押谷由夫, 2001, p.206)。ここには学習指導要領の価値項目が無人の荒野を連続性によって全生活圏に長期的に広がっていくような雰囲気がある。そこには，ずれに足を止め，課題に足をとられるとまどいは見られない。押谷由夫は，「道徳教育の取組をみると，大きく次の3つの立場がある」(2001, p.284)として，「価値主義」「心理主義」「生活主義」をあげるが，「強調点の違いがあるが，いずれも道徳教育にとって大切なものである。子どもたちの心の成長においては，これらがかかわりをもって指導される必要がある」と，3つが互いを必要としており「3つの立場をいかに統合していくかが大きな課題として挙げられる」(押谷由夫, 2001, p.285)と，それぞれの違いを大して意に介さない。

　日本における1958年の道徳の時間特設は，すると第1に，子どもの課題を抜きにしたまま政治的に進められたと，いずれの立場も確認してい

とになる。大橋精夫は，小川太郎編著『国民のための道徳教育』のなかで，「今日の道徳教育の問題は，それがはじめから政治問題としてとりあげられたというところに，いちじるしい特徴をもっていた」(大橋精夫，1963，p.205)と述べる。大橋精夫はまた，道徳を「個人意識との関係においてとらえ」ると，道徳意識が社会関係の反映であることを見失う危険がある旨を指摘し，「道徳は，つねに，人間の社会的な存在を反映する特殊な社会意識としてなりたっている」(大橋精夫，1963，p.231)と主張する。

また第2に，道徳授業が国民育成のためである点も，誰が政権をとるかの違いはあれ，共通であったように見える。大橋精夫が「大切なことは，…国民の願いに一致した道徳教育の形態を構想し，…国民のための道徳教育をおしすすめてゆくこと」(大橋精夫，1963，p.211,強調符号省略)と語るとき，それは国民のためか国家のためかの違いはあれ，国家道徳の地平に立つことになる。子どもの課題が子どもから離れて，いずれにせよ国家論として語られるとき，課題が国民統合の道具に転じる危うさがある。

子どものかかえる課題は子どもの生の状況と意識の視野において生じる。子どもの課題は，地域と生活に根ざし，それは時にただちに世界につながる。例えば，長崎の子どもの意識はテレビによって東京と東京を介した世界につながっているが，また生活と意識は歴史と文化によって，海によって，中国や韓国とつながっている。長崎の子どもは海岸に出ると日常に中国や韓国のゴミを目にする。海が運ぶ漂着物は，自分たちの水に流したゴミがどこに漂着するかを含めて，地域のゴミ問題が日常に国際問題である。長崎の子どもの意識と生活を，沖縄と北海道を含む国民へと統合しようとする政治の方向は，いずれも子どもの意識や生活の範囲を飛び超えてあるいは縮小して，国家論の争いにもち込む危険をはらんでいる。

さらに双方は，子どもの生活を見つめるという点でも，それぞれの言葉は共通している。しかし第3に，生活に依拠して何をめざすかがすでに予定されているとき，それは臨床の場を設定する姿勢とは異なる。臨床へと向かおうとすると，子どもの多様性を受けとめる構え，支援を軸にしたむしろ教えない授業が見いだされる。しかし子どもの生活と意識の範囲を超えてあるいは縮小していずれかの方向をめざすとき，道徳を教え込む教員が期待されることになる。

小川太郎は，生活を背負った子どもの課題が受けとめられるようすを描いている。「みんながみんなの考えをしずかに聞き合うような集団に発展させることが，集団教育の日常の課題なのである」，「集団のなかに真実を真実として受けとめるふんい気が，あるていど育っているときには，集団は，その成員の生活の真実を知ることによって，成員に対する人間理解と共感を深めることになる」(小川太郎，1963，p.268&269)。小川太郎は，子ども集団のなかで道徳授業が進行することにこだわった。

小川太郎は評価についても一言であるが言及している。「授業のばあいにも，子どもたちは，その目的を自分たちの共同の目的としてもち，その過程においても自分たちの学習として積極的に参加し，その結果も自分たちの成果として評価するのでなければならない」(小川太郎，1963，p.277)。小川太郎は，授業に沿った評価のあるべき姿を指摘している，すなわち，子どもの授業に沿った評価は子どもに返され，子どもが評価に参加する必要があり，学問や政策のために子どもを対象として普遍性を求めて子どもから離れる評価とは異なる点を見ている。

しかし，この集団に教員が関わるとき，中心となって影響力を発揮する教員という発想が小川太郎にも見える。小川太郎は言う：「子どもと教師との人間的な結びつきは，子どもが日常の生活のなかでもっている問題や悲しみや悩みをも，教師がわかちもつというような全人間的な結びつきに

ならなければ，子どもの人格を全体として成長させることは望まれない」(小川太郎, 1963, p.266)，「教師と子どもの人間的な関係は，子ども同士のあいだの人間的な関係，子どもと親とのあいだの人間的な関係をつくることに発展する」(小川太郎, 1963, p.267)。全人的な人間的関係によって家庭にまで影響を及ぼす教員は，影響力を最大に発揮する熱い教員の姿であろう。しかし，子どもの語りに静かに耳を傾ける教員もすぐれた支援をおこなっている。今日の硬直化した教育のなかでは，むしろ受けとめて熱くならない教員のもとで，しなやかで多様な子どもが育つのではないか。

重松鷹泰は授業を集団の過程ととらえる。「授業は集団の過程である。各人の思考がどのようにからみ合い，全体の動向を規定していくか，またそこに醸成されている集団全体の動きが，どのように各個人の思考を規制していくか，各個人の思考がそこでどのように発展していくか，これが集団思考の問題であり，授業における思考発展追求の焦点である。…これは究極的な難しい仕事であって，必ずしもじゅうぶんの成果をあげていない」(重松鷹泰, 1967, p.1)。霜田一敏は，集団について「相互交流，相互検討が当然予想されるのである。そこに対立や相剋がおこり，各個人の集団の問題への考え方のちがいが明確になる。また，その対立や相剋があって…そのちがいの根拠をたがいにつきとめようとするなかで真に集団の問題を共同で解決するということが可能になるのである」(霜田一敏, 1967, p.10)という。集団思考を育てるかどうかはともかく，霜田一敏の願う相互交流や相互検討による根拠をつきとめながら問題解決をはかる思考は，本論が課題の例として冒頭に挙げた1つ，考え方の視野を広げながら子ども同士で考えを展開して課題に向かう過程と重なる。

とはいえ，授業として集団で考えればいいものではないことは，霜田一敏も自覚している。「集団の中で思考している場合，たとえば授業の場などでは，他の子の発表した考えが，自分の中に位置づかない間に，さらに別の考えがもち出されてきて，思考の連続的発展が断ち切られることがある。しかも，自分の思考がストップしたことを自覚しないで，むしろ主体的に自分が結論を導き出したかのような錯覚をおこすことがある。自分はじゅうぶんわからないのに，全体の流れに抗し切れず，わかったような錯覚を受け，流れていってしまうのである。これは人間の情緒的なものを媒介にしている。教師が協力や共同を強調して情緒的な結合を強めておくことや，仲の良い友だちに同調したいということなどが，逆に作用する場合がしばしばある」(霜田一敏, 1967, pp.16-17)。この指摘は注目に値する。集団に流されない個人の思考，すなわち独立した批判思考の必要につながる。集団の情緒的まとまりに傾きがちな日本の道徳授業の欠点を指摘して鋭い。

霜田一敏の授業分析は，教員と子どもの授業における発言を軸に，集団思考のドラマトロギー(集団思考の上昇，均衡，下降)を図にし(p.164-166)，かくれた子どもの存在を取り上げようとして周到である。「このかくれた部分(学級の討議に直接参加していない子ども—引用者註)は，学級の雰囲気を大きく規定し，集団思考そのものの性格や方向をみえない力で制約しているようである。表面にあらわれない子どもたちのつくり出す，集団の雰囲気との関係においてしか，話し合いや討議は進みえないのである。集団の進む方向も政治が大衆の意向によって動かされるように，この黙っている子どもたちの力によって動かされていく」(霜田一敏, 1967, p.202)。霜田一敏は，かくれた思考の重要性を認識し，集団へ逃避する子どもの個別分析を試みている。しかし，発言しない子ども全体は，雰囲気と表現するほかなく，「集団思考そのものも，黙っている子どもたちの思考活動という観点からいま一度見直されなければならない」(霜田一敏, 1967, p.202)と，今後の課題にしている。本論が提出する連想法は，黙っている子どもの思考をとらえる要請に応えうる。連想法は，発言しない子ど

もが何を考えどう感じたかを明らかにする点で，発言中心の授業分析とは異なる技法として意義がある。

今日道徳授業は，文部科学省の教科調査官が過去のように自分の論で1授業時間の特設道徳の展開を指導することがなくなり，また学校教育における道徳の意義が問われるようになって，それぞれが多様に工夫する時代に至っている。言いかえれば，道徳の時間も質の高さを競うときになっている。授業の結果で存在意義を主張しなければ，道徳授業が意味を失いかねない。すると，授業の意味を明らかにするために，評価技法が工夫されなければならない。

中身がつめられないまま始まった戦後の道徳の時間は，教科書に縛られず，点数による子どもの序列化を恐れることもなく，道徳が入学・採用試験に使われることもなく，どの教員も教育における人のあり方に関わる形になっている。2006年12月の教育基本法ならびに2008年の学習指導要領によって，法の定めるところにより学校の組織運営と指導体制のもとで，組織的な対応が強化されたが(上薗恒太郎，2008，p.5)，控えめといえる日本の道徳教育の形は変わっていない。韓国や中国の道徳授業のあり方とは異なるこの形は，検定済み教科書の使用を回避し，道徳を宗教と切り離し，道徳を重要科目とせず，専任の教員を設けず，個人の道徳性評定をおこなわない，控えめな形である。控えめに，どの教員もという形は，日本の独自性として尊重されていい(K. Kamizono, 2008, p.10 & 12)。道徳授業に対する控えめな態度は，道徳授業の時間特設のいきさつからすると，意図した賢明さではないが，時間を設定するけれども内容は教員の自主性を生かすあり方として，また教科書で縛るのではなく人を軸として質の高さを求める形として貴重である。道徳の時間は，道徳性育成に資するならば，多様な手法が期待される領域である。実際，教員の裁量によって授業素材を選びあるいは作成し，手法を取り入れておこなう

道徳教育は，教員の力量と工夫を発揮する余地が大きく，多様な授業論と授業の工夫が生まれている。道徳の時間は控えめな形によって，教員の工夫を要請し，多様なアプローチを生んでおり，教員が人間として自発的に子どもの人となりに関わり，子どもの変容を楽しみにして進めることのできる，つまり，教育として授業をおこなうことのできる時間である。この時間は，教育における多様性を生かす場として，実り豊かな方向をとり得る。そのとき教育学には，教員の多様な工夫を支援する役割がある。

1-2-Ⅲ 教育臨床にかかわる論議
1-2-Ⅲ-1 本論の教育臨床とアセスメント

筆者はこれまで，九州教育学会において，教育臨床を確立する必要について2回の総合部会で話した。1回目は2001年「『学校臨床教育学』構想の手がかり ―教育学とスクールカウンセラーの立場から―」として「『学校臨床教育学』の課題を考える」と題した総合部会において，2回目は2005年「学校蘇生のためのスクールリーダーの役割」として「学びの場の再構築 ―スクールリーダーの役割―」と題した総合部会においてである。2001年に，「教育臨床という言葉を使いたい」「教育臨床という言い方に，二つの主張を含める。一つは，心理臨床だけでなく，教育学を含めて臨床における対応を考える点，もう一つは，対象を看取る臨床の方針にしたがって個々の学問の知見を統合する対象と学問のいわば間に臨床という場を考える点である」(上薗恒太郎，2001，p.4)と述べ，「教育学全体が臨床に向かう場を新たに組織する（あるいは組織し直す）必要があると思う。対象を個々の学問がその方法に従って分割して論じる状況から臨床の方向へ，さしあたってにせよそれらの知見を対象に応じて統合しながら事に当たる必要がある」(上薗恒太郎，2001，p.4)として，教育学の課題は「教育臨床として意識的に自分たちの学問と組織体制を全体として組み直し，教育にお

ける事例を統合的に支える態勢を整える」(上薗恒太郎，2001，p.9)ことだと締めくくった。

こうした教育臨床の場を志向しながら，教育学が他の分野とともに，2005年総合部会の主題である「学びの場の再構築」を支え，「ケース研究を軸として展開する教育臨床部門で教育に関わる支援とスクールリーダーの支援を」(上薗恒太郎，2005d，p.14)おこなうために，「医学や看護学や福祉学を含む教育臨床部門で，多様で総合的な過程を準備すること」(上薗恒太郎，2005d，p.14)を提案した。多様で総合的に組織された教育臨床の場において，学校，授業，道徳の時間を支援の対象にするならば，教育学は共通の対話の場を設定する必要があろう。それも集合するだけでなく，共通の場になる技法があるほうがいいだろう。教育学の共通の場は子どもと接する場であり，教育臨床の場である。

本論で試みるのは，
1．授業という場における子どもを集団として，
2．子どもの意識において，
3．連想法の技法によって，
4．評価(assessment)し，
5．課題を支援することである。

道徳授業は，情意，判断，意欲を含む評価をおこなう必要をかかえており，連想法が有効である。

本論でいう評価は，個人についての評定を含まず，学びの場にある子ども全体の意識に焦点を当てるところから，assessmentと呼ぶ。

ロナルド・J．ニューエルは，評価をassessmentの意味に用い，次のように説明する。「『assess』とは，時折子どもたちに寄り添って，子どもたちが旅のどのあたりにいるかを確かめ，よりよい方向に導いていくことである，ということになるでしょうか。そして旅を続ける中で，知識，技能，資質を獲得していくと考えるならば，有意味学習，指導，評価(assessment)が完璧な1枚の絵になります」(ロナルド・J．ニューエル，上杉賢士，市川洋子訳，2004，p.40)。

教育評価におけるアセスメントの用語について田中耕治は，エバリュエーションと区別する3つの意味について解説している。1つは，「多角的な視点から，多様な評価方法によって評価資料を収集すること」，2つに「教育評価研究の新しい動向を反映した言葉として」使う動き，3つにはイギリスにおいて「とりわけ子どもたちの達成度を評価する営み」(田中耕治，2008，p.77)として使われていると述べる。

assessはラテン語の原義に立ち返ると，臨床的である。すなわちassideo(adsideo)に由来し，「to sit by or near」「to settle, remain」「to watch, attend a sick person」(Charlton T. Lewis, 1964, p.36)の意味，「to sit near, sit by」「to sit beside, watch over」「to sit near to」「to be situated, station oneself, dwell close (to)」「to pay attention, devote oneself (to)」(P. G. W. Glare, 1983, p.188)，すなわち「そばに座す，はべる(看護人・慰安者，助力者として)」「世話する，看護する」(田中秀央編，1966，p.57)の意味がある。本論での趣旨が授業に添う評価である趣旨からassessmentを採る。

1-2-Ⅲ-2　臨床教育学の方向

本論は，教育臨床の用語を使うが，「臨床教育学」の名称が広がっている。『臨床教育学序説』(小林剛，皇紀夫，田中孝彦，2002，p.1)の序文で皇紀夫は「『臨床教育学』という，まだその仕組みや仕掛けの手法が定かでない新しい思考装置」と説明し，新しいものを生みだす勢いを示している。同書(p.70)で庄井良信は「臨床という概念を新たな学問領域の頂きに冠するということは，たんに基礎学問の応用領域であるという意味を超えて…総合的人間学としての発達援助学だということもできる」と文中に「学」を多用している。

河合隼雄は1995年に『子どもと教育　臨床教育学入門』において，臨床教育学の必要性について不登校を挙げながら「簡単に原因─結果という考

えで説明し切ることができない。したがって『この方法がよい』などという対策は出てこない」(河合隼雄，1995，p.5)と，臨床を唱える理由にこれまでの学問の思考で対応できない点を挙げている。「『学問』というものがその形態を整えて立派になってゆくのはよいが，そちらの方に力をいれすぎると，生命体としての人間から離れてゆく傾向が生じてくる」「…教育の現場においては問題がつぎつぎと生じてくる。それに対して，教育学のみならずその周辺の学問にしても，『学』としての粧いにとらわれていると，どうしても実際問題との間にギャップを生じる」(河合隼雄，1995，p.9-10)と新しい領域を開拓する必要性を平易に語っている。

1996年初版の『臨床教育学』において和田修二は，臨床教育学に向かう理由を次のように説明する：「今日の日本の教育，わけても学校教育が多くの困難を抱えていること，この困難に対処するためには，教師とは違った角度から子どもや教育を見ることのできる教育相談の専門家やカウンセラーの協力が必要であることについては，私も異存はない。しかし，問題が起こるとすぐに即効的な処方箋を求める人々と，それに応えて氾濫する安直な教育書や育児書，マスメディアに登場して明快な分析と断定的な助言をしてみせる専門家には，率直に言って違和感を禁じ得なかった。子どもも教育も，彼らが考えているほど単純なものではないと思ったからである」「私の気になるもう一つのことは，…カウンセラー同士の間で互いの立場についての十分な相互批判と対話や調整が行なわれているようには思われないことであった。教育指導や助言が恣意的なものでないためには，まず助言者自身が自己の立場に対して自覚的で批判的でなければならないが，実際には当面する問題とクライエントに関心が集中して，カウンセラー自身，自分の姿が見えていない場合が少なくないのではないだろうか」「さらに気がかりのことは…子どもの具体的な指導や助言に携わる者，教師やカウンセラーが，それぞれ大学で専門的に受けた訓練が『教育学』と『(臨床)心理学』という異なった性格と発展の歴史をもつ学問であったこと，しかも，彼らを養成した教育学者と心理学者が今もって互いに稔りある対話を欠いているという事実である。特に教育心理学者や臨床心理学者の中には，教育学に対する根強い軽蔑あるいは反感があって，現に教育問題に関与しながら教育学に感染していないことを誇りとするような人が少なくないが，これは科学主義的な専門家が犯しやすい誤りである」(和田修二，2005，p.14-15)。その上で和田修二は，臨床教育学専攻について，臨床心理学と教育学あるいは教育人間学とを軸にした構想について説明している。こうした和田修二の動きは，「子どもの理論は…教育的状況において経験される子どもの現存在の理論でなければならない」(和田修二，1982，p.97)との方向によると理解できる。

皇紀夫は「『臨床教育学』の課題」を次のように言う：「『臨床』とは，『問題』との関わりの仕方であり，たんに病理現象の近くに居ると言うことではない。この意味において，教師が教育において『問題』に出会う，その出会い方や，そのことの意味を解明(開明)することが，『臨床教育学』の課題であると言ってよい」(皇紀夫，2005，p.37)。その上で皇紀夫は2003年の編著『臨床教育学の生成』のまえがきにおいて教育人間学と臨床心理学が「臨床教育学の母胎となる二つの」学問であると述べ(皇紀夫，2003，p.1)，「名称が不統一なのは臨床教育学が未成熟であることの証であるが，それはまた可能性に開かれた領域であることを示してもいる」(皇紀夫，2003，p.2)と解説する。

皇紀夫は臨床教育学が，何をやるのかについて，1996年初版の「『臨床教育学』とは」において，「臨床教育学は…教育の意味を解明(開明)する新しいコンテキスト(意味を発現させる文脈)を掘り起こすことを課題としている」，「見立ての仕方を変化させる」「新しい『筋立て』を造り出す」(皇紀夫，

2005, p.38) と表現する。皇紀夫は，その「仕掛け」ないし「仕組」を求めて，この論考では，隠喩に注目しようとしている。2002年の「教育『問題の所在』を求めて―京都大学の構想」で皇は，「意味を造りだす場所にむけて差異を仕掛ける語りの工夫がどうしても必要なのである」と語り，「課題を展開する文脈と場面を発見することはそれほど簡単ではない」が「それら（課題―引用者註）を具体的に遂行するための場面を発見する技法の開発を疎かにしてきた，と言うよりも，『実践』という常套句でその課題を逆に隠蔽してきた」と語るところに，とまどいながら踏み込んでいる（皇紀夫，2002, pp.20-21）。皇紀夫は「相談活動」を想定される場面に根をおきながら，「相談において焦点化されるのは，『問題』に関する情報の内容の『何』よりも，『問題』が語られる際，つまり言語として意味表出される際のその語りの機能と形態（例えば比喩的機能や物語的機能や詩的機能など）であって，『問題』を語っている当事者の心理や生活状態などでもない。こうした「『言語主義』的とも呼べる立場から相談活動を解釈する試み，…この方法論的立場はやはり教育現場で『問題』を語り合う『実験』のなかでより確かなものにされてきたと思う」と述べて「ひとつの研究スタイルを作り出したと言える」（皇紀夫，2002, p.23）と総括する。ここで示されているのは，個別の相談における語りの機能と形態に着目して解釈を変更していく臨床の形である。

違う解釈をおこなうことは，問題として認識された状況にどのように対応するかであろう。リチャード・ローティは，「他の方法（『客観化的』で『実証的』な科学の方法―原著者註）は『自然』に適合しているのに対し，解釈学は特に『精神』あるいは『人間科学』に適している」（R. ローティ，2002, p.401）と分け，「解釈学は，『もう一つの知り方』ではない。…むしろ，もう一つの対処の仕方，と見た方がよいであろう」（R. ローティ，2002, p.411）と言う。R. ローティが語る文脈は認識論から解釈学への学問のあり方の転換においてであり，臨床の学問の話ではない。しかし傍観者的な知識の普遍性に疑問を提出しながら，解釈を示すことによって，行為に至る道を探るように見える。その点では，普遍性をもつ学問に対して，臨床的である。皇紀夫のいう解釈の変更も相談する者にとって行為の別の道を探るかぎり，解釈の転換は別の対処のしかたを見いだすことになろう。皇紀夫は，ひとつのスタイルを先駆的に創りあげたが，個別相談から問題を発見して解釈学からの接近として解釈の変更に期待するばかりでなく，授業において課題を共有しながら道を探すところに踏み込んでよい。問題に見いだされる課題を，課題として関係者の間で共有しながら子どもに還元する対処のしかたは，学校教育を新しくするのではないか。

教育学が臨床の方向に向かうべきだとの方向性を示す論者は多い。新堀道也は，『臨床教育学の体系と展開』第1章において臨床と教育の語を結びつけ，学部など，人物，学会などをリストアップしている。新堀道也も臨床と教育の2つの語を結びつけそこに「学」の名称を付している1人であるが，新堀道也の挙げる教育学系の臨床教育学を主張する人物のほかに，武田正浩(2003)，毛利猛(2006)などを挙げることができる。

田中毎実は『臨床的人間形成論へ ライフサイクルと相互形成』のなかで「臨床的人間形成論は，臨床教育学を人間形成論化した所産である」（田中毎実，2003b, p.275）と臨床教育学へのつながりを確保したうえで，「臨床的人間形成論」を称して「学」の名称は使わず，次のように要約する：「我が国では60年代以降，社会の相対的に自律した巨大な部分領域となった教育現実がさまざまな問題を自生的に析出するにつれて，教育の理論には，外部から知や技能を伝達したり指導や批判を加えたりするのではなく，教育現実の構成者たちの自己認識や自己形成に協働することが求められてきた。この課題へ応ずるためには，教育の理論はまず，臨床性，理論的統合性，自己関与性，自省性

などを確保しなければならない。求められているのは，教育理論の臨床的人間形成論への自己展開である」(田中毎実，2003b，p.272。田中毎実はほとんど同じ文章を，「臨床的人間形成論の成立可能性」：皇紀夫編著，2003a，p.70にも書いている)。田中毎実が言う教育，子どもの発達への大人の助成に止まらずライフサイクルに全体に向かう姿勢は，教育の全体性回復の一つの試みと理解できる。

臨床教育学の名称を使ったシンポジウムが『教育学研究』の第64巻第1号に掲載され，課題研究として第67巻第1号ならびに第68巻第1号で取り上げられている。第67巻第4号で田中毎実は「臨床的教育理論」と言い，第69巻3号および第69巻第4号の特集表題は「教育における臨床の知」というタイトルを使っている。この2つの特集で各論者は「臨床的視点」(松木健一，2002)，「臨床の知」(川本隆史，2002)，「臨床教育学」(庄井良信，2002b，増山真緒子，2002，窪島務，2002)と表現している。しかし，臨床に向かうことが直ちに「学」を称することになるのか，すでに臨床教育学が学問として成立しているのかと考えるとき，今，臨床に向かい，教育の状況の全体を取り戻す理論の姿を求めている段階であろう。すなわち方向性としての臨床が語られている。現在重要なのは，教育について臨床の場(field)を設定することである。したがって本論は学を称さず，教育臨床の用語で記述する。

臨床の名称が教育学において方向性を示しているとした場合，これまでの教育学の伝統的な対象である授業を臨床の方向においてとらえることになり，授業を含めた教育のあり方が問われる方向になるが，授業を臨床研究の対象にするとらえ方は多くない。臨床の名による研究は，個人を対象とすることが多い。しかし，これまで教育のイメージの中核を形づくってきた授業，学級，学校を放置することはできないだろう。教育臨床の用語を例えば横湯園子は「フィールドは教育臨床である」(横湯園子，2002，p.5)と使い[1-16]，子どもや教員に関わるが学校教育や授業を問題にするわけではないのは，心理臨床からの教育への接近だからであろう。河合隼雄は授業ケース研究に参加して「授業の臨床教育学」の用語を提出(河合隼雄，1995，p.191)している。教育学に携わるそれぞれの研究者は授業への関わりをもっていても，必ずしも授業，学級，学校に目を向けて臨床の名の許に主題として論じているわけではない。これまで教育のイメージの中核を形づくってきた学校教育における授業を臨床研究の視野に入れている研究者も，個別の子どもの問題に手を取られて，授業と学校のあり方にまで踏み込みにくいのであろう。小林剛は，教育学，心理学，福祉学を基礎に(小林剛，2002，p.30&31)，学校を視野に入れた臨床研究を展開している。教育学というときに，しかし，授業，学級，学校を問わなければ教育を素通りしてしまう。すなわち近代教育学の主たる場所であり，またさまざまな子どもの問題を再生産している場所を素通りしてしまうことになる。教育における臨床は，個人のケースを取り上げると同時に，授業，学級，学校，家族，コミュニティ，文化圏をも取り上げて，教育を全体としてあつかう必要がある。かかえた課題からの恢復は，個人に帰せられる問題の範囲に止まるわけではない。

教育臨床を事とする専門家として，教育においては，医学や心理学領域のいわゆる専門家のほか，教育学者が臨床を語ってきた。教員はむしろ医学や心理学の臨床家の対象になるか教えを請う非専門家と見られがちで，教員が臨床場面について発言することは多くなかった。しかし教員が教育に関わる専門家であり，子どもに関わる場面に介在している当事者である以上，教育学は，教員を教育臨床家として扱う，あるいは育てる努力をするべきである。教員が子どもを全体として見て，支える以上，教員は教育臨床家である。

1-2-Ⅲ-3　教育学以外の方向と教育臨床

教育分野の臨床へと向かうのは，教育学に限ら

ない。日本教育社会学会は『教育社会学研究』第64集(1999)の学会50周年を「教育社会学の自省と展望」と題した特集にあて，その冒頭に名越清家が教育実践と教育社会学の関係について総括している。「教育実践と教育社会学 ―教育社会学研究のアクチュアリティ―」と題した論考で名越清家は「『教育問題』にかかわる教育実践と教育社会学」について志水宏吉が「臨床学的学校社会学の可能性」について論じたことに触れ，「このような（事例研究―引用者註）方向性も教育実践に重要な示唆を与える可能性が高いと考えられる」(名越清家，1999, p.10)と評価している。ここでは，臨床研究は教育実践に関わる研究に分類されている。

2000年に出された『臨床社会学のすすめ』は，はしがきで「『臨床』には2つの意味が込められています。1つは，…社会学の理論や知見を現場に応用するという意味での『臨床』です」「もう1つは，『臨床』という現場やそこで行われている実践を研究対象とするという意味です」(大村英昭，野口裕二，2000, p.i, ii)と，臨床の定義を述べ，理論の応用，ならびに現場を研究対象に，との2つの枠組みを記述している。理論と実践との2項分類の思考枠で「応用」と「対象」が臨床の用語の許に語られている。

2004年になると『教育社会学研究』も「教育臨床の社会学」の特集を組む。そのなかで酒井朗は冒頭の論考「教育臨床の社会学 ―特集にあたって―」において臨床の用語が「現場の諸問題に対する何らかの方向を示すだけの実践性を備えた学問研究を目指す上でのキャッチフレーズであり，様々なセクションが『臨床教育学』や『教育臨床学』といった名前のポストを新設することで生き残りを図ろうとしている」(酒井朗，2004, pp.5-6)と「臨床ブーム」(酒井朗(2004)，p.6, 7, 11など)について評している。「臨床ブーム」の用語は，古賀正義も「構築主義的エスノグラフィーによる学校臨床研究の可能性 ―調査方法論の検討を中心に―」において「さながら臨床ブームの様相」(古賀正義，2004, p.39)と評し，「元来学校社会学は，現場主義の色彩が濃い領域であった。教室の参与観察研究や学校組織文化の調査，カリキュラム編成過程の分析など，教育実践のプロセスに密着した実証研究がその存在価値」だと言う。

紅林伸幸は同特集の「教師支援における『臨床的な教育社会学』の有効性」において，「臨床心理ベースの臨床教育学的な関与」をおこなう多くのスクール・カウンセラーが「相談の技能的な専門家ではない心理療法家的な臨床心理士である」ために「教師への直接的な支援についてほとんど無力であることを意味している」(紅林伸幸，2004, pp.66-67)と下山晴彦の2001年『講座臨床心理学Ⅰ 臨床心理学とは』の論考を援用しながら述べている。紅林伸幸は「臨床心理ベースの臨床教育学的な関与」について，3つの限界と制度的宿命の4点を指摘する。1つは，「心の問題を発達上の課題として捉え，又は自己の確立に関わる問題として理解し，クライエントの問題の解決ではなく，発達あるいは自己の確立を支援する」点，2つに，「心理療法的な対応が問題を個々の個人的な内面に返していく傾向があること」，3つに，多くのスクール・カウンセラーの支援が教師の「同僚との協同的な関係の構築に直接的かつ即時的に貢献することはない」点を挙げ，4つにスクール・カウンセラーの「外部性という特性は，教師とスクールカウンセラー間にディスコミュニケーションや守秘義務をめぐる両者の不理解を生んだもとになっているものでもあり，臨床心理学やカウンセリングの必須とする共感的な関係とは一致しない」と批判し，「こうした臨床心理学の限界は教育社会学にとっては反面教師となろう」と述べる(紅林伸幸，2004, pp.66-68)。紅林伸幸は，「観察する主体から，参画する主体への転換」による「学校づくりへの主体的な参画」に期待して「教育社会学がその固有の学的性格の下に教師を支援することを構想するとき，学校づくりへの主体的な参画はその一つのモデルとなる」(紅林伸幸，2004,

pp.70-71)と述べている。

　しかし参画は，紅林伸幸が言うように「どのような学校を作るのかという理念に対して，教育社会学がどのような関係をとりうるのかという問いをもたらす」(紅林伸幸，2004，p.72)とともに，紅林伸幸は書いていないが，参画し続けて当の学校のスタッフになるのでなければ，研究者としては，参画からどこで手を引くのかの問い，すなわち参画の拡大を冷静に見る必要をもたらす。

　住田正樹は「子どもの居場所と臨床教育社会学」において，直裁な指摘をしている。すなわち「教育という営みは本来が子どもに対する臨床的な活動ではなかったか」(住田正樹，2004，p.94)。住田正樹の臨床のイメージは個人を対象とするところにあり，その点では臨床心理学の個人と並べることができる。「社会的文脈における個人を対象とするところに，個人の内面に働きかけようとする臨床心理学とは異なった，臨床社会学の特徴がある」，「臨床社会学が社会的文脈における個人を対象にするとすれば，具体的には教育問題は個人の発達に関わる問題となる。個人の発達に関わる問題を社会的文脈のなかで理解しようというわけである」(住田正樹，2004，p.99)。なお住田正樹は連想法という用語を使っている：「子どもに自らの過去と現在をありのままに語らせることが必要である。そのありのままの語りがデータとなるからだ(連想法—原著者による括弧書)」(住田正樹，2004，p.103)。

　子どもが個人として自分を語ることがどこまでできるか，連想としては1つの連想から引き続く連続連想を求めているのか，するととりとめのない思いつくままを社会学のデータとしてどう処理するのか，こうした困難を考えると，本論のように提示語を示し，時間を区切っての連想を情報論上の処理によって視覚化する技法が教員にも臨床活動の場において使える。

　1999年に出された『システム論から見た学校臨床』は，学校臨床が「心理面接ではなく」，学校にはすでに「担任や学年会，教育相談委員会や生徒指導委員会など，学校に相談や援助のための機能や組織が備わっている」のだから，「学校システムとの『より良いおつき合いの仕方』」，ならびに「援助をサポートするためのコンサルテーション」すなわち「相談を担当している専門家(学校では教職員)への援助」(吉川悟，1999，pp.3-4)，の2つを行うのだという。この臨床だと，子どもも教員も，現行の学校の委員会や学校システムから基本的に逃れられないだろう。それはしかし，組織が組織維持のために動くが，個人の課題を解消するように動くわけではないという学校組織の基本的課題を思えば，組織を優先して個人の課題に道を閉ざすことになりかねない。学校システムに関わる教育臨床支援は吉川悟のいうように必要な方向であるが，学校システムのコンサルティングと改善をうちださなければ，関係において生じる個別課題を十全に支援できないだろう。

　『ナラティブの臨床社会学』を読みながら，野口裕二は臨床を既存の範囲に狭く限定したように見えた。「自己や物語が社会的に構成されると考える」バーガーとルックマンを肯定する(野口裕二，2005，p.100)と，子どもが日常に紡ぐ世界も授業も自己と物語が構成する世界であろう。登校できなかった子どもが，所属する集団が変わると登校する例は，自己についての物語を支える集団の意味の重要性を示唆するが，野口裕二は，集団療法である精神分析的集団精神療法，日常からの離脱としてのエンカウンター・グループ，治療共同体，セルフヘルプ・グループに集団を限定する(野口裕二，2005，pp.107-110)。それはすなわち，医学と心理学が構成した臨床の場で社会学の意味を問おうとしているように見える。既存の場で受け入れられることに限定しなければ，「状況のなかでなんらかの位置を占めるためには…最初はボランティアとして，あるいは，研究者というポジションから出発して，時間をかけて徐々に独自の役割を獲得していくのが自然…いずれにせよ重要なのは，

傍観者的姿勢を捨てて，その場の問題になんとか貢献しようとする姿勢，つまり，当事者のひとりとしてその場に居るという姿勢であろう。(段落—引用者註)もちろん，姿勢があればよいというわけではない。そうした姿勢のうえで，社会学の独自性と有用性を示さなければならない」(野口裕二，2005, pp.120-121)というふうに日本的にストイックに苦しむこともないように思う。その点では，教育は本来臨床的な活動だと，教員を臨床の仲間に入れるほうが，子どものかかえる課題を解決するために近いし，正攻法であろう。臨床は，臨床の名をかぶせた既存の制度による専門家だけの世界ではない。すると教育学としては，いわゆる専門家を批判的に教育の全体に位置づける作業をおこなうことになる。専門家は全体に位置づけられて意味をもつ。いわゆる臨床の専門家を必要とする子どもを共にかかえ込みながら，授業はおこなわれるのだから。

臨床は，本来，庄井良信が言うように「死の直前の洗礼儀式に象徴されるように，擾乱に佇む他者に臨在し，その苦悩を感受しながら表現する場という意味がその核心に内包されている」(庄井良信, 2002a, p.69)ならば，1. 死は個人に属し，生の只中ではなく，切り離された場所でおこなわれる，2. 他者は感受と表現によって意味を死に向かう者と取り囲む者とに確認する，3. 死に向かう者の課題を代わって解決するわけではない，4. 臨床は死の到来(もしくは生への復帰—原著者註)とともに終結する，ことを含意するだろう。医療と心理とが関わる臨床は，日常からの離脱によって臨床の過程が始まること，病名を与えて意味を与えること，臨床の技法としてあるいは人間として共感はしても臨床家が解決するわけではないこと，臨床場面からの離脱によって終結することから，確かに死の臨床の比喩によって核心を説明できる。だからといって，生のただ中においては臨床が成立しないことをその核心に内包していない。臨床は，死の場に限定されない。生のただ中において，生から切り離されないままでの臨床を設定するところに，教育臨床を称する意義がある。すると，教育における臨床は，以下のようになろう。

1. 生から切り離されることなく，人がつながりあった生の過程の場で，何らかの課題をかかえている場合におこなわれ，
2. 臨床家(教育では多くのケースで教員であろう)や研究者は感受と表現によって課題の意味を，生の過程に共にある者に確かめながら解決を図る，
3. しかし解決は他者によってなされるわけではなく，課題の解決と共に，あるいは日常性の恢復と共に終結する。

いわば，教育を含む，人の織りなす関わりの場に臨む臨床が本論の臨床である。したがって臨場と称していいのだが，そのような表現がないため，臨床の用語を使う。

研究者にとって，参加がすぐれた研究の方向として近年語られるけれども，研究者はいつか引き挙げることになる。その潮時は，課題が何であるかを確かめ，解決を臨床の場に関わる人々とともに見いだし得たところで，後は教員なり臨床家に委ねて，終結することになろう。臨床は，冷静であるという意味で，これまでの熱い実践とは異なる。

子どもにとって，自らの課題を語り，日常から離れた場所，病院やカウンセラー室に赴くことは難しい。死の床にある者も，先の説明のイメージとしては大人であろう。すると，子どもを考えての臨床は，とくに課題を探る努力を要する。とくに子どもの場合，課題を見いだす支援を必要とする。どのように課題を見いだすのか，そこに，子どもに耳を傾け，教員と臨床家，研究者が共同で関わる必要がある。教育に，準備された教材を教えるイメージが強いだけに，ティーチングに偏らず，どのように聞き取り，どのように課題を設定するかケアを含む点で，臨床の用語を強調する意味がある。

日本臨床心理学会の分裂から日本社会臨床学会

の成立経緯を説明しながら，山下恒夫は臨床という場が教育において他の領域と同様に語られるはずであった旨を，「少なくとも『教育，福祉，医療，産業等の諸領域』の人たちは対等であると思われていたのだが，最終的には『医療』領域の人たちだけがクローズアップされ…」(山下恒夫，1995，p.18)と記している。そして社会臨床という用語に「"病い"観，"教育"観，等の問い直し」，「〈当事者〉として介入すること」，および「その（癒しの―引用者註）社会的条件を追求すること」(山下恒夫，1995，p.40)を託している。臨床からの教育観の再考は，必要な方向である。

岩崎久志は，教育，福祉，医療，産業を対等に見る臨床とは別に，教育臨床の用語を掲げて，教育臨床へのソーシャルワーク導入の必要を主張する。岩崎久志は「教育領域における『生活臨床』の支援アプローチとして」，「学校を基盤とした，福祉的な視点に基づく子どもの生活全般を対象とする多面的な支援こそが」(岩崎久志，2001，p.6)求められるという。「有効な連携支援態勢を築き，問題解決を図っていくには，児童・生徒の生活を視野に入れた環境調整やチームによるアプローチがますます必要になってくるといえる。つまり，学校におけるカウンセリング機能を充実させるだけではなく，児童・生徒の成長を阻害していると考えられる家庭生活，学校生活，地域生活といった環境要因にも目を向け，環境に対しても働きかける多面的な援助方法が必要になってくる」(岩崎久志，2001，pp.7-8)と，子どもの生活から課題に対応するソーシャルワークの必要を訴える。その際，「現在の教育システムに対する批判的な視点と改革への取り組み」(岩崎久志，2001，p.8)が必要になるとの認識を示す。ソーシャルワーク，技法をともなう実践的な動きと共同して，教員が臨床家として加わって子どもを支える態勢ができる。

屹立する理論から見てタクトは，理論にしたがってうまく実践を遂行することであったが，教育における臨床の場合，子どもに耳を傾け，状況を読み取り，課題として表現するタクトを考えていい。そもそもタクトは，子どもの状況と教育意図とのずれを受けとめることによって対応のうまさが生まれるのだから，受けとめることが要件である。気づくことにタクトがある。教育臨床の場で状況を教育として見る目について，子どもとの関わりによって生じる状況をどのように受けとめ，判断し，応答することが，教育なのか，反省による意識化は臨床の場で行われる旨を記したが，すると受けとめ見いだすところにタクトが働くことになる。マーネンの言葉を使うならば，「『この子はこの状況をどのように経験しているか？』という本質的な第一の問い」(M. v. マーネン，2003，p.16)に答える思慮深さが必要であり，そして「教育学的思慮深さは，ある種の見ること，耳を澄ますこと，応答することによって支えられている。思慮深さのこの基盤の上に，私たちと子どもたちとの関わり合いにおける教育的タクトは育まれる」(M. v. マーネン，2003，p.23)。すると，子どもの課題を探りだす目をもつことがタクトになる。子どもの課題は，連続性を基盤とする教育の営みに限定された視野の狭さによってよりも，非連続の生の営みを考慮に入れた目によって見いだされ，連続した過程の否定としてではなく，時に新しい始まりとして見いだされる。タクトは理論のズレをつなぐしもべではなく，教育としての関わりの導き手になる。教育の計画できない側面に気づき，応じることは，教育の本質に向かうことである。本質的な課題を臨床場面に生じる事柄に見いだして応じることは，O.F. ボルノーの言葉を借りると「人間存在の本質に」(O. F. ボルノー，浜田正秀訳，1973，p.69)応えることになる。

教育臨床の場にある個人が，つながりにある1人だととらえられたとき，その1人が体現するものを，教育の課題として受けとめることによって，教育臨床における課題が成立する。子ども集団において最初からつながりのあり方として課題が生まれていることもあろう。課題は，地域や社会が

子どもにもたらす影の場合もあろう。そうして見いだされる課題が道徳に関わるならば，道徳の時間が課題に対応して設定されればいい。

土谷みち子は課題の設定を保育者として「『気になる』から始める」と表現している。土谷みち子はいう：「子どもや親の多くは，保育現場に心身の不調を訴え，それについて治療や療育，またカウンセリングの要求を直接的にもち込むことはほとんどありません。保育者は，親子が心身の問題を抱えていても，いわゆる『主訴』がない，または見えにくい場にいますので，医療的行為や心理的行為が求められる場とは，違う対応を迫られます。それゆえ，保育者の専門的な視点から，『気になる』と感じることは，とても重要な意味をもちます」（土谷みち子，2005，pp.10-11）。

また土谷みち子は，個人をつながりから切り離さないこと，したがって秘密にすることよりも解決のために必要な人のつながりを取り込んで課題に取り組む臨床の姿勢を強調している。土谷みち子は次のように説明している。「保育者と子どもや親という，一対一の関係を導入して臨床的にかかわると，とても特別な治療的行為となりがちです。臨床的に保育をする場合は，子どもや親と信頼関係を形成するまで，また子どもにある行為を獲得することが大切と保育者間で認識された場合には一対一対応も必要ですが，その後は保育場面にかかわる，さまざまな人間関係を複合的に取り入れることを大切にします。なぜなら，臨床保育は，日常性の回復を目指すからです。地域のさまざまな人間関係のなかで，子どもを育てることにつなぎたいからです」（土谷みち子，2005，pp.19-20）。ここでは，保育者（教員）が課題を見いだし，教育臨床を担い，必要な関係者を組織している。教育臨床の場にある教員の動き方を指し示している。これは，教育臨床の出発点である。

第2章　道徳における評価

　第2章では，道徳における評価について論じる。本論は「道徳授業そのものを1つのまとまりと見なして行う評価については，まだ真剣に論議されていないのではないでしょうか」との日本道徳教育方法学会の創立時の提起に応えるものである。

　論述として第2章では，道徳授業を評価することができるかの疑問からはじめて，行為によって評価する，道徳的実践力を評価するとの答，道徳判断の評価，授業チェック表を取り上げ，道徳授業1時間で何を評価するのかについての要求に連想法が応えると論じる。さらに，日本における授業展開の型と評価を軸に，戦前，戦後，今日の道徳授業と評価について，近代日本の学校教育における道徳からはじめて，学習指導要領の変遷，教科調査官の関わり，今日の多様な道徳授業論を見ておく。

第1節　道徳授業における評価

道徳授業を1つのまとまりとして評価する

　日本道徳教育方法学会は，機関誌『道徳教育方法研究』の1995年創刊号において「道徳授業の評価はどこまで可能か？」のテーマを取り上げた（日本道徳教育方法学会，1995，p.56）。その問題提起文は，「道徳授業そのものを一つのまとまりと見なして行う評価についてはまだ真剣に論議されていないのではないでしょうか」と切りだす。道徳教育について論議するとき，道徳授業を問う姿勢は首肯できる。道徳授業は学校教育において意図的で体系的な道徳教育が設定される場であり，また，補充，深化，統合（道徳教育実施要項，1958，p.3。また小学校学習指導要領，2008，p.105。中学校学習指導要領，2008，p.118）として語られる道徳教育の結節点であるから，授業を1つのまとまりとして評価することは，授業によって学校教育を構成する以上，必要である。

　道徳授業は，子どもに何が起こったかによって問われる。1つのまとまりというとき，子どもの意識を授業の場において1つのまとまりとしてとらえる見方が浮かび上がる。1つの授業は，1人1人の参加によって成り立つと同時に，子どもの意識の交流において成立するまとまりであり，個人はその場において意識を抱いている。つまり授業によって構成される学校の教育を評価することは，子ども個人に解体したうえで個別の能力を評価することと等価ではなく，授業を1つの全体として評価しようと志すことになる。授業における子どものコミュニケーションの結果を1つのまとまりとして評価するとき，授業が子どもの意識に何をもたらしたかを評価（assessment）することになる。

　道徳授業の存在意義を問うこの学会の姿勢は，さらに『道徳教育方法研究』第3号において「1時間の授業で子どもの何が変わるか」を特集する（日本道徳教育方法学会，1997，pp.82-128）ところに現れている。

　以下，この2回の特集を中心に，日本の道徳教育における授業評価の現状を考える。

2-1-Ⅰ　道徳授業評価への疑問

　授業を1つのまとまりとして子どもの意識において評価する趣旨は広がっていない。

　一般に道徳授業評価というと，1時間の道徳授業において子どもの道徳性について語ることを疑問視する考えに出会う。子どもの道徳性を子どもの人格に関わると受けとるとき，子どもの人格が

1授業時間に変わるのかを疑問視するのは当然である。『道徳教育方法研究』第3号シンポジウムの問題提起が，45分または50分の道徳授業1単位時間について子どもの道徳性を論議するのは答の出ない問いである旨を，越智貢が2回の特集においてシンポジウム参加者として展開する。「45分で子どもたちの道徳性に対して何ができるのか」「1年間，あるいは6年間という時間」を考える必要がある（日本道徳教育方法学会，1995，p.92およびp.98），と。同じ立論が，「1時間の授業で子どもの何が変わるか」と設定した1997年の『道徳教育方法研究』においても提起される。越智貢は「変わるはずはないじゃないか」とテーマ設定の趣旨を問う（日本道徳教育方法学会，1997，p.120）。授業1時間で子どもが変わるのかは，道徳授業評価に関わる基本的な問いである。

道徳授業において情意を含む評価は難しいとの表現はさまざまにおこなわれており，1時間で道徳についての変容を否定する感覚を支えている。情意評価の困難について水越敏行は1983年に『授業と評価ジャーナル3集／情意領域の評価と指導』序文に次のようにいう。「認知や技能の領域では，指導の手だてや，評価の方法・道具が，はやくから開発されてきた。それにくらべて，情意の領域では，立ち遅れが目立つどころか，最近になってやっと，実践や研究の対象にのぼるようになった」（水越敏行，1983，p.5）。その理由として水越敏行は「一つには，学校教育のめざすところが，長らく知識の伝授にあったこと，二つには，情意領域の中身が未分化であり，外観可能でないものが多く含まれているために，計画的な指導と評価がしにくいこと，そして三つには，情意は外から教え込んだり，形づくるものではなく，児童生徒の内から湧き出してくるものであるから，間接的な条件づくりや助長に，教育的働きかけの主眼がおかれることになる。いきおい，その指導や評価の技術は，非常に高度なものとなり，一般化もしにくいこと，などがあげられると思う」（水越敏行，1983，p.5）という。水越敏行の言表は，よく考えてみると疑念を生じるが，おおかたの感覚を言い表している。学校教育のめざすところが長らく知識の伝授にあったとの点は，学校教育の目的が人格の育成に，あるいは子どもの道徳性にあった時期を考えると，「長らく」の指すところがわからない。しかし，知識の伝授が授業を構成する意識の大部分を占めていることは確かであろう。また，情意領域の内容が子どもの外にない点が2つ目と3つ目に登場している。外にあるか，内にあるかの点は，例えばプラトンの想起説を考えると，知ることについての論が必ずしも知識が外にあると考えてきたわけではないことがわかる。しかし，おおかたの教育では外にあるものを学ぶイメージであったのは確かである。そして子どもの情意を，知識のようにもとは外にあったものを教えたうえで，評価段階で再度外に出させて，もとの形と同じならば理解していると判断するイメージで説明することは難しい。3点目は，情意が未分化である点であるが，未分化との言い方は，分けて評価する構えからの表現である。逆に分けずに一体として評価していいのではないか。知識も人となりにつながらなくていいかは，問われるところだから。

情意について，内にあるから見えにくい，未分化だから分析しにくいと，おおかたの人が頷くだろう思考は，外にあったり分化しなければ評価できないとの構えによって評価が考えられてきた点を表明している。水越敏行の情意評価の困難の言表から，逆説的に情意評価の技法の答を提出できるように思う。この，分けて外に出したものを扱う評価の態度は，逆に，未分化なまま子どもの内にあるものを提出してもらう，そのように考えれば解決するというのは単純にすぎるだろうか。水越敏行の情意評価の困難についての論を見ていると，逆の発想，つまり内にあるものを未分化なまま出してもらう技法の必要にたどり着く。本論が提出する連想法には言葉を使う制約はあるが，思

いついたことを未分化なまま出してもらう，それをいわばCTスキャン画像のように処理して解明する評価技法を開発したことになる。そして，これも水越敏行が困難に感じている点の逆，一般化あるいは学問上の普遍性よりも，個別的であるところにこだわる教育臨床を主張する構えによって，情意面を含む評価は扱いやすくなるだろう。

とはいえ本論の主張する連想法を説明する前に，困難といわれる道徳授業評価についてさまざまな考えを見ておきたい。

1時間の道徳授業を評価する試みを疑う立論として，1．長時間を要する，2．私事である，3．道徳的能力の存在に懐疑的な考え，の3つを取り上げる。

「大部分の教師は，生徒の態度とか価値とか興味とか鑑賞能力といったものの成績を記録するのは適当でない」と考える理由が『教育評価法ハンドブック─教科学習の形成的評価と総括的評価─』(B.S.ブルーム他，梶田叡一他訳，1977，p.317)に2点挙げられている。この2点は「情意的諸目標の行動的言語での定義」(B.S.ブルーム他，梶田叡一他訳，1977，p.319)によって情意目標が評価可能であるとの前提として記述されたものであり，著者であるB.S.ブルームらの主張の本旨ではない。2点とは，1つは，情意的目標は長時間を必要とするため評価できない，2つには，私事であって教師が評価する対象にあたらないとの趣旨である。曰く「認知的目標と違って情意的目標は，1週間とか1ヶ月とか1学期とか1年とかの短期間の教育では達成されないので，学校場面では評価することができない」，「学業的な能力と違って…，公的というよりもむしろプライベートなもの」「情意的生活は…プライベートな性質のものなので，教師はこの領域で評価的判断をするもの(ママ)を躊躇するのである」(B.S.ブルーム他，梶田叡一他訳，1977，p.317)。

道徳的能力という独自のまとまりに懐疑的な考えがある。すなわち，ハワード・ガードナーのように道徳的知能を否定する意見の前では，道徳的な能力を育成するという言い方は危うい。ハワード・ガードナーは「道徳的領域の中心的な構成要素は，行動の主体として関与するという個人的な感覚」であり「知能ではない」という(ハワード・ガードナー，松村暢隆訳，2006，pp.109-110)。「心理学者のローレンス・コールバーグや，キャロル・ギリガンのように，主として〈道徳的判断〉に焦点を合わせることはできる。…そのような推測は哲学の理解のレベルのもので，道徳的領域としての固有性は弱い」「〈道徳的行動〉に焦点を合わせることもできる…。(しかしこれは─引用者註)個別的な知的領域というより，より確立された習慣を扱っているのかもしれない」(ハワード・ガードナー，松村暢隆訳，2006，p.109)。

日本における道徳関係学会での論議は，おうおうにして道徳の時間が設定されているところから出発するために，道徳というまとまりを設定することが妥当であるか，公教育が扱っていい事柄かの論議に立ち戻ることはない。しかし，専門性の根拠として，道徳性というまとまりが適切であるかは考えていい。世界には，宗教教育，市民教育などに道徳を含める形もあるのだから。領域の独自性の論議なしに，専門の教員，教科書といった論議をおこなうことは，学問上は危うい。

私事に立ち入るとの論点は，『道徳教育方法研究』では表面に出ていない。学会の論議でこの点をあえて論議に上らせる必要はなかったと思われる。教科の知識，教科書に書かれた事柄は私事ではなく公共の知識であるにしても，ある子どもが教科について何を知っており，何を知らないかは私事に属する。教科学習の評価結果といえども，教育機関内で子どもの育成のために使用されるという，範囲と目的を確認した評価取りあつかいの原則は，シンポジウムの参加者に了解済みであったと推測できる。教科学習以上に，道徳性の評価において注意深くある必要は，共通の了解であったと推測する。

しかし，公教育が個人の人格育成にどこまで踏み込むかは，論議されていい[2-1]。国家や地方公共団体が個人の道徳性にどこまで踏み込むかの論議は，道徳授業遂行の前提であり，道徳授業で子どもの人格をつくるかのような張り切り方あるいは思いこみは危うい。公教育が個人の人格育成にどこまで踏み込むかは，学校教育の範囲がどこまでかの論議であり，学校とは何かに関わる論議としておこなわれるべきである。その結果，道徳教育は国家が統制する学校ではおこなわないとの結論もあり得る。学校の組織主体と学習内容編成の主体が誰であるべきか，また学校教育の守備範囲はどこまでかの論議はしかし，本論の範囲を超える。道徳授業評価を論じる本論は，道徳訓話が私塾でおこなわれようとも，その成果は評価の対象となると主張するし，また適当な評価技法が用意されるべきであるとの立場に立つ。本論で提示する連想法についていえば，子ども1人1人の評価としては使わないとの原則を掲げて，個人の私事に立ち入る危うさを回避する。

B. S. ブルームらの『教育評価法ハンドブック―教科学習の形成的評価と総括的評価―』は，情意面が私事であるとのためらいに対して，匿名による評価という解決策を示す。「学級について情報を集めるのに匿名性を保証するような方法を使うことができる。このようにすれば，個人のプライベイトで私的な情意的能力を格付けすることなしに，カリキュラムの情意的目標を形成的にも総括的にも評価することができる」(B. S. ブルーム他，梶田叡一他訳，1977，p.319)。学校教育における情意面の評価の必要は，以下のように語られる。「学校教育の目標群の中に，認知的諸目標だけでなく，『探究心』『法律や学校のきまりに従う』『実数系の構造を認め味わう能力』『名曲を楽しむ』『名作を読み味わう』などといった情意的な成果も含まれるのであるならば，こうした諸能力を形成するカリキュラムの有効性が評価されなければならないはずである。評価しなければ，カリキュラムや教育方法などを修正するための情報が得られないからである。更に，…このような側面（情意面―引用者註）の評価ができなければ，教育の情意的側面が無視されてしまい，言語―概念的教授のみが強調されるということにもなるからである」(B. S. ブルーム他，梶田叡一他訳，1977，p.318)。道徳教育も同様に，カリキュラムとして組まれる以上，評価が必要である。しかし，情意面の評価は可能なのか，またいかにして。

2-1-Ⅱ　行為を評価するか

B. S. ブルームらは情意目標を行動の言語で定義することを提唱する。行動の言語で定義する例として挙げられたのは文学鑑賞であるが，道徳資料の読み取りとしておこなわれる通常の道徳授業に応用できる。ここでは「7つの一般的行動」のうち6番目，自己同一化を経た後の資料の視点に基づく自分への反省過程を取り上げる。この反省過程が道徳上の意味をもつと同時に，道徳授業におけるふりかえりと重なる。道徳資料による道徳上の視点の獲得とふりかえりは道徳授業の根幹をなすからである。以下，引用する。

6．鑑賞したものによって提起された人生上の諸問題に関して，自己の思考を整理したいという要求
　6．1　読んだものが扱っていた人生上の諸問題について，自分の考えや感情，情報などを説明しようとする。
　6．2　これらの問題についてもっと情報を得るために他のものを調べる。
　6．3　類似の問題を扱っている他の作品を読む[2-2]。

ここに挙げられた行為と行為への意欲が見られれば，子どもに「内面化の水準」が見られたと評価する。「これらの行動をしているという証拠となる行為および言語反応の例をあげて，各々の行動を明確なものとした」(B. S. ブルーム他，梶田叡一他訳，1977，pp.323-324)と説明され，これらが行動

的言語での定義になる。教員は子どもの行為を観察し，6に当てはまるかどうかを判断するとともに，子どもに次の質問をして「はい」または「いいえ」で答えてもらう。「この小説を読むことによって，いろいろな場面で人がそのように行為する理由を，より明確に理解できるようになったと思いますか？」(B. S. ブルーム他，梶田叡一他訳，1977, p.324)。「はい」と答えれば，読んだものと生活との結合に至ったとの評価根拠となる。

行為と行為への意欲を示す情意諸目標基準で日本の学級全員をチェックすると想定すると，1人1人の子どもについて教員が21項目をチェックして回り，または子どもに質問紙に答えるように促す作業を要請することになる。このチェックは必ずしも現実的ではない。1つは作業量の問題であり，2つには「はい」「いいえ」の回答基準の問題であり，3つには複合する要因，多様な関心から動く子どもについて1つの道徳資料の影響かどうか見極める難しさ，の問題がある。すなわち，授業後に続く偶然の要因が資料を補強または否定して，その情報が授業の情報に対するメタ評価となって子どもの態度が決定される。授業ではそういう話だったけど，実際は違うとメディアが伝えるか，友だちが言うかどうかは，子どもの道徳上の価値に対する態度にとって重要である。授業の情報を評価する家族や子ども集団による情報が授業そのものよりも子どもの態度を決定する要因となる構造は，このチェックリストからは読み取れない。チェックリスト使用にあたって，子どもの生活，ピア・グループ情報までを尋ねる必要があるとなると，再びチェックリストの作り方や作業量の問題に行きつく。行為への現れによって評価するやり方は，当該授業から離れた場面での子どもを問う構造になり，授業外の要因が働くとともに，文学鑑賞や道徳資料について子どもの属する階層文化を評価する結果になりかねない。

行為への志向によって評価するやり方は，行為の場である生活や友だち関係を評価対象に含み込むために，授業外の情報と要因を取り込む評価になる。

行為へと向かう子どもの動きによって評価するやり方は，授業の範囲で一定の授業目標を達成したいと意図する教員の営みから離れたところで，生活世界の要素を組み込んで進行した事態に目を向けることになるが，これをエピソードとして評価する場合，授業後の広範な影響を認めようとする目として，有用である。教員は意図的に変化させることができる要素「独立変数」[2-3]によって基本的に授業目標を組み立て，それ以外の変数を考慮しながら，一定の目標達成に到達する過程として授業を構想する。立てた授業目標と方法と授業素材による学習の有効性を知るために評価をおこなうが，目標から構成する枠組みの思考に閉じられない展開に留意する目的のために，6として例に挙げたような行動変容の基準は意味がある。その時間の目標に関わる反応のほかに，他の学びの過程と関連して，あるいは数年後にふと思い出して，再びある作品を読む，ほかの作品を読む，という流れを位置づける役割を果たす。一定の目標が，生の過程で位置づけ直されていく，文学作品のそして力のある道徳資料の意味を，理解する目を提供する。授業後の話は，通常エピソードとして処理されるが，エピソードとして語られる物語はメタ評価情報を含んで生活とつながっている。授業がより大きな文脈に組み込まれて語られるとき，物語は大きな意味をもつ。授業内容が人の育成に資するのは物語に組み込まれるときであるとも言える。

多くの教員が必要を感じている，授業に絞っての評価においても，行為による言語で授業目標を評価可能な形に具体化する努力は意味がある。子どものどのような動きが，授業の目標に至ったと評価しうる事態なのか，道徳授業の目的となる価値項目から，学級の子どもの目標へと具体化することによって授業は評価可能になる。

B. S. ブルームらの例示した評価基準は，授業

外の行為を含んでいると同時に、授業において子どもが行為し、自分を語る、座学ではない授業のイメージを含む。子どもが例えばプロジェクトとして作品鑑賞をおこなう場合、教員は面談しながら次のステップへのアドバイスのために行動的言語による基準を利用する意味がある。子どもが動く授業を、授業者は組織し支援する役割を担う。子どもにとって座学ではない授業の必要は、日本において大きい。子どもが行為する授業において、行為の言葉によって具体化された評価がいきる。

B. S. ブルームらが示した評価は、授業の評価として行為を見ようとするものであったが、道徳性の評価として行動に拠るとの主張がある。道徳教育に関して深沢久は「『道徳性』は、心の内部（口先や文章）で判断するのではなく、実際の行為で判断すべき」（深沢久, 2004, p.259）との原則を掲げ、数値化して点検すると主張する。具体的には「1．今日朝六時半までに起きたか。2．家を出るとき元気よく、行ってきます、と言ったか。3．昨日家で家事をしたか」などである。これは、「道徳教育とは個々の行動ができるようにするという教育ではなく、内面的な資質の育成である」（横山利弘, 2007, p.20）、「道徳教育の目標は行動の習慣化ではありません」（横山利弘, 2007, p.21）という横山利弘からすれば、「生徒指導や生活指導と道徳授業の区別がついていない」（横山利弘, 2007, p.189）ということになろう。これに対して深沢久は、「授業を含めた『道徳教育』を"相手"にする」（深沢久, 2004, p.263）のであり、「『道徳性』の数値化は可能であり、そのシステムを学級に確立すべきである」（深沢久, 2004, p.256）と主張するのであろう。深沢久の指摘する点は、本論序章で述べた W. クラフキ流に理解されたヘルバルトの「訓練（Zucht）」、すなわち若い人々の道徳上の自己教育の行為における支援を意図している、と理解できる。つまり、生活訓練が道徳上の自己教育を支えるというつながりである。

しかし、行為への現れによって評価するやり方は、とくに道徳教育の場合、いわゆる内面性を考慮しなくてよいかの問いを惹起する。行為への意欲に現れた態度を評価するやり方は、子どもの意識のなかで何が起こっているか、動機の内実に届いていない。つまり、道徳授業の何を評価するかは、道徳授業が何をするのかを問うている。

道徳授業が、子どもの行為を規定する時間なら、めざす行為が子どもに出現したかによって評価される。道徳の時間が行為する時間ではないとしても、道徳授業の終わりに行為への決意や意欲が現れたかによって評価される。行為にせよ行為への態度表明にせよ、すると、道徳の時間は行為への指示または命令を含むことになる。行為への指示が人間形成であるのか。軍隊、上意下達の行政組織は、人間形成を主眼とせず、指示または命令によって動く。教育の場合、組織の構成員が組織外の目的に向かって動くべき組織ではなく、子どもという構成員の育成が目的であろう。どう行為するかは子どもが自由によって決める。道徳教育は行為を期待するが、子どもが自ら望ましい行為をすることを期待しており、行為への過程をあつかう。すなわち判断として、心情として、意欲として子どもを形成する過程をあつかう。子どもの形成は自由を前提としており、指示によって行為を求める過程とは区別されるべきである。

ところが今日おこなわれている道徳授業は、密かに、命令を含んでいる例が多い。すると道徳授業は、授業者の意図を読み取っての行為への決意表明が授業の終末におこなわれることによって、よい授業であったと評価されることになる。この授業の欠点は、命令のないまたは監視の目が届かない場合、実行の義務から免れる点である。命令を含む要請の実行には、監視またはチェック態勢を常に必要とすることになる。

監視態勢を組織せずに、命令を実行させる方法がある。命令を個人に内面化させる手法である。道徳上の義務の内面化は、内面化されるものが道徳であるならば、悪いことではないといわれるだ

ろうが，命令の内面化であることに変わりはない。授業手法だけが切り離されると，命令の内面化を無批判にめざすことになる。批判思考は，価値の内面化と同様に取り上げられるべき力である。批判的吟味によって，道徳授業のメッセージの意味が吟味されるとともに，自らが吟味され，生活や価値観に位置づけられるようになることを考えると，批判思考は自立した判断のために必要である。批判思考は，自立した道徳上の行為のためには外すことができない。

道徳を教えようと意図する教員の意識からは見落とされがちであるが，批判思考と自由とは，道徳の根幹として意識されていい。

道徳授業は，行為を期待するとしても，行為に向かって直線的な指示や命令の過程ではなく，自由と批判思考とを育てる過程として機能して，行為をともなう評価をいかすことができる。授業評価をおこなうのは行為が目的ではなく，授業にこうしたフィードバック情報をもたらすためである。

道徳教育において，行為によって判断することは，「行動的言語での定義」によって評価するほかに，1つの可能性ではある。世間にあっては学校での道徳は，子どもの行為によって評価されるし，すぐれた道徳教育からすぐれた行為を期待していい。日本の道徳授業が意欲や態度をめざして行為を目標としない点が，中国において問われた点であった。2004年に筆者が中国の武漢で日本の道徳教育について講演した際に，道徳上の行為によって評価しないのか質問を受けた。行為という結果によって判断すると言わない日本の道徳授業の基準設定は，控えめであろう。しかし，行為は多様に解釈され得，行為の是非は人を受容し育てるには時に斟酌を必要とする。行為を単一の基準から判断しては，人を理解できない。また，やむを得ない服従によっておこなわれる行為を称揚する愚を避け，第二次世界大戦での修身科の歴史上の反省に立つと，控えめな評価は必要な措置である。道徳授業が教育である以上，理解を求めて育成する過程が教員の努力になる。

行為に基づく世間の判定は，二重基準の傾向がある。悪徳の場合には1度で悪い人だと認めるが，道徳性は1度の行為では認められない。この点を吉田兼好は批判的に，まねであっても道徳性の高い人をまねる者を道徳性のある人だとする理解を示す。徒然草第85段「悪人の真似とて人を殺さば，悪人なり。驥を学ぶは驥の類ひ，舜を学ぶは舜の徒なり。偽りても賢を学ばんを，賢といふべし」（吉田兼好，安良岡耕作注釈，徒然草全注釈　上巻，p.363）。子どもを励ます道徳教育としては，もし行為を基準として評価する場合，吉田兼好の一元的な基準を採用すべきであろう。1度のすぐれた行為を教員は認め，ほめるべきである。世間での行為による道徳性判断基準が道徳に関しては繰り返し安定して行為するとの基準であり，それが悪徳と二重基準になっているとき，教員は，形成途上にある子どもを世間の評価に委ねたままにできない。

行為の是非は解釈され斟酌される。「佛昭禪師の會下に一僧ありて，病患のとき肉食を思ふ。昭是を許して食せしむ。…許すべきか許すべからざるか斟酌あるべし」（懐奘編，1965，正法眼蔵随聞記，面山，明和版による角川文庫版，p.21）[2-4] 行為を根拠とする判断が，処罰ではなく，受け入れることや育てることを趣旨とするならば，斟酌を必要とする。懐奘が道元に聞いたとされるこの話は，肉を食らっていたのは鬼だという話になっている。受け入れることの大きさは，宗教の言説に見られる。鬼だという語りはわかりやすい（それだけに世俗的な）説話の形であり，規範（この場合は戒律）破りを許す二重基準を説明するやり方である。この一見しての二重基準は，人を受け入れ，育てる視点が貫かれることによって，斟酌として，道徳教育に沿う判断だと理解される。

沖縄戦で最初の朝鮮半島出身者として特攻に出た朴東薫（大河正明）の許へは第9代で最後の朝鮮総督となった阿部信行が生家を訪問する称揚ぶり

であったが，朴東薫は友人に「内鮮一体，というけど，ウソだ。日本は，ウソつきだ。俺は，朝鮮人の，肝っ玉をみせてやる」(飯尾賢士，1989，p.258 および p.262)と動機を語ったという。大河正明の名は，「同級生は，みんな日本の名前になってしまって，80名のうちぼくひとりが残ったのです。先生から，毎日呼ばれて，早く変えるように言われました。それで，家に帰って，お父さんに，名前を変えてくれと，泣いて頼んだのです」と朴東薫の弟は述懐する(飯尾賢士，1989，p.252)。父は「仕方がない」(飯尾賢士，1989，p.253)と創氏改名を決意し，大河の姓が誕生した。朴東薫の父は，息子の軍隊志願に反対であったし，戦争の後親日家と見られることを嫌って次のように彼の弟に語ったという。「息子は，卑怯な振舞いをしないで，私たち家族のために，死んだ。いま(戦争が終わって―引用者註)，逃げたら，親日家だったからだ，といわれる。息子の気持ちも，私たちの気持ちも，そんなものではない」(飯尾賢士，1989，p.259)。

同じ行為が，本人や近親者の意味と，そして日本政府にとっての意味とに乖離する。個人の意味づけと政治レベルの行為称揚との，同じ乖離が今日も繰り返される。

特攻隊員であった鷲尾克己は安倍晋三によって「…自らの死を意味あるものにし，自らの生を永遠のものにしようとする意志もあった。それを可能にするのが大義に準じることではなかったか。彼らは『公』の場で発言する言葉と，『私』の感情の発露を区別することを知っていた。死を目前にした瞬間，愛しい人のことを想いつつも，日本という悠久の歴史が続くことを願ったのである」(安倍晋三，2006，p.107)と評価される。しかし豊秀一によれば，鷲尾克己は旧制一高の学徒兵として出陣する壮行式で入隊者代表として「迷いを抱いて戦場へいきます」と挨拶した，また，友人の大内千秋が「私も鷲尾も日本は負けると想った」「こんな日本のために死んじゃいけない」と鷲尾は語ったという(朝日新聞，2007年2月26日西部本社10版10頁)。豊秀一は，安倍晋三によって称揚された日記の言葉「いかにして最も美しく死のうかと書いた4ヶ月後には，『気高く死ぬる必要もなし』『美しく死ぬる必要もなし』(1944年11月3日―引用者が一部書き加えた)」と「心が揺れる」と記述する。豊秀一は，壮行式という公の場で迷いを口にした鷲尾克己を描くことで，日記の台詞を「公」の場で発言する言葉と見なした安倍晋三の論拠を崩し，同じ日記のさらに特攻の直前に安倍の引用を否定する文言を見いだして，鷲尾の言葉の一部が安倍の論理によって美化される根拠を崩している。安倍はそれでも主張することができる，「私」の心情はいかにあれ鷲尾は特攻に出，死んだ，その事実に大義がよすがとして働いた，と。鷲尾克己がはたして公私の二重基準によって自分の生き方を考えたのか，誰のための公私を分ける二重の枠組みなのかは問われないまま。

称揚される行為といわゆる内面とのこれほどの乖離は，道徳の破壊である。それは対話によって選択が可能な多様性の範囲を超えている。圧力が，道徳に沿った心情と行為を機能させなくする。行為強制の浸透は，道徳性の浸透ではない。この乖離に人を受け入れ育てる視点はない。この乖離の下では，個人が道徳的にすぐれた心情によって，考え，判断し，行為する状況にない。子どもが道徳上すぐれた行為をするためには，生活の場において道徳的に行為できる基盤がなければならない。道徳の時間に教師が道徳上の価値を教えたとしても，子どもが行為への意欲をもったとしても，できるか否かは子どもの生活する場に依存する。あるべき行為と心情と論理が乖離しない社会の構築が，子どもに道徳的であれと説く前提である。人を育てる視点は，教育の根幹であり，道徳教育においても外すことはできない。人を育てる教育の視点は，教育が道具として使われないために必要である。

行為の意味が，社会のさまざまな文脈のなかで，法廷で，政治上で，経済上で，宗教上で，歴史上

で解釈されるとき，教育における理解はこれらとは異なりうる。教育は，結果としての行為の意味理解ではなく，行為に至る過程をあつかう。教育は，行為に至る過程において道徳的であろうとするところに焦点をおく。道徳教育は，事実としての行為に至る動機，判断，心情，そして自らの行為の意味づけ，つまり，欲して善いことをするところに他の文脈とは異なる自らの場を設定する。それは人の育つ集団の場，そして個人の思考や心情の場であり，人のつながりにおいて道徳性が生まれる場である。道徳教育は，行為に至る過程を扱うところに存在意義がある。

行為に至る過程は，人の悪の生まれる場であるかもしれない。しかし悪の生まれるところは，善の生まれるところであるとアウグスティヌスは，自由意志について語る。「人は自由意志によって罪を犯す」，それならばなぜ神は人間に自由意志を与えられたかとの問いに「人間が何らか善きものであり，かつ欲することなしには正しく生きえないゆえに自由意志をもたなければならない」「自由意志が与えられるべきであった十分な理由は，人はそれなしには正しく生きえないということである」（アウグスティヌス，泉治典訳，1989，p.71）。ここでは，欲してよい行為をおこなうところに，意義が認められている。アウグスティヌスは，人の自由意志が機能しないところでは，正しく生きえないことを語っている。

F. シラーはいわゆるカリアス書簡において，往来に倒れた男を救助する旅人の行為の理由を5つに分けている。いずれも，困難に陥った男を助けようとするのだが，シラーは，感情的な親切，功利的な動機，道徳法則に従う道徳性，哀れみ，の4つを排して，「要求されることもなく，熟慮することもなく，自分の負担となることも顧みないで」「われを忘れて，自分の義務をやすやすと」（F. シラー，草薙正夫訳，1974，p.39）おこなう行為が美しいとの趣旨を寓話によって示している。シラーは，「たとえ理性によってでさえも，強制の行なわれるのを見ることを欲しません」（F. シラー，草薙正夫訳，1974，p.40）と言い，意志によって道徳律に従う行為は美ではないと，I. カントの道徳律を意識して，むしろ美しい行為を叙述する。「一個の人間の性格の完全性の極致は道徳的美」（F. シラー，草薙正夫訳，1974，p.40）であり，道徳的美は，「義務が自然となったときに」（F. シラー，草薙正夫訳，1974，p.40）起こる。「自由な行為は，心情の自律と現象における自律とが相互に一致するときに，美わしい行為となる」（F. シラー，草薙正夫訳，1974，p.39）。感性に無理を強いない表出，いわば心情と一致したおのずからの自由な行為にシラーは道徳上の美しい行為を見る。

同じ行為でも，どのようにして起こったかによって道徳性が異なる。現れた行為は同じであっても，道徳教育は行為に至る過程に意味を求める。道徳教育は，行為を予定するが，結果としての行為の解釈によって成果を判断するのではなく，行為に至る人のあり方に関わる。日本の道徳授業は，子どもに正解を言わせると同様に正しいことを行わせるのではなく，子どもを受け入れ，子どもの人となりを支えながら，解答や行為へと育てる積み重ねに立つ。

ジュディス・バトラーは「語ることはある行為を演じること」（ジュディス・バトラー，佐藤嘉幸・清水知子訳，p.148）だと，語ることを行為に繰り込む：「自分についての物語を語ることは，すでに行為することである。なぜなら語ることは，暗黙の特徴として，一般的な，あるいは特定の宛先をもって演じられる一種の行為だからである。それは他者へと向けられた行為であり，また他者を必要とする行為であって，そのなかには他者が前提とされている」（ジュディス・バトラー，佐藤嘉幸・清水知子訳，pp.147-148）。このとき，バトラーは，いわゆる心と行為を分ける通俗的な二元論から，また切り離された個人に限定された能力思考から離れている。バトラーが言うように，自分を語ることが他者を前提とする行為であるとき，道徳授業

はすでに，他者との関わりによって成立する行為の場である。

2-1-Ⅲ　道徳的実践力を評価する

行為に至る過程を扱う点は，教育という営みの独自性である。むしろ行為を教育以外の基準から判断する方が，評価としては容易であるように見える。しかし，教育の評価は，過程における評価に真骨頂がある。道徳授業評価は，とくに過程についての評価としての性質を強くもっており，日本の道徳教育にその傾向が強い。

教育の評価という視点の独自性について，『道徳教育方法研究』の1995年と1997年の2回にわたる評価に関わる特集は表立って語っていない。しかしまた行為の結果を教育以外の視点から判断すべきだとの論点も出現していない。学校で道徳教育をおこなう方が防犯対策と犯罪取り締まりに費用を費やすよりも経済上安上がりであるといった論議は，むしろ教育のなかでは避けられている。費用対効果から見れば，学校でおこなう道徳授業，すなわち全ての担任が週1時間を割いて学校全体で強調する道徳教育が，安価で有効な犯罪防止対策であるとの推進論は，教育という意識の視野では不謹慎ですらあるのだろう。しかし，注目される少年犯罪が起こるたびに湧き上がる道徳教育強化の世論は，犯罪者を出さない道徳教育を求めていると見ることができる。犯罪を起こさせないためには，抑止力として説教や教員による威圧が子どもに道徳的な態度をとらせるために認められるとの言説は，道徳教育関係学会の論議には登場しない。犯罪防止が求められるところでは，道徳教育の効果測定方法も，教育としての評価とは異なる技法が用いられることになろう。道徳教育方法研究の2回の特集内容を読むと，いずれの論者も世論の耳目を集める少年犯罪防止に役立つ道徳教育の評価という視点を提出しないし，また道徳授業は犯罪という行為防止を目的としていないと区別する論者もいない。さらに対費用効果からの効果を主張する論者もいない。道徳教育は犯罪防止といった結果を目的とせず，教育であり，過程を扱う点では，各論者共通の立場にあったと思われる。そして行為へと向かう過程の評価には，心情，考え方，判断，行為しようとする態度が含まれるとの立場が共通理解であったように見える。

藤永芳純は，『道徳教育方法研究』創刊号において，学習指導要領（1998年12月）や指導書（1999年5月）を引き合いに出し，道徳性を以下のように分ける（藤永芳純，1995，p.58）。

```
              ┌─道徳的実践力─┬─道徳的心情
              │              ├─道徳的判断力
道徳性─┤              └─道徳的実践意欲・態度
              │
              └─道徳的習慣
```

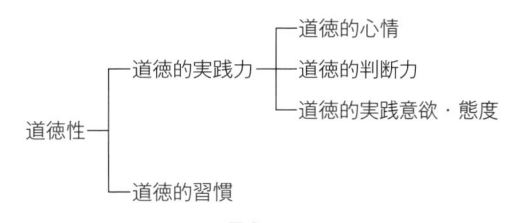

図2－1

「道徳の時間の目標は『道徳的実践力の育成』である」（藤永芳純，1995，p.58）と藤永芳純はいう。道徳的実践力の評価は，心情，判断，意欲や態度についての評価であり，子どもの行為を道徳授業評価の基準とするわけではない。「道徳的実践力」の育成をめざす授業は行為要求ではない。この認識は，登壇した論者に共通する。

黒田耕誠も「指導要領によれば，道徳授業の目標は『道徳的実践力』の育成である。それは『行為の基盤になる内面的な力』（小学校指導書道徳編）であり，…『道徳的価値の内面的自覚』である。肝心なことは，ねらいとする道徳的価値を一人ひとりの子どもが，その子なりにしっかり感じ，考える内面的活動である。心の中の活動が活発か否かこそ道徳授業の成否の鍵である」（黒田耕誠，1995，p.75）といい，感じること，内面，心のなかと言い表す。

徳永悦郎も「『道徳的実践力』を身につけさせることが目標」である点を首肯しながら，彼が主張する「ジレンマ学習は，『道徳的なものの見方・考え方を高める』という明確な学力観を持っている」（徳永悦郎，1995，pp.68-69）と，見方や考え

方を評価対象として示唆する。

　「実践力」という表現は，実践する力というものがあるとの能力論に陥る危険をともなうが，しかし実践を直接にめざすわけではなく，実践に至る過程をあつかうとの意味を含んでいる。では実践力とは何かとなると，心情，判断，意欲と態度から成っているというのが先に示した図2－1になる。

2-1-Ⅳ　道徳判断の評価

　徳永悦郎はモラルジレンマ学習の評価の観点として，「①道徳的なものの見方・考え方の高まりと②役割取得の質的変容の2点」を挙げ，道徳上の判断に関わろうとする。「ジレンマ学習では児童相互のディスカッションが中心的な活動になるが，このディスカッションが役割取得能力の質的変容をねらった活動になっているのである。そこで，たとえ道徳的なものの見方・考え方に段階的な高まりが見られなくても，役割取得の質に変容が見られれば，学習成果有りと見なしてきたのである」(徳永悦郎，1995，p.70)。

　「ものの見方・考え方」は「道徳的判断力」の育成に焦点を合わせていることになり，徳永悦郎の主張は，先に挙げたハワード・ガードナーが「心理学者のローレンス・コールバーグや，キャロル・ギリガンのように，主として〈道徳的判断〉に焦点を合わせることはできる。…そのような推測は哲学の理解のレベルのもので，道徳的領域としての固有性は弱い」(ハワード・ガードナー，松村暢隆訳，2006，p.109)と批判的に述べた立場に該当する。徳永悦郎が依拠した道徳性の認知発達段階をより高い段階にする，第三者または道徳資料の主人公に同化することを役割取得とする道徳授業評価基準は，基準設定としては比較的明瞭である。

　モラルジレンマによる道徳授業を進める徳永悦郎や荒木紀幸などの背景にあるのは，L.コールバーグ[2-5]の道徳性の認知発達段階説である。道徳授業は子どもの道徳性の認知発達を促す役割があり，その方法としてジレンマ資料を用いてディスカッションを主とする道徳授業を行い，役割取得の機会を設定する。この考え方では道徳授業の到達すべき評価基準は道徳性認知発達段階である。しかしこうした段階の発達は長期にわたって進行するため，1単位時間の道徳授業で評価されるのは，徳永悦郎によれば，「友達の意見について，なるほどなと思うことがあったかどうか」(日本道徳教育方法学会，1995，p.99)など子どもの考え方の変容を評価対象とする。この，他者の意見に首肯する動きは，認知発達段階の変化ではない。徳永悦郎は，1単位時間の子どもの変化を見るために，子どもの思いの小さな変化をとらえようとしている。

　荒木紀幸らは，道徳授業と道徳性の発達段階を結びつける評価の手法を体系化してきている。『道徳性の測定と評価を生かした新道徳教育』で荒木は「コールバーグ理論に依拠する道徳の授業では，授業展開の中で表明される児童・生徒の反応を道徳性の発達という観点から評価できるので，教授―学習過程の評価を可能とし，授業改善を導きやすい」(荒木紀幸編著，1995b，p.18)。という。授業前にコールバーグ理論に対応した道徳性発達検査をおこなった上で，「授業を通して児童・生徒の道徳性についてどのような変化が見られたか，どのような道徳的思考をとったか，話し合いが有効に機能したか，など授業を介して様々な評価が考えられる」(荒木紀幸編著，1995b，p.19)。道徳上の判断の変容については，「第一次判断と第二次判断について，理由づけを道徳性の発達という視点で分析する」，また「同様に，役割取得能力の発達から分析する」，そのほかコールバーグ理論でなくても使用する，観察，チェックリスト，感想，ふりかえりカードを分析する。授業分析にあたっては「道徳の授業を確かなものとするために，まず検討すべき点は集団討議が十分に機能したかである」(荒木紀幸編著，1995b，p.19)と述べる。教

師と子ども，子ども同士の十分なコミュニケーションが前提となること，役割取得の分析ができる発言量，文章量が必要であることをうかがわせる。道徳性発達検査については荒木自身「せめて3ヶ月，できれば隔年をおいて実施したい」(荒木紀幸編著，1995b，p.17)と述べ，「授業中児童・生徒から得られた発言や判断・理由づけの内容に基づいて，3水準6段階の道徳性発達段階を同定，あるいは評定していくが，情報量が少ない場合が多いので，正確に道徳性発達段階を同定することは難しい」(荒木紀幸編著，1995b，p.20)という。ここには，個人の認知発達段階の評価となると，長期を要する点，多くの情報を要する点が語られている。

情報不足を補うためであろう，徳永悦郎は第一次の授業終了時に「判断・理由づけカード」を子どもに提出してもらい，第二次の授業前の学級会活動などで「書き込みカード」に書いてもらって情報を集め，「肝心なのは，児童個々の道徳的ものの見方・考え方の変容をとらえること」だとして，子ども1人1人の道徳性の「段階的な伸びを検討するとともに，役割取得の質の変容を検討している」(日本道徳教育方法学会，1995，p.72)という。確かに1つの授業時間での子どもの発言量は，道徳性を判断するには少なく，1人1人となるとなおさらである。そのため，2時間の授業と，合間に書いてもらう努力を必要とするのだろう。授業をおこない子どもの道徳性に迫る徳永らの努力が示すのは，個人の道徳性の発達段階の評価尺度が，1単位時間の授業の尺度としては，大きいという点である。

この道徳性発達段階の論議において，1単位時間の授業の学習のねらいは語られていない。それは1時間の授業のねらいと道徳性の認知発達段階とは別だからだろう。するとここでは道徳授業は2つの目標，普遍的なステップとしての発達段階目標と授業内容上のねらいをもつことになる。道徳性発達段階の尺度では，授業が学習のねらいによって評価されない。道徳性の認知発達段階という評価尺度を1単位時間の道徳授業に当てはめるには，無理をともなう。認知発達段階の普遍的理論と，子どもと接する臨床場面とは重なっていない。1つは，1人の子どもの情報量を多く収集する努力が，発達段階判定のために不可欠になっている。1授業時間のためには役割取得の質の分析を用意するにしても，個人の結果を掌握する情報量を授業評価で得る労苦は大きい。逆にいうと，個別の子どもの道徳性の段階の変容にこだわらなければ1単位時間の授業の全体としての評価が容易になるだろう。2つには，授業評価として，授業者が子どもに伝えたい道徳上の内容がどれほど，どのように伝わったかをあつかうべきであろう。授業の内容と，道徳性認知発達段階の判定とが別ならば，道徳授業内容に関わる評価は，つまり授業内容がおもしろかったかどうかは別の評価を必要とすることになる。3つには，道徳性認知発達段階の判定が，専門家を仰ぐ必要があり，子どもと共有されることのない判定であれば，自ら反省して授業を改善していく教員，また自ら自覚して動く子どもに向けた評価のあり方が別に必要になる。この点で，役割取得が授業では取り上げられている。ここで語られる役割取得は，いわゆるジレンマ授業によって道徳性認知発達段階説を個別の授業に適用するさいの無理を緩和する措置である。役割取得は授業の1つの有力な技法であるとしても，この1つに道徳授業評価を帰すには無理がある。

子どもの考えの変容を評価対象とする点は，モラルジレンマ授業ではなくても，道徳授業をおこなう教員に共通する認識であろう。藤永芳純は，「判断力を育てるというねらいの立て方が最も，現段階では，ねらいとして立てやすいし，評価もそれに従ってやりやすいということになろう」，「実際，服部氏も徳永氏も道徳的判断力にウェイトを置いた発表をされた」(藤永芳純，1995，pp.58-59)と述べる。授業評価となると心情よりも判断に傾くのは，子どもと言葉を交わしながら考えを

軸に授業を進める，その分，情報を集めやすいからである。言いかえれば，個人に文章を書かせておこなう評価が教員にとって説明上容易である，あるいは文章を書かせる評価に教員が馴れている，ということではないか。また子ども個人を評価する構えには，子ども個人の評価が授業の評価であるとの個体能力主義の隠れた前提があり，授業の全体としての評価が区別されていない点を指摘できる。

とはいえ，道徳上の判断に焦点を当てておこなう授業は重要である。道徳授業においても，新しい概念，新しい考え方を学ぶことは重要であり，われわれの社会のあり方，生き方に関わる課題，例を挙げれば，環境問題，情報倫理，法教育，消費者教育，ヒトゲノム問題，平和の課題など，知識に基づく判断が求められる事柄は多い。今後，知識に基づく道徳上の判断をおこなう公的な論議の場としていくことが，道徳の時間をいっそう意味のあるものにする。

道徳に含まれていい，判断を課題とするアプローチとして，法教育があり，江口勇治の考え，上猶覚の実践を，道徳教育方法学会でもシンポジウムとして取り上げた（道徳教育方法研究第10号，2004, pp.96-105）。江口勇治は，「法教育が要請されるひとつには，秩序・安全の維持や学習者の安心の確保というものがあることは間違いない」（江口勇治, 2003, p.9）という。今日日本社会において，道徳教育重視の声が高いのも同じ根拠によることを考えれば，法教育と道徳教育の連携は十分可能であろう。「『お互いの言い分を聞いてみること，あるいは想像してから判断しても遅くはないでしょう』といったメタ思考ないし批判的思考は，これまでの教育では実質的には見落とされてきたような気がした」（江口勇治, 2003, p.11）というとき，これを役割取得であると見ることもできる。あるいは，これまでの道徳教育で語られてきた用語，役割取得といった用語に結びつけなくても，メタ思考や批判思考が道徳教育に必要であると主張していい。

日本語に翻訳された『テキストブック　私たちと法　権威，プライバシー，責任そして正義』の「責任」の項を見ると，ユニットとして以下の4つが並んでいる。1：責任の大切さとは何か？，2：責任を果たすことの利益と費用とは何か？，3：わたしたちはどんな責任を果たすべきかを，どのようにして選択するか？，4：誰が責任を果たすべきか？。ユニット3のレッスン6では，競合する責任をいかに果たすか，時間の約束を守ることと困っている子どもを助けることとのジレンマを解決するためにどのように考えるかが例示され，ユニット1のレッスン2責任の由来とは何か？　では，重要語句として「道徳原理」が挙げられて道徳上の判断が重要な意味をもつことが示され，見方や考え方として，責任を果たすことで得る報酬とは何か？　として以下のように説明される。「ほとんどの場合，責任を果たすことで報酬が得られます。もしあなたが家で手伝いをすれば，報酬としておこづかいをもらえることがあります。もしあなたが1年間毎日学校に出席すれば，賞をもらえることがあります。少し報酬のかたちは違いますが，自分がよい仕事を成し遂げたとき，あなたはよい気分になります。　□あなたが宿題をしたら，先生はちゃんとした生徒としてあなたを認めてくれます。　□もしあなたが宿題をきちんとやったら，きっとよい成績がとれます。そしてあなたの両親はそれを喜ぶし，あなたもよい気分になります」（Center for Civic Education, 江口勇治監訳, 2001, p.129）。ここには，基本的生活習慣への意識づけから自己肯定感に至るさまざまな道徳の要素が含まれており，それを子どもの責任として自覚できるように配慮されている。またここには，「よい気分」という勇気づけ方が日本の日常の道徳授業によく使われる台詞であるなど，道徳的判断力の育成を基本にしながら，心情，意欲・態度も含めて展開されている。

「権威，正義，責任，プライバシーについての

紛争における理性的で責任ある決定ができるためには、わたしたちはいくつかの"知的道具"を使えるようになる必要があります。この"知的道具"とは、社会と社会の中にいるわたしたちの役割についてのいろいろな見方や考え方、状況を分析し決定にいたる際に役に立つ一連の質問群のことです。それらは非常にうまく開発され洗練された道具のように、いろいろなところで役に立つ知性の道具です」(Center for Civic Education, 江口勇治監訳, 2001, p.1) と Center for Civic Education が語る法教育のテキストブックは、1時間1資料で毎回異なる価値項目を並べる道徳教育のやり方よりも、体系的に子どもの判断する力を育てると期待させる。江口勇治はどちらかといえば社会科において法教育を展開しているが、道徳教育の今後をも指し示している。道徳教育の必要を支える今日の社会的要請、判断育成の考え方、授業の進め方を見るとき、法教育を支える社会的要請と、道徳教育を必要とする社会的要請は根を同じくする。道徳においては、個人の発達、個人の道徳性に目が向きがちであるが、個人の道徳性は、その個人を支える人々、社会、文化や歴史を切り離して存立するわけではない。

『テキストブック 私たちと法 権威、プライバシー、責任そして正義』はひとつのテーマを組織だって手厚く学ぶように作られている。道徳上の価値についても、大きなテーマは、子どもと教員を支援する多様で組織だった情報と学習素材、いわば厚みのある資料が必要である。

しかし、こうした強いメッセージを発する資料は、オープンな話し合いができる土台を必要とする。子どもの必要と状況に即して扱われなければ、教え込みになる危うさがある。先の引用においては、「おこづかいをもらえること」もあると子どもが納得できる生活状況にあるか、「先生はちゃんとした生徒として」認めると子どもが教員を信頼しているか、「ちゃんとした生徒」であることに子どもが誇りをもてる学校状況か、など資料が提示する当為と子どもの状況の落差への配慮を必要とする。子どもの話し合いが、強いメッセージに対するリアクションを含めて自由に話せる場で、こうした資料が生きるだろう。

子どもの思考そのものを取り上げる「子どものための哲学」の動きにも言及しておきたい。ファン・デル・レーウや、G. B. マシューズ、マルテンス、エッケハルトの名前また P4C を挙げておく[2-6]。さらに、死に関わるテーマは、判断に止まらない広範な課題として、自分のあり方に関わる課題として取り上げる意味がある。こうした判断を主題とする場合には、1．知識の獲得と批判的に見る目の獲得、2．考えの多様性の認識または他者の考え方の認識、3．どのように考えればいいかの考え方、メタ思考、が必要であり、これらの達成を評価の基準とすることができる。

社会と思考に関する道徳教育拡大の方向を記述したのは、道徳教育が、いわばいい人で無害な人を育成するよりも、個人にとって、またコミュニティと社会にとって、考え、判断しうる市民を育てたいからである。道徳授業は、コミュニティ、地域社会、より広範な社会や世界の課題に応えるあり方を考えていい。そして子どもを、社会を担う責任者として支援し育てることを考えていい。

道徳教育の視野拡大によって、日本の道徳教育は、例えば先に挙げたアメリカ合衆国での法教育の方向や、イギリスにおける市民教育や PSHE (personal, social and health education 個人、社会、健康教育)、子どもの哲学、そして宗教教育など、多様に模索されている道徳に関わる動きとの対話が可能になる。またグローバルな世界における人のあり方、これからのアジアを視野に入れた日本の子どものための道徳教育を展開できるだろう。

道徳教育を拡大する、また道徳教育に隣接する方向は、人とのつながりにおいて、また社会において役割を果たす方向だけではない。健康は健全な判断を支え、道徳性を支える。精神上の健康、メンタルヘルスは、道徳的に振る舞うための基本

であり，健全な食生活や生活環境，身体の健康やリラクセーションなど心身の健康は，人の判断と考え方と心情の健全性の要素として，道徳教育とつながりをもって扱っていい。心身の健康と，道徳性の育成と，社会への方向の3つは，統合して扱われて，人のあり方を個人として，また人と人との関わりにおいて支える。すると道徳教育は，いわゆる価値項目を並べて教えるやり方よりも，もっと多様に体系的に展開できる。

　構成的グループ・エンカウンターなどを含む人と関わる技法，さまざまな疑似体験，メンタルヘルス，ケアリング，生命と死の意識など，そして子どもを支えるプログラムや技法，学校ソーシャルワークなど，教育の場において導入が図られてきた，また導入されるであろう教育の形について，ここではとくに取り上げない。しかし，本論で道徳授業評価というとき，従来の形の道徳授業だけではなく，多様に拡大する展開を含んでいる。実際に子どもの課題に対応するには，子どもを支えるさまざまな技法，領域との連携が欠かせない。「有効な連携支援態勢を築き，問題解決を図っていくには，児童・生徒の生活を視野に入れた環境調整やチームによるアプローチがますます必要になってくるといえる。つまり，学校におけるカウンセリング機能を充実させるだけではなく，児童・生徒の成長を阻害していると考えられる家庭生活，学校生活，地域生活といった環境要因にも目を向け，環境に対しても働きかける多面的な援助方法が必要になるということである」(岩崎久志, 2001, pp.7-8)とは，ソーシャルワークの領域だけではなく，学校教育からの提言でもある。そのために本論は，教育臨床の場を設定し，教育研究者など関係者が共同で関わる，そして共同を進めるために適当な評価技法を準備したいと考える。

2-1-V　授業進行チェックから授業評価へ

　『道徳教育方法研究』に採録されたシンポジウムのパネラーであり，授業実践者である服部敬一の，週1時間の道徳授業時間の存在を前提とする評価の考えを取り上げる。「私たち教師は，少しでもよい授業ができることをめざして，勉強し，工夫をする」(服部敬一, 1995, p.63)という服部敬一の書き始めは，『道徳教育方法研究』の評価論の基本的な立場を表している。すなわち特設されている道徳の授業を意義のある時間にするための授業評価だとの立場である。なかでも服部敬一は，子どもを評価する論議ではなく，授業を評価する趣旨を一貫して述べる。授業を評価する必要は，授業を工夫する者にとって必要である。

　服部敬一は授業を評価するには，学習のねらいが明確でなければならず，ねらい達成のほどが授業評価となる旨を展開する。「授業評価は，授業の目的がどの程度達成できたかを判断するものである。授業評価についてのこのような観点は，授業の根幹についての最も重要なものである」(服部敬一, 1995, p.64)。1時間の学習の目的によって評価されるとの主張は，重要である。授業が意図をもった営みである以上，学習の目的，1時間のねらいに沿って授業は評価される。服部敬一は，道徳授業「指導案のねらいが達成できたかどうかで授業を評価」(服部敬一, 1995, p.64)する。その際，ねらいが適切であるかを「適切なねらいとは学習指導要領に基づくねらい」であり，「具体的に書く」ねらいによって，および「ねらいとする価値」「子どもの実態」「資料」から読み取る「ねらいの真意」(服部敬一, 1995, p.65)によって授業をチェックすると立論している。これは授業前の指導案作成時における教員自身でできる授業チェックであろう。また，服部敬一は，「授業中における評価」として，「指導案の意図通りに展開したか」「子どもが教師の発問に正しく反応していたか」(服部敬一, 1995, p.66)をチェックし，授業評価とするという。ここには2つの特色がある。1つは，学習指導要領に基づくところで思考が止まっている点，2つには評価が授業者に対応可能な範囲のチェックになっている点である。

服部敬一の論は，授業後の評価を空白にしている。授業の結果よりも服部敬一は，授業実践において制御可能な範囲に評価を止めているように見える。すなわち，授業が終わってからおこなう評価ではない形を授業実践者として強調する。それは授業者として授業の達成状況を制御できるところが授業中までだからだろう。学会の問いかけ「道徳授業そのものを一つのまとまりと見なして行う評価」(日本道徳教育方法学会，1995，p.56)を，授業者として，1時間のまとまりのなかで評価によって変更可能な範囲に限定している。

　授業実践者として必要な要因を析出して授業を評価する共同研究に負うところがあると服部敬一が述べたチェックリストは，植田治昌らの論文に見られる。植田治昌は論の趣旨を「あくまで一時間の授業そのものの全体であり，一人一人の児童の道徳性を評価することを目的としたものではない」(植田治昌，1996，p.55)点におき，授業の善し悪しは「本時のねらいが達成できたかどうか」(植田治昌，1996，p.52)によって決まる，と主張して，何をチェックすればいいかを並べる。その項目は，ねらいが適切か，主題設定の理由が適切か，基本発問が適切か，授業者の働きかけは適切か，板書など適切に取り入れられたか，児童は積極的に発言したか，などである。使い方としては，授業者が学習指導案作成時のチェック項目として用い，また授業参観者が授業をチェックする仕組みである。参観者は同僚教員，また見る目をもった研究者が想定されており，専門家としての教員が相互に用いる作業確認のチェックリストを評価表としている。そこには道徳授業が陥りがちな，印象で語る評価から抜け出したいとの意図がある(植田治昌，1996，p.51。坂口弘昭，植田治昌，森岡卓也，2001，p.11)。また，「質問紙法，観察法，面接法，作文・日記法など…は児童の道徳性を評価することを目的として考え出されたデータ収集の方法で…膨大な資料と時間が必要となり，一時間の授業の後，児童の道徳性を即座に評価することは不可能である」(植田治昌，1996，p.53)との授業実践者の声が背景にある。1時間の授業を評価する適切な技法がないために授業者が苦しんでいるようすをうかがわせる。この状況を抜け出すために，授業者の心覚えとして必要なチェック項目を挙げて，共通の論議をおこないたいとの意図が読み取れる。

　授業のチェック項目を並べる評価のやり方は，1963年初版の『テキスト　道徳教育の研究　改訂版』にある。道徳の時間の指導過程の評価として9項目，指導の諸方法に関する評価として3項目が示される(教師養成研究会，1972，pp.161-164)。そのうち指導過程の評価項目の最初の3つを引用して，この本でのチェック項目のようすを示す。1．指導のねらいと指導方法との関連とをよく考慮して展開されたか。2．指導方法には児童生徒の発達段階がよく考慮されたか。3．導入や動機づけのくふうがよくなされていたか(教師養成研究会，1972，p.162)。このように続くチェック項目は，服部敬一，植田治昌，坂口弘昭らの姿勢と比較すると，授業者も使える項目だとはいえ，むしろ参観者のチェック項目である。授業を見て，学習のねらいと授業方法の必然的なつながりを納得できたか，発達段階上の妥当性，授業時間の導入の適切さを見ようとしている。

　これに対して植田治昌，坂口弘昭らの評価チェックカードは(服部敬一はチェック項目を示していない)，ねらいが学習指導要領に合致しているかをまず気にしている。言いかえれば授業の出発点を，学習指導要領に置いている(植田治昌，1996，p.57。坂口弘昭，植田治昌，森岡卓也，2001，p.15)。学習指導要領からの出発は，日常に教員が，推奨されているように年間指導計画に沿って道徳授業をおこなう際に抱く，道徳授業に対する構えである。学習指導要領の示すところが，日常の道徳授業において，教員がこなさなければならない仕事になっている。教員の意識が，学習指導要領に行きつくところでとぎれている。

　坂口弘昭，植田治昌らのチェック票は，1単位

時間の道徳授業を評価したいとの考えによって構成されている。チェック項目「児童・生徒の活動について」では、「児童・生徒は発問に適切に反応していたか？」「児童・生徒は、資料の内容を正しく理解していたか？」など、3ないし4項目を挙げている(坂口弘昭、植田治昌、森岡卓也、2001、p.15＆20。また植田治昌、1996、p.57も同様。)。「適切」「正しく」について、授業者の意図を見抜いて答える子どもという趣旨ではないとすると、何を見てそう判断するかは再びチェック項目を必要とするだろう。しかし、坂口弘昭、植田治昌らにとって、これらは教員ならば判断可能との前提があるのだろう。

また竹ノ内一郎が取り上げた浦田郁子のチェック票は59項目を並べる(竹ノ内一郎、1997、pp.147-150)。このチェック票の、「生徒について」の「学習の意欲・態度」には「話を聞く態度ができている」「興味が持続し、みんなが集中している」「自由に話し合ったり、発表したりしている」など6項目を並べる(竹ノ内一郎、1997、p.149)。これらはしかし、1単位時間の授業に限らない、日頃の評価また学級運営の評価を含んでいる。さらに、「聞く態度」「持続」「自由」など、何を見て判断するか再びチェック項目を必要とする表現を含んでいる。

チェック項目をたてて授業を評価するやり方は、日本で授業研究が普及した1900年に現れる。授業批評要項として出された北海道師範学校付属小学校のチェック項目[2-7]は道徳授業に限ったものではなく、全部で25項目あり、教材、方法、教師、生徒の4つに分かれる。教材では「程度は学級児童の心力に適当なりしや」「分量は教授時間に適当なりしや」「他の教科と関係如何」など6項目、生徒については「確実に識得せしや」「言語姿勢は適当なりしや」「発言は誤りなかりしや」「能く活動せしや興味を有せしや」「挙止と動作は適当なりしや」の5項目である(日本之小学教師　第二巻第二十一号、稲垣忠彦、1995、第二部第二章「ヘルバルト主義」教授法の普及と浸透、pp.199-201)。1900年に発表されたチェック項目は、現代に通用する。この授業批評要項について稲垣忠彦は「この批評項目は、教授のパターンの形式とその目標の実現を外形的に測定し確認する項目となっている」(稲垣忠彦、1995、p.201)と評する。

これらのチェック項目を並べる評価のやりかたでは、授業の場に立ち会う必要がある。授業を見ていない者にとって、チェック項目を使って得られる結果に反論可能なデータはこの評価方法からは得られない。現場に立ち会う制約は、授業と評価がその都度の経験から抜け出ないことを意味する。また教員が陥りやすい同根の経験主義ゆえだろうか、過去のチェック項目が共通財産として批判的に検討されていない。『道徳教育方法研究』に掲載された論文のチェック項目も、過去のチェック項目を検討していない。よいと思うものを拾い上げる、あるいは創りあげる努力が、積み重なっていかない。それは、やってみてわかるという経験主義の思考枠に多くの教員の授業実践と評価がとらわれているからだろう。言いかえれば、どう授業するかに傾き、授業の評価を切り離して叙述し集積する必要が薄い、あるいは適切な技法がないのであろう。

チェック項目を並べる意識にある前提は、授業の型を教員が共通にもつことである。授業素材は教員が準備する、一斉授業である、1単位時間で打ち切る、教員が授業ごとに子どもの興味を引きつけ、活動を促す、導入し展開し終末を工夫するなどの学校授業の前提は、学びに妥当であるかを問われることなく共通の前提として100年を経過したことになる。学びに遅速がある、興味に応じて学びに違いが生じるのが個性、道徳と教科は同じ授業形式にならないといった、子どものあり方と学びの内容の本質に関わる問いは、この100年あまりで教員の間では封殺あるいは忘却されたのだろうか。1900年時点のチェック項目には、時間形式と一斉授業形式に関わるチェック項目がいく

つも見られるが，2001年の道徳教育方法学会誌に掲載された論文のチェック項目には見られない。これは2001年には時間形式と一斉授業形式にとらわれない授業が考えられたためではなく，もはや項目として挙げる必要がないほど教員に内面化されたと推察できる。精選された2001年のチェック項目の出発点は，「ねらいは，学習指導要領の『第一　目標』に合致しているか？」であり，授業評価は学習指導要領に端を発する。学習指導要領に到達すれば子どもの学びが終了するのか，前提は問われないままである。

チェック票に，学習指導要領に示された枠にしたがって授業を組み立てる教員の努力を認める。道徳授業進行チェック票は，授業者として当然あってしかるべき作業工程確認の道具である。服部敬一が授業者として変更可能な範囲にチェック票を止めたのは象徴的である。教員相互の授業研究会で多くの論議を，導入，発問，終末までの組み立てにあてるのは，ともに授業者として作業工程への関心をもつ者同士の対話だからである。

評価はしかし，服部敬一が空白にした部分を扱う。すなわち，授業が子どもに何を引き起こしたか，授業の結果によって授業は評価される。学校教育が，目的や授業目標（ねらい）による子どもの意識への働きかけである以上，授業評価の対象は子どもの意識に何が起こったかである。授業後の評価で，質問紙票に設問を並べる多くの調査は，授業者の意図を子どもに尋ねる。それは授業をおこなう側の意図の確認に傾き，子どもは受け身にかたむき，子どもの意識の全体ではない。これを補うために子どもに感想を書いてもらう方法が組み合わされる。連想法は，自発性と全体性において，意識を全体として自発的な回答においてとらえる評価技法としてすぐれている。すぐれた教員の意識は，子どもの全体をとらえており，意図に沿う子どもの反応を見るわけではない。教員は子どもの自発的な反応を見ている。すると，子どもの意識の全体において自発的に出てくるものをとらえる評価技法が，教員の構えに近い評価になる。

授業者は子ども1人1人を見ている，しかしばらばらに1人を意識して授業をおこなっているわけではない。1人に対応していても，全体としての子どもを意識して対応する。発言する子どもも，集団を意識した発言を心がけるように仕向けられ，教員によって集団に位置づけられる。子どもの発言も，孤立した個人のものではなく，集団に影響され，集団を意識した，教室でのコミュニケーションにおける発言である。とくに日本での授業は，時に子どもが「いいです」「同じ考えです」と1人の発言に反応を返して全体で確認するときがある。日本の授業において，個人の反応に止まらず，全体として構成された応答が見られる。授業者が1人の発言に首肯する場合でも，それは個人への肯定ではなく，全体を代表しての応答である。応答は必ずしも発言内容への肯定ではないとしても，発言の受容ではある。対等な個人としての賛否の反応と，全体を束ねる授業者としての立場は異なる。授業者は，全体としての子どもを配慮した応答を態度で示す。特別な注意を必要とする子どもに対しても，授業者はフォローアップしながら，子ども全体に組み込み，全体に対して受容をうながす。子ども全体の交響が成立する状態を，授業者はうまくいった授業と感じているように見える。すると授業の評価としては，意識が全体としてどこに流れていったかをとらえて，授業において子どもに何が起こったかをとらえて，教員の意識に沿った授業評価になる。その際，意図をもった営みとしての授業を評価する基準は，授業の目標として設定された授業者の意図である。

日本におけるもう一つの道徳教育学会での論議について言及しておきたい。日本道徳教育学会は，日本道徳教育方法学会ほどには評価について取り上げていないが，1995年3月に出した『道徳と教育』No.286・287号が「道徳性の評価」について特集している。この号はしかし，特集のタイトル

からもうかがえるように，子どもの道徳性の評価にあたっての心構えの論に傾き，道徳授業の評価としてはわずかしかなく，栗加均の論文が見いだされる。栗加均は，授業で使った読み物資料についての子どもによる五件法の評価を授業前後に実施し，加えて自由記述，および抽出児童の発言を追って，1単位時間の授業を評価している。五件法では，長さがてきとうである，話のスジがわかりやすい，話の流れが自然である，話にクライマックスがある，など10項目を並べて問うている（栗加均，1995，p.59）。ここでは五件法による評価は，授業の価値内容よりも，外形的な評価に傾いている。結果として，「授業後のほうが，道徳資料の長さが適当であり，しかもわかりやすい」など，逆に「クライマックスがあったり，感動的であると感じているのは授業前のほうであった」（栗加均，1995，p.56）と報告しているが，数値はどの程度か記載していない。資料の長さとわかりやすさの結果について，栗加均は「読む機会の増加もさることながら，道徳の授業を通して，親近感をもったり，理解が促進されたりしたことによるものと思われる」と，またクライマックスについては「道徳資料に対する新鮮さが失われてしまったからにちがいない」と推察している（栗加均，1995，p.56）。

道徳関係の学会シンポジウム，学会誌の論文を見ると，道徳授業を評価する意識，また評価の水準は高くない。むしろ道徳授業評価の手薄さに，道徳教育の課題が見いだされる。教員は，授業のやり方に関心を集中させ，文部科学省も道徳授業のやり方を語り，実施率が上がることを主眼にしてきた結果であろう。

とはいえ，授業者たちの，評価を介在させてすぐれた授業をと工夫する姿勢は支援されるべきである。作業チェック項目は授業を反省しながら進む姿勢であり，明確なねらい設定は，授業を評価可能にする姿勢である。授業評価は事後に付け加えればいいのではなく，評価可能であるように授業を明確にするところから始まる。当該1時間の学習のねらいを明確にし，ねらいが授業の資料や子どもの実態と関わって，成果が判断できる。

しかし，授業の参観者ないし支援者としては，また授業の説明責任としては，次の4点をさらに問うことになる。

1つは，道徳授業をおこなう目的がどこにあるのか，言いかえれば当該単位時間の位置づけについて，1単位時間のねらいとは別に説明が欲しい。実践者としては，コンセンサスの得られた目的として学習指導要領の価値項目から1単位時間の学習のねらいを切り出せば足りる，学習指導要領のどの部分にあたるかを示す以上の責任は負いかねるであろう。しかし，参観者は，学習指導要領の項目に従っていますとの説明で，なぜこの授業かの問いを解消できない。当該価値項目の意味，なぜこの子らに，何のために，今この時節にとの問いを避けることは，授業の位置づけを説明しきれない。授業設定の根拠を，子どもの課題から説明する必要がある。

2つには，授業がどのような展開方法によるのか説明が欲しい。授業者はねらいと子どもと資料によって自分のやり方で授業展開できるだろう。しかし参観者あるいは教員ではない第三者，そして子どもにも授業のめあてと共に進め方の見通しを示して進むことは有意義である。すなわち，どのような授業展開の方法か説明が欲しい。何ゆえにその授業方法が選ばれたのかは，教員の恣意ではない必然性があるだろう。

3つには，子どもの学びの形について説明が必要である。授業者の選んだ，子どもの配置の意図について説明が欲しい。なぜ，道徳を学ぶために，一定人数の子どもが1カ所に集められ，ある配列にしたがって並べられているのか。なぜ道徳を学ぶために，椅子と机と筆記用具が必要なのか。なぜ，学ぶ課題のある現場に出かけず，教室という切り離された空間なのか，など。日本の学校教育は，授業に際して学びのハードウエアを問うこと

があまりに少ない。

4つには，授業を体験して子どもに何が結果したのか，問わずにはいられない。授業者の自己評価のためだとしても，教員の自己満足ではない自己評価，教員同士の授業技術の善し悪しの感想に終始するのではない授業の評価によって，すなわち子どもにとっての意味によって授業者の計画が測られて，自己評価は計画段階からの1つの円環となる。授業について語るとき，授業をくぐりぬけた後の子どもの胸に何が去来したかを，授業評価に入れたい。

すると，今日の多くの教員の構え方，学習指導要領の示す価値項目を扱うために，子どもの実態を見，資料を選定している順序が異なってくる。すなわち，子どもに始まり子どもに終わることになる。子どもの実態から見いだされる課題があり，課題が学習指導要領の項目として一般化され，1単位時間のまたは1単元の授業として学習のねらいが明確になり，子どもの状況とねらいに応じた学習素材が選ばれ，授業の方法が決定され，学びにかなった場所と形が選ばれる。道徳を学ぶために，子どもの関係をどのように構成するかを考えることになる。すなわち，授業者と子どもの関係に関する授業方法だけではなく，子ども相互に学びが成立する形を考えることになる。例えば友情を語るのに，教員と1人1人の子どもだけが目線を合わせて教員の説教を聞く一斉授業の形，すなわち子ども相互の関係を断ち切った形が適しているだろうか，むしろ小グループの形が適切ではないか，異学年との合同が課題に沿った授業になるのではないか，などを考えるべきであろう。子どもの学びの形のために，子どもの関係をどうつくるか，例えば座席の座り方，必要な道具は何かを，ねらいにしたがって想定する。討論の場合は対峙する形，机を取り払って円く輪になる対話の形，グループ学習，授業者が指名して答えさせる場合は指名の想定，黒板を使うか否か，ノートや筆記用具を廃して聞くことと語ることに集中するか，書く作業をいかすか，コンピュータによる作業を中心にするか，プレゼンテーションを軸にするか，少人数授業がいいか，合同授業がいいか，自由に動ける広めの空間をソーシャルワークやエンカウンターや身体表現のために設定するか，必要ならば屋外や博物館や介護施設を学びの場に選ぶ，必要ならば対話型の遠隔授業にするなど，学びに応じた子ども相互の関係，つまり学びの形を決めることになるはずである。付け加えると，いじめなど学校全体で対応すべき課題は，学校全体のプロジェクトをたちあげていい。付け加えると，道徳教育が学校全体の目標ならば，道徳的な人間関係を成立させる学校建築を考えていい。

授業の確かな評価のためには，以下の5つと6番目として評価が考慮されるはずである。

1．授業の目的である子どもの課題，
2．1単位時間で達成する学習のねらい，
3．資料など学習素材，
4．学習展開の方法，
5．子どもの学びの形，
6つめとして，授業によって子どもに何が結果したかを評価することになる。

この一連の過程によって教員は自立し，自らの授業を反省し説明しながら進むことができる。

1単位時間の道徳授業のほかにも教員は，学校全体のプロジェクトや建築様式，家庭・地域との連携による子ども支援，総合的な学習の時間を考えるべきであろう。すると，これらが子どもに何を結果したかを評価する必要がでてくる。そして学校で生起する多くの事柄が，道徳に関わる素材となり得る。道徳授業を1時間流して終わる構えに，評価を加えることによって，教員の構えと授業のあり方が変わってくるだろう。

2-1-Ⅵ　道徳授業1単位時間で何をとらえるか

伊藤啓一は『道徳教育方法研究』第3号（1997）において，子どもの視点から見た3つ「子どもの自尊心」「子どもが子どもを変える」「クラスの道

徳的雰囲気」を道徳的判断力，道徳的心情，道徳的実践意欲とともに並べて，「最高の」道徳授業が１時間おこなわれたときに考えられる変化として次の６つを挙げる。「(1)道徳的認識力，判断力が深まる，(2)道徳的心情が深まる，(3)道徳的実践意欲や態度が身につき，人間理解が深まる，(4)子どもが自尊心(self-esteem)を持つ，(5)子どもが子どもを変える，(6)クラスの道徳的雰囲気(moral atmosphere)が変化する」(伊藤啓一，1997，pp.99-100)。伊藤啓一は，自尊心，子どもと子どもの関係，学級全体の雰囲気を含めて評価対象として取り上げて，個人だけでなく学ぶ集団としての子どもを見ており，周到である。１単位時間の道徳としては理想にすぎると言われそうであるが，幾多の論者が評価に関して学習指導要領解説風の言説に軸足を置いて教員とバラバラの個人の評価を視野におくなかで，子ども相互の関わりと学級集団を見ている点に注目したい。１単位時間の道徳授業で達成したい水準としては，伊藤啓一の期待まで視野に入れることが妥当である。子どもが自己肯定できる点を「自尊心」と具体化した，また子ども同士の関わりとしての道徳の結果を「子どもが子どもを変える」とし，集団としての子どもを表現する事項として「道徳的雰囲気」を語ったととらえられる。１つの授業で子どもの自己肯定感が育ち，子ども関係の何かが変わり，集団の雰囲気が変わる，これは理想ではなく，教員はこれを期待して，道徳授業を大切にしているはずである。それならば，この３つを評価すべきである。伊藤啓一の提起は，子ども相互の関わりにおいて道徳授業の結果を見る視点を示して卓抜である。３つの視点は，時々にゆらめく子どものあり方に接した評価の視点であり，正しいまま動かない価値項目や普遍を標榜する発達段階と異なり，臨床の場における視点を語っている。

伊藤啓一は「子どもの視点から見た三つのポイント」として「子どもの自尊心」「子どもが子どもを変える」「クラスの道徳的雰囲気」を，授業の進行に沿う形で説明する。

子どもの自尊心を伊藤啓一は，教員と子ども，子ども同士の関係に沿って，次のように言う。「教師が，子どもたち一人一人の意見を受容し尊重すれば，彼らは積極的に授業に参加し，自然と発言（自己表現）するようになる。そして，それがクラスの仲間や先生によって受け容れられた時，自分に対する自信となり，自尊の感情を持つ。（段落—引用者註）このように，道徳授業でこそ子どもたち全員が分け隔てなく自己表現をする場面を設けたいし，またそれを可能にする数少ない時間の一つである。子どもは，発言することによって集団の中での自分の位置が認められる。また，クラスの友達の考えを受容したり受容されたりすることで仲間同士の信頼関係を構築する。それが，彼らの率直で自然な価値表現を促進し，自尊心を育成するのである。」(伊藤啓一，1997，p.102)

子どもが子どもを変えることを，子ども相互の関係を軸にした学習集団がもつ意味として，伊藤啓一は次のように説明する。「…仲間との様々な考え方や価値観の比較を通して自分自身を振り返り，これまでの自分を反省したり，自己理解を促進する。また，自由でオープンなディスカッションでお互いの意見をぶつけ合いながら，肯定したり否定したり，あるいは疑問を提示したりすることによって問題意識が生じてくる。」(伊藤啓一，1997，p.102) クラスの道徳的雰囲気を，集団が全体として達成しうる成果として，伊藤啓一は次のようにいう。「道徳授業の中で，様々な意見を発表したり，仲間の意見を聞いたりする経験が，まとまりのある共同体を形成する。これは，お互いが自由に自分の意見発表し合うことによってできた信頼関係の賜物である。その結果，一人一人が学級のメンバーとしてよりよい共同体をつくろうとする態度になって現れる。つまり学級に対する愛着心が育ち，クラスのために献身的に働く子ども，個人の問題をクラス全体の問題として位置づける子どもが育ってくる」(伊藤啓一，1997，p.102)。

伊藤啓一はこの論において，認識，判断，心情のほか，子ども相互の交流，子どもが自分に対してどのような思いを抱いたか，教室の雰囲気の変化の3つをとらえる評価を求めたことになる。伊藤啓一は，これをどう評価するかに立ち至って論じてはいない。

ここまで敷居を高くすると，1授業時間の評価は無理だと思われるだろう。しかし授業における子どもの意識の動きをとらえるならば，この3つをとらえることができる。連想法は，伊藤啓一の提起に対する1つの答，すなわち伊藤の理想に沿った授業を評価しうる技法であると信じる。

第2節　道徳授業の展開と型

2-2-I　第二次世界大戦までの道徳と評価

近代日本の学校教育における道徳のはじまりを，1873年につくられた『小学校生徒心得』に学校に親しむことや礼儀が盛り込まれた時点に求めることができる。しかし道徳の評価が意識されたのは，教師が口授する言葉を暗唱する授業形式が取り入れられてからであろう。

修身科授業の目標を暗記・暗唱におく流れは，1880年ごろから始まり，1890年の「教育に関する勅語」で一つの極を迎える。1883年の文部省編輯局編の『小学校修身初等科の部』は，その冒頭に述べるように，「古人の名言を収録した」もので「つとめて是を暗記せしむべし」ということだから，暗唱によって評価する論理が簡明である。

1890年頃からヘルバルト派の考えが広まる。児童の興味を喚起しながら品性の陶冶をおこなう趣旨で，人物の伝記を中心に道徳教科書がつくられる。そこでは評価も児童の品性に向かい，感銘を受けたかどうかが問われる。1900年には，小学校令施行規則に「学籍簿ヲ編成スヘシ」として「操行」欄が設けられ，人格に対する評定がおこなわれた。

1890年代は授業が定型化されていく時でもある。1891年に「小学校教則大綱」が定められ，各学校に「教授細目」の作成が求められ，授業に「教案」作成が求められる。すなわち「小学校教則大綱」（政府），「教授細目」（各学校），「教案」（各授業）という系列が，体系化される。稲垣忠彦は教則大綱によって「内容が所与の前提となることにより，教授法において，内容の主体的選択，編成は重要な問題とはなりえず，ヘルバルトの教授理論における教材論の部分は退化し，所与の教育内容の教授＝伝達の方法が，教授法の主要な部分となる。それは，ヘルバルトの教授理論の意図と構成とはことなるものである」（稲垣忠彦，1995，p.182）という。

1890年代に，ヘルバルト派教授法の形式段階論をもとに教育内容の伝達としての授業の定型化が進行する。稲垣忠彦は五段階教授法の広がった時期と，段階に分ける教授法を支える考え方，ヘルバルト派に由来する概念形成という考え方について次のように説明する。「明治二十年代中ごろの教案には，高師付小における形式と同じく『予備』『教授』『応用』の三段の形式をとったものが多く，五段の形式は二十八年から三十年代はじめにかけて増加している。その多くは，『予備』『提示』『比較』『統合』『応用』の段階を用い，三十年前後では，すべての教材に一律に，五段階を適用している事例が多い」（稲垣忠彦，1995，p.291），「…修身科において，道徳概念を教授によって形成するという方法意識にもとづいて五段階の形式が用いられている。その形式は，道徳概念を修身教育の内容とする教科観と不可分のもの」（稲垣忠彦，1995，p.293）であり，「直観から抽象への概念形成」（稲垣忠彦，1995，p.294）を図り，「…徳目，すなわち道徳に関する所与の抽象的概念を教材，内容として，それの伝達，形成を目的とする方法として性格づけ」（稲垣忠彦，1995，p.361）られるものであった。この定型，道徳上の価値概念を，それを具体化した資料によって，教え，形成する授業の型は，今日も見いだすことができる。

こうしてヘルバルトが提示した形式段階論は，

教則大綱に定められた内容を教える方法として矮小化されることによって，教員に授業の進め方として意識され，定型化とともに空洞化する。その要因として3つ，国家の要請から出発した近代教育システムの整備，日本の伝統的な知識観と技術観，ならびに教育勅語の存在を挙げることができるだろう。教員にとって，教則大綱―教授細目―教案の体系を，子どもの必要を唱えて批判することは，教則大綱の内容批判として国家批判になり，おいそれとできなかったであろう。稲垣忠彦は，段階教授論を含む近代教授理論が「ヘルバルトにおいて明確であった文化と認識との統一という教授の意義が，所与の内容の伝達のための段階の適用へと矮小化し」，「国家によって定められた内容の伝達の手続となっている」(稲垣忠彦, 1995, pp.464-465) という。第2に概念の形成や認識の成立よりも，技術の導入と応用に傾く日本での受けとめ方を要因に挙げることができるだろう。稲垣忠彦は，「認識の形成に価値をみとめるのではなく，知識，技術を所与のものとしてうけとめ，それの運用を重視するというわが国の伝統的な知識観，技術観がその受容のしかたを規定したとみることができる」(稲垣忠彦, 1995, p.443) という。第3に1890年に出された教育勅語の存在を挙げることができる。教育勅語は，文部大臣を介してではあったが天皇が臣民に下賜する形式ゆえに，そこに挙げられた道徳上の内容項目を批判し変更する道は閉ざされていた。法ならば手続きの上で変更の道が見出されても，下賜されたものにはなく，内容への疑義は天皇への批判に結びつく。また教育勅語に挙げられた道徳上の項目は，天皇を頂点とした祖先を含む共同体へと統合されており，「法としての支配ではなく，共同体における心情の支配を前提とするものであった」(稲垣忠彦, 1995, p.359)。共同体への心情を基礎に道徳教育が推進されるとき，道徳授業において子どもの必要から授業を評価し，扱うべき道徳の内容項目を見直していく循環構造は生まれ難い。

1890年頃から成立していった道徳教育の構造は，教育の自立，すなわち評価によって論議し，教育を改善していく循環をもたなかった，その限りで，明治のこの時期に成立していった道徳教育は授業評価を，教育の循環として必要としていなかったといえる。評価による循環が組み込まれない構造では，教員の努力は伝達の一方向に絞られる。言いかえれば教員は，所与の内容を教える存在として意味をもつ。教員は，子どもにおける結果を見ながら教える内容や方法を批判的に吟味できるようには育成されなかった。

ヘルバルト派に由来する授業の段階論は，この道徳教育の構造のなかでは，教員にとってどう教えるかを示すことになる。学説としてのヘルバルト派とは別に，授業の段階論は，伝達の進め方として受け継がれていく。道徳概念形成というヘルバルト派の教科観が薄れた授業段階論は，教え方の形式段階として，子どものあり方や学びの内容と離れて，広がっていく。ひとたび定型化が進むと，教員の授業改善の努力は段階の工夫に向かう。すると，子どもの学びよりも，教え方の改善工夫をおこなう教員像が成立する。教員は，政府によって示された内容に向けて，教材を準備し，一斉授業として，単位時間で，どの教科であれ道徳であれ，同様の型にしたがって子どもを導くことになる。

定型化において，学校教育における理論と実践との関係は，授業理論から実践への一方向の適用として成立する。授業進行のうまさとしてのタクトは，理論適用のうまさとして認知されることになる。教員の側から授業論に求めるものも，教え方に焦点が絞られる。教育学への教員の期待は主に，どう教えるかに絞られてくる。

稲垣忠彦のいうように「固定の教育内容は規定性をもって，教授法の前提として存在したのであり，この性格は戦前に止まらず昭和三三年以降の学習指導要領においても受け継がれている」のであれば，1890年からの時期に成立した学校教育の

基本は日本の学校教育と教員の意識において継続していることになる。

　今日の「学習指導要領」「年間指導計画」「学習指導案」の系列，道徳授業の根拠が学習指導要領に求められ教員が指導要領の価値項目を教えようとする点，道徳指導案の多くが導入，展開，終末の3段階あるいは事前指導，事後指導を授業の前後に置く段階，また授業を導入，展開前段，展開後段，終末に分ける4段階など授業展開の形式段階，「修身科を中心とする各教科の総合」（稲垣忠彦，1995, p.126）など，今日も綿々と続いている。

　授業の定型化は，教員に，どうすればいいかの安心できる答を提供する。授業の型の習得を目的とした教員研修あるいは学校ぐるみの研究は多い。しかし，子どもとやりとりする場面では，定型だけで授業が進行するわけではない。ヘルバルト派教育学を日本に導入した大瀬甚太郎は1893年に生徒の答について研究すべきだといい，誤答を大切にすることを説く。「虚偽の答に関しては，その原因の如何により種々の場合を生ずべし，（答言の無きときも亦然り），故に教師は生徒の答の正実ならず，或は答言の無きは何に基くかを知るを要す。教師は是等の場合に於て，直に罪を生徒に帰すべからず」（大瀬甚太郎，1893, pp.244-245, 漢字を現代漢字に変え，送り仮名をひらがなに改めた。）と誤答または答えられない生徒を導くことが教授上貴ぶべきことだという。子どもの答の根拠に分け入っていく大瀬甚太郎の姿勢は，伝達としての授業の定型化では覆い尽くせない質をもっている。

　子どもと接する発問という場面で，豊田久亀は，日本でヘルバルト主義がピークに達する時期に，ヘルバルト主義とは別に「子どもを学習の主体にし，教師が実践の主体になる可能性を含んでいた」（豊田久亀，1988, p.187）発問論が登場しているという。豊田久亀は「実践の主体者」を，子どもとのやりとりのなかから教育の内容や目的を問う教師に見ている。「教師は授業における認識過程を子どもとともに歩む行程として実現しようとする。その際，その行程を一人ひとりの子どもに保証しようとする中で，教授方法の質を吟味する可能性も開けてくる。この方法の質の吟味は，やがて内容の質，目的の質を問うことへの切り口となる可能性をも含んでいる。授業実践からその時どきの教育の内容や目的を問うという下から上への吟味のルートが開けてくる。（段落―引用者註）このルートを教師が自覚し，実際にこのルートで吟味を追求し始めたとき，その教師は実践の主体者になる」（豊田久亀，1988, p.186）。それを亀田久亀の別の用語でいうと「機敏（タクト―原著者のルビ）の視点」（豊田久亀，1988, p.259）になるだろう。そしてこの視点は，本論との関わりでいえば，授業に関わる教育臨床において正当に理解される。

　1890年頃から広まったヘルバルト派の道徳教育は，児童の興味を喚起しながら品性の陶冶をおこなう趣旨で，人となりの伝記中心の道徳教科書がつくられる。そこでは評価もまた児童の品性に向かう。1900年には，小学校令施行規則により「学籍簿ヲ編成スヘシ」として「操行」欄が設けられ，人格に関わる評定がおこなわれる。道徳教育はしだいに学校のなかで重視され，道徳性の評価が力をもつようになる。1880年改正教育令による修身首位の位置づけは，1945年まで続く。

　修身の評価が個人の進路に大きな意味をもったようすは次のようであったろう。『次郎物語』は1930年代前半を主な背景に，配属将校が学校にいた時代を描いている。次郎は中学校時代，教師に反抗的だと見なされ，1，2学期とも甲であった操行の評定が乙に下がり（下村湖人，1987, p.110），進学の道を閉ざされる。さらに操行の評定が重視されるようになると，学校の優等賞も操行の評価がすぐれていなければ与えられなかったという（右島洋介，1985, p.37）。修身首位と子どもの道徳性評価が結びつき，時代は戦時へと流れていく。日常の礼拝・遙拝が道徳に結びつけられ，道徳授業が多時間でおこなわれることは珍しくなく，国

語，唱歌，体操や学芸会などの特別活動がこぞって徳目を支えて，道徳が学校教育全体で推進されていた。

2-2-Ⅱ 第二次世界大戦後の道徳と評価

戦後の道徳教育の姿を追いながら論じる。

15年戦争後，修身は社会科に統合される。統合と叙述すると，社会科という新しい教科を創りあげようとした立場から，社会科は旧来の教科の寄せ集めではないと反駁されるだろう。確かに社会科は，新しい理念を掲げた。1948年の『小学校社会科学習指導要領補説』は「全く新しい教科なので…学校に生き生きとした新しい気分を生みだしています」(文部省，1948，p.1)と当時の雰囲気を描いている。しかしまた，「従来の修身・地理・歴史にかわって，社会科が生まれてきた」(文部省，1948，p.4．現代漢字に変更。以下同文書からの引用は現代漢字に変更した)とも述べる。するとかわった新しい教科における道徳はどのようなものであったのか。『小学校社会科学習指導要領補説』は「生活経験の総合的な発展をめざす教科課程」(文部省，1948，p.4)の線に沿うという。社会科の主要目標は「りっぱな公民的資質」(文部省，1948，p.4また p.5)にあり，「社会生活全体を，人間らしい生活をいとなみたいという人間の根本欲求，すなわち人間性に関係させて深く理解」(文部省，1948，p.5)する，なかでも，(1)人と人との間の相互依存関係，(2)人間と自然環境との間の相互依存関係，(3)個人と社会制度や施設との間の相互依存関係，の理解を求める(文部省，1948，p.5)。これは，1999年の小学校および中学校学習指導要領が示す，1．主として自分自身に関すること，2．主として他の人とのかかわりに関すること，3．主として自然や崇高なものとのかかわりに関すること，4．主として集団や社会とのかかわりに関すること，の先行形態に見える分類である。

社会科の方法として1948年の『小学校社会科学習指導要領補説』は，「すべての学習活動は，問題解決のための活動です」(文部省，1948，p.22)と規定して，「問題解決の活動を通じて児童の経験を発展させていきます」「一般に小学校の教育方法の原則は，なすことによって学ぶということ」(文部省，1948，p.13)と，learn by doing によって，経験のまとまりあるいは組織である作業単元を提唱する。そして4年生くらいになると「グループで計画を立てたり，評価したりする機会を多く作らなくてはなりません」(文部省，1948，p.15)と学びを構想している。子どもの生活経験に基づく課題によって，集団を構成しての学習，評価を組み込んでの学習展開が示されている。この学習展開の構想には，道徳的価値の学習展開も含まれていた，それが修身と異なる新しい道徳の学び方であったと読み取ることができる。ここには，なぜ学ぶのかの根拠を子どもの課題として見いだし，評価していく構造，すなわち教える型の提示に止まらない学びの形が見られる。

1951年には文部省から先進的な文書が，評価に関してまた道徳教育に関して出されている。1951年に出された『初等教育の原理』では，評価という新しい言葉を用いるようになったと，試験とか測定とは異なる考え方を5点にまとめて提出している。1つは「評価は，児童の生活全体を問題にし，その発展をはかろうとするものである。これまでの方法は，各教科の学習に限られがちであった。…評価は…部分的な進歩を調べる立場から児童の生活全体，すなわち知的な学習のみに限らず，行動や態度をも含めてその進歩の状況を考えようとするものである」(文部省，1951a，pp.217-218)と，子どもの全体を評価する立場を明確にしている。第2に「評価は，教育の結果ばかりでなく，その過程を重視するものである」(文部省，1951a，p.218)と学びの過程に重きをおく姿勢を打ち出している。第3に「評価は，教師の行う評価ばかりでなく，児童の自己評価をも大事なものとして取り上げる」「このことは教師中心の教育から児童中心の教育に転換した新しい教育の当然の道ゆき

であろう」(文部省,1951a,p.218-219)と,評価の相互性と自己反省の面を取り上げている。第4に「評価は,その結果をいっそう適切な教材の選択や,学習指導法の改善に利用し役だてるためにも行われる」(文部省,1951a,p.219)と,学習指導改善のための評価である点を指摘している。第5に「評価は,学習活動を有効ならしめる上に欠くべからざるものである」(文部省,1951a,p.219)と,学習者にとっての評価の意味を析出して,学習者に還元する必要を述べている。こうした,全体をとらえる,過程を知る,相互性と自己反省,学習指導との結合,学習者への還元といった評価の考え方は,戦後教育の出発点として今日にもなお顧みるべき意義をもっている。

　1951年に文部省はまた『道徳教育のための手引書要綱 児童・生徒が道徳的に成長するためにはどんな指導が必要であるか』(以下『道徳教育のための手引書要綱』と記す。)を出している。この文書は,戦後,社会科に組み込まれた道徳教育の姿を語っている。その内容は,過去の修身科を総括し,道徳教育の全面主義をとり,内面の資質をめざし,問題解決学習,共同での学習を奨励し,科学や批判する力を挙げて,清新である。しかし1951年は,1947年学習指導要領一般編をもとにした自由研究を解消する学習指導要領改訂の年でもある。自由研究は,児童の自発的な活動をうながす趣旨で設けられたが,1951年に解消されることになった。1951年から,社会科における道徳教育が明らかになるとともに,道徳教育を学校教育のあらゆる機会に指導すべきであると,いわゆる道徳教育の全面主義が明確になる。

　日本の道徳におけるいわゆる全面主義がいつ現れたかについて,横山利弘は1946年のアメリカ教育使節団の報告に淵源がある,「教育活動全体の中で道徳教育をするといういわゆる全面主義が採られていた」(横山利弘,2007,p.23)と解説している。

　『道徳教育のための手引書要綱』は,修身科を次のように総括する。「修身科の教育は,その内容とするところが,封建的な考えかたにもとづいていて,超国家主義を推し進めたというばかりでなく,指導の方法そのものにおいても,また大きな過誤をおかしていた。そのような過誤は,敗戦によって国民の支柱とされていたものが崩壊し去ったとき,道徳的生活の救いようのない混乱となって,なんぴとの目にもはっきりと実証されたのである」(文部省,1951b,pp.4-5)。

　この総括は修身科の誤りを反省しているが,何が「超国家主義」であるか,何が方法としての「過誤」であるかを具体的にしていない点で,1947年の中学校1年生の学習資料であったという「あたらしい憲法のはなし」の具体性からすると抽象のなかにぼかしている。『あたらしい憲法のはなし』は次のように戦争の放棄を書き始める。「みなさんの中には,こんどの戦争に,おとうさんやにいさんを送りだされた人も多いでしょう。ごぶじにおかえりになったでしょうか。それともとうとうおかえりにならなかったでしょうか。また,くうしゅうで,家やうちの人を,なくされた人も多いでしょう。いまやっと戦争はおわりました。二度とこんなおそろしい,かなしい思いをしたくないと思いませんか。こんな戦争をして,日本の国はどんな利益があったでしょうか。何もありません。ただ,おそろしい,かなしいことが,たくさんおこっただけではありませんか。戦争は人間をほろぼすことです。世の中のよいものをこわすことです。だから,こんどの戦争をしかけた国には,大きな責任があるといわなければなりません」(文部省,1947,pp.17-18。漢字の一部を現代漢字に,繰り返し記述の省略符号をひらがなに変更した)。

　『道徳教育のための手引書要綱』は,修身科の総括にたって「指導の方法をとくに慎重に検討し,ふたたび過去の弊をくりかえさないようにすることが必要である」として,「あたらしい教育理念は,新しい指導の方法を要求する」(文部省,1951b,p.5)と宣言する。すなわち「児童生徒の生活経験を尊重し,かれらの直面する現実的な問題の解決

を通じて，道徳的な理解や態度を養おうとする指導法」(文部省，1951b, p.5)，すなわち子どもの生活経験と問題解決学習を挙げている。

　この思考は，道徳の心情についても一貫している。「正義に対する愛，真理を求める心というような美しい心情は，道徳的な行動のために，ぜひとも必要な要素である。また，…なっとくのいかないことは絶対に許容すまいとする純粋な態度，そして，幸福を追求しようとする人間的な欲求をすなおに重んじて，その欲求を積極的に主張し実現しようとする態度なども重要であろう」(文部省，1951b, p.9)と述べて，戒める道徳あるいはバランスをとる道徳の記述と比べると，心情が具体的に記述されており，子どもが自分の力で伸びていく援助を道徳教育の基本にしている。この姿勢は「わけはわからないが，とにかく禁止されているという状態を，できるだけ児童からなくしてやるということは，児童の望ましい成長のために，きわめて重要な配慮というべきであろう」(文部省，1951b, p.17)との表現にも見られる。そして，「児童生徒の生活の実際に即した，かれらの自発的な問題解決の活動を通すことによってはじめて，力強い心情」(文部省，1951b, p.8)が形成され，「自発的な問題解決の活動がよき心情を形成するために有意義である」(文部省，1951b, p.9)と，問題解決学習と道徳の心情育成とを結びつけている。生活の実際に即した問題解決と正義や真理に向かう心情が，道徳として結びつけられている。

　背景にあるのは，社会の担い手としての子どもであり，課題を解決する子どもの姿である。「現実の社会でぶつかる問題は，元来種々の要素がからみあって成立しているものである」ため，「単に習慣や心情だけでは，絶対に正しい行動をおこなうことができないといってよい。客観的合理的な判断をくだすためには，政治的経済的な面から考えてみることも必要であるし，また科学的な知識の力も借りなくてはならない」(文部省，1951b, p.10)と，道徳を習慣や心情に止めず，政治，経済，科学と結びついた判断を育てようとしている。道徳と教科の連携が見える書き方である。道徳判断のためには「問題を広い視野から究明し，合理的な解決をはかるという態度」(文部省，1951b, p.11)が必要である。とくに中学校の段階では，「過去の道徳教育は，既成の徳目をただ押しつけようとしたり，生徒の行動や考え方を一定のわくの中にはめこもうとする傾向があった」と批判して，「自分というものに対する意識を深めていくということが，批判力と実践力に富んだ自主的，自律的人間の形成にとって」(文部省，1951b, p.37)重要であるとする。批判する力が「社会環境の暗い面，道徳的に望ましくない周囲の力に直面しても，決して容易にその中にまぎれこまない，あるいはそれらを積極的に批判することのできる力」(文部省，1951b, p.41)となる。

　すると，道徳学習の方法として「共同学習，あるいはグループ活動が，道徳教育のためにきわめて豊富な機会を提供しているということを指摘するのが当然であろう」(文部省，1951b, p.30)。協力は，責任感を要求し，人格の尊厳を理解するよい手がかりを得るとともに，教員にとって共同学習における「話しあいの活動が，道徳教育のための指導の機会を豊富にもっているということについては，あらためて多くをいう必要はないであろう」(文部省，1951b, p.31)と説明する。

　道徳教育の固有性として1951年の『道徳教育のための手引書要綱』は，「弾力的な習慣，いきいきした心情，自主的な判断の力というような内面的な資質」(文部省，1951b, p.14)をめざす。また「道徳教育は，学校教育の全面においておこなうのが適当である」(文部省，1951b, p.6)といい，その根拠として「道徳教育を主とした教科を設けることの可否は，学校の段階によりいちがいにいうことはできないが，もしとくに教科を設けるということをした場合には，道徳教育に関する指導を教育の一部面のみにかぎる傾向を，ふたたびひきおこすおそれがすくなくないといわなくてはならない。

ことに現在，そのような教科をおいた場合，それが実際の運営において，また従来の修身科の性格に帰っていくという危険性については，とくに注意を要するであろう」(文部省，1951b, p.5)と，修身との決別と道徳を教科としない考えとを結びつけて展開している。1955年度になって小学校および中学校学習指導要領社会科編だけが改訂されたが，「道徳教育については，学校教育全体の教育計画の中で，その目標が達成できるように考慮していくことは，従来と変わりはない」(文部省，中学校学習指導要領社会科編，1955, p.i)と「まえがき」で道徳教育を学校教育の全面でおこなう考えに変更のない旨を語っている。

なお，『道徳教育のための手引書要綱』に子どもの道徳性を評価する考え方はない。

1958年に道徳の時間が特設され，道徳授業が公立の小中学校の時間割に登場する。

1958に道徳教育が特設されたとき，共同学習といった学びの新しい考え方は背景に退き，「小学校『道徳』実施要綱」に36の価値項目がならび，指導の方法として，話し合い，教師の説話，読み物，視聴覚教材，劇化，実践活動が並列され，実践活動は学習指導要領の改訂に従って消えていき，道徳授業は，教室で指導要領の示す価値項目を教える授業へと収斂していく。そして子ども個人の道徳性をばらばらに目標にしたところから，ばらばらの子どもの道徳性を評価する構造が生まれる。

1958年から道徳の時間が特設された経緯は性急であった。さまざまな見解や論議があったとはいえ，教育課程審議会が1957年11月に小・中学校における道徳教育の特設時間について意見を公表し，1958年3月15日に答申，同年3月18日に文部事務次官名の「小学校・中学校における『道徳』の実施要領について(通達)」を出し，翌日，小学校・中学校「道徳」の時間の実施にあたっての文部大臣談話，そして同年度から実施，道徳の時間の法的な整備は8月28日の学校教育法施行規則改定によっておこなうという進行[2-8]は，教員にとって何をどうするのか「昭和三三年，つまり道徳の時間が特設された段階においては，本当の意味での道徳教育はおこなわれていなかったとみてよい」(宮田丈夫，1968, p.7)との教育課程審議会委員宮田丈夫による総括を10年後に生んでいる。

1958年3月18日に出された「小学校・中学校における『道徳』の実施要領について(通達)」に付された「小学校『道徳』実施要綱」は，「昭和三十三年度においては，…『教科以外の活動』・『特別教育活動』の時間のうちから，毎週1時間を『道徳』の指導にあてて，これを行うものとする」，また「学級を担任する教師が行うものとする」と記している(帝国地方行政学会，1958, p.9)。通達に実施要綱を付し，授業展開までを示したのは，何をどうおこなえばいいか戸惑う教員を意識したのであろう。付記された「小学校『道徳』実施要綱」に展開や留意点は記述してあるが，評価を独立して考えるに至っていない。評価に関する記載は8つの留意事項の最後に「児童の道徳性について評価することは，指導上たいせつなことである。指導の効果を確かめ，その改善をはかるためには，評価の方法に慎重を期し，広い角度から長期にわたって児童の発達を観察する…しかし『道徳』の時間だけについての児童の学習態度や理解などについて，教科と同様な成績評価を行うことは適当ではない」と，道徳授業時間における児童の評価については「適当ではない」と述べる。「小学校『道徳』実施要綱」は，指導案の例を掲載しているが，評価の項目を欠いている。指導案は，道徳授業の段階を4つに区切る，3つに区切る，6つに区切る，5つに区切る展開案を示している。一定の授業展開の型に集約せずに，授業の形を示している。授業展開の段階分けの多様さは，今日2008年の小学校学習指導要領解説道徳編が「一般的には，学習指導過程を導入，展開，終末の各段階に区分し…て記述することが多い」(文部科学省，2008d, p.79)という以上に多様に区切

ってみせる。

　1958年の「小学校『道徳』実施要綱」は，指導の方法として，話合い，教師の説話，読物の利用，視聴覚教材の利用，劇化，実践活動の6つを挙げている。これら方法の提示のしかたは「これら以外にも適切な方法がある場合には，当然あわせて用いるべきである」（帝国地方行政学会，1958，p.9）と授業の方法が6つに限定されない旨を最初に断っている。最初に掲げた「話合い」の項目では「道徳的な問題の理解を深め，判断力を養うとともに，児童相互の協調・協力を進めるのに効果がある。心情の養成にも役だち，同時に，集団の道徳的水準を高めることにもなる」，子どもが「自発的に取り上げた問題」など「児童の生活に関連する具体的な問題場面を用いることが望ましい」（帝国地方行政学会，1958，pp.9-10）と解説する。道徳が子どもに関連する問題を取り上げて子どもの世界からの課題設定の方向を出している点，集団の道徳的水準に着目している点で，教員と子どもの努力の焦点を反映しており，注目される。しかし，学級会と同じ形の道徳授業を肯定する背景となり，当時の民主的な学級集団づくりの雰囲気と相まって，学級会活動道徳問題版の授業が広がることにもなった。「読物の利用」では，「児童が自由に読んだものの中から適当なものを発表させる。…そのさい批判的な態度を養うことにも特に注意しなければならない」と，道徳資料を子どもが自由に選び発表する形，批判的態度での検討を挙げており，教員が学習指導要領に示された価値項目を教える道徳授業からすると先進的である。子どもの日常を意識し，集団としての子どもを念頭において，問題解決を志向している点は，「視聴覚教材の利用」で「児童の日常当面する問題や，解決の必要に迫られている問題を選ぶならば，それを視聴することによって現実の問題を解決するのにも役立つ」（帝国地方行政学会，1958，p.10），「劇化」で「劇による表現は，…現実の場面で訓戒や批判やしっ責をすると児童に抵抗を感じさせるような問題も，演技という形を通すとすなおに受け取られ…さらに集団間の問題を解決するのにも役立つ」（帝国地方行政学会，1958，p.10）と推奨されている。「実践活動」を取り上げる点は行為につながる道徳授業として注目される。具体的には，「手を洗うとか食事の作法」「奉仕的な活動」「調査や研究」を挙げるが，特設した授業としては「一般的には，実践活動への動機づけ，計画，分担や協同のしかた，予想される困難とそれに対する処置，実践後の反省，改善のくふうなど」（帝国地方行政学会，1958，p.11）と述べて特設した時間を実践活動に当てることには慎重で，「実践後のまとめや反省がむしろ重要な意義をもつ」と視点の形成や反省に道徳授業時間の意味を見いだしている。1958年の「指導の方法」は全体として，子どもの課題を取り上げ，集団の道徳水準に着目し，子どもが自主的に動くことをイメージした設定が随所に見られる。これは，戦後民主主義と学級集団育成の雰囲気が生きていたようすを反映している。

　1958年は，学習指導要領を文部大臣が公示すると改め，学習指導要領が教育課程の基準として法的拘束力をもつと転換したときであった。すなわち学習指導要領が「全くの試みとして作られた」（文部省，1947，序論）と書かれた時代の雰囲気は過去となった。1958年は，新教育の実践が「ほぼ完全に冷却」（佐藤学，1995，p.55）した時期でもあるという。2008年の「小学校学習指導要領解説総則編」によると，「戦後の新教育の潮流となっていた経験主義や単元学習に偏りすぎる傾向があり，各教科のもつ系統性を重視すべきではないかという問題があった。また授業時数の定め方に幅があり過ぎるということもあり」（文部科学省，2008c，p.97）改訂がおこなわれた。それでも1958年当時の道徳教育は，今日から見ると斬新で，子どもの自発性，批判的な態度，調査研究といった活動を含んでいる。その自発性，批判，調査研究は，後の改訂とともに道徳教育から消えていく。しだいに子どもは教えられる存在となり，教員は教え方に

視野を限定する傾向を強くする。

　1958年4月に出された「『道徳』指導の手引き―付・文部省『道徳実施要綱』とその解説―」のなかで小学校教員であった中村昇（押谷由夫，2001，p.91のリストによれば教材等調査研究会小学校道徳教育小委員会委員として小学校「道徳」実施要綱に関わった）は，『「道徳実施要綱」をめぐって―「要綱」作成委員との一問一答―』，と題して質問に答える形式で，道徳が教科ではない理由として評価が妥当しない点を挙げている。すなわち「教科には，その教科の目標によって，価値の体系に従った明確な系統性をもった教育の内容というものがあります。したがってそれがどの程度理解され習得されたか，また達成されたかということを基準にあわせて評価することも出来るわけです。(段落―引用者註)『道徳』は，教科のような系統性をもった画一的な教育の内容をきめることができないし，評価することも妥当ではありません。(段落―引用者註)そういう意味で教科ではないわけです」(中村昇a，1958，p.52)と述べる。教科のような系統性のある画一的な内容のない点が，道徳が教科ではない理由であり，また一定の系統を基準として評価できない理由である。また，子どもの道徳性評価が「現在では全体的には評価が困難」であり，「子どもの全生活にわたっている」ために「特設の一時間で評価して，しまうことは危険です(句点は原文のまま―引用者註)」(中村昇a，1958，p.53)との結論を導き出している。すなわち1授業時間での評価が適当でない理由として，道徳性が子どもの全生活にわたっている点を挙げ，1時間の態度や理解で道徳性を評価することは適当ではないという。

　この2つの理由，1．評価の準拠枠となる系統性がない点，および2．全生活にわたるため1時間の態度や理解で評価する危険のうち，第1点はこのあと指導書などでは現れない視点であり，第2点は語られ続けられる点である。第1点について，教科の系統性も部分的で多様である点の論議はおくとして，評価に関して，道徳において例えば生命尊重の多様な根拠，視野の広さなどから，生命尊重の何を理解したかを1単位時間あるいは複数時間について枠組みを作ることができる。むしろ，生命尊重など多くの価値項目は1単位時間で何を扱うかを絞らなければ，漫然とした授業になる。道徳においても概念の構造化がおこなわれ，1授業時間のねらいが絞り込まれれば，授業者の意図を準拠枠として，評価可能である。授業を評価するという場合，授業者のねらいがどれほど達成されたかのアセスメントが妥当であり，その点は教科でも変わらない。教科と異なるのは，子どもの成績評価の点である。子どもの成績評価と授業のアセスメントとしての評価を区別すれば，授業のアセスメントはおこなうべきである。

　第2の点，子どもの全生活における道徳性を設定すると，評価が難しくなるのは当然であろう。道徳授業の多くの場合，1つの価値項目は1単位時間でおこなわれる。1単位時間1価値項目の授業をいきなり全生活における道徳性と結びつけることには無理がある。それは，1桁の足し算の授業を全生活の計算に結びつける論議と同様であろう。また1つの価値項目で全生活を測ることには無理がある。授業はその授業の限りで評価されるべきである。例えば，命と死を結びつけて命の大切さを深めようとする授業では，子どもが命を死と結びつけて考えたかどうか，道徳に関わってどこにどのような影響が1時間または1単元で生じたかによってアセスメントがおこなわれるべきである。命と死を結びつける授業は，理科や保健体育でも可能である，しかし道徳の授業である限り道徳としてのねらいがある，授業のねらいに関して子どもへの影響を評価すべきである。命と死を結びつけて展開する授業で，子どもがお年寄りに席を譲るかまでを含めた生活全体にわたる道徳性を問うことに無理がある。たとえ，命の大切さとお年寄りへのいたわりが道徳性という言葉を媒介にするとつながるような気がしても，命が大切だから席を譲るか，命が大切だから自分が座って

第2章　道徳における評価　65

いるかは、どちらの判断もあり得る。道徳授業は子どもの生活を意識しておこなうのだが、授業が生活と切り離された学校の教室空間で時間を区切っておこなわれるのだから、授業の評価は授業がおこなわれた場での評価を基本とすることになる。1単位時間の授業評価には、授業計画段階の案に含まれる子どもの生活、将来の子ども像を含む。

東京都港区立西桜小学校教諭であった中村昇は、「指導が行われる以上には、その指導の効果を確かめ、その改善をはかる」意識はあったようだが「もし評価するとすれば、評価の方法について、慎重に、しかも広い角度から、長期にわたって子どもの発達のようすを観察するようにすればよい」(中村昇a, 1958, p.53)と1時間の授業評価から離れる。離れざるを得なかったのは、子ども個人の普遍的な道徳性なるものを設定して、その評価を考えたからであろう。

古川哲史監修による1958年の『「道徳」指導の手引(小学校篇) 付・文部省「道徳実施要綱」とその解説─』は、学年別「道徳」指導の手引きが大部分を占めており、道徳授業をどのように展開するかの例に重点をおいている。ここでは全ての指導例が、導入、展開、終末の3段階の型で統一されている。『小学校「道徳」実施要綱』が示す展開案は、ここでいう導入と終末を含んでいる。1966年の文部省による『中学校道徳の指導資料第3集』の第1学年から第3学年が、後述するように「準備」を最初に示して授業としては3段階に分けてみせたことを考えあわせると、3段階の授業展開の広がりがうかがえる。

同じく1958年4月に中村昇は単著として、文部省道徳実施要項作成委員の肩書きで、どうすればいいかを出しているが、「はしがき」において道徳授業実施へのとまどいを表現している。「この実施要項を手にして、教室に立つとなると、私自身不安を覚えます」「四月に間にあうように、という私のあせりもあって、十分に筋を通さず、手持の材料でともかく書きました。変なところが多いと思われます。お許し下さい。机上のプランというものは、どこかに破綻のあるものです」(中村昇, 1958b, p.1)。興味深いのは中村昇が「指導法」について、小学校・中学校「道徳」実施要綱に至る審議過程の資料「小・中学校の道徳教育の特設時間について」(1957年11月の初等教育教育課程分科審議会におけるまとめ、また1958年3月の初等教育教育課程分科審議会で指示された別紙資料。中村昇b, 1958, pp.15-16)を掲げて指導方法として、(1)日常生活上の問題の利用、(2)読物の利用、(3)教師の説話、(4)社会的なできごとの利用、(5)視聴覚教材の利用、(6)実践活動、(7)研究・作業、と日常生活、社会、子どもの活動に比重をおいた項目が設定されていたことを示している点である。彼は、この案から『道徳教育実施要綱』への変転について、心理学的な面からだけ書いてある感じであるとの質問に答えて、「この部分からは基準性をもっていませんから『指導上の参考』という程度で書いてあります。お書きになったのが心理学の人ですから、そうなったと思います。もっと倫理学的面や社会学的面からも考えるべきでしょうね」(中村昇, 1958a, p.59)と応じている。教育の場からすると「子どもたちが生活の矛盾とかなやみに立っていないのに、一方的に映画やラジオ(当時の新しい視聴覚教育方法―引用者註)を流したり、劇化させてみたところで、能率的に近代的な感じで進められたようでも、けっきょくは一つの結論をおしつけられて、新型の修身ということになります」(中村昇, 1958a, p.59)と、子どもの課題を抜きにしての方法優位の価値の押しつけに憂慮を示している。批判を含めて率直に語りながらも、しかし全体として中村昇の『小学校　道徳実施要綱の実践』は、実施要綱を敷衍したものである。

中村昇は、道徳授業実践にともなう今日と同じ問題、すなわち道徳授業において子どもの道徳性評価はおこなわないが、指導要録の行動に関する所見(操行欄)においては道徳性にかかわる評価を記す奇妙さを意識している。「指導要録の行動の

評価は，実は性格の特徴を記録する部分と行動を評価する部分の二つからなっています。自主性，正義感，責任感，根気強さ，健康安全の習慣，礼儀，協調性，指導性，公共心の項目まで評価しているわけですが，これは…価値的に評価しています。こんどの実施要綱で示された指導内容は，評価しないことになっていますので矛盾するわけです」（中村昇，1958a，p.59）。矛盾ではあっても「行動の評価の中の，一資料として『道徳』のじかんの活動状況や考え方など使っていいわけですが，行動の記録のつけ方に，困難があるので『道徳』のじかんだけの結果をもって，自主性以下の項目を評価するのはもっての他だと言わざるを得ません」（中村昇，1958b，p.24）。すなわち道徳の時間に子どもがどう応じたかによって，行動の記録をつけることを戒めている。この授業と指導要録との関係は，授業を通じた評価が指導要録の評価と連動する教科のようすと，道徳授業の場合は異なる。授業と指導要録の評価とのねじれ問題への中村昇の結論は「現段階ではきりはなして考えておいて下さい」（中村昇，1958b，p.24）である。中村昇はこのねじれが解消されることを期待する。「ゆくゆくは，行動の記録の方も検討修正されて，道徳指導の中での意味づけや位置づけが行われるのが，当然のことだと思われます」（中村昇，1958b，pp.24-25）。しかし，同じく子どもの道徳性を扱いながら，道徳授業と行動に関する所見とを連動させない道徳性評価のあり方は，今日もなお続いている。

文部省は1958年9月に『小学校道徳指導書』および『中学校道徳指導書』を出して，特設した道徳授業の実施を図る。ここでは，今日の日本の道徳教育の原則である宗教との分離について，小学校・中学校道徳指導書とも「儒教道徳，仏教道徳，キリスト教道徳や，その他種々の倫理学説に含まれたさまざまな価値体系」（文部省，1958a & 1958b，p.2 & p.3）から区別して，同じ文言で次のように説明している。すなわち「義務教育において道徳教育という場合の道徳とは，…平凡ではあるが，日常これを身につけていくことが必要と思われる正常な道徳を意味する」，「すなわち，義務教育における道徳教育は，日本の民主的な国家や社会の生活の健全な向上発展のために基本的に必要なことがら」，「さらに言い換えれば，日常的，社会常識的な基盤の上で，自他敬愛の人間尊重の精神を育成」（文部省，1958a & 1958b，p.3 & p.3）するのだと，義務教育段階における公教育としての道徳教育の立場について，日常，社会という表現を繰り返しながら解説する。

さらに『小学校道徳指導書』および『中学校道徳指導書』とも，「道徳の時間の目標」として，「道徳教育実施要綱」が目標として掲げた「人間尊重の精神」の用語を，日本国憲法の「基本的人権」ならびに教育基本法の「人格の完成」と共通すると解説する。すなわち「人格とは，人間はその根本において，互いに自由で平等な存在であるということを自己自身において自覚することを意味してきた」「民主的社会においては，人格の尊厳は自己に対してのみならず，すすんで他の人々の人格をも尊敬することであり，これを現実の人間関係の中に具体的に生かしていこうとする」（文部省，1958a & 1958b，p.7 & p.8）と，自由と平等の自覚による他の人格の尊敬を中核にして，道徳の時間の目標としては「児童の内面的な人格の目ざめを普遍的な人間愛の精神へと高め，同時にそれを具体的な人間関係の中で，それぞれの個性に即して日々の実践的態度として伸ばし，それによって人権の内面的充実を図るという趣旨」（文部省，1958a & 1958b，p.7 & p.8）であると，人間尊重の精神を子どもの内面を場として展開する趣旨を語る。すなわち子どもの個性に即した実践的態度に至るまでを，内面の充実としてのばすところに道徳の時間の目標を置いている。さらに2つの指導書は国連憲章とも関連させて「国際連合憲章にいう人間の尊厳と価値ということばの意味する精神をも，その中に継承した」（文部省，1958a & 1958b，p.7 & p.8）と解説する。

1969年になって道徳教育の目標を『小学校指導書道徳編』でみると、自由と平等の文言が消え、「尊敬」が「尊重」に変わり、「互いに義務を果たすことが要求」(文部省, 1969, p.20)されていく。

　1958年9月に出された指導書では、『小学校道徳指導書』および『中学校道徳指導書』とも、評価について言及する。両書とも、評価の必要を認める。同一の趣旨であり、ここでは簡明な『小学校道徳指導書』の文言を引用する。「道徳も一定の目標と計画に従って指導されるかぎり評価を必要とする」(文部省, 1958a, p.32)。評価資料について『小学校道徳指導書』は4つのカテゴリに分け、「教師による評価—観察、面接、テストなど」「児童の自己評価—チェックリスト、作文など」「友人による評価—ゲスフーテストなど」「父母による評価—質問紙、報告、教師との面接など」(文部省, 1958a, p.33)を示す。指導上の留意事項として5番目に、道徳の時間の指導について、個人の指導と区別して、一言「道徳の時間における指導は、おもに集団指導の形をとることになるので、問題をその成員全体によって解決するよう導く必要がある」(文部省, 1958a, p.34)と述べる。課題解決の方向をもった道徳授業のイメージは興味を引くが、この方向で道徳指導書と道徳授業が後の展開を続けるわけではない。評価の軸にあるのは、個人の道徳性評価(evaluation)であり、授業の評価(assessment)ではない。

　道徳教育が個人の道徳性を対象にして授業についての評価を欠く点は、『中学校道徳指導書』ではいっそう明瞭である。「道徳教育は人格の全体に関連するものであるから、その評価も、人格の全体にわたって総合的に行われるものでなければならない。…道徳的な心情や態度についての評価は、…道徳の時間の指導の成果だけについて評価するなどということは、現状では不可能だといってよいであろう」(文部省, 1958b, p.52)と道徳の時間の評価をあきらめている。さらに、集団についておこなう評価に言及するが、知識や判断に限定している(文部省, 1958b, p.52)。この記述では、集団を対象に、心情や態度について、道徳授業時間の評価をおこなう発想が授業者に生まれることはなかっただろう。

　個人の道徳性を評価してどうするかの点で、指導書には、高らかな方向性とは異なる思考が紛れ込んでいる。1958年の『小学校道徳指導書』および『中学校道徳指導書』は、「自他敬愛の人間尊重の精神を育成」(文部省, 1958a＆1958b, p.3＆p.3)すると、先に出された「道徳」実施要項の「人間尊重の精神」(帝国地方行政学会, 1958, p.3)に自他敬愛を加えて高らかに記述している。しかし、『小学校道徳指導書』は道徳の評価の項において「評価の結果、児童の道徳性に望ましくない点が発見された場合には、できるだけ早く適切な方法を講じて指導しなければならない」(文部省, 1958a, p33)、また『中学校道徳指導書』では道徳性指導の観点として1項を独立させて「中学生になっても、困難に出会うと、すぐ他人にたよったり、自分を守るために他に責任を転嫁したりして、現実に直面しようとしない傾向があるから、…指導することがたいせつである」(文部省, 1958b, p.27)と、子ども受容よりも矯正教育に傾く記述をしている。悪い点を指摘する思考がイソップ型の説教道徳と結びつくとき、子どもを責める道徳の時間を正当化する。それは結局、特設して説教する、子どもにとって嫌な時間をつくりだすことになり、「道徳の時間は必要ない、なぜなら子どもに毎日説教しているので十分だ」と特設道徳授業を否定する教員の笑い話を笑えない。悪い点を説教する授業に、自他敬愛つまり教員の子どもへの敬愛を見いだせないし、教育における人間尊重の精神を伝える高らかな精神は見いだせない。

　小学校道徳指導書にあって中学校道徳指導書にはないのは、「道徳指導の効果をあげるためには、よい学級のふんい気を作ることが必要である。学校における児童の生活の基礎的な場である学級に、道徳的規範を尊重する空気がみなぎっていなけれ

ば，指導の効果はあがらない」(文部省，1958a，p.34)との記述である。これは伊藤啓一の『道徳教育方法研究』第3号(伊藤啓一，1997)での指摘，道徳授業のすぐれた結果としてクラスの道徳的雰囲気がよくなる点を挙げる発想と重なる。1958年の「小学校『道徳』実施要綱」は，よい雰囲気を基盤にする道徳教育を考える(帝国地方行政学会，1958，p.11)が，授業が先か学級づくりが先かは相乗的である。多くの教員が，道徳授業と学級の集団づくりを相まって考える点は，教員と子どもの実感に沿った道徳授業に臨床として接近するには外せない。

指導要録の行動の記録との関係は，1958年の小・中学校道徳指導書になって，中村昇の「きりはなして考えておいて下さい」(中村昇b，1958，p.24)との理解からすると扱いが異なるように見える。小学校道徳指導書は「道徳の評価と行動の記録との関係はきわめて密接である」「道徳の評価の計画においても，実際の評価のしかたや記録においても，行動の記録との関連をあらかじめ考慮し，できるだけ両者を一体として有機的に取り扱うことが必要」(文部省，1958a，p.33)だという。これほど，指導要録における行動の記録とのつながりを強調した道徳指導書はない。『中学校道徳指導書』は，「道徳の時間の評価と一致するものでありえない」(文部省，1958b，p.53)と行動の記録と道徳の時間の関連を強く否定した後で，「きわめて密接なものであるということは疑いがない」(文部省，1958b，p.53)としたうえで，「道徳性の発達の評価の結果を，その(行動の記録の—引用者註)資料の一部として参照することも考えられる」(文部省，1958b，p.53)と小学校道徳指導書に比べると部分的な関連の提案をしている。

1958年の小・中学校道徳指導書によるこうした指導によって，実際は指導要録と道徳授業とは「密接に関連」させられることはなかった。文部省みずから，1962年に「今日の段階では，指導要録との関連を考慮して道徳性の評価を実施している学校は少ない。しかし，徐々にではあるがその研究を進めているところもあり」(文部省，1962，p.81)と述べる。

1958年の道徳評価の記述を見ると，統一性がなく，実情に届かないまま指示に力が入っている。中学校道徳指導書を例にとれば，評価の節を「道徳の時間も…評価を必要とすることはいうまでもない」と切り出し，何を評価するかといえば「一つは…指導計画の評価であり，もう一つは生徒の道徳性…の評価である」と，授業を1つのまとまりとして評価するところは避け，心情や態度についての評価は「道徳の時間の指導の成果だけについて評価するなどということは，現状では不可能だといってよいだろう」と強く否定しながら，行動の記録になると「きわめて密接なものであるということは疑いがない」(文部省，1958b，p.50-53)と振り上げている。評価に関する節の結末の文章は，行動の記録の「資料の一部として参照することも考えられる」程度のものだが，「きわめて密接」で，道徳の時間では不可能で，しかし評価の必要は「いうまでもない」と語られるとき，教員としてはとまどいを覚えたであろう。特設した授業の評価を抜きにして，学校全体の指導計画を評価し，子ども個人の道徳性を評価し，指導の方法を評価し，5ヶ月前の解説では指導要録とは切り離しておくようにと言われたことを思い出し，学習指導要領が価値項目を分けて提示しながら，指導書で「道徳の問題では，一つ一つの価値について観念や断片的な知識をもつだけではふじゅうぶん」(文部省，1958b，p.26)といわれては，評価どころではない。時まさに特設道徳授業への賛否両論渦巻くなかで，実施をどうするかに手いっぱいで，授業をどう評価するか学習指導案に書き込むに至らない，あるいは下手に書き込んで批判を浴びるより，評価の意味するところが個人の道徳性であるならばなおさら，教員にとって避ける方が賢明であったと思える。

1958年当時の教員にとって3つの次元でのちぐ

はぐ，道徳における評価については文言のニュアンスの違いにとまどい，授業はするが授業評価はせず道徳性評価はおこなうねじれにとまどい，評価として示される技法が子どもを個人に解体して教員の授業に向ける努力と離れる基本的問題をかかえたまま，性急に出発した特設道徳授業を実施するかどうかが政治的立場の表明になるときに，評価には手をつけられなかっただろう。『小学校道徳指導書』にも，指導案および指導記録の例が掲載されているが，評価の項目はなく，授業としての評価をおこなう設定になっていないのだから。

1958年には，社会科からも道徳授業についての案が出される。

「道徳」実施要項が出されて2ヶ月を経た1958年6月に，特設道徳授業に至る間に道徳を担ってきた社会科から『中学校における道徳教育指導計画』が出されている。本書は，実施要項に従って道徳をおこなう趣旨ではない。社会科教育連盟として道徳の本を出すことについて「道徳教育の『時間特設』については，文部省，日本教育学会，日教組の間で意見が対立しており，識者間にも賛否両論があ」るなかでなぜとの疑問に答えざるを得なかった。出版の理由として社会科教育連盟は「はしがき」で，道徳教育の充実は必要であり，多様な試みがあっていいと答える。「"特設時間のためのもの"という誤解を受けるかもしれない。しかし…教師の自主的な活動を規制しない範囲内において，指導計画の樹立や教授のための資料が，いろいろな立場から出版されることが望ましい」（日本社会科教育連盟，1958, p.7）と刊行の意図を，必ずしも特設道徳のためではないと断っている。

この本が考える道徳授業は，すっきりとしている。授業のねらいを挙げ，名作からの資料によって子どもの感化を図る，評価はない。この形で，指導案と資料とをならべて提供し，最後に東京都教育委員会指導計画例との対応表をつけて整合性を図り，使えるようにしてある。例えば中学校1年生の最初の時間は「新入生は，中学校に大きな期待と不安をもって入って来るので，先ず，大いに希望をもたせ，早く中学校生活に馴れるようにすると同時に，民主的な集団生活を学ぶようにさせる」（日本社会科教育連盟，1958, p.11）と授業を位置づける。学習内容として最初に「教室の中に，すがすがしい希望に満ちた雰囲気をつくる」（日本社会科教育連盟，1958, p.13）と述べて，教室の雰囲気を大切にするところから始めている。また例えば思春期の理想と現実のギャップへの悩みに答える授業として「現実を正しく認識してあせらないでゆこう」（日本社会科教育連盟，1958, p.119）と掲げて人生への姿勢について声をかける提案を道徳授業に組み込んでいる。さらに例えば，社会科からの提案であるだけに，「社会の民主化」を取り上げ「社会の民主化について考え，現実をよく認識して，社会の矛盾を理解し，問題点を把握する能力を養う」（日本社会科教育連盟，1958, p.123）と，人間関係と社会のあり方をつなぐ視点を設定している。子どもの課題をとらえ，すぐれた読み物資料の感化力によって子どもの話し合いを誘発し，深みへと導く毎時間を設定する努力は，授業評価をおこなうならば子どもの好意的な印象を結果すると思わせる。今日なお有効で子どもの姿が見える試みがあったことを示している。

『中学校における道徳教育指導計画』は「はしがき」で，現場の動きを「教育関係の新聞報道や雑誌を通して把握される傾向」として5つ並べている（日本社会科教育連盟，1958, p.7）。すなわち，1．実施要項に賛同して実施に努める，2．趣旨を尊重するが独自の指導計画をつくる，3．社会科と道徳の時間をプールし，両者を関連させて指導する，4．実施要綱に法的拘束力はないから指導要領が出るまで時間を特設しない，5．指導要領が出されても昭和36年度からの実施であるからそれまで特設しない，である。学校と教員の「道徳教育実施要綱」への対応と理屈づけの工夫を読み取ることができて，おもしろい。

社会科と道徳教育の関係について文部省は，道

徳の時間特設後の1959年の『中学校社会指導書』を見ると、「社会科は、社会に関する正しい理解を得させることによって、道徳的判断力の基礎を養い、望ましい態度や心情の裏づけをしていくという点で、重要な任務を担当している。特に、社会科における指導によって育成された道徳的判断力が、道徳の時間において、生徒ひとりびとりの内面的自覚として深められ、これがふたたび社会科の学習にも具体的に生かされるようになることがたいせつである」(文部省、1959、p.246)と、依然としてつながりがあり、社会科と道徳との循環が成立する旨を解説している。

文部省は、1961年7月20日に『初等教育実験学校報告書1　小学校道徳の評価(特に学級における友人関係の指導と関連して)』を出している。この冊子は、道徳の時間を特設した1958年から1960年に東京学芸大学付属世田谷小学校でおこなったさまざまな実験研究を集約したものである。今日では実施が難しいソシオメトリーを多用し、学級の友人関係について作文を書かせるなど、学級における友人関係について10種類の調査を実施している。考えられる評価技法を実験的に試してみたのであろう。ソシオメトリー、学級の友だちについての作文、グループ日記など実名で実施され、これを評価資料として使い、「父母による対人関係、特に友人関係に関する質問紙法」も実施するなど周到である。しかし、「道徳的判断に関する標準テスト」、例えば「あなたは、ともだちと、べんきょうや、しごとをするのが、たのしいですか」に「はい」「いいえ」を答えさせ、この場合は「はい」が「望ましい答」で、望ましい答の点数によって「異常に点の低いものは、当然、問題児として、適切な指導が加えられるわけである」(文部省、1961a、pp.40-41)と記すなど、今日から見ると子どもを受容し理解する姿勢に乏しく、また父母に対する調査の短所として「匿名の回答があり、個々の児童の評価に直接役立たない」(文部省、1961a、p.166)と記すように、個人を評価しており、さらにソシオメトリー、友人関係に関する作文、で好き嫌いの2項に分けて問うことによって、子どもの友だち関係を好き嫌いの単純な2項で分類する評価方式であるなど、望ましい友人関係を創りあげる方向での視点、例えば友だちのいいところを探して育てる配慮がない。この評価は、今となっては、子どもの人権への配慮、友人関係を形成する教育の方向に乏しい。

しかしこの報告は、子どもと接し授業をおこないながらの考察場面では、評価についての課題と知恵が明らかになっている。道徳における評価の問題として例えば、「心情、態度の評価はむずかしい領域で、教師、友人、児童自身、父母などによってなされる観察法、面接法、テスト、チェックリスト、作文法、ゲス・フー・テスト、質問紙法、などによる広い角度から資料を収集する必要があると一般にいわれるが、現場で能率的で扱いやすい方法はどんなものだろうか」「行動の評価は指導要録の『行動および性格の記録』と深い関係があると指摘されるが、具体的にはどのように関連させ、処置していったらよいか」「現場における道徳の評価のむずかしさの根元は…評価の方法を一方にはおもに心理学的な立場から、科学化し、技術化し、どこまでも客観的に説明しようとするが、他の一方にはおもに教育学的な立場から、総合的にいわゆるどう察を加え、体認ないし共感的理解を強調し、いっそう本質化しようとする。この両者を実際的にはどう考え、現場ではどのように進めていったらよいのか」(文部省、1961a、pp.4-5)である。知恵として例えば、「児童の評価は道徳の時間のみについて行なうことは無理であろう」「道徳の評価で目標を設定すれば評価の技術はでてくる。この場合、目標を評価しやすいように、いわゆる操作化することが必要である。こうしないかぎり道徳教育の評価はできないだろう」(文部省、1961、pp.7-8)、あるいは評価のしかたの知恵として「動機の解釈がたいせつである。そ

の理由をじゅうぶんにつかまなければならない」「現場では観察法，面接，そしてチェックリストによる方法などがやりやすく有効であろう」（文部省，1961a，pp.8-9）などである。ここには，臨床研究場面での教員が直面する課題と，知恵とが語られている。

　この報告書は大々的におこなわれた道徳に関する評価であり，とくに道徳の時間特設の年に開始された調査であるにもかかわらず，道徳授業との関連は薄い。道徳授業に関して評価する趣旨は薄い。調査は基本姿勢として，子どもを研究の対象として，個人の道徳性を評価し，個人に対する指導を考えている。この姿勢は，子どもの共同の場，この調査研究のテーマの場合には友人関係を形成する場を欠いている。それは子どもの道徳性形成の場とずれており，また道徳授業の場，子どもが集団のなかで考えや心情を深めていく姿勢とずれがある。研究の視点から見ると，子どもを個人に解体し，「はい」「いいえ」の二分法による浅い思考を投げかけて判定し，形成過程に参加せず，子どもをつながりにおいて育てる教員の授業姿勢とずれたまま，研究を進めた点に要因があると思う。

　1961年に文部省は新しい『小学校道徳指導書』を出している。その「道徳の評価」項目は，1958年のものと変わっていない。記述で変更されたのは，指導要録における「行動の記録」を『『行動および性格の記録』の『Ⅱ評定』』（文部省，1961b，p.40）へと変更したことにともなう文言の書き換えだけである。全体として大きく変わったのは，「指導案および指導記録の例」を省いた点である。

　1962年の12月に文部省は『小学校道徳指導資料Ⅲ小学校道徳についての評価』を出す。この内容は1958年版を引きついだ1961年の小学校指導書に沿っている。「科学的な立場から，常に改善・向上を目ざす近代教育においては，あらゆる側面について評価を加えていかなければならない」（文部省，1962，p.1）というものの，道徳授業評価を取り上げていない点は指導書と軌を一にしている。この評価の冊子が項目をたてて取り上げるのは，指導書と同じく，指導計画の評価，指導方法の評価，道徳性の評価の3つである。この評価冊子にとって，「あらゆる」とは，集める情報についての「あらゆる」であるようだ。広く情報を集める姿勢は，指導計画をたてる際に，児童について「長所短所，社会的経験，願望，道徳的に問題となる行動とその時期や場所など」の実態を，家庭については「家庭の状況，親の道徳意識など」の「実態を正しくはあくする」（文部省，1962，p.9）ように要望するところに現れている。学校については「施設・設備」と「指導体制」を挙げるが，教員の道徳性を把握しないのは，家庭から言わせると不公正ということになろう。地域・家庭を含む個人情報を含んですべての情報を集める姿勢の根拠と読み取れるのは，「道徳教育の効果を判定しようとする評価においてもけっきょく児童の道徳性の変化をはあくすることが主要な仕事となる」（文部省，1962，p.3）と，子ども個人の道徳性に焦点を絞る考えであり，「他の教科で指導される内容とはひじょうに異なった」2つの「重要な」特徴，「人格の全体に関連し広汎な内容を含んでいる」「生活の全領域にわたっている」（文部省，1962，p.1）ことによる。個人情報に関する時代の雰囲気が今日とは異なるとはいえ，特設した道徳授業についての評価をおこなわずに，子どもの問題行動を記録し，親の道徳意識を評価して学校の指導計画をたてる発想には危うさを覚える。子どもの道徳性の変化が目的だとあらゆる評価資料を集めさせるこの評価の冊子の姿勢は，保護者と接する担任が自分の道徳授業について学級通信などで理解を求める姿勢とは，異なる。

　学習指導要領と指導書が提示する教員像はむしろ指示によって授業をおこなう教員であり，授業の評価をおこない反省しながら進む教員ではなかった。道徳授業が実施されなかったからこそ，実施に向けた支援を文部省が体系的におこなったと理解できるが，逆に見ると，実施要項，指導の手

引き，事例集，指導書，指導資料，評価のやり方と，実施すべき価値項目から，資料，方法，評価に至るまで手を尽くして教員を囲い込んだからこそ，子どもの課題を見出し授業を評価しながら進むことをしない，自立しない教員を生んだと言えよう。授業の評価は，教員にとって自分のためである。

　道徳の時間特設から10年を経た1968年に宮田丈夫は，道徳の時間が学級会の延長であったり，生活指導の発想や，社会科教育の発想で授業がおこなわれており，「生活指導でじゅうぶんであるとする立場が大勢を支配していたとみてよい」（宮田丈夫，1968，p.7）と，何をすることが道徳授業なのか教員がとまどったままであったこと，特設道徳批判が続くなかで必ずしも道徳授業が行われなかったと述べている。宮田丈夫は，小学校における新しい教育課程完全実施の1961年に至って，道徳授業をどうするかが問題とされ「本当の意味の道徳教育は，この段階で初めてあらわれてきた」（宮田丈夫，1968，p.8）という。1963年になると，教育課程審議会が「学校における道徳教育の充実方策について」を答申する。道徳授業とのつながりで見ると，この答申は児童生徒にとって道徳の読み物資料の使用が望ましい」との充実方策（小寺正一，1997，p.55）を出した。文部省は答申の方向に従って道徳の指導資料を出すが，宮田丈夫は「この指導資料にあらわれている基本の思想は，ねらい優先ないし価値優先の思想であった。つまり，道徳の学習指導要領に収められている三六項目が，児童の身につけるべき『ねらい』としてさきに出されており，その項目に合った資料が収集されているわけである」（宮田丈夫，1968，p.9）と総括する。この批判は今日も妥当する。宮田丈夫はさらに「この段階になると，価値の追求とか価値観の形成ということが，道徳の時間で志向すべきものとして，さかんに唱導されるようになった」（宮田丈夫，1968，p.9），しかし価値の追求や価値観の形成という発想からは「現実の生活に道徳をおろすということには無関心になる」「一方的に子どもに教えこもうとするため，その指導が説教的になって，子どもが著しく受け身になり，その創造的態度が失われるようになる」（宮田丈夫，1968，p.10）と，現在の道徳授業に通用する批判を展開する。

　教育課程審議会答申による道徳授業の充実方策にしたがって文部省は，教師用の道徳の資料集を出す。1964年に『小学校　道徳の指導資料』および『中学校道徳の指導資料』第1集を各学年について，第2集を1965に，1966年に第3集を出し，無償で配布して教員支援を図る。この資料集には，指導案略案もつけられており，3ないし4つ，時に5つの段階による展開が示されている。『中学校　道徳の指導資料　第3集』の場合，指導過程として，準備，導入，展開，まとめ（または終末あるいは終結）の4段階の型で3学年とも統一している。しかし，どの指導案にも評価の項目は見あたらない。

　1967年に文部省は『小学校道徳指導の諸問題』を出して，1961年の『小学校道徳指導書』の趣旨をいっそう徹底させようとする。ここには「道徳教育における評価」として1つの章を設け，「道徳教育の成果，特に道徳の時間に関する成果をどのような方法で評価すればよいか」（文部省，1967，p.21）に答えようとしている。「しかしながら道徳性の指導についての評価」については，「安易に考えることなく，広い視野から長い目で総合的に判断することがたいせつである」（文部省，1967，p.21）と結論づける。その理由として『小学校道徳指導の諸問題』は，「人格全体に関連する」，「学校，家庭，社会のあらゆる生活の場でさまざまの要因によって形成される」の2つを挙げ，「分析的につきとめることは容易なことではない。したがって」先の結論の表現になる（文部省，1967，p.21）。『小学校道徳指導の諸問題』が道徳授業における評価について乗り気になれないのは，道徳の授業時間において子ども個人の道徳性がどれだけ身に

ついたかを問うからである。問いが、飛躍した、容易ではないたて方であるために、評価に逃げ腰にならざるを得ない。授業でどれほど考えたか、気持が深まったかを評価せず、子ども同士の関係の雰囲気の変容を見ずに、切り離された個人があらゆる状況に通用する道徳性に至ったか普遍的道徳能力の問いに飛躍しようとする。すなわち『小学校道徳指導の諸問題』は「道徳の時間の評価は、ねらいとする望ましい道徳性が児童にどのような形でどの程度身についたかを問題とする」（文部省，1967，p.21）と解説する。これは教科と同じく能力を身につけさせる発想であり、子どもの道徳性という大きさからするとあたかもアジを釣る道具でクジラが釣れたかを問題にしているような気にさせられる。45分や50分の教員の努力の1回で、子ども個人に道徳性が身についたかと、問題にする方が大げさだと笑うゆとりはなかったのだろうか。子ども個人の道徳性が身についたかと授業1時間で問うては、確かに、分析的に突きとめるのは容易ではないだろう、分析し突きとめるべく苦吟する教員像が道徳教育評価に必要だとは思えない。教育臨床の場への視点がない。

「せんせい，きょうの道徳おもしろかった」「それはよかった，先生もうれしいね」という会話が生まれるようなら、道徳上の価値に関わる授業を楽しめたのだから、いい授業だったと評価できるのではないか。「おもしろかった」は、総合評価である。最初に総合的に評価することが日常の声であり、生活の言葉の現れ方に沿った構えがあって、授業の場に沿った評価によって、言いかえれば授業についての臨床の目によって、こうした授業の生きた評価をすくい上げることができる。道徳上の価値に関わる課題を、子どもがともに楽しく深めることができれば、それはいい授業だ、楽しさの雰囲気のなかで子どもは伸びていくだろうと、おおらかで明るい全体としての判断が、道徳教育を前進させる力になる。そういえるとすれば、1時間の授業は、授業に合う、分析に苦吟しない

評価を求めるべきである。授業が子どもにとって楽しいことが大切であるように、評価も教員にとって楽しく深めることができればいい。道徳授業の積み重ねが道徳性という人格に結びつくことを願いながら、1時間の授業としては、子どもの意識において何が起こったかを全体としてとらえる発想にたつならば、「おもしろかった」「楽しい」は、道徳の授業において子どもの意識に何が起こったか子どもによる評価であり、子どもからわき出る声による授業に沿った総合評価として意味をもつ。

そう考えると、「評価の観点として、道徳的な理解や判断、道徳的心情、あるいは両者を含めた道徳的態度の観点から考えてみることがよい」（文部省，1967，p.21）と分析的に叙述することは、道徳性について普遍的に通用する観点を示しているものの、1つの授業の大きさに合った、また授業のねらいが生まれた子どもの課題に沿う観点から離れている。

『小学校道徳指導の諸問題』は、6つの評価技法（観察、面接、質問紙、作文、投影法、事例研究）を挙げて、これによって理解や判断、心情、態度を評価するように指示する構造になっている。授業に沿った評価の観点は、授業の課題と指導案のねらいから生まれる。普遍の大きさから、1時間の授業の成果を見ることは難しい。天体望遠鏡で、隣の人の顔を見るのは難しい。必要ならば、研究者やカウンセラーなどさまざまな専門家による、地域や親の目による、なにより教員同士の支援態勢をつくることが評価にとって必要である。複数の多様な目で授業についてオープンに話し合うことが、すぐれた評価方法であると書いていい。とくに道徳授業評価は、多様な目に開かれる形をとることが望ましい，道徳は広い視野から長い目で多様に総合的に判断することが大切だからである。多様な目は、評価情報をあらゆる側面から集めるためではなく、臨床の場の対話のためである。それは、『小学校道徳指導の諸問題』が

いうように，広い視野から見て積み重ねていくことが，換言すれば子どもと関わりをもつさまざまな人による対話が，子どもの道徳性の育成に必要だからである。

　1969年に文部省が出した『小学校指導書道徳編』の評価に関する基本的立場は，1967年の『小学校道徳指導の諸問題』と変わらない。それはしかし，指導書の書きぶりで比較すると，1961年の『小学校道徳指導書』と1969年の『小学校指導書道徳編』とは異なっている。1967年の『小学校道徳指導の諸問題』と同じ趣旨の書き始めである1969年の道徳教育の評価の冒頭の文章を引用する。「道徳教育についての評価には，二つの面があると考えられる。一つは，児童の道徳性が指導の結果どれだけ高まったかであり，他の一つは，教師による指導計画がどれだけ適切に作成され，指導方法がどれだけ効果的に用いられたかである」（文部省，1969，p.83）。1969年の『小学校指導書道徳編』は，道徳性の評価の方法として，観察，面接，質問紙・検査，作文の3種類を挙げる（文部省，1969，p.84-86）。しかしこれらの評価方法は「一般的には，道徳教育の効果は短時日には期待できない」との留意事項からして，必ずしも道徳授業を意図したものではない。『小学校指導書道徳編』は，指導計画について述べるが，この際の指導計画は，「道徳教育の全体計画」と「年間指導計画」の趣旨であり，この両者について合計8項目のチェックポイントを挙げている。すなわち，1時間の道徳授業についての評価を念頭に置いているわけではない。続けて『小学校指導書道徳編』は，指導方法の評価について書く。「指導方法の評価対象としては，道徳の時間の指導過程の全体といわゆる指導の諸方法との二つが考えられよう」（文部省，1969，p.88）と記述する。すると，「道徳の時間の指導過程の全体」が授業に関する評価の記述になる。そこには3つの項目が記載されている。「導入，展開，終末の過程を形式的，固定的なものとすることなく，主題のねらい，児童の発達段階との関連において，適切に考え，くふうして実施しているか」「児童のもつ個人差を考え，ひとりひとりに即して適切な指導がなされているか。特に問題をもつ児童への配慮はよくなされているか」「常に児童とともに考えることに努め，道徳的判断力や道徳的心情の深まりを通して，道徳的態度の形成と実践意欲の向上に指導の重点をおいているか」（文部省，1969，pp.88-89）である。

　これについて3点を指摘することができる。1点目は，授業展開の形式段階に焦点を当てている点である。3段階の形式段階による道徳授業がどの資料，どの授業であっても固定化される弊害を見うける状況になったのであろう。2点目は，個人に着目しており，共同による授業の深まりには言及していない。1969年の『小学校指導書道徳編』は指導方法の「話し合い」において1958年と変わらず「児童相互の協調や協力を進め，集団の道徳的水準を高めるのにも有効である」（文部省，1969，p.73）と記すが，評価としては集団の道徳水準の高まりをどう測定するかには言及しない。3点目は，1時間の授業に当てはめるには，大きすぎる点である。態度や意欲に指導の重点を求められるとなると，授業の最後は子どもに行動への決意を表明させる授業が文部省の指導書に沿った道徳授業であるとの方向に傾く。なお1969年の『小学校指導書道徳編』は指導法として，話し合い，教師の説話，読み物資料の利用，視聴覚教材の利用，役割演技を一般的として挙げている。1958年の『小学校「道徳」実施要項』では，劇化と表現された方法が役割演技に名称を変え，「批判」の文言が消え，子どもの実践活動の項目が消えている。検討段階での『小・中学校の道徳教育の特設時間について』から見ると，日常生活上の問題の利用，社会的なできごとの利用，実践活動，研究・作業が消失した。つまり，生活，社会，子どもの活動の要素が薄らいで，道徳の時間がいわゆる「こころ」を扱う方向へと動いていった。

　1969年の『小学校指導書道徳編』では，指導要

録との関係の記述が消え，評価の方法，すなわち観察，面接，質問紙・検査，作文について1つずつ解説がつけられ（文部省，1969，pp.84-86），評価に関する記述が拡充されている。道徳授業の評価はないが指導計画の評価と指導方法の評価がある形は継続している。付録に新たに「文部省編　小学校『道徳の指導資料』（第1集から第3集）一覧」をつけている。つまり，文部省の指導書のもと，文部省の作成した読み物資料によって，道徳授業をおこなう形を示すようになったことがわかる。

2-2-Ⅲ　道徳授業における評価のようす

学習指導要領，指導書に加えて，道徳授業の実施について，評価を軸に見ていく。道徳授業において評価がどのように実施されたかを，教科調査官の動きと，道徳授業論を取り上げて述べる。

歴代教科調査官の動きは，概略次のようにまとめられる。教科調査官は1958年道徳の時間特設から授業実施に腐心してきた。そして1時間の道徳授業をどのように展開するかを論じ，指導した。その結果，教員の間に，文部省の推奨する道徳授業の基本の型があるのだと語られた。しかし1990年代を過ぎると授業過程の展開を教科調査官が主導することはなくなり，多様な授業段階による展開の可能性を示し，2008年には「道徳の時間をこうやりましょうと言う立場ではない」[2-9]と語るまでになった。

1970年に教科調査官の2人青木孝頼と井上治郎が序をつけた斉藤武次郎編著の『ひとり・ひとりを生かす道徳授業』を見ると，「文部省研究学校等，特定の学校を除き，直接評価について研究し実践している学校は数少ないと思われる」（斉藤武次郎，1970，p.6）と，道徳授業における評価が，1969年の指導書がいう指導計画ならびに指導法の評価，また児童生徒1人1人の評価，まして授業の評価は，一般におこなわれていなかったようすを示している。当時斉藤武次郎は，千葉県指導主事を経て小学校校長であり，全国小学校道徳研究会常任理事また全国中学校道徳研究会理事であり，沖縄は八重山地区に道徳の時間の指導に赴くなど全国の状況を知る立場にあった。斉藤武次郎の意識にあった評価は「教師にはひとりひとりの道徳性をなるべく正しく把握することが求められなければならない」「道徳性の評価がいかに授業にとって欠くべからざるものであるか」（いずれも斉藤武次郎，1970，p.2）と，子ども個人の道徳性評価であった。この本に掲載された道徳指導案を見るとしかし，評価の項目は見あたらない。授業後の事後指導に「行動をとらえて賞揚していきたい」（斉藤武次郎，1970，p104）と，子どもの良い行動をほめる旨が書かれている。評価に関しては，道徳授業で教えたことについて子どもの行動を賞揚する生徒指導的なものであった。

道徳の授業過程は1970年にはすでに，導入，展開，終末の「機械的な順序のみに忠実で平板な指導過程を組む傾向」を指摘せざるをえない状況であったという（斉藤武次郎，1970，p.15）。

1975年に斉藤武次郎は同じく青木孝頼，井上治郎2名の教科調査官による序を掲げて『道徳授業の展開過程―価値観のみがきあいを求めて―』を出している。評価の趣旨は，授業の前と後に「子どもの授業前の意識傾向を把握する」（斉藤武次郎，1975，p.14），「作文法，質問紙法等で把握することが多くなされている」（斉藤武次郎，1975，p.25）と語られるが，「道徳時間の指導は"結果"の到達度を測る尺度はきわめて難しく」（斉藤武次郎，1975，p.25）と難しさを語ると共に，「授業時中に子どもが，どんな意識傾向を示したか，どんな思考をしたか，どんな感動をしたか，感情のあらわれはどうだったか……等を（原文のまま―引用者註），授業後し細に分析・検討していくことが，極めて重要なことであると思えるのである」（斉藤武次郎，1975，p.25）と苦吟している。

話は簡明なはずであった。子どもの道徳性評価と授業についての評価とを分ければ，「きわめて難し」いが「きわめて重要」と苦しむこともなか

った。この苦吟を道徳授業は今日もなお，授業の評価と子どもの道徳性評価をいっしょくたにしたまま，自虐的に続けている。

評価と共に授業があることを知っている斉藤武次郎のもとで編集されたこの本は，道徳授業例18例を掲載するが，17例には評価項目はなく，1例だけが評価を項目として掲げる。内容として，「問題意識が…芽生えてきたか」「話し合いは進められたか」と2点を問うている。この2点について評価の方法を挙げていないところから，子どものようすを見る視点を書いたものだろう。この1例だけが評価項目をたてているのは，授業者の菅野秀夫の周到さによるものだろう。全体として教員の間には，道徳に関する評価の意識は薄かったようだ。

子どもと接して授業をおこなう場からはしかし，授業評価有意義論が出る。1975年に石川俊司は全国道徳授業研究会のメンバーとして井上治郎との共編の本に「多時間主題の構想と指導」を書き，1価値複数時間の道徳について授業評価を積極的に用いる理由があるという：「…多時間主題を積極的に考えなおすという場合に，見のがせないのは，そこに授業評価の視点をくり込む豊かな可能性がはらまれている」「授業評価の結果をさっそくに次の授業実践に生かせるという点で，多時間主題には一時間主題に期待できない長所が認められる」（いずれも石川俊司，1975，p.205）。石川俊司が語っているのは，授業評価である。子ども個人の道徳性が複数時間の途中でどう変わったかではない。次の授業に生かすために，実施した授業を評価する意味がある点である。

石川俊司の言について考えると，同じ視点から，1時間1価値の道徳授業に授業評価が必要ではない理由が浮かび上がる。当該の価値項目は，その年度には多くの場合2度と扱わない，それならば授業の評価をしたところで，来年に向けた鬼の笑う話にしかならない。来年は対象の異なる子どもになるかも知れないと考えると，授業評価をおこなって次に備える理由がない。

しかし，授業が子どもの課題に応えるために組まれるとき，話は違ってくる。1つの道徳授業がどの程度課題の解決につながったのか，次にどのような手をうつか，どの教科の授業と連携して進めるか，地域や家庭とどう連携を図るか，実施した授業の評価は，継続して対応するために欠かせない。1975年の同じ本で小沢宣弘は，学級集団の指導という点から，道徳授業が「子どもたちの発言の間の正誤，優劣を認めないという着想は，視点を変えれば，道徳授業における学級集団の指導に当たっては，…そのつどの学級集団のいわば体質を改善するという志向を重く見るべきではないか」（小沢宣弘，1975，p.233）という。学級の子ども全体の質を上げていく継続性に基盤をおくとき，授業の評価が有意義である。ここでは授業のおこなわれる場と評価の場が一致している。授業がおこなわれた場で授業が評価される，この原則は重要である。

文部省の教科調査官などとは別に，生活を標榜する道徳授業論がある。

1978年に，出版を考えてから6年ほどを経たという武藤孝典，木原孝博による『生活主義の道徳教育』が出される。武藤孝典が第Ⅲ章に授業論を展開するが，「子どもの生活の足場を生かす指導（中学校）」において，(1)1人1人の生活の足場をふまえた指導として「ある問題場面において，ひとりひとりの子どもがどんな考え方・感じ方をし，どんな行動のしかたをするのか，またその背景にはどんな意識が働いているのか」（武藤孝典，木原孝博，1978，p.92）をあらかじめ理解しておきたい，(2)課題を解決していく思考過程をたどる指導として「考え方を練り，多面的な思考力や判断力を高めるためには，ある問題を設定して，それを集団思考によって追求していくような思考過程が効果的」で，そのためには「思考の足場になる共通問題と，子どものがわにおける問題意識とがなければならない」（武藤孝典，木原孝博，1978，p.95）(3)内

省的な思考のための指導として「自分の考えや気持ちや行為をふり返って，自分自身のありのままの姿を見つめ，いまある姿をもう一人の自分から眺めて，より良い生き方を考えていこうとすること」で，「道徳の時間では，この内省が集団思考を通してひとりひとりの子どもの内面において，深くおこなわれなければならない」(武藤孝典，木原孝博，1978，p.96)と，道徳授業の基本と子どもの生活に根ざした教育を提唱している。指導過程案に評価の項目は設定されていないが，評価基準は明瞭に読み取れる。すなわち「問題の解決といっても，それは子どもが自分の生活に照らして，自分はどうするのか，どう考えるのかを志向することなのであって，一つの結論に子どもたちを導くことを意図するものではない。授業をとおして，なにかぼんやりしていたものが鮮明になり，こんなことに気がついた，こんなことがわかった，こんなことを考えるようになった，なるほどと思った，これからこうしていきたい，わからなくなってしまった，などというような子どもの反応があらわれれば，それは問題の解決に迫ったことになる」(武藤孝典，木原孝博，1978，p.96)という。すると，この授業では，子どもの授業中の発言，感想文，連想法などによって，筆者のいう反応を見ることになる。授業評価を項目としてたてていないが，評価まで見通した道徳授業論である。

1978年には新しい「小学校指導書 道徳編」が出される。この指導書は評価に関しては，1969年の指導書と大きな変わりはない。道徳指導全体計画に関するいわゆるチェック項目として，「児童，家庭，地域社会の実態が的確に具体的に把握され，それらを十分生かして立案されているか」(文部省，1978，p.67)に加えて，さらに家庭，地域との連携に関わる項目が追加されている。すなわち「学校と家庭，地域社会との協力が計画的に行われるようになっているか」(文部省，1978，p.67)などが追加された。

この当時，道徳授業をおこなう多くの教員にとって意識されていたのは，授業をどう展開するかであった。道徳授業においては，評価は必要ないとの認識を教科調査官も放任していたようだ。

1980年に青木孝頼と瀬戸真編として出された『新学習指導要領の授業展開 小学校道徳指導細案1年』は，1978年の新学習指導要領を背景に，時に板書計画まで載せた指導案細案であり，28項目全てにわたって1案ずつを載せている。細案を示した授業案であるが，評価は見あたらない。この本は1980年5月に初版，1987年5月に11版が出ており，教育界に広く受け入れられたのだろう。そして評価のこうした扱いは，教員に，論議はともかく道徳授業に実際には評価は必要ないとのメッセージを送ったであろう。

同じく1980年に青木孝頼は『道徳指導叢書5 道徳授業の指導過程と基本発問』を出している。これは，90例の指導過程すべてに文部省資料を使っており，文部省の出した道徳資料でどう授業するかを示したものである。掲載された授業は同じ指導過程に統一され，1．ねらい，2．資料の概要，3．基本発問と予想される児童の反応（中心発問が1つ），4．発問の意図・留意点と並んでいる。掲げられた授業展開例は，青木孝頼によって，導入，展開前段，展開後段，終末の4段階に整理されている。評価は授業の過程に入っていない。こうした形から教員は，文部省による道徳授業の定型を読み取ったことだろう。

1982年に青木孝頼は，『道徳授業技術双書1 道徳授業の改善低学年』において文部省初中局主任視学官の肩書きで，安易な指導案が増す傾向に対して「より効果的な指導の在り方を追求することの必要性」(青木孝頼，1982，p.1)を述べ，「道徳の時間の指導過程の在り方に関しては，…基本的には『導入段階』『展開の前半の段階（資料における価値の追求把握）』『展開の後半の段階（ねらいとする価値の一般化）』『終末段階』の四段階で構成されることが適切であるという考え方に基づいて」いると基本を述べる。そして，この授業過程例に，評価

はない。

　道徳授業の評価ではなく，１人の子どもの道徳性を問題にする危険について指摘しておきたい。瀬戸真と成田國秀が教科調査官として編集者になっている1983年『小学校の生徒指導と道徳教育２実践編』には，「道徳性の指導」（瀬戸真，成田國秀編著，1983，p.148）として特定の個人，挨拶できない子，自分勝手な子，仲間はずれをする子，手洗いをしない子，すぐ乱暴する子を取り上げて，学級指導として導入，展開前段，展開後段，終末の形式にのっとっておこなった例をそれぞれ掲載している（瀬戸真，成田國秀編著，1983，pp.148-157）。簡単に言えば，個人の矯正が個人の道徳性指導の名のもとに授業としておこなわれた例を，この本は掲載している。１人の子どもを受けとめ理解するよりも，挨拶，衛生，安全といった価値項目に照らして矯正を試みる道徳教育が「道徳性指導」のもとにおこなわれたらしい。挨拶指導授業の場合，教員の声は大きいが子どもの声が出ていない実際を録音しておき，授業資料として聞かせる手法をとっている。

　儀礼としての大きく元気な声での挨拶は，竹内敏晴の言葉を借りれば「制度としてのことば」（竹内敏晴，1984，p.112）である。この人に挨拶したいという子どもの自発的な思いのない，「主体としてのからだの真の表現」（竹内敏晴，1984，p.112）ではない形を求める授業が進められたことになる。むしろ，儀礼を，子どもの道徳性の問題として導入，展開前段，展開後段，終末という権威づけられた展開で指導する前に，教員と子どもの関係のゆがみに立ち止まって思いを致すしなやかさが求められる。

　道徳授業実施を求めての指導が，授業を評価せず，おこなった事柄を反省することなく，子どもに結果を求めたとき，犠牲になった子どもを思わざるを得ない。教えてすませる道徳授業の成果として子どもの道徳性を語る短絡に危うさを覚える。道徳授業が意味をもつためには，子どもにとって質のいい時間にするほかはない。授業のための素材や授業の方法が子どもに何をもたらしたのかを検証しないまま，どこでも使える授業展開形式を提供したのは，道徳授業実施率の高さのために，どうすればいいかわからないという声に応えてきた焦りではなかったか。型どおりに済ませる道徳は，子どもにとっての質のよさを生まない。

　子どもを矯正する道徳授業の意識は，１人の子どもを意識した道徳性指導に限らない。1986年に瀬戸真編著として出された本に，変わらず「かぼちゃのつる」といったイソップ型の説教資料[2-10]や，宇佐美寛が「ウワバミ主義」（宇佐美寛，1993，p.74）の資料として批判した「はしのうえのおおかみ」[2-11]（瀬戸真編著，1986，pp.145-156）が効果的読み聞かせ指導とともに10ページを超えて詳細に掲載される。資料の粗悪さを気にせず，授業実施路線を進んでいる。

　1986年の瀬戸真の本は，また学習指導案に，授業の主題設定の理由として，子どもを直す主旨を書き込んでいる。子どもが良くないから，道徳授業をおこなう主旨である。１人の子どもの道徳性を意識した矯正教育の発想も，背景に，悪いところを直す道徳授業の広がりがあるから不思議ではなかったのだろう。1987年に瀬戸真編著として出された『道徳授業技術双書16小学校郷土資料の開発と活用』は，地域に根ざした道徳教育の方向を意図して意義をもつが，悪いところを直す発想の主題設定理由を見うける。子どもにとって身近で楽しいはずの郷土資料が，悪いところを直す主旨で使われるのは悲しい。この郷土資料を扱う本でも，評価項目はない。しかし実践記録の末尾に，作文による子どもの声を載せており，授業者が授業評価結果を意識したことがわかる。すなわち実践記録になると，教員は子どもの反響を拾い上げている。人と人の関わる臨床場面では，相手の声に無関心でいられなかったのだろう。

　道徳の時間は今日もなお，子どものいいところを見るよりも，悪いところを直す発想の呪縛から

抜けていない。

　道徳授業が，資料と授業の質の検証をおこったまま，質の悪い授業素材を扱っている間に，子どもの本の世界は，飛躍を遂げる。児童文学の世界では，1960年代後半から日本でも子どもを支えるすぐれた絵本や物語が出される。1970年代，1980年代後半になると子ども向けのすぐれた絵本や物語が日本でもたくさん子どもに提供されるようになる。子どもは，すぐれたメッセージを送ってくれる本を手にするようになる。それはつまり，質のいい子ども向けの本に出会った子どもを相手に，道徳授業が子どもにとっての資料の質と授業の質を吟味しないままであったことを意味する。高度成長期が終わった1980年代後半からの日本の転換点に，学校教育と道徳教育は転換をはたさないまま，世間から隔絶した世界を生き延びてきた。道徳教育もまた，状況の変化をよそに教育界の論理に終始し，自らの営みの質の低さが，すぐれた児童文学の広がりのなかで明らかになったことに気づかないままであった。例えば，同じく１本の橋を渡るヤギの物語にしても，道徳資料「一本ばしのやぎ」と『三びきのやぎのがらがらどん』のメッセージの質の差は歴然としている。前者はイソップ型の説教であり，後者は子どもに成長への励ましをメッセージとして送る[2-12]。1980年代後半から，すでに子どもの苦悩としてさまざまな教育課題が噴出してきたのだから，学校教育と道徳教育は子どもの課題に応えなければ存在意義を失うとの危機感をもつべきであった。すでに質の高い作品が子どもに流通しているのだから，学校教育は授業素材と授業の質に目を開くべきである。課題への対応と文化の高さを取り戻すことが，道徳教育と学校教育に必要である。

　道徳の時間の展開に戻る。青木孝頼は価値観の類型で知られ，授業過程の整備と普及に力があった。類型に分けることは，子どもの発言を整理する手法として意義があり，子どもの考えの同質性と異質性をはっきりさせて多様性を見えるようにする。また整理された多様性が評価のよりどころとなる萌芽を含んでいる。しかし，類型化は授業進行のしかたとして広がった。学習指導要領で教えるべき価値項目が示され，これを型どおり教えるほかない，授業の資料は準備されており，批判的になるのもおっかなびっくりだとなると，教員の意識はどう授業するかに絞られ，授業の質の評価，子どもにとっての意味の評価はすり抜ける。授業の素材や子どもの課題に責任をもつ意識の薄いまま，道徳は，教員にとって，権威を頼りに教えてすませる時間になる。

　価値観の類型化が，授業展開過程をどうするかを考えてのことであった旨を，青木孝頼が述べている。「道徳授業の展開前段での中心発問に対する子どものさまざまな発言を，どのように整理し分類することが有効であるかを追求する過程で起こってきた」(青木孝頼，1990，p.1)。例えば，青木孝頼編著による『道徳授業技術双書26授業に生かす価値観の類型』に価値観の類型化を生かした授業実践58例が登場するが，いずれにも評価項目はない。価値観の類型化はしかし，評価を意識する教員にとって意義があることは，「道徳の評価の方法について考える上でヒントになる授業だった」(長谷徹：青木孝頼編著，1990，p.37)，「今後の指導に役立つ結果を探ることができた」(筒井道広：青木孝頼編著，1990，p129)などの発言に見てとれるのだが，これらの芽は生かされなかった。

　授業評価の欠如は，授業者にむなしさを感じさせたらしい。1981年に森岡卓也は「『道徳授業は空しい』という嘆きの声がある」(森岡卓也，1981，p.145)といい，その一因として「子どもに過大な要求をしている点」を挙げる。1984年に竹ノ内一郎は「道徳の時間はむなしいという教師が多い。その理由として，『指導したことがどれだけ子どもたちの身についたかわからない』『時間中は，もっともらしい発言をしている子どもたちが，授業が終わったとたんに全く別人のように振る舞

う』『到底できそうもないことを，もっともらしく話して聞かせることは，われながら気恥ずかしい』といったことが多くきかれる」「たしかに，道徳の時間の指導の効果はつかみにくく，いらだたしさを感じることが多い」(いずれも石川佾男，竹ノ内一郎，1984，pp.126-127)という。竹ノ内一郎は1987年にも「道徳の授業をしても，いっこうに効果があがらずむなしさを感じるという声がある」(竹ノ内一郎，1987，p.14)と取り上げる。

むなしさの要因は授業評価を欠いた点にあり，評価する適切な技法が提出されなかったところにあろう。むなしさを意識した森岡卓也は，道徳性の評価について書いている：「子どもの道徳的なものの考え方や感じ方がねらいに向かって少しでも変わったか否かの評価」があり，「授業中の子どもの発言や授業後に書かせた作文などに表われた考え方や感じ方を，授業前や授業の始めの部分でみられた考え方や感じ方と対比することによって可能となる」(森岡卓也，1981，p.152)と，授業評価と授業前後での比較について述べている。竹ノ内一郎は教員を精神論の方向で解消を図る：「一度や二度の指導で，子どもたちが規則を守るようになるのであったら道徳の指導は楽なものである」(石川佾男，竹ノ内一郎，1984，p.127)，「学級の中の何人かは，授業の終わったあとちゃんとイスを入れて，静かに教室からでていくはずである。そうした子どもに目をとめないで，ただ，むなしいというのはどんなものだろうか」(石川佾男，竹ノ内一郎，1984，p.127)，「道徳の時間はむなしいと言っている，教師自身の姿勢に問題はないであろうか」(石川佾男，竹ノ内一郎，1984，p.129)。石川佾男と竹ノ内一郎は1958年からの「四半世紀の間に『道徳の時間』の授業が必ずしも着実に行われてきたとは言い難い」(石川佾男，竹ノ内一郎，1984，p.1)とふりかえっているが，授業評価をおこなわないままのむなしい状態は今も解消されていない。学習指導要領は今日も道徳の時間の評価を分離しないまま，子ども個人の道徳性をもって道徳授業も評価する構えを崩していないし，個人に対する道徳性評価には当然ながら制約を課しているから。この状態は，質の高い授業のために打開されるべきである。授業における子どもの意識の変容を視覚化する評価技法が，道徳の時間をおもしろくするだろう。

武藤孝典は1991年の著作において，生活の場と授業の場の道徳とのずれを意識した発言をしている：「子どもは道徳授業において授業空間と現実空間との間のズレをしばしば意識しがちであるということに対して，教師が意識していない」(武藤孝典編著，1991，p.21)。また「一時間主題による指導では，子どもにとって課題がいまだ課題にはなっていない状態において，それがすでに課題になっているかのような仮の空間に子どもを立たせることになる」から，「授業空間が子どもにとって現実空間からの連続として構成されるためには，一つの主題の展開に複数時間を配当する」(いずれも武藤孝典編著，1991，p.22)多時間扱いであるべきだと主張する。生活課題から構成する道徳授業は，有意義である。武藤孝典にとって多時間扱いの道徳授業が，むなしさを解消するやり方になる。

武藤孝典は，学校という場が子どもの生活の現実ではないと，学校が生活から遊離した抽象空間であることを指摘したことになる。しかし，生活から学ぶ場ではなく国民教育の場としての近代学校の出自，日本の学校が生活空間として構成されず兵舎と練兵場を校舎と運動場にした空間であること，方言の場ではなく共通語の場であること，今の生活現実から離れて社会的上昇を果たすための階段としての学校体系の機能等を考えると，現実生活とのずれを解消すれば学校での学びが道徳に限らずいいものになるかは，また別である。文化の場としての魅力，学びの場としての魅力も学校のもつべき機能であろう。時として，現実生活から離れる方向も子どもの課題であり得る。子どもの生の課題によって道徳授業を構成すれば，1時間の授業でも子どもの意識に応えることができ

る。課題は必ずしも生活の現実と限らず，必要なのはリアリティであろう。

1989年になると「小学校指導書道徳編」は，子どもの道徳性を評価するとの表現が明確になる。「道徳教育においては，児童の道徳性を評価し，指導の充実に生かすことが大切である」(文部省，1989，p.67)。そこから，道徳の時間の評価についても子どもの道徳性の変容を評価するとの趣旨を展開する。「道徳の時間の評価は，その指導によって児童の道徳性がどのように変容したかを把握するところから，改めて指導過程や方法について検討し，次の時間の指導に生かすことができるものでなければならない」(文部省，1989，p.73)。指導過程と方法については，従来の域にあるが，道徳の時間の評価を打ち出した点には，留意したい。しかし，すると，道徳の時間によって子どもの道徳性が変容するかの問いが生じる。1989年の指導書道徳編全体は，しかし，道徳の時間の評価について記述したところで終わっている。

1990年に文部省は，「小学校道徳教育指導上の諸問題」「中学校道徳教育指導上の諸問題」を出す。小学校の方では「指導案に，指導過程や指導方法に即して，評価の観点が示されていることが望まれる」(文部省，1990a，p.102)と述べ，指導案に評価について記すように進めるが，「観点」であり，評価技法を具体的に書く意図ではなく授業を見るポイント程度に止まっている。中学校の方では「生徒にその指導がどのように受けとめられたかに焦点を当てて評価することが大切である」(文部省，1990b，p.97)との指摘を最後に，本文を終わってしまう。

1999年の「小学校学習指導要領解説道徳編」および「中学校学習指導要領(平成10年12月)解説―道徳編―」になると，道徳の時間の評価に踏み込んでくる。タイトルも「道徳における評価」(文部省，1989，p.67)ではなく，「道徳教育における児童理解と評価」(文部省，1999a，p.104)，「生徒理解に基づく道徳教育の評価」(文部省，1999b，p.109)と子ども理解を掲げる。小学校の学習指導要領解説では冒頭に「教育における評価は，常に指導に生かされ，結果的に児童の成長につながるものでなければならない」(文部省，1999a，p.105)，中学校の学習指導要領解説の場合，冒頭に「教育における評価は，生徒にとっては自分の成長を振り返る契機となるもの」(文部省b，1999，p.109)と，いずれも子どもを登場させている。道徳の時間について，「指導の前後における生徒の心の変容を様々な方法でとらえ，自らの指導を評価し」(文部省b，1999，p.109)と書き「道徳の時間の指導に関する評価」について1つの節を設け，「学習指導に関する評価の観点」(文部省b，1999，p.115)について記述する。子ども「一人一人」(文部省b，1999，p.110&115)を対象に評価する姿勢に変わりはないが，1958年以来特設された道徳の時間についての評価を子どもにおいて見る視点を明確にした。こうした道徳の時間の指導という観点は小学校学習指導要領解説道徳編において，いっそう顕著である。

1999年になって，1989年小学校指導書道徳編では「不用意な評定をしてはならない」(文部省，1989，p.67)との注意書きだけであったのが，子どもの道徳性は「共感的に理解されるべき」(文部省，1999a，p.105)であり，「客観的な理解の対象とされるものではなく，教師と児童の温かな人格的な触れ合いやカウンセリング・マインドに基づいて」(文部省a，1999，p.105)おこなうように書き加えられた。いわば評価における客観性志向から離れて，子どもとの触れ合いを教員の態度とするように指示されたことになる。客観性について「いくつかの調査の結果を過信して，児童の道徳性を客観的に理解し評価しえたかのように思うことは，厳に慎むべきである」(文部省，1999a，p.106)と戒める言表をおこなう。この客観性が何を意味するか規定しないままに述べられるために，そして「過信して」はならないとの表現によって批判を免れようとするために，論評しにくい構造であるが，できるだけ客観的にと評価を志してきた道徳性評価方

法にとっては，一体何事かということになろう。「調査の結果もまた，教師と児童との関係そのものによって大きく左右されるのである」（文部省，1999a, p.106）と語るとき，ここには関係として現れる道徳上の態度が表現されている。子どもの道徳上の態度が関係として現れるとの立場にたつならば，子どもの道徳性評価として出てきたものは実は教育の結果であり，教員と教育を組織した者の反省材料として受けとめられるべきである，子ども個人の性質としての道徳性として，子ども1人に責任を帰すべきではない，と書いてよい論理を導入したことになる。1999年の『中学校学習指導要領解説道徳編』は，同じく「共感的な理解」（文部省，1999b, p.109）を語るが，しかし，客観性に関しては観察による方法について「客観性を保持しようとする配慮も必要である」（文部省，1999b, p.111）と肯定的である。同じく観察による方法について，『小学校指導要領解説道徳編』は，客観性を語らず，「児童の気持ちを理解することが大切」（文部省a, 1999, p.107）と続ける。1999年の小学校指導要領解説道徳編が「道徳教育における児童理解と評価」において教員に求める態度は，「…信念と，…信じ願う姿勢をもつこと…。そして，教師自らが心を開き，児童と心が触れ合えるようにしようとすること」（文部省a, 1999, p.106）である。中学校における記述が，まだしも冷静であろう。学校教育における子どもの道徳性が教員との関係において育つとき，関わりを評価して，関わり方の反省材料とする評価を，つまり教員が自らの道徳授業を考える評価をおこなうところに行きつくだろう。『学習指導要領解説道徳編』は，道徳性を子ども個人に帰属させて評価する考え方と，関係する全体，すなわち子ども，教員，子ども集団，それに授業素材，方法を加えた全体を評価する考え方とを区別しないまま，懸念だけを表明している。

1999年のこの部分の書きぶりは，2008年になっても変わらない。

2008年『小学校学習指導要領解説道徳編』全体では，「客観」の用語は4回使われる。1つは，「道徳的価値の自覚を深めること」として「結果を重視する見方から動機をも重視する見方へ，主観的な見方から客観性を重視した見方へ，一面的な見方から多面的な見方へ」（文部省，1999a, pp.16-17）というあるべき発達の方向として使われ，2つには，「内容項目の指導上の観点」「第1学年および第2学年の内容」「1　主として自分自身に関すること」において「自己の確立にとって，自分を客観的に見つめ，内省することは不可欠な要素である」（文部省，1999a, p.38）と，自分を見つめる立場として使われている。第3と第4は先に挙げた評価における否定的な言表「客観的な理解」また「客観的に理解し評価しえたかのように思う」ことの否定である。中学校学習指導要領解説道徳編では3カ所，評価に関する部分では先に挙げた肯定的な1カ所に使われている。

指導要領解説も全体として用語の統一はしなかったのだろうし，『小学校学習指導要領解説道徳編』の「児童理解に基づく道徳教育の評価」に関する部分は，教員と子どもとの関わり方を強調するあまりであろうし，懸念を表明するあまりであろう，評価が関係のあり方として現れるとの趣旨がそのとおりだとしても，読みにくい書きぶりである。評価の部分を誰が書いたにせよ2008年の指導要領解説においても，委員であった中村昇が1958年に「道徳実施要項」をめぐる一問一答において，心理学的な面からだけ書いてある感じだとの質問に答えたせりふ，「…基準性をもっていませんから『指導上の参考』という程度で書いてあります。お書きになったのが心理学の人ですから，そうなったと思います。もっと倫理学的面や社会学的面からも考えるべきでしょうね」（中村昇，1958a, pp.59-60）と語ったところ，すなわち意見を述べた個人の思考傾向と書きぶりが指導要領解説に現れるのは今も同様のようである。

1999年の『小学校学習指導要領解説道徳編』

は，全体指導計画を年間指導計画と学級における指導計画に分けて論じる（文部省，1999a，p.111）とともに，1つの節を「道徳の時間の指導に関する評価」にあてて「指導過程に関する評価の観点」（文部省，1999a，p.112）を中学校と同様に記述するほか，評価の方法に次の記述を加えている。すなわち「1時間1時間の道徳の授業において，少しでも『このような心の動きがあった』『このような考え方の変化があった』『このようなことに気付いた』『やってみようとする気持ちになった』といったことを確認できるように，ていねいに授業を積み重ね以上のような評価を繰り返していくことによって，児童の道徳性は確実に高められていくといえる」（文部省，1999a，p.114。なお「積み重ね」と「以上のような」の間に原文の句点はない―引用者註）と，教育の場での毎週の積み重ねに評価を必要とする趣旨を明確にしている。これに続く「評価の創意工夫と留意点」においては，道徳の時間の評価を「児童の道徳性がどのように変容したかを把握する」次元でおこなう無理，すなわち集団としての45分の努力を個人に解体して長期を要する道徳性によって判断する無理を一つの文章に詰め込んでいる（文部省，1999a，p.114）。無理があることは，承知と見えて，「1時間で児童の変容を把握できるのは限られてくる」（文部省，1999a，p.114）と後で述べるとともに，集団で1時間でという道徳授業の評価と子ども個人の長期にわたる評価の間隙を埋めるために，「道徳の時間の評価は，学級経営評価でもあるというとらえ方が必要」と，学級を持ち出して教育の場における感覚を反映している。学級という単位は，子ども個人の評価ではない要素を持ち出すことになる。授業をばらばらの個人で評価する論理を展開しながら，集団を持ち出すのは，臨床感覚が顔を出したからである。授業を子ども相互の関わり合いとして教員は授業をおこなっているし，子どもは学級という場で考え，生活している。授業と個人の間隙をつなぐには，集団を介在させることが実感に合う

だろう。道徳授業1単位時間の成果は，集団を介在させてとらえることが評価においても実情にかなうことをこの文章は物語っている。「道徳の時間の評価が，学級における全教育活動での道徳教育を充実させる手掛かりを与えるものになるよう，特に留意する必要がある」（文部省，1999a，p.114）と述べて終わる『小学校学習指導要領解説道徳編』の全文は，ようやく道徳の時間の評価を射程に収めたに止まらず，学びの集団を介在させる授業評価が実際に沿っていることを示している。

2008年の『中学校学習指導要領解説道徳編』は，評価について，道徳教育に関わる人の全体を視野に入れている。生徒にとって自分の成長をふりかえる意味，教員の指導改善のための手がかり，また個人の道徳性だけではなく集団としての評価を書き込んでいる（文部科学省，2008e，p.133）。集団には，子ども同士の関わりと教員の関わりを含むことになる。関わる人の全体を視野に入れたことで登場したのが「生徒の自己評価」（文部科学省，2008e，p.133，p.129にも同様の文言）であろう。しかし自己評価のためには，子どもの自己活動が必要である。教員が，自分でおこなった授業についての評価によって反省しながら進む自立の方向をとることができるように，子どもの自己評価を語るためには，子ども自身の活動が前提である。自己活動のない自己評価は，教員の営みの末端を担う感想に止まる。1951年に文部省は子どもの自己評価を「大事なものとして取り上げ」（文部省，1951a，p.218）た。その理由を文部省は，評価が「学習する人，すなわち児童自身の問題にもなってきた」（文部省，1951a，p.219）のは「教師中心の教育から児童中心の教育に転換した新しい教育の当然の道ゆきであろう」（文部省，1951a，p.219）と論理鮮やかに説明した。この子どもの自己活動を語る背後の理念の大きさを見るとき，今日の『学習指導要領解説道徳編』の子どもの自己評価は子どもの活動を裏付けにもたず，教員による評価方法の整備の域に止まるように見える。子どもの評価の背景に

は，子どもが自分で活動し，自己評価しながら自立して進むという，道徳教育のあるべき姿が内包されていることに思いを致していい。

道徳における評価は，子ども自身が自分を評価できる，あるいは他者による評価を受け入れる自己評価に帰着する。それは，教育が自己教育を根底にするのと同じ理由である。教員が支援するとしても，道徳性が育つためには子どもの自己評価と子どもの自発性が根底になければならない。道徳授業を通して自分のよさを認識できることは子どもの自己評価であり，授業がすぐれている査証となる。道徳教育において，子どもが自分のよさを正当に評価でき，自己肯定感によって自分を支えるようになることが重要である。

2008年の『中学校学習指導要領解説道徳編』は，道徳の時間について，学習指導要領からの引用による2カ所を除いて5カ所で語っており，道徳の時間の評価をどうするかが記述の意識にあったことを表している。道徳の時間について，「指導の前後における生徒の心の変容を様々な方法でとらえ，自らの指導を評価し」（文部科学省，2008e, p.129），「それぞれの時間のねらいとのかかわりにおいて，生徒の心の変容を様々な方法でとらえ，適切に評価し，指導の改善に生かす」（文部科学省，2008e, p.130）と書き込まれている。もちろん，配慮すべき点を挙げながら，評価の基本として「道徳性の評価においては，生徒自らが成長を実感し，新たな課題や目標を見つけられるよう，教師が生徒の道徳的な成長を温かく見守り，よりよく生きようとする努力を認め，勇気付けるはたらきを重視する必要がある」（文部科学省，2008e, p.129）趣旨を述べる。全体として，教員と子どもと子ども同士の関係を視野に入れ，授業を視野に入れて，均衡がとれている。

2008年の小学校と中学校2つの『学習指導要領解説道徳編』では，道徳教育の全体計画の評価，年間指導計画の評価，学級における指導計画の評価，道徳の時間の指導に関する評価といった項目が削除され，子どもとの関係に焦点化された。『小学校学習指導要領解説道徳編』でも子どもの自己評価は書き込まれ（文部科学省，2008d, p.121）ている。子ども集団については「地域において編成された異年齢集団や異世代集団」が記述されるが，学校における子ども集団を欠いている。道徳の時間については，中学校の分と同じく，引用による2カ所を除いて5カ所で語っており，「道徳の時間においても…それぞれの指導のねらいとのかかわりにおいて児童の心の動きの変化などを様々な方法でとらえ，それによって自らの指導を評価するとともに，指導方法などの改善に努めることが大切である」（文部科学省，2008d, p.119）と述べる。2つの指導書解説道徳編とも，カウンセリングが登場するのは評価に関わる箇所だけであり，『中学校学習指導要領解説道徳編』では1カ所，面接による評価方法に関して「研修を深める」（文部科学省，2008e, p.132）ようにとの指示として，『小学校学習指導要領解説道徳編』では同じ趣旨の記述ともう1カ所「カウンセリング・マインドに基づいて，共感的に理解」すべきとの指示として用いられる。2008年『小学校学習指導要領解説道徳編』では，先に挙げたように教員の信念，信じ願う姿勢，自らが心を開くなど，教員の姿勢についての指示が多い。それは「共感的」との用語を『中学校学習指導要領解説道徳編』が評価に関する章において2カ所使用しているのに対して，『小学校学習指導要領解説道徳編』は7カ所にのぼる点に現れている。それだけ『小学校学習指導要領解説道徳編』は，教員の子どもへの関わり方について指示し，関連した注意や禁止を書き込んだことになっている。

学習指導要領およびその解説を軸に道徳の時間における評価を現代まで見てきた。道徳授業と評価について，さらに現代につながるところを論じる。

いわゆる道徳授業の展開の型について，当時教

科調査官の押谷由夫は,「いわゆる基本形があります」(押谷由夫, 1994, p.179) と導入, 展開, 終末を挙げ, そこから広がる授業の形を語る。しかし以前の教科調査官のように, 独自の授業展開過程を論じるのではなく, 総合単元的な道徳学習を提唱する。そこには「道徳の時間がほぼ定着した」(押谷由夫, 1994, p.139) との認識がある。すると道徳授業の展開のしかたを追う流れから, 一般に理解されている「総合単元的な道徳学習」としては, 道徳を各教科, 特別活動, 総合的な学習の時間, そして外国語活動とつなぐところに踏み出している。総合単元的な道徳学習のために押谷由夫は, 「昭和二十年代の実践をもう一度見直し, 新たに道徳の時間を中核としてそれらを位置づけたならば, 道徳教育がどのように発展的に展開できるか」(押谷由夫, 1994, pp.145-146) と考える。総合単元的な道徳学習の考え方は, 例えば子どもの自己肯定感を育てる課題と結びつけられるとき, 道徳上の価値を軸とした教科・領域などを含む「有機的なまとまりをもたせた学習活動」(押谷由夫, 1994, p.146) を展開できることになり, 教育課程編成の考え方として意味深い。

評価に関して, 押谷由夫は2003年に「道徳的価値の自覚は, 道徳的価値についての理解」から「心にそっと決意するところまで」(いずれも押谷由夫, 2003, p.11) と書き, 「とくに, 学習した道徳的価値にかかわって人間のよさを理解できるようになったか, …自分のよさが理解できたか, …友だちのよさが理解できたか, …自己課題が把握できたか, などが評価の観点として考えられる」(押谷由夫, 2003, p.12) という。子どものよい点を見つけることは, 押谷由夫が強調するところでもある。「子ども一人ひとりをかけがえのない人格として尊重すること…まず子どものあるがままを認める…一人ひとりのよさを理解していく…」(押谷由夫, 1992b, p.109),「子どもの成長していく力を信頼する」(押谷由夫, 1992b, p.109) そして「子供のよさへの着目は, 単なる指導方法上の問題ではない。そ

れは教育を支える子供観そのものの変革が求められるものである」(押谷由夫, 1992a, p.48) だという。この点からすると, 子どものよさを見いだすことが評価の観点として書かれていい。1999年に押谷由夫は,「よさを生かす道徳の時間の評価」として「道徳の授業において子どもたち自身の行動や態度, 発言等のなかに, よさを発揮し, 促す態度が見られたかどうかを評価することが大切である」(押谷由夫, 1999, p.136) と述べ,「人間のよさをどの程度理解できるようになったか」「自分のよさがどの程度理解できたか」「友だちのよさがどの程度理解できたか」の3点(押谷由夫, 1999, p.137) を挙げる。何によって評価するかについて「子どもの表情や発言などを中心に意図がどの程度達成されたかを評価する」(押谷由夫, 1994, p.183),「子どもたちの発言内容や表情等から実態を把握し, 指導過程や指導方法を評価」(押谷由夫, 2003, p.13) すると一般的にいうに止めている。しかし総合単元的に編成された教育課程の評価のためには, 表情や発言として現われた範囲を超えた子どもの思いをすくいあげる技法を必要とするのではないか。すなわち, 子どもの思いの全体を集約し, また教員が互いに授業評価を共有することが必要なはずであり, その技法と態勢があって, 道徳授業を要とする総合単元的な学校教育は実現されていくだろう。

1997年に「道徳授業の基本形・指導過程の創造」を特集として掲げた雑誌『道徳教育』2月号の冒頭に生越詔二は「道徳授業の基本形とは」を書き,「学校教育で行われる各教科の授業は, 一般に『導入―展開―終末』の各段階がある。道徳の時間においてもこの指導過程は広く用いられている」(生越詔二, 1997, p.5) と言い,「指導過程の基本形として広く行われているのは, 『事前準備―導入―展開―終末―事後指導』という段階区分である。これは指導過程をどのように構成したらよいかという願いや要望に応える形で, 『どの主題にも適用でき, だれにでも指導が可能な指導過

程』として定型化しようとしてきたものである」（生越詔二，1997，p.6）と道徳授業の基本形について述べる。

深沢久は道徳授業にはいわゆる三種の神器があり，その1つが「文部省調査官の唱える『基本形』」で，「『三種の神器』の一つでも欠けていれば，道徳授業として認知されていなかった。一九五八（昭和三十三）年から実施されてきた『道徳の時間』の授業は，私が教壇に立った一九八〇（昭和五十五）年当時も，こうした実態であった」（深沢久，2004，p.12）という。

いわゆる道徳授業の基本形が1958年以来同一であったわけではなく，1997年の雑誌『道徳教育』に栗加均は「道徳指導過程の変遷―代表的な指導過程から学んだこと―」として，勝部真長の導入（生活から）－展開（内面化する）－終末（生活へ），青木孝頼の導入－展開（展開前段－展開後段）－終末，井上治郎の導入－展開（段1段階－第2段階－第3段階）－終末，瀬戸真の導入－展開（一般化－自己への特殊化）－終末を年代順に整理している。そのうえで道徳授業の指導過程論の功績を「学校現場に道徳指導をあまり抵抗なく定着させてきた」（栗加均，1997，p.80）と挙げ，「にもかかわらず，道徳の授業がさかんに，しかも有効適切に行われていたところは少なかった。道徳の授業が形式化され，その指導がマンネリズム化され，問答や質疑で道徳の時間を過ごしているともいわれた」（栗加均，1997，p.81）という。そして最後に「自分の学級の子どもたちにふさわしい指導過程の創造が，子どもたちのために望まれる」（栗加均，1997，p.81）と結ぶ。指導過程から学んだことの最後が当時中学校教員であった栗加均によって，有効適切であるか，学級の子どもにふさわしいか，と授業評価の課題として結ばれていることは興味深い。

1資料，1時間の授業展開に対して，伊藤啓一は，異なる授業の組み合わせを提唱する。伊藤啓一は，道徳授業をどうおこなうかを考えて，「『ねらいとする道徳的価値』を教える（内面化）することを第一義とする」A型の授業と，「『子どもの個性的・主体的な価値表現や価値判断』の受容を第一義とする」B型の授業の2つで道徳授業を構成することを唱える（いずれも伊藤啓一，奥浦小学校著，2000，p.16）。すると，道徳の時間は単元として構成され，子どもは重要な価値項目に時間をかけて取り組むことになる。

統合的道徳教育は，『統合的道徳教育の創造 現代アメリカの道徳教育に学ぶ』（伊藤啓一，1991）に示されるように，型の違う授業を組み合わせて進める点で柔軟である。また『統合的ショート・プログラムの展開』（伊藤啓一・名古屋グループ，2002）ショート・プログラムに見られるような改変にも柔軟である。組み合わせ変形させて課題に応えようとする志向は，臨床の方向をとっていると見ていいだろう。伊藤啓一は日本における道徳授業のあり方を求める課題意識によって論じるが，どのような型の授業を教室でおこなうかの根拠となるはずの，当該の子どもにとっての課題は，前面に出ていない。「『思いやり』の心をはぐくむ道徳授業」（伊藤啓一，1998a，ならびに1998b）と課題を掲げた本も出しており，臨床の方向を含むはずであるが，一般論と実践例でどう授業するかを提示しており，当の子どもにとって「思いやり」が課題であったかは薄い。統合的道徳教育も受容のされ方として，理論の応用として意識され，理論と実践の2分法の意識によって授業がおこなわれているように見える。厳しく言えばつまり，子どもは価値項目や授業方法の適用対象にすぎない。授業のやり方は，評価のやり方にまで及ぶはずだと期待して見ると，統合的道徳教育は授業評価について新機軸を打ち出しているわけではなく，授業例のいくつかを見ると，子どもの感想と教員の感想を軸に授業評価を構成している。

一般的に，今日まで授業の型を実践してきた研究記録は，教員による道徳授業の型の練習成果の意味あいが強い。子どもの必要によって授業のやり方が選択されるわけではなく，授業資料によっ

て授業の型が選択される例も薄かった。子どもの課題に応える授業の形，子どもに必要なすぐれた資料に合わせた道徳授業の形という発想があっていい。誰々の理論による授業実践例集として，道徳授業の実際のやり方集として出版がおこなわれる傾向がある。新しい道徳授業の型の創造は，流行としてではなく，子どもの課題に応えるところに意味がある。流行の新型に乗り換える授業生活ではなく，子どもの必要に応える道徳教育が臨床的におこなわれるべき時にきている。

諸富祥彦は特定の授業の型を提唱しない。諸富祥彦は自分の道徳授業について「私は『価値の明確化』をベースに次の二つのタイプの道徳授業を提唱している」として，「アメリカの『価値の明確化』をできるだけそのままの形で道徳授業に生かすタイプの授業。心理学的な実習や小グループでの話し合い活動を組み入れて，『個人的な生き方の形成』を支援していく。…指導法の面に着目すれば，カウンセリング心理学の方法を取り入れた道徳授業ということになる」，および「『価値の明確化』の基盤に据えられている『プロセス主義』に立脚する道徳授業。…現実の道徳問題に直面した時の子どもの全人的プロセスを促進し，子どもの『感じる力』『考える力』『選択する力』の育成をねらいとする道徳授業」(いずれも諸富祥彦，1997a, p.54)と説明する。諸富祥彦は，『道徳授業の革新―「価値の明確化」で生きる力を育てる』において授業を課題にしたがって分け，「自分づくり」を支援する授業と「問題を発見し解決する力」を育む授業として叙述する。おこなった活動の評価として書くことを用い，ワークシート，価値のシート，学習のまとめ，ふりかえりシート(諸富祥彦，1997b, p.91＆p.135, p.105＆p.138, p.125, p.174)によって，考えが変わったこと，自分について考えたこと，どんな意見が心に残ったか，あなたに何かできることがあるか，なるほどと思った意見，きょうの道徳で気がついたこと，感じたこと，はじめて知ったこと，友だちの意見を聞いて思ったこと，を授業に応じて尋ねている。

荒木紀幸らは個人の道徳性認知発達段階の評価基準をもって日本で道徳授業を指導する。人間の道徳性の発達段階はL.コールバーグ当初の6段階をはじめとしていくつかの考えがあるが，この考えによる道徳授業は道徳判断の発達を促すところに趣旨がある。そのために道徳上の価値が相反する状況を設定した資料で判断とその根拠を問い，モラルジレンマによる授業を提唱する。この流れは，道徳授業の型と道徳性評価基準をもっている。授業の評価として，判断の理由による道徳性の発達段階を見極め，道徳授業の前後で判断の理由がどのように変容したかを見ることになる。鈴木憲は荒木紀幸の編集した実践例で，ジレンマ学習を第1次，第2次とおこない，子どもの理由づけを表にして分析し，授業全体として，授業後に道徳性発達段階の「段階1の出現率が減少していることと，段階4の出現率が増加していること」(鈴木憲，1988, p.134)を成果として挙げている。個人別に見ると2つの授業後「低い段階の記述を行なっている児童が2名，高い段階の記述を行っている児童が8名となっている」(鈴木憲，1988, p.134)という。つまり発言や記述から，個人の道徳性発達段階が下がったと判断される子どもが2名おり，上がったと見られる子どもが8名であったという。これについて鈴木憲はコメントを加え「これらの結果は，そのまま各児童の道徳性発達段階の変容を表わすものではない。しかし，より高次の道徳的思考に気づくことは，道徳性発達段階におけるより高い段階へ向けての発達の基盤となる」(鈴木憲，1988, p.134)とまとめている。授業での発言や記述による道徳性発達段階の判断が「そのまま各児童の道徳性発達段階の変容を表すものではない」とすれば，個人の道徳性発達段階を数時間の授業について判定することは必ずしも妥当ではないことになる。発達段階としては下位の記述をしても，より高い段階の思考の存在に気づく点が道徳授業としてよかったという話になる。

徳永悦郎も1時と2時の授業の判断と理由づけを分析するが，個人の道徳性が授業後にいっそう高くなったという説明ではなく，授業後に全体として「視点が拡大している」「これは，ディスカッションを通して，主人公を含めより広く役割取得できた結果だといえるだろう」(いずれも徳永悦郎，1988，p.143)と総括している。1時間の道徳授業で発達の段階が上がるには無理があり，徳永悦郎は，日本道徳教育方法学会のシンポジストとして『道徳教育方法研究』創刊号(1995)で述べたように，第三者または道徳資料の主人公への役割取得を授業についての評価基準としている。荒木紀幸を引用すれば「…あらゆる段階で他者の役割を取得し，対話できるような十分な心理的に最適な経験を与えること」(荒木紀幸，1988，pp.5-6)が道徳授業の眼目になる。徳永悦郎の道徳の時間に関する問題意識，道徳の時間でどのような力を身につけるのかが不明確である点，学習内容が子どもの学校での行動傾向，教員の感触からする授業のねらい設定が内容項目から見て欠ける面を取り上げて恣意的になりやすい点，道徳授業が教員中心の価値の押しつけになりやすい点の批判(徳永悦郎，1997，pp.9-16)に肯き，これに対してジレンマ学習が，判断力を育てる点，人間の発達段階論を背後にもっている点，道徳授業の学習過程を構築してきた点を認める。しかし，授業をどう展開するかに意識が向いて，授業評価となると学習指導案に評価項目を記載しないまま，「すすんで役割表現をしようとする児童が多かったことからも分かるように，本主題では，子どもたちが授業に積極的かつ能動的に取り組んでいたように思われる」(徳永悦郎，1997，p.92)と，教員の感触で終っている。

ジレンマ授業支持者でも全て道徳の時間をジレンマ資料でおこなう無理は自覚している。徳永悦郎も，「35時間の全てをジレンマ学習で終始することには無理がある」(徳永悦郎，1997，p.143)。すると，ほかの道徳授業の評価をどうするかは残る。道徳授業が心情に傾きがちな傾向に対して，判断を取り上げると意図を鮮明にすることに意義があるが，心情授業不要論ではなく，また判断を主とする授業でも心情を無視するつもりはないとすれば，全体として授業評価をどうするかは残る。

役割演技に力があると，江橋照雄が道徳授業で使っている。しかし，授業展開過程の叙述が中心で，評価に関しては授業者の感想に任され，子どもの意識がどのように動いたのか踏み込んでいない。

柳沼良太はR. ローティに拠りながら，プラグマティズムの立場から道徳授業を展開しようとしている。プラグマティック・アプローチと副題をつけた道徳授業を見ると，「価値観が多様化するポストモダンの日本社会では，多様な個性をもつ子どもたちが，自らの知性，感情，想像力を発揮して，未知の多様な道徳的問題に主体的に取り組み，解決する力を養えるような道徳授業が求められる」(柳沼良太，2006，p.12)として，問題解決型の授業を提案し，この型の授業では子どもたちが「最善の解決策を構想する」(柳沼良太，2006，p.12)と語る。しかし，道徳授業の授業素材の質は吟味されなかったのではないか，イソップ型の資料「はしのうえのおおかみ」や「かぼちゃのつる」を持ち出し，「二わのことり」では悪いところを直す趣旨の子どもの実態記述をおこなうなど，旧来を踏襲している。授業評価はおこなっている。しかし，個人の道徳性発達段階を1時間の道徳授業に当てはめて，子どもの発言例をとらえて道徳性発達段階が上がったと，したがって授業の成果があったかのように記述する。道徳授業をどう展開するかに安易に走ったのではないか。「プラグマティズムの見地から代替可能な教育理論や社会制度」(柳沼良太，2002，p.223)を構築する線に沿った新しい道徳授業が，子どもに必要な課題を取り上げ，問題解決学習の戦後日本の歴史を踏まえ，評価を工夫して，将来，再構築されると期待する。

林泰成はケアリング倫理を背景に新しい道徳教育に乗り出している。林泰成は「普遍的な原理を

立てずに状況依存的な判断をすることがケアリング倫理の特色」(林泰成，2000a，p.iv)「ケアリング倫理は，臨床的グランド・セオリー」(林泰成，2000，p.52)と位置づける。ケアリングの立場からの道徳教育の方法として対話，練習，奨励，モデリングを挙げ(林泰成，2000，p.192)，「ケアリング論に基づく道徳教育は，強く心情面に訴えかけるようなスタイル」(林泰成，2000a，p.193)であるという。「ケアリング論に基づく道徳教育は主として感性の領域の教育である」(林泰成，2000a，p.201)とも解説している。道徳授業に関して，モデリングの視点からと林が解説する授業で，評価は子どもの感想による言葉の種類を数え上げており(林泰成，2000a，p.102)，死を取り上げた授業評価では感想文2例を取り上げるとともに感想をカテゴリに分けて人数比を出し(林泰成，2000，pp.128-129)，ロール・プレイングによる道徳授業でも感想文をカテゴリに分けて考察(林泰成，2000a，pp.157-158)している。それならば，感想文を個人との対話として使い，連想法による言葉の分析をおこなうことが有効であると思わせる。

林泰成はまた道徳における技法が必要だと主張する。「知識レベルの指導だけでは不十分だ」(林泰成，2000b，p.113)としてモラル・スキルの表現を使って「具体的にどう行動するのかという実践的ノウハウを」(林泰成，2000b，p.113)道徳授業で取り上げ，「自律的行動へ向けての成熟を目指」(林泰成，2000b，p.116)す。「たとえば，あいさつをするということを一つのスキルとみなし，それをロール・プレイングで模擬的に演じ，演じたときの気持ちなどについて話し合う。あいさつにはいくつかのやり方が考えられるから，一時間の授業のなかで，こうしたセッションを数回行う」(林泰成，2000b，p.116)構想を語る。

道徳をいわゆる心のなかに止めず，行為を要請するならば，判断，心情とともに，技能を身につけて行為できるようにする支援が注目されていい。これは教育学を創設したときのヘルバルトの用語に結びつけると訓練であり，道徳上の自己教育を行為において支援するものである。本論では5章の図5−7の技能にあたる授業を主張することになる。スキル・トレーニングは子どもが，市民として行為し，世界で行動するために必要な道徳上の力である。道徳を構成する要素として，判断，心情，技法，そして行為を設定することができる。道徳授業評価のためには，判断に関わる授業か，心情を支える授業か，技法の獲得をめざすのか，授業のねらいを明確にすることが望ましい。すると，ねらいに応じた多様な道徳授業の型が必要になる。

第3章　連想法の考え方

　第3章は連想法の考え方について述べる。連想を情報論と結びつけて評価方法として使う形に整えた点は，連想法の独創性である。しかし，連想は思想史の背景をもち，また心理学において論議されてきた。そこで第3章第1節で，最初に教育臨床として使う用語について述べた上で，次に哲学史と心理学研究における連想の扱いと本論の関わりを論じる。第3章第2節で，情報論に基づいて連想法で使う諸量を規定し，連想マップを構成する原理について述べる。この節で提示語と回答語の関係，対回答語確率（P_{wi}），対回答者確率（P_{pi}），連想エントロピ（H），連想距離（D_i），連想量（A_i）を定義し，連想諸量の相互の関係，回答者数や回答時間との関係，質問紙票による回答との関係について明らかにする。

第1節　連想についての概観

3-1-I　教育臨床として語る用語

　連想によって，提示語に関わる知識，考え，心情を言葉として集め，道徳授業評価に用いる，これが本論の構想であるが，連想はさまざまな関心から論じられてきた。本論を位置づけるために，連想についてふりかえっておきたい。

　用語について述べる。本論で提案する連想法は，臨床場面での使用を企図している。課題の共有と解決のためには対話が必要である。そこで，臨床の場で共有しうる用語を使う。教育臨床においては，教育者と研究者，学習者，できれば子どもと地域の人を含めて課題を共有したい。そこで本論では，刺激語（stimulus word）―反応語（response word）の表現を使わず，提示語[3-1]（cue word）―回答語（response word）として記述する。連想法は刺激反応理論に依拠しておらず，用語を実験室ではなく，人と人の間に置きたいからである。同じ趣旨で，本論では，被験者を回答者（respondent）という。

　連想に関する歴史は長く，刺激―反応の理論の用語を使ったこれまでの連想研究の成果は大きい。連想法を開発する過程で，従来の用語に従ったのはそのためである。しかし本論の連想法は，刺激反応理論に依拠していない。刺激―反応という用語で語る際の広がり，すなわち生物一般に使用する用語は，実験者が事態の要因とならない再現可能性に支えられるが，これと同じ思考の枠組みを，分析者と行為者とがともに課題に関わり，事態に影響を及ぼす臨床の場に当てはめるには無理がある。子どもに対して刺激を与え反応を見るというニュアンスに違和感を覚える。学ぶ主体である子どもは，実験対象ではない。人の関わりにおいて示す概念は，提示するという方が自然であろうし，人によって返される言葉は呼びかけへの応答として，回答という姿勢が適切であろう。人と人とが関わる臨床の場に沿った用語にしたい。

　本論では，連想，想起，連合（association），思いつくこと（思い起こすこと，思い出すこと），時には表象を，同一事象をとらえる言葉として緩やかに使用する。それは，哲学史，心理学史などにまたがって，また小学生から大人までを含んで連想について考え，説明したいからである。Associationは連想と訳され，哲学史上また心理学史上で連合とも語られてきた。Anamnesisは，今日医学用語として既往症，病歴の意味にも用いられるが，ここではギリシャ語の「記憶をよみがえらせる」意味に限定する。

　昭和5年に初版，昭和22年に第4刷を出した伊

藤吉之助編の『岩波哲学小辞典増訂版』は593頁で，連想(原文は旧字体漢字)の冒頭に「観念連合に同じ」と書き，association school を連想学派と記し，ヘルバルトの表象(Vorstellung)力学の如きも一種の連想心理学の類型に当嵌められる(原文旧漢字)，とする(伊藤吉之助，1947, pp.593-594)。平凡社の下中邦彦編『哲学事典』(昭和46年再版)では連想は連合を参照と指示されており，連合の項目に associationism を連想主義，associatoin psychology を連合心理学と記述する。しかし同じ本の連合心理学の項目では associationism を連合主義と訳している。ラテン語は associo で，意味としては，組み合わせる，結社する(田中秀央，1966，研究社羅和辞典，増訂新版)。P. G. W. Glare 編集の Oxford Latin Dictionary, (1983, Oxford at the ClarendonPress)では，associo を to join (to), associate (with) と解説する。

下中邦彦編，1986，平凡社，新版心理学事典の石原岩太郎の記述によれば，associationism を連合主義として項目を立てており，association school を連想学派，association psychology を連合心理学と記す。中島義明らの編集になる有斐閣の心理学辞典，1999では，連合もまた association とされ，これとは別に連想 association の項目で齋藤洋典が，「association には，連想と連合という二つの訳語が当てられるが，『連想』という用語はイギリス経験論の流れを汲む観念的な対象間の連合に用いられ，これとは別に，相対的に機構やその結合法則の記述には『連合』が用いられることが多い」(中島義明ほか編，心理学辞典，1999, pp.901-902)と解説している。

今日の動きとして，associationism 回帰と思われる傾向を見せるコネクショニズム(connectionism)があるが，この流れも連想思想史の系譜において語られるときがくるかもしれない。また T. コホネンは associative memory として連想記憶の用語を使っているし，自己組織化マップの用語を使用している(T. コホネン，中谷和夫訳，2003，自己組織化と連想記憶，また T. コホネン，徳高平蔵，岸田悟，藤村喜久郎訳，2003，自己組織化マップ，など)。さらに今日，連想はネット上における検索の有効な手法として研究されている。

本論の連想法においては，小学校中学年に対して，「思いつく言葉」を書いてくださいと指示し，「連想する言葉」で通じる年齢対象には連想の用語を使ってきた。また口頭では，思い起こすこと，思い出すこと，と語る場合もあった。英語では recall，ドイツ語では einfallen，中国語では 联想・聯想の用語で調査をおこなった。

3-1-Ⅱ 連想の歴史的な背景

連想に重要な役割を与えたのは，ヨーロッパの思想史ではプラトンである。プラトンは紀元前402年[3-2]を設定したと考えられる対話編『メノン』で，ソクラテスに，学ぶとは想起することであると語らせている。ここでは，想起(アナムネーシス)が学びにほかならない。曰く「探求するとか学ぶとかいうことは，じつは全体として，想起することにほかならない」(プラトン，藤沢令夫訳，1980，メノン81DE, p.278)。また『パイドン』においてもソクラテスの説は「われわれが学び知るというのは，じつは想起(アナムネーシス)にほかならない」(プラトン，松永雄二訳，1980，パイドン72E, p.206)と言われる。

すると，プラトンにおいては善そのものが想起される対象なのだから，想起を助けることが教育になる。学ぶことを想起におく論は，教育における連想の重要性を示す。ここには3つの特色がある。1つは，連想が個人を対象として展開された点，2つには，連想を整理する手法について論じられなかった点，3つには普遍を見る点である。第1の点は，1人の子どもに対してソクラテスが教えることなく想起を助けて幾何学の定理に至ることを証明してみせる『メノン』の過程に見られる。ここでは，個人の想起によって普遍の知識に至っており，多くの人の連想を集めて方向性を見

いだす集団の場からの発想ではなかった。本論のように集団として連想を扱う発想が展開されなかったのは，個人を基盤にした思考がヨーロッパの思考に引きつがれたからだろう。

2つには，連想がイデアの想起に至る流れで論じられるために，とりとめのない連想を含む多様な思いつきをどのように整理するかという論点が生じなかった。プラトンが論じた連想に，情緒は焦点化されていない。プラトンは『パイドン』において「想起は，類似したものからおこる場合もあるし，また類似していないものからおこる場合もある」（プラトン，松永雄二訳，1980，パイドン74A，p.209）と述べて，想起を引き起こす要因として類似を語るが，多様な想起を整理するカテゴリとしてはもの足りない。

3つには，イデアに至る想起は，普遍を志向している。想起は個人が普遍に到達する過程である。プラトンの想起は，思いつくことに，教育の核心を見いだしている。

臨床的であろうとする構えからプラトンを見ると，対話が意義をもつ。『メノン』において，徳は教えられるかの問いに答えるやり方としてソクラテスは徳の本質規定をめざすが，徳という言葉によって切り出された本質によって判断する展開にならず，対話が，人と人とが関わりながら課題を追求する手法になっている。探求を続けるソクラテスにあって，ともに答えを求める対話が，課題に対応する場を構成している。

アリストテレスは，『記憶と想起について』で想起の必然の動きと習慣の動きについて次のように述べる。「想起が起こるのは本性上一定の動きが一定の動きののちに来るようになっている場合である。もしその順序が必然である場合には，明らかにまえの動きが先行すれば常にのちの動きがひき起こされる。だがそれが必然でなくて習慣によって起こる場合には，それ〔のちの動き〕はただ多くの場合起こされることになる」「われわれが想起する場合にはいつでも，われわれは通例それののちにかの動き〔想起〕が生ずるところのその動きをわれわれが動かすまで，先行する動きの或るものを動かすのである。この故にまたわれわれが現に在るところのものとか，何か他のものとか，また〔われわれが求めているものと〕似たものとか，反対なものとか，あるいはそれに隣接したものとかから思惟することを始めてのちに，それに続くものを追うわけである。これによって想起が生ずる」（アリストテレス，副島民雄訳，1994，記憶と想起について451b 11-12 & 451b17-21, p.231 & p.232。〔　〕書きは訳者による）。

アリストテレスは，常に起きる必然的な連想について述べ，また習慣的な連想が多くの場合起こされること，その原理として類似，対比，近接（訳語は訳者によってさまざまである）の3つを掲げる。そしてアリストテレスが例として挙げるのは，連続連想である。「たとえば乳から白に行き，白から空気に行き，またこれから湿気に行き，そしてこれから─もしひとがこの季節を〔想起しようと〕求めている場合には─秋を想い出す」（アリストテレス，副島民雄訳，1994，記憶と想起について452a15-16, pp.233-234）。

プラトンやアリストテレスによって扱われた想起と，本論で中心的に扱う連想とは次の点で異なる。

1．個人における連想を追求するのではなく，集団の場における（多くの場合学習集団における）連想を扱う。
2．イデアへと向かう想起あるいは必然の連想と習慣による連想とを区別せず，連想の結果として提出される回答語を整理する。
3．主に扱うのは単一自由連想である。すなわち，1つの提示語から思い起こされる回答語を多数集めるやり方をとる。連続連想や多ヒント連想を主に扱うわけではない。提示された概念から生起する意識を知るためである。
4．連想の整理を，情報量によっておこない，連想結果の数値化・視覚化をおこなう。

5. 回答語を意味によってカテゴリに分け，提示語のもつ意味の広がりをまとめる。

　思想史上連想に関して，アリストテレスを扱った後はイギリス経験論に移る記述が多いが，本論では学びを想起と結びつけたアウグスティヌスを取り上げておきたい。アウグスティヌスは『告白』第10巻第11章において，学ぶことについて述べる：「(学ぶことは—引用者註)すなわち，記憶がばらばらと無秩序にふくんでいたものを，思惟によって寄せ集め，注意深く配慮し，以前に分散しかえりみられることなくかくれていたその同じ記憶の中に，いわば手近におき，すでに親しみ深くなっている心を，それにむけさえすればすぐでてくるような状態にすることにほかならないのです。…しかし，想起をしばらく怠っていると，それらはふたたび埋められ，いわば奥深い内室に没しさり，同じところからふたたび，何か新しいものを考えだすかのようにあらためて考えだされねばならなくなります」(アウグスティヌス，山田晶訳，1968，p.344)。

　アウグスティヌスは「それをどのようにして学んだかということをも，記憶に保っています」(アウグスティヌス，山田晶訳，1968，p.346)と手続きの記憶についても第13章で述べ，第14章で記憶が感情を含んでおり，感情が想起によって記憶から取り出されることも論じている(アウグスティヌス，山田晶訳，1968，p.346 & pp.347-348)[3-3]。アウグスティヌスは連想について対象の心像だけでなく，手続き，感情を視野に収めていた。

　これらの論は，魂(ソクラテス)，共通感覚(アリストテレス)，神(アウグスティヌス)を連想の根底においていた。しかし，J.ロックは，生得観念を否定して，想起[3-4]をも，経験の土台に置く。ロックが『人間知性論』第1巻第2章で心に生得観念の原理はない，と，デカルトの主張の否定と理解していい台詞「生得原理，ある原生思念，共通思念，いわば人間の心に捺印された文字〔ないし刻印〕があって，霊魂はそもそもの在り始めにこれを受けとって，世に携えてくるというのは，ある人々の間で確立された説である」(J.ロック，大槻春彦訳，1972，p.41。強調省略，〔 〕は訳者による)を否定したとき，連想は，感覚によって得られた観念と内省の観念の2つが全ての知識の起源であるという文脈に位置づけられる。「心が知覚・憶起・考察・推理などと呼ばれる作用で最初にたずさわると思われるのは，外部対象が私たちの感官に行なうこうした印銘についてなのである。やがて，心は感覚によってえられた観念にかんする自分自身の作用を内省するようになり，これによって内省の観念と私の呼ぶ新しい一組の観念を貯える」(J.ロック，大槻春彦訳，1972，第2巻第1章24，p.155)。J.ロックにおいて連想は，プラトンやアウグスティヌスのように本質論と結びつかず，認識の問題である。

　D.ヒュームも『人間本性論』において「生得観念が存在するか，それともすべての観念が感覚と反省から生じるのかという論争で大いに論じられた問題」について感覚と反省から生じる論を支持しながら「すべての単純観念が，対応する印象から直接的または間接的に生じるということは，依然として真なのである」(D.ヒューム，木曾好能訳，1995，p.18)として，これを「私が人間本性の学において確立する，第一の原理である」(D.ヒューム，木曾好能訳，1995，p.18)と述べる。そしてヒュームは，観念間の連合を生み出すのは，3つの関係であるという。「連合(association)を生みだし，精神をそのように一つの観念から他の観念へと運ぶ性質は，三つ，すなわち『類似性』(resemblance)，時間または場所における『隣接』(contiguity in time or place)，および『原因と結果』〔の関係〕(cause and effect)である」(D.ヒューム，木曾好能訳，1995，p.22。〔 〕は訳者による)。3つの原理はアリストテレスの3つの原理と大差ないように見えるが，感覚と反省による観念の連合を精神の動きとしておしなべて論じる基盤を得た意味は大きい。

　H.ワレンによれば，「連合学説の史的発展には

四つの時期を画することができる。第1期は準備段階でアリストテレスに始まりホッブスを通じてヒュームに終る。通例ヒュームは次ぎの時期に属すると考へられるが，彼れの興味はロックと同様に認識論であるから，心理学的には彼れを第一期中に数へるのを適当とする」(ホワァド・ワレン，矢田部達郎訳，1952，p.4。原文は旧字体)。するとこれまでの記述は，連想の歴史の第一期であったことになる。ワレンは続けていう：「第二期は1749年ハァトレイの『人間の観察』が出版されたときからトマス ブラウン等を通して1829年ヂェイムズ ミルの『人間精神の現象の分析』が出るまでの間で，不十分な生理学的知識及び原始的な人間学の影響によって歪められてはゐるが，兎に角連合心理学と云ふものが作られた時代である。第三期は神経生理の知識が進み，児童の精神発達が種族の発達と平行することがわかり，かかる基礎の上に，ミル父子，ベイン等が連合心理学を完成せしめた時代である。第四期は1855年ハアバァト・スペンサァの『心理学原理』初版が出たときを割し，彼れがその第二版(1872年)によってダァウィンの進化論を心理学に取入れ，連合法則を種族経験にまで拡大した時代である」(ホワァド・ワレン，矢田部達郎訳，1952，p.4)。

H. ワレンは言及していないが，E. フッサールも連想に言及している。E. フッサールは想起されたものについて「現在的なものが過去のものを想起すると表現できるだろう」と結びつきの性格を語る(E. フッサール，山口・田村訳，1997，pp.173-174)。連合〔連想〕は「超越論的現象学にとって根本的な概念なのである」(E. フッサール，浜渦辰二訳，2001，p.146)という。「能動的な形成の際にあらかじめ与えられているすべての対象の構成にとって，受動的発生の原理は普遍的であり，その原理は，連合〔連想〕と呼ばれている。ここで強調しておきたいのは，それが志向性を表す標題だということである。それゆえ，それは根源的形態において記述によって示すことができ，また，その志向的な働きにおいて本質的法則に従っている」(E. フッサール，浜渦辰二訳，2001，p.146。〔 〕は訳者による)。「志向性を表す」というとき，フッサールのいう連想は，本質の連想からも，感覚によるとりとめのない連想を整理する原理からも，実験心理学とも離れている。本論では，フッサールの連合が独自の位置をもつことの指摘にとどめる。

本論は，連想心理学史を追うことが目的ではないので，内省を主とするいわゆる連合心理学のH. ワレンのいう第2期から第4期までの記述は任せたい。ワレンはさらに「連合心理学史と云ふよりも現代の問題」(ホワァド・ワレン，矢田部達郎訳，1952，p.5)として実験心理学にも章を割く。実験心理学において連想の反応時間の計測などがおこなわれるため，こちらに話を進める。

3-1-Ⅲ　実験心理学と深層心理における連想

実験心理学における連想研究の初めにはF. ゴールトンを挙げるべきであろうが，精緻な実験研究はライプチヒのW. ヴントの許でM. トラウトショルトによっておこなわれた。したがって，ここではM. トラウトショルトを取り上げる。

M. トラウトショルトは，記憶像の再生に要した時間である連想時間(Assiciationsdauer)を精密に測定した(M. Trautscholdt, 1883, p.213)。4人の連想の反応時間計測を中心に詳しく調べており，連想時間は0.706秒から0.874秒，中央値0.727秒を見出している(M. Trautscholdt, 1883, p.239)。この実験の回答者は，ヴント教授，トラウトショルト自身を含む教育のある人たちの連想であることは，M. トラウトショルトも記述している。提示語と回答語を見ると，名詞―名詞連想が多いなどの特徴が見られる。

個人について提示から連想による回答語出現までの時間を計る研究はこの後も続けられ，コンプレックスの研究に至る。C. G. ユングは，連想実験が「単に孤立した言葉の対を再生する方法ではなく，一種の遊びであり，実験者と被験者の間の

会話なのです。ある意味ではそれ以上のものですらあります。言葉は，実際には行為や状況や事柄の簡易な伝達法です。私が被験者にある行為を意味する刺激語(stimulus‐word)を提示するとき，それはあたかも私が被験者にその行為を示して『それについてあなたはどう感じますか。それをあなたの意見はどうですか。その状況であなたはどうしますか』と尋ねているのです」(C. G. Jung, 1973, p.444)³⁻⁵⁾という。引き延ばされた反応時間(reaction‐time)は，刺激語への適応が妨害されていることを示し，「ある意味で…現実への不適切な適応」を示しており，「どんな病気も適応が損なわれるところから発生します」(C. G. Jung, 1973, p.448)³⁻⁶⁾いう。こうしてユングは，1人の回答者に100の刺激語から構成するリストで反応時間を計りながら，個人の深層心理に迫る。

連想法では，個人の反応時間を計測しない。したがって反応時間の遅れは表面には現れない。長くかかる時間によって回答語数が少なくなることはあっても，集中力のゆるみか，語彙不足かわからない。また，個人を分析する扱いはせず，個人の深層心理に踏み込まない。しかし，精神分析における自由連想と連想法は，提示語からの自由な回答語を求める点では軌を一にしており，以下の林道義の示唆は参考になる。

林道義によれば，「『白い』に対して『黒い』，『根くら』と言えば『根あか』というように，連想ではなく単なる反対語です早く反応する」人がおり，「私の経験では非常に頻繁に起こる」，それを防ぐには「『最初に思いついたことを』と言うかわりに，『最初に連想したことを』と言い，『たとえば単純な反対語はだめですよ』とわざわざ注意した方がいい場合もある」(林道義，2000，p.247)という。

面倒だと感じたり疲れたりして，何かを思い起こすことを避けて，機械的な回答をする心理機制はあろう。機械的な回答に止まらないために，連想法では提示語の数を多くせず，反応時間をゆっくりとって何かについて思い起こす時間を設定し，できるだけ多くの回答語を求める。反対語や類語など言葉遊びによる回答は個人の心理を知るには不要でも，連想法においては知の1つとして意味をもつ。

林道義はまた，「心理判定法として各種の方法が開発されているし，それぞれの利点があることと思うが，しかしそれらに共通の問題点として，被験者が単にテストされる人，つまり単なる対象にされてしまい，テストに主体的に参加し，判定の中に自分も参加し，自分の心の共同研究者になれる度合いが少ないように見受けられる。その点，連想実験は，被験者がそれほどの専門知識を必要とせずに結果の判定に簡単に参加でき…，自分の心を自覚化するきっかけにできるという意味で，被験者の積極性と主体性を引き出す可能性を持っている優れた方法と言うことができる」(林道義，2000，p.255)と語る。同様の趣旨が，本論の連想法にもいえる。連想法の結果として示される回答語の配置図，連想マップにはすべての回答語が記載されており，これを見ながらそれほど専門知識を必要とせずに，研究者と授業者，学習者も，学びの集団全体がどのような言葉の様相に至ったか談義に参加できる。学習者相互にとっては，自分だけではなく，みんながどう考えたのかがフィードバックされ，授業者にとっては，学習者の意識がどこに向かったのか確認できる。それは，自分たちの学びと授業を，ひるがえって考え，改善する機会となる。

A. O. クリスは，"Free Association: Method and Process"と題した著書で，「自由連想とは，さまざまの考え，感情，願望，感覚，イメージがひと連なりになっているものを指す」と言い，別の箇所では「考え，感情，イメージ，記憶のひと連なりを，私は『自由連想』the free association または『連想』the association と考える」と言い，「『自由に連想する』精神活動を二人の人間が分析の場で行なうのが『自由連想法』method of free association」，「『自由に』freeとは，意識による方向づけがないという意味」(A. O. クリス，1992，pp.10-11) という。意識による方向づけがない点では，連想法と定義を共有する。本論では，回答者が方向づけられた回答語を要請されていないことを意味する。概念を提示するが，何を回答するかは自由である。A. O. クリスの場合，「連想の自由」freedom of associationを，「無意識による制限（抵抗）がないという意味」(A.O. クリス，1992，p.11) だとするが，本論でこの意味で自由の語を使うことはない。無意識による抵抗があったかもしれない回答も，回答語の一つとして他と同様に扱う。調査時間中に回答しないままでいることが，連想法では許されており，無意識に踏み込むことはない。

ユングの連想実験は，ユングが回答者個人に尋ねるところから，提示語が行為を尋ねる意味合いが強いのだろう。その点で連想法は，集団の場で尋ねるため直接に問われる感覚は薄らぐと思われる。その分，気楽に答えられるともいえる。しかし，ユングと同様に，提示語によって，何を感じ，考え，どうするかを尋ねていることに変わりはない。

連想法の回答時間50秒は，早く1語を返す意識よりも，何を感じ，考え，どうするか，回答語の厚みが出てくる。時間上最初に想起される言葉だけでなく，思いつく社会に流布した言葉まで拾い上げる回答時間である。連想マップに広がるすべての回答語は，学習集団が全体として，何を感じ，考え，どうすると思ったかを示す。連想マップは，授業者だけでなく，教育者，研究者，あるいは学習者の間で解釈され，理解が共有されていく。

反応時間を軸とした連想研究はF. ゴールトン，ライプチヒ学派以降，詳細に進められた。その成果は矢田部達郎の『思考心理学史―思考研究史』第1章にまとめられている。そのなかで矢田部は，ロベルト・スパイヒを引きながら「『出来るだけ速く反応せよ』と云ふ教示によって準備される心的活動状態も自動的再生の出現に好都合である」(矢田部達郎，1948，p.112。原文旧字体) という。矢田部達郎は，被験者の態度が受動的で再生が意識的な心的活動によって媒介されない自動的再生に対して，反応的再生を，何らかの心的機能の働きを被験者が意識する場合で「主として課題から出発する決定傾向の働きであり，…潜在的態度の影響であると思われる」(矢田部達郎，1948，p.112。原文旧字体) と規定する。自動再生は，先の林道義の反対語ですばやく反応することと相応する。すると，早くと1語を引き出す連想の指示は，決定傾向や潜在的態度ではない自動的再生による言葉に回答語を傾けることになる。

梅本堯夫はF. ガルトン以降19世紀末の心理学史における連想について「実験心理学史の初期を飾る多くの重要な研究は連想法を用いてなされた」と述べ，その後の「連想法を用いた連合心理学的研究は…三つの方向に分かれて発展して行った」(梅本堯夫，1963，pp.67-68) と説明する。1つは，H. エビングハウスの無意味綴りを用いた研究の方向で，ゲッチンゲン学派，アメリカ合衆国の機能主義心理学者による言語学習の研究に展開していく。2つには，連想を意志の力と連合に分けたN. アッハの研究，しかしこれには意志と連合ではなく2つの意志の問題だとのK. レヴィンの批判がある。3つには，「連想を用いて個人差や性格の問題を分析しようとした流れ」(梅本堯夫，1963，pp.67-68) があり，C. G. ユングもここに位置づけられている。この流れにG. H. ケントとA. J. ロザノフの精神疾患の診断に使うための一般的な回答語の標準表作成も位置づけられる。

3-1-Ⅳ　連想基準表

記憶と忘却の心的機構を語るには無意味綴りの研究は欠かせないが，本論では有意味な語に限定して見ておく。

G. H. ケントとA. J. ロザノフの2回に分けられた論文は，100の提示語の回答語，1000人と247

人分を記載して計134頁にわたる。全ての回答語が記載されるのは，一般的な回答語を標準化し，通常ではない連想 (abnormal associations) を区別し，診断に用いる趣旨である。G. H. ケントとA. J. ロザノフは，8歳から80歳を超える男女1000人の回答語について，年齢と男女に関する顕著な差異は見いだされなかったと述べる (Grace Helen Kent, A. J. Rosanoff, 1910a, Part I, p.44)。また反応時間（reaction time）について，驚くべき多様性を示したため考慮から外し，反応時間の記録をやめたという (Grace Helen Kent, A. J. Rosanoff, 1910a, Part I, p.42, 38 & 44)。彼らの大規模な研究は，反応時間を個人について計測する不安定さと反応時間によって解釈する不安定さを示唆している。

連想による回答語を標準化する動きは，しかし，G. H. ケントとA. J. ロザノフの後，心理学において継続する。

賀集寛は，彼の学位論文による著書『連想の機構』において，3音節動詞にしぼって，3音節動詞から生じる連想（F価の呼称で扱われている）と，提示語となった3音節動詞への頻度（T価）を523語について，また80人について示している。賀集寛のF価の1つは，「一つの3音節動詞から，30秒間に80名の被験者によって意味的連関のある動詞に生じたF連想頻度の平均」（賀集寛, 1966, p.20）である。これは，本論の連想法において，80人に限定した場合（ほかに，3音節ひらがなの動詞との限定がつくが）の，1人あたり回答語数にあたる。

賀集寛の30秒の連想時間は，50秒に設定する以前に経験的に筆者らが使った時間であり，根拠に興味をもつが，特に示されていない。また，80人の数値についても特に示されていない。

梅本堯夫は，京都の大学生1,000人の自由連想1人1語を集めて自由連想の基準表をつくっている。なぜ1,000人かについてはG. H. ケントとA. J. ロザノフ以来「自由連想の基準は1,000名で標準化するのが慣行のようになっている」（梅本堯夫, 1969, p.6）として，6種類の先行する標準化を挙げる。梅本の自由連想は10秒でおこなうが，10秒の意図は少なくとも1つの回答語を書いてもらうためであり「第1反応について，連想反応別の単純集計をした」（梅本堯夫, 1969, p.8）と記す。最初の回答語を重視する理由は記していない。おそらく慣行によるのだろう。梅本が提示した語は210語，10分の休憩を入れて「全部終わるのに50分を要した」（梅本堯夫, 1969, p.7）という。

連想の男女差について梅本堯夫は「一般に女性は男性に比べて最多，次多反応などの平凡反応に集中する傾向が強く，また…心情反応が多く，生活に密着した反応が多い傾向が見られた。これに反し男子は反対語や等質反応（同一品詞による回答—引用者註）が多い傾向がみられた」（梅本堯夫, 1969, p.18）という。また連想基準表を用いる際のサンプルによる格差について「±10％以内の誤差を見越して使用するか，あるいは相対的な順位としてとりあげ」れば，「まず差し支えない」（梅本堯夫, 1969, p.19）だろうという。

連想基準表はどれほど基準であり得るのだろうか。

本論において提示語を〈　〉で，回答語を「　」で，また後述のカテゴリを《　》で表示する。

〈白い〉は，後述するように，言葉を思いつきやすく少ない人数で多くを答える提示語であるが，回答者数が増加しても種類の違う回答語は比較的出にくい。したがって早く思いつく〈白い〉によって比較する。提示語〈白い〉の回答語を『連想基準表―大学生1000人の自由連想による―』（梅本堯夫, 1969, p.269。調査は1969年である）と比較すると，2003年におこなった長崎大学教育学部生119人による連想と大いに異なる。連想基準表では，上位10位が，「黒い」18.1％,「手」9.8％,「雪」8.8％,「花」6.8％,「手袋」5.5％,「雲」3.2％,「あかい」3.1％,「服」2.6％,「清潔」2.5％,「紙」2.4％である。これに対して長崎大学生を対象に13の提示語について1語15秒でおこなった上薗恒太郎の調査では，「雪」58.8％,「雲」40.3

％，「ウサギ」14.3％，「紙」10.1％，「豆腐」7.6％，「歯」19.3％，「肌」10.9％，「冬」9.2％，「心」6.7％，「花」5.9％，「消しゴム」5.9％，「色」5.9％である。「雪」，「雲」，「紙」だけが重複している。大学生という属性の要因に差はないが，そして梅本がいうように連想基準表が「日本の西部の大学生のもの」(梅本堯夫，1969，p.6)との地域要因をもつならば，日本の西部にある長崎と回答語の重なりがもっと見られてよい。

長崎での「雪」は白いものを思い浮かべている。「雲」も「ウサギ」も「紙」も「豆腐」も長崎の回答語は白いものを思い浮かべている。連想基準表では何かを思い浮かべるのではなく，反対語「黒い」で対応し，視野にある手近なもの「手」で対応しているのではないか。210の提示語に10秒テンポで対応を迫られる回答者の時間と状況が，思い起こすという仕方に影響していると考えられる。

違いの要因をさまざまに考えることはできるが，いずれもこれほどの違いを生むとは思えない。回答者数の要因は1000人と，119人と異なる。しかし連想諸量の安定性からすると，回答語のこれほどの相違の要因が人数にあるとは考えにくい。男女比要因は，連想基準表で男子60％女子40％，長崎での調査で男子が34％，女子が66％と異なる。しかし「雪」，「雲」，「紙」の重複する言葉に男女差は認められず，男女の構成差だとは考えにくい。地域差要因として，長崎での調査では長崎県内が64.5％，長崎県外(主に九州)が35.5％である。長崎県出身者が多いが，長崎では雪はほとんど見られない点から，地域差要因は考えにくい。ただ，同一回答語に集中する傾向が長崎で見られる点では，長崎の集団が等質集団であると言えよう。

季節要因はいくらかあるだろう。連想基準表のための調査は5，6月に実施され，長崎での調査は11月末に実施した。長崎でこの季節におよそ雪は降らないが寒さによって，「雪」を想起しやすい。時代要因は回答語の各所にあるだろう。連想基準表は1962年，長崎での調査は2003年である。しかし，時代要因が「黒い」と「雪」に反映する論理は見つからない。

反応に設定した時間の要因も考えにくい。連想基準表は10秒，長崎での調査は15秒のもので比較してある。

連想テストのやり方を要因として考える必要があろう。連想基準表では，40分かかるテストを実施している。10秒ごとに規則的に提出される言葉に40分間反応し続けるには，自分の体験や風景を思い起こす対応では疲れる。早く回答し続ける状況下では，矢田部達郎のいう自動的再生や林道義が指摘した単純な反対語が，出現しやすいだろう。すると，連想はやり方によって出現する回答語が異なると考えられる。プラトンやアウグスティヌスの，思索に属させていい想起なのか，林道義が自由連想の利点として述べた「心を自覚化するきっかけ」となりふりかえる意味をもつ連想か，あるいは「す早く反応する」(林道義，2000，p.247)回答か。早くと指示して引き出す1語は，そのやり方に対応した回答，すなわち自動再生や単純な反対語を引き出すのだろう。

連想による回答語が標準化されると，標準からの乖離によって意識の状況をうかがい知る方向が生まれる。小林俊雄は，最初の回答語の意味内容解釈によって回答者の状態を読み取るマニュアルを示している。個別面接で42語について回答語を求める手法で集めた784例をもとにノーマルな人の連想とそうではない状態を区別するために，回答語が解釈される。小林は次のように解釈してみせる：「〈女〉という刺激語について，『結婚』という連想反応を答える女性の場合は，不倫の人間関係がこじれて心や身体に症状が発生していることがあります。また不倫のセックス関係ということで，後ろめたい気持ちを引きずっている場合もあります」(小林俊雄，2004，p.56)。「〈机〉という刺激語については，『イス』という連想反応が多く出現します(出現率42％)。これは出現率が11％を

超えている連想反応なので，ポピュラー反応[3-7]になります。一般的にポピュラー反応は，①受検者が客観的な判断力を持っていることと，②健康な社会生活ができることなどを示唆する，③よいサインになります。具体的に言うと，『イス』という連想反応（ポピュラー反応）を答える人は，客観的に判断する力が充分にあるらしいとか，健康的な社会生活をしているらしいと心理アセスメントをしていくことができます」（小林俊雄，2004，p.129）。このように解釈されるとなると，うっかり答えられない，皆が答えそうなポピュラーな言葉を出すに限る，ことになる。

本論の連想法では，回答語を個人に帰して深層心理を読み解くことはしない。思いついた言葉によって回答者の性格を判断することは，無記名の方法により，できないようにしている。思いついた言葉による性格判断は危うく，教育の場でおこなうべきではない。

3-1-V　連想のメカニズム概観

連想と日常言語との関係，連想が生じるメカニズムについて，触れておきたい。

D. ハウズは，1957年の論文の冒頭を，「連想実験は，最初臨床の道具として展開されたが，今日拡大されて言語行動の量的分析の方法として使われている」（D. Howes, 1957, p.75）と述べる。D. ハウズは，G. H. ケントとA. J. ロザノフの連想基準表の回答語頻度およびE. L. ソーンダイクとI. ロージの雑誌に現れる日常語の頻度の2つを比較して，「図から顕著な正の相関が明白であるが，すべての範囲にわたって決して直線的であるわけではない」（D.Howes, 1957, p.78）ことを見いだしている。相関を崩す要因は他の言葉をつなぐ役割の言葉（接続詞，冠詞，前置詞など）にあり，D. ハウズは，言語連想実験における言葉は一般的な言語使用と確率論的に等価である（D. Howes, 1957, p.84）と述べる。これを，H. ヘルマン（Hans Hörmann）は，「ハウズは，連想実験における言語行動は，構造化されていない事態での言語行動と統計的に等価である，との結論に達した」と説明する（H. ヘルマン，小熊均訳，1978，p.128）。すると連想は，構造化される以前の言語行動をひらいて見せていることになる。

構造化される前の言語構造との説明は連想が何を開示しているかの答えであるとはいえ，どのように回答語が想起されるかは，まだ説明されていない。かたまり，場などの考えをH. ヘルマンの整理に依拠して記述する。

H. ヘルマンは，多くの研究をまとめながら，連想の生じるメカニズムのうち言語的文脈による回答，先行する文の要素によって決定される回答語について次のようにいう。「ハウズとオスグッド，それにコールマンの研究から次のような結論が与えられている。すなわち，ある語の文脈がその意味に影響を及ぼしうるのは，その文脈によってその語のある連想が一時的に強められ，他の連想が弱められ使われなくなる場合に限られる」（H. ヘルマン，小熊均訳，1978，pp.149-150）。

H. ヘルマンは，「言語連想実験で明らかにされるのは言語行動の根底にある普遍の静的構造ではない。それは言語要素間の構造的関係の力動的な変化の状態なのである」（H. ヘルマン，小熊均訳，1978，p.150）という。さらに「この根底にある力学がとくに明瞭な形で表われるのは，ブースフィールド（W. A. Bousfield, 1953）が〈かたまり〉（cluster）と記述している過程においてである。…被験者は関連しあっている語のかたまりをいうのである」（H. ヘルマン，小熊均訳，1978，p.150）。授業が，言葉のつながりを力動的に変化させる過程であるとき，連想が，言語要素間の構造的関係の力動的な変化の状態を引き出すのであれば，連想は授業過程の状態を見るために適合することになる。

W. A. ブースフィールドは，鳥の回答語として「タカ，ワシ，ハゲタカ」とまず猛禽を挙げ，次に「ニワトリ，七面鳥，アヒル，ガチョウ」（W. A. Bousfield, 1953, p.229）と家禽類を挙げる例を

示し，連想が「同じカテゴリグループにまとまっている」(W. A. Bousfield, 1953, p.240) としてこれをクラスターと呼び，クラスターを「要素間に本質的な関連のある連想のひとつながり」(W. A. Bousfield, 1953, p.229) と定義する。さらにW. A. ブースフィールドは，連想を説明するには言葉の習慣による強さだけでは不十分で，クラスターによる想起の増加 (clustering increment) (W. A. Bousfield, 1953, p.240)，別言すれば言葉の関連による増加 (relatedness increment) (W. A. Bousfield, 1953, p.237 & 238) を想定する必要があるという。

H. ヘルマンは，言葉があるまとまりとして思い起こされる現象は，ジェンキンスとラッセルによって確証されているという (H. ヘルマン，小熊均訳，1978, p.150)。さらにH. ヘルマンは「ケント―ロザノフの連想規範で，刺激語・反応語として密接に結びついている語はその再生に際しても，対として，あるいはごく接近して再生される」(H. ヘルマン，小熊均訳，1978, p.151) ことが確かめられていると説明する。

しかし，連想の心理学研究は，連想の不安定さにぶつかる。「これらの研究（ブースフィールド，ジェンキンスとラッセルの―引用者註）によれば連合すなわち習慣の強さがかたまり現象の決定因である。だが，つぎに明らかになることは，関連しあっている語の間の結合の程度が安定していないことである。再生の初めの方では関連語を再生しようとする傾向が見られるが，全体の3分の1以後になるとその傾向はまた弱まってくる」(H. ヘルマン，小熊均訳，1978, p.151)。

連想再生の不安定さのゆえに，習慣の強さ以外の連想語出現要因が想定される。ブースフィールドは習慣強度以外に関連による増加 (relatedness increment) を想定したが，「ラシュレイは，…〈呼び入れ〉(priming) なる類似の概念を用い」て「つぎの段階を予測することによって，つぎの段階の構造が活性化ないし予期され」(H. ヘルマン，小熊均訳，1978, p.152) て非常に敏速な活動が可能になる

とH. ヘルマンは記述を展開する。そしてラシュレイの考えはヘップの「習慣の基礎は，容易に連結しうるニューロンの位相系列あるいは機能の集合にある」との考えに近いという (H. ヘルマン，小熊均訳，1978, p.152)。

実際に連想がどの程度動きやすく，安定するかは，本論で3-1-Ⅷ連想は動く，3-1-Ⅺ連想の安定性，として取り上げる。連想法でおこなう評価にとって，連想は動きやすいゆえに1授業時間の回答語の動きを追うことができるとともに，異なる調査との比較には連想の安定を基盤にする必要がある。ここでは，連想心理学の成果をさらに追う。

思いつく最初の言葉だけを求めるのではなく，余裕のある時間によって連想を求めると，まとまり（かたまり，またクラスター）として言葉が想起されることが経験的にわかる。本論ではまとまりと表現しておきたい。まとまりとの表現にするのは，語感の問題である。かたまりの表現はまとまりの程度が強く，他とのつながりの感じが薄い。連想におけるまとまりは，他と再編成されるものであろう。そのまとまりは，文法上の言葉の関連であったり，個人の感情であったり，事柄に関わる語群であったり，個人の経験であったり，イメージであったり，社会的に語られる事柄であったりする。その際，どのまとまりから思いつくか，また，まとまりのどの部分から言葉として表出するかは，容易に動く。

想起する言葉が回答になる過程は，精神病理学においても論議されている。H. ヘルマンは次のようにいう。O. ペッツルとP. シルダーの結論「意識的な筋道の立った思考過程には，連想が活性化され，吟味され，受け入れられたり拒け（ママ―引用者註）られたりする前意識的段階が先行している」は，D. ラパポートとJ.H. フラヴェルとJ. ドラガンズらによって取り上げられて「刺激語を知覚した瞬間から反応語を発するまでの連想過程の初期段階には，潜在的なまたは隠れた反応が表出を待っている。これらの反応は論理性に乏し

く，普通の思考のように意識的な基準には従っていない。…それらの語は，後から出てくるより高度の基準に従っている連想語によって置き替えられてしまう」(H. ヘルマン，小熊均訳，1978, pp.153-154) と考えられる。

ドイツ言語学において独自に展開された場の概念にも H. ヘルマンは言及している。連想概念を扱う多くの学者が文脈を基本的に独立した要素の合成物と見るのに対して，J. トリエが導入した場の概念は，全体が部分より先に存在するという全体論的なものである。「したがって，語の意味は，話し手と聞き手が参加しうる１つの全体としての場の実在によって決まる」，そして「この理論は…本書の見解を支持するものである」(H. ヘルマン，小熊均訳，1978, pp.179-180) と H. ヘルマンはいう。H. ヘルマンは，独自に展開されたドイツ言語学の場の理論が，結局は似たような見解に到達したと述べ，かたまりの考えから出発した J. ディーズを取り上げる。H. ヘルマンは，ディーズが単純な刺激—反応モデルを捨てていると解説する (H. ヘルマン，小熊均訳，1978, p.181)。さらに H. ヘルマンは，ディーズの連想的意味の概念と２語間の連想意味の類似性の概念が，サポルタとアーヴィンの見解と似ていると説明しながら，「普通の発話では順次的要因と文法的要因がはたらいているために，意味の類似性を明らかにするための手段があまり残されていない。それに対して，語連想実験ではこの種の文法的制約は存在せず，従って，意味の類似性を簡単に明らかにすることができる」(H. ヘルマン，小熊均訳，1978, p.187) と，連想が文法に制約されずに言葉を集める特色を指摘する。

ここには，１．授業を言葉が意味をおびる場と規定する意義，２．連想が感想文とは異なる位置をもつ点が，刺激反応論を適用する困難とともに示されている。これらは，本論の立場を連想心理学のいきついたところが正当化することを意味する。すなわち，刺激反応の要因分析から離れて，連想を場においてあつかう正当性，また，文章の分析から離れて，独自に連想法によって意識を探る正当性である。実際，場において想起する思いが豊かに行き交う様子をとらえることは，場の意識の動きをとらえておもしろい[3-8]。

J. ディーズは，ホッブスやロック以来，心理学者と哲学者が連想の本性について記述を試みてきたと書き始めながら，回答語としては互いに想起されることのない２つの概念が，同じ回答語を共有する例を挙げる。〈ピアノ〉と〈シンフォニー〉をそれぞれ単独で提示した場合には互いに回答語となることはなかったが，それぞれが，「楽譜」「歌」「音」「雑音」「音楽」「オーケストラ」といった共通の回答語を引き出す例を挙げて，「ある刺激語の連想上の意味がその刺激語に対する回答語の分布によって与えられるとするならば，２つの刺激語の連想の分布が同一であるならば，２つの刺激語は同一の連想上の意味をもつということができる」(Deese, 1962, p.163) といい，連想による回答語の重なりを調べる。これは複数の提示語と回答語が複合する語彙の場を調べることになっている。

連想の特色を次のように敷衍できるだろう。日常の発話では，１．対話の流れに沿って語る，２．特定の相手に対して言葉を発し，書く，あるいは３．文章の形を用いるために言葉の順次性によって次に現れる語が限定され，また４．文法によって語が規定される。しかし，連想法では，対話の流れ，相手，順次性，ならびに文法の制約が存在しないために，少ない制約によって提示された語に関連する思いを言葉として広範に集めることができ，さらに場の全員に問うことによって，言葉が使われる場に広がる意味を全体として明らかにすることができる。

3-1-Ⅵ 子どもの連想

子どもの連想について Th. ツィーエンが1898年にイエナの W. ラインの付属学校で緻密な研究

をおこなった。彼は，8歳から14歳の45人を対象に，ほとんどを午前9～11時の間に調査し，10分から15分で終わり20分を超えないように，子どもに適切な時間と疲れを考慮して連想を求めている。子ども1人ひとりについての記述も詳細で，12歳と9ヶ月，父親は洋服屋，学業成績は中程度で変動が激しい，などと記述する（Th. Ziehen, 1898, p.12）。〈時計〉からの回答語「鎖」について，兄の時計と鎖を思い出した，鎖時計という言葉を思いついたのではない（Th. Ziehen, 1898, p.34）と記す。特定の時計を思い出したのか，時計の種類を拾い出したのか，回答を思いついた経緯を確認している。こうして Th. ツィーエンは，大人は一般概念（Allgemeinvorstellung）を意識し，子どもは個別概念（Individualvorstellung）または具体概念を思い起こす傾向がある旨を論じる（Th. Ziehen, 1898, pp.30-47）。

その後子どもの連想について，R.R. ラスク（1909）が22名について，また I. R. ロザノフと A. J. ロザノフ（1913）が4～15歳の300人について論じ，1916年に H. ウッドロウと F. ローウエルが連想頻度表を発表している。R. R. ラスクは Th. ツィーエンの研究と比較しながら，自由連想において特に抽象語の連想時間が練習によって早くなることを報告している（R. R. Rusk, 1910, p.385）。I. R. ロザノフと A. J. ロザノフは，大人の回答と比較して「特に11歳以下の年齢が，多くの疑わしいまた個人的な反応，また反応の失敗（failures of reduction）をする」（I. R. Rosanoff, A. J. Rosanoff, 1913, p.88）と報告し，連想において子どもの反応といえる年齢を，11歳で1つの区切りとする結果を出している。H. ウッドロウと F. ローウエルは，Th. ツィーエン，E. モイマンを含めて，子どもの連想研究の歴史を記述している（H. Woodrow, F. Lowell, 1916, pp.4-23）。H. ウッドロウと F. ローウエルは9歳から12歳の学童1,000人に対して100の提示語を示し，最初の回答語を収集して連想頻度表を作成した。また H. ウッドロウと F. ローウエルは，9語について聞き取りによる回答と記述による回答による連想を比較して「書かれたそして口頭での結果は，全体としてみれば，本質的に同様である」と報告する（H. Woodrow, F. Lowell, 1916, p.105）。

子どもの場合 table → eat や deep → hole のような品詞の異なる反応が多く，table → chair や deep → shallow のような大人に多い回答と異なっていることが知られている（H. Woodrow, F. Lowell, 1916, p.93）。すると，いずれかの時点で連想反応の特色が変化していくことになる。こうした反応の異なりについて，どう解釈し命名するか論者によって一様ではないが，パラディグマティックな反応への移行（paradigmatic shift）と呼んでおく。子どもは，異なる品詞（例えば名詞から用言）を回答する異質反応から，同じ品詞である等質反応へ，同じ品詞は文中で置換可能であるところからパラディグマティックな（paradigmatic, 用語と訳は，D.McNeill, 1966；M. Z. Lippman, 1971；H. ヘルマン，小熊均訳，1978など）反応へと移行することになる。賀集寛は，等質（homogeneous）反応，異質（heterogeneous）反応（賀集寛，1973, p.1）の日本語訳を用いる。佐久間章は，並列（paradigmatic），直列（syntagmatic）連想と表現している（佐久間章，1968, p.54）。

H. ヘルマンは，「おとなの連想が圧倒的にパラディグマティックであるのに対して，子どもの反応は，一般にシンタグマティックである」，すなわち「子どもでは，刺激と反応の結びつきは，1つの文型の中に置き替えうる語としての連合ではなく，1つの文中で，前後関係を成す語としての連合で」あり，移行の時点が「以前，9歳から12歳の間にあった」が，「子ども型から成人型への転換は，最近では主に6歳から8歳の間に起こる」（H. ヘルマン，小熊均訳，1978, p.139）と説明する。D. R. エントヴィッスル，D. F. フォルシスと R. ムースは，パラディグマティックな反応への明確な変化が6歳と8歳の間でおこる（D. R. Entwisle, D. F. Forsyth, 1964, p.28）と結論を下している。

パラディグマティックな反応への移行理由について，D. マクニール (McNeill) は，パラディグマティックな連想は，経験による言葉に伴って学ばれるのではない。この結果は，パラディグマティックな連想が想起の過程によって生じるのではなく，おそらく連想テストのルールによって引き起こされた (D. McNeill, 1966, p.548＆556) と論じる。また M. Z. リップマンは，パラディグマティックな反応への移行 (paradigmatic shift, D. McNeill, 1966, p.554；M.Z. Lippman, 1971, p.392) が言葉のもつ素性の知識 (knowledge of featural properties of words) の年齢による増加に関連するとの D. マクニールによる説を，「結果はマクニールの仮説を支持していると解釈された」(M. Z. Lippman, 1971, p.392) と自身の論文で述べる。賀集寛は D. マクニールの解釈を有力なものとして，意味素性説と称する。「この説によると，年齢発達と共に語の意味素性 (semantic features) の知識が増えてくる。そうすると，意味素性を共有している語を連想しやすくなる。このような語は刺激語に対して等質的であり，なかでも，反対語や対照語は意味素性を最大に共有しているので最も連想しやすくなる」(賀集寛，1973, pp.2-3)。賀集寛は日本語についての研究をおこない，「名詞と代名詞については，異質—等質移行が小２〜小４頃に生じる」(賀集寛，1973, p.3) ことを見いだしている。形容詞・動詞については「語尾変化しやすく文脈依存的であることにより，形容詞・動詞に対して異質反応が多くなりやすいのだろうと解釈」(賀集寛，1973, p.20) する。

回答語の「名詞が使用される比率は発達と共に高まる」点は荒木紀幸も確認しており，等質な連想の大部分は「反意—対比」の連想であったという (荒木紀幸，1995a, p.39)。連続連想における体言率の上昇は，糸山景大も1994年に明らかにしている (糸山景大，1994, p.66)。荒木紀幸は，宮崎市内の小学校２年生から６年生計500名についての自由連想調査をおこない35語について連想基準表を作成している。しかしなぜ反意—対比連想が大部分なのか，連想テストのルールと回答語の関係については言及していない。

D.R. エントウィッスルは，４歳から11歳のボルティモアを中心とした1,160人を対象に96の提示語から思いつく最初の言葉を求めてカード式でコンピュータ入力した結果を表にしている。これによると，中期子ども期の先に挙げた回答語の変化を追認し，D. マクニールの理論を肯定している (D. R. Entwisle, 1967, p.132)。出版時期からして1966年の D. マクニール論文を読むことは難しいように思われるが，印刷中のものを読んでいる。また，D.R. エントウィッスルは IQ レベルとグループの文化 (社会階層) の相違が，年齢進行とともに目立たなくなることを報告している (D. R. Entwisle, 1967, p.132)。

親の所属する階層の相違が小学校高学年の時期に目立たなくなるこの現象を今日解釈するならば，J. R. ハリスの考えに行きつくだろう。すなわち「社会化 (socialization) は文脈特殊的であり，家庭外での社会化が子ども期と青年期のピア・グループで起こる。集団内と集団間の諸過程は，２つの部分からなる関係ではなく，文化の伝達および環境による子ども個人の性格の変容に帰せられる。子ども集団がどこにでもあることは，社会内と社会の間に見られる両親の行動に大きな違いが見られるのになぜ発達は逸脱しないのかを説明する」(J. R. Harris, 1995, p.458)。子ども集団の遍在とピア・グループの影響による社会化を主張する集団社会化 (group socialization) 論を，家庭が責任をもつ子育て論の代替案として提出する J. R. ハリスは「集団は子どもたちにとって自然な環境だ」(J. R. ハリス, 石田理恵訳, 2000, p.439) という。集団の影響関係において子どもが育つのであれば，子ども集団の意識の動きに注目することは自然である。

本論で扱う連想の多くは，回答を自分で記述できる小学校中学年以降を多く扱っており，パラディグマティックな反応への移行後の年齢期を扱っ

ていることになる。

しかし，パラディグマティックというカテゴリ，そして文法による分類は，個別のケースになると必ずしも適当とは言えない。上薗恒太郎の調査による提示語〈友だち〉の例を挙げる。〈友だち〉による回答語は，小学校中学年では具体的に友だちの名前を挙げる特徴があり，中学校になると「大切」との答えが最多回答語になる。このケースは名詞─名詞による反応であるか，名詞─用言による反応であるか，文法上の分類は曖昧である。また，小学校でも中学校でもパラディグマティックだとしても内容が異なる。上薗恒太郎の1996年の調査，2005年の調査で，小学校中学年から中学校にかけて〈友だち〉を子どもに提示した場合，具体的に友だちの名前を挙げる割合は年齢とともに減少する。代わって回答語の第1位に登場するのは，1996年の場合中学生でいずれも「大切」，2005年の場合11歳から15歳まで「大切」である（図3−1，3−2）。品詞から見ると「大切」は名詞か形容動詞か，形容動詞のみを表示する辞書（金田一京助ほか，新選国語辞典新版1979。尚学図書編集，国語大辞典，1982。梅棹忠夫，金田一春彦ほか，講談社カラー版日本語大辞典第二版，1995）があり，名詞と形容動詞の両方を書く辞書（守随憲治ほか，旺文社国語辞典，1984。日本大辞典刊行会，日本国語大辞典第6巻，1982）もあり，異なる。Th. ツィーエン流にいうと個別の言葉から，一般的な言葉へと移行する，この方が〈友だち〉に関して理解しやすい。具体的に思い出して答えるか，抽象的に答えるかで考えると，抽象的な理解に移っていくと考えられる。また，具体の対象を見るか，内面の意味を見るかといえば，しだいに内面の価値の言葉を使うようになる。

子どもが具体事例を思い出して答える時期から抽象化された意味による回答をするように移行すると考えれば，この間の研究が明らかにしたように多くの場合抽象名詞が増加するであろうとの了解も成り立つ。しかし〈友だち〉の事例について挙げたように，パラディグマティックであるか，名詞─名詞反応であるかのカテゴリ分けが，妥当には見えない。

〈友だち〉は，個別のあるいは具体的な友だちを思い出す連想から，小学校高学年で，抽象的な意味を語る連想へと変化していく。〈友だち〉の例は，子どもを理解するという目的から見ると，パラディグマティックといった普遍を志向する1つのカテゴリで子どもの回答語を整序する，あるいは普遍の法則を当てはめようとする危うさを示している。複眼的に変化を見る構えが，子ども理解に必要であろう。

3-1-Ⅶ 子どもの連想基準と臨床の場の技法

連想基準表が子どもの連想基準としてもつ意味のほどを知るために，荒木紀幸の連想調査と，本論の調査の回答語を提示語〈動物〉で比べる。荒木は1994年6月に序文を書いているので調査はそれ以前である。荒木は1973年にも小学校3年生と5年生計200名を対象に回答語の標準化をおこなっているが，「被験者の人数が少ないからと言っ

友だちの名前と大切の回答語数百分率（1996年）

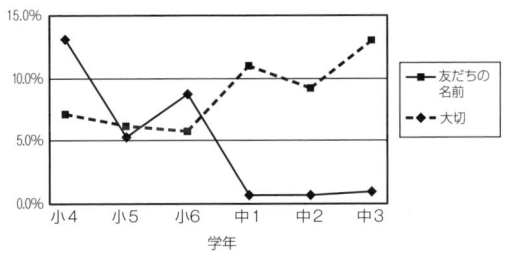

図3−1　〈友だち〉による1996年7月長崎市と周辺での総計893名の調査

友だちの名前と大切の回答語比百分率（2005年）

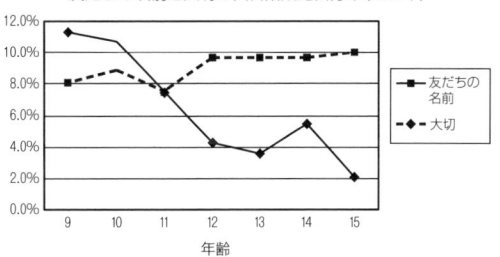

図3−2　〈友だち〉による2005年12月佐世保市・五島市での総計2,640名の調査

てかならずしも尺度の信頼性が低下したように思われない」(荒木紀幸, 1995a, p.16)という。取り上げる上薗恒太郎の調査は, 1996年の長崎市を中心とした小学校4年生から6年生432名であり, 時期, 対象者, 人数に大きな差はない。異なるのは, 最初の言葉を早くと急がせるか(荒木紀幸), 30秒でたくさんの言葉を求めるか(上薗恒太郎)の方法の差である。

〈動物〉において, 荒木紀幸の調査では「ライオン」(回答者数比13.6％),「イヌ」「キリン」(各8.8％),「かわいい」(8.0％),「サル」(6.0％),「ゾウ」「ウサギ」(各5.8％)の順である。上薗恒太郎の調査では「イヌ」(43.1％),「ネコ」(40.3％),「ライオン」(31.3％),「ウサギ」(27.5％),「かわいい」(25.5％)「サル」(23.8％)となっている。上薗恒太郎の調査で人数比が多いのは, 1人何語も答えるからである。1人あたり回答語数は平均で6.20語である。そこで, 荒木の示す人数比と比べるために, 6.20で除する。荒木紀幸は, また, 梅本堯夫(1969)の大学生による連想基準表と比較している。そこでこの3者の〈動物〉による回答語を並べる(表3-1)。各調査おける回答のひらがなや漢字による記述の違いは, 片仮名に直した。

荒木紀幸は, 提示された言葉に対する「理解の違いが大人と子どもの連想反応の違いになっている。たとえば, 『動物』に対して子どもは野生動物反応(ライオン, キリン)が多いが, 大学生は愛玩動物反応(犬, 猫, かわいい)が多い」と解説する(荒木紀幸, 1995a, p.36)。上薗恒太郎の調査結果を見ると, この解説は必ずしも妥当しない。愛玩動物は上薗恒太郎がおこなった子どもの調査の回答語に多い。長崎の子どもの回答語は京都の大学生に近いが, 長崎の子どもが宮崎の子どもよりも大人ではないだろう。荒木の別の言表「子どもは自己との関わりで反応することが多いが, 大人は概念的」(荒木紀幸, 1995a, p.36)という言い方が妥当ならば, 宮崎の子どもにはライオンのいる動物園が市内にあり印象が新鮮だが, 長崎の子どもにはライオンのいる動物園が近くにないという事情を考慮すべきだろう。もし教員とともに研究者が分析していたならば, 動物園の話題は出たのかもしれない。

国立国語研究所による『幼児・児童の連想語彙表』は「知っている動物の名前」を東京の小学校4年生100人に問うている。1978年を中心にしたこの調査は連想時間が42分(14の提示語)ないし39分(13の提示語)と長く, 時間を区切っての調査ではないが1提示語あたりにすると3分をとっている。設問と方法からして, この調査は知っている動物の種類名を多く収集しようとしている。〈動物〉に関する結果は次のようである：ライオン(回答者数比92％), ゴリラ(88％), サル(88％), トラ(87％), パンダ(82％), イヌ(77％), ネコ(77％)(国立国語研究所, 1981, p.22)。動物園, 本, テレビで見るであろう人気動物が上位に並ぶ。

国立国語研究所の調査と直接比較できる, 石垣市でおこなった1996年の小学校4年生136名の1提示語30秒の上薗恒太郎の調査では, 以下の回答語が並ぶ：ライオン(回答者数比40.4％), イヌ(35.3％), ネコ(35.3％), ウサギ(30.2％), トラ(29.4％), サル(20.6％), かわいい(19.9％)。

偶然であるが, 上薗恒太郎は市内に動物園のない2地点, 長崎と石垣を調べており, 荒木紀幸と国立国語研究所は市内(都内)に動物園のある地点を調べている。国立国語研究所は比較用に東京の成人女性53名を調べているが, キリン(回答者数比100％), イヌ(96.2％), サル(96.2％), ウサギ(94.3％), ネコ(94.3％)の結果を得ている。

5種類の〈動物〉による回答語を見ると, 子どもは動物を代表する概念を思い出すと同時に経験から想起しているのではないか。動物園に行くことは子どもにとって日常ではなくハレであり, どの

表3-1 〈動物〉による梅本(1969), 荒木(1995), 上薗(1996)による回答語比較

〈動物〉 1人1語に換算した人数比百分率

荒木	ライオン	13.6	イヌ	8.8	キリン	8.8	かわいい	8.0	サル	6.0	ゾウ	5.8
梅本	イヌ	25.9	植物	10.3	かわいい	10.3	ネコ	6.9	サル	6.0	ゾウ	3.4
上薗	イヌ	7.0	ネコ	6.5	ライオン	5.0	ウサギ	4.4	かわいい	4.1	サル	3.8

概念を先に想起するかは関心，時代，身近に流通する情報による。ライオンはこの時代の子どもにとって印象深いとともに動物を代表する人気の存在であろう。

さらに連想調査の方法の違いが，思いついた言葉に影響している点を考えるべきである。想起のしかたは多様であり，子どもも多様な言葉のまとまり，あるいは語彙の場をもっていると想定すべきである。連想の動きやすさを前提にすると，大人と子どもの違いを析出しようとする構えから，回答語の順位や研究者の意図によるカテゴリ分けによって，一般法則に走らない方がいい。思い出された言葉の理解は，子どもの文脈に漸近しながら回答語を理解する，すなわち臨床の場において意味を多様に読み解く姿勢が必要であろう。

連想には，時，所，対象，状況に左右されるところがある。梅本堯夫の基準表に掲載された時代を反映する回答語として，梅本堯夫自身が時代色を反映したとして挙げる〈大臣〉に「池田」，〈強い〉に「力道山」(梅本堯夫，1969，pp.19-20)，また〈アメリカ〉に対する最多回答語が「ソ連」であり，〈ソ連〉からも「アメリカ」が最多なのは(梅本堯夫，1969，p.228また p.277)時代を思わせる。また，季節をうかがわせる場合もある。上薗恒太郎の1996年中学校2年生104名の〈学校の嫌いなところ〉で「クーラーがない」の回答が出現するのは，夏に調査したからである。荒木紀幸の子どもの〈遊ぶ〉にいわゆるウインター・スポーツが登場しない(荒木紀幸，1995a，pp.215-216)のは宮崎という地域柄であろう。梅本堯夫(1969)の〈大学〉の最多の回答が「同志社」であり「京大」「池坊」が登場する(梅本堯夫，1969，p.278)のは，調査した大学の直接の反映である。上薗恒太郎の1996年の石垣市における小学校4年から中学校3年の820名の調査で，〈山〉の回答として実際には見ていない「富士山」が親しみのあるはずの地元の「おもと岳」よりも頻度が高いのは，石垣の子どもが日本文化圏にいる左証だろう。同一文化圏にあると，上薗恒太郎の調査で石垣市を含めて小学生から大学生までほとんどの場合〈死〉についての最多回答が「こわい」であり，日本文化圏としては「こわい」が最多回答語である。しかし一部は異なる，すなわち長崎市と周辺の65歳以上106名2003年の連想では「悲しい」と「別れ」が最多回答として並ぶのは，年齢ゆえであろう。連想の文脈には，個人の経験や生活環境だけではなく，文化，時代，年齢など意識を規定する多様な要因を含む。

連想が状況を映す点を，提示語〈いじめ〉で見ておきたい。上薗恒太郎が1996年におこなった長崎大学生110名の調査で，最多の回答語は「自殺」であった。回答者数比57.3％を占める。1996年は，1985年，1986年にいじめによると見られる子どもの自殺が多く起こった後，再び1995，6年にいじめによると見られる自殺が多かった。長崎でも1996年時点では，前年にいじめを苦にした内容の遺書を残して女子中学生が自殺している。「自殺」が最多という意識の状態は，異様である。1999年のドイツ，オスナブリュックの大学生で〈いじめ Qual〉からは「苦痛 Schmerz」(回答者数比42.3％)が最多で，マレーシア，ペナンの大学生で〈いじめ bully〉から「悪い bad」(19.3％)が最多である。

1996年に長崎の大学生で「自殺」(57.3％)，「学校」(32.7％)，「暴力」(15.5％)，「友だち」(15.5％)，「無視」(11.8％)，「悪い」(11.8％)，と並んでいた回答が，2002年には「学校」(39.4％)，「自殺」(23.2％)，「悲しい」(15.2％)，「悪い」(15.2％)と，「自殺」に関しては落ち着きを見せる。「いじめによる子どもの自殺の衝撃は，印象として残っているという以上に日本においてはいじめ概念の定義を変えた」，「1996年の調査では〈学校〉から「いじめ」は人数比18.7％であったが，2002年には4.0％に減っている。…学校の連想からいじめが，4分の1程度にまで減少した印象の薄れ，あるいは忘却の度合いからすれば，いじめから学校を想起する

度合いも同じくらいに減少していいが，薄れは半分ほどにとどまるところを見ると，学校はいじめ概念の定義としてすでに組み込まれていると理解できる」(上薗恒太郎，2003，p.25)。1990年代の終わりから日本語の辞典がいじめ概念の定義の変化を取り入れていく。1998年の広辞苑第5版は，新たにいじめの項目を設けて「特に学校で」と記述し，2000年に第2版となった日本国語大辞典は「昭和60年(1985)ごろからは，特に学校において」と説明を加えた。この時点でいじめによる子どもの自殺への対応が十分にとられたならば，〈いじめ〉と「自殺」の連想上のつながりは薄れていったのだろうが，2005，6年に3たび盛んに報道されるようになった。そして2006年におこなった〈いじめ〉の長崎大学生60名の連想調査で「自殺」(回答者数比35.0%)が最多に，次に「学校」(30.0%)，「子ども」(23.3%)と並ぶ。2005年末の長崎県内2つの市の9歳から15歳2,550名の〈死〉による連想調査で「自殺」は回答語の8位以内に位置し，死の原因として最も多く挙げられる。つまり，子どもは，死と聞くとすぐに自殺を想起する状況にある。連想法はこうして，状況がどのように意識に反映しているかを明らかにし，時代状況による意識の動きをとらえている。

　連想調査の回答語の違いを考える際に，調査方法，特に設定された時間の違いを考えるべきである。

　石垣の子どもについての上薗恒太郎の1996年の連想調査において，提示語〈動物〉から想起する回答語の63%が動物の種類であった。国立国語研究所の調査は，問いの立て方からして，動物の種類に限って知っている言葉，すなわち知識を収集していることになる。残り37%の言葉は，「かわいい」「こわい」「動く」「走る」など動物に対する心情や特徴などである。道徳においては，対象への心情や態度，対象のどのような特徴に着目しているかも見たい。心情や態度，見方を含む全体としての意識を見るには，提示語による自由連想によって，一定時間をかけて回答語を集める調査方法が適している。

　単一の提示語による自由連想において，荒木紀幸は「早く」と要請し，梅本堯夫は10秒で時間を切って進め，いずれも最初の回答語を求めた。上薗恒太郎は，1．小学生4〜6年生に30秒で求めた回答，2．大学生に「早く」と要請した最初の回答1語，3．大学生に特に条件をつけず求めた最初の回答語1語，4．大学生に30秒で求めた回答語，5．大学生に50秒で求めた回答語を比較した。ここでは煩雑さを避けて，回答語に早くと指示した場合と30秒の時間を設定した場合の提示語〈死〉あるいは〈死ぬ〉による4つを表に示す(表3－2)。

　1995年に発表された荒木紀幸の連想調査と，1996年におこなった上薗恒太郎の小学生についての調査は，提示語の品詞形が異なる。またおそらく時代状況，すなわちいじめによる自殺報道の広がりが異なる。提示語が名詞〈死〉であったか動詞〈死ぬ〉であったかの異なりによって，動詞「生きる」の回答差が説明できよう。いじめによる自殺の広がりによって，「自殺」「いじめ」の差が説明できそうである。いずれの調査でも「こわい」が多い点は共通している。

　大学生に〈死ぬ〉から早く1語を答えるように指示した場合は「生きる」が2番目に登場している。

表3－2　早くと指示した場合と30秒での連想による回答語比較

調査対象	荒木(1995, p.208) 小2–小6の500名，500語		上薗，1996年の調査 小4–6の432名，1,840語		上薗，2006年の調査 大学生56名，56語		上薗，2006年の調査 大学生60名，364語	
提示語	〈死ぬ〉		〈死〉		〈死ぬ〉		〈死ぬ〉	
時間・条件	早く		30秒		早く		30秒	
回答語	回答語	回答者数比百分率	回答語	1人1語に換算した回答者数比百分率	回答語	回答者数比百分率	回答語	1人1語に換算した回答者数比百分率
	生きる	26.0%	こわい	8.6%	こわい	14.3%	こわい	6.3%
	こわい	11.0%	自殺	7.9%	生きる	10.7%	悲しい	5.5%
	いや	5.0%	悲しい	5.2%	黒	8.9%	天国	3.8%
	自殺	4.6%	天国	4.2%	闇	5.4%	黒	3.0%
	葬式	4.4%	地獄	3.7%	自殺	5.4%	自殺	3.0%
	かわいそう	4.0%	殺人	3.4%	終わり	5.4%	葬式	3.0%
	墓	3.6%	いや	3.3%	悲しい	5.4%	地獄	3.0%
	恐ろしい	3.4%	いじめ	2.2%	天国	3.6%	いや	2.7%
	天国	3.0%	命	2.1%			生きる	2.7%
	生まれる	2.4%	…					
			生きる	0.7%				

*回答者数比2%以上の回答語を基本に示す

動詞を示して回答を求め、急がせたため、何かを思い起こす手間を省いて答えられる言葉が増えたと見える。時間があると「生きる」は、多い回答語にはならない。上薗恒太郎の調査で、「こわい」は早く答えるように指示する、しないにかかわらず最多である。全体として見ると、早くと指示した方が「こわい」の回答者比出現率は高い。これは、感情による応答が、何かを想起するよりも早いことを示唆する。

早くと指示したと同一対象の大学生（2006年、56名）に、その1週間前に50秒で連想調査をおこなっていた（60名）。回答は、「自殺」（1語の連想に換算した回答者数比百分率で5.3%）、「天国」（4.1%）、「こわい」「葬式」「地獄」（各3.7%）であった。回答語「こわい」の場合、早くと指示した際に最初に思いつく言葉で回答者数比14.3%出現するが、50秒の連想では3.7%であり、また回答語「自殺」の場合早くと指示した際に5.4%、50秒の連想では5.3%で回答者数比出現比率は変わらないが最多の回答語である、との違いが見られる。最初に思いつく言葉と、50秒で思いつく言葉の場合では、同一の大学生グループでも回答語が異なる。同じ調査対象で連想調査の方法によって回答語が異なるのは、D. マクニール（1966）が示唆するように、連想のルールによると考える必要がある。

連想心理学調査の多くがG. H. ケントとA. J. ロザノフ以降も連想の最初の回答1語にこだわり続けたのは、M. トラウトショルトやC. G. ユング以来の反応時間を計測する伝統があったからだろう。C. G. ユングらには、コンプレックスの理論があり、反応時間の計測によって抑圧のありかを知る目的があった。G. H. ケントとA. J. ロザノフは反応時間計測をあきらめたが、連想検査によって通常と異なる精神の状態を識別しようと考えた。この方向は、無意識の分析に臨床的に用いられ、また個人差の分析に向かう。

連想の調査研究によって、まとまりの考えや、子どもの連想の特色など、心理機構が解明された成果は大きい。量的な測定を志向した流れにおいて、H. エビングハウスなど無意味綴りによる研究は言語学習の構造を明らかにしてきた。また、有意味な語の連想を大量処理する流れは、各種の指標とともに連想基準表をつくるところに向かった。移ろいやすい連想を大量調査によって標準化する試みは、連想実験研究の指標として必要であったのだろう。しかし、研究室外で使用する目的意識は薄かったように思う。大量調査をおこない各種の指標を当てはめて先行研究を追認しまた反論していく作業は、現実の子どもの抱える課題に向かおうとする本論の志向からすると、普遍の心理機構を見いだそうとする研究室での作業ではなかったか。

集積した連想をカテゴリとして分けるところで、心理学の連想研究は困難を感じていた。アリストテレスは類似、対比、近接の3つに分類し、ヒュームは類似、隣接、因果の3つに分類した。心理学においても研究者がそれぞれ分類を試みた。H. ウッドロウとF. ローウエルは、子どもと大人の連想の型と題する第6章を「連想心理学に関わるほとんどの著者も連想の形式または型によって連想をどう分類するか困難を強調している」(Woodrow and Lowell, 1916, p.78)と書き始める。そして作り上げた22に及ぶ彼らの分類であるが、佐久間章は「連想反応の分類については、まだ満足すべき方法が見出されていない。従来の研究において用いられてきた多くの分類原理は、WoodrowとLowellが試みたような、意味論的な基準と文法的基準との無計画な混用であるが、これが適切な分類原理であるとは考えられない」(佐久間章, 1968, p.52)と切り捨てる。佐久間は、文法的な基準、品詞による分類を試みる。それは分類基準の普遍を求めて思い至る1つの方向である。この点について筆者は、連想においてどちらか一方に整理する必要はないように思う。シンタックスとセマンティックスの双方から言葉が想起

されるのだから，連想を分けるカテゴリも両方が使われて不思議はない。

　文法による基準にしても，普遍的ではない。文法上の品詞には，言語の種類による品詞出現の違いがある。日本語に前置詞や冠詞はない，同じ形の名詞と動詞が存在し中国語には多い，品詞分類が固定したものではない，といった不具合が生じる。品詞に制約されて応答する回答語もあるが，何かを思い出すことは品詞に制約されない。文章上の品詞の制約を受けずに発想できる点が，連想の意義である。H. ウッドロウとF. ローウエルや，佐久間章などが求めた分類カテゴリは，回答者の連想のしかた，連想の意味の場を離れて通用する普遍であろう。品詞は，分析者の意図を離れて誰もが認める普遍の程度が高いと考えたのであろう。しかし，分析者の意図を離れ，回答者の思いの動きを離れて分類することが学問であるかは，学問のあり方に関わる課題である。

　回答者の特性を離れるもう1つの普遍化の方向は大量調査である。連想の大量調査は一定の見通しを与える，それゆえ筆者も量的な調査をおこない，回答語を量として処理する。しかし回答語解釈が，研究上の関心に止まらず，教育の支援を志向するならば，解釈の確定は教育に接する場でおこなわれるべきであろう。その場では相互主観的な妥当が意味をもつ。

　連想関係論文を追う過程で，量的処理による連想心理学研究を見た後には，Th. ツィーエンのように連想の根拠を子どもに尋ねる姿勢がむしろ新鮮であった。

　とはいえ，実際に子どもに尋ねて連想の根拠が必ずしも明確になるわけではない。連想の根拠には，何となくという答えが多い。Th. ツィーエンの研究でも，それぞれの回答語に，はっきりしない（unbestimmt）の記述が多い。理由づけを強く求めると，後からつけた理由を引き出してしまう恐れがある。

　回答語の分類カテゴリ，量的な処理，回答者に尋ねるなど，連想によって引き出されたものから普遍的な何かを引き出す努力を揺るがすのは，連想の動きやすさである。

3-1-Ⅷ　連想は動く

　H. ヘルマンの言葉を再掲すると「言語連想実験で明らかにされるのは言語行動の根底にある普遍の静的構造ではない。それは言語要素間の構造的関係の力動的な変化の状態なのである」（H. ヘルマン，小熊均訳，1978，p.150）。それならば，言葉がどのように動くかを見ることが連想の使い方ではないか。

　同一の調査対象者に，5分の休憩をはさんで連続して，同じ調査を2回繰り返した。対象は長崎大学教育学部の学生60名，時期は2006年10月である。指示は，1回目，2回目とも同じにした。同一提示語からの自由連想である旨を例示し，思いつく言葉をできるだけたくさん書くように，時間は50秒，との趣旨だけを伝えた。提示語は，これまでの調査から動きのあるものと少ないもの，名詞，動詞，形容詞，知りたい内容の概念を組み合わせた。例示は通常の連想法と同様2回おこなった。1回目は回答者全員に対して黒板に提示語を

表3-3　同一回答者に連続して2回連想調査を実施した場合の回答語総数，回答語種数

連想調査を連続して2回実施した場合の語数・語種数の変化

提示語		回答語種数	増加割合	回答語種数	増加割合
死ぬ	1回目	514		202	
	2回目	611	18.9%	260	28.7%
友だち	1回目	472		222	
	2回目	595	26.1%	284	27.9%
環境問題	1回目	495		215	
	2回目	578	16.8%	248	15.3%
白い	1回目	537		245	
	2回目	611	13.8%	274	11.8%
怒り	1回目	418		234	
	2回目	466	11.5%	257	9.8%
走る	1回目	564		235	
	2回目	653	15.8%	253	7.7%
子ども	1回目	568		241	
	2回目	639	12.5%	256	6.2%
いじめ	1回目	497		262	
	2回目	574	15.5%	270	3.1%

書いて示し，常に提示語からの連想を記す旨，数人を指名し，思いつく回答語を言ってもらいながら板書して示す。2回目は，調査票の練習用の最初のページ（2ページ以降の調査票の提示語を隠す表紙の役割も果たす）にやり方と例題を記しておいて，各人に試しに書いてもらった。

同じ連想調査を繰り返せば，回答語総数は増え，語種数も増えた。回答語総数で10％強から25％強まで増えている。語種数にいたっては，3％から30％近くまで変化している（表3－3）。

すべての回答語について，1回目の調査と2回目の調査との回答語種の異動を調べた。2度の調査に登場したすべての回答語のうち，1回目の調査に登場したが2回目には消失した語種（消失語）および2回目になって新たに登場した語種（新出語）を合計した割合，ならびに1回目も2回目も共通に登場した語種の割合を出した。

表3－4を見ると，連想によって引き出された回答語の安定性は危ういと思われる。同一対象に同じ条件で2回続けて連想調査をおこなって，3割台しか同じ言葉が登場しない，6割台の回答語種が入れ替わっている。回答語の動きやすさは，連想の心理学研究も言葉の再生実験において直面した困難であった。本論でおこなった2回の調査は回答語の再生を意図したものではなく，単純に同一提示語による連想を2回繰り返した。したがって回答語の異動は再生テスト以上に大きいと考えられる。2回の連想調査は，思いつくまま2回同じ提示語から回答してもらうとどうなるかを見

表3－4 同一回答者に連続して実施した2回の連想調査でどの程度の語種が動いているか

1，2回目消失・新出語種数の，2度の調査全語種数に対する割合

提示語	共通の語種	消失・新出語種
怒り	30.6％	69.4％
子ども	32.9％	67.1％
いじめ	33.0％	67.0％
死ぬ	34.3％	65.7％
環境問題	35.8％	64.2％
走る	36.7％	63.3％
友だち	38.3％	61.7％
白い	38.8％	61.2％

ている。回答者は思いつくまま記述している。6－7割の回答語種が動いているという結果は，連想研究が，移ろいやすさを相手にしていることを示している。連想による回答語は，連想基準表のように普遍へと向かう論理が基盤とするには移ろいやすい。

異動の大きさは連想の特色である。それは，人がいかに多様なことを短時間で思いつくかを示している。言いかえれば，どんどん新しい言葉を思いつく。授業中子どもは，多くのことを思い起こしながら参加しているのだろう。授業者は，発言として表面に現れない子どもの思いがどう動くかを敏感に感じとりながら，授業を組織する。思いや言葉のうごめきは不安定であるが，子ども集団の意識の動きをとらえるには格好の対象である。思いつく言葉をとらえることは，いわば生きた授業の動きをとらえることになる。

動くから，連想は，新しい発想を探るためのブレーン・ストーミングなど，言葉をたくさん挙げて思考を拡大できる。思いついた言葉を文章化することなく，メモしながら思考実験を進めることができる。「ふつふつと湧き上がる連想も，…そのすべてが大事ということはない。ごみのような連想の方がむしろ多い。それでも，もしかしたら，その中に創造の芽や核になるものがあるかもしれない」（海保博之，1999，p.97）。海保博之は連想が知識の活性化をうながすといい，その例として概念地図（意味ネットワーク）を使って作文を書く授業実践を挙げる[3-9]（海保博之，1999，p.99）。

3-1-Ⅸ 動く連想を意味によってつなぎとめる

連想は，発想法として利用される。連想の動きやすさを活用して多くの関連情報を集めることができる。連想によって集めた言葉をどう整理するかで，想起の起こり方によって整理する考えがあり，想起までの時間に意味を見いだす手法があり，また品詞によって分類する試みがあった。これに対して言葉の意味によって整理する手法がある。

その1つとして，意味のつながりによって言葉をつなぐ手法が使われている。連想による言葉は，つながりによって線で結ばれ，関連図に描きあげられる。これらは1900年前後から現れ，さまざまに呼ばれている。連想によって言葉を探索しながら書き止め，意味のつながりによって線でつないでまとめ，考えを進めて授業を活性化する。

この手法は，さまざまな名称をもつ。イメージマップ（水越敏行），概念地図（J. D. ノヴァック & D. B. ゴーウィン，福岡敏行&弓野憲一訳。また中山迅，稲垣成哲，Concept Map(Richard White, Richard Gunstone)の訳），コンセプトマップ（福岡敏行，Concept map），イメージマップ（児島邦宏・工藤文三，ウェビングの名称も記している），概念図（J. ウィルソン & L. W. ジャン，吉田新一郎訳），ウェブ（クモの巣図），連鎖図，マインド・マップ（思考の地図），図で表したまとめ（J. ウィルソン & L. W. ジャン，吉田新一郎訳，p.132にこれら4つの呼び方を別名として記載してある），意味ネットワーク（藤木卓・糸山景大・上薗恒太郎）の用語がある。これらは，いずれも思いついた言葉をつないで学びを構成しようとする。

2006年に J. C. Nesbit と O. O. Adesope は「概念図(concept maps)概念図と知識図(knowledge maps)は，観念を結ぶ目とつながり(node-link)の集合として表す図である。これらは，しばしば学習活動を構成する手段として，また授業におけるコミュニケーションの補助として，共同学習として使われる」と解説し，1985年から広がり，ERIC と PsycINFO を検索すると，多くは1997年以降に出版された500以上のピア・レビューされた論文を見いだすと述べる(J. C. Nesbit, & O. O. Adesope, 2006, p.413)。

言葉をできるだけたくさん想起し，つながりによって結んで図に表す手法は，学習だけでなく，ビジネス場面にも広がっている。例えば，マインドマップ（トニー・ブザン，Mind map）の名称が使われる。手書きで図にするだけでなく，作図を支援するソフトウェアもある。2007年1月中旬の英語版ウィキペディアでは，コンセプトマップについて26のソフトウェアがリストアップされ，マインドマッピングについてはオープン・ソースのものやフリーウェアを含めて41のソフトウェアがリストアップされている。

塚田泰彦は『国語教室のマッピング　個人と共同の学びを支援する』において，「意味的に関連する語群を図式的に表現する」手法として「マッピング（意味マップ）法」（塚田泰彦，2005, p.11）を挙げながら，次のように説明する。「意味マップ法(Semantic Mapping)は，1970年代以降，アメリカで研究や実践が盛んになった作業化の一手法で」「Semantic Webbing, Conceptual Mapping など名称として類似するものがある。また，これに類似する作業化としては，たとえば文図，フローチャート，スケッチなどが，日本の国語教室でも見うけられるが，いずれも学習の一助として適宜使われるだけで，一つの学習法としては確立していない。それに対して，マッピングは原理的な説明も試みられ，また有効性についての実証的な研究も行われていて，活用が始まって以来現在まで30年近くにわたって実践で盛んに使われている」（塚田泰彦，2005, pp.11-12）。

ある概念からの言葉の想起，そして想起した言葉をつなぐ手法を，ジェニ・ウィルソンとレスリー・ウィング・ジャンは，「様々な概念同志の関係について学習者が知っていることを表す一つの方法」(J. ウィルソン & L. W. ジャン，吉田新一郎訳，2006, p.132)，と定義し，使用方法として連想の部分を「ブレーン・ストーミングする」(J. ウィルソン & L. W. ジャン，吉田新一郎訳，2006, p.134)の表現を使いながら1．関連する概念（思いつく言葉）をすべて出す，2．概念（言葉）を分類する，3．分類したものに名前をつけ，相互に結びつける，と手順をまとめ(J. ウィルソン & L. W. ジャン，吉田新一郎訳，2006, p.136)，ふりかえりとメタ認知を磨くための方法として取り上げている。

J. D. ノヴァックと D. B. ゴーウィンは「概念地

図は、ある特定の学習過程において、生徒と教師が焦点化する必要のある少数の主アイデアを明確にする」(J. D. ノヴァック, D. B. ゴーウィン, 福岡敏行＆弓野憲一訳, 1992, p.27)、「概念地図法は、概念と命題を外在化する技法である」(J. D. ノヴァック, D. B. ゴーウィン, 福岡敏行＆弓野憲一訳, 1992, p.29)、「概念地図は、各人が保持している概念とか命題をはっきりと外的に表現したもの」(J. D. ノヴァック, D. B. ゴーウィン, 福岡敏行＆弓野憲一訳, 1992, p.31)、「概念地図は、意味を協議する(negotiation)ツールとして有用である」(J. D. ノヴァック, D. B. ゴーウィン, 福岡敏行＆弓野憲一訳, 1992, p.32)と述べる。

荒川義則、大場基博、弓野憲一は、概念地図法を主に国語の8つの授業で使った例を挙げている。彼らは概念地図法が「知識構造内に貯えられた知識および現在構築されつつある知識」を扱い「学習者が自分の知識構造内にどのような知識が構築されているのかを自覚しながら、学習が進展するところに特徴」(荒川義則, 大場基博, 弓野憲一, 1993, p.115)があり、「人間が言語的記憶に比べて、絵・シーン・イメージ等の画像記憶に対して、測り知れない能力を持つこと」から「画像記憶能力を学習に積極的に利用しようとするものである」(荒川義則, 大場基博, 弓野憲一, 1993, p.116)と説明する。

平山祐一郎は、作文における言語連想法の効果を調べて博士論文を書いている。3つの実験をおこなっているが、最初に、1つの提示語について5分間の言語による連想の記述をさせている。実験の総括として平山祐一郎は、連想法を取り入れた作文指導法において「ことばとして捉えていく…言語連想を行わせることが重要である」(平山祐一郎, 2002, p.121)と述べ、言葉として想起を記述する作業が作文の文節数増大に役立つという。

中山迅、稲垣成哲編著の『理科授業で使う思考と表現の道具』で、坂野幸彦は自分なりの考えを構築できる子どもをめざして、「考えを構築するための道具として」(坂野幸彦, 1998, p.56)概念地図法を使おうとし、「語彙数が増加し、内容の広がりも見られた」(中山迅, 稲垣成哲編著, 1998, p.57)と報告する。小牧啓介は同書で「何人かで相談して作るのが好きな子ども」(小牧啓介, 1998, p.41)が多く、「対話を通してわかっていることとわかっていないことを確認できる」(中山迅, 稲垣成哲編著, 1998, pp.46-47)利点を挙げる。納三生は同書で、「概念地図法による振りは、学習内容を相互に関連づけることができ、知識をまとまりとして捉えられる」(納三生, 1998, p.76)と報告している。

児島邦宏、村川雅弘の『小学校ウェビングによる総合的学習実践ガイド』ではウェビングの名の許に石黒和仁と八木秀文が「…子どもが対象に対してどのように思い、考えているのかを表出させることが大事」「子どもの興味・関心を組織化するための…代表的な一つがウェビング法である。ウェビング法は子どもの興味・関心をカリキュラムの出発点に据えようとするときに有効である。これにより対象の本質と子どもの興味・関心の接点を見出し、疑問を組織していく」と説明し、「イメージマップも同様な手法」(児島邦宏, 村川雅弘編, 2001b, pp.72-73)と解説する。同じくウェビングによると題した児島邦宏、村川雅弘の編集した中学校向けの著作で山邉孝之が「『イメージマップ』を用いて、生徒が主題に対してどのような概念をもっているかを明らかにしていく」(児島邦宏, 村川雅弘編, 2001a, p.68)と述べ、ウェビングとイメージマップは区別せずに使われている。

福岡敏行編著の『コンセプトマップ活用ガイドマップでわかる！ 子どもの学びと教師のサポート』で、矢田美恵子は「理科・道徳をコンセプトマップで総合化する」として授業の前に子どもが描いたコンセプトマップに比べて授業後のものから「学びが広がっていることがわかる」と(福岡敏行, 2002, p.122-124)述べる。矢田美恵子は、授業前後にコンセプトマップを描くのに必要とした時間を記述していないが、それはマップを描くことが授業の準備であり、授業のまとめであり、つまりコンセプトマップを描くことが授業の手法に属

しているからだろう。矢田美恵子のいう広がりのようすは，マッピングによって視覚化されている点で見てとりやすい。

しかし，この種の意味ネットワーク図は子ども1人の例が挙げられるため，授業全体の変容を見るには，全員のマップを見るか，全員で作成したマップを見るか，授業後に誰かが制作するかを必要とする。どの程度の広がりか，何が深まったかを，授業者の理解から出て相互主観的に了解するにはさらに工夫が必要であろう。回答語をつないで視覚化するこの手法は，子どもと授業者以外の第三者を交えて検討する道具とするには，数値による表現，カテゴリによる言葉の分類などの工夫があればさらにわかりやすい。

意味のつながりによって回答語をつなぐ手法は，それぞれの論者が主張するように学習の手法として，また学習の成果を表現する手法として有用である。もう少し例を挙げる。松山真之助は「マインドマップは，問題の整理，議事録，プロジェクト・マネジメントなどの際に威力を発揮する思考ツール」（松山真之助，2005，p.5）で読書の記録として読書ノート，頭を整理する方法として使おうと提唱する。中野禎二は「全体を見て考える力がつく」「即効」「仕事と人生の可能性を拓く」と表表紙で効用を語り，マインドマップの淵源が「トニー・ブザンが考案した『アイデア発想法』」（中野禎二，2006，p.14。明らかな誤植を修正）であり，「アイデア出し（発想法）」「自己発見」「ブレインストーミング」などに有効であると裏表紙に並べる。トニー・ブザンの著作は「人生に奇跡を起こす」とタイトルにつけられ，「マインド・マップは，左脳と右脳を同時に働かせて，ノートをとったり，プランを考えたりする画期的方法である。それによって，驚くべき記憶力の高まりと，あなたの中で眠っていた才能が発掘されるはずだ」（トニー・ブザン，田中孝顕訳，2005，p.2），「あなたの『記憶力』は，けっして落ちているのではなく，『想起力』が落ちているにすぎない…『想起力』

は容易に高めることができる」（トニー・ブザン，田中孝顕訳，2005，p.11）という。SSIブレインストラテジー センター編著による冊子は「思考の流れを止めずにどんどん描いていく」（SSIブレインストラテジー センター，2005，p.4），「情報を一元化し点在する情報の関連を映し出す」（SSIブレインストラテジー センター，2005，p.8），「話の芯がブレずに議論できるツール」（SSIブレインストラテジー センター，2005，p.12）と，特徴を挙げている。

藤木卓，糸山景大，上薗恒太郎は，年齢20～38歳の社会人，主婦，大学生17名を対象に〈ダイオード〉の学習概念について，授業前（図3-3）に比べて授業後（図3-4）に構造化された概念地図の成果を得ている。これによって，1．授業前の意味ネットワーク図では，提示語と回答語を結ぶ直線的な文脈が多い（図3-3），2．授業後の意味ネットワーク図は，系統によってまとまった言葉のつながりを明示して完成度が高く，回答語相互を結ぶ文脈が現れ，学習概念から展開した言葉が系統的に広がっている（図3-4）ようすがわかる。系統はカテゴリとして命名整理することができる。結果の図を見ると，この授業における学びの質が高かったことがわかる。

意味ネットワーク図は，本論の主題である連想

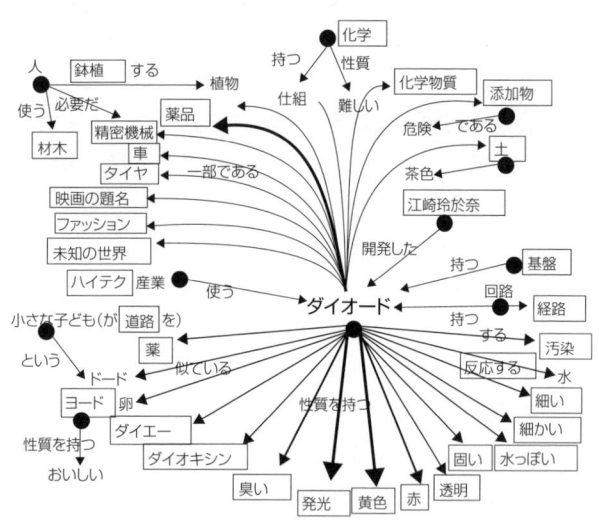

図3-3 〈ダイオード〉学習前の意味ネットワーク

マップとともに，言葉の構造化のために使用する意味がある。意味ネットワーク図は，先に連想調査をおこない，次に思いついた回答語と提示語を結ぶ短文をつくってもらって作図した。この図は，学習者が文脈としてつないだ頻度を，意識におけるつながりの強さとして線の太さで表してある。つながりの強さを想起の頻度で表す考えは，連想マップに通じる。意味ネットワーク図は，学習した概念の構造を図示して有用である。

　意味ネットワーク図には，しかし，情緒や意志が描かれる例は少ない。生活と結びついたつぶやきは授業後に消失し，授業者が教えたかったことが授業後に現れる傾向がある。本図の場合〈ダイオード〉という概念の特色であり，この技術科の授業にとって概念理解以外の要素は重要ではなかったためである。

　道徳授業にとっても概念の理解は，授業として妥当な目標である。概念を扱う道徳授業がもっとあっていい。しかし道徳授業評価は，概念のつながりの理解で終わるわけにいかない。道徳においては，情意など各人の思いや生活と結びつく要素が，実践へと向かう要素としてまた人格全体への関わりとして，意味をもつ。

3-1-X　意味のつながりによる評価

　意味ネットワーク図は，できあがりが，評価の対象になる。子どもが理解した結果の図と授業目標とを比較して，授業の完成度を読み取ることができる。

　小林毅夫は，「イメージマップ（ウェビング）を核として，『知の総合化』を図り，確かめる評価」（小林毅夫, 2002, p.45）として総合的な学習に使うという。総合的な学習では「子どもたちが様々な対象と出会い，そこから一人一人が課題をもち，それらを解決していく過程を通して，知識と体験を結び付けた実感的な深い理解へと結びつける『知の総合化』が図られることが大切である」（小林毅夫, 2002, pp.45-46）。小林毅夫は，知識と体験的な要

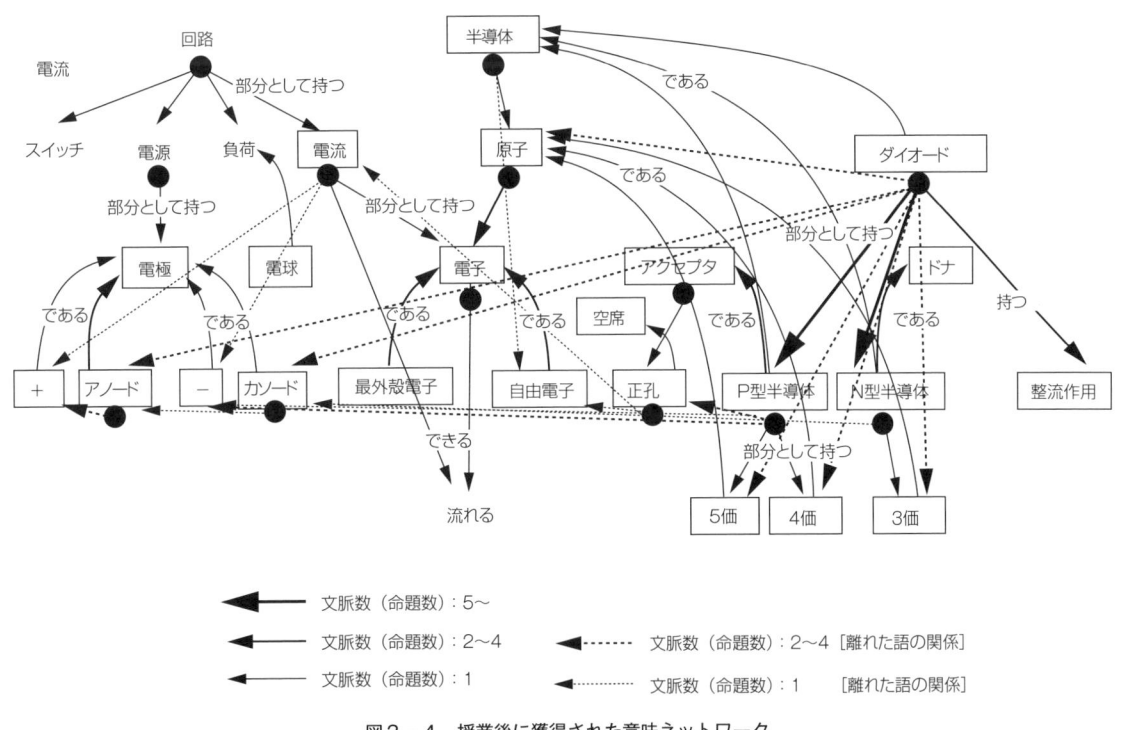

図3-4　授業後に獲得された意味ネットワーク

素が結びついたマップの状態を読み取ろうとしている。思いついた言葉のつながりを作りあげる過程が学習となり，できあがり図が評価の対象となる。「イメージマップは…思考のツールであるが，同時に子どもの思考の傾向を知り，新たな方向性を示唆していく評価のためのシートとしても重要な役割を果たす」(小林毅夫，2002，p.62)という。

リチャード・ホワイトとリチャード・ガンストンは，概念地図法について「生徒が理解しているトピックの構造についての情報を提供し」，「一つの学問の理解，あるいは少なくともその本質的な部分の理解のあり方を探るには最も適しているように思われる」(R. ホワイト，R. ガンストン，中山迅，稲垣成哲監訳，1995，pp.56-57)と総括する。さらに概念地図法を，終了時に学習結果を測定する目的でおこなう総括的評価として使う際に，得点化する手法があると述べる。1．概念間のリンクの数とその有意味性　2．概念図が表現している概念間の適切な階層性の範囲　3．階層の異なる部分間におけるリンクの存在，4．適切な事例の記述(R. ホワイト，R. ガンストン，中山迅，稲垣成哲監訳，1995，p.59)による点数化を示唆する。具体的には，塚田泰彦が，語彙の量，語彙の質，基本構造の一致度を3段階程度で点数をつけこれを合計する例を挙げている(塚田泰彦，2005，p.148)。藤木卓・糸山景大・上薗恒太郎の意味ネットワーク図(図3-4)では，文脈として現れた頻度を概念間のつながりの強さとして用い，図の矢印線の太さとする手法をとった。

しかし，意味ネットワーク図を評価に使うには困難がある。1．あるトピックの最終段階で評価のために学習者に意味ネットワーク図を書かせるのは，時間と手間がかかる。意味ネットワーク図を使わない授業で，評価のためだけに導入するには労が大きい。意味ネットワーク図は，思考の道具として使い，その結果として評価にも活用するほうが使いやすいだろう。2．意味ネットワークを作図する過程で，課題に関わる概念以外の要素，感情や態度に関わる言葉は淘汰されることが少なくない。意味ネットワーク図は，知識，考えなど概念上の意味のつながりと構造化に有効である。しかし，情緒や態度を含む図とするには要素の多さと曖昧さをかかえ込む難しさがある。道徳のように心情や態度や生活とのつながりを含む意識を見ようとする場合には，自由連想が概念に付随するあらゆる言葉を集めうる。3．意味ネットワーク図では，提示した概念と回答の関係を量としてとらえることが難しい。量に換算して評価するためには，換算の工夫を必要とする。

連想を授業評価として使う発想は，意味ネットワーク図とは別に，水越敏行がさまざまな授業評価法の1つとして試み始めたことがある。水越は『授業技術の開発3　授業評価の新技術』(坂本昂・水越敏行編，1977，p.117)で予告し，『授業評価研究入門』(1982，pp.114-115)で説明している[3-10]。水越の方法は連想語をマップに表し，授業評価に用いるという点で，ここで提案する方法と軌を一にする。水越の方法では，単一自由連想(1つの提示語から思いつく言葉を自由に記述する，山→緑，山→高い)と連続連想(提示語から思いつく言葉を挙げ，思いついた言葉からさらに思いつく言葉を挙げる。とうふ→白い→雪→冷たい，など)との両方を用いる煩雑さがある。また連想した言葉によって個人の変化を見ようとしている。応用例として河村敬一は，提示語から1つイメージさせ，つぎに3つ4つ，さらにいくつでもよいという手順で，最初に出された言葉を中心におくマップを描いている(河村敬一，1996，p.39)。プログラム化された連想処理技法をもたなかったためであろう。水越の着想は筆者らの考えに近いが，連続連想をも用いる点，個人の評価を行う点で異なる。

連想による言葉が動きやすいことを前提にすると，授業は，動く連想に方向を与えて言葉を組織する営みである。授業の目標が意識の方向になる。方向は，教師の意図する概念構造に学習者の意識を集約するばかりではない。方向には多様な広が

りも含まれる。思いのつながる範囲を拡大することも授業の意義である。1つの概念に関連づけられる思考の範囲を広げることが1つの方向である。また，個々人の思いをふくらませ，さまざまに異なる思いに耳を傾ける授業も1つの方向であろう。

　何かを理解させる授業は，めざす理解に思いつく言葉を収束させる意識の動きを意味する。決まった理解を得させる授業では，ある概念から特定の回答語に向かう動きが形成，強化される形になる。授業において，今まで知らなかった新しい思いを獲得する場合は，思いの範囲を広げた上で収束させる動きになる。実際に，回答語が広がるとともに，授業の軸となる言葉に収束する授業がある。

　授業は，子どもの意識に働きかける営みだから，子どもの思いを動かすことが授業の醍醐味である。思いの動きは連想に現れる。

3-1-XI　連想の安定性

　連想の安定した様相があるのかを明らかにするために，2回連続した連想調査において，何が動いているのか，さらに調べる。

　結論からいうと，多くの語種が，1人1語の回答語部分で消滅し，新出して入れ替わっている。

　2度続けておこなった連想調査で消失し・新出した語種のうち，1人1語の回答語が表3の左に示す8つの提示語について9割前後を占めている（表3-5左）。語種の入れ替わりは，ほとんど1人1語の部分で起きている。また，1人1語出現した回答は，2回目になると7，8割が消失・新出していることがわかる（表3-5右）。これは，他の人と異なる一瞬の思いつきが非常に移ろいやすいことを示している。

　連想による1人1語の回答語の出現率は，8つの提示語の1回目と2回目計16の調査で，語種数にして62.4％から73.9％の出現率である。1回目と2回目を合わせた全ての語種では，1人1語の出現率は各提示語70.9％から80.1％である。語種としては1人1語の占める割合がそもそも高い。そのうち，消失・新出語種が7割から8割あるわけだから，回答した言葉の種類の異動には，1人1語が大きな割合を占める。1人1語の思いつきが連想全体の動きやすさになっている。

　提示語の違いによって，消失・新出語種数の動きが，とくに異なるようには見えない。6割台の回答語種が入れ替わるが，そのうち1人1語の語種が9割前後を占める。1人1語が語種としては各提示語でおよそ6割，7割強を占めるという様相は，共通している。こうした回答語の動きは，思いつく言葉をたくさん挙げる連想の特性だといえよう。特に授業のように，回答者数を任意に増やせない事態では多くの思いつく言葉を挙げてもらう措置が，子どもが考えていること感じていることを知るために必要である。

　回答語の頻度と回答語数の関係を提示語〈走る〉（図3-5）と〈死ぬ〉（図3-6）を例に示す。この2つの提示語は，頻度の飛びや重なりが比較的少なく，なめらかなカーブを描く。とはいえ各提示語の様相は類似しており，いずれの頻度分布も同様の動きを示す。すなわち，1人1語の占める割合が多く，また集中する回答語がある。

　図3-5および図3-6とも左側が出現頻度の高い回答語である。図の語種番号は，頻度の高い回答語順につけてある。右下に低く長くのびる線が，1人1語を表し，その多さを2つの図から見てとることができる。1回目の連想調査で，〈走

表3-5　連想による回答語の動きやすさが1人1語の回答語に現れているようす

1人1語の消失・新出語が2回の調査の全消失・新出語種数に占める割合		2回の調査の1人1語が出現した全語種数の中で消失・新出した割合	
友だち	96.9%	死ぬ	81.0%
怒り	92.7%	怒り	80.4%
白い	91.3%	環境問題	78.7%
環境問題	90.9%	子ども	77.8%
いじめ	90.3%	いじめ	77.6%
走る	89.8%	走る	76.9%
子ども	89.2%	友だち	76.3%
死ぬ	88.5%	白い	72.8%

る〉の場合1人1語の回答語は66.8％出現し，〈死ぬ〉の場合，62.4％である。1人1語が最も多く出現する提示語は，1回目で〈怒り〉である。2回目の〈怒り〉で1人1語が最多の73.9％出現している。怒りの対象は，個人的に広がっていると受け取れる。

　回答語として連想調査の1回目，2回目で消失・新出する回答語の例を挙げる。提示語〈子ども〉において3語以上出現した回答語で，「未成年」「虐待」「きれい」「サッカー」「すぐ泣く」「よく笑う」などが2回目には消失し，「菓子」「生意気」「ブランコ」「愛する」「遠足」「大切」が新出，「愛」は共通に登場している。提示語〈走る〉において，「こける」「大会」が消失，回答語「シューズ」が2回目に新出，「靴」は両調査において頻度の高い順から21位と26位で共通に出現，「冬」「800m」「run」「サッカー」が新出，「100m」「100m走」は共通に登場している。〈死ぬ〉では，「苦」が消失し「苦しみ」が新出，「苦しい」は54位と59位で共通に出現，「土」は消失するが「土葬」は共通，また「あの世」が新出，「天国」は2位と3位で共通に登場，「お経」「家族」「未知」が新出，「じいちゃん」「ばあちゃん」は共通に登場している。これらの回答語の消失，新出は，想起のまとまり(cluster)が消えた，登場したのではなく，同じまとまりの記述の違いと理解できるものが多く含まれている。

　消失・新出の動きの大きい1人1語部分と，不安定・安定の中間的な頻度2語の部分を避けて，出現頻度3語以上の回答語について1回目2回目で共通して出現する割合を見る。

　8つの提示語において3語以上の出現頻度がある回答語は，87％以上が1回目の調査でも2回目でも出現している(表3－6)。これは，3回以上出現する回答語は，出現頻度は動いても，語種として安定しており，前後で回答語を直接比較できることを意味する。

　連想調査で3回以上出現頻度のある回答語に注目するとき，全体の語種数のうちどれくらいの割合の言葉に目を向けることになるかを見ておく。第1回目の調査が通常おこなわれる連想調査に相当するため第1回目で回答語の出現頻度を見ると，3語以上出現する回答語は回答語総数45.9％から63.0％を占める。すなわち〈怒り〉で45.9％，〈いじめ〉で47.5％，〈白い〉で55.9％，〈友だち〉で56.4％，〈子ども〉で59.7％，〈環境問題〉で59.8％，〈走る〉で62.6％，〈死ぬ〉で63.0％の回答語が3語以上出現する。3回以上出現する回答語に注目するとき，およそ半分から6割の言葉に焦点をあてることに

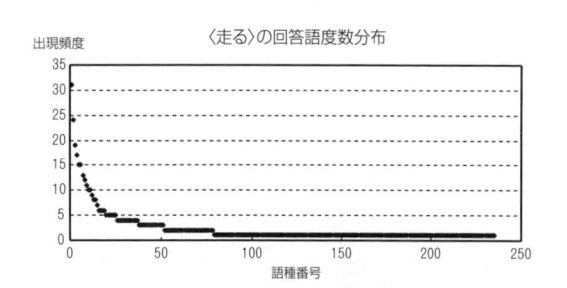

図3－5　提示語〈走る〉による回答語の頻度分布
（X軸左から頻度の高い語種順で示した）

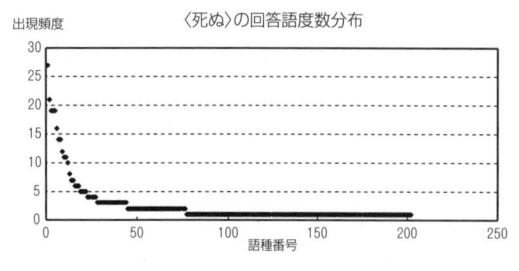

図3－6　提示語〈死ぬ〉による回答語の頻度分布
（X軸左から頻度の高い語種順で示した）

表3－6　3語以上出現した回答語が1回目2回目の連想調査で共通に出現している割合

提示語	1回目と2回目で3語以上出現した回答語のうち共通する回答語の割合
怒り	97.30％
白い	96.40％
環境問題	94.00％
友だち	90.70％
走る	89.60％
死ぬ	88.50％
いじめ	88.20％
子ども	87.30％

なる。

　連想は回答語種の動きが大きいことは先に述べた。しかし，一定時間にわたって多くの言葉を求めると，心情や知識や考えの多様な要素が出現し，出現頻度の高い回答語が連想の安定した基盤を構成する。出現頻度の高い言葉は，個人のレベルでは異動があっても，集団としては安定する。出現頻度の高い言葉は，連想において変化の少ない基盤として恒常性を保っている。この部分が，提示した言葉の連想の中核を構成すると考えられる。

　連想の安定した部分を中心に位置させ，動く部分を周辺に配置して，回答語を意味によってではなく，出現頻度によってつなぐ技法があってよい。すると，概念の構造の視覚化と，出現頻度などの数値が得られる。これが連想マップの考えの骨子である。

　連想マップの原理の説明に進む前に，授業評価ではないが，連想を用いた情緒上の意味を分析する手法について触れておきたい。

　「人がある刺激の認識に伴って表象する観念を直接的に把握する手法」（岩下豊彦，1992, p.16）の3つ，自由連想法，制限連想法，評定法について，岩下豊彦は次のように長短を整理する。自由連想法は「先行経験から特にそれらが想起されるに至ったという意味での自発性と重要性とをもつ反応が得られる反面，同一対象をめぐる他者の反応結果と比較したり，同一人物における他の対象への反応結果と比較したりする場合の共通項が得がたい」，制限連想法で選択肢から回答語を選ぶ手法は「反応結果を相互比較する際の共通項が揃えられる反面，それぞれの選択肢が…反応の可能性をどの程度網羅していたかに関し保証し得ない…，および，選択された反応項目ごとに当人該当性の程度がちぐはぐとなる危険が伴う」，評定法は「反応項目それぞれに対する当人該当性の程度を知り得る反面，反応項目の網羅性に関する保証の点で何ら改善がなされていない」（岩下豊彦，1992, pp.16-17）難点を指摘している。岩下はSD法を，情緒上の意味を普遍的な尺度に乗せて測定し，因子を明らかにする手法として独立させようとする。

　C. E. オスグッドらは『The Measurement of Meaning』(C. E. Osgood, G. J. Suci, P. H. Tannenbaum, 1971, originally published in 1957) において意味を測定する手法を提示している。連想は意味の尺度を得るために用いられる。「意味判断の尺度」を得るためにケントとロザノフの提示語リストから40の名詞が選ばれ，およそ200名の大学生に最初に思いつく形容詞1語を書くように指示され（例：木―緑の，家―大きい，聖職者―善い），最も多く出現する50語の形容詞を選び出す(C. E. Osgood, G. J. Suci, P. H. Tannenbaum, 1971, p.33)。選び出された形容詞ならびに反意語辞典に依拠して，対となる尺度をつくる。これを尺度として調査対象となる事項について7段階で印象を答えてもらう調査をおこなう。

　岩下豊彦はC.E.オスグッドの意味の測定が「SD法という，理解自体についての実証を試み得，現象解明の道具として駆使しうる，極めて具体的な手続きを伴っていたため」（岩下豊彦，1992, p.5。原著者による強調を省略）に注目されたと解説する。C.E.オスグッドはしかし，その後「私は内包的(connotative)と呼ばれるべき意味の側面について述べてきた。しかし外延的(denotative)と呼ぶ記号の意味の他の側面がある」(Osgood, 1962, p.26)と述べ，情緒的意味(affective meaning)を対象とするという表現に変わる。オスグッド学派の変遷に岩下豊彦は，彼らが支えようとした「意味空間ないし情緒的意味体系の一般性仮説」に「失望を感じ」た経緯を説明し（岩下豊彦，1992, pp.30-31），「SD法をオスグッドの意味論から分離することを提言」（岩下豊彦，1992, p.41）する。

　岩下豊彦が示す手法と分析例へ至るこうした経緯は，情緒的意味の一般的測定の難しさを思わせる。

　C. E. オスグッドらの連想の使い方は，50語の

形容詞を選定する際に，先に本論が示した連想の安定した部分を抽出することになっている。また，連想で出現する言葉のうち，形容詞という情緒上の尺度に限定している。

　自由連想についての岩下豊彦がいう欠点は，1．集団を対象として用いる，2．連想の安定した基盤に依拠して比較することによって緩和される。特に自由連想を授業評価として用いようとする本論の場合，3．同一の回答者集団を扱うことによって免れている。同一集団の授業前後の比較において，連想の動きやすさは，むしろ短い時間での意識のダイナミズムを追う利点である。

　また自由連想の回答語理解における多義性の可能性を補うのは，回答者集団を知る者，授業者を交えた対話によって意味を確定していく過程である。連想法においては，答えとして提出された語の辞書上の意味だけでなく，回答語がどのような意味として使用されたかを，回答者を知る者の判断を交えて意味を確定していく。1例を挙げる。死について話し合った第5章いのちへの思いを育てる道徳遠隔授業—テレビ付き携帯電話でつないで—において，ある子どもが「おじいさん」と答えたとき，6日前に亡くなった彼のおじいさんの意味であるとの理解は彼の生活を知るからこそであり，確認の手続きをとるまでもなく自明であるとは同席する授業者と研究者を交えた判断である。もし「おじいさん」の回答語の意味確認を本人におこなうとすれば，本人の悲しみの中に分け入り，特定の者に担任が確認をおこなうことが周りの子どもに，また授業を参観した母親に起こすかもしれないさざ波を考えざるを得ない。授業の臨床の場における回答語の理解は，それが客観的な意味確定の手続きからすると推測に止まるように見えても，状況に妥当な，確信のある意味である。臨床場面から離れて普遍性を追う姿勢ではむしろ意味を確定できない。相互主観的な了解は，必ずしも曖昧ではない。むしろ，授業のアセスメントとして用いる分析は，授業をおこなった子どもと授業者の意味理解の場を離れるべきではない。

　授業でSD法として使っている例として，福井明を挙げる。小学校4年生「ごんぎつね」のごんと兵十のイメージを5段階「ばかなごん—かしこいごん」「やさしいごん—心がつめたいごん」「楽しいごん—さみしいごん」などごんについて16の尺度を使い，子どもの答を線でつないでどの尺度でどの子がどちらに振れるイメージをいだいたかを授業前後で見る評定法が見られる（福井明，1983，p.121）。

　本論で使う単一自由連想は，C. E. オスグッドや岩下豊彦が求めたような，尺度をもたない。提示語と回答語の関係を情報論の考え方から，諸量を定義した数値によって整理する。回答語の意味確定や授業に関する論議は，相互主観的な解釈に委ねられる。連想マップの分析は，連想マップは授業前後回答語比較の基礎的な情報に基づいて，臨床の場において意味を確定する作業であり，また授業の意義をめぐって対話する過程を含んでいる。

第2節　連想法による授業評価の考え方

3-2-I　連想マップを構成する基本的な考え方

　連想法は，文化圏，学校，授業などの場において，人々が想起する言葉を情報の確率として処理し，全体として連想マップなど視覚的に構成して，場に生起した意味を読み取る技法である。連想法の考え方には，次の前提がある。

1．文化圏，学校，授業など人々の意識が集まる場において，人々が想起した回答語をその場における意識とする。想起の要因としては個人の状況を反映していても，その回答語はその場において生起したのであるから，その場を構成する要素である。例えばある提示語について，場の流れとは必ずしも重ならない個人の状況から想起した言葉も，その場において想起した言葉であり，その場が個人の想起へと導いたか，そ

の個人にとって場の流れに集中しなかった言葉であるか，あるいは場から飛躍した創造性のある発想に至ったか，いずれにせよその場の個人の様相を表している。想起の要因は，解釈の問題であり，回答語を情報として処理する際の問題ではない。連想法は，個人がその場においてその言葉を選び出した点に，すなわちその言葉がその場の意識を構成する要素である点に依拠する。

2．回答語は情報の確率として処理され，連想マップなど共通に理解可能な形に再構成される。連想法が提供するのは，場にいる参加者の想起の全体を情報論によって再構成した数値でありそれを視覚化した形である。連想マップ，対連想，意味ネットワークなどは，場の意識の全体を再構成し，場の様相を視覚化された形で表現している。

　連想法は，想起した言葉を量として処理するところでは近代思考の産物であるが，場として集団を扱っており近代的個人を基にした世界観に立たない点では，近代の思考枠に収まりきれない。連想法は，コミュニケーションによって人がつくり出す場を連想によってその場ごとに個別にとらえる。すなわち臨床的であり，連想法は個別事例の意識を再構成する技法であって，普遍の基準に依拠して普遍論の適用としておこなう評価とは離れている。個別事例において参加者の意識に生起した事態が一定の論または目標から見てどのような意味をもつかは，連想法による結果の解釈による。すなわち連想法自体は，場の思いを全体として集めて情報として処理し，結果の意味は解釈に委ねる。連想法による情報処理は，個別の場における人々の思いを言葉の確率として再構成する技法である。

3．連想法は，場のコミュニケーションによって人の意識に現れた力動的な結果を再構成する。場にある人々の当初の意識の様相と，コミュニケーション後の結果としての意識の様相とを比較することによって，前後の意識の違いを，コミュニケーションによる意識変容ととらえる。授業においては，授業前の意識の全体としての様相と，授業後の学習者の意識の様相の相違が，その授業による意識の変容である。45分間，50分間，あるいは複数の時間の変化をとらえることができるのは，連想の移ろいやすい性質による。どのような言葉によるコミュニケーションがおこなわれ，参加者が何を思いながら場にいたかによって，思いつく言葉は移ろう。移ろうという表現が文学的ならば，参加者は意識を動かして言葉を組み替えながら場に参加している。場において意識にのぼった言葉には，受け流した言葉があり，受けとめた言葉があり，記憶に止めた言葉があり，位置づけ直した言葉があり，展開した言葉があるだろう。ほとんど全員の意識を集約した言葉があり，参加者の間で拡散した言葉があり，流れ去った言葉があるだろう。

4．連想法は場の意識をとらえようとするから，全体として回答語を収集し，全体としての言葉を処理する。その点で，個人の反応として言葉を理解してきたこれまでの連想の扱いとは異なる。連想法は情報処理が可能になった時代の技法であり，個人主義にこだわらないアジアでの発想による集合的な意識の技法といっていい。また，連想の全体としての扱いは，多くの評価法がおこなってきた，部分に関する評価と異なり，知識，考え，心情を含んでトータルな意識の動きをとらえるという意味で，全体の評価である。知識中心のコミュニケーションがおこなわれた場は知識に関わる多くの言葉を，それについての心情とともに想起させるし，心情に流れた場は心情を表す多くの言葉を生み出す。筆者の経験では，荒れた学校では，想起された言葉も荒れている。意識を動かすことの少なかった授業では，授業前後の変化は少なく，さまざまに考えて意識が動いた授業では，言葉のつまった連想マップになる。すなわち連想法は，全

体としての場の意識の様相を再構成する。

　連想法による授業評価は，言葉を情報論的に処理し連想マップなどをつくる技法で，糸山景大，藤木卓，上薗恒太郎らが開発してきた。糸山が連想と情報を結ぶ考え方を提出し，藤木が連想処理プログラムを開発し，上薗恒太郎が道徳授業で展開し，ほかに多くの人々の協力によって開発して本論に至っているというのが大まかな説明である[3-11]。連想法は，場の参加者の学びがどのように成立しているかを知る，伝えたい概念が場の参加者にどのように受けとめられ，コミュニケーションがどのように成立したかを知る技法である。授業の前と後で単一の提示語による自由連想テストを実施し，回答語を出現頻度によって処理して，数値データとともに，図（連想マップ）として提示する。回答語の変化に，意識の変化を読み取り，場において意識に何が起こったかを評価（アセスメント）する。

　道徳教育には，心情を含み行為を示唆する言葉を含んで全体として思っていることを見る評価が欲しい。道徳授業は，子どもを，知識や，考えだけでなく，気持ちの面まで動員しようとする。授業は，心情を含めたコミュニケーションによって成立している。授業の場で行き交うのは，主として言葉であるとしても，概念に止まらない情報である。

　日本の道徳授業において今日，気持ちを問うて進める授業が多い。道徳授業評価において知識を問ういわゆるテストや考えを見る設問が使われないのは，評価の困難とともに，教員の道徳授業における気持ち主義に理由があるだろう。筆者は，道徳教育において，新しい知識や考え方や行為の形が重視されていいと思う[3-12]。連想マップは，知識，考え，心情，意欲を含む全体を一体として表示する技法であり，学校教育の教科，領域のなかでも道徳授業のアセスメントにとくに有用である。

心情を含んだ意識の動きや概念の新しいつながりを見てとれる道具，人格の評価にならずに授業の過程を見る手法が，道徳授業を改善する基礎になる。

　多様な名称で呼ばれている意味ネットワークが，言葉の意味によってつなぐのに対して，連想マップは情報の量（bit）によって言葉を図に配置する。単一の提示語による自由連想を基本として，標準的に1つの概念から50秒で多くの回答語を集める。調査が簡便であり，回答語をコンピュータ・プログラムで処理するため，回答語の入力だけで連想マップをつくる簡便さがある。簡便さは連想法の特色である。

　連想法においては，思いついた言葉をとらえての個人の評価はしない原則を掲げる。思いついた言葉で個人を評価することは，授業のアセスメントという趣旨をゆがめ，変わりやすく不安定な言葉で子どもを判断する危うさがある。ある言葉を思いついたことで，個人の責任は問わない。思いついた言葉によって判断されるとなれば，回答者は高い評価が得られるような連想を心がけるし，評価者も自分の意図によって高く評価できる言葉を回答語のなかに探し，授業を距離おいて全体として見る目を失いかねない。実際に教員の目を気にする教室の子どもが，書いた言葉を消して書き直す場合がある。1人1人が書いた言葉について問わない原則によって，いわゆる本音という言葉を使うならば（本音という言葉は人に当てはめるにはあまりに荒い用語のまま人口に膾炙しているが），それに近いものが連想によって出てくる。授業の趣旨とかけ離れた言葉を出す子どもでも，授業に参加していなかったとは必ずしも言えない。参加して，異なる発想を始め，創造性のある着想を得たとも考えられる。何を思いつくかはその子どもの内面の自由に属する。また連想による回答語は必ずしも個人が責任をもつべき意見として提出されていない。したがって，回答語によって個人を評価することは調査倫理上控えるべきである。連想によ

る回答語は，考えを問うよりも多くの要素が出やすく，意見として整理しないままで言葉を答える点で，1時間の授業変化を見ることが容易である。すなわち，変化しやすさによって短い時間での変化をとらえられる。変化しやすい言葉を根拠に個人の判定は難しい。個人の評価を避けるため，連想法は無記名を原則とする。

連想法による授業評価は，授業のアセスメントを趣旨としており，参加者の意識に何が起こったか，全体の場に起こった変化を見て，授業改善に使う。

本論で提案するのは評価の方法であるが，方法を提出した背景には授業のあり方に対する大きく2つの主張がある。

1. 授業を子どもにとって楽しくて深い学びの場にする
2. 授業において教育者が何を伝えたいのかを明確にする

道徳授業においても教科と同様に，新しく学ぶことが大切である。加えて，自分をふりかえっているかが，道徳授業の根幹に関わる。道徳授業が，形を変えた説教ではなく，自由な雰囲気のなかで思考実験できる場であり，自分と結びつけて考え，新しく学ぶ場であるとき，楽しく深い学びが成立するだろう。

価値判断が時として厄介だからだろう，道徳授業において授業者の意図が不明確なことがある。授業において何を伝えたいのか，価値のどの点を単位時間内に明らかにしたいのか，明確にすべきである。1単位時間または1単元の目標が明確になってはじめて，子どもが思ったことと授業のねらいを比べ，授業の成否を探るアセスメントが可能になる。価値をどこまでどう伝えるかが道徳授業の根幹にあり，価値がどのように受けとめられたかが道徳における授業評価であろう。

授業評価による道徳授業改善の主張を，連想法による道徳授業論は含んでいる。この主張は，おこなった授業を評価しないままの道徳教育論が横行している今日，教育者のすぐれた授業への志を支える主張である。教育者の営みを支えるために，子どもの意識に何が起こったのか，明らかにしておくべきだろう。連想によって意識にのぼる広範な言葉，心情や生活に関わる言葉までを集め，子どもにとっての授業の意味を明らかにする。

連想法では，1つの授業で，原則として3種類の概念をはっきりさせるように勧める。

1-1. 大きな目的あるいは方向，つまり授業がめざすところ(学習目的，単元の目的または価値)を示す概念。
1-2. 小さな目標，当該1時間で達成しようとする目標(学習概念，またはねらい)を示す概念。
2. 何を使って目標を達成するか，授業で使う資料(学習素材)を代表する概念。
3. どのような授業の形をとるか，授業の方法を表す概念(学習方法)。

最も少ない場合で3つの提示語，学習のねらい学習素材や学習方法，あるいはこれらを代表する概念が1つに絞れない場合，複数の提示語を用意する。授業に関わる概念は，子どもの言葉で言うと何になるか，子どもの言葉にして提示語を選ぶ。またほかに見たい変化がある場合は提示語を追加する。これらの提示語を，1つの提示語が次の提示語と重なって連想を誘発しないように順番を考えて並べ，あるいは関わりのない提示語を間に挿入して，単一自由連想を授業前と授業後におこなう。

道徳授業の場合，単元の目的に相当する部分と1時間の学習目標が重なりやすい。1時間1価値の場合がそうである。生命尊重の授業の場合，両者とも生命尊重であるということに陥りやすい。しかし，1単位時間で，生命尊重の意識が高まったかと問う設定は漠然としている。学習指導要領の価値項目がそのまま提示語になるわけではない。大きな目的と1授業時間で到達する目標を分ける方がいい結果を生む。資料を代表する概念も明確にする必要がある。すなわち，何のために，当該

時間内で何をめざして，何を使って，どのような方法で，授業をするかを明確にすることを要請する。

　本論であつかう連想マップは，授業について以下の前提となる考えがある。
1．授業は，意図をもった活動であり，一定の学習素材を用いて，学習方法によって遂行される。その過程は，主として言語によっておこなわれる。
2．子どもにとって授業は課題に取り組む過程であり，課題を構成する概念の構造やイメージが，子どものなかで動く過程である。授業が授業者から見てうまくいくと，授業者の意図した方向に子どもの言葉が動く。
3．授業の成果は，子どもの意識に何が起こったかによって評価される。

　連想マップは，授業を視覚的に評価可能にし，また評価のための数値データを提供する。
　ここでいう単一自由連想は，単一の提示語による自由な連想で，常に提示された提示語からの連想を求める。提示語は1つであり，求める回答語に条件をつけず，提示語から思いつく言葉をできるだけ多く答えるように求める。
　なお，2つの対となる提示語から求める自由連想を，対連想と呼んでいる。対連想については第4章第1節で叙述する。連想ゲームと呼ばれるものには，複数の提示語を提示して，1つの正解となる回答語を求める多ヒント連想や，回答語に条件をつけて制約する連想の形式もある。(例：名詞を答えなさい，思いつく動物は何ですか，など。)

　1つの提示語から連想を連続させる自由連想は，連続連想である。回答語を次の提示語としてさらに回答語を連鎖させていく。(例：とうふ→白い→雪→冷たい→アイスクリーム→甘い→ケーキ)

　単一自由連想を使う連想マップの考え方は，以下のようである。
1．連想による回答語は，提示語とした概念によって喚起される子ども(回答者)の知識・考え・心情といった意識の全体を言葉によって表している。
2．多くの子ども(回答者)が答えた回答語は，提示語との結びつきが近い，または強い。多くの者が知っており，提示語の定義や常識となっている言葉ほど提示語に強く結びついている。
　これに対して，他の誰もが思いつかない回答語は，ユニークな回答語であったり，個人的な経験による回答であったり，提示語からの距離が大きい。飛躍した，ないし創造的な回答とも言える。
3．授業は子どもの意識に何らかの変容を起こすことであり，子どもが授業を通じて得た知識，考えたこと，感じたことに応じて，子どもの意識に言葉が新たに呼び起こされ，つながり，学ばれて授業後に回答語となる。連想法は，授業を表す提示語から呼び起こされる言葉によって，子どもの意識に何が起こったかを見る。
　授業者の構想を映す回答語が授業後に提示語に接近したか，どのような言葉が提示語の構造を構成するに至ったか，意識から遠ざかった言葉は何かを見ることによって，子どもの意識の変容，また変わらない面を読み取る。
4．学びは意識の中で言葉として生起し，場において交わされる言葉によって意識が覚醒され，変化し，学びが成立する。言葉の動きによって学びの様相を見る。
5．連想法を，個別の授業の臨床評価に用いる。少し馴れれば1人でも授業の様相を読み取ることができる。しかし，複数の視点から連想マップを見る対話が授業の解釈を深め，成果を共有し，新たな授業の可能性を開くだろう。すなわち連想マップが授業臨床の検討の場を提供する。1つのまたはいくつかの授業を対象に，授業者と第三者，できれば学習者を含んで意見交換する反省過程が評価となり，授業の理解を深める。
　連想法自体は特定の判断基準をもたず，特定の授業理論をもたない。したがってどの授業に

も使える。子どもの言葉，授業者の授業構成の意図，相互主観的な理解が解釈と評価の軸になる。

3-2-Ⅱ 連想マップを構成する基本的な量

連想マップを構成する基本的な数量を次のように設定する。

M 人の回答者について，連想を求め，提示語 CW から回答語 R_1, R_2, …, R_z が想起され，それぞれの回答語の数が n_1, n_2, …, n_z であったとする。回答語総数を N とすると，以下のようになる。略号は，提示語(cue word)，回答語(response word)の頭文字を使い，順の最後は z 番目である。

$$N = n_1 + n_2 + \cdots + n_z$$

回答語総数に対するそれぞれの回答語の割合を1つの確率と考え，これを P_w で表す。これを対回答語確率と呼ぶ。すると，i 番目の回答語 R_i の対回答語確率 P_{wi} について，P_{w1} から順に並べると下のようになる。確率はprobabilityである。

$$P_{w1} = n_1/N$$
$$P_{w2} = n_2/N$$
$$\vdots$$
$$P_{wz} = n_z/N$$

この場合，以下のようになる。

$$P_{w1} + P_{w2} + \cdots + P_{wz} = 1$$

回答者数は M であるから，回答語 R_i の回答者数に対する確率(対回答者確率と呼ぶ)を P_{pi} とすると以下のようになる。

$$P_{p1} = n_1/M$$
$$P_{p2} = n_2/M$$
$$\vdots$$
$$P_{pz} = n_z/M$$

以上を，下のようにまとめることができる。

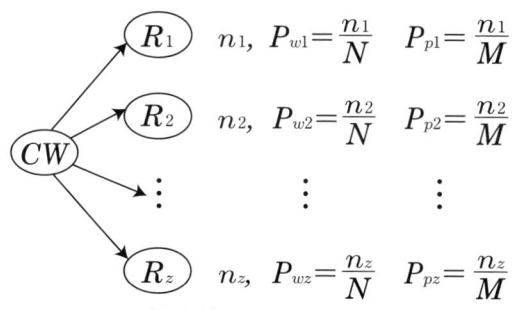

$$CW \to R_1 \quad n_1, \quad P_{w1} = \frac{n_1}{N} \quad P_{p1} = \frac{n_1}{M}$$
$$\to R_2 \quad n_2, \quad P_{w2} = \frac{n_2}{N} \quad P_{p2} = \frac{n_2}{M}$$
$$\vdots$$
$$\to R_z \quad n_z, \quad P_{wz} = \frac{n_z}{N} \quad P_{pz} = \frac{n_z}{M}$$

CW ：提示語
R_i ：回答語 $i(i=1, 2, \cdots, z)$
M ：回答者数
Z ：回答語種数
N ：回答語総数
P_{wi} ：対回答語確率
P_{pi} ：対回答者確率

提示語がどれほどの散らばりとまとまりをもつかを知るために，また授業によって提示語による回答が集中の方向をとったのか拡散の方向になったかを知るために，連想のエントロピを以下の式によって計算する(連想エントロピ)。情報理論におけるエントロピは，情報源の情報量の期待値で，平均情報量とも呼ばれる。対数の底に2を用い，単位はビット[3-13]である。

$$H = -\sum_{i=1}^{Z} P_{wi} \log P_{wi} \quad (\text{bit})$$

この対回答語確率 P_{wi} による連想のエントロピを，対回答者確率 P_{pi} との関係の式として表す。そのために次の変換を行う。$P_{wz} = n_z/N$ であるから H は回答語ごとに次のように表される。

$$H = -\left\{\left(\frac{n_1}{N}\right)\log\left(\frac{n_1}{N}\right) + \left(\frac{n_2}{N}\right)\log\left(\frac{n_2}{N}\right)\right.$$
$$\left. + \cdots + \left(\frac{n_z}{N}\right)\log\left(\frac{n_z}{N}\right)\right\}$$
$$= -\left(\frac{\log N}{N}\right)(n_1 + n_2 + \cdots + n_z)$$
$$-\left(\frac{1}{N}\right)(n_1 \log n_1 + n_2 \log n_2$$
$$+ \cdots + n_z \log n_z)$$

この式に
$$N = n_1 + n_2 + \cdots + n_z$$

を代入すると，
$$P_{pz} = n_z/M$$
であるから，次の式が得られる。

$$H = \log N - \left(\frac{M}{N}\right)\left\{\left(\frac{n_1}{M}\right)\log\left(\frac{n_1 M}{M}\right)\right.$$
$$\left. + \left(\frac{n_2}{M}\right)\log\left(\frac{n_2 M}{M}\right) + \cdots + \left(\frac{n_z}{M}\right)\log\left(\frac{n_z M}{M}\right)\right\}$$
$$= \log N - \log M - \left(\frac{M}{N}\right)\{P_{p1}\log P_{p1}$$
$$+ P_{p2}\log P_{p2} + \cdots + P_{pz}\log P_{pz}\}$$

したがって提示語の連想エントロピは P_{pi} を使って以下のように表される。

$$H = -\left\{\log\left(\frac{M}{N}\right) + \left(\frac{M}{N}\right)\sum_{i=1}^{Z} P_{pi}\log P_{pi}\right\}$$

この式の第1項は心理学者のいう有意味度に対応し，第2項は連想価に対応するだろう。

再び対回答語確率 P_{wi} を使って，連想の情報量を定義する。エントロピの定義との整合性を考慮し，総回答語数 N に対する対回答語確率 P_{wi} を用いて，提示語と回答語間の情報量に倣って以下のように定義することができる。回答語 R_i の起こる確率は対回答語確率 (P_{wi}) で表されているところから，情報量 I_i を以下のように定義する。I は情報 (information) からとってある。

$$I_i = -\log P_{wi}$$

提示語と回答語との関係を，想起した人数との関係に基づく，回答語ごとに求められる量によって，連想距離および連想量と名付けて規定する。

回答語 R_i の提示語との間の距離 (D_i：連想距離) を，P_{pi}：対回答者確率に着目して，以下のように定義する。連想距離 (D_i) は，対回答者確率の対数である。例えば，1人だけが想起した言葉は，より多くの者が想起した回答語に比べて，提示語と回答語の間の連想距離が大きいと考える。提示語とのイメージギャップが大きい，あるいはイメージが飛躍している度合いが大きいと表現できる。

D は距離 (distance) を表す。

$$D_i = -\log P_{pi}$$

イメージが飛躍した連想，飛び離れた連想は，個人的な思いであったり，ユニークであったり，創造性の大きい発想であったり，安定性のない考えであるとも言える。多くの者が想起する言葉は，提示語の定義に属する言葉であったり，言われれば誰でもすぐに肯く表現であったり，平凡で常識的な答えであったり，社会通念であったり，時代の精神を現す表現であったり，一定の文化圏で固定した考えであったりする。

提示語に対する回答語 R_i の連想量 (A_i) を，同様に対回答者確率 (P_{pi}) に着目して，以下のように定義する。A は連想 (association) からとってある。

$$A_i = -P_{pi}\log P_{pi}$$

連想マップにおいて連想量 (A_i) は，回答語 R_i を表す円の面積として表現され，その円の半径 r_i は以下のようになる。

$$(r_i)^2 = A_i/\pi$$

また，ΣA_i を，提示語のもつ連想量総和と定義することができる。提示語から想起された各回答語の連想量 (A_i) の総和が，その提示語のその回答者数の場合の連想量総和である。

$$\Sigma A_i = -\sum_{i=1}^{Z} p_{pi}\log p_{pi}$$

教育者は，子どもを思い浮かべながら授業の場において回答語を読み解こうとする。何人の子どもが答えた回答語かと思考する傾向がある。教育臨床の場は人を基礎に動いている。そこで，人の集団が作り上げる言葉の世界で，人との関わりを基礎にした思考に合う道具にするには，連想マップを描く基礎を対回答者確率 (P_{pi}) に置くことが妥当であろう。

このほかに，1人あたりどれほどの回答語数を平均して答えているのか，同様にどれほどの語種数を答えているのかを知るために，指標として，1人あたり平均回答語数（$N／M$）ならびに1人あたり平均回答語種数（$Z／M$）を必要に応じて使う。これによって，語彙の数，語彙の多様性，集中力，集団の多様性などを見ることができる。

連想マップ上で，提示語からの回答語 R_i の連想距離（D_i）ならびに提示語に対する回答語の連想量（A_i）は，図3－7のように表現される。

回答語 R_i の，大きい円の中心からの距離を D_i，回答語 R_i の半径を r_i として連想マップを描く。連想量（A_i）は，回答語 R_i の面積として表現される。

$$A_i = (r_i)^2 \pi$$

回答者に対する確率（probability per person），すなわち対回答者確率（P_{pi}）は図3－8に見られるような動きをする。P_{pi} が1である回答語は，全ての人がその回答語を提示語から想起するということであり，連想距離は0.0である。そのような回答語は，提示語と同一の言葉だということになる。

連想量（A_i）は，おもしろい動きをする（図3－8，A_i）。連想量が最大となるのは，連想距離が0.0のときではない。連想量が最大となるのは，次のときである。

$$P_{pi} = 1/e \quad (e：自然対数の底。e=2.71828\cdots)^{3-14)}$$

連想量（A_i）は，36.8％のときに最大値をとる。およそ36％を超えて回答者が想起する回答語は少ない。例えば〈学校〉を提示語とした場合の「先生」に見られる。逆に〈先生〉から「学校」が対人数比で36.8％を超えることはない。36.8％の者が連想する水準は，関連するものを選べと指示してテストを実施した場合，全員が正解となる事態であると考えられる。皆が知っている水準である。

図3－9はマレーシア，ペナンの小学校高学年79名に対する提示語〈学校〉の連想マップである。中央右に位置する「teacher（先生）」を39.2％の回答者が思い出し，中央左の「big（大きい）」を31.6％が思い出している。「teacher」は36.8％を超えるため，「big」と同じくらいの連想量を表す円に縮んで，同じくらいの大きさに見える。図3－8の P_{pi} のピーク前後の連想量の動きが連想マップに並んでいる姿になる。

日本において，〈学校〉から「先生」を，小学生の4割ないし5割が思い起こす場合がある[3-15]。だが，「大きい」はあまり想起されない。ドイツの53人の大学生の7割ほどが「Lehrer（先生）」を想起した例があるが，2位の回答語は「lernen（学ぶ）」[3-16]であった。この例から見ると，「先生」は一般的に〈学校〉の定義域に入っている。先生

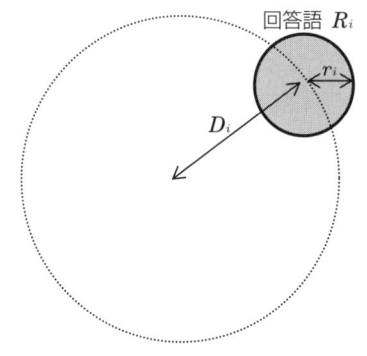

図3－7　D_i と A_i による連想マップの作図説明

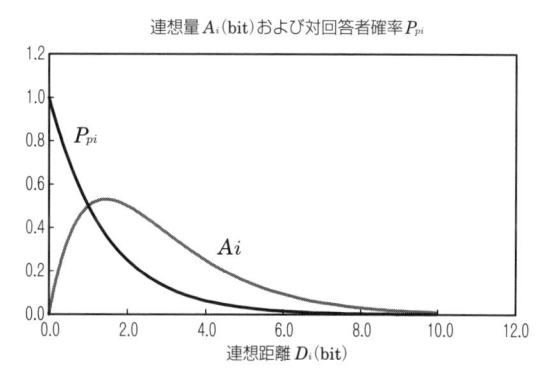

図3－8　対回答者確率（p_{pi}）と連想量（A_i）の動き

がいなければ学校は成り立たないと皆が思っている。36.8%を超えて想起された言葉は，提示語の本質を構成していると人々に認められていると考えていいだろう。

これまで心理学においてポピュラー反応，平凡反応といった規定が，最多反応語(梅本堯夫, 1969)や11%(小林俊雄, 2004)や20%(荒木紀幸, 1995a)としておおまかに使われたところからすると，本論の36.8%は敷居の高い数値ではあるが，連想量(A_i)の動きを根拠にもっている。

梅本堯夫は，連想法でおこなった提示語の連想特性を量化する方法として，「1)連想率，2)連想量，3)連想種類」(梅本堯夫, 1963, p.80)を挙げている。これら心理学上で扱われた主要な諸量[3-17]と，本論の諸量との関係を述べておく。

1) 連想率は，連想価とも呼ばれ，「一定時間内に連想を起した被験者数の全被験者に対する百分率」であるという。連想価は，ある項目(綴り)にたいして一定時間内(多くは5秒内)に連想をなしえた被験者の割合である。

連想価の測定では，測定時間が5秒と，本論での想定する連想時間の10分の1で短く，1人の回答者が多くの言葉を想起する想定ではない。かつ，連想したか否かが問題であって，筆者のようにどのような反応語を想起し

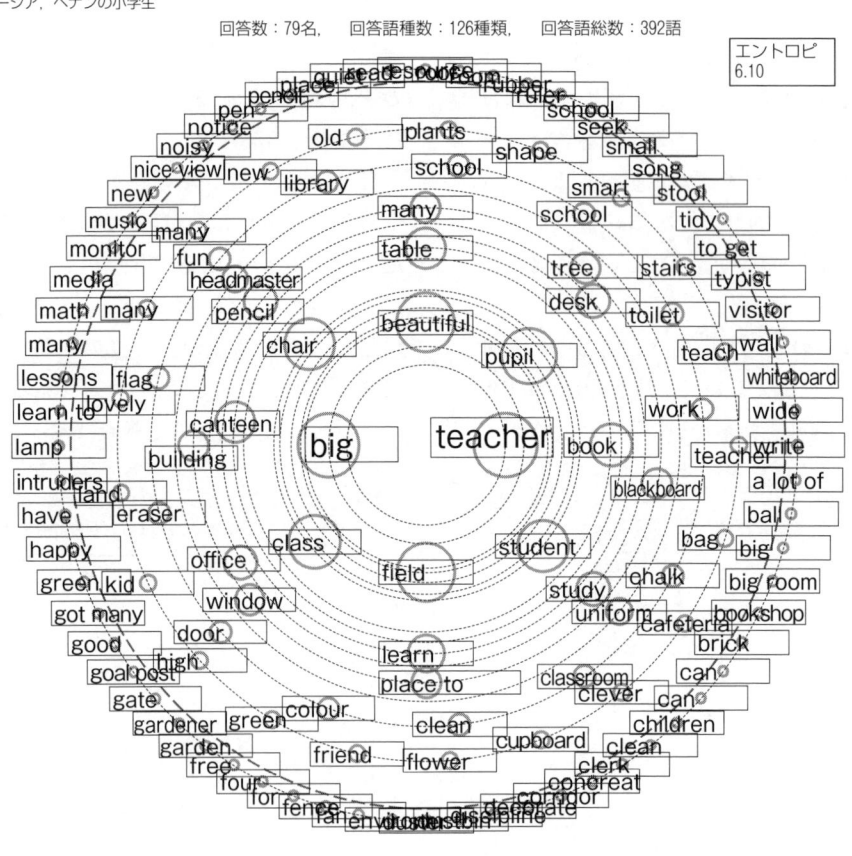

図3-9　マレーシア，ペナンの小学校高学年〈学校〉

たかではない。通常，無意味綴り（子音―母音―子音，子音―母音―子音，清音2文字など）が連想しやすいかの調査として使われ，連想が生じなかった割合を無連想価と言っている。

本論では，提示語に対して時間をとってできるだけ多くの回答語を求めるため，連想をなしえない例は少ない。本論の連想諸量でこれに相当する値を考えれば，対回答者確率P_{pi}が最も近い性質をもつ。ただし対回答者確率P_{pi}は，全回答者数に対する，ある回答語を連想した者の数であり，提示語から想起されたそれぞれの回答語の連想価というべき値である。

2) いわゆる連想量は「一定時間内の各被験者の平均連想反応数」であり，また有意味度とも呼ばれ「特定の語や綴りに対し，1定時間(30秒，60秒など)内に得られる，被験者1人あたりの連想語数の平均」である。例えばC. E. ノーブルは，有意味度(meaningfulness)を60秒以内に書かれた連想反応（回答語数―引用者註）の平均値と定義している（C. E. Noble, 1952, p.438）。

いわゆる連想量または有意味度は，本論の連想諸量では回答語総数Nを回答者数Mで割った1人あたり平均回答語数（N/M）と同じである。

なお，本論でいう連想量は，先に述べたように，提示語に対する回答語の連想量（A_i）であり，対回答者確率（P_{pi}）を使って定義する。また全ての回答語の連想量の総和が，その回答者数の場合の提示語のもつ連想量総和である。

3) 連想種類は意味価と呼ばれることもあり，「連想反応の異なり語数」である。「連想量が多くても，同じような反応ばかりに集中する場合と，異なった反応が多く出る場合とがある」と梅本堯夫はいう。本論の連想諸量では，連想種類または意味価は，回答語種数Zにあたる。また，1人あたり平均回答語数（N/M）が多くても同じ反応に集中しているか異なった反応が多いかの回答語の様相を示す指標として，本論では連想エントロピ（H）を求め，集中と拡散の，言いかえれば提示語に対する回答語の散らばり具合を数値で表している。

エントロピを連想研究に使ったのは，筆者らが初めてではない。1955年にJ. ラファルが"Response faults in word association as a function of response entropy"と題する論文でエントロピを算出している。J. ラファルは，80人に対して100語を呈示し，それぞれ最初の回答語までの時間を計測している。そのうち，反応時間(reaction time)が2.6秒以上のものを反応欠損(response fault)と見なした。この論文でJ. ラファルは，反応時間の遅れが情動による阻害によって起こるという前提に疑問を投げかける。「言語連想における反応欠損は，反応体系のエントロピおよび刺激語のもつ異なる反応数と高い相関関係が見いだされた。この発見は反応の遅延が言語連想において大部分情動の要素による抑止に帰せられるとの意見に疑問を投げかける」「言語連想の反応欠損は，大部分刺激語の連想上の反応体系の本性の機能であるように思われる」(Julius Laffal, 1955, p.265 & 269)として，情報論による分析によって，深層心理学の前提，反応の遅れが個人の情動による抑制であるとの前提に疑問を投げかけ，むしろ提示語の性質によるという。

論の対象がユングらの深層心理学である点，1人1語の連想を求め，反応時間を計っている点で，J. ラファルは心理学研究の流れの中で論じているが，使われたエントロピの式は本論のものと同一である。J. ラファルの使ったエントロピの式は$H=-\Sigma p_i \log_2 p_i$で，C. シャノンの1949年の論文を挙げながら平均情報量を使うと文中に記し，6ページの短い論文ながら1ビットの意味まで記

述している。これは，情報論と連想との出会いが目新しく，エントロピの用語が目新しかったためであろう。J. ラファルの場合，1人1語の連想を求めているため P_i として計算し，対回答語確率(P_{wi})を使うか対回答者確率(P_{pi})を使うかは区別されない。本論の連想マップの様相を表す数値としてのエントロピの使用とは異なるが，J. ラファルは言語連想にエントロピを援用した，筆者が見いだした最初の論文である。J. ラファルのこの論文は，情報論と連想との出会いとして意義深い。

3-2-Ⅲ 回答者数と連想諸量の関係

回答者数(M)が増えると回答語総数(N)が増える，このつながりは当然に思えるが，確認しておく。連想に与えられた時間は30秒のデータを使っている。[3-18)]

図を見ると，回答者数(M)と回答語数(N)の関係は直線的である(図3-10)。回答者数の大小に関わらず提示語によって一定の傾斜をとっている。すなわち増加の割合 N/M は，提示語によっておよそ一定と考えていいことを示している。N/M は，提示語におよそ依存している。

提示語〈白い〉で増加の割合 N/M は約6.9，〈環境問題〉で N/M は約3.4である。〈白い〉は想起しやすい提示語で，〈環境問題〉が思い出しにくい提示語だ，と言える。白いもののいくつかは誰でも思いつくが，環境問題となると，環境の中で問題となっている事柄という制約，社会的に環境問題と言われる言葉を探す形になり，数多く思い出し

にくいのだろう。この2つに比べて〈死〉〈友だち〉〈怒り〉が中間的な動きをしている。

回答語種数(Z)と回答者数(M)の関係について見ておく(図3-11)。

答える人数が増えれば，言葉の種類が比例して増えるわけではない。違う人が同じ言葉を思いつくからである。

図3-11を見ると，回答語種数(Z)が回答者数(N)の増加に比例して直線的にのびるわけではない。提示語〈怒り〉の場合，1人あたりの回答語種数(Z/M)は，10人のときに約3.70であったが，190人になると約2.48に減少していく。しかし，他の提示語に比べると，人数の増加とともに増える傾向が読み取れる。怒りの対象は個人によって異なり，また個人によるからであろう。〈環境問題〉の場合，10人のときに2.20であった1人あたりの回答語種数(Z/M)は，190人で0.95になる。何が〈環境問題〉であるかは個人によっては比較的変わらない，むしろ社会的に決まるためであろう。

回答者数によってどれくらい回答語種数が増加しているか(Z/M)を図にすると，動きがはっきりする。語種数の増加の程度は，回答者数が増加するにしたがって鈍化する。

図3-12を見ると，〈白い〉ものは想起しやすいが，回答者の増加に比べると語種の増加程度は著しく減少する。〈白い〉ものは思いつきやすく，少ない人数で多くを思い出して答えるが，回答者数が増加しても種類の違う回答語は比較的出にくい。

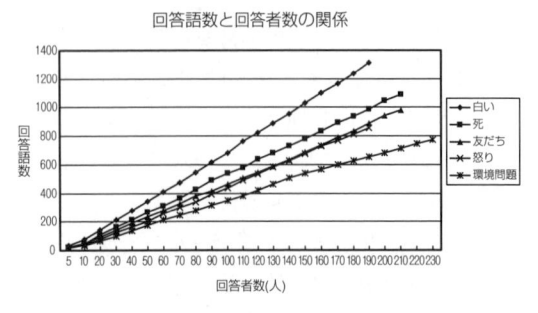

図3-10 回答語数(M)と回答者数(N)の関係

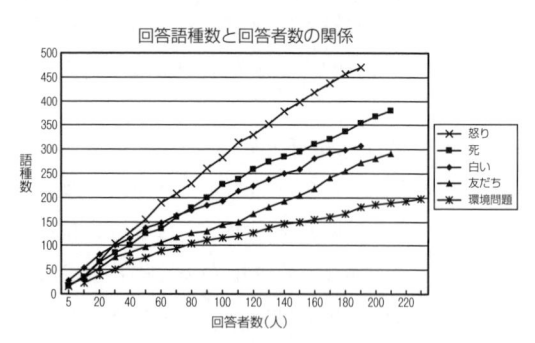

図3-11 回答語種数(Z)と回答者数(M)の関係

すなわち回答者が増えても，白い何かが増えるわけではない。

これに比べて〈怒り〉の対象は，回答者の増加とともに語種が比較的増える。〈怒り〉は回答者が多くなるに応じて比較的多様な種類が出てくる。

〈環境問題〉は回答語の範囲が限られているようだ。〈環境問題〉として思いつく事柄は，回答者数の増加に比較的依存していない。

〈死〉や〈友だち〉は中間的な動きをしている。

全体としてこの図3-12から目安となる人数を見いだすとすれば，回答者数にしておよそ40人前後までは人数の増加とともに語種数が増えるが，60人を超えれば回答語種の増加割合があまり変わらない。図に見るように提示語によっても異なり，ゆるやかな曲線のどこに区切りを見いだすかだが，40人程度を一通りの回答語種が出現する目安と考えていい。

連想量総和について，回答者数による提示語の変化を見ておく（図3-13）。

〈死〉は〈白い〉や〈怒り〉と同様の急上昇の後，〈白い〉のように増加が止まるわけではないが，〈怒り〉のように増加するわけでもない。〈死〉からは言葉を容易に思いつくとともに，また個人に関わるところもあるらしい。〈環境問題〉は人の数の増加によって連想量が増えるわけではない。

連想量の総和は，回答者数に対する回答語の割合を基礎にした連想量 A_i の総和であり（$A_i = -P_{pi} \log P_{pi}$），回答者数が少ないときには人数に依存するが，40人前後から増加の程度は鈍化し，なだらかに増える（図3-13）。

エントロピ（H）と回答者数の関係を見ておく。

各回答語のエントロピは，一定の回答者数を超えると，大きく増加することはない（図3-14）。また全ての提示語において動きが似ている。

回答者数に応じてエントロピがどの程度増加するか（H/M）を見ると，どの提示語も同様の動きであることがいっそうはっきりする（図3-15）。回答語種数などで比較的異なるように見えた提示語でも，エントロピの増加と回答者数の関係は，

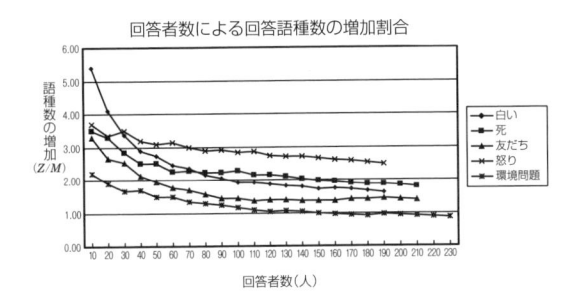

図3-12　回答語種数の増加（Z/M）と回答者数の関係

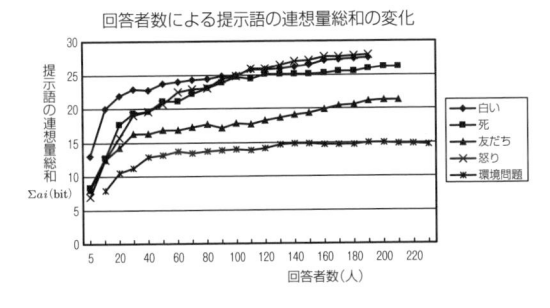

図3-13　回答者数による提示語の連想量総和の変化

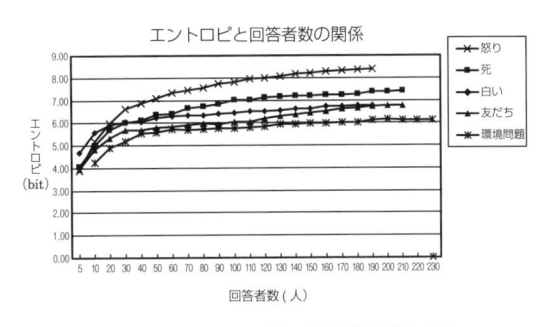

図3-14　エントロピ（H）と回答者数の関係

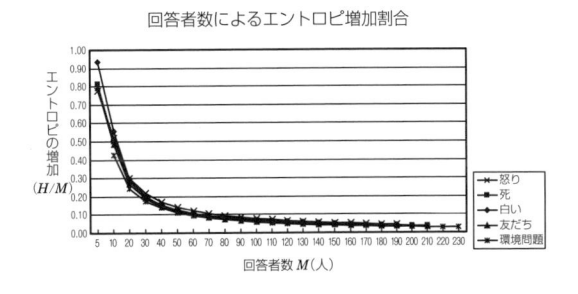

図3-15　エントロピの増加（H/M）と回答者数の関係

第3章　連想法の考え方

同じ傾向をとる。40人前後を超えれば，提示語の種類に依存することなく，エントロピは安定してくる。40人を超えると1人増加したことによるエントロピの増大は，各回答語で0.03(bit／人)よりも少なくなる。

回答者数をさらに増やした場合について触れておく。結論から言うと，回答者数がさらに2倍ほどになっても，諸量の関係は基本的に変わらない。

提示語〈死〉について，回答者数210名の場合，回答語総数は1092語，語種数は380語（1人あたりの回答語種数 $Z/M=1.81$），エントロピは7.413(bit)であった。これを回答者数が425名(2.02倍)の場合と比較すると，回答語総数は2135語でおよそ2倍(1.96倍)，回答語種数は509種類（1人あたりの回答語種数 $Z/M=1.20$），エントロピはむしろ少なくなって7.333(bit)である。人数の増加によって語種数が拡大するばかりでなく，一定の回答語への集中も起こるために，エントロピは必ずしも拡大しない。

本論で使う連想法について1回の提示語の数は，経験的に15語を上限と考えている。一般にそれ以上は疲れる。

授業評価として実施する連想法では，授業をふりかえり自分の生活や心情を思い起こすところに意味がある。深層心理を引きだす際の長いすに横になるようなリラックスした状況を1人1人につくりだすことはないものの，負担にならない提示語の数で，ある程度の時間をとって，何かを思い起こして回答できる設定をする。

3-2-Ⅳ　連想時間と連想諸量の関係

連想する時間を長くとれば回答語数が増えるかを知るために，連想時間の長さと回答語総数の関係を見る。3分まで時間をとった場合の回答語総数の推移を見ると，時間の増加にしたがって回答語数が直線的に増加するわけではないことがわかる（図3－16）。

図3－16で提示語による違いに目をとめると，〈死ぬ〉につながる言葉の範囲は広いのだろう，時間経過とともに思いつく言葉が多くなる。死に対する個人の感情や経験，考えや思想，社会的な習慣や儀式など，時間があると広範囲に思い起こすことが出てくるらしい。〈怒り〉は相対的に対象の範囲が狭いのだろう。〈怒り〉は回答者数の増加により語種数が増えていたが，つまり個人によって怒りの対象は異なるが，時間経過とともに回答者が新たに多くを思いつくのではないらしい。〈怒り〉の対象は個人的な傾向があり，人によって異なるが，時間があればたくさん思い起こすものではないと言えそうだ。

回答語種数は，連想時間によって図3－17のように増加する。

回答語種数と連想時間経過の関係を見ておく（図3－17）。

〈死ぬ〉からは時間とともにさまざまな言葉が想

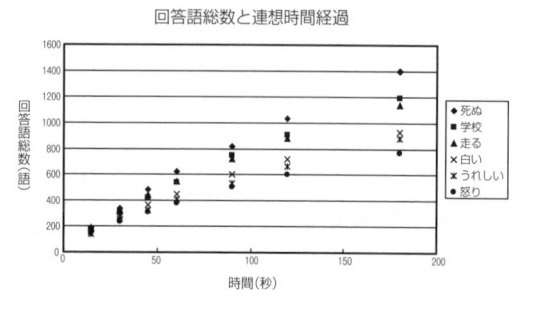

図3－16　回答語総数と連想時間経過の関係

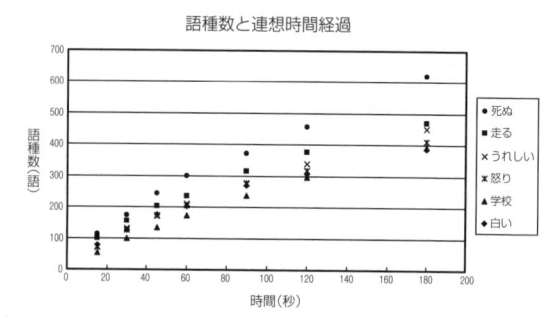

図3－17　回答語種数と連想時間経過の関係

起されているようすがうかがえる。死につながる対象範囲の広さをうかがわせる。〈白い〉ものや〈学校〉〈怒り〉は時間を与えられても思いつく言葉の種類がさほど増えるわけではない。連想する時間が長くなっても，白いものの種類が増えるわけではないという提示語の基本構造が，〈白い〉や〈学校〉〈怒り〉にあるのだろう。

エントロピは，時間の増加に対して対数関数的に増加する（図3-18）。

図3-18で，丸などの点は実際のエントロピ，線は想定される対数である[3-19]。連想法の時間を50秒に設定した理由の1つは，エントロピの増加が安定するところを50秒と読み取ったところにある。

3-2-V 提示語〈死ぬ〉による連想時間と回答語種の関係

連想時間の長さと連想諸量との関係を見るために，提示語〈死ぬ〉を用いて，回答語の変化を探る。提示語〈死〉は回答者数と諸量との関係において中間的な動きをしていた。また，この提示語は時間経過による回答語総数が多く，語種数も多い。〈死ぬ〉からは心情による反応から儀式など社会的要素まで，多様な回答語の要素が出現する。そこで，どのような種類の回答語が時間との関係で出現するか，連想の時間経過と回答語の質の変化を

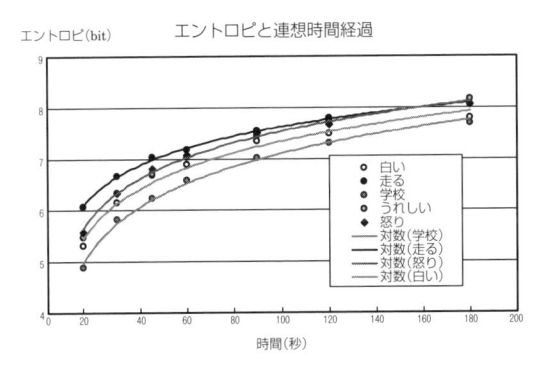

図3-18 エントロピと連想時間経過の関係

見るのに適当である。さらに〈死ぬ〉は，道徳において生命の尊重を支える価値であり，文化は死をどのように説明するかを根底に成立しており，また近代において学校教育の意図によって手をつけられていないタブー視された言葉であり，人々の意識の基底にある概念として，詳細に調べたい。

提示語の品詞の違い〈死〉と〈死ぬ〉，名詞形と動詞形を提示語にした場合の回答語に，差があるかを調べておきたい。結論からいうと，死という事柄について想起する際にはあまり差はない。

表3-7に示した4つの連想調査は，教育学部生を中心とした長崎大学生を対象にしている。提示語〈死〉による連想調査を2つ，〈死ぬ〉による調査を2つ，それぞれの回答語をならべてある。

連想法，提示語〈死〉による1つ目の調査は，1996年の大学生の調査を統合したもので，回答者数425名，回答語種数609，回答語総数2237。

2つ目の調査は2002年，〈死〉による89名の調査で，回答語種数203，回答語総数494。

3つ目の調査は2003年，5分間連想を続けた際の〈死ぬ〉の30秒時点でのもので回答者数124名，回答語種数371，回答語総数892。

4つ目の調査は2006年，〈死ぬ〉による回答者数60名，回答語種数170，回答語総数364。

3語以上で人数比3％以上出現している回答語（表3-7）について，回答語数の最も少ない2006年を基準にすると表3-7で，57.7％が4回の調査において共通に出現している。出現頻度をこの表に限定しなければ，2006年の連想調査で3語以上登場した回答語の88.5％が他の3つの調査においても出現している。

「生」は，2006年の回答語にも1語登場しているが，〈死〉から出やすく〈死ぬ〉からは少ない。名詞─名詞の対比関係による想起だからであろう。「生きる」は4回のどの調査でも表中に登場しているが，動詞形の提示語の場合に出現割合が高いと読み取れる。「嫌」は2002年の調査に

は「嫌だ」4.5％,「嫌」3.4％として出てきており，1996年の表には出ていないように見えるが,「嫌」1.9％,「嫌い」0.9％,「嫌だ」0.7％出現しており，合計すると人数比3.8％にのぼる。

また4回全ての調査には出ていない回答語でも，3回の調査に出現する回答語があり，さらに「いなくなる」「なくなる」など微妙な違いを同じ範疇だと見なすと，4回いずれの連想調査において

表3－7　提示語〈死〉〈死ぬ〉による回答語比較
3語以上で，人数比3％以上出現する回答語

対象：長崎大学生	425名		89名		124名		60名	
調査年	1996		2002		2003		2006	
提示語	死		死		死ぬ		死ぬ	
回答語種数	609		203		371		170	
回答語総数	2237		494		892		364	
	回答語	出現率	回答語	出現率	回答語	出現率	回答語	出現率
	こわい	26.6%	生	28.1%	こわい	44.4%	こわい	38.3%
	生	20.9%	こわい	27.0%	葬式	21.8%	悲しい	33.3%
	病気	16.2%	悲しい	21.3%	悲しい	21.0%	天国	23.3%
	悲しい	14.6%	終わり	19.1%	事故	20.2%	黒	18.3%
	天国	14.1%	いのち	16.9%	生きる	18.5%	自殺	18.3%
	自殺	13.2%	天国	15.7%	病気	18.5%	葬式	18.3%
	事故	12.5%	自殺	12.4%	自殺	17.7%	地獄	18.3%
	終わり	11.5%	葬式	12.4%	天国	17.7%	嫌	16.7%
	地獄	11.5%	地獄	12.4%	地獄	16.9%	生きる	16.7%
	生命	11.3%	病気	12.4%	暗い	14.5%	事故	15.0%
	暗い	11.1%	暗い	10.1%	いのち	10.5%	涙	13.3%
	葬式	10.8%	事故	9.0%	殺人	9.7%	暗い	10.0%
	恐怖	7.1%	悲しみ	9.0%	涙	9.7%	いのち	10.0%
	病院	6.6%	別れ	9.0%	終わり	8.9%	病気	8.3%
	黒	6.4%	老い	9.0%	恐ろしい	6.5%	墓	8.3%
	無	6.1%	涙	7.9%	嫌	6.5%	ばあちゃん	6.7%
	いのち	5.9%	恐怖	6.7%	黒	6.5%	終わり	6.7%
	老人	5.9%	寿命	6.7%	寿命	6.5%	消える	6.7%
	最期	5.6%	生きる	6.7%	別れ	6.5%	いなくなる	5.0%
	墓	5.6%	病院	6.7%	なくなる	5.6%	寂しい	5.0%
	寿命	5.2%	家族	5.6%	泣く	5.6%	苦しみ	5.0%
	悲しみ	4.9%	泣く	5.6%	ガン	4.8%	魂	5.0%
	寂しい	4.9%	殺人	5.6%	人間	4.8%	死神	5.0%
	恐ろしい	4.2%	人生	5.6%	人生	4.8%	人生	5.0%
	誕生	4.0%	生物	5.6%	痛い	4.8%	痛い	5.0%
	いじめ	4.0%	無	5.6%	病院	4.8%	冷たい	5.0%
	死神	3.8%	嫌だ	4.5%	おじいちゃん	4.0%		
	涙	3.5%	黒	4.5%	魂	4.0%		
	安楽死	3.3%	最後	4.5%	最後	4.0%		
	癌	3.3%	生命	4.5%	寂しい	4.0%		
	突然	3.3%	安らか	3.4%	生まれる	4.0%		
	生きる	3.3%	嫌	3.4%	動物	4.0%		
	生物	3.1%	黒い	3.4%	悲しみ	4.0%		
	別れ	3.1%	人間	3.4%	墓	4.0%		
	人間	3.1%	生まれる	3.4%	老人	4.0%		
			絶望	3.4%	おばあちゃん	3.2%		
			他殺	3.4%	苦しい	3.2%		
			避けられない	3.4%	生	3.2%		
			墓	3.4%	絶対	3.2%		
			老人	3.4%	絶望	3.2%		
					老い	3.2%		

薄いグレーの回答語は、11年間のどの連想調査でも3語、人数比3％以上出現している回答語

も同様の回答語が出現する。

「生」と「生きる」のように死と対比される言葉は提示語の品詞に合わせて回答される傾向がある。しかし全体として眺めると，一定以上出現する回答語の共通性は高い。30秒を超える連想時間をとると，提示された言葉から思い起こして応答している。

掲げた4つの調査が1996年から2006年の11年間にわたることを考えれば，死に関する意識は安定している。その安定は，1970年代後半以降，いわゆる高度成長期の終焉以後の事態であろうと筆者は考えているが。

なお，回答語を見る場合に，品詞を区別せず，意味によってカテゴリにまとめると，死に関して思っている内容を理解しやすい。「嫌」「嫌だ」「嫌い」「こわい」「悲しい」などを感情カテゴリとしてまとめ，「病気」「自殺」「事故」「癌」などを原因カテゴリとして，「天国」や「地獄」を他界カテゴリとしてなど，カテゴリによって言葉を整理するやり方が有効である。

以下，提示語〈死ぬ〉の場合によって，時間経過とともに思い起こされる回答語について述べる。先に結論を次のようにまとめることができる。提示語〈死ぬ〉について2003年11月に5分間の単一自由連想調査を長崎大学教育学部生124名を対象におこない，最初に思いついた言葉から5分経過後の回答語まで11段階の調査結果を得て，各段階の回答語の動きを調べた。すると，回答語総数は時間経過とともに増加するが，単位時間あたりの回答語数，回答語種数は時間とともに漸減し，エントロピの増加は次第に緩やかになる。また回答語の質は，心情に関わる言葉が早い段階で出現し増加は次第に緩やかになる，これに比べて死に関する儀式や原因を表す言葉は回答時間経過とともに増加する。儀式や原因の言葉と同様に，死を説明する言葉や人を表す言葉も時間が経過してから想起される傾向にある。

提示語〈死ぬ〉からの連想時間の経過を追った回答語総数と回答語種数を示す（図3−19）。

5分間連想の記述を続ければ，想起する言葉にだんだん窮してくるであろうし疲れてくるであろう。確かにそうであった。次の図3−20は，最初に思い出した1語ならびにその後10秒間隔に換算した場合，思い出す言葉の総数と種類が減少するようすを示している。

図3−20は，上段が10秒あたりに換算した回答語総数の時間経過による変化である。最初の10秒は1人あたりに換算すると2.54語の回答語数であったが，5分間際の最後の10秒では1.40語に減少している。下段の語種数で見ると，最初の10秒では1人あたり1.18種類の回答語を想起したが，最後には0.44種類（124名全体では54.6種類）であった。

語種数の場合，個人としては新しい言葉の連想

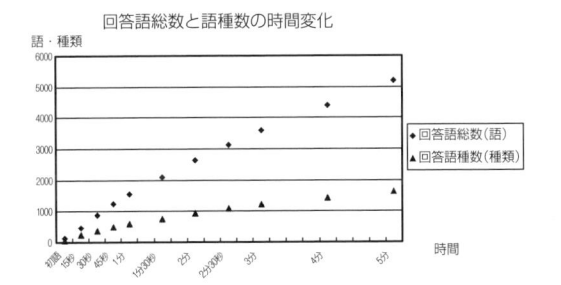

図3−19 提示語〈死ぬ〉の回答語総数ならびに回答語種数の時間による変化

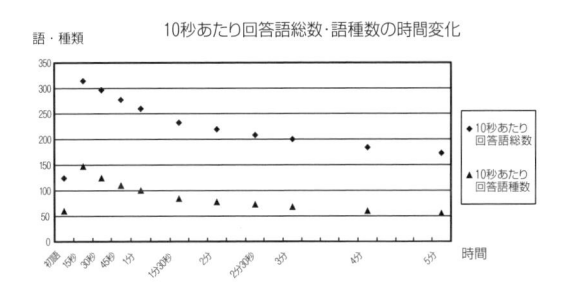

図3−20 提示語〈死ぬ〉の10秒あたり回答語総数および回答語種数の時間による変化

であっても，回答者全体では既出である場合には新たな語種と計算されないため，後になるほど少ない数値になる。言いかえれば，124人いても5分間の最後の10秒では54種類(100人あたり44語種)の新しい語種しか生み出されなかった。

想起する言葉の数は漸減するが，最初に124語と59種類であった回答語総数と回答語種数は，5分後には5192語と1637種類に増加する。回答語総数ならびに回答語種数は直線的ではないが時間とともに増加する。どれくらい同じ言葉を思い出しているかを見ると，各人が最初に思い起こした回答語(初語)124語のうち52.5%が同じ言葉であった。また5分後経過時には，68.5%が同じ言葉であった。

エントロピの時間変化を見ておく。言葉の散らばりを示すエントロピは，最初は大きく増加するが，時間が経過するほどに変化は小さくなる。別言すれば，時間が経過するほどに言葉の散らばりは増えなくなる。すなわち連想のエントロピー(H)は〈死ぬ〉の場合も時間の増加に対して対数関数的に増加する(図3-21)。この動きは図3-18のエントロピの対数関数的増加が5分の場合でも継続することを示している。

エントロピは，15秒で6.94bit，30秒で7.52bitであった数値が，45秒で7.88bit，1分で8.13bit，5分たつと9.38bitに増加する。増加率で見ると，30秒までの増加率は10秒あたり0.84であるが，4分から5分の間には0.03に減少する。提示語〈死ぬ〉で見ると，エントロピが安定するまでの連想時間は45秒ないし1分と見なせる。

連想時間の経過による回答語の質，どのような内容が想起されるかの動きを見る。

提示語〈死ぬ〉において時間経過とともに，思いつく言葉が変遷した。最初は回答語「こわい」が最も多く想起されたが，5分経過して最後には「葬式」が最多になった。

回答語の種類と回答時間の関係について，最初に思いついた言葉の1位である「こわい」と5分経過の時点で1位になった「葬式」の時間経過による人数比出現率を示す(図3-22)。

図3-22を見ると，「こわい」は〈死ぬ〉から時間的に早い段階で，30秒ほどの間で思い起こされ(初語で人数比23.4%，30秒で44.4%)，その後の増加割合は小さい(5分後に58.1%)。「葬式」は最初あまり思い起こされないが(初語で3.2%)，1分30秒や2分まで思い起こされ(1分30秒で50.8%，2分で58.9%)，その後も漸次増え続ける(5分で80.6%)。

「こわい」を心情に関する言葉(カテゴリ名を《感情》とする)とし，感情に関わる「悲しい」(初語で7位，人数比出現率24.2%)とならべてみると図3-23のようになる。図3-23に初語で4位に登場する「暗い」(人数比出現率32.3%)というイメージも心情

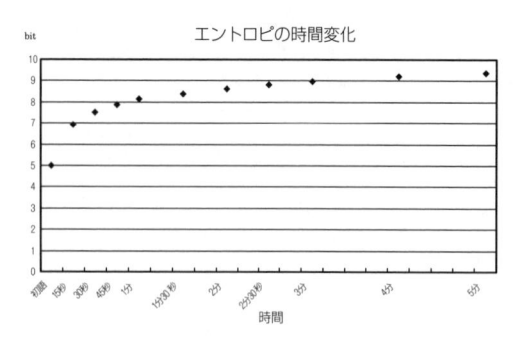

図3-21 提示語〈死ぬ〉によるエントロピの時間変化

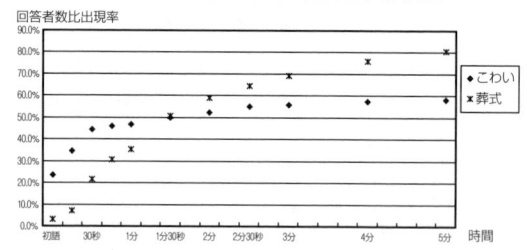

図3-22 感情語「こわい」と儀式である「葬式」が回答者数中に出現する割合の時間変化

表現の一種として加えた。

5分経過後はしかし,「こわい」(5分経過後で5位,人数比出現率58.1%)という心情語も「悲しい」(5分経過後で9位,人数比出現率46.8%)という心情語も回答語数による順位としては後退し,「暗い」(5分経過後18位,人数比出現率28.2%)イメージはさほど増加していない。

心情に関する語はすぐに想起されるが,時間経過にしたがって多くの人に想起されることはない。当該の心情をもたない者が時間がたってから思い出すことは少ないのだろう。心情による応答が最初に想起されるということは,提示した言葉に対してまず自分の感覚によるリアクションを起こすということだろう。

「暗い」というイメージを表す語(《感情》カテゴリに分類した)も同様に短時間で想起されるが,そのイメージを思いつかない者は時間が経過しても思い及ばないようだ。「こわい」や「悲しい」の心情語と似た動きであるが,人数比の出現率は小さい。

感情の言葉に比べて「葬式」(初語で4位,人数比出現率32.3%)は個人の心情と関わりなく死と結びついており,時間経過とともに順次想起される回答語である。5分経過後には80.7%の回答者が想起している(図3-24)。

「葬式」を儀式に関する(カテゴリ《儀式》)言葉であると分類すると,「墓」も同じカテゴリに属し同様の変化をたどる。「墓」は初語では出現しない,つまり〈死ぬ〉から最初に思いつく言葉ではないが,次第に増加して5分経過後には語の順位で8位,人数比出現率で51.6%に達する。

図3-24にはこれらに「棺桶」(初語で人数比出現率1.6%)を加えたが,一般に想起するには難しい言葉であるらしい,時間経過があってもさほど増加せず,5分経過後でも12.1%に止まる。実際に棺桶を目にした大学生は少ないのだろう。

儀式に関する言葉で社会一般に知られている語は,心情表現のように素早く想起されないが,時間とともに関係する事柄として思い起こされ,誰でも想起しうるゆえに,最後には人数比で高い割合に至るといえよう。

図3-25で,死の原因(カテゴリ《原因》)である「事故」(初語で人数比出現率1.6%),「自殺」(初語で2.4%),「病気」(初語で16%)を見ると,死に関して一般に想起される語なのであろう,図3-24の「葬式」と同様の傾向をたどる。5分間の連想で次第に増えて,「事故」(5分経過後に人数比出現率60.5%),「自殺」(同60.5%),「病気」(同51.6%)にそれぞれ増加する。

「殺人」(初語に出現せず)も傾向としては似ているが,他の原因ほどには時間とともに思い起こされる数が増えず(5分経過後に38.7%),「殺人」が一般的であるとの認識は比較的少ないらしい。

しかし「自殺」は,図7に見るように「事故」や「病気」の原因と同様の動きを示している。と

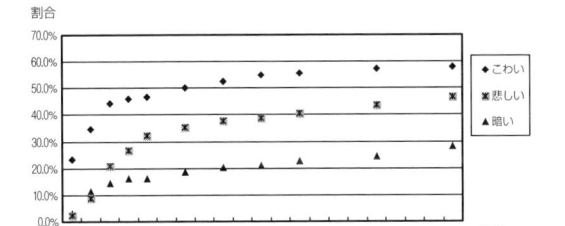

図3-23 感情に関する言葉の回答者数出現率の時間による変化

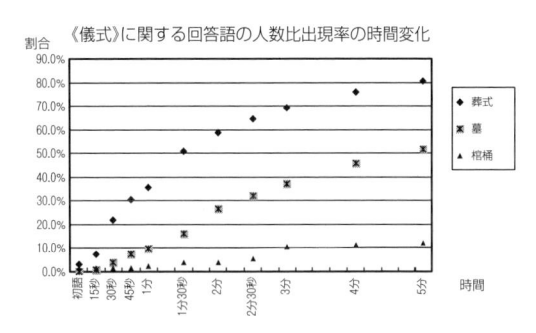

図3-24 カテゴリ《儀式》に関する回答語の回答者数比出現率の時間による変化

くに「事故」と「自殺」は，互いに見にくい表示になるほど数値が重なっている。「自殺」は死の原因として，意識上一般的であると意識されるほど印象が広がっていることを示している。死と「自殺」とが強くつながっている意識のあり方は日本における死の意識の特徴である。死から自殺を思い起こす思考が広範であることは，日本における死の意識の問題点として憂慮される。

提示語〈死〉から最初に連想した言葉と，5分間で連想した言葉を，カテゴリ別に比較しておく。死の回答語を分けるカテゴリ表を示す(図3-26)。

死に関する回答語をこのカテゴリ表によって分ける。図3-26の中央の横線で此岸と彼岸を分けてある。此岸を大きく5種類に分け，《事柄》《人》，そのほか死の《原因》《感情》《儀式》に関わるもの，彼岸は2つに分け，《説明》《他界》，さらに彼岸から此岸に移る《転生》，それに《他》を入れて，9つのカテゴリにした。

先に述べたように，心情に関わる言葉が先に想起され，時間経過とともに儀式や原因に関する言葉が思い起こされるのであれば，5分経過した時点で，心情に関する言葉の総語数に対する割合は減少し，儀式や原因に関する言葉の総語数に対する割合は，カテゴリとしても増加するはずである。実際，カテゴリ《感情》が有意に減少し($p<.01$)，儀式(カテゴリ《儀式》)で有意に増加($p<.05$)，原因(カテゴリ《原因》)で有意に増加($p<.01$)しており，カテゴリとしても個別の回答語で論じた点が妥当する。カテゴリに分けた回答語数と回答者数比出現率を連想の最初の言葉と5分経過後を対比して示す(表3-8)。

最初に連想した言葉(初語)と5分間の連想に有意差が認められるカテゴリは，他に《説明》($p<.01$)と《人》($p<.05$)がある。死を説明する言葉の動きはしかし，個別の言葉で見ると，これら2つのカテゴリではまとまった動きをしていない。《説明》の言葉の動きは3つに分けられる。5分経過すると「別れ」(人数比25.0％)が最も多いが初語としては0.8％の出現に止まり，5分経過後には「仏」(16.1％)や「神」(14.5％)が思い起こされて

表3-8 提示語〈死ぬ〉による最初の回答語と連想時間5分後の各カテゴリの違い

連想時間変化に伴うカテゴリ別回答語数ならびに人数比出現率				
	最初の回答語（初語）		5分後の回答語	
カテゴリ名	回答語数	％	回答語数	％
事柄	25	20.2	1022	19.7
感情	42	33.9	872	16.8
原因	9	7.3	833	16.0
他	13	10.5	610	11.7
儀式	6	4.8	597	11.5
説明	22	17.7	514	9.9
他界	6	4.8	390	7.5
人	1	0.8	292	5.6
転生	0	0.0	62	1.2

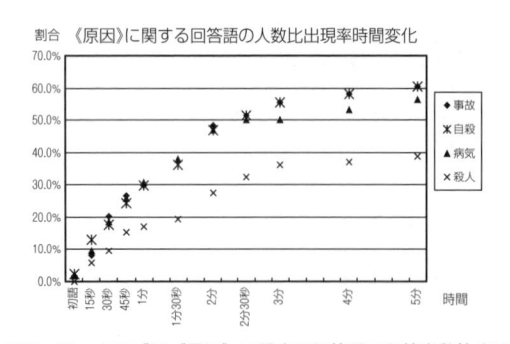

図3-25 カテゴリ《原因》に関する回答語の回答者数比出現率の時間による変化

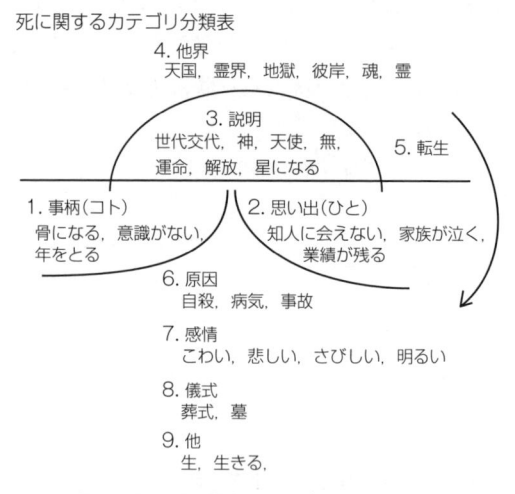

図3-26 死に関するカテゴリ分けの概念図

死に関するカテゴリ分類表
4. 他界
　天国，霊界，地獄，彼岸，魂，霊
3. 説明
　世代交代，神，天使，無，運命，解放，星になる
5. 転生
1. 事柄(コト)
　骨になる，意識がない，年をとる
2. 思い出(ひと)
　知人に会えない，家族が泣く，業績が残る
6. 原因
　自殺，病気，事故
7. 感情
　こわい，悲しい，さびしい，明るい
8. 儀式
　葬式，墓
9. 他
　生，生きる，

いるが初語としては登場しない。これらは最初には思い起こされないが、5分たつうちに想起される。神や仏は儀式に属する概念であろうか。逆に「最後」と「自由」はともに初語の段階の人数比で1.6％登場するが、5分経過後にはそれぞれ7.3％と4.8％の増加に止まる。以上の2つとは別に、回答語「終わり」は他の回答語に比較すると漸次増加しており、初語で人数比5.7％であったものが5分経過後には24.2％に増加する。

《人》に関しては、最初の言葉としてほとんど思い起こされない。「老人」が人数比0.8％想起されているのみで、5分経過後に出現する「家族」（人数比21.0％）、「人間」(17.7％)、「思い出」(12.1％)、「友達」(12.1％)、「おじいちゃん」(10.5％)のいずれも最初の回答語としては想起されていない。人に関することは、他者の死として、後から想起されるのであろうか。

提示語〈死ぬ〉から最初に思いつくのは自分の感覚であり、他者の死や死の説明、さらに儀式や原因といった一般社会に広がる言葉は時間経過とともに後から思い起こされる傾向がある。

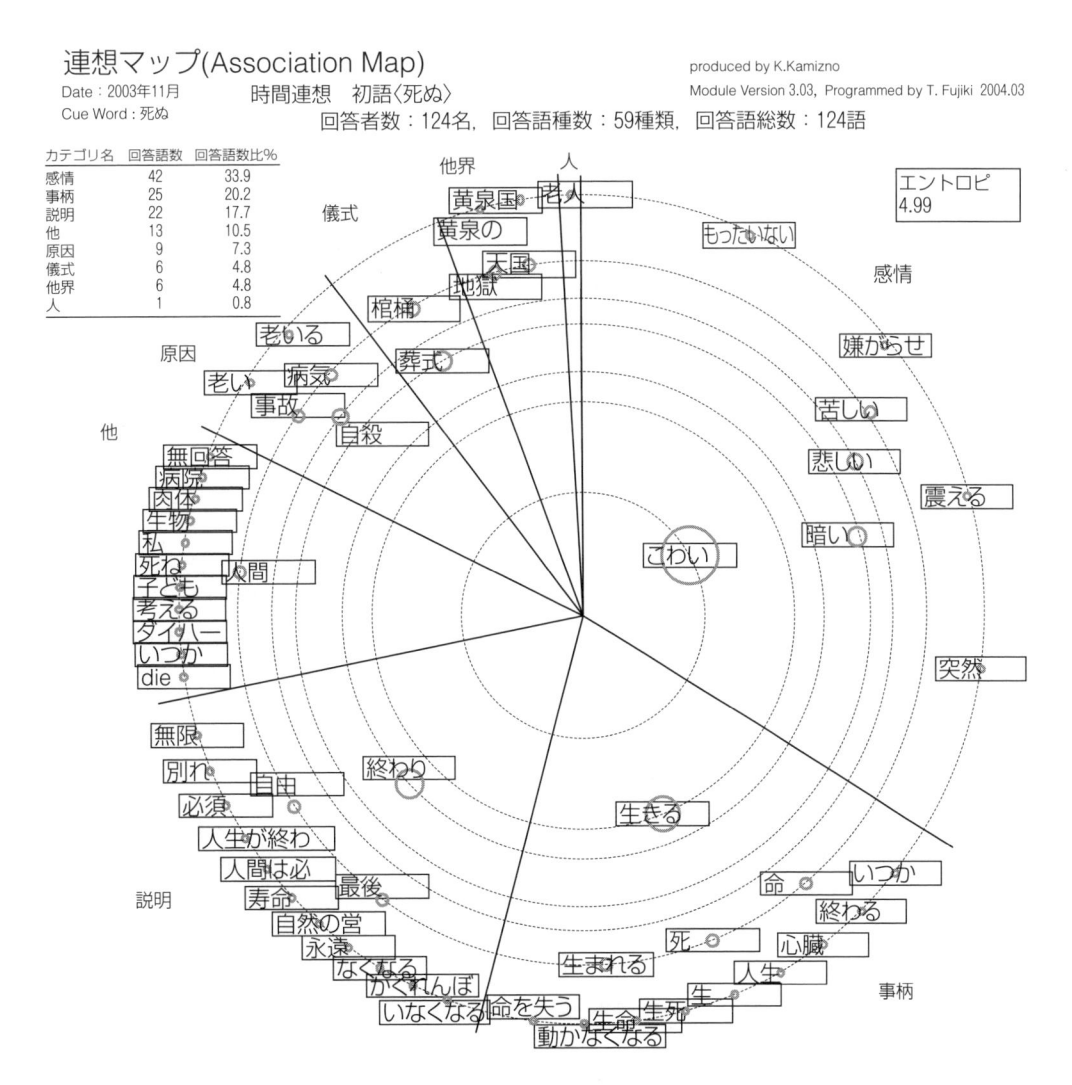

図3-27 提示語〈死ぬ〉による最初の回答語の連想マップ

〈死ぬ〉の最初の回答語による連想マップ（図3-27）と，5分後のもの（図3-28）を掲げる。

図3-27は最初に思いついた言葉による連想マップである。124人の124語が記載されている。この連想マップでは「こわい」という言葉が目立ち，カテゴリ《感情》が多い。《感情》は回答語総数比，回答者数比ともに33.9％で，《事柄》が20.2％である。

心情による言葉の表出は，日本人の特徴であろう。連想ではなく調査票による死に関する調査においても，アメリカ合衆国と比較して心情による言葉の多さが長崎での調査において注目された（cf. 上薗恒太郎，1993aおよび1993b）。

図3-28は5分間の回答語すべて5192語分が表示されているだけに，1つ1つの回答語は読み取り難い。各カテゴリ分野の差は小さくなっており，わりあい均等に想起されている。《事柄》と《感情》の順位が入れかわっている。しかしこの2つも他のカテゴリの増加によって，回答語総数比では，初語の段階より減少している。連想も5分おこな

連想マップ(Association Map)
Date：2003年11月　時間連想5分〈死ぬ〉
Cue Word：死ぬ
produced by K.Kamizno
Module Version 3.03, Programmed by T. Fujiki 2004.03
回答者数：124名，回答語種数：1637種類，回答語総数：5192語

エントロピ 9.38

カテゴリ名	回答語数	回答語数比%
事柄	1022	19.7
感情	872	16.8
下人	833	16.0
他	610	11.7
儀式	597	11.5
説明	514	9.9
他界	390	7.5
人	292	5.6
転生	62	1.2

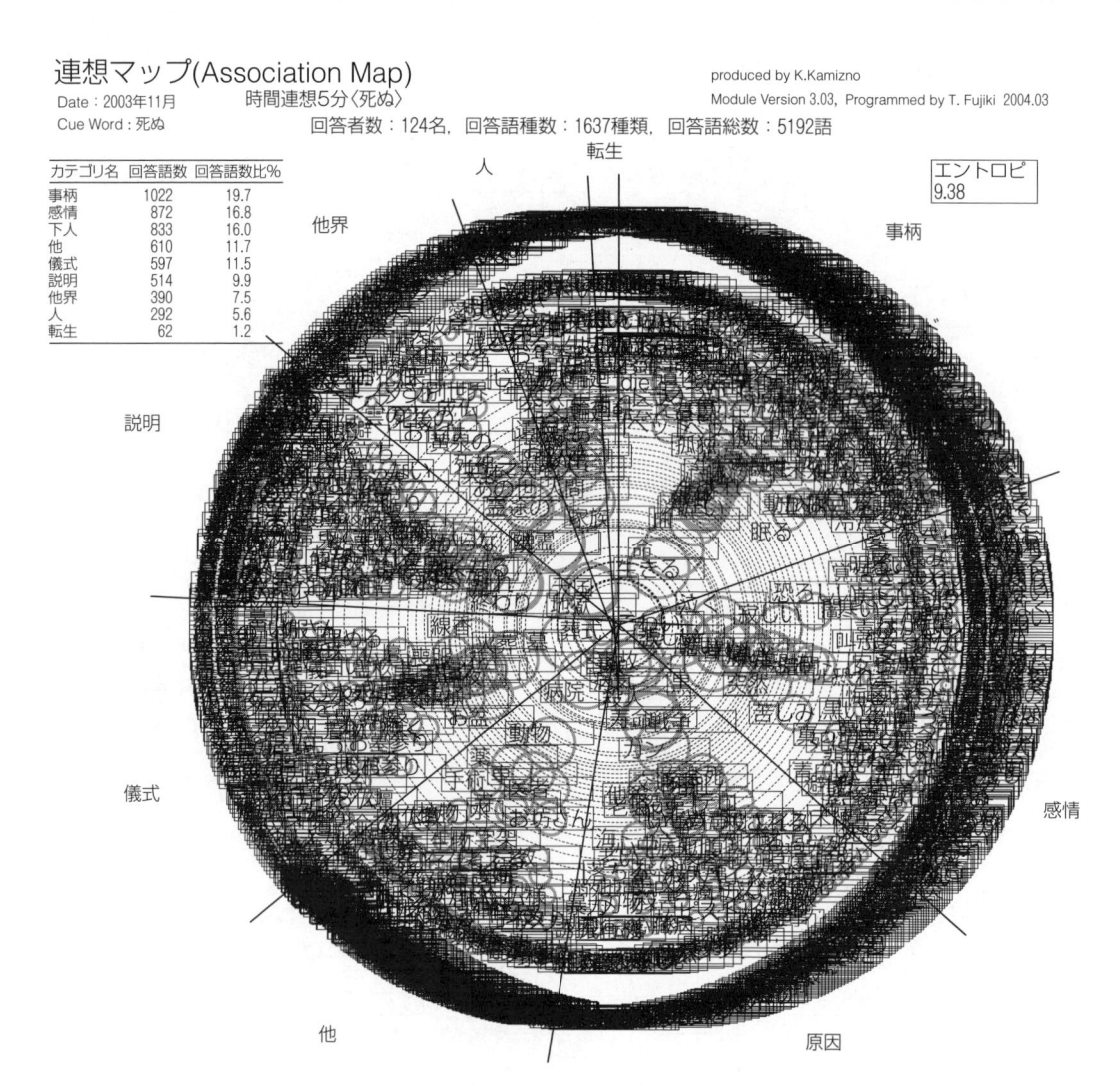

図3-28　提示語〈死ぬ〉から5分間連想を続けた連想マップ

うとさまざまなカテゴリの言葉を思い起こすに至り，特色が平準化されるのであろう。

連想による最初の回答語をとるか，どの程度の時間で連想を求めるかによって，想起される言葉の質が変わり，回答語の様相が変化する。

連想の時間経過による回答語の推移は，連想時間を何秒に設定することが妥当かを考えさせる。初語だけが意味をもつわけではない。エントロピが安定するときを考えると，45秒ないし1分の時点であると，提示語〈死ぬ〉の検討からいえる。また，回答語種数の増加が緩やかになる時点を考えると，1分程度と見ていい。

連想による言葉は，一通りの言葉が出現する時点を設定することが妥当であろう。想起が比較的遅い《儀式》に関する言葉がある程度出現し「棺桶」といった出にくい言葉まで一通り出現する時点を考えると，45秒ほしい。しかし，知りたいのは個人が何を考えているかが中心であって，一般社会に知られている言葉を問うているのではないから，カテゴリ《感情》(「こわい」)とカテゴリ《儀式》(「葬式」)とが同数程度にまで出現する1分30秒まで待つことはない。

実用的な時点も考えたい。連想時間が長いと，それだけ調査の時間を必要とする。日常の授業の前後で用いる点を考えると，多くの時間をかけるわけにいかない。

1提示語にかける時間を50秒に設定したい。エントロピの安定，一通りの回答語が出現する，個人の反応が現れるとともに社会的な言葉も出る，実用上使いやすい，こうした理由による。

1提示語50秒に設定すると1語1分を所要時間として見込んで使いやすい。次の提示語に移る時間に余裕を見て，また提示語を記した用紙配布時間を見込んで，1語50秒の時間は計算しやすく使いやすい設定であろう。

連想法による授業評価として，最低3語は調査したい，また他にも確認したい言葉がある，そう考えて，5語まで調査する時間を見込んで5分を連想法の調査実施に見込むことになる時間計算だと，日常に使える。

3-2-Ⅵ 連想による回答語と質問紙票による回答語

連想調査と質問紙票による調査との関係を見ておく。引き続き〈死〉を取り上げて論じる。〈死〉から連想する言葉の30秒による調査結果と「死ぬとはどんなことか」と質問紙票で尋ねた結果とを比較する。結論から言うと，30秒の連想調査において，質問紙票による調査のおよそ4倍の回答語のカテゴリが出現する。また30秒による1人あたり回答語数の約1.4倍が，50秒での1人あたり回答語数になる。すると，50秒の連想調査は質問紙票の設問と比べて5倍を超える情報を集める計算になる。

この連想調査の対象は小学校4年から中学校3年まで，および大学生である。連想調査は次のようにおこなった。子どもが〈死〉から何を連想するかを，長崎市内の小学校4年生から中学校3年生まで，小中学校計4校，27クラス，906名，大学生では188名に尋ねた。1語あたり30秒で「思いつくことば」(小学生)「連想する言葉」(中学生)を，各学年2校，4ないし5クラスの子どもに書いてもらった。大学生は，長崎大学教育学部3年生，4つの課程にまたがる学生。大学生はおよそ20歳，質問紙票による20歳前後との比較の場合に，20歳前後と大学生とは大差はない。調査時期は1996年6，7月。

比較対象とした質問紙による調査は，9歳から14歳，20歳前後で，その総計人数は1790人である。質問紙による調査は，長崎市，佐世保市，東彼杵(そのぎ)郡，時津町，五島，平戸市，熊本市，学童保育所，小学校，中学校において，また20歳前後に対する調査は，長崎市内の大学，短期大学，看護学校，長崎市内の公民館において，1991年から1995年の間におこなった。これは上薗恒太郎による総計3974人，3歳から20歳前後までの調査のうち，連

想調査に対応した9歳から14歳，20歳部分を抜き出してある。

まず，質問紙票による調査と30秒での連想調査をカテゴリに分けて比較する。質問紙票と連想調査とは，それぞれのカテゴリ数によって比較することが妥当である。連想調査による回答語は1回答語が1カテゴリとなるが，文章で答えた回答は，1文に複数のカテゴリに分けられる言葉を含むと同時にカテゴリに分けるような意味内容をもたない接続詞などの言葉から成り立つ。したがって，1人の回答について，連想調査と質問紙票による調査においてそれぞれいくつの意味内容のあるカテゴリがあるかを算出して比較する。

「死ぬとはどんなことだと思いますか」と質問紙によって尋ねた場合の回答をカテゴリに分けた表を以下に示す。質問紙の問いの全文は，「死ぬとは どんなことだと おもいますか？ あなたが かんがえていることを おしえてください」である。

質問紙票による問いかけには，「わからない」との答えが出る(表3－9，最下段)。「わからない」は，12歳前後に少ない点が特徴である。死に関して年齢が高くなるほどわかると思うようになるわけではない[3-20]。また年齢によって感情が優位か，説明や事柄が優位かに変遷があることがわかる。

連想による言葉を全てカテゴリに分けると次の結果になった(表3－10)。連想においては，「わからない」との答えは少なく，カテゴリとしては《他》に分類され他の言葉と合算されている。この連想による回答で「転生」は百分率に取り上げる量ではなかった。

図3－30から次の点が見てとれる。《原因》カテゴリは全体として学年進行とともに減少する。《感情》表現は割合コンスタントに現れる。大学生では《他》が多い。その内容は，「生」(大学生188人の中で人数比20.2％)，「生きる」(3.7％)，「絶対くる」(3.7％)，「避けられない」(3.7％)などである。死に対

表3－9 死についての質問紙票による回答の年齢別主要カテゴリ百分率

	事柄	感情	説明	人	わからない
03	17.5%	3.5%	5.3%	0.0%	57.9%
04	20.5%	10.6%	2.5%	3.7%	53.4%
05	19.4%	15.2%	1.9%	2.4%	47.9%
06	19.4%	23.5%	0.0%	2.4%	40.1%
07	23.0%	36.0%	0.6%	2.1%	35.4%
08	29.0%	37.0%	3.8%	3.8%	22.9%
09	32.7%	31.2%	2.0%	3.5%	21.6%
10	37.0%	20.9%	7.1%	5.2%	16.6%
11	46.7%	12.0%	7.8%	6.6%	9.0%
12	51.1%	16.9%	12.9%	12.4%	3.4%
13	51.5%	12.5%	14.7%	8.3%	8.8%
14	41.4%	11.1%	25.9%	10.8%	11.8%
15	50.5%	11.3%	33.2%	10.1%	7.2%
16	49.0%	9.7%	24.3%	10.7%	12.6%
17	44.6%	7.8%	27.1%	12.0%	18.7%
18	44.1%	2.9%	26.5%	0.0%	16.2%
20	40.6%	7.9%	30.6%	9.7%	13.9%
全体	37.5%	6.7%	14.1%	17.7%	20.9%

表3－10 連想による〈死〉のカテゴリの各学年別割合

カテゴリ／学年	小4	小5	小6	中1	中2	中3	大学生	全体
原因	38.6%	37.1%	23.0%	19.1%	26.3%	23.3%	14.8%	24.9%
事柄	10.5%	7.5%	10.3%	12.3%	9.6%	10.6%	9.8%	10.1%
他界	13.3%	8.6%	7.9%	10.0%	9.0%	7.8%	6.9%	8.8%
人	2.1%	2.7%	8.9%	5.8%	7.7%	8.9%	7.3%	6.4%
儀式	3.9%	5.5%	4.4%	6.4%	7.7%	4.2%	5.0%	5.4%
説明	3.2%	2.7%	2.5%	5.8%	5.7%	4.8%	7.9%	5.0%
他	8.4%	11.8%	17.4%	9.8%	13.1%	16.3%	25.5%	15.4%
感情	19.9%	24.1%	25.2%	30.7%	21.0%	24.0%	22.7%	23.9%

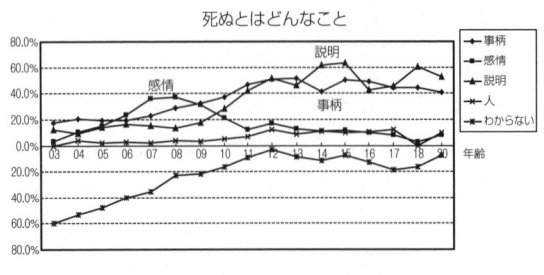

図3－29 死ぬとはどんなことか，質問紙票によるカテゴリの年齢変化

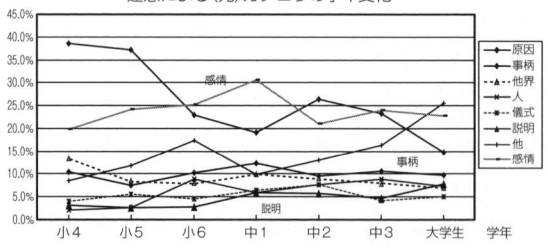

図3－30 各カテゴリが連想語全体に占める割合の学年変化

するさまざまな考え，《説明》の占める割合は少しずつではあるが年齢とともに増えていく。《事柄》はおよそ1割でほぼ一定している。《他界》が小学校4年で高いほか6.3％から8.7％の間で安定して推移する。《人》が小学校6年以降増えて5.8％から8.9％で安定する。

調査票による回答と連想による回答語のカテゴリをそれぞれ比較する[3-21]。

小学校4年生から中学校3年生および大学生についての連想調査のカテゴリ百分率で《人》のカテゴリは年齢とともに増える傾向にあり，質問紙でも連想と同様に多い答えではないが傾向としては年齢とともに増える傾向にある。

《説明》カテゴリは，連想語でも増える傾向にある。質問紙では連想以上に増加している。おそらく30秒という連想時間では，世代が変わる，摂理だ，といった多少とも考える過程を必要とする《説明》は，考えて書く質問紙より出にくいのであろう。この点は連想時間を50秒にゆっくりめに設定することによって改善される。

《事柄》は質問紙では増加傾向を示すが，連想では大きな変化は認めにくい。質問紙票では11歳までに増加しており，連想の調査対象では増加した後の学年段階を調べているという事情が考えられる。質問紙票でも，連想該当年齢において明らかな増加が認められるわけではない。

質問紙では減少する傾向にある《感情》が，連想語では減少していない。また調査票では書くことを絞るために，思っていてもより優位な思いや新しい考えが表出される，継続するなじみ深い思いはことあらためて書かないことになるのではないか。また質問紙の問いかけは，設問を精確に理解する年齢になるほどに《考え》であって《感情》ではないと理解されやすく，心情語が抑えられやすい点が理由であろう。連想の場合思いつくところを書きならべるから，抱いた心情を出しやすく，整理や取捨選択しないまま表出できる。さらに，日本人のメンタリティが心情に傾いており《感情》に関する語が出やすい傾向がある。《感情》は，質問紙では7，8，9歳で高い割合を示す。この7，8，9歳の感情で死に対応する時期に形成された心情が消えるわけではなく，連想において出やすいのだろう。

心情表現は，連想において出やすいようだ。長崎市で1996年におこなった連想調査893名の提示語〈友だち〉を小学校4年生から中学校3年生を見ると「優しい」「楽しい」など心情表現が19％から29％ある。〈死〉からの連想において総回答語数の20％から31％の範囲と変わらない程度である[3-22]。また上薗恒太郎は，1991年の長崎での質問紙票による子どもの死の意識調査をアメリカ合衆国での調査と比較して「死について『感情』の問題として応答する点が，日本の子どもたちの特徴であろう」(上薗恒太郎，1993b，p.37)と書いた。

「葬式」「儀式」など《儀式》については13歳，中学校2年で高くなり，連想と質問紙票の動きが類似している。

1人あたりに換算すると各カテゴリの割合が連想調査で高く，質問紙票で低い。連想においては，思いついたまま言葉をならべるのでカテゴリ数が稼げる。連想の場合，1人あたり平均して4語から5語半ほど書いている。これに比べて，「死ぬとはどんなことか」と質問紙で問われると考えてしまう。「わからない」の答えも質問紙票におけるカテゴリ数を減らす。質問紙に記入する作業は，内容を選別して文章に整えられる事柄だけを表出する作業であり，カテゴリ数は増えないのだろう。また質問に対する答えは，思いつくことを何でも要請する連想からすると，答えの範囲が狭く限定されるのだろう。

連想の場合，1回答語に1カテゴリがあてられる。したがって回答語数がカテゴリ数に即応する。思いの内容の選別，文法に従う制約が少ない。質問紙の場合，1人あたりのカテゴリ数は1前後になる。連想によるカテゴリ数は，質問紙票のおよ

そ4倍程度ある。

質問紙と連想による1人あたりカテゴリ数を示す（表3－11）。

連想におけるカテゴリ数を質問紙票と比較すると，小学校4年生から中学3年生までの平均で4.1倍，大学生を含めて平均をとると4.2倍である。30秒の連想調査は，質問紙票の問いに比べて，4.1から4.2倍のカテゴリを集める。

質問紙で現れるカテゴリの何倍が連想で現れるかを見たい。カテゴリ別にすると，倍率はさらに異動が激しい。すべての年齢，学年を合算して1人あたりの数値を出した。質問紙票と連想において，どのような言葉が出やすいかの目安になる（表3－12）。

連想による回答語が質問紙による回答カテゴリのおよそ4倍という点を基準にすると，4倍を下回るカテゴリは質問紙による回答の方が多いと見なすことができる。すると《事柄》《説明》が，質問紙の方に多い。質問紙では，死んでどうなるか，死後に関する答えが多い傾向がある。また死に関する説明は質問紙のほうが出やすい。説明を考えて書くためには，時間が必要であろう。連想においても《説明》は年齢とともに徐々に増えていた。

《人》のカテゴリは4.4で，連想と質問紙の双方に同じように出てくる。《他界》も双方に同様に出現すると見ていい。

連想では《原因》《儀式》が目立つ。《原因》は死に関連して自分の可能性としてであれ他者の場合であれ思い浮かべやすく，関連する原因もまた思い浮かべやすいのであろう。報道による〈死〉，日ごろ子どもが耳にする〈死〉が表れやすいのだろう。自殺によるいじめ報道の多い時期には「自殺」が意識に残り，交通事故に気をつけるように日ごろ言われていれば「事故」を思い出す。《儀式》もまた社会で語られることを，経験があればなおさらひとまとまりとして，思い浮かぶのだろう。まとまり（クラスター，本論の3－1－5の連想のメカニズム概観で述べた）として思い起こされる連想の特質が作用していると見られる。

折しも1996年はいじめによる自殺報道の多かった時期であり，1996年の連想による調査で，単独の回答語として最も頻度が高い「自殺」と「こわい」は連想がどのようにおこなわれるかを示しているように思われる。また，子どもに〈死〉と言えば「自殺」と「こわい」を思い出させる日本の意識状況は，健全ではない。死に関して，子どもに説明し，子どもを支える質のよい話がなされていない状況を映し出している。死に関して，タブー視するだけでなく，子どもが質の高い情報に接する機会少ない点は日本社会の欠点である。

50秒で連想調査をおこなった場合，30秒のときとどれほどの差があるのか，最初の1語を求める場合を含めて8つの提示語についてならべる。平

表3－11　30秒の連想において質問紙票の何倍のカテゴリ数があるか（年齢・学年別）

1人あたりカテゴリ数

	9歳	10歳	11歳	12歳	13歳	14歳	20歳
質問紙票	0.89	0.94	1.10	1.35	1.23	1.27	1.12
連想	小学4年	5年	6年	中学1年	2年	3年	大学生
	4.13	4.42	4.21	4.45	5.19	5.06	5.38
倍率	4.64	4.70	3.83	3.30	4.22	3.98	4.80

表3－12　30秒の連想において質問紙票の何倍のカテゴリ数があるか（カテゴリ別）

カテゴリ別倍率

	原因	事柄	他界	人	儀式	説明	他	感情
倍率	88.9	1.3	3.9	4.4	51.5	1.7	5	9.2

表3－13　連想時間と1人あたり平均回答語数

提示語／時間	早く	30秒	50秒	30秒に対する50秒の倍率
子ども	1	6.93	9.47	1.37
走る	1	6.93	9.40	1.36
白い	1	6.35	8.95	1.41
死ぬ	1	6.07	8.57	1.41
いじめ	1	6.15	8.28	1.35
環境問題	1	5.60	8.25	1.47
友だち	1	5.80	7.87	1.36
怒り	1	5.00	6.97	1.39
8語平均	1	6.10	8.47	1.39

均回答語数において〈死ぬ〉が平均的な位置にあることがわかる（表3-13）。

図3-31は8つの提示語に加えて平均値を図に示した。最初に連想した言葉から各提示語に傾きの相違はあるが、大きな傾向としては変わらない。すなわち30秒での連想と50秒での連想の回答語数の倍率は、四捨五入すると1.4倍になる（表3-13）。

提示語の違いによる回答語数差は倍率に換算すると大きくはない（表3-14）。平均すると50秒の連想の場合には30秒の1.4倍の回答語数がある。50秒で連想調査をおこなった場合の情報量の多さは、連想法のひとつの魅力である。短い時間で考えていること、思っていること、感じていることについて多くの情報を得ることができる。

回答語種数では、50秒の場合に30秒のときと比べて平均して1.4倍の語種数が見込まれ、思いついた最初の1語を回答してもらう場合と比べると6.9倍の語種数が見込まれる（表3-14）。連想法は短時間で意識に浮かぶ多様な言葉を収集できる。

授業評価として連想法を使う際には、同一集団を対象に前後比較をおこなうから、エントロピの安定する人数などの諸条件をさほど気にする必要はない。同じ集団を対象にするので、各種の数値変化を直接比較検討できる。注意する必要があるのは、1．練習効果によって差が出ないための配慮、2．板書や資料など身近にある文字を見て書く、誰かが口にした言葉を書くなど、外部の影響によって想起せずに書くことのない配慮である。練習効果を防ぐには、1-1．あらかじめ連想法に馴れておく、1-2．授業と関わりのない提示語を挿入し変化を見る際の統制語として使う、が挙げられる。提示語の並びには連想の干渉が起こらないように注意するが、提示語間の語順による連想を避けるために、関わりのない提示語を挿入することがある。外部の影響を遮断するには、あらかじめ黙って提示語から思いつく言葉を書く要領に馴れておくことが挙げられる。板書、掲示物を見えないようにするほうが望ましいが、研究授業後など難しいこともある。連想法の用紙を配布して書いてもらうやり方は、実際にはそれほど神経質になる必要はない。自分の机での作業に集中するため、気にならない。事前準備としての連想テストは、練習のためだけでなく授業を前に子どもの意識状況を分析しておく意味をもち、授業のレディネスを知るのに役立つ。

連想法は、調査票に記入してもらう方法を多くの場合使っているが、記入が難しい場合、聞き取りによっておこなう。調査用紙は、1つの提示語を1枚の調査票に印刷しておき、1語について50秒で書き込んでもらい、次の頁を開け、再び50秒という手順で進める。馴れれば、白紙に回答語を書いてもらうこともできる。

連想調査票[3-23]配布前に、この連想法が常に提

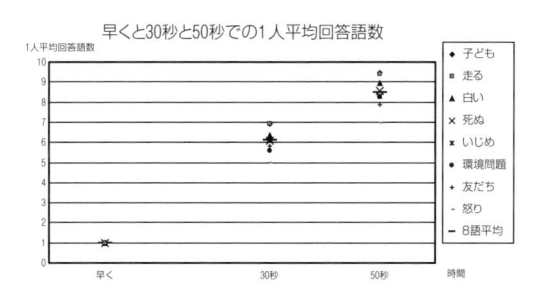

図3-31 連想時間による1人平均回答語数

表3-14 連想時間と1人平均回答語種数

提示語／時間	早く	30秒	50秒	30秒に対する50秒の倍率
いじめ	0.68	3.10	4.43	1.43
白い	0.48	2.88	4.08	1.42
子ども	0.52	2.67	4.02	1.51
環境問題	0.52	2.52	3.58	1.42
怒り	0.57	2.92	3.93	1.35
走る	0.55	2.92	3.93	1.35
友だち	0.61	2.58	3.70	1.43
死ぬ	0.55	2.83	3.38	1.19
8語平均	0.56	2.80	3.88	1.38

示語からの連想を求めていることを，実例を板書しながら説明する。説明の用語として，提示語から「連想する言葉」とおよそ中学生以上には説明している。小学生には「思いつくことば」と表現しているが，「連想ゲーム」と説明するときもある。最初に黒板に適当な提示語（調査と関わりのない「山」「海」，夏なら「スイカ」などを使った）を板書し，数人の回答者を指名して提示語から連想する言葉を挙げてもらい，黒板の提示語の右下にあらかじめ引いたアンダーライン上に，順に書きこんで示す。連続連想(chain association)ではない旨を説明するのだが，ではないことを語るよりも，であることを示す方がいいと思う。すなわち連続連想ではないと注意するよりも，常に提示語からの直接の連想を求めていることを実演する。連想法の調査用紙に，説明と練習問題のある表紙をつけ，2枚目以降の提示語を隠した状態で配布する。板書による説明の後，表紙を使って練習で記入してもらい，要領を理解してもらう。これが2回目の実際に各自やってみる説明になる。2回にわたる説明と練習の後，「次のページを開けてください」，「はじめ」，「やめ」と50秒を計測し，次々にページをめくりながら連想調査を進める。

　連想法は，子どもの意識に浮かぶ言葉をとらえる。意識にのぼる言葉は，授業とともに場に応じて動いていく。子どもの意識の行きつくところが授業の成果である。

第4章　道徳授業の基盤への連想法の多様な活用

　第4章は，多様な連想法の使い方を示す。1つは，対連想による学校評価であり，2つには，概念の国際比較および人の意識における定義の変化であり，3つには，人のあり方に関わる科学研究についての市民としての判断をどう育てるか，道徳教育の方向を論じる。連想法は，情意を含む学校評価，概念の定義，教育課程編成のアセスメントとして広範に使える。

　道徳授業は，学校運営と密接であり，文化のありようと関わり，市民育成のあり方と重なる。または，道徳授業がそうした基盤の上に構想されなくては，上滑りになる。本章では，連想法が道徳授業の基盤についての評価においても有効である旨を3つの例によって展開し，道徳授業の基盤を反省するやり方を示す。

　第4章第1節は，子どもが学校に関してどのように感じているか，情意を含めて測定しようとした。ここでは，連想法の1つである対連想を使った。学校教育に関して，好き―嫌い，良い―悪い，の対になる思いについて，1996年夏に佐世保市で小学校4年生から中学校3年生まで，調査をおこなった結果を示す。

　第4章第2節は，単一自由連想を使い，いじめ概念について国際比較した。単一の提示語からの回答語によって構成される連想マップは，その提示語の人々の意識における定義や語感を示す。結果として，日本のいじめ概念は特殊であり，また学校におけるいじめによる自死を繰り返すなかで定義が変化したことがわかる。

　第4章第3節は，単一自由連想を使う国際比較によって，日本の教育課題を浮き彫りにした。ヒトゲノム研究は，人とは何かを左右しかねないために，市民による判断のもとで進める必要があり，市民としての判断のためには科学教育と道徳教育を重ねる必要がある。この点を，ドイツと日本における意識調査および教科書を比較検討し，科学研究とその応用について判断する市民育成のための道徳教育を系統的に組み立てる必要があると論じた。

第1節　連想調査による子どもが感じた学校評価

　本節は，連想法の1つである対連想を使って情意を測定する試みである。学校教育に関する，好き―嫌い，良い―悪い，の対になる思いについて，1996年夏に長崎県佐世保市で小学校4年生から中学校3年生までを対象に連想調査をおこなった。

　その結果，子どもは，学校の勉強を嫌っており，教員の暴力を嫌いで悪いことと受けとり，学校が好きなのは友だちがいるからだという実態を明らかにし，対連想マップとして示した。この技法は，単一自由連想評価とともに，教育臨床の技法として学級や学校の評価，ならびに支援に結びつき，道徳授業の基盤を反省的に見る役割をはたす。

4-1-I　情意の測定

　およそ情意と測定は，無理な組み合わせだと受けとめられるかもしれない。情意に外化できる判断基準はない，情意は測定した瞬間に失われる，と。原理的に2つの主体の関係である教育において，心情は心情をもって（愛をもってと言ってもいい）受けとめるにしくはない[4-1]，と。基本的にそうであろう。教育は好意ある関係を基盤とする。

　しかし，判断の正当性の根拠となると，情意と判断の二分法で子どもの情意を教員が心情的に判

断した場合，先生を信じなさいという以外に説明の方法がない。第三者と対話する手段を欠く。人と人との関係のなかでは，相互主観性として対話の可能性を措定するほかない。そして対話可能性へと開かれていることは，測定して見える形にする努力を意義あるものにする。ややもすれば主観的と受けとられるからこそ，相互主観的に確認できる方途を見いだしておく意味がある。そこに技法の意味がある。互いに見える形で確認する技法が，公教育の場に必要である。学校教育の場は基本的に子どもと教員との関係であるが，そこには子ども同士の関係，教員相互の関係，保護者との関係が網の目のように重なっている。子どもと教員との関係も，網の目のなかで解釈され意味をもつから，互いの関係を密室におかず，説明できる，他に開かれた関係としてつくり上げる努力を必要とする。教員にとって，判断の説明手段をもつことは，同僚との意見交換を活発にし，子どもや保護者に説明できる，透明で公共性のある判断を示すことにつながる。根拠に基づいて関係を形成する努力は，今日，学校教育をおおう不信に対処する方途として有意義である。

ペーパーテスト批判の合唱に生起した評価の動きは，子どもを見る目の多様性を要請し，関心，意欲，態度を評価対象とする方向となった。多面的な評価が要請される事態は，何らかの情意測定を必要とする。情意は測定できず，せずのままで学校教育現場をとまどいのなかにおいて，教員への要請と激励を繰り返すのは良策ではない。

他者を多様にそして教育として見る目は，もともと教員が子どもと接するさいに必要としていた。その目は教員の臨床家としての核心である。教育臨床の場で教員の力を支えてきたのは，見る目の全体性としなやかさであった。また子どもの気分が，学校教育のあらゆる活動に影響することを思えば，情意を子どもの視点から把握する技法が，必要である[4-2]。

連想調査による情意測定の試みは，授業における情意面を測れないかという発想から始まった。糸山景大が進めていた連想研究が使えるという着想から，人が思いとしてもっている言葉を情報と見なし，量として測定した。連想調査によって，子どもの学校教育への思いを視覚化したのが本節である。

連想調査は次のようにおこなった。一定の提示語についての対になった表現(良い─悪い，好き─嫌い，など)について思いつく言葉を，ここでは45秒で自由に回答者に書いてもらった。しかし一般に，単一自由連想と同じく50秒で設定していい。書いてもらった回答語を，カテゴリに分ける。対になった表現をX軸，Y軸に設定する。すると一定の概念についてのカテゴリが，対になった軸のどこに位置するかが示される。その際表現されるのは，個人の思いではなく集団としての情意である。

各人の思いをとらえる試みには，一定の事柄について4段階や10段階で判断してもらうやり方がある(例えば評定尺度法。本論でも五件法などを使っている)。各人に点数化させるやり方は，調査者の提示した意図に対して，各人に段階の基準設定および判断を求めることになる。調査者の意図に対する回答が返されるため，集計は容易である。しかし，点数化に際して各人の基準の違いが生まれうる，また，反省思考を介在させる点で，ある言葉に対する思いの噴出を直接にはすくい上げにくい。連想調査はこれに比して，直接に思いを拾い上げる。連想調査の場合，調査後に回答語の全体を見てカテゴリとして整理する。カテゴリ分けに調査者の意図が入る。回答者にとっては連想調査の方が，調査者の意図に対する判定を返すのではなく，自分の思いを表出すればよく，回答しやすい。また調査者にとっては，全体としての情報が得られる。

本論で情意という用語を使い，感情と呼ばないのは，回答者から提出されるものが感情だけではなく判断も同時に現れるからである。感情部分に区切っては，子どもの思いの全体をとらえられな

いからである。後述するように，子どもは学校の勉強が嫌いである，しかし良いことだと思っている。嫌いだが良いことだとの思いを構造的に理解して，嫌いでも授業を受けている姿が理解できる。全体構造として子どもの姿を読み解こうとするときに，感情と判断を切断しないほうが思いの全体をとらえ得る。したがって，ある対象についての肯定面否定面を尋ねる，つまり対になった連想を求める形，好き―嫌いの感情と，良い―悪いの判断を軸に設定する。

4-1-Ⅱ 調査と視覚化

調査は1996年8月，佐世保市の小学校4年生から中学校3年生についておこなった。調査は各学年3校にわたって実施し，それぞれ学校長を通じて趣旨説明文，調査実施要領によってクラス担任に調査実施を依頼した。有効な調査者数は総計568人であった[4-3]。子どもに〈学校〉〈放課後〉〈勉強〉〈クラブ活動〉〈先生〉に関して思いつく言葉を自由に調査票に書き込んでもらった。〈学校の好きなところ，嫌いなところ〉が1枚の調査用紙，〈学校の良いところ，悪いところ〉が次の用紙という具合に，各提示語それぞれの対について尋ねた。〈先生〉については〈好きなところ，嫌いなところ〉〈優しいところ，厳しいところ〉の対表現で尋ねた。各提示語について，調査用紙の左側に好きなところ，良いところを置いたために，おおかたは肯定的な回答から先に書き込むことになる。どの時点で嫌い，ないし悪いのほうを書き始めるか，また途中で戻るかは時間内で自由であった。

書いてもらった言葉を複数の調査者で，提示語〈学校〉の場合，《友達》《遊び》《休み》《部活》《環境》《雰囲気》《教師》《規則》《いじめ》《勉強》のカテゴリに分類した。どうカテゴリを設定するかは，回答語を見て適当と思われる分類をしたが，そこに調査者の視点が入る。各カテゴリについて，〈好きなところ〉に属する言葉が何語あり，〈嫌いなところ〉に属する回答語が何語あるかを数え，それを

プラス・マイナスした数値を学年ごとに出し，各学年の調査対象者数で割った百分率を算出した。1つのカテゴリには，好き―嫌い，良い―悪いの2つの軸が調査当初に設定されているから，好き―嫌いをX軸，良い―悪いをY軸に設定すると，各カテゴリが各学年でどこに位置するかが決まる。これを2次元図の形で表した。これを対連想マップと呼ぶ。すると第1象限には，子どもにとって，好きで良いもの，第3象限には嫌いで悪いものが位置する。表示される各カテゴリの位置は，プラス・マイナスの回答語の差になる。善し悪しが拮抗すれば，回答語数の多少に関わらず，原点に近く位置することになる。

4-1-Ⅲ 〈学校〉の対連想マップ

提示語〈学校〉について，小学校4年生(図4-1)，6年生(図4-2)，中学校1年生(図4-3)，2年生(図4-4)の対連想マップを次のページに示す。目立つのは，どの学年においても，カテゴリ《友達》が学校の好きで良いところとして飛び抜けている点である。学校が好きなのは友だちがいるからだという構造は，どの学年でも変わらない[4-4]。しかし遊びと休みには，小学生と中学生の違いが見られる：小学生は遊べるから学校が好きな傾向があり，中学生は休みがあるから好きな傾向が強い。

〈学校〉の対連想マップにおける教員に関して，どの象限に位置するにせよ，いずれの方向にも距離が伸びないのは，学校と教員とは子どもにとって同じカテゴリに属するからだろう。単一自由連想による提示語〈学校〉[4-5]の調査で，最も強く想起されるのが「先生」である。この点は大学生についても同様で，大学生についても〈学校〉からまず連想されるのは「先生」である。逆に，提示語〈先生〉からの単一自由連想でも「学校」が，「具体的な先生の名前」「優しい」「怖い」に次いで回答語の中心に登場する。

〈先生〉からはまず先生の具体的イメージが浮か

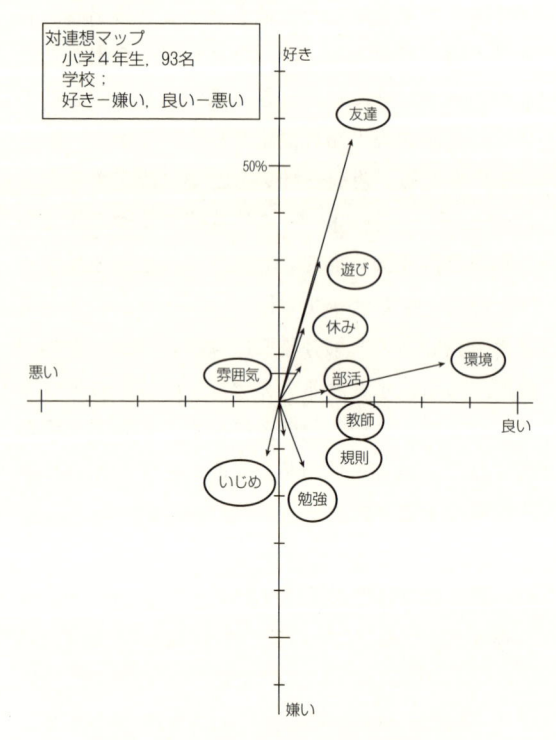

図4-1　小学校4年生〈学校〉対連想マップ

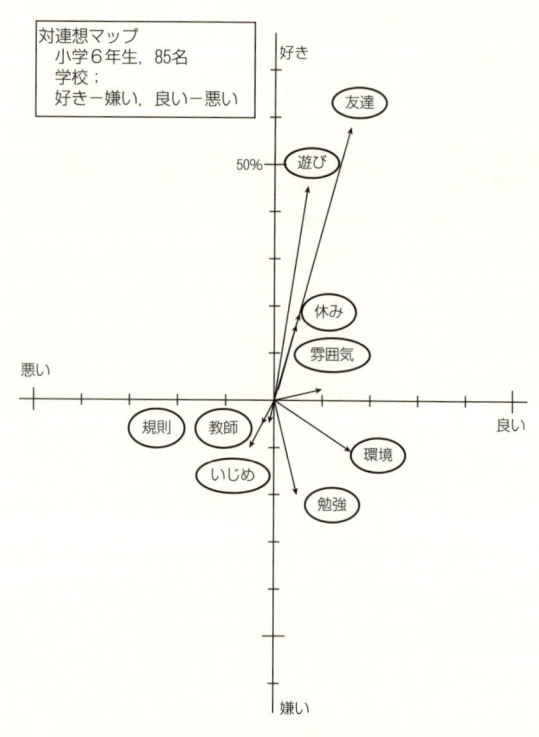

図4-2　小学校6年生〈学校〉対連想マップ

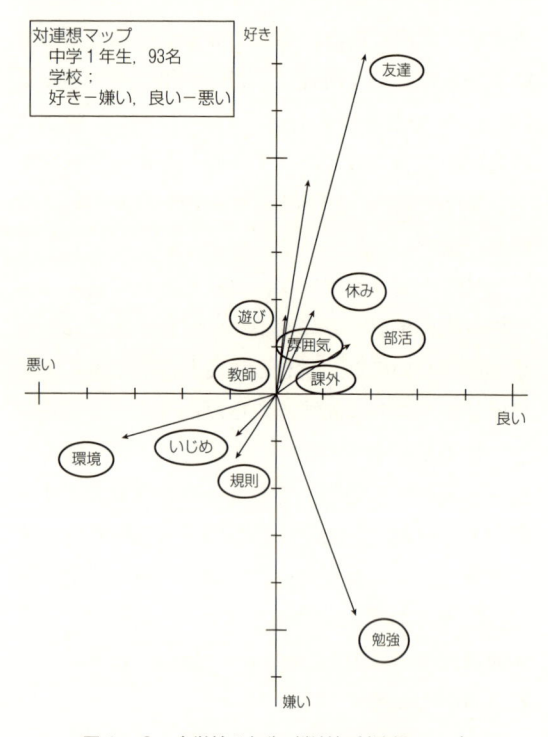

図4-3　中学校1年生〈学校〉対連想マップ

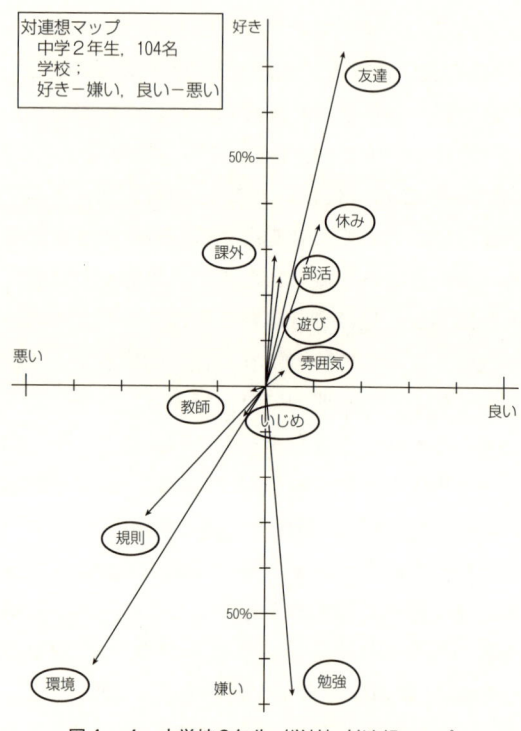

図4-4　中学校2年生〈学校〉対連想マップ

ぶが，次に結びつくところは「学校」である。〈学校〉からは建物よりも何よりも「先生」が思い浮かぶことは，学校と先生とがほぼ一体としてイメージにあることを示す。言いかえれば学校と先生は定義に互いが不可欠である。したがって，対連想マップの《教師》については，学校からの連想では原点に近いと理解できる。

単一自由連想による〈学校〉において，2番目に多いのが「勉強」である。〈先生〉からの単一自由連想においても「勉強」が「学校」とならぶ頻度で登場する。しかし勉強の場合，学校におけるあたりまえのこととして原点近くに位置するわけではない。《勉強》は，子どもに嫌いなものとして強く意識されている。嫌われる程度は中学校2年生において最も強く，68％（好き―嫌いをプラス・マイナスして68％である）が嫌いなものとして《勉強》に関わる事柄を思い起こす。学校において勉強が嫌われている程度は相当なものである。勉強が学校にとって本来だとすれば，勉強の嫌われようは，学校を抜本的に考え直さなければならないことを意味する。子どもは，学校の勉強が嫌いなのによくぞ通っていると読める。

小学生と中学生を比較すると，小学校での勉強は好きではないものの，中学校ほどには嫌われていない。ところが中学校になると，《勉強》は，がぜん嫌われ始める。小学校6年生と中学校1年生の勉強嫌いの大きな差（図4－2と図4－3右下）が，これを物語る。中学校3年生になると，〈好き―嫌い〉の差は32.0％におさまる。提示語〈学校〉の《勉強》カテゴリのうち，〈好き〉に属するぶんが，小学校4年生から中学校1年生までは15.6～17.6％の範囲にあるのに対して，中学校2年生で4.8％に急減し，中学校3年生で27.2％に急増する。中学校3年生は「授業が楽しいときがある」「好きな授業がある」ことが中学校2年生よりも多いらしい。中学生のなかでは《勉強》を嫌う程度が少ない3年生であるが，小学生よりは〈嫌い〉が多いし，

《友達》が好きで良いという意識は，どの学年よりも強い。中学校3年生の授業は中学校のなかではましだが，友だち関係で紛らしているのであろう。

荒れていると言われる中学校2年生について，学校の嫌いなところといえばすぐに勉強が思い起こされる状況は，早急に改善されるべきである。〈学校〉についての対連想マップは，勉強がおもしろくない現状を教員が受けとめなければ学校は改善されないと物語る。

救いなのは，《勉強》は常に第4象限にあって，子どもが良いことだと思っている点である。授業を改善すれば子どもはついてくると理解できる。また，学校側の努力が受け入れられる可能性を，中学校2年生の《いじめ》から読み取れる。《いじめ》は嫌いで悪いと認識されている。しかし，中学校2年生で嫌いで悪いという評価が最も少ない結果になったのは，いじめに対する学校の取り組みを肯定的に評価する生徒があったからである。学校の良いところとして「いじめをなくそうとすること」などの声があがって，いじめの矢印を第3象限ながら短くした要因である。学校の努力を子どもは見ており，評価している。《勉強》について，中学校2年生の場合，学校の努力を評価する回答語はなかった。《勉強》を好きにさせる努力が，子どもに理解されていない。

中学生になると，環境に対する否定的発言が多かった。1つには調査時期が8月で暑かったせいで，「クーラーがない」「クーラーが職員室と保健室だけにある」という苦情が多く，また「衛生面」「校舎が汚い」「便所が汚い」「水道水がおいしくない」など苦情が出たためである。中学生になると，複数の学校のようすを知り，周囲を見回して比較するためであろう。小学校4年生だけが《環境》に関して第1象限にあるのは，「プールがある」「動物や草花がある」「木がたくさんある」「運動場が広い」「景色がいい」「皆がゴミを拾ってくれる」などの声がならぶからである。小学校5年生，6年生では《環境》は第4象限に入り，中

学生では矢印が第3象限に伸びていく。

《規則》も同様の動きをする。小学校4年生ではわずかながら第4象限にあったものが、小学校5年生から第3象限に移り、中学校2年生に至っては、調査のときが暑かった点などを除けば、嫌いで悪いことの筆頭になる可能性がある。規則は嫌われ〈悪い〉と思われている。中学校3年生では《規則》の矢印は中学校1年生と同じ程度で、《いじめ》が《規則》より長いけれども。《規則》に関しては、「きびしすぎる」「多すぎる」が最も多く、「制服」「団体行動」「統一主義」などがならぶ。学校で《勉強》が嫌われている状況を《規則》で縛ることで秩序を保っていると解釈できる。

提示語〈先生〉とあわせて考えると、《暴力》や《指導》によって統制し、それが嫌われ、きびしいと受けとられていることがわかる。

4-1-Ⅳ 〈先生〉雰囲気は好きでも暴力は嫌で厳しい

〈先生〉は小学校4年生の時分には、《暴力》を除いて、優しいと受けとめられているし、好かれている。それが、小学校6年生で自分たちが受け入れられていない（図4-6の《受容》が第3象限）と感じ、中学校1年生で《指導》が厳しくなり、《暴力》を振るわれるに至ってとくに中学校2年生で教員が嫌いできびしい存在になる。

教員が暴力をやめることは、子どもの人格を肯定する教育の第一歩である。一般に人と人との関係で許されない行為を、教員が子どもに対しておこなうことは許されない。暴力を行使する以前に、子どもへのさまざまな関わり方を心得ているから教員であり、教育のエキスパートであろう。暴力は教員の自己否定である。教員の暴力を止められない管理職、同僚教員も、子どもから見ると、暴力を許しあっている仲間である。先生のやさしいところとして「たたかない」の回答語が出ることは、教員が暴力をやめる効果を表している。教員が暴力をやめれば、子どもは先生をもっと好きになる。

学校を子どもにとって過ごしやすい場にするために、教員は暴力をやめるべきである。直接に身体的《暴力》をふるわないとしても、「すぐ怒る」「恐ろしい」「恐いから授業が暗くなる」「嫌みを言う」「無視する」「愛しているわ、とか言う」「生徒を馬鹿にする」「わかってくれないことが多い」「怪我をして泣いている人を見捨てたりする」「情け容赦ない」など、子どもを《受容》する態度がないと思われるとき、子どもは先生を嫌う。反対に、「話を聞く」「泣いたりしても話を聞いてくれる」「相談にのってくれる」「話をしてくれる」「ケガとかしたとき声をかけてくれる」「病気になると心配してくれる」「休んだら心配してくれる」「困っていたら声をかけてくれる」「皆のことを考えている」「1人1人のことについてよく理解している」ことによって、子どもは自分が《受容》されていると感じ、教員に好感をもつ。場合によっては「怒るときにはしっかり怒る」ことが先生の優しさとして想起される。「公平」で「ひいき」せず「はったりを言」わず「参観日に変わる」ことのない《公正》さがあれば、子どもは教員を肯定する。

全体として子どもは、教員のもつ《雰囲気》が好きである。《雰囲気》カテゴリは、好きと嫌いが交錯するが、「明るさ」に集約される教員を子どもは好感をもって受けとめている。それは教員が教室で見せる顔が決して子どもに嫌われていないことを示す。

〈先生の好き―嫌い〉で回答語数が多いのは、《受容》と《雰囲気》カテゴリである。〈先生〉については、雰囲気が思いだされ　自分が受け入れられるかどうかが重大事なのであろう。図4-5、4-6、4-7、4-8に挙げたベクトルの内容を見ると、《受容》カテゴリに属する回答語を挙げた子どもが〈好き―嫌い〉それぞれ小4で65.6-34.4％、小6で38.8-45.9％、中1で55.9-46.2％、中2で48.0-68.3％になる。また《雰囲気》に関し

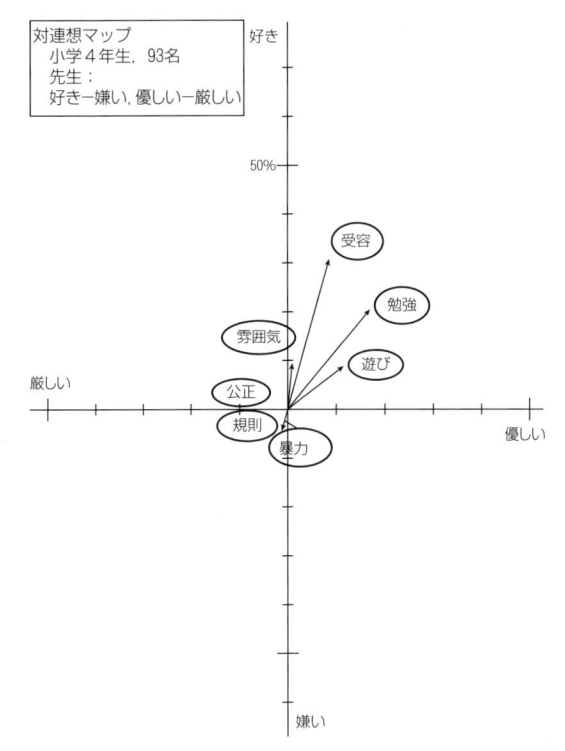

図4-5　小学校4年生〈先生〉対連想マップ

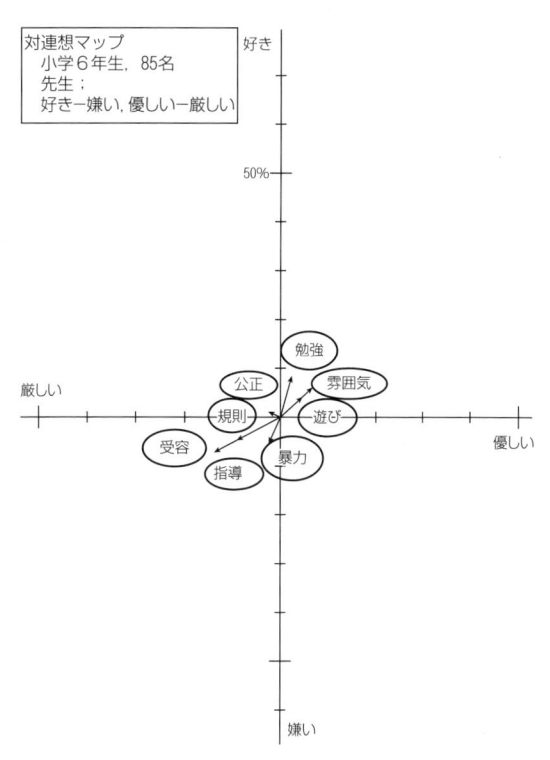

図4-6　小学校6年生〈先生〉対連想マップ

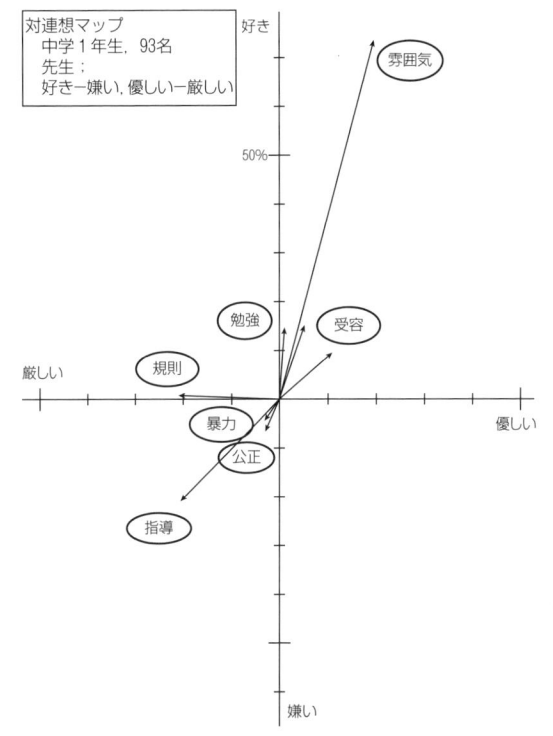

図4-7　中学校1年生〈先生〉対連想マップ

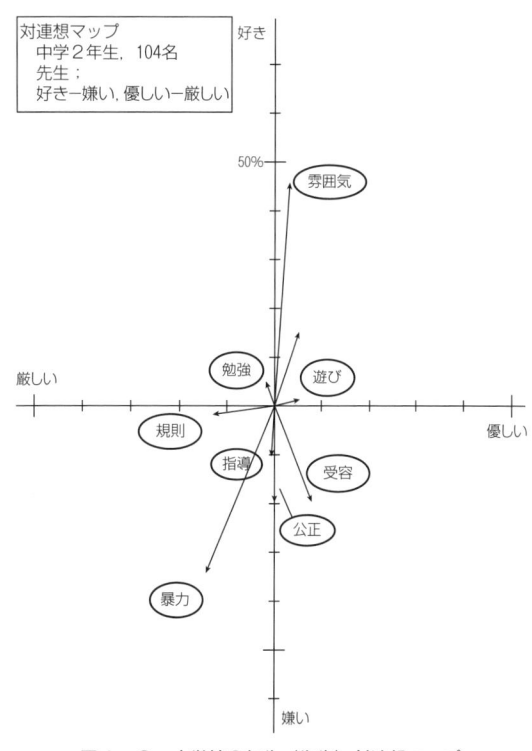

図4-8　中学校2年生〈先生〉対連想マップ

第4章　道徳授業の基盤への連想法の多様な活用　**153**

ては〈好き―嫌い〉それぞれ，小4で36.6－26.9％，小6で52.9－47.1％，中1で89.2－15.1％，中2で61.5－15.4％である。とくに中学校2，3年生で《受容》が多く，教員の態度を見ているようすがうかがえる。

4-1-V 〈勉強〉は嫌いだが，表現し，できることは楽しい

〈勉強〉を子どもがどのように受けとめているかについて，中学校2年生を除いて，小学校6年生の図4－9が典型的である。〈学校〉からの連想で《勉強》が嫌いであった点が，ここにも現れる。〈勉強〉に対する《好悪》は，小学校4年，5年生では1割を超える程度だが，小学校6年で増え，中学校1年生で6割を超えて嫌いになる。中学校2，3年生では4割台の嫌いの連想が出てくる。

〈勉強〉についての回答語総数で見ると，小学校4，5年生で最も多いのは《分野》に関する回答語であり，まず，どの勉強が好きとか何の勉強が嫌いと答える。2番目に《理解》カテゴリに属する回答語が多い。これに対して，小学校6年生から中学校にかけては，《理解》の回答語が最も多くなり，次に《好悪》カテゴリの語が，中学2年で《分野》が多いことを除いて，多い。何の勉強が好きと答えていたものが，理解しているか否かが問題となってくるにつれて勉強への嫌悪感が強くなると読める。

小学校6年生に言わせると〈勉強〉は「おもしろくない」「退屈」「きつい」「ややこしい」「頭が痛くなる」らしい。中学1年生では6年生の感覚に加えて「眠くなる」「ストレスがたまる」「いらいらする」「無駄な勉強が多すぎる」と感じている。回答語の表現を見ていると，小学校4，5年生では「頭がこんがらがる」「暇」で嫌いだったものが，しだいに中学校3年生では「きつい」「むかつく」「こんなの何になるのってことが多い」と疲労の度合いを増してくる。全体を通して，「わからないとつまらない」「わからないとやくや

図4－9　小学校6年生〈勉強〉対連想マップ

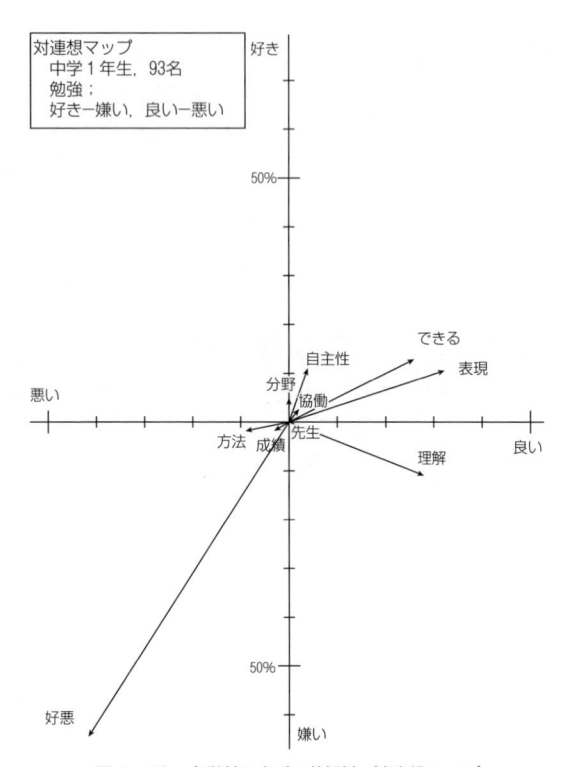

図4－10　中学校1年生〈勉強〉対連想マップ

らしい(うるさい)」「わからないところがあるといらいらする」といった表現に見られるように，わからない点が勉強嫌いの底流にある。

　勉強について《表現》できる，何かが《できる》ことは好きで良いことである。その基礎となる《理解》について教員の十分な援助が必要である。

　〈勉強〉の回答語による図(図4-10)を中学校1年生で詳しく見ると，〈勉強の好きなところ〉にも〈勉強の嫌いなところ〉にも，「わかると楽しい」「おもしろい」「知識が増える」「こんがらがってくる」「進むのが速すぎる」など，《理解》カテゴリに属する言葉が最も多い。図に示した矢印は，「好き―嫌い」「良い―悪い」の差を回答者数で割った百分率である。したがって，子どもの言葉として最も多く出てくる，すなわち関心が高いと考えられるカテゴリが対連想マップにおいて最も長いわけではない。言葉の数として多いカテゴリが，関心が高いと解釈すれば，《理解》できるか否かが勉強の最大の関心である。

　〈勉強〉の，好きで良いところとなると，何かが《できる》，《表現》できる点が挙げられる。この図の《できる》と《表現》の表示方法は他の表示と異なって，同じ回答語が《できる》と《表現》のカテゴリに振り分けられている。2つのカテゴリには重なりがあり，同じ回答語がそれぞれに参入される場合が生じる。したがって《できる》と《表現》の2つのカテゴリに限っては，合計数が回答語の全体とはならない。その留保をつけたうえで，しかし，勉強の楽しさとは，何かができるようになること，表現できることだと，子どもの連想から言える。小学校6年生は「工作など好きなものをつくれる《できる》《表現》)」「意見が言える《表現》」「計算がスムーズにできる《できる》」「将来役に立つ《できる》《表現》」などが，好きで，良いという。

　勉強をおもしろいと感じる点で，学年によって異なるのは，小学校4，5年生では一定の分野について好きだと答える傾向が強いのに対して，小学校6年生からは，自分でできることが好きだ

《自主性》というようになる。中学校3年生は「言われてやる」のは嫌いで「自分で考える」「自分の力でやれる」のは，好きである。小学校6年生でも同様に「考えやすい」「やりがいがある」とき，勉強は好きだという。

　勉強は，自分の力でできる，自分を表現できるとき，楽しい。何かができること，表現できることは，授業を楽しくするさいに考慮すべき点であると子どもが語っている。

4-1-Ⅵ　〈放課後〉は開放感にあふれる

　学校，先生，勉強は，子どもにストレスなのであろう。〈放課後〉の連想は開放感にあふれている。小学校5年生と中学校2年生の図(図4-11と4-12)に見えるように，何よりも《開放》が群を抜いている。開放感の大きさは回答語総数で見てもどの学年もこのカテゴリが最も多いことからわかる。何語かの〈嫌い〉があるほかは〈好き〉に属する言葉が挙げられる。「やっと終わった」「帰れる」「自由」「のんびりできる」「遊べる」と小学校6年生は声をあげ，中学校2年生も「終わったーと感じる」「授業が終わってほっとする」「自由の身」「ゆっくり休める」「ゆっくりとした時間になる」「のんびり話ができる」「しゃべれる」「一番楽しい」と唱和する。小学校4年生では遊び(「帰ったら思いっきり遊ぶ」)やお菓子(「おやつを食べられる」)が多く，中学校3年では友だちと話す(「皆でしゃべれるあの開放感がたまらない」)あたりに違いが見られるものの，自由，のんびり，ゆっくりなど，開放感の要素は全ての学年で表現されている。

　学校に行くのは，古くから嫌で決意を固めなければならなかったらしい。W. シェイクスピアは学校に通う人生第2の場面を「のろのろ，いやいや学校通い」(シェイクスピア，福田恆存訳, 1968, p.352)と形容し，赤ずきんに語りかけるオオカミは「まるで学校へでも行くように，むきになってあるいてるじゃないか」(J.＆W. グリム，金田鬼一訳, 1986, p.269)と森の楽しさを見させようとする。

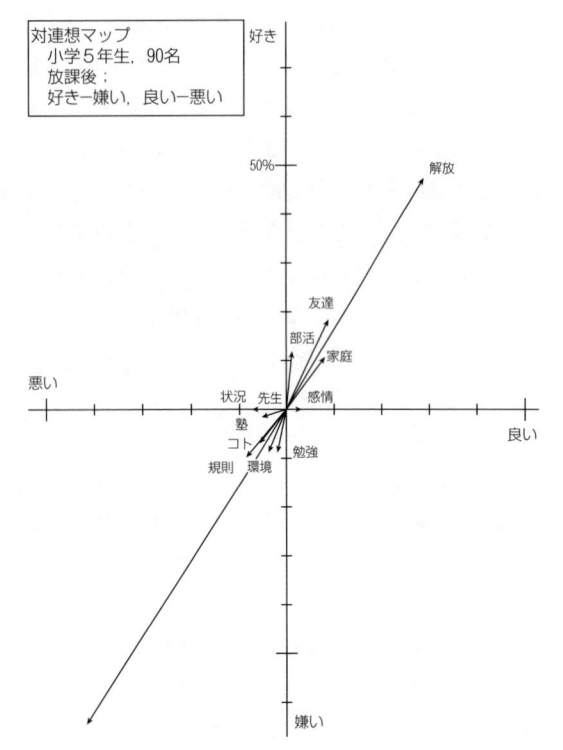

図4-11　小学校5年〈放課後〉対連想マップ

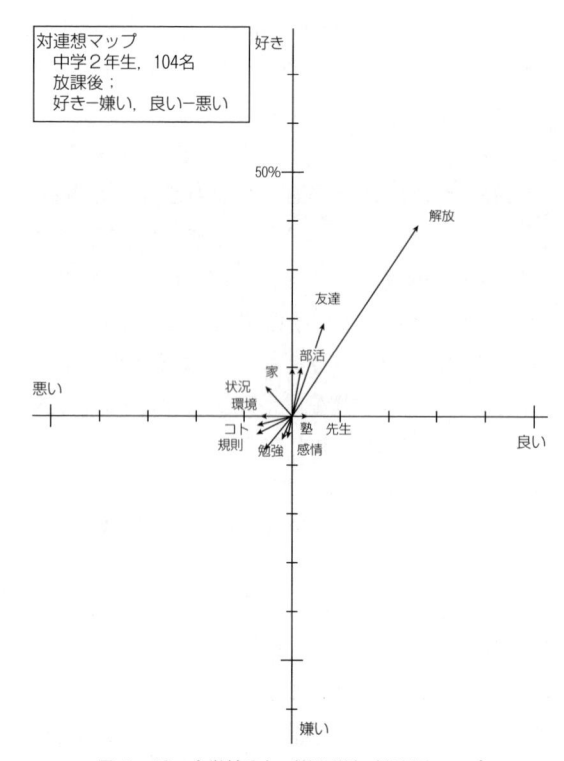

図4-12　中学校2年〈放課後〉対連想マップ

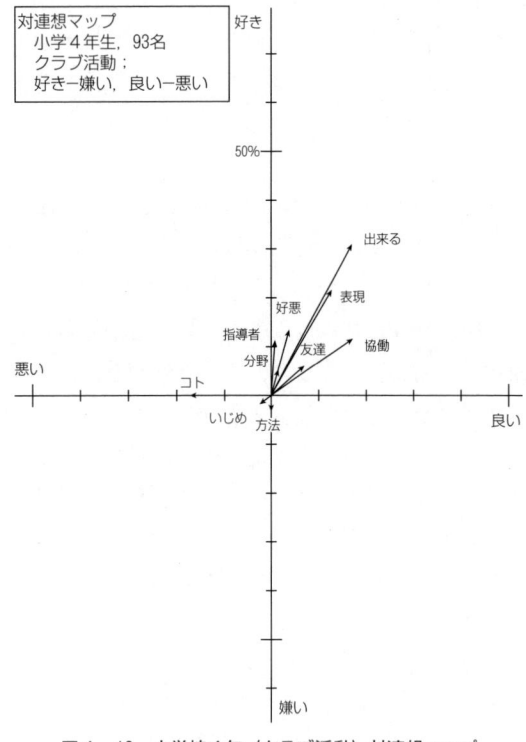

図4-13　小学校4年〈クラブ活動〉対連想マップ

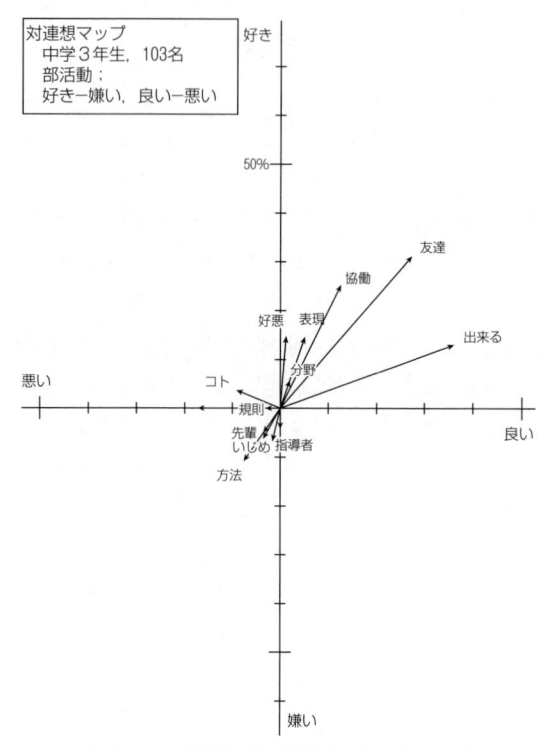

図4-14　中学校3年〈部活動〉対連想マップ

〈放課後〉の場合，開放感を阻害するさまざまなものが嫌いで悪いものとして挙げられる，いじめ，孤独，居残り勉強，宿題，塾，下校時の規則など。クラブ活動，部活動は，多くの学年で好きな方向に矢印が位置するが長くはなく，小学校6年生では嫌いの方向に振れている。回答語で見ると，好きにも嫌いにも登場するため，各学年の矢印は短い。放課後，「先生としゃべれる」から好きだという小学校6年生もいるが，多くの学年で先生はいない方がいいと言う：「先生がいなかったら黒板に絵が描ける」「先生がいるとき」嫌，「見回りに来る」「早く帰れといわれる」など。

放課後のクラブ活動，部活動が好まれているかは，調査にあたって学校長の関心の1つであったが，学年によってまちまちである。だが，どちらかと言えば好きなほうに属する。まちまちなのは，小学校6年生では嫌いのほうに少し(1.2%)傾き，中学校2年生では好きなほうに位置している(10.6%)点に現れている。

〈クラブ活動〉〈部活動〉からの回答語総数で多いのは，小学校4年生の《表現》を除いて，《好悪》に属する言葉である(図4-13，4-14)。小学校4，5年生では〈クラブ活動の嫌いなところ〉に属する言葉は1桁に止まるが，小学校6年生から増える。回答語数をプラス・マイナスすると〈好き〉が多いものの，中学校1年生で〈好き〉に属する語数の8割相当が嫌いに出ており，中2，3年生で7割弱の〈嫌い〉の言葉が出る。

〈クラブ活動〉〈部活動〉[4-8]からの連想では，良い，好きの方向での連想が多い。何が好きかというと，何かが《できる》，《表現》できること，ならびに《友達》といっしょに《協同》してやれることである(図4-13，4-14)。小学校4年生では，《できる》《表現》できる喜びが強い：「料理をつくれる」「縫い物や裁縫でいろいろ作れる」「自由に絵を描ける」「漫画・イラストが描ける」「運動ができる」「プールで精一杯泳げる」「囲碁・将棋・オセロができる」「遊びとか入っている」「実験をする」「好きなのに入部できる」。中学校3年になると《友達》との《協同》が楽しさの要因となる：「仲間と一緒に楽しく活動できる」「皆と協力してできる」「他の学校の人と仲良くなる」「後輩ができる」「友だちとの交流」「友情を知る」。

楽しい〈クラブ活動〉〈部活動〉に影を落とすのは，なにより《いじめ》であり，どの学年にも登場する。いじめではなくても「人間関係が嫌」だと部活動も暗い。小学校4年生でもクラブを「暗くなってもやる」などやり方への不満はあるが，小学校6年生以降，クラブ活動・部活動の《方法》に対する批判がはっきりする：「レギュラー以外は大して活動する場がない」「練習ばかり」「時間が長い」「強くなるためだけ」「自主トレさせてくれない」「意見の食い違い」。そのほかの事柄として「ケガが多い」「お金がかかる」，そのほか先輩や指導者に対する批判があがる。

4-1-Ⅶ 〈友だち〉きびしさのない関係

友だちがいるから学校は好きだと子どもは答え，放課後もクラブ活動・部活動も友だちの要素が大きい。そこで友だち関係の中身について補足したい。予備調査[4-9]で〈友だち〉を調査した結果を見ると，「相談にのってくれる」が最も多く39.5%，「面白い」が2番目36.8%，「話し相手になる」が28.9%，「楽しい」が26.3%，「やさしい」21.1%と続き，いずれも〈友だちの好きなところ〉として記述された。〈友だちのきびしいところ〉を見ると「無回答」が最も多く42.1%である。友だちはきびしくないのであろう。「無回答」のほかは「すぐ怒る」5.3%が多いのみである。「無回答」の多さは，調査の際の連想順が好きを嫌いよりも先に書く順に並べてあったこと，同様に，きびしいをやさしいより後に書くように並べたことが影響する可能性がありそうである。しかし〈好き―嫌い〉と〈やさしい―きびしい〉とは別々に連想を求めているから，それぞれの思いつきやすいほう

から書くことはできたので，順序による差が大きいとは思われない。〈好き〉の「無回答」は2.6%であり，〈やさしい―きびしい〉の対では「無回答」が18.4%ならびに先述した42.1%であることを考えれば，やはり〈きびしい〉の「無回答」が多い。〈友だちの嫌いなところ〉で多いのは「馬鹿にする」7.9%，「嫌なことを言う」と「無視する」が5.3%程度であり，「手伝ってくれる」「助けてくれる」「かばってくれる」「面白い」のそれぞれ5.3%が高い数値である。ここから見ると〈友だち〉は，おもしろい話し相手であり，きびしさのない関係だ，といえる[4-10]。

4-1-Ⅷ 本節の終わりに

〈学校の好きなところ，嫌いなところ〉など対になった連想を求め，学校に関して，子どもがどのように感じているかを測り，対連想マップとして示した。対連想マップに現れた内容を当事者に報告したが，学校関係者にとって，とくに学校の勉強が嫌われ，教員の暴力が嫌われているようすを目の当たりにすることになり，衝撃的であったようだ。子どもの居場所として，学校が子どもの感じ方に即してもっと，好きで良い場となるように改善されるべきである。子どもにとって，過ごす時間が長く，意味も大きいことを考えると，学校は過ごしやすい場に変わるべきである。

過ごしやすいという言い方は対連想調査で，好きで良い第１象限に提示語からの連想が結果すべきことを必ずしも意味しない。例えば〈先生〉について，きびしいけれど好きという事態があっていい。楽観的に言えば，日本の学校はそもそも，きびしいけれどおもしろいらしい。「日本の学校に通ったことのあるアメリカの子どもは日本の学校を…『大変（ハード）だ』，『おもしろい』という」（W. エソロー，D. ウイリス，1996, p.234）。それならば，日本の学校は改めるべきを改めればまだいいということになる。基本的な課題は，これまで学校教育が培ってきた質を落とさずにいかに楽しい場に

するかであろう。

対連想調査を本節では，1つの市の学校の評価として用いた。対連想調査はまた，1時間の授業の情意面の評価に使う[4-11]。その際，第１象限ではなく，難しいけれどおもしろい授業をめざしたりする。

友だちがいるから学校へ行く，できること，表現することが好ましいと，子どもが学びの動機を語るのであれば，そして学校での学びが日常においても活きて欲しいと望むならば，ジーン・レイヴの次の言葉に耳を傾けていい：「日常活動における問題解決を分析するためには，要するに，動機づけの理論が必要である。というのは，問題があるのかないのか，また問題を構成するものが何なのかを明確にすることは，一般に問題を解く人の選択だからである。そしてわれわれが明らかにしなければならないのは，問題解決活動が次に起きることをどのようにして引き起こし，またそれに意味を与えるのか，という問題である」（J. レイヴ，無藤隆ほか訳，1995, p.65）。学びが課題解決へと向かうとき，学ぶ動機が活動と結びついて明確になり，先を見通した行為への道を開く。

対連想マップは，図示によって誰でも論議に参加できる。子どもの意識について，論議できる。対連想調査は，調査実施時間が短く，理解しやすく，視覚化される点に長所がある。こうした臨床の手法の洗練によって，情意が測定され視覚化され，子どもにとっての学校改善の有効な資料を提供できる。

第２節　いじめに関するドイツ，マレーシア，日本の意識比較
――連想調査によるオスナブリュック，ペナン，長崎の大学生の調査――

単一の提示語からの回答語によって構成される連想マップは，その提示語の人々の意識における語感，すなわち定義や様相を示すことになる。本

節ではいじめ概念の文化圏による比較を行い，日本のいじめ意識を明らかにして，道徳教育の一助としたい。

いじめに関して1996年と2002年に長崎で，またこの間にドイツのオスナブリュック，マレーシアのペナンなどで連想調査をおこなった。その結果，次の点が明らかになった。日本におけるいじめ概念は，1980年代なかば以降いじめ多発を繰り返す経験を経て，学校ならびに自殺と結びついて人々の意識に定着した。2002年になって，いじめの強い印象は薄れたが，いじめに関する意識構造は変わっていない。ドイツ，マレーシア，ブルネイで，いじめ概念は学校とあまり結びついていない。ドイツではQualからは苦痛の印象が強く，マレーシアなどでbullyは身体行為としての印象が強く，いじめを悪いとする対抗意識も強い。

4-2-Ⅰ 本節のはじめに

いじめと自殺は日本で連想として強く結びついている[4-12]。1996年におこなった長崎の連想調査で，提示語〈いじめ〉からは「自殺」(最多回答語，人数比51.5％)と「学校」(2位，29.3％)が上位を占めた。〈死〉からも「自殺」(16.3％)が多く思い起こされ，「いじめ」も3.5％想起されていた。また1996年には，提示語〈学校〉から回答語「いじめ」が7位(18.3％)で，学校といじめの結びつきも強かった。筆者にはこうした結びつきが異様に映った。日本におけるいじめは，事実としてばかりではなく，意識の状況としても取り上げるべき課題である。見過ごしていい状況ではない。

いじめ，死とその関連語，学校の3つが結びつく背景には，ほぼ10年を隔てて繰り返している学校におけるいじめによる自殺のピークがある。1985年に日本全体でいじめが広がり，管理教育が問題になり，高校2年生が教員の体罰により死亡，小学校3年生がいじめを苦に自殺するなど，いじめに起因すると見られる子どもの自殺が9件明らかになった。1985年は，いじめ発生件数の1つのピークとなる[4-13]。1986年にも，中学校2年生の自殺など，いじめに絡むと見られる子どもの自殺が続く。そして1986年は児童生徒の自殺件数のピークとなる。

1985年から10年を経て再び，日本の学校教育はいじめ発生件数のピークを迎える。1995年はいじめ発生件数のもう1つのピークとなった。いじめによる自殺が日本において再び強く意識された。1998年は，児童生徒の自殺件数の小さなピークとなる。この経過から1996年の調査時点で，いじめと自殺と学校の意識上の結びつきが，日本に住む者にとって共通体験として強く意識されたとは容易に推測がつく。

本節は，いじめ，自殺，学校の連想上のつながりから派生した次の2点の問いに応えることを企図し，いじめと死に関わる意識の状況を国際比較によって明らかにする。

1) 諸外国でも，いじめは意識のうえで死や学校と結びついているのだろうか。
2) 6年経った2002年には，いじめと死と学校の強い連想は消失しているのだろうか。

海外では，ヨーロッパ，ドイツはオスナブリュックでの1998年10月の調査，アジア，マレーシアはペナンでの1999年7月の調査を使う。またアジアでは，1996年8月におこなわれたブルネイでの調査も参照する。日本では，長崎における1996年6月の調査ならびに2002年10月の調査に依拠する。いずれも大学生に対する調査である。ブルネイでの連想調査を除いていずれも筆者による調査である[4-14]。

以下，ドイツ，マレーシア，日本の順に連想マップならびに回答語を検討する。

4-2-Ⅱ オスナブリュック，ペナン，長崎におけるいじめの語感と連想

4-2-Ⅱ-1 Qual, bully, いじめ

いじめ問題を諸外国と比較する際に検討するべきは，言葉のニュアンスである。この点で連想調

査は，各言語圏における語感を映し出すのに適している。最初にQual，bully，いじめの各国での受けとられ方を示しておく。言葉のイメージが連想調査によって明らかになるようすから，語感辞典を作成できると思わせるほどである。

ドイツ語Qualの語感は安定している。1970年代の辞典の解説と1998年時点の連想調査結果が通底している。いじめの語感は3つに分けられる。第1にQualには，Folter（拷問台，責め苦）が具体的なイメージの中心にあり，Tortur（拷問），bedruckend（虐げられた）状態が関連して想起されている（図4-15および表4-1）。この様相は，独和辞典にも現れている。「（人を苦しめる）責め苦，呵責，苦難。苦しい試練」の叙述がそれであり，第2に「苦しみ，苦痛，苦悩，心痛（英pain）」で[4-15]，連想マップの「Schmerz（苦痛）」「Leid（苦悩）」に該当する。ドイツ人にとってQualは何より痛みと苦悩を連想させ，拷問台の責め苦だと言える。Gerhard WahrigのDeutsches Wörterbuch[4-16]には，großer körperl. od. seel. Schmerz, Peinとあ

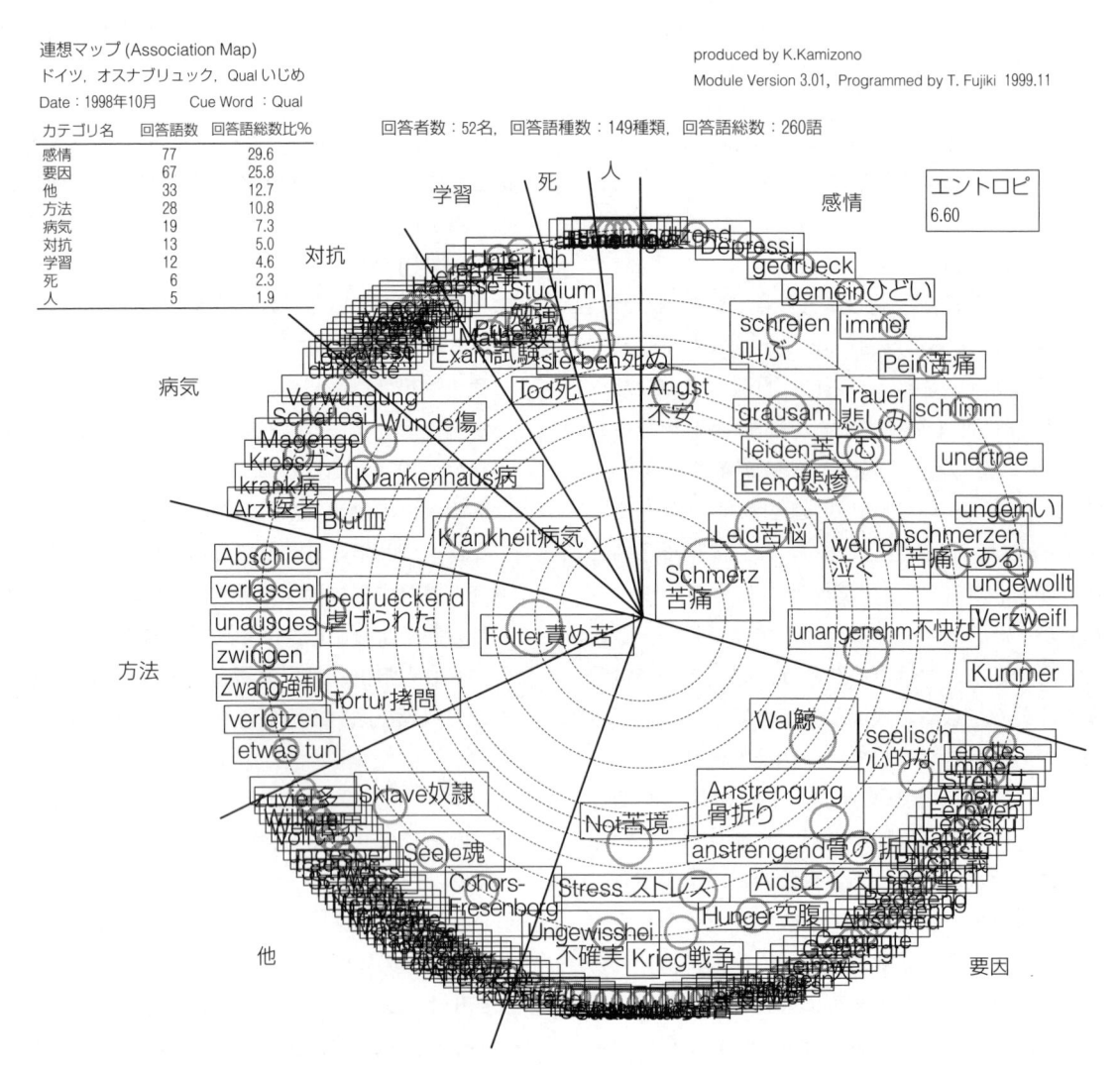

図4-15 〈Qualいじめ〉連想マップ：ドイツ，オスナブリュック大学生

り，身体的または心的痛みと記されている。しかしまた第3に Qual には，Duden[4-17] のように，Qual に対して Leid のほか Mißhandlung が当てられており，連想マップでは鯨に対する取りあつかいの不当をいじめと感じるなど，人間関係以外への方向もある。ドイツ語の語感では，鯨や病気や戦争もいじめから想起される。

マレーシアでは（図4－16および表4－2），hit（打つ）に続いて，discrimination（抑圧），exploitation（食い物にする，搾取），punch（げんこつを食わせる），torture（拷問），weapon（武器）が並ぶ。同じくアジアのブルネイでもなぐることがいじめの中心となるイメージであり，ブルネイではマレーシア以上に身体行為が挙げられる。ブルネイの連想では，punching（げんこつで打つ）に続いて，kicking（蹴る），teasing（からかう），pinching（つねる），rob（強奪する）が挙げられる。英語（米語）の弱者を傷つける者の意味[4-18] は，マレーシア，ブルネイにも見られるが，具体的になぐる身体行為が優位である。マレーシアやブルネイでの bully の語感は，英語

表4－1 〈Qual いじめ〉回答語：ドイツ，オスナブリュック大学生

カテゴリ	回答語	語数	人数比百分率		カテゴリ	回答語	語数	人数比百分率		カテゴリ	回答語	語数	人数比百分率
感情	Schmerz 苦痛	22	42.3%		感情	Pein 苦痛	1	1.9%		病気	Magengeschwuer 胃潰瘍	1	1.9%
いじめる方法	Folter 責め苦	17	32.7%		感情	schlimm 悪い	1	1.9%		病気	Schaflosigkeit 不眠症	1	1.9%
感情	Leid 苦悩	11	21.2%		その他	schwierig 難しい	1	1.9%		病気	Verwundung 傷	1	1.9%
病気	Krankheit 病気	7	13.5%		その他	Tief 深い	1	1.9%		いじめる方法	verlassen 見捨てる	1	1.9%
要因	Wal 鯨	6	11.5%		感情	unertraeglich がまんできない	1	1.9%		要因	Arbeit 労働	1	1.9%
感情	Angst 不安	5	9.6%		感情	ungern いやいや	1	1.9%		要因	Fernweh 遠くへの憧れ	1	1.9%
感情	Elend 悲惨	5	9.6%		感情	ungewollt 望まない	1	1.9%		要因	Liebeskummer 恋の悩み	1	1.9%
感情	unangenehm 不快な	5	9.6%		感情	Verzweiflung 絶望	1	1.9%		要因	Naturkatastrophen 自然災害	1	1.9%
要因	Not 苦境	5	9.6%		その他	Afrika アフリカ	1	1.9%		要因	Nichtstuer 怠け者	1	1.9%
感情	grausam 残酷な	4	7.7%		その他	Ausbruch 噴出	1	1.9%		要因	Pflicht 義務	1	1.9%
感情	weinen 泣く	4	7.7%		その他	aussen	1	1.9%		要因	sportliche Hoechstleistung 運動の最高記	1	1.9%
死	sterben 死ぬ	3	5.8%		その他	Dornenkrone イバラの冠	1	1.9%		要因	Unfall 事故	1	1.9%
死	Tod 死	3	5.8%		その他	Entscheidung	1	1.9%		要因	Bedraengnis 苦境	1	1.9%
感情	leiden 苦しむ	3	5.8%		その他	Hoelle 地獄	1	1.9%		要因	praegend 刻印する	1	1.9%
要因	Anstrengung 骨折り	3	5.8%		その他	Kater 雄猫	1	1.9%		対抗	negativ 否定的な	1	1.9%
要因	Stress ストレス	3	5.8%		その他	Kreuztod 十字架の死	1	1.9%		対抗	unnoetig 不要な	1	1.9%
いじめる方法	Tortur 拷問	2	3.8%		その他	Maertyrer 殉教者	1	1.9%		学習	Hauptseminar 主学科	1	1.9%
感情	schreien 叫ぶ	2	3.8%		その他	Mittelalter 中世	1	1.9%		学習	lernen 学ぶ	1	1.9%
感情	Trauer 悲しみ	2	3.8%		その他	Nervig 筋骨たくましい	1	1.9%		学習	lernzeit 学習時間	1	1.9%
その他	Cohors-Fresenborg	2	3.8%		その他	Neugier 好奇心	1	1.9%		学習	Unterricht 授業	1	1.9%
その他	Seele 魂	2	3.8%		その他	nicht nur koerperlich	1	1.9%		感情	Kummer 心痛	1	1.9%
その他	Sklave 奴隷	2	3.8%		その他	Problem 問題	1	1.9%		要因	Abschied nehmen	1	1.9%
いじめる方法	bedrueckend 虐げられた	2	3.8%		その他	Schwarz 黒	1	1.9%		いじめる方法	Abschied 別れ	1	1.9%
病気	Blut 血	2	3.8%		その他	Schweiss 汗	1	1.9%		要因	aufstehen	1	1.9%
病気	Krankenhaus 病院	2	3.8%		その他	traeumen 夢見る	1	1.9%		要因	Computerarbeit	1	1.9%
病気	Wunde 傷	2	3.8%		その他	ungesperrtsein 遮断されていない	1	1.9%		要因	Gefaengnis 牢獄	1	1.9%
要因	seelisch 心的な	2	3.8%		その他	vergessen 忘れる	1	1.9%		要因	gefangen 囚われの	1	1.9%
要因	anstrengend 骨の折れる	2	3.8%		その他	voll いっぱいの	1	1.9%		要因	Heimweh ホームシック	1	1.9%
学習	Exam 試験	2	3.8%		その他	Welt 世界	1	1.9%		要因	Hektik 大忙し	1	1.9%
学習	Mathe 数学	2	3.8%		その他	Willkuer 気まま	1	1.9%		要因	hungern 空腹だ	1	1.9%
学習	Pruefung テスト	2	3.8%		その他	zu spaet 遅すぎる	1	1.9%		要因	Hungersnot 飢饉	1	1.9%
学習	Studium 勉強	2	3.8%		その他	zuviel 多すぎる	1	1.9%		要因	Laerm 騒音	1	1.9%
感情	schmerzen 苦痛である	2	3.8%		対抗	durchstehen 耐え通す	1	1.9%		要因	Langeweile 退屈	1	1.9%
要因	Aids エイズ	2	3.8%		対抗	erdulden 堪え忍ぶ	1	1.9%		要因	Last 負担	1	1.9%
要因	Hunger 空腹	2	3.8%		対抗	gereift 熟した	1	1.9%		要因	Lebenslang 生の長さ	1	1.9%
要因	Krieg 戦争	2	3.8%		対抗	Gewissen 良心	1	1.9%		要因	Morgens aufstehen 朝起きる	1	1.9%
要因	Ungewissheit 不確実	2	3.8%		対抗	Hoffnung 希望	1	1.9%		要因	Muehe 苦労	1	1.9%
いじめる方法	etwas tun, was man nicht wi	1	1.9%		対抗	lindern 和らげる	1	1.9%		要因	muessen ねばならぬ	1	1.9%
いじめる方法	verletzen 傷つける	1	1.9%		対抗	Mut 勇気	1	1.9%		要因	Narbe あばた	1	1.9%
いじめる方法	Zwang 強制	1	1.9%		対抗	Ruhe 休息	1	1.9%		要因	Panik パニック	1	1.9%
いじめる方法	zwingen 強制する	1	1.9%		対抗	Trost なぐさめ	1	1.9%		要因	Sadismus サディズム	1	1.9%
いじめる方法	unausgesprochen 無言の	1	1.9%		対抗	Vertrauen 信用	1	1.9%		要因	Selbstzweifel	1	1.9%
感情	aetzend むかつく	1	1.9%		対抗	zaeh 粘り強い	1	1.9%		要因	Tierversuche 動物実験	1	1.9%
感情	Depression 気落ち	1	1.9%		人	alleine sein 一人である	1	1.9%		要因	verloren 負けた	1	1.9%
要因	endless erscheinend	1	1.9%		人	Beziehungsstoss	1	1.9%		要因	Verlust 損失	1	1.9%
感情	gedrueckt うちひしがれた	1	1.9%		人	Bindungen 結びつき	1	1.9%		要因	Walfang 捕鯨	1	1.9%
感情	gemein ひどい	1	1.9%		人	Einsamkeit 孤独	1	1.9%		要因	koerperlich 体の	1	1.9%
その他	Hass 憎しみ	1	1.9%		人	Freund 友だち	1	1.9%			計	260	
感情	immer schlimmer	1	1.9%		要因	Streit けんか	1	1.9%					
要因	immer いつも	1	1.9%		病気	Arzt 医者	1	1.9%					
					病気	krank 病気の	1	1.9%					
					病気	Krebs ガン	1	1.9%					

第4章　道徳授業の基盤への連想法の多様な活用

（米語）ともまた異なり，日本の1980年代半ば以降を経験してしまった感覚からは，素朴とも見える身体感覚，子どものおこないという感覚，何より悪いことだとする感覚が生きている。

日本語のいじめは日本的様相に強く刻印されており，いじめによって心理的に追い込まれた子どもの自殺に端を発し，1980年代半ばから新しいいじめ概念が形成されたと判断できる。すなわち，昔からあったと語られがちで集団の中でいつも生じるとされる人間関係の摩擦としてのいじめとは異なり，子どもの間に生じて逃げ場がなく，転校を１つの解決策と認めざるを得ない，学校文化のねじれとしてのいじめである。

1996年時点における日本のいじめ概念は，同年におこなった３つの連想調査の回答語によって示される。本論で後にもあつかう調査をＡ（図４－17および表４－3），他の２つの調査をＢ，Ｃとして〈いじめ〉による上位５つの回答語を示す。調査対象はいずれも長崎大学学生で，（ ）内は回答者数に対する百分率である。

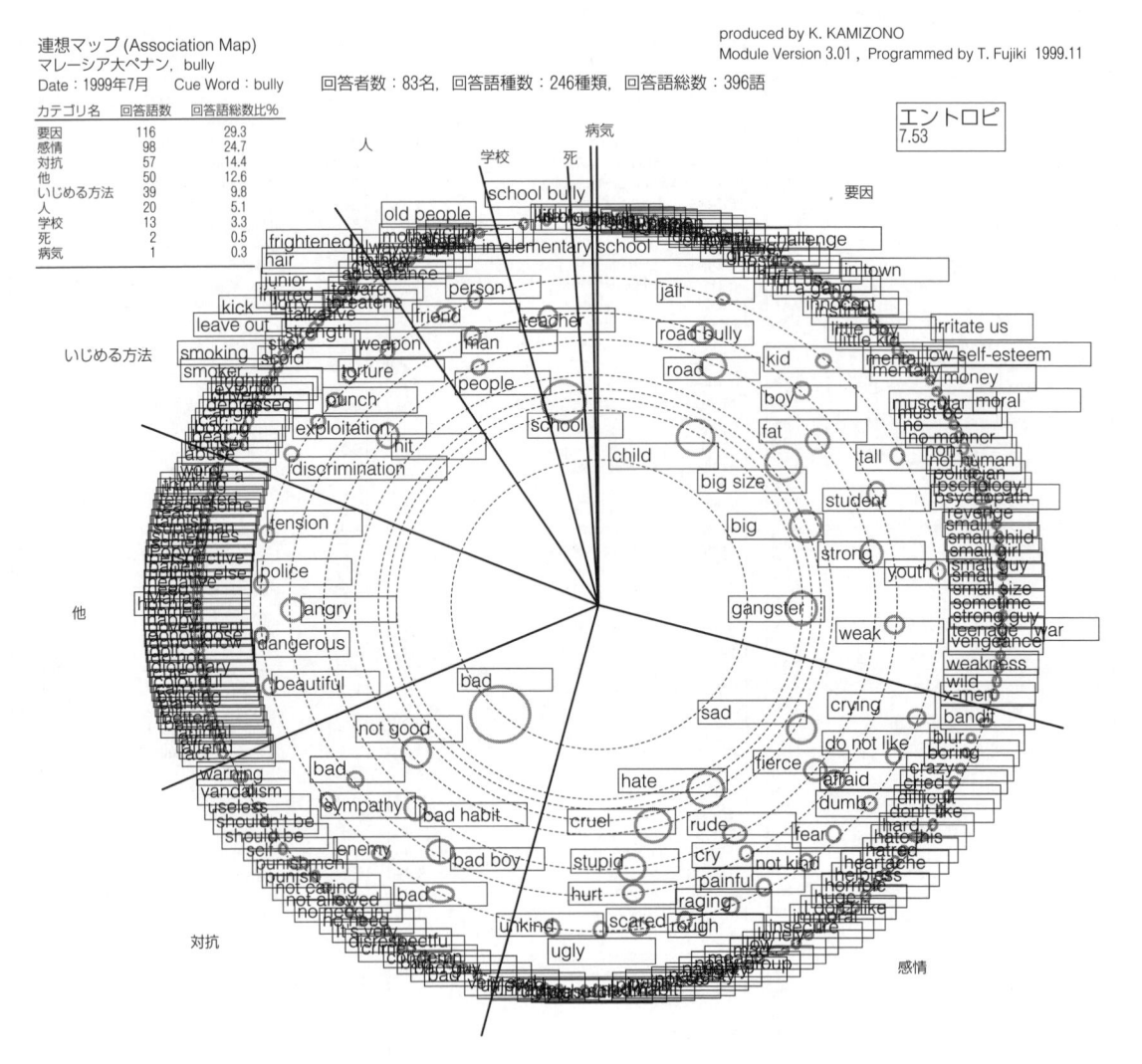

図４－16 〈bully いじめ〉連想マップ：聖マレーシア大学ペナン校大学生

A 自殺(57.3%)，学校(32.7%)，暴力(15.5%)，友だち(15.5%)，無視(11.8%)，悪い(11.8%)

B 自殺(41.5%)，学校(35.4%)，友だち(13.8%)，登校拒否(12.3%)，先生(10.8%)

C 自殺(59.8%)，学校(28.4%)，先生(20.6%)，陰険(11.8%)，暴力(10.8%)，

こうして見ると，いじめは，時に自殺を引き起こし，学校において友だちや先生も関わって(関わらなかったことも含めて)起こる暴力で，陰険であり，不登校を引き起こす，とイメージされている。

表4-2 〈bully いじめ〉回答語：マレーシア大学ペナン校

カテゴリ	回答語	語数	人数比百分率
対抗	bad	16	19.3%
要因	child	9	10.8%
要因	gangster	9	10.8%
学校	school	8	9.6%
感情	hate	7	8.4%
要因	big	7	8.4%
感情	sad	6	7.2%
感情	cruel	6	7.2%
対抗	not good	6	7.2%
要因	big size	6	7.2%
いじめる方法	hit	4	4.8%
感情	fierce	4	4.8%
感情	rude	4	4.8%
感情	stupid	4	4.8%
要因	road	4	4.8%
対抗	bad habit	4	4.8%
人	people	4	4.8%
要因	fat	4	4.8%
要因	strong	4	4.8%
学校	teacher	3	3.6%
感情	afraid	3	3.6%
感情	cry	3	3.6%
感情	hurt	3	3.6%
その他	angry	3	3.6%
要因	road bully	3	3.6%
対抗	bad boy	3	3.6%
対抗	bad people	3	3.6%
人	man	3	3.6%
要因	boy	3	3.6%
要因	student	3	3.6%
要因	weak	3	3.6%
いじめる方法	discrimination	2	2.4%
いじめる方法	exploitation	2	2.4%
いじめる方法	punch	2	2.4%
いじめる方法	torture	2	2.4%
いじめる方法	weapon	2	2.4%
感情	crying	2	2.4%
感情	do not like	2	2.4%
感情	dumb	2	2.4%
感情	fear	2	2.4%
感情	not kind	2	2.4%
感情	painful	2	2.4%
感情	raging	2	2.4%
感情	rough	2	2.4%
感情	scared	2	2.4%
感情	ugly	2	2.4%
感情	unkind	2	2.4%
その他	beautiful	2	2.4%
その他	dangerous	2	2.4%
その他	police	2	2.4%
その他	tension	2	2.4%
対抗	bad attitude	2	2.4%
対抗	enemy	2	2.4%
対抗	sympathy	2	2.4%
人	friend	2	2.4%
人	person	2	2.4%
要因	jail	2	2.4%
要因	kid	2	2.4%
要因	tall	2	2.4%
要因	youth	2	2.4%
いじめる方法	abuse	1	1.2%
いじめる方法	abused	1	1.2%
いじめる方法	beat	1	1.2%
いじめる方法	boxing	1	1.2%
いじめる方法	car	1	1.2%
いじめる方法	caught	1	1.2%
いじめる方法	depressed	1	1.2%
いじめる方法	driver	1	1.2%
いじめる方法	extortion money	1	1.2%
いじめる方法	frighten	1	1.2%
いじめる方法	frightened	1	1.2%
いじめる方法	hair	1	1.2%
いじめる方法	injured	1	1.2%
いじめる方法	junior	1	1.2%
いじめる方法	kick	1	1.2%
いじめる方法	leave out	1	1.2%
いじめる方法	lorry	1	1.2%
いじめる方法	scold	1	1.2%
いじめる方法	smoker	1	1.2%
いじめる方法	smoking	1	1.2%
いじめる方法	stick	1	1.2%
いじめる方法	strength	1	1.2%
いじめる方法	talkative	1	1.2%
いじめる方法	threatened	1	1.2%
いじめる方法	toward children	1	1.2%
	always happen in elementary school	1	1.2%
学校	school bully	1	1.2%
感情	bandit	1	1.2%
感情	blur	1	1.2%
感情	boring	1	1.2%
感情	crazy	1	1.2%
感情	cried	1	1.2%
感情	difficult	1	1.2%
感情	don't like	1	1.2%
感情	hard	1	1.2%
感情	hate this	1	1.2%
感情	hatred	1	1.2%
感情	heartache	1	1.2%
感情	helpless	1	1.2%
感情	horrible	1	1.2%
感情	huge	1	1.2%
感情	I don't like it	1	1.2%
感情	immoral	1	1.2%
感情	insecure	1	1.2%
感情	lonely	1	1.2%
感情	low	1	1.2%
感情	mad	1	1.2%
感情	mean	1	1.2%
感情	nasty group	1	1.2%
感情	naughty	1	1.2%
感情	naughty guy	1	1.2%
感情	not so smart	1	1.2%
感情	pain	1	1.2%
感情	pity on victim	1	1.2%
感情	sad habit	1	1.2%
感情	scream	1	1.2%
感情	shout	1	1.2%
感情	teaseful	1	1.2%
感情	thug	1	1.2%
感情	ugly people	1	1.2%
感情	unhappy	1	1.2%
感情	unloved	1	1.2%
感情	very sad	1	1.2%
死	kill	1	1.2%
死	life	1	1.2%
その他	act	1	1.2%
その他	affend	1	1.2%
その他	air	1	1.2%
その他	animal	1	1.2%
その他	batman	1	1.2%
その他	better	1	1.2%
その他	bill	1	1.2%
その他	blank	1	1.2%
その他	building	1	1.2%
その他	can't understand himsel	1	1.2%
その他	colourful	1	1.2%
その他	cute	1	1.2%
その他	dictionary	1	1.2%
その他	do not understand	1	1.2%
その他	doll	1	1.2%
その他	donot know	1	1.2%
その他	donot loose	1	1.2%
その他	government	1	1.2%
その他	happy	1	1.2%
その他	home	1	1.2%
その他	hot nice	1	1.2%
その他	Maria	1	1.2%
その他	need attention	1	1.2%
その他	negative effect	1	1.2%
その他	nothing else to do	1	1.2%
その他	paper	1	1.2%
その他	perspective	1	1.2%
その他	Popye	1	1.2%
その他	society	1	1.2%
その他	sometimes like it	1	1.2%
その他	superman	1	1.2%
その他	tarnish school's name	1	1.2%
その他	teach	1	1.2%
その他	teach some people	1	1.2%
その他	tempered	1	1.2%
その他	thin	1	1.2%
その他	thinking	1	1.2%
その他	will be a nobody	1	1.2%
その他	word	1	1.2%
対抗	bad character	1	1.2%
対抗	bad guy	1	1.2%
対抗	bad person	1	1.2%
対抗	condemn	1	1.2%
対抗	crime	1	1.2%
対抗	disrespectful	1	1.2%
対抗	It's very bad behavior	1	1.2%
対抗	no need	1	1.2%
対抗	no need in our life	1	1.2%
対抗	not allowed	1	1.2%
対抗	not caring	1	1.2%
対抗	punish	1	1.2%
対抗	punishment	1	1.2%
対抗	self-defence	1	1.2%
対抗	should be control in school	1	1.2%
対抗	shouldn't be encouraged	1	1.2%
対抗	useless	1	1.2%
対抗	vandalism	1	1.2%
対抗	warning	1	1.2%
人	acceptance	1	1.2%
人	cheater	1	1.2%
人	father	1	1.2%
人	guy	1	1.2%
人	mother	1	1.2%
人	old people	1	1.2%
人	parent	1	1.2%
人	sister	1	1.2%
人	victim	1	1.2%
病気	sick	1	1.2%
要因	big boy	1	1.2%
要因	big built	1	1.2%
要因	big guy	1	1.2%
要因	big people	1	1.2%
要因	big person	1	1.2%
要因	big size boys bully small size boy	1	1.2%
要因	criminal offense	1	1.2%
要因	defend	1	1.2%
要因	dominant	1	1.2%
要因	enjoy	1	1.2%
要因	face the challenge	1	1.2%
要因	for money	1	1.2%
要因	girl	1	1.2%
要因	hostile	1	1.2%
要因	hurt people	1	1.2%
要因	hurt someone	1	1.2%
要因	hurt us	1	1.2%
要因	in a gang	1	1.2%
要因	in town	1	1.2%
要因	innocent	1	1.2%
要因	instinct	1	1.2%
要因	irritate us	1	1.2%
要因	little boy	1	1.2%
要因	little kid	1	1.2%
要因	low self-esteem	1	1.2%
要因	mental	1	1.2%
要因	mentally problem	1	1.2%
要因	money	1	1.2%
要因	moral	1	1.2%
要因	muscular	1	1.2%
要因	must be strong	1	1.2%
要因	no confidence	1	1.2%
要因	no manner	1	1.2%
要因	non-educated	1	1.2%
要因	not human nature	1	1.2%
要因	politician	1	1.2%
要因	pschology effect	1	1.2%
要因	psychopath	1	1.2%
要因	revenge	1	1.2%
要因	small	1	1.2%
要因	small child	1	1.2%
要因	small girl	1	1.2%
要因	small guy	1	1.2%
要因	small people	1	1.2%
要因	small size	1	1.2%
要因	sometime for animal	1	1.2%
要因	strong guy	1	1.2%
要因	teenage	1	1.2%
要因	vengeance	1	1.2%
要因	war	1	1.2%
要因	weakness	1	1.2%
要因	wild	1	1.2%
要因	x-men	1	1.2%
計		396	

いじめがどのようなものかは，《いじめる方法》としてカテゴリにした回答語からわかる。どうすることがいじめなのか，各国の回答語から具体的に挙げる。

日本のいじめは，暴力，無視，仲間はずれを大きな要素とする。この3つは，いじめる方法としてA，B，C，3つの調査に共通し，最も多く挙げられる回答語である。

日本人にとっていじめの語感はおそらく1980年代半ばから変化してきており，それ以前の国語辞典はいじめの今日の意味を描いていない[4-19]。1997年になると新明解国語辞典第5版第1刷（三省堂）が「いじめる」について「〔弱い立場にある者に〕わざと苦痛を与えて，快感を味わう」として心理的な面から快感（これはいじめる側のストレス発散と理解できるのだが）に言及する。しかし，快感の要素は，いじめからの連想にはないに等しい。新明解国語辞典1997年の言及は新しいいじめの語感を取り入れようとして心理解説に傾いたと判断される。1998年の広辞苑第5版は，いじめ項目を設け，「い

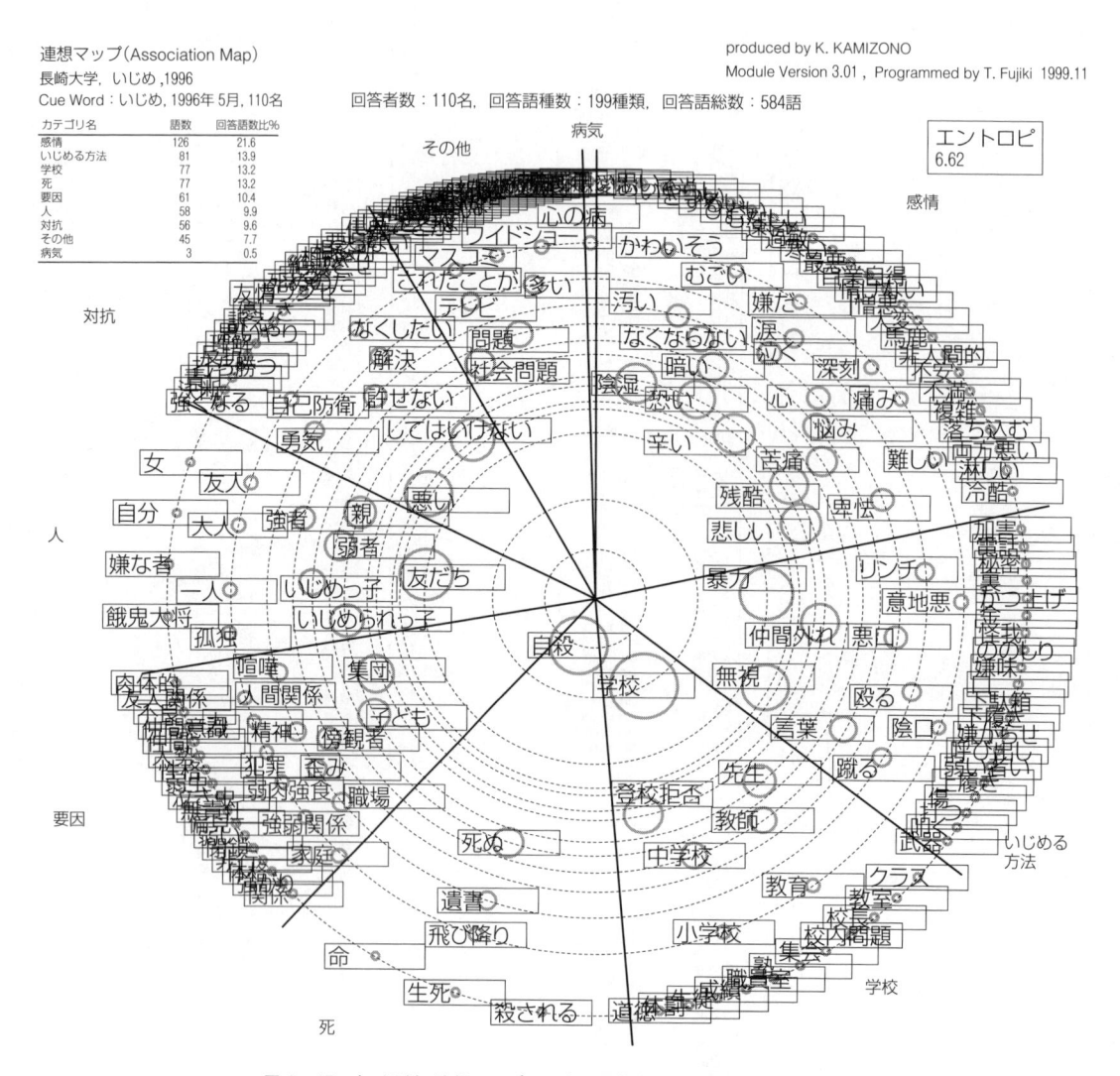

図4-17 〈いじめ〉連想マップ：日本，長崎大学生1996年

じめること。特に学校で，弱い立場の生徒を肉体的または精神的に痛めつけること」[4-20]と記述して，学校で起こるという人々の認識を記述に取り入れている。2000年12月に第2版となった日本国語大辞典第二版第一巻[4-21]は，いっそうはっきりと描いている：「弱い者などを，苦しめたり悩ませたりすること」と古い形のいじめを描きながら補注として，「昭和60年(1985)ごろからは，特に学校において，弱い立場の生徒を集団で肉体的または精神的に苦しめる，陰湿化したいわゆる校内暴力を指すことが多い」と説明する。

4-2-Ⅱ-2　オスナブリュック〈Qual〉による連想マップ

p.160, 161に提示語Qualによるドイツ，オスナブリュック大学生の連想マップ(図4-15)および回答語(表4-1)を示した。

ドイツ，オスナブリュックの場合，〈Qualい

表4-3　〈いじめ〉回答語：日本，長崎大学生，1996年

カテゴリ	回答語	語数	人数比百分率
死	自殺	63	57.3%
学校	学校	36	32.7%
いじめる方法	暴力	17	15.5%
人	友達	17	15.5%
いじめる方法	無視	13	11.8%
対抗	悪い	13	11.8%
対抗	してはいけない	12	10.9%
感情	陰湿	10	9.1%
感情	辛い	10	9.1%
感情	悲しい	10	9.1%
いじめる方法	仲間外れ	9	8.2%
要因	集団	9	8.2%
学校	登校拒否	9	8.2%
感情	恐い	9	8.2%
感情	残酷	9	8.2%
要因	子ども	7	6.4%
学校	先生	7	6.4%
人	いじめられっ子	7	6.4%
人	親	7	6.4%
その他	社会問題	6	5.5%
感情	暗い	6	5.5%
感情	苦痛	6	5.5%
死	死ぬ	6	5.5%
人	いじめっ子	6	5.5%
いじめる方法	言葉	5	4.5%
その他	問題	5	4.5%
学校	教師	5	4.5%
学校	中学校	5	4.5%
感情	なくならない	5	4.5%
感情	悩み	5	4.5%
人	弱者	5	4.5%
いじめる方法	悪口	4	3.6%
対抗	許せない	4	3.6%
要因	傍観者	4	3.6%
感情	汚い	4	3.6%
感情	泣く	4	3.6%
感情	心	4	3.6%
感情	卑怯	4	3.6%
人	強者	4	3.6%
いじめる方法	リンチ	3	2.7%
いじめる方法	殴る	3	2.7%
いじめる方法	蹴る	3	2.7%
その他	テレビ	3	2.7%
対抗	多い	3	2.7%
対抗	勇気	3	2.7%
対抗	解決	3	2.7%
要因	職場	3	2.7%
要因	歪み	3	2.7%
要因	精神	3	2.7%
要因	喧嘩	3	2.7%
感情	涙	3	2.7%
死	遺書	3	2.7%
いじめる方法	意地悪	2	1.8%
いじめる方法	陰口	2	1.8%
その他	されたことがある	2	1.8%
その他	マスコミ	2	1.8%
その他	ワイドショー	2	1.8%
対抗	自己防衛	2	1.8%
対抗	なくしたい	2	1.8%
人	孤独	2	1.8%
病気	心の病	2	1.8%
要因	家庭	2	1.8%
要因	強弱関係	2	1.8%
要因	弱肉強食	2	1.8%
要因	犯罪	2	1.8%
要因	人間関係	2	1.8%
要因	教育	2	1.8%
学校	小学校	2	1.8%
感情	かわいそう	2	1.8%
感情	むごい	2	1.8%
感情	嫌だ	2	1.8%
感情	深刻	2	1.8%
感情	痛み	2	1.8%
感情	難しい	2	1.8%
死	飛び降り	2	1.8%
人	一人	2	1.8%
人	大人	2	1.8%
人	友人	2	1.8%
いじめる方法	加害	1	0.9%
いじめる方法	電話	1	0.9%
いじめる方法	秘密	1	0.9%
いじめる方法	裏	1	0.9%
いじめる方法	かつ上げ	1	0.9%
いじめる方法	金	1	0.9%
いじめる方法	怪我	1	0.9%
いじめる方法	ののしり	1	0.9%
いじめる方法	嫌味	1	0.9%
いじめる方法	口	1	0.9%
いじめる方法	下駄箱	1	0.9%
いじめる方法	下履き	1	0.9%
いじめる方法	嫌がらせ	1	0.9%
いじめる方法	呼び出し	1	0.9%
いじめる方法	弱い者いじめ	1	0.9%
いじめる方法	上履き	1	0.9%
いじめる方法	傷	1	0.9%
いじめる方法	打つ	1	0.9%
いじめる方法	叩く	1	0.9%
いじめる方法	武器	1	0.9%
感情	悪い思い出になる	1	0.9%
感情	愛	1	0.9%
その他	信用	1	0.9%
その他	したことがある	1	0.9%
その他	したことはあるかもしれん	1	0.9%
その他	ニュース	1	0.9%
その他	一字違い	1	0.9%
その他	何故	1	0.9%
その他	関係ない	1	0.9%
その他	気付かない	1	0.9%
その他	疑問	1	0.9%
その他	原因は？	1	0.9%
その他	黒	1	0.9%
その他	今に始まったこと？	1	0.9%
その他	時代	1	0.9%
その他	新聞	1	0.9%
その他	身近	1	0.9%
その他	身近でない	1	0.9%
その他	人の気持ちを教えない	1	0.9%
その他	水	1	0.9%
その他	赤	1	0.9%
その他	被害	1	0.9%
その他	報道	1	0.9%
その他	未成年	1	0.9%
対抗	強くなる	1	0.9%
対抗	決断	1	0.9%
対抗	責任	1	0.9%
対抗	打ち勝つ	1	0.9%
対抗	反抗	1	0.9%
対抗	理解	1	0.9%
対抗	思いやり	1	0.9%
対抗	訴え	1	0.9%
対抗	優しさ	1	0.9%
対抗	友情	1	0.9%
対抗	カウンセラー	1	0.9%
対抗	死ぬのだけはだめ	1	0.9%
対抗	守る	1	0.9%
対抗	絶滅させたい	1	0.9%
対抗	相談	1	0.9%
対抗	相談所	1	0.9%
対抗	要らない	1	0.9%
病気	関係	1	0.9%
要因	強がり	1	0.9%
要因	体格	1	0.9%
要因	非行	1	0.9%
要因	閉鎖	1	0.9%
要因	弱い	1	0.9%
要因	偏見	1	0.9%
要因	無責任	1	0.9%
要因	泣き虫	1	0.9%
要因	弱虫	1	0.9%
要因	性格	1	0.9%
要因	大勢	1	0.9%
要因	仲間	1	0.9%
要因	仲間意識	1	0.9%
要因	不良	1	0.9%
要因	友人関係のこじれ	1	0.9%
要因	肉体的	1	0.9%
学校	クラス	1	0.9%
学校	教室	1	0.9%
学校	校長	1	0.9%
学校	校内問題	1	0.9%
学校	集会	1	0.9%
学校	塾	1	0.9%
学校	職員室	1	0.9%
学校	成績	1	0.9%
学校	生徒	1	0.9%
学校	体罰	1	0.9%
学校	道徳	1	0.9%
感情	あって当然	1	0.9%
感情	いやらしい	1	0.9%
感情	きつい	1	0.9%
感情	ずるい	1	0.9%
感情	ひどい	1	0.9%
感情	むなしい	1	0.9%
感情	遠い	1	0.9%
感情	過敏	1	0.9%
感情	寒い	1	0.9%
感情	最悪	1	0.9%
感情	自業自得	1	0.9%
感情	情けない	1	0.9%
感情	憎悪	1	0.9%
感情	大変	1	0.9%
感情	馬鹿	1	0.9%
感情	非人間的	1	0.9%
感情	不安	1	0.9%
感情	不満	1	0.9%
感情	複雑	1	0.9%
感情	落ち込む	1	0.9%
感情	両方悪い	1	0.9%
感情	淋しい	1	0.9%
感情	冷酷	1	0.9%
死	殺される	1	0.9%
死	生死	1	0.9%
死	命	1	0.9%
人	餓鬼大将	1	0.9%
人	嫌な者	1	0.9%
人	自分	1	0.9%
人	女	1	0.9%
計		584	

じめ〉から「Schmerz 苦痛」を52名のうち22名(42.3%)という多数が思い出している。この多さから，SchmerzがQualの定義になっていると言える。回答語の個々の連想量(連想マップの個々の回答語に対応する円の面積)は多くの人が想起するほど大きくなるが，人数比百分率の対数として計算しているために，およそ36％を超えると逆に小さくなる[4-22]。小さくなる領域は，定義域と名付けていいと考えており，提示語となった概念と分かちがたく結びついて，言われれば誰もが頷く，その概念を構成する不可欠の要素と見なしていい。すなわちドイツ語のQual〈いじめ〉はSchmerz(苦痛)をぬきに語れない。Schmerzは同様の表現「Leid 苦悩」とあわせて，ドイツにおけるいじめの中心イメージを形成している。

「Folter 責め苦，拷問台」も同様の語感を含むが，カテゴリ《いじめる方法》に分類した。ドイツ語の〈Qual いじめ〉を責め苦を受けて苦痛で苦悩する状態だと理解すると，この状態は，個人的な人間関係に限定されず，「Wal 鯨[4-23]」に対するいじめも視野に入るし，「sterben」や「Tod」に表される「死」も，「Exam 試験」も「Krieg 戦争」「Aids エイズ」「Hunger 空腹」「Ungewißheit 不確実性」もいじめの要因となる。

「Exam 試験」は責め苦であり苦痛と苦悩の要因であるとしても，《学習》カテゴリとして別あつかいにして，他国のカテゴリとの差異性と整合性をもたせた。すなわち，日本のように学校において起こるいじめとは内容が異なるため，カテゴリ名をドイツだけは《学校》ではなく，《学習》と変えた。この《学習》カテゴリには嫌な学習「Mathe 数学」「Prüfung テスト」「Studium 勉強」が含まれる。

苦しみの原因または結果として「Krankheit 病気」もいじめから連想される。《病気》カテゴリの多さ(総回答数の7.3％，図4-15左上)は，マレーシアやブルネイ，新旧2つの長崎での調査と比べて，ドイツの特色の1つである。

4-2-Ⅱ-3 ペナン〈bully〉による連想マップ

聖マレーシア大学ペナン校における連想調査で目立つのは，〈bully いじめ〉が「bad 悪い」とする意識の強さである。人数比百分率で19.3％(表4-2左上)，「not good よくない」を加えると26.5％を占める。いじめをよくないとする《対抗》カテゴリ全体では，回答語総数の14.4％，人数比に直すと68.7％になり，7割近くがいじめをよくないとする意識をもつ。〈bully いじめ〉に対抗する力となるいわば正義感の強さは，いじめの要因を「gangster 悪漢(10.8％)」「child 子ども(10.8％)」(図4-16《要因》，表4-2左上)の行いととらえるところにあり，《感情》としても「hate 憎む(8.4％)」という図式にある。子どもの行為であるが故にいじめの起こる場は主に「school 学校(9.6％)」であり，「big 大きい(8.4％)」ないし「big size(7.2％)」の者が，あるいは「fat (4.8％)」で「strong(4.8％)」な者が行うと回答語の筋書きを読み取れる。マレーシアではいじめが日本のように鬱屈して心理的様相を呈しておらず，1980年代を経た日本のいじめの様相からするとまだましなように見える。

ブルネイでの調査を参照すると，マレーシアと同様の様子がうかがえる。いじめは「bad 悪い(29.2％)」であり「hate 憎む(29.2％)」感情が回答語の第1位を占め，《対抗》カテゴリが回答語総数の19.9％を占める。マレーシアやブルネイでいじめを悪いとする人が多く，《対抗》カテゴリが9.6％に止まる日本よりも，その分安心して過ごせる気がする。

4-2-Ⅱ-4 長崎〈いじめ〉による連想マップ

日本は長崎における連想調査結果の特徴は，回答語「自殺」が第1位，人数比にして57.3％に及ぶ点である。「自殺」が〈いじめ〉の定義域に入っており，いじめといえば誰もが自殺を思う状況になっている。《死》カテゴリを見ても回答語総数の

13.2％(図4－17左上)に達し，人数比に直すと70.0％になる。ドイツで，オスナブリュックでの《死》が回答語総数に対して2.3％(図4－15)，マレーシア，ペナンで0.5％(図4－16)，ブルネイで3.5％である点と比較して，いじめから死を連想する日本の割合は突出している。

　1996年という時点は長崎ではいじめによる自殺の起こった翌年にあたる。1995年4月28日の朝8時頃，校舎と体育館の間のコンクリート上に頭から血を流して倒れている長崎市内の中学校女子生徒の姿が発見された。校舎3階のロビーに椅子が置いてありこれを踏み台にして飛び降りたらしい。いじめを苦にした内容の遺書があった。こうした報道は長崎にとって衝撃的であった。この印象は，回答語「遺書(2.7％)」「飛び降り(1.8％)」に読み取れる。また「自殺」などにも反映しているのだろう。

　いじめによる死の報道が日本で相次ぎ，長崎でも起こった影響が1996年の調査にどれほどあるかは，2002年の調査と比べるとわかる。結論を先取りすれば，強い印象を与えていると認められ，また1900年後半に形成されたいじめ概念の基本構造は2002年になっても変化していない。

　回答語として2番目に多い「学校」は1996年長崎の調査で32.7％(表4－3)，カテゴリ《学校》で13.2％(図4－17左上)を占める。これも「自殺」と同様，他の地域での調査と比べて多い。ドイツ，オスナブリュックの《学習》で4.6％，マレーシア，ペナンの《学校》で3.3％，ブルネイの《学校》で0.4％である。「Exam 試験」など回答語の内容から見て《学習》における苦痛を連想しているドイツの場合を含めても，学校といじめの結びつきは日本において非常に強い。

　日本では，いじめが学校で起こっているという連想だけでなく，「登校拒否」に結びつく連想も8.2％あり，学校の抱える問題としてのいじめ認識の強さをうかがわせる。

《その他》のカテゴリにも日本におけるいじめ問題の特徴が現れている。「社会問題」(人数比5.5％)，「問題」(4.5％)，「テレビ」(2.7％)，「マスコミ」(1.8％)，「ワイドショー」(1.8％)などは，他の地域の調査には現れない。日本ではそれだけ社会問題化し，マスコミに取り上げられているようすが連想マップに現れている。

　ドイツ，オスナブリュックで見られた《病気》(7.3％)への連想は，アジア諸国では少ない。1996年の長崎で0.5％，マレーシア，ペナンで0.3％，ブルネイで0.4％にすぎない。

　「集団」(8.2％)(表4－3)で，という感覚も，日本のいじめに特有なものらしい。本節4-2-Ⅱ-1で取り上げた1996年のB，Cの調査にも集団によるいじめを示す回答語が人数比6.2％，8.8％出現するが，他の地域の調査では見られない。

　いじめを悪とする意識は，日本，長崎にもある。「悪い」(11.8％)，「してはいけない」(10.9％)，「許せない」(3.6％)が回答語として並んでおり，《対抗》カテゴリとしては9.6％ある。いじめへの《対抗》意識はマレーシア，ペナンの14.4％，ブルネイの19.9％に比較すると少ないが，1割程度はいじめを排撃する考えがあることに希望がもてる。

　回答語総数を回答語種数で除して，1種類の言葉に平均何語ほど集中しているかを見ると，ドイツ，オスナブリュックで1.74，マレーシア，ペナンで1.61，ブルネイで1.78であるのに対して，長崎では集中度が高く2.93(後述の2002年の調査で2.49)である。回答語種数を回答者数で割った数値，1人あたりの回答語種数を比べると長崎は小さく(オスナブリュック2.87，ペナン2.96，長崎1.81(2002年で2.12))，日本ではいじめから同一の言葉を思い出している傾向がある。日本ではそれだけ〈いじめ〉から皆が同じことを思い起こすということである。

　この点は，1人あたりの回答語数とエントロピの関係からも言える。1人あたりが思い出して

いる言葉の数は長崎で5.31語と比較的多いにもかかわらず，オスナブリュック5.00語，ペナン4.77語，ブルネイ4.71語の状況と比較して，長崎のエントロピは6.62（2002年で6.85）と大きくない（オスナブリュック6.60，ペナン7.53，ブルネイ6.44。それぞれの連想マップ右上に表示）。長崎では，いじめから想起する言葉が拡散していない，すなわち皆が比較的同じ言葉に傾いている。その同じ言葉の中心にあるのは「自殺」であり，「学校」である。

4-2-Ⅲ　長崎における1996年と2002年の〈いじめ〉による連想マップ比較

6年もたてば，人の記憶は薄れる，そうも思われた。またしかし，いじめによる自殺という10年を隔て2度繰り返した日本の共通体験を経て，いじめ概念の変化は記憶に積み重ねられているとも思えた。

今後また10年後にいじめによる子どもの自殺を繰り返さないために必要な学校改革は，動き始めたとはいえ，遅々としている。〈死〉から「自殺」

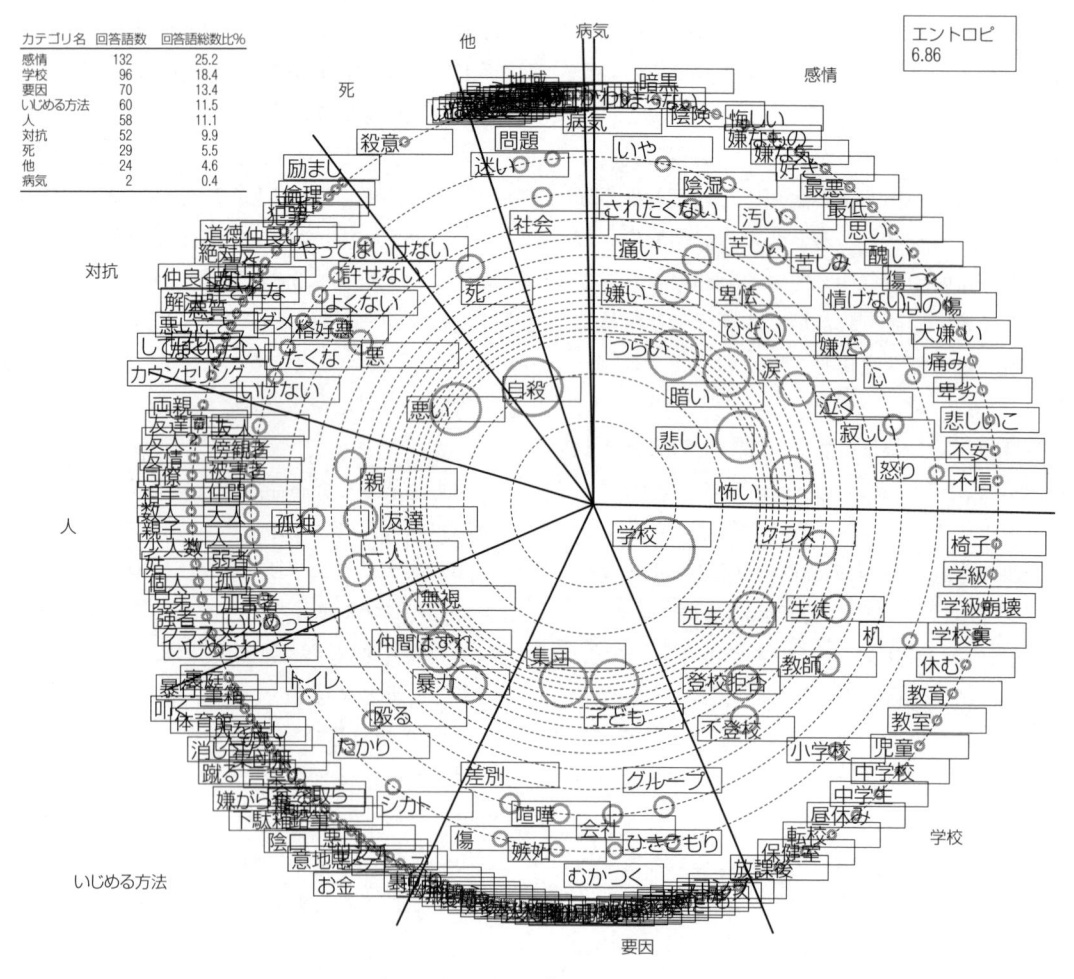

図4－18　〈いじめ〉連想マップ：日本，長崎大学生2002年

第2節　いじめに関するドイツ，マレーシア，日本の意識比較

が人数比で16.3％思い起こされていた1996年の状況（上薗恒太郎, 2002, p.12）から，いじめ概念の様相は変わったのだろうか。意識の流れから例えば《対抗》カテゴリが増加していないとすると，3たび，4たびの事態を考えなければならないだろう。2つのマップ比較の背景には，このような2つの問題意識があった。（2002年の時点ではそう考えていたが，結果として3たび繰り返した。4たび繰り返してはならない，それは学校不要論をいっそう正当化する。）

結論から言うと，〈いじめ〉から「自殺」への連想は減った（表4－4，図4－18）。人数比57.3％から23.2％に，半分以下になった。この点では，人はあまり思い出さなくなったと言える。しかし，依然として思い起こす言葉の第2位であることは変わらない。「学校」への連想は32.7％から39.4％に増えてすらいる。連想マップ全体としては，「自殺」と「学校」を軸にいじめという言葉が思い起こされる様相に変わりはない。

いじめの内実を具体的に示す《いじめる方法》を比べたい（図4－17，表4－3，図4－18，表4－4）。

表4－4　〈いじめ〉回答語：日本，長崎大学生，2002年

カテゴリ	回答語	語数	人数比百分率
学校	学校	39	39.4%
死	自殺	23	23.2%
感情	悲しい	15	15.2%
対抗	悪い	15	15.2%
感情	つらい	14	14.1%
要因	子ども	13	13.1%
要因	集団	13	13.1%
感情	暗い	12	12.1%
学校	先生	11	11.1%
いじめる方法	無視	10	10.1%
感情	怖い	10	10.1%
いじめる方法	仲間はずれ	9	9.1%
いじめる方法	暴力	8	8.1%
学校	クラス	7	7.1%
学校	登校拒否	7	7.1%
感情	嫌い	7	7.1%
感情	涙	7	7.1%
人	友達	7	7.1%
感情	ひどい	6	6.1%
人	一人	6	6.1%
学校	生徒	6	6.1%
学校	不登校	5	5.1%
感情	痛い	5	5.1%
感情	卑怯	5	5.1%
感情	泣く	5	5.1%
死	死	5	5.1%
学校	教師	4	4.0%
対抗	悪	4	4.0%
人	孤独	4	4.0%
いじめる方法	殴る	3	3.0%
感情	されたくない	3	3.0%
感情	苦しい	3	3.0%
感情	嫌だ	3	3.0%
感情	寂しい	3	3.0%
その他	社会	3	3.0%
対抗	格好悪い	3	3.0%
要因	グループ	3	3.0%
要因	会社	3	3.0%
要因	喧嘩	3	3.0%
要因	差別	3	3.0%
いじめる方法	シカト	2	2.0%
いじめる方法	たかり	2	2.0%
いじめる方法	トイレ	2	2.0%
学校	机	2	2.0%
学校	小学校	2	2.0%
感情	いや	2	2.0%
感情	陰湿	2	2.0%
感情	汚い	2	2.0%
感情	苦しみ	2	2.0%
感情	情けない	2	2.0%
感情	心	2	2.0%
感情	怒り	2	2.0%
その他	問題	2	2.0%
対抗	いけない	2	2.0%
対抗	したくない	2	2.0%
対抗	ダメ	2	2.0%
対抗	よくない	2	2.0%
対抗	許せない	2	2.0%
対抗	やってはいけない	2	2.0%
人	いじめっ子	2	2.0%
人	加害者	2	2.0%
人	孤立	2	2.0%
人	弱者	2	2.0%
人	大人	2	2.0%
人	仲間	2	2.0%
人	被害者	2	2.0%
人	傍観者	2	2.0%
人	友人	2	2.0%
要因	ひきこもり	2	2.0%
要因	むかつく	2	2.0%
要因	嫉妬	2	2.0%
要因	傷	2	2.0%
いじめる方法	お金	1	1.0%
いじめる方法	シューズ	1	1.0%
いじめる方法	ノート	1	1.0%
いじめる方法	リンチ	1	1.0%
いじめる方法	悪口	1	1.0%
いじめる方法	意地悪	1	1.0%
いじめる方法	陰口	1	1.0%
いじめる方法	鉛筆	1	1.0%
いじめる方法	下駄箱	1	1.0%
いじめる方法	画鋲	1	1.0%
いじめる方法	金	1	1.0%
いじめる方法	金を取られる	1	1.0%
いじめる方法	嫌がらせ	1	1.0%
いじめる方法	言葉の暴力	1	1.0%
いじめる方法	蹴る	1	1.0%
いじめる方法	集団無視	1	1.0%
いじめる方法	消しゴム	1	1.0%
いじめる方法	人のいやがること	1	1.0%
いじめる方法	人を苦しめる	1	1.0%
いじめる方法	体育館	1	1.0%
いじめる方法	叩く	1	1.0%
いじめる方法	筆箱	1	1.0%
いじめる方法	暴行	1	1.0%
いじめる方法	裏庭	1	1.0%
学校	椅子	1	1.0%
学校	学級崩壊	1	1.0%
学校	学級裏	1	1.0%
学校	休む	1	1.0%
学校	教育	1	1.0%
学校	教室	1	1.0%
学校	児童	1	1.0%
学校	中学校	1	1.0%
学校	中学生	1	1.0%
学校	昼休み	1	1.0%
学校	転校	1	1.0%
学校	保健室	1	1.0%
学校	放課後	1	1.0%
感情	かわいそう	1	1.0%
感情	つまらない	1	1.0%
感情	暗黒	1	1.0%
感情	陰険	1	1.0%
感情	悔しい	1	1.0%
感情	嫌なもの	1	1.0%
感情	嫌な気持ち	1	1.0%
感情	好き	1	1.0%
感情	最悪	1	1.0%
感情	最低	1	1.0%
感情	思い	1	1.0%
感情	醜い	1	1.0%
感情	傷つく	1	1.0%
感情	心の傷	1	1.0%
感情	大嫌い	1	1.0%
感情	痛み	1	1.0%
感情	卑劣	1	1.0%
感情	悲しいこと	1	1.0%
感情	不安	1	1.0%
感情	不信	1	1.0%
死	殺意	1	1.0%
その他	いじめ	1	1.0%
その他	テレビ	1	1.0%
その他	どこにでもあること	1	1.0%
その他	なくならない	1	1.0%
その他	意味がない	1	1.0%
その他	影	1	1.0%
その他	過去	1	1.0%
その他	見えない	1	1.0%
その他	現在	1	1.0%
その他	現代	1	1.0%
その他	黒	1	1.0%
その他	人生を狂わせる	1	1.0%
その他	地域	1	1.0%
その他	同和	1	1.0%
その他	日本	1	1.0%
その他	悩み	1	1.0%
その他	複雑	1	1.0%
対抗	カウンセリング	1	1.0%
対抗	してはいけない	1	1.0%
対抗	なくしたい	1	1.0%
対抗	フリースクール	1	1.0%
対抗	悪いこと	1	1.0%
対抗	悪質	1	1.0%
対抗	解決	1	1.0%
対抗	許されない	1	1.0%
対抗	助け	1	1.0%
対抗	責任	1	1.0%
対抗	絶対反対	1	1.0%
対抗	仲良くなりたい	1	1.0%
対抗	仲良し	1	1.0%
対抗	道徳	1	1.0%
対抗	犯罪	1	1.0%
対抗	平和	1	1.0%
対抗	倫理	1	1.0%
対抗	励まし	1	1.0%
人	いじめられっ子	1	1.0%
人	クラスメイト	1	1.0%
人	強者	1	1.0%
人	兄弟	1	1.0%
人	個人	1	1.0%
人	姑	1	1.0%
人	少人数	1	1.0%
人	親子	1	1.0%
人	数人	1	1.0%
人	相手	1	1.0%
人	同僚	1	1.0%
人	友人？	1	1.0%
人	友達同士	1	1.0%
人	両親	1	1.0%
病気	病	1	1.0%
病気	病気	1	1.0%
要因	コンプレックス	1	1.0%
要因	ストレス	1	1.0%
要因	ねたみ	1	1.0%
要因	引きこもり	1	1.0%
要因	家庭	1	1.0%
要因	気づきにくい	1	1.0%
要因	強対弱	1	1.0%
要因	弱い	1	1.0%
要因	弱い者	1	1.0%
要因	周りはいわない	1	1.0%
要因	上下関係	1	1.0%
要因	職場	1	1.0%
要因	身分	1	1.0%
要因	人間の本性	1	1.0%
要因	人間関係	1	1.0%
要因	青少年	1	1.0%
要因	多対一	1	1.0%
要因	妬み	1	1.0%
要因	不良	1	1.0%
要因	復讐	1	1.0%
要因	無関心	1	1.0%
要因	幼稚	1	1.0%
要因	理由	1	1.0%
要因	裏切り	1	1.0%
計		523	

1996年には「暴力」「無視」「仲間はずれ」がいじめの中心であった。2002年の調査においては「暴力」の出現率が人数比15.5％から8.1％に減っているが，「無視」は11.8％から10.1％に，「仲間はずれ」は8.2％から9.1％になっており，大きな変化は見られない。《いじめる方法》全体として，この3つがいじめるやり方の中心であることに変わりはない。すなわちいじめの内実に認識の変化はない。

いじめ《要因》を構成する大きな要素は，1996年に「集団」と「子ども」であったものが，それぞれ8.2％および6.4％からいずれも13.1％に増加しているものの，両者で構成されることに変わりはない。《要因》カテゴリ自体も10.4％から13.4％と大きな変化は見せない。また，《人》カテゴリも9.9％から11.1％とあまり変化なく，最も多い回答語が「友だち」で15.5％から7.1％と，割合としては半数以下になっているが，最も多い言葉であることには変わりがない。《病気》は0.5％から0.4％と変化がない。

いじめを否定する言葉を調査票に書く者の割合《対抗》も増えていない。1996年は9.6％で2002年には9.9％である。人の意識状況が，いじめられる者にとって過ごしやすくなったとは言いがたい。6年間のさまざまな努力にもかかわらず，さしたる意識変化がない。実施されたのは緊急の対応であって，意識変容をもたらすようないじめ問題の根本的解消への道はつけられていないと，2002年の連想調査結果から読み取れる。

1996年から2002年の変化は，強い印象の薄れと拡散によるのではないか。「自殺」「暴力」「陰湿」など悲劇的な要素は薄まる傾向にあり，人の印象は時とともに移ろうと思わせる。

カテゴリでは《死》の減少と《学校》の増加が目につく。《死》の減少は，ほとんど「自殺」の減少による。「自殺」は総語数比で10.8％から4.4％に減少しており，カテゴリ全体の減少のほとんど（カテゴリ全体で7.7％減少したぶんの8割強）を占めている。つまり，《死》の減少は「自殺」印象の薄れによる。

《学校》カテゴリも増加（回答語総数比で13.2％から18.4％）している。その内実は，「学校」そのものの増加もあるが，要因としては「自殺」ほど大きくない。回答語「学校」のカテゴリ全体の増加に占める割合は4分の1で，「登校拒否」「不登校」の増加，「先生」「教師」の増加，「クラス」の増加などによっている。すなわち《学校》の増加は，学校，登校拒否，先生，クラスなどへ意識の対象が広がった結果である。

意識の広がりの原因と意味は，いじめの連想結果からは，印象の薄れ以上にはよくわからない。印象が薄れていることは確かである。少し論じておく。

意識の拡散が継時的に起こったのではなく，調査対象の大学生たちが6年前には中学生に近かった，すなわち，いじめによる自殺と同時代に同様の学校組織に在籍していたし，同様の年齢であったことによって，いじめ周辺の言葉を思い起こしている結果が今日も続いているのではないかと疑念がわく。しかし，提示語〈学校〉の連想調査によると，「いじめ」回答語は確実に減少している。1996年の調査では〈学校〉から「いじめ」は人数比18.7％であったが，2002年には4.0％に減っている。印象は薄れており，いじめによる自殺への当時の近さがそのまま6年後に持ち越されているとの想定には無理がある。学校の連想からいじめが，4分の1程度にまで減少した印象の薄れあるいは忘却の度合いからすれば，いじめから学校を想起する度合いも同じくらいに減少していいが，薄れは半分ほどに止まるところを見ると，学校はいじめ概念の定義としてすでに組み込まれている。

4-2-Ⅳ　本節の終わりに

本論では1996年の長崎における〈いじめ〉の連想調査，2002年の長崎における調査，オスナブリュックにおける調査，マレーシアにおける調査を軸

に，1996年におこなった〈いじめ〉の別の２つの連想調査，ブルネイにおける〈いじめ〉の調査，1996年と2002年の長崎における〈学校〉の連想調査を参照しながら論じた。

その結果，子どものいじめによる自殺の衝撃は，印象として残っているという以上に，日本においてはいじめ概念の定義を変えた。概念の連想調査は，言葉の定義を明らかにするためにも使える。

いじめの国際比較の難しさは，概念の内実が文化圏によって異なるところにある。(これまでの連想調査から，文化圏が同じならば，基本構造は同じだと見ていい。)連想調査は，いわば人々の胸中にある言葉の様相を映し出して，その言葉に対する情意，思考，態度言葉の文化圏による違いを明らかにする。本論ではいじめ概念の相違を明らかにすることができた。

ドイツにおける Qual は，Folter(拷問台，責め苦)をイメージの中核にしながら，Schmerz(苦痛)，Leid(苦悩)として受けとられており，捕鯨や病気への広がりをもつ。

マレーシア，ブルネイにおける bully は，悪いおこないだとする意識が強く，打つ身体行為をイメージの中核にし，子どもや悪漢によるおこないだと考えられており，英語や米語とも微妙に異なる。

いじめは日本において，無視，仲間はずれ　暴力によって行われ　学校と自殺に強く結びつけられた概念であり，この概念構造は６年を経ても変わらなかった。連想調査が示す意識変化からは，いじめ対策にもかかわらず，緊急対応に止まったままに事態だけが沈静化していると考えられ　いじめを排撃する意識を増やすには至っていない。学校からいじめをなくすために，緊急対応に止まらない教育の姿勢転換が必要である。

2010年の時点になって振り返ると，いわゆるいじめによる自殺はすでにおよそ10年おきに３度大きく話題になっている。2005年には遺書を残し学校問題を指摘して自殺した学生・生徒が67名あったと警視庁生活安全局地域課によって公表されている。2005年には長崎県でも，公表されなかった件を含めて子どもの自殺が相次いだ。文部科学省の統計では，2005年にいじめによる自殺はなかったことになっているが，この集計に信頼性がないことは首相自ら10月30日の国会答弁で表明している。2006年になってなお，いじめによると見られる子どもの自殺が続いた。

2006年10月の筆者による長崎大学教育学部生60名による連想調査によれば，〈いじめ〉は「学校」(人数比55.0％，回答語の１位)と「自殺」(53.3％，回答語の２位)と結びついている。すなわちかたの意識において学校は，1980年代なかばからの課題を解決しないまま，子どもに自死を繰り返させて存続していると読める。日本の学校をいじめと自殺のない場に変えるには，学校関係者が，子どもを死に追いやらない教育を意識すべきである。

第３節　市民育成としての知識に基づく道徳上の判断形成

本節では，単一自由連想を使った国際比較によって，日本における成人を含めた教育課題を浮き彫りにする。本節は，ヒトゲノム研究と学校教育に焦点を当てて，道徳授業が向かうべき市民教育の方向について論じる。

ヒトゲノム塩基配列解読完了宣言(2003年４月)後の道徳教育の役割を，ドイツでのヒトゲノムに関わる意識調査および教育と対比して論じ，以下の４点を主張する。人のあり方に関わる科学研究にどのような態度をとるかは，道徳教育の課題である。

1　ヒトゲノム研究と応用の影響は人間のあり方に及ぶ。市民が専門家の研究を判断するための教育に向けて，学校教育関係者のヒトゲノム分野の知識水準を高める必要がある。

2 科学に関わる教科書に倫理の記述を，道徳，倫理等において科学の記述をおこなう冗長性（redundancy）を取り入れ，学校教育における創造的な知をめざす必要がある。
3 科学教育に関わる教科書の記述を生活の次元において記述し，生徒の必要，興味・関心につないで，科学研究を市民が判断できるようにする必要がある。
4 道徳の授業において科学研究とその応用について判断を下す市民の育成をおこなう道を明らかにし，高等学校を含む道徳教育を系統的におこなう必要がある。

4-3-Ⅰ 知らない
4-3-Ⅰ-1 教員は知らない

長崎県を中心にした九州の小学校，中学校教員総計61名が〈ゲノム〉という提示語から何を思いつくかを調べたのが図4－19，2003年8月末の調査[4-24]である。

図4－19で中心が閑散としているのは，思いつ

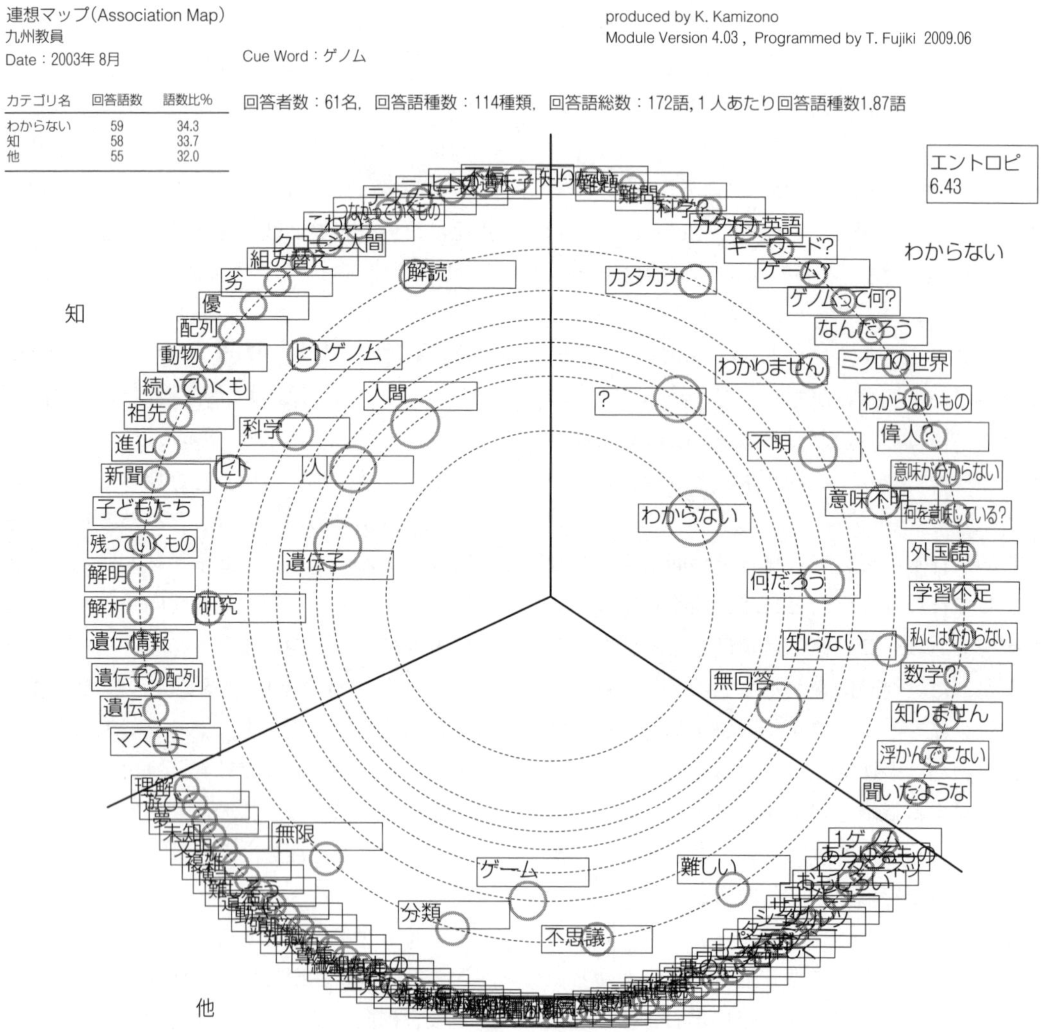

図4－19 長崎を中心とした教員

く言葉が少ない，言いかえれば〈ゲノム〉について知らないようすを表している。実際，回答語として「わからない」「？」「何だろう」あるいは無回答が多く，《わからない》カテゴリに分類される言葉は回答語総数の32.6％あった。これは予想よりはるかに多かった。というのも2003年7月初旬にドイツの大学生63名を対象に提示語〈Gen〉で調査した結果（図4－20），《わからない》が0.3％だったから。長崎大学生（図4－21）でも《わからない》は1.9％であった。

長崎を中心にした小中学校教員がもつゲノムに関する知識の少なさは，長崎大学生，ドイツの大学生と比べて歴然としている。長崎の大学生とドイツの大学生の間でも《知》及び《わからない》カテゴリについて有意差（$p<.01$および$p<.1$）がある。長崎の大学生は，ドイツの大学生よりもゲノムに関して，知らない。小中学校教員はゲノムに関して，それ以上に知らない，おそらく関心がない。

教員は，人の尊厳の課題をはらむヒトゲノム研究について，知的に敏感であっていい。とくに道

連想マップ（Association Map）
ドイツ大学生（Gen）
Date: Juli 2003　　　　Cue Word : Gen

produced by K. Kamizono
Module Version 3.01, Programmed by T. Fujiki 1999.11

回答者数：63名，　回答語種数：171種類，　回答総数：346語，　1人あたり回答語種数：2.71種類

カテゴリ名	回答語数	語数比％
わからない	306	88.4
知	39	11.3
他	1	0.3

エントロピ 6.75

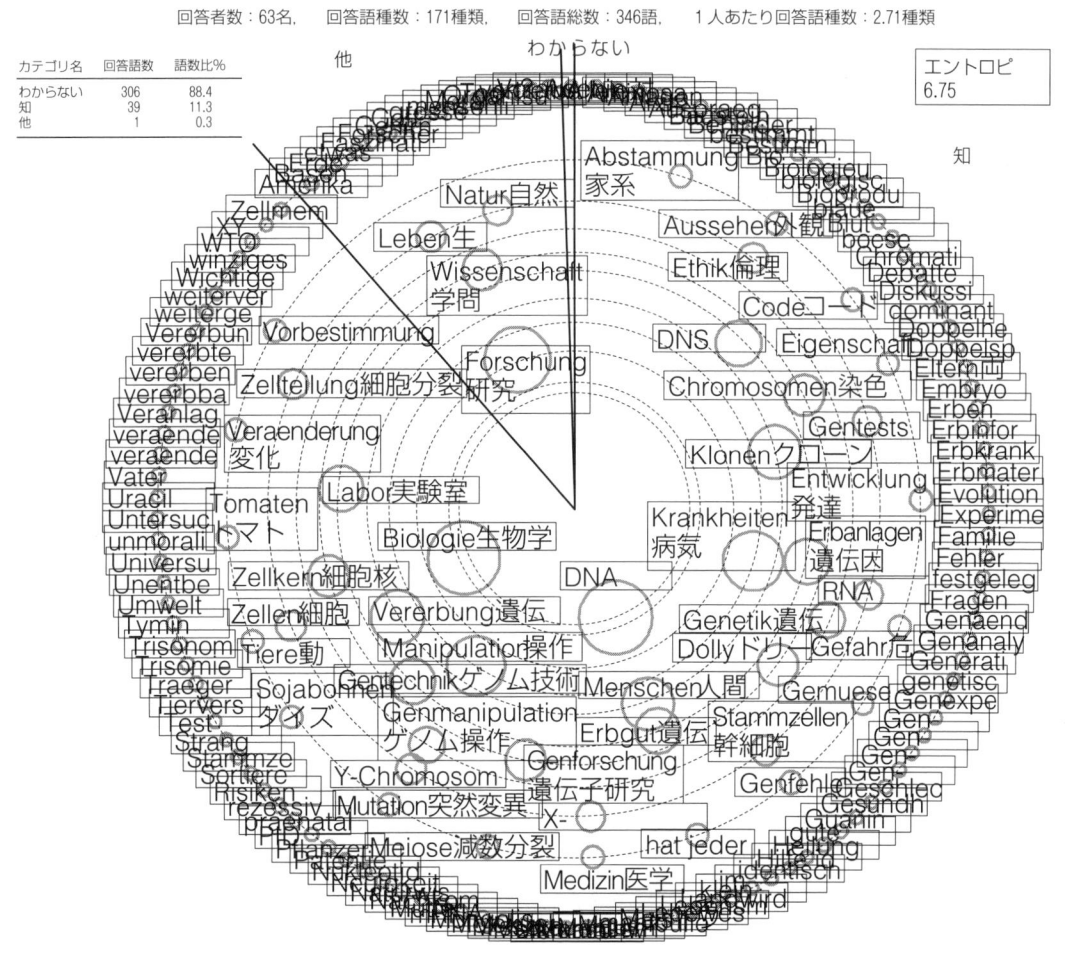

図4－20　ドイツ大学生

徳教育において，人のあり方に関わる課題に敏感であるべきだろう。教員は知的関心において教員の権威を支える現代の公共性を取り戻すべきであろう。

4-3-I-2 日本の大学生はあまり知らない

提示語が〈ヒトゲノム〉になると，長崎の大学生が，ドイツの大学生や高校生に比べて知らないようすがくっきりする[4-25]。〈ヒトゲノム〉について長崎大学生は，1人あたり回答語種数が最も少なく，1人あたり回答語数も最も少なく，カテゴリ《しらない》が回答語総数比11.4％と高い。《しらない》の回答語総数比はドイツ高校生で1.7％，ドイツ大学生で0.5％である。《しらない》の語を回答者数比にすると，ドイツ高校生が6.7％，ドイ

表4−5 提示語〈ヒトゲノム〉による回答の日独比較

〈ヒトゲノム〉	エントロピ(bit)	1人あたり回答語種数(語)	カテゴリ《しらない》の回答語総数比(％)	カテゴリ《再考すべき》の回答者総数比(％)
ドイツの高校生	6.44	2.13	6.7	21.7
ドイツの大学生	7.08	2.49	2.2	24.7
長崎大学生	6.52	1.92	38.4	34.2

連想マップ（Association Map）
長崎大学生
Date: January 2003　　　　Cue Word：ゲノム

produced by K. Kamizono
Module Version 3.01, Programmed by T. Fujiki 1999.11

回答者数：45名，回答語種数：75種類，回答語総数：159語，1人あたり回答語種数：1.67語

カテゴリ名	回答語数	語数比%
わからない	123	77.4
知	33	20.8
他	3	1.9

エントロピ 5.51

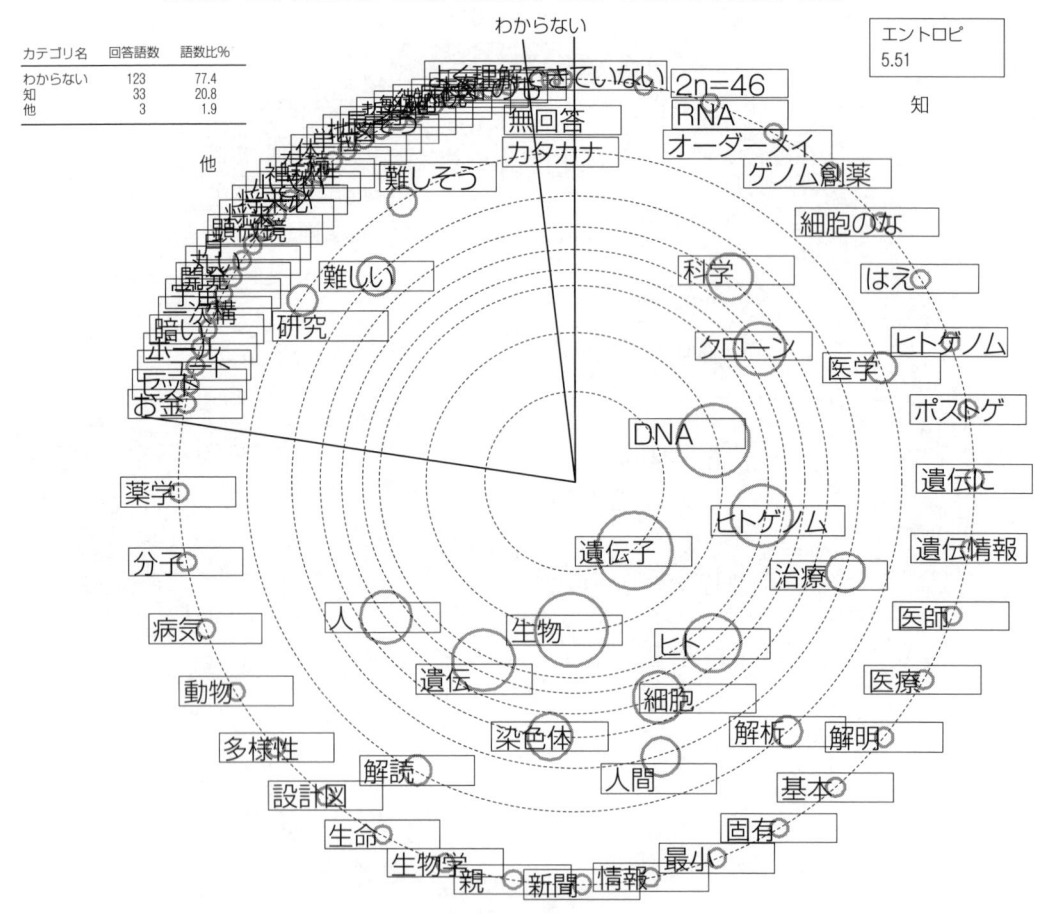

図4−21 長崎大学生

ツ大学生が2.2％であるのに対して，長崎の大学生は38.4％になる（表4-5）。長崎大学生の《しらない》とドイツ高校生の《しらない》でも有意差（$p<.01$）がある。また〈ヒトゲノム〉に対する否定的回答「倫理」「問題」などは，ドイツ大学生の「完全なる人間」をめざしている，ドイツ高校生の「禁止」されている，などの批判的回答よりも漠然とした言葉である。

長崎大学生でも知っている者はおり，「アデニン」「グアニン」「シトシン」も出現し，回答語「DNA」はドイツ大学生が16.9％であるのに対して，長崎大学生は12.3％である。他方，ドイツ大学生で「Chromosomen 染色体」が人数比で18.0％であるのに対して，長崎大学生は5.5％であり，ドイツ大学生で「Biologie 生物学」が人数比11.2％であるのに対して，長崎大学生では出現せず，「生物」で5.5％ある。「生物」は，高等学校教科としての意味と，生きとし生けるものの2つの意味をもつが，すべて教科と見なしてもドイツ大学生より少ない。ドイツ高校生では「Biologie 生物学」出現率が人数比で5.0％あるが，この数値には生物学を学んでいない生徒を含んでいる。

日本とドイツが違う要因として3つが考えられる。1つは歴史を含む社会意識の相違，2つには教科書記述の違い，3つには政治教育である。本論では，現行学校教育の大枠において改革可能な教科書のあり方を中心に論じる。

4-3-Ⅱ　日本における教科書の構成
4-3-Ⅱ-1　中学校公民と高等学校生物

日本における教科書は2004年現在，ヒトゲノムに関してちぐはぐな状況にある。生物教科書で記述削減の一方，現代社会や倫理でヒトゲノムに関する倫理問題が取り上げられ，突っ込んだ記述になる傾向がある。

学年段階でいち早く登場するヒトゲノム研究と技術の倫理問題として，東京書籍中学校社会科用『新しい社会　公民』が次のように書く：「科学技術の発展は，わたしたちの生命・健康や環境・生活に重大な危険をもたらしかねません。遺伝子操作や人クローン研究等は，倫理上，慎重に対応しなければならない問題です。科学技術の発展を支える学問研究の自由と，生命・健康等の人権の尊重とを，どのように調整するかが問われています」[4-26]。

高等学校では，数研出版『高等学校生物Ⅰ』と啓林館『高等学校生物Ⅰ』がワトソンとクリックの写真を載せる。しかし倫理面の記述となると共に見あたらず，啓林館の場合「遺伝病等の克服に応用できると期待されている」と期待だけを記す。第一学習社は『高等学校生物Ⅰ』で遺伝全体について45ページを使って詳しく，ヒトの全染色体を並べた写真を載せる。第一学習社は『高等学校生物Ⅰ』および『高等学校新生物Ⅰ』の双方において同じ記述で，病気の治療法の開発や生物学の研究への利用を取り上げ，「その一方で，ゲノムの内容は，重要な個人情報であり，その扱いにはじゅうぶん配慮が必要になる」[4-27]とプライバシー面に限って注意を喚起する。

日本の理科の教科書は遺伝全体に関する記述は少なくないが，伴性遺伝，組替え価，また遺伝法則の理解促進，ショウジョウバエ，ユスリカ，ネズミの実験などに詳しく，人と生活に関わる記述が少ない。理科は理科に関する事柄または科学技術への期待を描く意識に制約されているのだろう，つまり教科の枠を超えないとの了解があるのだろう。

日本でもヒトゲノム・プロジェクトについて記した生物学教科書はある。実教出版『新版 生物Ⅰ』は「DNAの構造と働き」でコラムを設け，ヒトゲノム解析計画について書く[4-28]。「倫理的な問題」に言及する点でこの教科書を評価するが，「有効性を認識」する叙述が多く，課題は「運用」「使われ方」にあると書き，巨大プロジェクトや近代科学と人間の生活を問い直す視点はない。

教科書以上に詳しい日本の理科の資料『総合図

説生物』『ニュービジュアル版 新詳生物図表』でも倫理面は「配慮」「倫理的な問題」の一言に止まる[4-29]。

ヒトゲノム研究の影響が広範であること，個人のあり方にまで影響を及ぼすことを考えると，教科の枠を超えた記述が必要であろう。理科においては次の2点が必要である。
1．ヒトゲノム研究と成果を生活に結びつけた記述を理科でもおこなう。
2．科学の知識を記述すると同時に，科学の知識を判断する視点を提示する。

4-3-II-2　高等学校の倫理，現代社会でのヒトゲノムのあつかい

ヒトゲノム問題に関して今日，現代社会や倫理の教科書が積極的にあつかう傾向がある。すると，科学の知識の背景なしに倫理上の判断を求める事態になりかねない。

理科の教科書はDNAの構造について，どの教科書もA，G，C，Tの記号を示すに止まっている。ところが一部の現代社会の教科書は「DNAは，アデニン(A)，チミン(T)，グアニン(G)，シトシン(C)とよぶ4種類の化学物質(塩基)が約30億個つながっており，これらの文字で表現された情報の全体をゲノムとよぶ」[4-30]と解説し，二重らせん構造，染色体，細胞の図も載せる。この扱いは「生命工学(バイオテクノロジー)や医療技術のめざましい発達は，これまで人類が直面したことのない新しい問題を生じさせている。そのなかでも特に，人間自らの手によって生命のしくみを操作できるようになったことは，今後の人類の行方を左右するたいへん大きな問題である」との意識に基づく。

倫理の教科書もヒトゲノム問題で突っ込んだ記述をする。教育出版『倫理　自己を見つめて』はテーラーメイド治療と関わって23行記述する：体外受精した卵から病気を起こす遺伝子を取り除き，正常な遺伝子を移植すれば，新たに生まれる子どもの発病を防ぐこともできる。さらに自分にはない能力を発揮できるような遺伝子を受精卵に移植する「遺伝子強化」の発想も生まれてくる。…遺伝子スクリーニングという「ふるい分け」により，特定の病気を引き起こす原因が本人や家族にあるという理由で，保険の加入を拒否されたり，就職で不利になる差別や排除があってはならない[4-31]。東京書籍『倫理』は「ヒトゲノムと人権に関する世界宣言」(1997年ユネスコ総会)の一部を掲げ，よりよい生き方，よりよい社会について考えたいと投げかける：「デザインされた子ども」「完璧な子ども」への際限ない欲望を支援するためのシステムとして医療が機能してしまう可能性をもっているとはいえないだろうか[4-32]。実教出版『現代社会』もヒトゲノムに関するユネスコの宣言を示しながら6ページにわたって問題提起をおこなう[4-33]。清水書院『新倫理』は「これら(受精卵や胚性幹細胞―引用者註)は，母体内に移す操作を加えれば，人間として生まれてくるものであり，それを実験の材料とすることは，人間や生命の尊厳に反する，との指摘もある」[4-34]と書く。

理科と比較して社会科の教科書の姿勢は多様である。分量が異なるだけでなく，おのおのの問題に対する態度も異なる。事実の提示に力点をおく，可能性の指摘で終わる，高校生の関心に任せてしまう，価値判断を避けるか回りくどい表現で逃げる，などである。

教科書による学習を支え教員を支える体系的な文献は，日本においては一般書以外には少ない。現代社会や倫理がヒトゲノム研究と技術の危惧について問いをちりばめる割には，ヒトゲノムに関する知識・事実・意見を集めた資料集はわずかである。教育出版『テーマ30　生命倫理』，清水書院，『総合的な学習　こう展開する生命の教育』などがある[4-35]。

4-3-Ⅲ 冗長性を[4-36]
4-3-Ⅲ-1 ドイツの状況

ドイツのヒトゲノム研究に対する意識状況を簡略に述べたい。

ヒトゲノム研究に関する規制は，ドイツにおいて厳しく，それは過去の歴史を背景にした人々の意識の反映であろう。第二次世界大戦中の優性思想などの歴史的体験が，近くは1980年代以降のドイツにおけるヒトゲノム研究論議が，意識に反映していると考えられる。

ドイツでは1980年代半ばに連邦議会でヒトゲノム解析研究の倫理問題が討議された[3-37]。政権がキリスト教民主同盟から社会民主党・緑の党に変わって，Enquete-Kommission が2002年5月14日に"Recht und Ethik der modernen Medizin（近代医学の権利と倫理）"をドイツ連邦議会に報告している。この報告は前書きを次のように始める：「今日バイオ医学の知識と能力は息をのむ速さで増大している。人間存在の限界状況に，これまではただ運命の，めぐり合わせの，また神の全能の手にあると思っていたこと（生殖，誕生と死，病気と障がい）に，今は介入して造りあげることが可能である。これは希望とともに，おびえをもたらす」。本報告の「人間の尊厳／人間の権利」で始まる章だてが[4-38]今日のドイツの考え方を示している。ほかに，新旧キリスト教教会もヒトゲノム研究と技術の意味についてセミナーを開くなど，多くは批判的に活発に論議している。

1980年代後半の強い批判によって，ドイツ企業はゲノム研究で先進的な動きをしなかったが，今日では積極的な展開を見せる。ドイツ連邦政府も2001年に連邦予算で教育・研究予算を大幅に増額し，バイオ，分子医学などに重点配分を始め，またドイツのバイオテクノロジー関連企業によるゲノム研究ネットを構築する計画である。こうした動きを見ると，ドイツは規制が厳しい点に変わりはないが，先端を進もうとしている。

2002年の連邦議会総選挙でもヒトゲノム研究をめぐる論争は争点の1つになったと聞いた。ヒトゲノム研究と応用のあり方が総選挙の争点になるドイツ社会の意識の高さは，政治の分野や企業だけでなく，学校教育にも現れている。世界的なヒトゲノム解読への寄与率が塩基数で日本とドイツは3位と5位と近く，歴史，政治，教育においてヒトゲノム研究に関する意識の高いドイツとの比較が，意識研究として有用である。

4-3-Ⅲ-2 ドイツの生物学教科書—生活に向けた知識

ドイツの生物学教科書は，日本とは方向を異にする。1つは，生活につながる解説があること，2つにはゲノム技術に対する反対意見を生物学教科書に記載することである。

ドイツにおいて教科書は，教育に関する権限が各州にあるため，各州向けに編成される。1つの出版社が，それぞれの州用に教科書をつくる[4-39]。各州の内容には共通部分が多く，むしろ出版社ごとの編集方針の違いが大きい印象をもつ。1冊の教科書を1年で終えるわけではなく，7〜9学年用，あるいは2001年から2005年までの使用だったりする。1学年1年で終える日本の教科書よりも厚く，詳しい。次の2冊は，いずれも2005年まで5年間使う設定で，シュレーデル社の教科書"Biologieheute（今日の生物学）SⅡ"は索引まで入れて481ページ，メツラー社の"Linder Biologie（リンダー生物学）"で480ページあり[4-40]，日本の教科書のおよそ2倍である。いずれもギムナジウムで用いられる標準的な教科書である。

Biologieheute SⅡは，Genetik（遺伝学）について92ページを割き，日本の詳しい教科書のおよそ2.5倍の記述量である。220ページでは母親の30歳代40歳代各年齢で21トリソミーのリスクを示す棒グラフを掲げて49歳で8％超に至ると示す。また同じページで出生前診断について書き，羊水検査を図解して，羊水検査により性別がわかること，生化学や酵素の検査ができること，また細胞を分

析することにより生化学検査や染色体検査ができると図示する。染色体検査では、遺伝病、例えばハンチントン病を調べることができる。ハンチントン病は優性遺伝の不治の神経疾患で、40歳50歳代に発現し、50％の確からしさで発症する旨の解説が付けられる。遺伝異常の発生率や遺伝病について、生活において直面する問題を率直に解説する点は注目すべきである。

"Entwicklungsbiologie(発達生物学)[4-41]" は2006年までの使用を想定した資料で、さらに詳しい。人工授精の図、3種類の羊水検査（9～12週、14週から、19週からはへその緒の血液中に浮く胎児の細胞を用いる遺伝子診断）の図に、流産の可能性が9～12週で約2％、14週から約1％、19週から約1％である旨も書き込まれ、おのおの可能な診断の種類を列挙する。

"Linder Biologie" は Genetik(遺伝学)に78ページを割いて、「ゲノム技術の人間への適用」を7ページにわたって述べる[4-42]。その図に例えば、大腿骨の幹細胞から欠損遺伝子を取りだし、ウィルスにより損なわれていない遺伝子を導入、再び移植する過程がある。同じ過程を"Ethik Ⅱ(倫理学高校2年生)"は1ページ使って載せる[4-43]。"Linder Biologie"の特徴はまた、「ゲノム技術のリスクと倫理的問題」を1ページにわたって叙述する点である。B5サイズを超える1ページを文章だけで叙述する情報量は多い。「ゲノム技術は生物改変の新しい可能性を開いた」と書き始め、生物の多様性が失われる、ゲノム領域の専門家は社会に受け入れられたゲノム技術のリスクの範囲を超えてはならない、などと論じていく。さらにこの教科書は、遺伝子カウンセリングについても別に1ページを割き、日本の理科の守備範囲を超えて、生活とのつながりをつけている。

ドイツの生物学教科書では "Linder Biologie" が特別ではない。"Biologieheute SⅡ" も「品種改良におけるゲノム技術への賛否」[4-44]に半ページを割く。「クローン・ヒツジについての報道を読んだとき…冷たい戦慄が私を包んだ」と始まるコラムは、刺激的に問題を考えさせる。

反対意見を載せ、社会的論議を配慮する措置は、生物学分野の専門的な資料である "Entwicklungsbiologie" がいっそう詳細である。同じ赤ん坊の顔を10人並べて「人間のクローンについての意見」に半ページ、そこにはドイツ司教会議のコメントも引用され、「再生生物学の倫理的観点」として5つのケースを挙げ、「5人の親をもつ子ども」などと紹介されており、学習者への質問として「ここに記載した例で、どれが胚保護法によってドイツでは考えられないことでしょうか」と論議を仕組む[4-45]。問いに答える過程は、法の規制を含む実社会の論議であり、高度である。それは、生物学の知識を教える発想を超えて、公共の正当性を考えさせようとする。

4-3-Ⅲ-3　教育支援

ドイツの連邦政治教育センター(Bundeszentrale für die politische Bildung)は教員への支援として、『Gentechnik Arbeitshilfen für die politische Bildung(ゲノム技術　政治教育授業支援)』[4-46]を公刊している。

「この刊行物は連邦政治教育センターの見解を叙述したものではない」と断って公刊された『ゲノム技術　政治教育授業支援』は、A4サイズ571ページにのぼる資料集である。1999年にすでにドイツ連邦政府が教員や市民を支援するために「ヒト医療、農業、食料、工業、経済、軍事、権利、リスクの吟味、倫理」について「情報、論議、教材」を集めて編纂されている。この資料集は、ヒトゲノム研究と技術が及ぼす広範な影響を網羅している点、おのおのの「課題領域」について「事柄の情報」を提示し、文献、教材を提示する点、「科学技術の課題領域　リスクの吟味と素人の判定資格」を取り上げる点ですぐれている。

この資料集はよくできている：例えば、「ヒト医療におけるゲノム技術の課題領域」では、「ヒ

ポクラテスの誓い」のほか,「あなたは羊水検査について何を知っていますか」という8項目のテスト,「私はたぶん堕胎を決心するだろう,こういうときには…」という質問項目に答えた後に実際の調査結果の数値が示される,出生前診断についても予めの質問項目が示され,希望と不安に揺れる妊娠－日常から拾った3つの例,が並べられ,「ゲノム検査－賛成と反対,または知りたいと知りたくないの間」という質問に答えてみてページをめくると「誤りだけが生になり,知ることは死になる。予測遺伝学のディレンマ」の論が示され,「ガンは治るようになる」という記事も示され,「外来遺伝子導入―倫理上の葛藤―」などがならび,1990年12月13日ドイツ連邦議会による「胚保護法」,1997年4月4日ヨーロッパ議会の「生物学と医学の応用に関して人間の権利と人間の尊厳を保護するための合意：人間の権利とバイオ医療についての合意」が掲げられ,バラの花にマーガレットが咲く写真で締めくくられ,深く考えさせられる。

目を引くのは素人にどのような判定資格があるかを取り上げる点である。ヴォルフガング・ビアは「科学理解の課題領域,リスクの吟味と素人の判定資格」の章の導きとなる問いとして「事柄の情報」に進む前に次の質問を投げかける。若者と大人を対象にした資料集で,近代以降の学問と科学の歴史的関係から考えさせる高度な問いに瞠目する。

表4－6の問いの必要性はドイツに止まらない。日本においても科学と生活に関して判断する素人の育成が急務である。そこで以下の点を考えるべきだろう。

1．生活につなぐドイツの教科書や資料の記述は,女性にも自分の問題であると感得させる。日本の教科書記述は,科学研究に止まり,女性や一般社会人が知る必要ならびに論議する必要に踏み込まない。日本の科学の教科書は,道徳や倫理と領域を重ねての共同を,冗長に見えるとしても,考えるべきである。
2．生物学でヒトゲノム研究とその応用の判断について叙述するなど,近代科学と生活を媒介する思考を育てる。これは倫理問題の視点をもつ科学者を育成することになる。また道徳や倫理において,科学知識に基づいて判断する市民を育てる教科書や資料集が必要である。
4．教員と道徳教育は,人間の尊厳に関わる今日の課題を扱うことにより,成熟した社会意識をもつべき中学生や高等学校での人格の育成を主

表4－6 『ゲノム技術　政治教育授業支援』科学理解の課題領域,リスクの吟味と素人の判定資格

導きとなる問い
・社会と学問の関係は近代の始めからどのように変わってきたか
・伝統的形式による学問上の認識獲得と論証はどのように構成されており,どこに内在的なまた社会的な限界があったか
・自然科学と科学技術による理論上の枠組転換は,自然科学と科学技術の自己認識にとって,またそれらの社会における機能にとってどのような意味をもつか
・支配的な自然科学に対する主な批判点は何か,そして学問と技術についてどのような"異なる"理解の要素を描くことができるか
・学問と技術についてのどのような理解が,社会において有力な"神話"もしくは"反神話"の背後に,その時々に潜んでいるか
・誰がどのような基準によって,政治的,社会的,環境的なリスクを引き受けるかどうかを,ゲノム技術研究と応用について決断すべきなのか
・自然科学と技術の素人に,さまざまに異なる技術戦線に関わる社会的な決定に際して,どのような意味が与えられるべきか
・技術受容のための努力と,社会を（ゲノム）技術によって造りあげる論議と,どこに相違があるのか

導できる。学習指導要領に細分化された価値項目1つ1つを教える姿勢で今日の総合的な課題を扱うのは難しい。今日の課題に応える道徳の時間にするべきである。

遺伝医学は，オーダーメイド医療，インフォームド・コンセントや遺伝カウンセリングのために，自己決定能力が必要だと語り始めている。遺伝情報に基づいて生き方を決断する力は，医療の求めでもある。遺伝性疾患の認識に偏見や優性思想の忍び込みを避けることが難しい今の日本の状況では，多様性があるとの事実認識と，遺伝上の多様性を尊重する教育が要請される。

ヒトゲノム研究の許容範囲を決めるために，私人の欲望による判断ではなく，生活の場からの公共性をもつ判断を，例えば出生前診断による堕胎を許すか，遺伝子改変食物を受け入れるか，遺伝情報を使う優れた資質への希求（時として新しい形の優性思想）を是とするか，ゲノム研究先進諸国による生命資源の不公正取得をどう考えるか，の判断を必要としている。

連想調査は，ヒトゲノムに関する知識が日本で少ない状況を示した。ドイツの理科の教科書は，ドイツの学生の意識に受けとめられた知識が，いわゆる知識と技術を教えた結果ではないと語っているように思う。不足する知識を学校で教えるという論理は単純に過ぎ，今日の社会の必要を説得しきれない。日本の理科の教科書では，知の独走を倫理上からまた生活から判断して進む社会への道筋は見えにくい。人格の育成に資する知識のあり方を検討するときにきている。

最初の教科書と目される『世界図絵』(1658)においてJ. A. コメニウスが魂についても水についても1冊の教科書にまとめたとき，教科書が提示する世界は1つにまとまっていた。今日1冊の教科書に全ての分野を集約するのは無理だが，記述を重ね合わせる冗長性(redundancy)によって，知識と道徳性との連絡を図ることができる。冗長性は，効率よく知識を教えるには無駄に見えるだろうが(効率よくという発想は道徳においても1時間1価値1資料の形に見られるが)，子どもの学習が創造的であるために必要である。冗長性によって子どもは学際的に知識をつなげて考え，生活の意味を紡ぐ物語に知識を織り込むことができる。同様に道徳においても，知識と価値を重ね，異なる価値を生活において重ね合わせて自己の内面での学びを創造することになろう。

これまで道徳教育は，生活とつなげて考える，人のあり方生き方を支える，自分を振り返るといった手法を根幹にしてきた。この授業手法は，人間の尊厳に関わる問いにも有効である。生活，あり方生き方，自己反省は，科学の知識による判断の根拠となるからである。求められるのは，道徳と科学の手法を現代の課題，子どもの必要に向けることである。道徳の時間は，学習指導要領の項目をならべてすます時間に止まるべきではなく，読み物資料で諭す一般論のしつけに終わるべきではなく，人間にとっての公共性を支える課題に応える勇気が必要であろう。命のあり方を判断する市民の道徳教育，科学の成果を管理する市民のための学校教育が必要である。

第5章　連想法による道徳授業評価

　連想法が日常の道徳授業評価として有効であることを，本章で確かめたい。ここで使うのは主に単一自由連想による連想マップである。

　道徳授業を子どもの意識において評価したい，すなわち，授業で子どもが何を考えたか全体として心情や思考や意欲の行きつくところを知りたい，子どもの意識に生じた成果を目に見える形にしたいとの思いがあり，連想マップを道徳授業のアセスメントとして使う。第5章で，1時間1価値でおこなわれる日常の道徳授業で子どもの意識に何が起こったか，連想法を使って評価する。

　連想マップを使って授業の評価をおこなうと，授業がねらいとした価値が深まったか，子どもが日常と結びつけて考えたか，意識変容があったか，自分と結びつけて考えたか，を知ることができる。子どもの意識の流れを知ると，例えば発言の活発な授業によって必ずしも価値が深まらないことがわかる。こうした授業評価を通じて，資料の質が解明され，道徳授業方法の効果が明らかになる。

　第5章第1節ではさらに，1．わかる（知による理解），2．受け入れる（心情による受容），3．おこなう（行為），4．できる（技能）の4つの型として道徳授業のねらいが分類され，授業の考え方に有効である旨を示した。

第1節　日常の道徳授業評価

　一般に1時間の授業について評価する際に，ねらいを1時間で達成できるところに絞る作業が必要である。ねらいの明確化は，授業者が何をやろうとしているかを考える効果をもち，ねらいを絞り込む作業だけでも授業改善に役立つ。以下，日常的な授業で連想調査が有効であることを明らかにした山本和佳の2つの授業，授業展開によって異なる結果になることを連想マップによって示す佐藤良平の2つの授業，計4つについて述べる。

　当時，山本和佳が五島福江市，佐藤良平が島原の近隣国見町，上薗恒太郎が長崎市と離れていたため，取り上げた授業を互いが実際に見ることはなかった。授業を見なくても連想マップによって互いに論議できたのは，連想法の長所である。また連想調査が短時間で実施でき，連想マップに至る処理が簡便な点も，いろいろと授業を試みるのに有利であった。ここに提出した授業が小学校高学年に集中したのは，偶然である。その背景にはしかし，小学校低学年では調査者が子どもの回答語を書き取る工夫を必要とする点がある。

5-1-Ⅰ　家族をテーマにした日常の道徳授業
5-1-Ⅰ-1　授業1と2の設定

　2つの授業について，授業者山本和佳の報告，考え，感想，連想調査結果をもとに構成する。

　日頃多くの学校で行われている基本的な形の授業を取り上げ，授業の前後に連想調査を実施した。資料は，読み物を用いた。授業1では，長崎県社会福祉協議会編「ちきゅうのなかま」から改作した資料「私のおかあさん」を用いた。聾唖者の母をもつ女の子が，手話を練習しようとの気持ちになっていく話である。授業2では副読本に多く採用される資料「手品師」を用いた。街角で手品を演じる主人公が，子どもとの約束を守るために，大劇場に出演する機会を断るかどうかという話である。「手品師」は批判のある資料だが，広く使われているのであえて選択した。

　授業1は小学校6年生25名を対象に「家族愛」として，授業2は小学校5年生29名を対象に「正

直」としておこなった。連想調査に使った提示語は，授業1が〈おかあさん〉〈家族〉〈手話〉，授業2が〈手品師〉〈正直〉〈約束〉であった。

5-1-I-2　授業1「私のおかあさん」

普段の授業である授業1について，授業のねらいが達成されたかを，授業前後の回答語の変化によって見たい。

図5-1と5-2は，提示語〈おかあさん〉の授業前後の連想マップである。〈おかあさん〉は学習素材を代表する言葉である。

図5-1と5-2では様相が大きく違っている。図5-1の授業前の連想マップが閑散としているのに対して，授業後の図5-2では言葉が詰まった印象を受ける。この印象は，数値として，連想エントロピ(以下エントロピと表記)の値が3.91から4.60に大きく増加し，回答語種数が21種類から38種類，回答語総数が61語から93語，連想量総和が6.43から10.82へといずれも授業後に大幅に増加したためと説明できる。授業でいろんな言葉がかけめぐった，湧き起こったたくさんの思いがあった，と表現できる。それだけ子どもは授業を通じていろいろ豊かに考えたということである。

連想マップの中心付近に位置する言葉に注目すると，授業後に「大切」(6語，人数比24.0％)，「大変」(6語，12.0％)が，また「いっしょ」「世話」(各2語，各8.0％)が新たな回答として出現している。これらの回答語から，子どもが母親の役割や存在を

連想マップ (Association Map)　　　　　　produced by K. KAMIZONO
授業前〈おかあさん〉　　　　　　　　　　Module Version 4.01 , Programmed by T. Fujiki 2006.08
Date: May 1997　　Cue Word：おかあさん

回答者数：25名，回答語種数：21種類，回答語総数：61語

エントロピ
3.91

回答語	語数	人数比百分率
やさしい	12	48.0%
料理	8	32.0%
掃除	6	24.0%
洗濯	5	20.0%
仕事	3	12.0%
怒る	3	12.0%
怖い	3	12.0%
無回答	3	12.0%
エプロン	2	8.0%
がんばる	2	8.0%
家族	2	8.0%
女	2	8.0%
忙しい	2	8.0%
あたたかい	1	4.0%
しつけ	1	4.0%
家事	1	4.0%
香水	1	4.0%
若い	1	4.0%
台所	1	4.0%
大人	1	4.0%
買い物	1	4.0%
計	61	

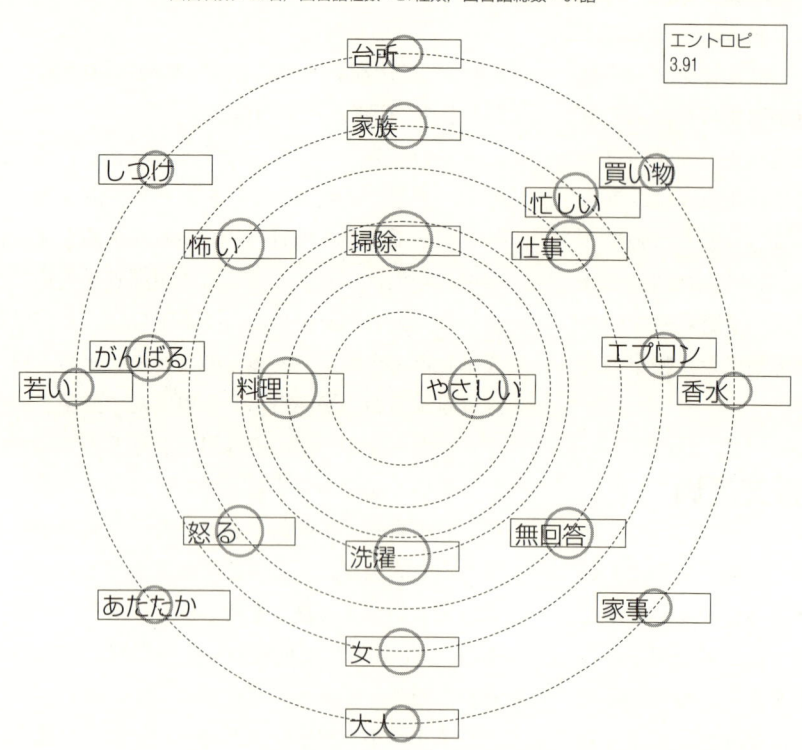

図5-1　授業1：小学校6年〈おかあさん〉道徳授業前

授業前よりも深く理解していることがわかる。資料の母親を通して，自分の母親を見つめ直すことができたのであろう。「大切」の出現，「やさしい」（4語，人数比16%），「がんばる」（2語，8%）の増加とともに，〈おかあさん〉の意味を肯定的に見直している。また，「大変」な面にも注意を向け，これを根拠づける「世話」なども出現して，役割をよく見ているようすがうかがえる。

　授業後の連想マップが詰まった印象を受けるのは，回答語種数の増加によるところが大きい。回答語種は17種類，授業前からすると8割増加している。図5-1には，回答しなかった調査票分も「無回答」として入れた。授業後には回答しているところを見ると，授業に参加したのであろう。

回答語総数の増加には，この増加分も含まれる。連想量総和は，回答語のそれぞれの円の面積を合計したものになっている。言葉の種類と数が増えれば，連想量の総和（6.37から10.07に）も増える。

　授業後の連想マップからは，子どものお母さん像が，料理，掃除，洗濯をしてくれる，大切でなによりやさしい印象になっている。料理，掃除，洗濯をしてくれる，やさしいお母さん像は，子どもがもっていた母親像が授業によって強化され，お母さんが大切との認識を付け加えている。

　「大切」は，この授業が〈家族〉について，〈おかあさん〉と同様に，子どもに伝えたメッセージで

連想マップ（Association Map）
授業後〈おかあさん〉
Date: May 1997　　Cue Word：おかあさん
produced by K. KAMIZONO
Module Version 4.01, Programmed by T. Fujiki 2006.08

回答者数：25名，回答語種数：38種類，回答語総数：93語
エントロピ 4.60

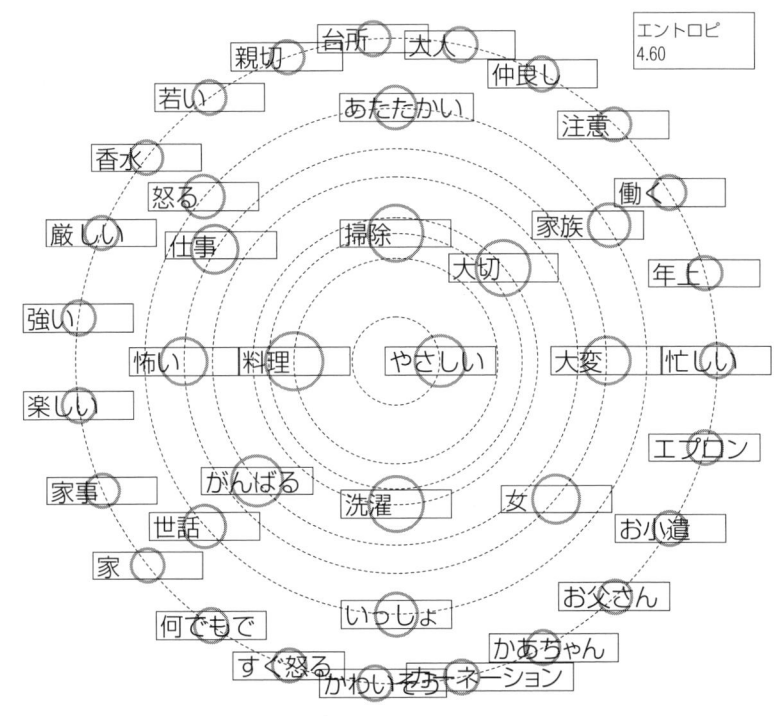

回答語	語数	人数比百分率
やさしい	16	64.0%
料理	9	36.0%
掃除	7	28.0%
洗濯	6	24.0%
大切	6	24.0%
がんばる	4	16.0%
仕事	3	12.0%
女	3	12.0%
大変	3	12.0%
怖い	3	12.0%
あたたかい	2	8.0%
いっしょ	2	8.0%
家族	2	8.0%
世話	2	8.0%
怒る	2	8.0%
エプロン	1	4.0%
お小遣い	1	4.0%
お父さん	1	4.0%
かあちゃん	1	4.0%
カーネーション	1	4.0%
かわいそう	1	4.0%
すぐ怒る	1	4.0%
何でもできる	1	4.0%
家	1	4.0%
家事	1	4.0%
楽しい	1	4.0%
強い	1	4.0%
厳しい	1	4.0%
香水	1	4.0%
若い	1	4.0%
親切	1	4.0%
台所	1	4.0%
大人	1	4.0%
仲良し	1	4.0%
注意	1	4.0%
働く	1	4.0%
年上	1	4.0%
忙しい	1	4.0%
計	93	

図5-2　授業1：小学校6年〈おかあさん〉道徳授業後

ある。図5-3,5-4は,提示語〈家族〉の回答語のマップである。〈家族〉は,授業内容,つまり授業の目標である家族愛からとってある。ここでも,「無回答」ではない有効回答者数が2名増加したことを考慮しても,回答語総数が増えている。マップの中心付近には,「大切」「助け合い」が現れている。「大切」(6語増加,人数比24%増加),「助け合い」(5語新出,20.0%)の回答の変化が大きく,かけがえのない家族の意識が生まれ,助け合う家族の姿に目が向いている。

「テレビ」「ドライブ」(各2語,人数比8.0%消失)の回答語が消失し,これに対して「いっしょ」(6語,2語増加,人数比8.0%増加)「遊ぶ」(3語増加,12.0%増加)「話」(2語増加,8.0%増加),また「だんらん」(2語新出,8.0%増加)と,家族を肯定する言葉が増加している。こうした言葉の動きを見ると,この学校の子どもと家族の健全さが見えるようだ。

連想マップの中心にある回答語が示すように,「楽しい」「大切」「仲よし」「いっしょ」「助け合い」という家族像が,授業を通して子どもから浮かび上がってきた。回答語のようすから授業の目標すなわちねらいが子どもの言葉となり,意識に浮かんだと言える。

これらの回答語は,授業の目標のおうむ返しではない。というのも子どもが授業内容と自分の生活を重ね合わせていることが回答語「多い」ことからうかがえる。家族が「多い」(授業後3語,2語増加,8.0%増)との表現に,この地域の子どもの家

連想マップ(Association Map)　　　　produced by K. KAMIZONO
授業前〈家族〉　　　　　　　　　　　Module Version 4.01, Programmed by T. Fujiki 2006.08
Date: May 1997　　　Cue Word：家族

回答者数：25名,　回答語種数：32種類,　回答語総数：58語

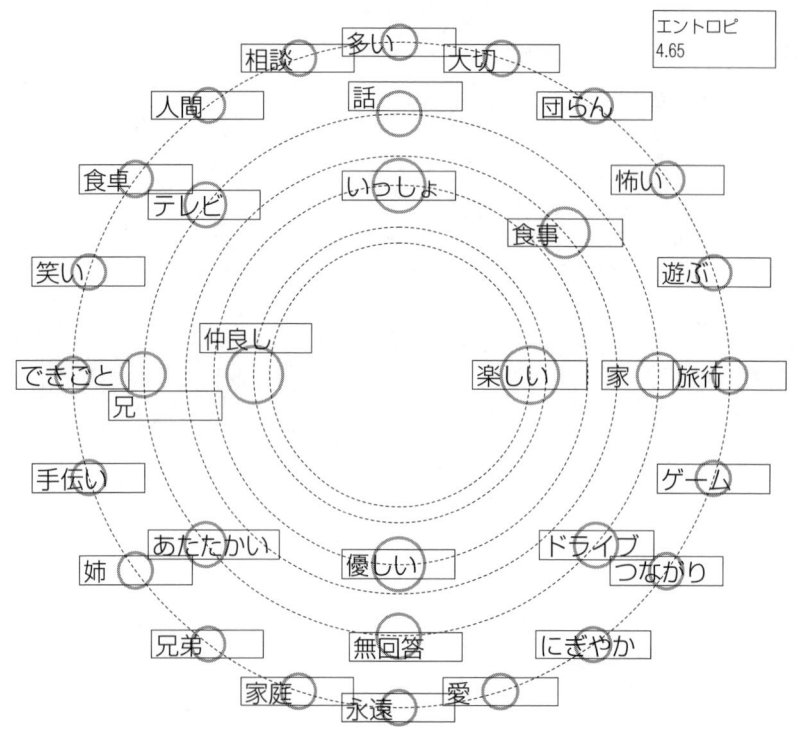

エントロピ 4.65

回答語	語数	人数比百分率
楽しい	7	28.0%
仲良し	6	24.0%
いっしょ	4	16.0%
優しい	4	16.0%
食事	3	12.0%
あたたかい	2	8.0%
テレビ	2	8.0%
ドライブ	2	8.0%
家	2	8.0%
兄	2	8.0%
無回答	2	8.0%
話	2	8.0%
ゲーム	1	4.0%
つながり	1	4.0%
にぎやか	1	4.0%
愛	1	4.0%
永遠	1	4.0%
家庭	1	4.0%
兄弟	1	4.0%
姉	1	4.0%
手伝い	1	4.0%
できごと	1	4.0%
笑い	1	4.0%
食卓	1	4.0%
人間	1	4.0%
相談	1	4.0%
多い	1	4.0%
大切	1	4.0%
団らん	1	4.0%
怖い	1	4.0%
遊ぶ	1	4.0%
旅行	1	4.0%
計	93	

図5-3　授業1：小学校6年生〈家族〉授業前

族のようすが現れている。子どもたちの家族は構成員の数が多い。学級の子どもの兄弟数の平均は3.8人で，祖父母の同居する家族も多く，自分の家族を考えたとき「多い」は率直な思いであろう。子どもが自分の家族を思い起こしながら授業に参加した姿が垣間見える。言いかえれば，子どもは授業で資料を通して自分を見つめた。授業は，地域の家族の特性を意識に映しながら進み，子どもが自分の言葉で授業の目標を確認したと評価できる。

5-1-Ⅱ 授業2「手品師」

授業2は，資料「手品師」を用いて，「明朗・誠実」の内容でおこなった。

〈手品師〉は，資料を表す提示語である。図5-5，5-6の連想マップを見ると，授業後の連想マップが内容の詰まった印象を受ける。回答語種数(10種増)，回答語総数(33語増)，エントロピ(0.52増)のいずれも，有効回答者数の2名増を考慮に入れても増加している。授業前，提示語〈手品師〉からぱらぱらとしか言葉を思いつかなかったのが，授業中に〈手品師〉のイメージが膨らんだことがわかる。つまり，子どもはこの物語の内容を十分読み取ることができたのだろう。

授業前から子どもは手品師を知っていた。それは，「トランプ」(人数比17.2%)を使い「ハト」(31.0%)を出して見せて「すごい」(27.6%)が，「たね」(13.8%)があるとの理解である(図5-5)。

連想マップ(Association Map)
授業後〈家族〉
Date: May 1997   Cue Word：家族
produced by K. KAMIZONO
Module Version 4.01, Programmed by T. Fujiki 2006.08

回答者数：25名，回答語種数：40種類，回答語総数：83語
エントロピ 4.85

回答語	語数	人数比百分率
楽しい	8	32.0%
大切	7	28.0%
仲良し	7	28.0%
いっしょ	6	24.0%
助け合い	5	20.0%
遊ぶ	4	16.0%
話	4	16.0%
あたたかい	3	12.0%
家	3	12.0%
多い	3	12.0%
食事	2	8.0%
だんらん	2	8.0%
優しい	2	8.0%
かたまり	1	4.0%
つながり	1	4.0%
にぎやか	1	4.0%
愛	1	4.0%
永遠	1	4.0%
兄弟	1	4.0%
幸せ	1	4.0%
手伝い	1	4.0%
集まる	1	4.0%
住まい	1	4.0%
柔らかい	1	4.0%
女	1	4.0%
食卓	1	4.0%
心	1	4.0%
親しい	1	4.0%
親子	1	4.0%
生活	1	4.0%
赤ちゃん	1	4.0%
素直	1	4.0%
相談	1	4.0%
男	1	4.0%
仲	1	4.0%
灯火	1	4.0%
必要	1	4.0%
明るい	1	4.0%
和む	1	4.0%
絆	1	4.0%
計	83	

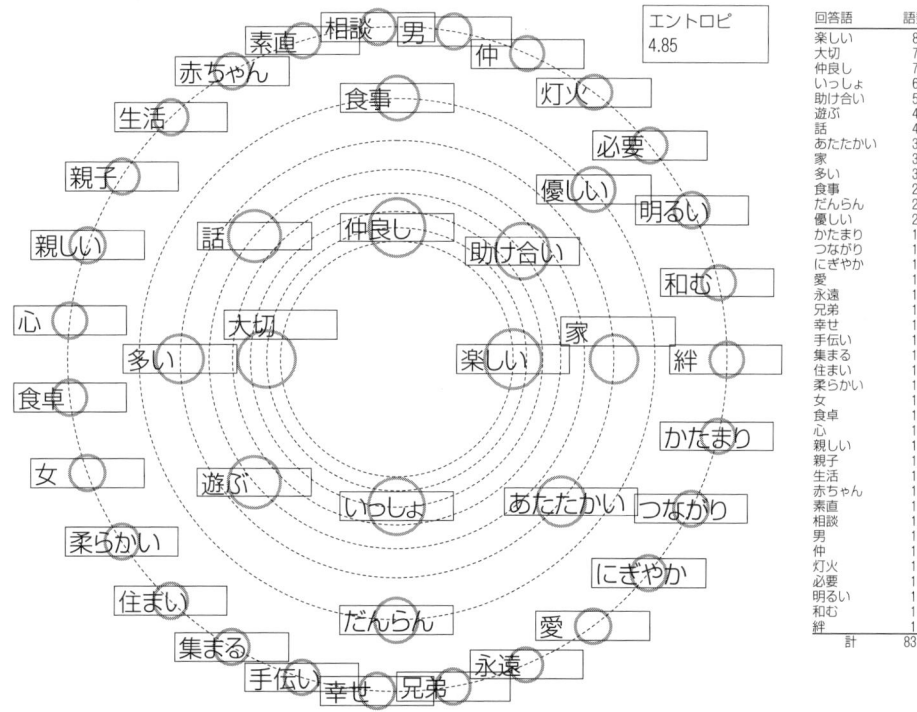

図5-4　授業1：小学校6年生〈家族〉授業後

この手品師の印象は授業によって薄れる。「すごい」「トランプ」がそれぞれの人数比10.4％減少し、「たね」も6.9％減少する。かわって授業での手品師についての言葉、「帽子」「約束」（いずれも人数比20.7％増加）、「正直」（17.2％新出）、「金儲け」「劇場」「やさしい」「友だち」（いずれも13.8％新出），「スター」（10.3％新出）が登場する。これらの回答語には、資料「手品師」を子どもがどのような用語によって考えたかが示されている。人数比6.9％の新出回答語を拾ってみても「まじめ」「偉い」「親切」など、資料の手品師の印象が現れている。資料の手品師について授業で考えたことが、回答語全体の動きにくっきりと現れている。

　しかし提示語〈正直〉でとった連想マップをみると、授業の前後でほとんど変化していない。授業で手品師について考えた結果が、この提示語に現れるはずであった。指導内容、価値項目を表す提示語としては〈誠実〉だが、この言葉を学級の子どもが十分に理解できないと判断し、〈正直〉に置き換えた。〈正直〉の連想マップは、授業1「私のおかあさん」の2枚のマップとは異なり、回答語種数、回答語数のいずれもほとんど変化なく、エントロピは減少している。つまり、授業は子どもに〈正直〉に関し、ほとんど何の変化ももたらさなかった。〈正直〉の連想マップは、授業者の意図、すなわち授業のねらいが子どもにほとんど伝わらなかったことを示している。

　提示語〈約束〉でとった連想マップはどうであっ

連想マップ（Association Map）　　　　　produced by K. KAMIZONO
授業前〈手品師〉　　　　　　　　　　　　Module Version 4.01, Programmed by T. Fujiki　2006.08
Date: 1996　　　　　Cue Word：手品師

回答者数：29名，回答語種数：30種類，回答語総数：60語

回答語	語数	人数比百分率
ハト	9	31.0%
すごい	8	27.6%
トランプ	5	17.2%
たね	4	13.8%
うまい	2	6.9%
コップ	2	6.9%
サーカス	2	6.9%
テレビ	2	6.9%
マジック	2	6.9%
楽しい	2	6.9%
魔術	2	6.9%
無回答	2	6.9%
ギロチン	1	3.4%
たねあかし	1	3.4%
ハット	1	3.4%
ハンカチ	1	3.4%
ピエロ	1	3.4%
ボール	1	3.4%
ワクワク	1	3.4%
隠し芸	1	3.4%
火	1	3.4%
花	1	3.4%
玉	1	3.4%
金	1	3.4%
見る	1	3.4%
人	1	3.4%
すばらしい	1	3.4%
箱	1	3.4%
帽子	1	3.4%
練習	1	3.4%
計	60	

エントロピ 4.44

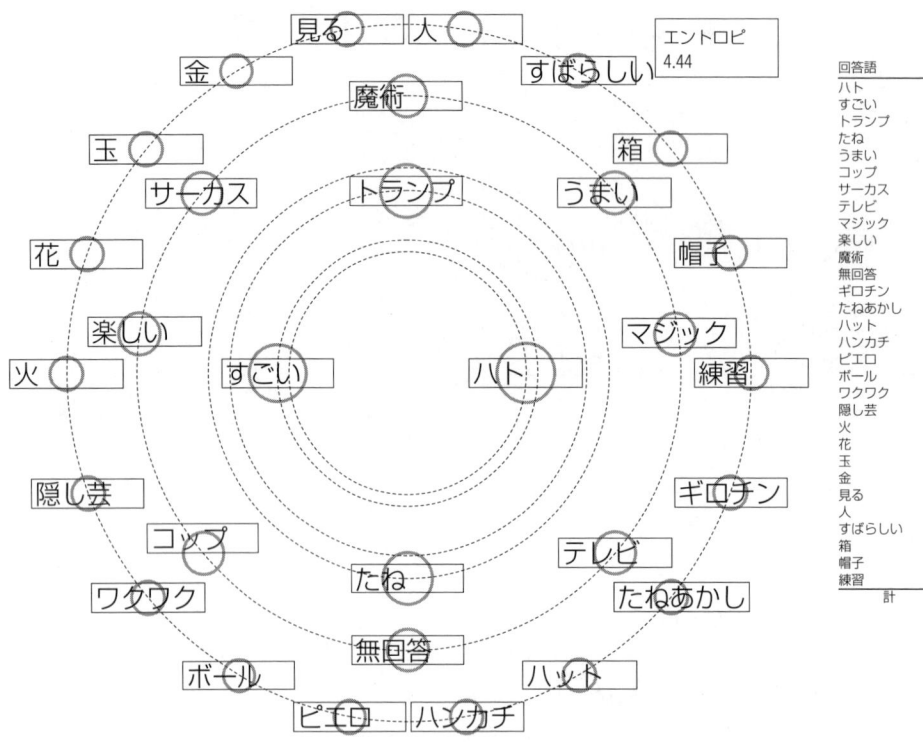

図5－5　授業2：小学校5年〈手品師〉授業前

たか。このマップも，前述した〈正直〉の連想マップと同様で，語種数，回答語総数ともあまり変化がなく，エントロピは減少し，授業後に新たに出てきた言葉も少ない。授業後の連想マップ上の回答語も「守る」の一語が中心に位置するものであった。つまり，子どものなかで，約束とは守るものだという意識が強まっただけであった。この結果はいいことのように感じられるかもしれないが，そうではないだろう。さまざまに話し合ったにもかかわらず子どもの多様な考え方が見られず，なにより資料の内容を自分のこととしてとらえた形跡がなかった。つまり，資料についての議論はさまざまに起こったが，子どもにとって自分の考えが充実したわけではなかった。

変化の少なかった手品師の授業について，3組の連想マップからどのような授業評価ができるかを考えたい。授業2「手品師」で子どもは活発に意見を述べた。29名のうち28名が発言する（発言率96.6％）活発な授業であった。対立意見による論争もあって，やっていておもしろい授業だったと授業者は思い，また参観者も見ていておもしろい授業だったと言う。参観していた同僚教員の授業後の感想では，この授業は好意的に受けとめられた。

しかし，子どもの意識において何が起こったかを見ると，授業者の意図が伝わった連想マップになっていない。子どもが，資料の内容に自分たちの経験を重ねていない。生活を反映した回答語が

連想マップ（Association Map）　produced by K. KAMIZONO
授業後〈手品師〉　Module Version 4.01, Programmed by T. Fujiki 2006.08
Date: 1996　Cue Word：手品師

回答者数：29名，回答語種類：40種類，回答語総数：93語　エントロピ 4.96

回答語	語数	人数比百分率
ハト	8	27.6%
帽子	7	24.1%
約束	6	20.7%
すごい	5	17.2%
正直	5	17.2%
花	4	13.8%
金儲け	4	13.8%
劇場	4	13.8%
やさしい	4	13.8%
友だち	4	13.8%
スター	3	10.3%
シルクハット	2	6.9%
たね	2	6.9%
つえ	2	6.9%
トランプ	2	6.9%
ハンカチ	2	6.9%
まじめ	2	6.9%
偉い	2	6.9%
親切	2	6.9%
人	2	6.9%
鳥	2	6.9%
うまい	1	3.4%
おもしろい	1	3.4%
がんばる	1	3.4%
ギロチン	1	3.4%
サーカス	1	3.4%
ステージ	1	3.4%
マジック	1	3.4%
楽しい	1	3.4%
金持ち	1	3.4%
子ども 計	1	3.4%
子ども好き	1	3.4%
若い	1	3.4%
手品	1	3.4%
男	1	3.4%
電話	1	3.4%
箱	1	3.4%
貧乏	1	3.4%
魔法	1	3.4%
夢	1	3.4%
	93	

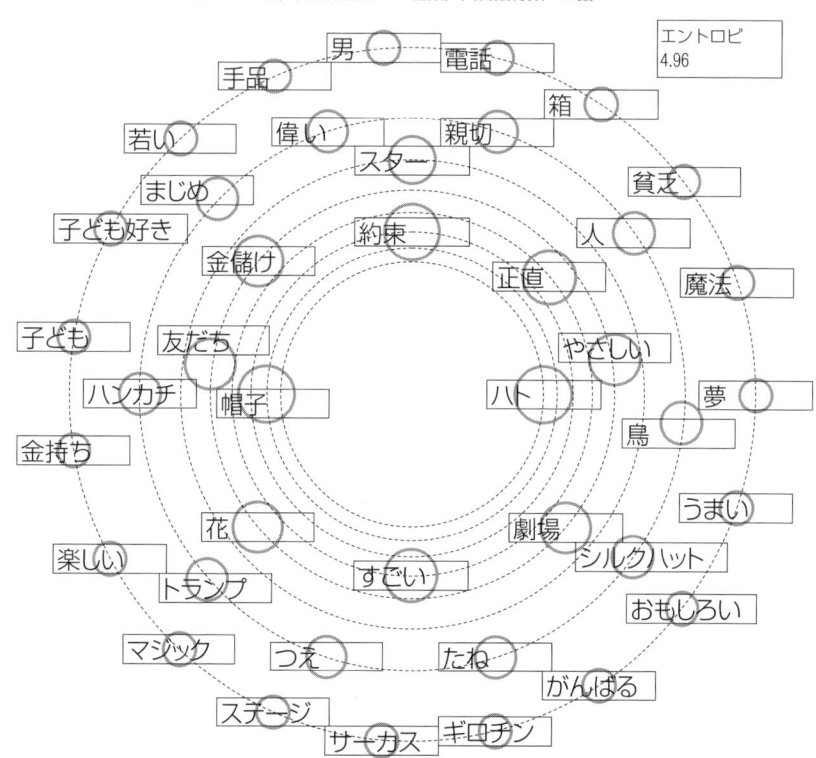

図5－6　授業2：小学校5年〈手品師〉授業後

出ておらず，多様な考え方がマップに現れなかった。言いかえれば，子どもは活発だったが，授業は，子どもの道徳性を補充も深化も統合もしなかった。提示語〈約束〉のマップのように，エントロピが減少し，特定の回答語がマップの中心にくる変化は，知識を教え込む授業や学級指導的なしつけの授業でよく見られる。道徳の授業としては，徳目注入式の教え込む授業と言えるだろう。

　授業者は道徳の価値を教えようと子どもを引っ張る授業を展開したつもりはなく，授業も同僚から見て教え込む印象ではなかった。だとすれば，「手品師」という資料が子どもの現実経験から離れており，考える具体性に乏しい資料だったのだろう。子どもは資料の事実記載の乏しさを自分の経験から補おうとして多様な場合を想起した，その意味では示唆に富みすぎた資料だったのではないか。多様な場合を想起させるゆえに，授業は活発に見えた。意見が活発に出されるのを基にして，授業者がめざすねらいへと進めてしまう資料ではないか。この授業の授業者は無意識のうちに子どもの思考をねらいへの路線に乗せて導いていたのかもしれない。「手品師」は，授業をおこなう子どもの意識に受けとめられたところを見た感触として，資料のもつ問題性が大きい，と授業者は言う。宇佐美寛の『道徳授業批判』の言葉を借りれば，ウワバミ主義(宇佐美寛, 1975, p.73)の資料なのだろうと授業者山本和佳はふりかえる。

　連想マップは，2つの授業の子どもの意識の動きを視覚化し，授業過程で何が起こったかを見せてくれた。連想マップで，授業のねらいが達成されたかがわかり，用いた授業素材の良し悪しについても説得力のある評価ができるとの印象を授業者はいだいた。感想文を分析したり自己評価に目を通すなど，煩雑さをともなって授業評価をしていたこれまでに比べると，連想法による授業評価は，授業時におよそ3分を2回，授業後の処理に10分程度を要するだけであった。

　連想法は個人の道徳性を評価するものではないため，子どもの自己評価や感想文と組み合わせて使う場面もある。子どもの内面変化を知ろうとする道徳授業において，授業の効果を子どもの意識において，数値としてまた視覚的に評価できる方法として連想法は意義深いと山本和佳は考えた。

5-1-Ⅲ　授業1，2と連想法による評価
　　　　　－道徳教育における理解－

　以上の授業者の趣旨について注釈を加えておく。手品師の授業において提示語〈正直〉〈約束〉では変化が少なく収束の方向であった。〈手品師〉では変化が見られた。1つには，〈手品師〉という提示語が子どもの日常の経験に根ざしておらず，資料と授業によって内容を獲得する概念だったから，授業によって言葉の内容の変化が現れたのだろう。2つには，物語の葛藤場面の主人公である手品師について，子どもは盛んに議論したし，その論議は同僚教員に好評であった。確かに，〈手品師〉の授業前後に回答語の種類はあわせて55種（ここでは「無回答」は省いてある）出現しているが，消失した語種が15種類，新しく現れた語種数が26種類であった。「コップ」「テレビ」「魔術」などが消え，「約束」「正直」「金儲け」「劇場」「やさしい」「友だち」などが新しく現れている。これら，新しく現れた言葉は，資料文中の手品師を考えた言葉だと理解できる。消えたのはテレビで見た手品師だろう。消失した語種数と新出の語種数を合計すると41種，全語種数に占める割合は74.5％で，とても多い。〈手品師〉は，授業前後に入れ替わった語種の割合の多さが特色である。つまり，子どもは授業で論議にのめり込んだ。この2つの要因，資料と授業によって内容を得る概念であった，論議が盛んにおこなわれた，だから〈手品師〉の連想マップは授業後に大きくふくらんだ。

　おそらく，論議が盛んにおこなわれ，授業が活発になる点が，道徳資料「手品師」が教員に好まれる理由だろう。この授業においては，授業者の力量もあずかって活発であったと思われる。しか

し山本和佳が問題にしているのは，教員と資料によって活発に意見を交わして子どもは一体何を新しく学んだかである。子どもは活発に論議しても自分と結びつけたわけではない，そこに道徳授業としての上滑りがある。子どもが学んだのは，約束は守るべきだという，すでに知っていた事柄に止まった。子どもが新しく学んだとはいえず，子どもの得るところは少なかった。資料「手品師」は，活発な議論を引き起こすことができても，学びのための資料としては浅いのであろう。言いかえればこの授業は，授業を見た教員に活発でいい授業だったと評価されたように，教員にとって教えることは成立しているように見えても，子どもの学びは乏しい。

「私のおかあさん」は地味な資料である。見せる授業として選ばれにくい日々の道徳資料という性格をもっている。提示語〈おかあさん〉も〈家族〉も概念として，子どもの日常を包含している。それだけに，生活と結びつきやすい。とはいえ，資料で考えてもらいながら，1人1人の生活を下敷きにした思考を授業中に展開できるのは，授業者の配慮と力量による。

提示語〈おかあさん〉では消失した言葉は2語，授業前後あわせた語種数の5％に止まる。新しく出現した言葉は20種類50％である。〈おかあさん〉を軸として子どもは授業で，日常の自分の言葉から離れることなく，新しい言葉を使って考えたことがうかがえる。〈家族〉では，12種類，23.5％が消失，20種39.2％の言葉が新しく出現した。回答語の内容は先に記述したとおりであり，子どもが自分の日常を「大切」「助け合い」といった視点から新しく考え直した授業であった。家族は，子どもの日常経験であるとともに，生の基盤であり，みずからの基盤を「やさしい」「楽しい」「大切」という心情をいだきながら温かくふりかえる授業体験は，自分自身をも温かくしたのではないか。

取り上げた授業1，2を対比すると，授業としての活発さや外から見た授業者のうまさと，子どもの学びとは違うことが浮かび上がる。違いの理由がこの2つの授業では日常の生活を資料が含んでいるか否かにあるように見える。

ウワバミ主義について言及しておく。宇佐美寛は，落語「ウワバミ」の強引な由来の説明，イワシは海中の岩に小便をかけるからイワ・シと言う，ホウボウはあちらこちらホウボウでとれるから，そしてウワバミになるとウワがバミるからウワ・バミだと思いねえとの説明から，ウワバミ主義と名づける。宇佐美寛は道徳資料に「事実の重みがないので，『思いねえ』といわざるをえなくなる」(宇佐美寛，1975，p.73)と，資料「おおかみとくま」を批判する：「資料の言葉が粗く貧しくて，『形象』を成り立たせるほどに具体的な事実(についての経験)を伝えられないという事態」「事実についての経験が乏しくて，『ねらい』が先立っているところでは，どうしてもウワバミ主義になるのです」(いずれも宇佐美寛，1975，p.74)。宇佐美寛は，資料について論じている。資料のことばが粗くてわかるに足る事実を記載していないために，「思いねえ」と無理強いすることになると。「おおかみとくま」に例をとれば，くまのやさしさをわかる事実は資料に示されないまま，くまはやさしいと思いねえ，と授業を進める。価値のレッテルを貼りつけて授業は進む。レッテルは事実を欠いている。

道徳授業は実際にはしかし，ウワバミ主義の資料を使って，宇佐美寛の批判にかかわらず，進む。それは，資料の粗い網の間を子どもが自分の経験のリアリティで埋めるからである[5-1]。子どもは，やさしいという言葉を知っており，自分の知っているやさしさを思い起こして授業のやさしさにする。するとしかし，子どもにとってその授業でわかったやさしさは，自分の思っていたやさしさである。新しいことは，学んでいない。

説教ならば，新しいことは学ばずに成り立つ。おまえが悪いと思っていること，それは悪いことだ，わかっているだろう，やめなさい。これで話

は終わる。説教のまずさは，すぐれた行為を語らないところにある。まずいと思ったことがやはりまずかった，に止まる。やはり悪いことだったとなると，やめる，あるいは見つからないようにする，が対応策になる。説教ならば，授業として取り上げて45分または50分続ける必要はない。説教と禁止よりも，すぐれた判断，心情，行為を示す道徳授業がすぐれている。しかしすぐれた行為をならべて示す以上に子どもの支援として意味があるのは，子どもの課題に応える道徳授業である。子どもの課題のないところにすぐれた行為をならべても，教員としては，1人でも受けとめる子どもがいればいいとつぶやくだけの，むなしい教えになろう。

　手品師は経験のリアリティとのつながりが乏しいために，子どもの現実につながらない。やさしさは子どものリアリティとつなげることができる。

　宇佐美寛のウワバミ主義発言は，授業のねらいとつながっている。考えるに足る事実の記載のない資料による授業は，授業過程としては，授業者がねらった価値項目へと教員の力で引っ張ることになる。言葉の粗い枠組みに，子ども1人1人の経験のリアリティを入れ込ませ，授業を進めることが，授業者の力量になる。確かに力量のある教員は，子どもの経験のリアリティを引き出し，1人の経験を全体に敷衍しながら，ねらいに向かって授業を進めることができる。日本の教員の授業をおこなう力はたいしたものだと思う。そのときしかし，授業は資料に依拠しておこなわれているのではなく，子どもの経験のリアリティによって進行している。その授業で，子どもが自分で思っていたやさしさ以上に何かを授業で学んだかというと，話は別である。思っていたことが思っていたとおりだったとの確認で終わりでは，新しい学びはない。

　宇佐美寛は資料「手品師」による授業を，現実の道徳の時間がどう悪いかの例として取り上げ，次のように批判する：「…図式的に二つに割りきった授業では，考えるべき事実の重みは無く，代わりに教師の意図は見えすいています」，「男の子に理解してもらった上で大劇場へ行けばいいのです。われわれの場合でも，約束が絶対に変え得ないということはありません。了解を得て約束の内容を改めてもらうことはよくあります。この場合もそうすればいいのです」(宇佐美寛，1984，p.39および38)，「すぐ男の子を探し出し彼をつれて大劇場に行けばいいのである。まともな普通の人間はそう考えるはずである」(宇佐美寛，1989，p.6)。

　資料「手品師」は藤田昌士も「あまりにも作られすぎた話」(藤田昌士，1987，p.215)でリアリティを欠いていると批判する。藤田昌士は宇佐美寛に対して「私自身も，その知性的側面に注目する立場から，氏と趣旨を同じくする批判を本節で述べた」，「しかし，…道徳的行為は欲求・感情的側面をも含んでいる」(藤田昌士，1987，p.224)という。判断と心情という分け方からすれば，そうであろう。「手品師」は活発に見える授業が展開できることによって教員に好まれる。しかし，子どもにかかわる臨床の視点からは，この資料で学びが成立するのかが問われるべきである。

　学びが成り立たなくても，教えることは成り立つように見える。1つには，子どもが資料や教員の提出した粗い枠組みに，自分の生活のリアリティを入れ込んで考えるときである。道徳授業の言葉に，子どもが経験のリアリティを代入して授業が進み得る。2つは，資料や教員の与えた粗い概念枠で自分と関わりのないままでも子どもが思いつくまま言葉をやりとりするとき，授業は子どもの言葉で埋まる。例えば対立構造がつくられ，相手を言い負かすことに子どもの意識が奔走するとき，自分をふりかえることのないまま，子どもの生とつながらないままで，言葉が活発に交換される。3つには，教員の指示によってあるいはおもしろそうだとの動機によって体を動かしてみれば，何らかの思いはいだく。体験の感想を述べて終われば，授業時間は過ぎる。教員はそのとき，子ど

もが何かを感じ取ってくれたらいいとの希望で授業を終わることになろう。

　資料で授業を成立させるつもりならば，1つのやり方は，資料にねらいを考えることができる事実を書き込むことである。すると資料をわかりながら読み進めることができる。資料の示す価値に子どもにとって新しい何かが含まれているとき，道徳授業が，新しく学ぶ場になる。または，新しい視点から経験を見直すとき，新しく学ぶ。事実には，どのような事実として受け取るかの視点が必要であり，体を動かすことには，どのような経験として受けとめるかの理解の枠組みが必要である。意識において，新しく学ぶこと，視野が広がること，成長することが，道徳授業において必要である。

　日常の事実につながる資料ならすぐれた授業になるわけではない，日常性が資料選びの基準になるわけではない。子どもの日常の事実を取り上げての説教がすぐれた道徳授業であるわけではない。子どもの日常しか見なければ，むしろ子どもの世界を狭くする。事実から離れたファンタジーも，物語のメッセージが子どもの課題に応えるならば，子どもに必要な資料になる。心的事実を含むことによって，ファンタジーも具体的なイメージをもつ。ねらいとともに描かれる事実は，事実の羅列ではない。事実の記述も，方向性をもっている。方向は，価値項目のどこに当てはまるかよりも，子どもがかかえる課題への意味をもつことによってすぐれている。子どもの課題によって，道徳授業のねらいが定まる。言いかえれば，生活にしろ，事実にしろ，ファンタジーにしろ，子どもにリアリティのある資料でねらいに至り，課題に対応する授業を構成することができる。

　2つには，子どものいだくリアリティによって資料は学びを構成する材料になる。課題とつながるファンタジーは，リアリティをもって響く。ファンタジーがリアリティをもっているとき，課題に応える資料として日常との切り離しはむしろ長所である。日常を離れて，自由に思いめぐらすことができる。課題の構造を取りだして，課題の論理や課題の成り立ちを考えることができる。すなわち現実を離れて思考実験をおこなうことができる。道徳では，ファンタジーの構造に，子どもの意識の動きを映して語る資料は少ない。教員は，事実にせよファンタジーにせよ，子どもにとってすぐれた物語を見抜く目をもつ必要がある。

　事実資料にせよファンタジー資料にせよ，子どもの課題に応えることによって，学びの材料として意味をもつ。子どもの課題と切り離した資料論では空虚であろう。子どもの課題には，社会的，文化的，歴史的，心理的，自然環境から発生する課題を含む。知識基盤社会やネット社会，環境などグローバルな，また社会規模の課題や地域のかかえる課題にかぎらず，成長過程でかかえる課題，何らかの学習障がい，関係において抱える課題，生き方の課題など，子どもの生とともにある課題もある。子どもに30年読み継がれた本を手に取ってみるといい，子どもの課題に応え，必要とするメッセージを送る本が読み継がれている。例えば，成長への励まし，自己肯定感を支えること，この世界は生きるに値すると伝えること，文化の楽しさ，食べる楽しさ，たくましさへのあこがれ，障がいの意味，世界の多様性について，差別，過去と由来の物語，未来を語る，死を語る，例えば心理機制としてライバルがいなくなればいいとの思いが結局何をもたらすか突きつめてみる，コンプレックス，リラクセーション等々。子どもに応対するとは，そのときどきの子どもの課題に対応することであり，子どもの必要を支援することである。心理的課題に応える授業などファンタジーを使った道徳授業を筆者は『民話による道徳授業論』に掲げた。そして必要な課題に応じる授業は臨床的になる。

　課題に応える道徳教育の方向は，2008年の学習指導要領解説総則編が提示する教育である。2008年学習指導要領解説総則編は，異なることから

生まれる創造性を大切にする「知識基盤社会」（文部科学省，2008c，p.1，p.3など）における教育を掲げ，「自分への自信の欠如や自らの将来への不安」（文部科学省，2008c，p.1）「自分への自信」（文部科学省，2008c，p.3）を課題の例に挙げて，教育の課題の方向を示す。学習指導要領解説に示される課題は日本における一般的なものであるが，それぞれの学校における，地域における，また個を支援する課題に応じて，臨床課題に応える教育が必要である。課題に応える教育は，学習指導要領解説総則編が改訂の基本方針としてうたう「自ら課題を見つけ…よりよく問題を解決する」（文部科学省，2008c，p.3＆22）子どもの育成を支援する。

　子どもの友だち関係が数人の仲よしに限られて，学級がグループに割れているとき，教員が意識する課題は学級全体の友だち関係，または高学年ならば学校全体を視野に入れた関係づくりであろう。道徳授業は，子どもの課題に向けておこなわれるとき力をもつ。仲よし関係に割れたままの教室で友情をあつかっても，子どもにとって友情の理解は仲よし関係の域に止まる。授業としては成立しても，子どもは学んでいない，または子どものかかえる課題に対応していない上滑りの授業になる。

　道徳の資料と授業の筋書きをたどると行きつく友情のわかり方は，佐伯胖の言う「…私たちが学校教育のなかで『育ててしまっている』"わかり方"は，ポランニーが断罪している『無関与』（自分とはカンケイナイ）的思考により，『与えられた知識』に"したがって"，その枠内で示された道筋を"たどる"という"わかり方"…」であろう。すぐれた人物像を示すとき，教員はすぐれた人物になりなさいと子どもに期待する。この期待を子どもがわかるとは，1つには，なぜすぐれているのか，理由とともに理解することであり，2つには，すぐれた人物であるためにはどう行為すればいいか，やり方がわかることになる。さらに3つに，すぐれた人になろうと自分が思うところまで教員は期待している。4つに，子どもがすぐれた人物として行為することを，道徳授業として求めないにしても，期待する。教員の期待という，思いをかけることなく，すぐれた人物像を示す授業は成立しない。言いかえれば，教員が自分の期待として，言いかえれば私メッセージとして子どもにすぐれた人物像を示すとき，道徳授業が成立する。教員が自分の思いをかけず，資料に書いてあるね，だけでは，授業はしらける。

　銀林浩は，算数・数学における理解について，2つの「わかり方」を区別している。

　　やりかたがわかる──手続きの習得（できる）
　　わけがわかる──意味・内容の理解（わかる）（銀林浩，1986，p.42）

　学校の教室での算数・数学の理解は，この2つがそろえばいいのかも知れない。算数・数学がいわれるように知的な領域に属し，生活に生きる必要がないのであれば，いわゆる試験にはこれで間にあう。

　しかし道徳の場合には，加えて次の2つが期待される。

　　自分とつながる──心情において理解する（うけいれる）
　　行為する──態度や行動となる（おこなう）

　道徳においては，わけや，やりかたに止まらず，自分のこととして理解することが必要であり，したがって道徳授業は自己のふりかえりを要諦とする。自分とつながることは，自分の課題とつながることであるとともに情意としてつながることを要請する。気持ちはわかるけど，という気持ちを推しはかる心情理解ではない。道徳における，納得する，腑に落ちる，の表現は，自分の課題と心情とのつながりを指している。

　この4つを道徳教育としてならべ替えると，次の順になろう。

　1．わけがわかる──意味・内容の理解（わかる）
　2．自分とつながる──心情において理解する（うけいれる）

3．行為する──態度や行動となる(おこなう)
4．やりかたがわかる──手続きの習得(できる)

　日常におこなわれる道徳授業は，算数・数学のようにやり方がわかることを第1に考えていない。むしろ，やり方を教えることを，単なる方法だとして道徳授業に含めない考えが多い。道徳授業として教員が最初に思うのは，わけがわかることであろう。だから，わかったかと説教するのだろう。理解の上で，自分とつなげて心情において受け入れるようにうながす。すとんと落ちるといった教員好みの表現は，2の理解を指している。めざすのは，3の行為することであるが，行為は道徳授業の守備範囲ではないとの理解が日本において一般的である。すると4の行為のしかたを教えることは，道徳授業の枠外であると受け取られがちである。

　F．シラーは，カリアス書簡で道徳上の行為を5つに分けて，美しい行為を最上とする。第1の行為は「功利的でもなく，道徳的でもなく，寛大でもなく，また美的でもない。ただ単に感情的であるにすぎないところの感動から生じた親切」，第2は「親切でもなく・義務を果たすのでもなく・慈悲でもなく・美でもない。ただ単に功利的である」，第2は「…行為は純粋に道徳的であった（しかしまたそれ以上のものでない）。なぜなら，その行為は感情の関心に反抗して，法則に対する畏敬の念から行なわれたから」，第4は敵による哀れみで克己心を示す，第5は「要求されることもなく，熟慮することもなく，自分の負担となることも顧みないで救助したのです。ただ第五の者だけが，その際，まったくわれを忘れて，自分の義務をやすやすと，あたかも本能のみから出たかのように行った」(F．シラー，1974，pp.35-39)。F．シラーは，理性が衝動を抑圧することも否定し「たとえ理性によってでさえも，強制の行われるのを見ることを欲しません」(F．シラー，1974，p.40)，「道徳的行為は，それがあたかもおのずからにして生ずる自然の結果であるかのように見えるとき，はじめて美的行為となるでしょう」，「一個の人間の性格の完全性の極地は道徳的美なのです。なぜならそれは，義務が自然となったときにおいてのみはじめて起こるからなのです」(F．シラー，1974，pp.39-40)と言う。自由において受け入れ，おこなう(2と3)ことが自然の結果であるように見えるとき，美しい行為である。

　教室での道徳授業は多く，1と2を扱っている。判断と心情という多くの場合がそうである。学校教育は，道徳上の美しい行為を提示するよりも理由の説明に，わけがわかることに走る。または，心情において受け入れるように子どもに迫る。4のどうすればいいかは，道徳ではないと考える向きもあるが，やり方から入ること，やり方をわかることも必要である。やり方を進めているのは，道徳にかかわる技能の訓練，各種のスキルトレーニング，自分を守る技法であるCAP，ピア・サポート，モラル・スキルトレーニングなどがそうである。非暴力のマニュアルを非暴力による課題解決のために伝える『静かな力　子どもたちに非暴力を教えるためのマニュアル』は，道徳授業に使えるアイデアを展開しているが，1に入れておいていいだろう。1にはこれまで行われている教室での道徳授業のほかに「子どものための哲学」や法教育も入る。また，思考の練習をスキルトレーニングに入れてやり方を工夫していい。

　教育をティーチングとケアリングの2項に分ければ，どちらかと言えば1と4の世界は教えることのできる世界に属し，どちらかと言えば2と3は心情が動かす世界になる。

　道徳教育における理解(知による理解だけでなく心情による受け入れも含めて)を図5－7に描いた。

　道徳の時間では3の行為を要請しないが，道徳の時間を離れて，行為や態度として現れることを期待している。意欲や態度に道徳授業が向かうのは，校外を含めた生活での実行へと教室の学びを方向づけたからである。関心は，知的関心，でき

るようになることへの関心，なぜかの理解への関心，美しい行為への関心など多様であり，図の一定の位置に入れなかった。行為を道徳の時間に組み込んだ場合，1，2，3の理解のための授業方法であり，日本の道徳の時間は，関心・意欲・態度にとどめる。そこに，いわゆる心の問題としての日本の道徳教育の特色がある。

1，2，3，4は循環しているのではないか。わかるから受け入れる，受け入れるからおこなう，加えて，できるからおこなう，わかるとできるがつながる，など。

また子どもの課題を意識した道徳授業なら，1から4は課題へと向かっているはずである。

学習指導要領をなぞると，藤永芳純が分けた（第2章図2-1）ように子どもの道徳性を，道徳的習慣，道徳的実践力，そして道徳的心情，道徳的判断力，道徳的実践意欲・態度に区別することになる。しかし，授業が何をおこなうかの分け方としては，図5-7が使える。

4つの理解の整理は，授業1と2をどう理解するかに使える。道徳授業が何をおこなったことになるかの整理になる。4つの理解によって，授業1と2について考えてみたい。授業1「私のおかあさん」では，4の技能は授業のねらいではなく，1．わけがわかる，2．自分と結びつく，の2つが，おかあさんのやっていることやおかあさんの気持ちに思いを致し，自分の状況において「大切」と思うことによって理解された，3．行為として表れる点では，子どもの態度として家で現れるかもしれない，とまとめられる。この流れはオーソドックスな道徳授業の意識の流れである。授業2「手品師」の場合，4のやり方の話はめざすところではない。道徳授業としては，男の子への連絡する方法の議論になるとき，授業者は止めるだろう。1の知による理解については，〈正直〉と〈約束〉による連想が子どもの意識において取り上げるほど授業による変容を受けていないところから，理解されているとは言い難く，また2の自分とは関わりの薄い話として論議されたと思われる。3の行為に至っては，授業はどのような行為がすぐれているかは伝えなかった，つまり手品師が舞台に立つことを断念して子どもに手品を見せる行為が道徳上すぐれているとは授業者も子どもも考えなかった。このように整理してみると，活発な見かけにもかかわらず，「手品師」の授業の浅さが理解できる。

算数・数学の理解も，教室での理解といわゆるテストのためには1と4の知による理解とやり方の理解ですむとしても，日常の現実で教室での理解が実行されているわけではないと，J.レイヴがいう。J.レイヴは『日常生活の認知行動　ひとは日常生活でどう計算し，実践するか』で，スーパー・マーケットでの計算は学校の教室での計算とは異なるという。訳者はあとがきで，この本の意味について「学校批判として見るならば，伝統的な教室での教科学習での成果がいかに現実の世間での実践と無関係か，教室で獲得されたはずの学習成果が用いられないものか，さらには用いようのないものなのかを示し，教育の現状を批判することになる」(J.レイヴ，無藤隆他訳，p.318)と述べる。J.レイヴは「数学活動の状況特殊性」(J.レイヴ，1995，p.91)を語り，「日常の計算は状況ごとに性質が異なり，きわめて正確で，量の関係に関する変換のなかで活発に構成されていることが示されている」(J.レイヴ，1995，p.139)という。教室での算

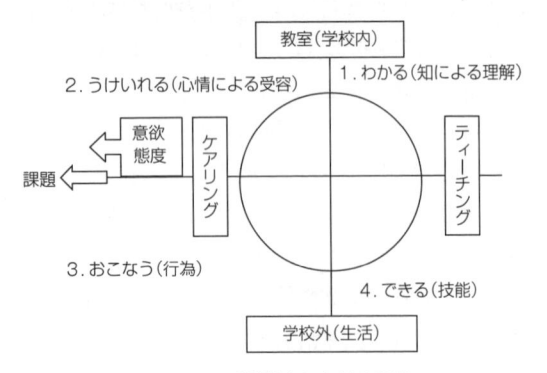

図5-7　道徳教育における理解

数・数学についてJ.レイヴは,「『数学』や…量の性質が標準的に具体化された形,すなわちアルゴリズム的な計算手順および通貨制度や計量制度は,それはそれとしての意味や価値をもち,主観的に体験され」(J.レイヴ,1995, p183)ており,「現在のわれわれの文化においては,数学は専門的学問分野として,知識の本体として物象化されたもののようだ。それは学校の教科であり『本当の数学』という民間信仰の対象でもある」(J.レイヴ,1995, p.185)という。

道徳だけが,日常とつながる必要があるわけではない。日常とのつながりは,教科においても課題である。むしろ,価値項目が物象化されていないか,道徳上の価値が状況から切りはなされて,よいものとして信仰の対象になっていないか,考えていい。

J.レイヴは,「自己というのは歴史的で,偶然的な性格をもっており,他の自己との関係で,場面のなかにおいて,行為しながら価値を創りだすことを通して展開していく。自己のもつ性格はこのように関係的なものなのである。こういった関係のうちにあるものは人間内部に固定されたものというより,相互的な働きかけによって構成されており,社会的な世界も一部身体化されている」(J.レイヴ,1995, p.274)点からすると,いわんや道徳においておや,である。道徳を人間内部に固定して考えず,歴史的で関係において現れるしかたで考える方がしなやかである。

5-1-Ⅳ 指導の違いによる授業(揺さぶりのある授業)

連想法が道徳授業の評価技法として有効であれば,指導方法の違いが連想調査の結果に出てくるであろう。指導方法による子どもの意識形成の違いについて,揺さぶりのあるやり方と通常のやり方の結果を,佐藤良平がおこなった授業で見る。

5-1-Ⅳ-1 授業3と4の目的と方法

同じ学校の小学校6年生2つのクラスに同じ資料を用い,発問の一部を変えて指導過程の異なる授業を実施し,連想調査を実施した。授業3および4として示す2つの違いは,揺さぶる発問をおこなうか否かである。つまり,発問によって子どもを揺さぶり,問題意識をもたせるか否かである。ここでは,授業の違いで子どもの意識にどのような違いが出るかに焦点を当てる。

揺さぶりを次のように考えて授業をおこなった。すなわち揺さぶりは,子どもがすでに知っている,あるいは自分なりの定義を設けている概念を崩す問いかけをして,自問自答あるいは自己分析する過程に導く授業手法である。異なる意見が妥当である可能性を提示して,子どものなかで安定状態にあった定義に揺さぶりをかける,その過程がこれまでの思いこみや既成概念について,再定義の機会を与える。

授業は以下の設定で行った。資料は「ライオンと子犬」を用いた。山本有三「ライオンと子犬」,(1995年,心に太陽を持て,新潮文庫所収)を短くした。連想調査の提示語として〈食べる〉〈ライオン〉〈いのち〉〈死〉の4つを用いた。

2つの授業の指導過程における発問を表5-1に掲げる。

5-1-Ⅳ-2 各提示語に対する回答と考察
a．提示語〈食べる〉

授業3(揺さぶりのある授業)と4(揺さぶりのない授業)を,提示語ごとに比較する。佐藤良平は,子どもと授業主題をつなぐために導入をていねいにおこなった。

揺さぶりのある授業では,回答語「生き物を食べる」(人数比13.6%)の出現が特徴的である。(図5-8 連想マップの右側)。ここには揺さぶりによって,子どもが自分も生きているものを食べて殺生しているのだと気づいた影響がある。授業中,席に着いたままの応答ではあったが,数人の子ども

から，自分以外の命を殺している点に驚くつぶやきを耳にした。授業中のつぶやきは，回答語となって連想マップに現れている。

揺さぶりのない授業4で顕著なのは，授業前の調査では「肉」を連想した子どもが1人(人数比4.8%)だけであったが，授業後では7人(33.3%)となり，最多回答語になった点である(図5－9 連想マップの右側)。これは資料文の影響だと考えられる。

授業前にはなかった命に関わる回答語が，授業3と4に共通して授業後にそれぞれ3語新しく出現している。揺さぶりのある授業で人数比13.6%，揺さぶりのない授業で19.0%，「命がなくなる」「命」などが新出している。しかし，回答語の出方は異なるように思える。揺さぶりのない授業では，資料文に「ライオンが食べる」＝「子犬の命がなくなる」ことが出てくるため，「食べること」が「命を奪うこと」につながったと思われる。これは，揺さぶりのある授業で取り上げた「生き物を食べる」とは異なり，子どもの考えや思い入れは少なく，資料文から読み取ったものであろう。

授業後の2つの連想マップ全体のようすを比べる(図5－8および5－9)と，揺さぶりのあるほう(図5－8)が，中身が詰まっている。中心にある言葉「おいしい」「肉」「ご飯」そして「お菓子」には授業前後に大きな変化は見られないが，それらを支える言葉が多い。これは授業中に子どもが自発的に活発に考えた証しである。

b．提示語〈ライオン〉

両授業とも「やさしい」という回答語が数多く新たに出てきた。揺さぶりのある授業では12人(人数比54.5%)に，揺さぶりのない授業では18人(85.7%)になっている。どちらも増えているが，両授業の差6人は人数比で31%になり，違いが大きい。差の原因について，揺さぶりが影響していると思われる。揺さぶりのない授業では，資料中に出てくる2回目の観客の拍手が，ライオンの行動に対してだととらえる子どもが多く，その印象が「やさしい」と強く残っている。その上，授業

表5－1 揺さぶりのある授業とない授業

		資料名　ライオンと子犬	（山本　有三著　改作）
		授業3　揺さぶりのある授業	授業4　揺さぶりのない授業
授業過程の違い	導入	1　ライオンが殺すことのできる動物を挙げる 2　犬・ゴキブリ・蚊・ハエを付け加える 3　それぞれの生き物について，殺すことができるか，できないかを判断する 4　自分の命は大切にしていますか 5　自分の命は大切にしても，自分以外の命（板書）は，大切にしているだろうか	1　―（左に同じ） 2　― 3　― 4　― 5　それはどんなところで言えるだろうか
	展開	6　観客の拍手にどんな意味があるのだろう 7　なぜ，ざわめいていた観客席は，急にしーんとなったのだろう 8　観客はどんな気持ちで拍手したのだろう 9　観客は何に気づいたのだろう	6　― 7　― 8　― 9　―
	終末	10　普段自分以外の命に対しては，観客の1回目の拍手に近いだろうか，2回目の拍手に近いだろうか 11　自分以外の命を大切にしているといえるだろうか	10　これまでの自分の生活で，命の大切さを感じた経験を話し合う

を貫くテーマにあたるものがなかったので資料に「いのち」という問題意識を見いだせずに，資料を自由な観点で読み取った結果であろう。特定の回答語を大多数の子どもが回答することは，知識を伝える授業としてはいいかもしれないが，いろいろな感じ方，考え方を大切にする授業では疑問である。連想法による調査では，考えを収束させる授業だったか，考えを広げる授業だったかが明確になる。収束する授業ではエントロピが小さくなる傾向があり，広がる授業ではエントロピは大きくなる傾向がある。連想マップは子どもの思いの多様性を包含したままで全体としての言葉の動向を明らかにする授業評価として意義がある。

c．提示語〈いのち〉

揺さぶりのある授業(図5－10)で4つの言葉が変化した。1つは「かけがえのない」で，1語から4語に増加，人数比13.6％増加している。「かけがえのない」は授業で使った言葉であり，教員が発言したのを子どもが授業後に思い起こしたのであろう。ほかの3つは，「誰にでもある」が4語から7語へ(人数比13.6％)増加，「動物の命も大切」が0語から4語(新出18.2％)になり，「他人の命も大切」が0語から2語(新出9.1％)になっている。これらは導入段階で「自分の命は大切にしているが，自分以外の命は大切にしているのだろうか」という揺さぶり発問が，子どもに自分の命だけではなく，自分以外の命をも意識させた結果だ

連想マップ(Association Map)
揺さぶりのある授業(ライオンと子犬)授業後
Date: May 1997　　　　　Cue Word：食べる

produced by K. KAMIZONO
Module Version 2.94, Programmed by T. Fujiki 1997.3

回答者数：22名，　回答語種数：59種類，　回答語総数：111語

エントロピ 5.48

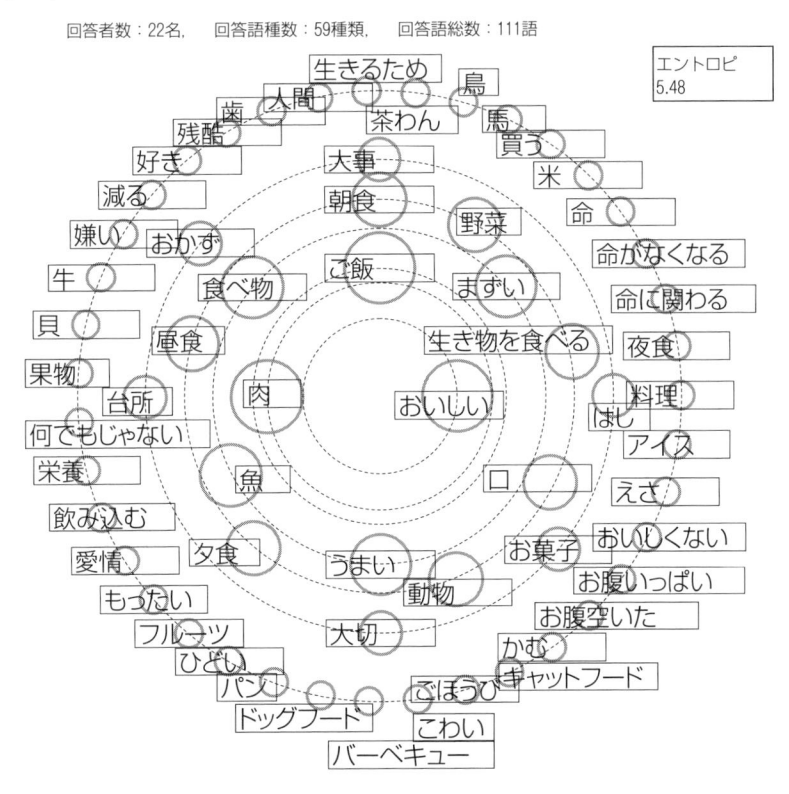

図5－8　授業3（揺さぶりのある授業）の授業後〈食べる〉

ろう。揺さぶりのある授業では語種数にして3語増加，回答語総数にして11語増加し，揺さぶりのない授業に比べて子どもの頭の中を言葉が駆けめぐったのだろう。

　揺さぶりのない授業で，授業前に〈いのち〉から「大切」と回答した子どもは10人であったが，授業後（図5－11）は21人，つまり11人増加してクラス全員が想起している。授業の中で実際に，子どもと教員ともに使用頻度が最も高かった言葉である。揺さぶりのなかった授業では，1つの言葉への集中は大きかった。しかし全体としては，授業後に語種数で3語減少，回答語総数で4語減少，エントロピが0.81減少，連想量総和としては2.30減少しており，散らばりとしても連想全体の量としても想起する言葉が縮小し，子どもの思考が収束に向かった。

　クラス全員が1つの回答語に集中するのが道徳の授業としていいかには疑問の余地がある。連想マップを見ると提示語に対してクラス全員が「大切」と答えている（図5－11の真ん中）が，まわりを取り囲む言葉や「大切」を支える言葉が見あたらない。授業前はもっと多くの回答語があったが，授業後はなくなってしまった。いのちが大切と感じる余地しかなかった授業，これまでの自分の定義や思いから出ることのなかった授業だったと分析できる。

　揺さぶりを意図したクラスは，「大切」と回

連想マップ（Association Map）　　　　produced by K. Kamizono
Date:May 1997.5.　　　　　　　　　　　Module Version 2.95, Programmed by T. Fujiki　1997.5
揺さぶりのない授業（ライオンと子犬）授業後
Cue Word：食べる

回答者数：21名，回答語種数：43種類，回答語総数：64語

エントロピ 5.15

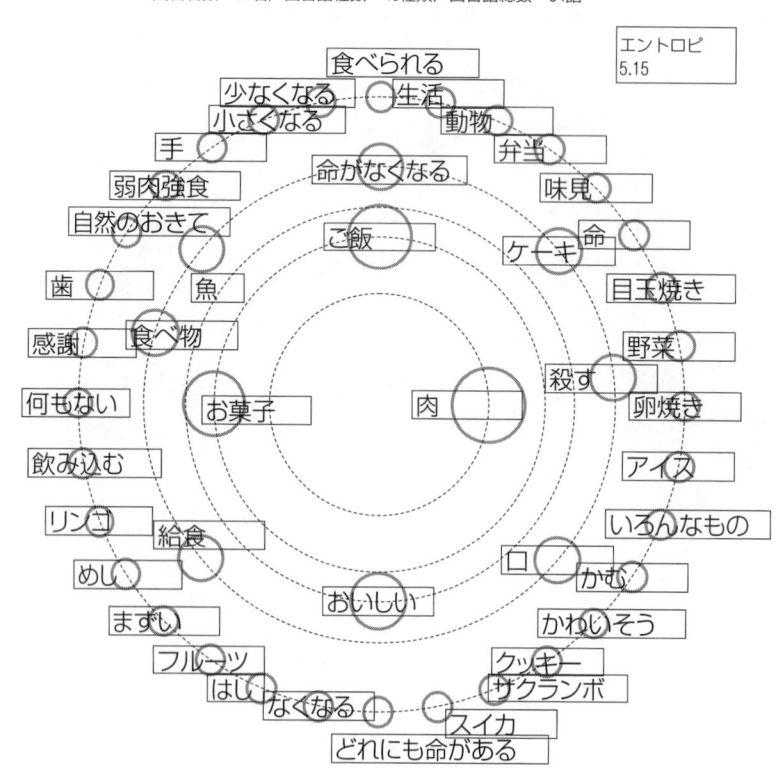

図5－9　授業4（揺さぶりのない授業）の授業後〈食べる〉

答した子どもの数にはあまり変化が見られない。「大切」と答えた子どもは1名増加しただけである。しかし「大切」を理由や様相として支える言葉がある（図5－10）。「誰にでもある」「かけがえのない」「動物の命も大切」「他人の命も大切」といった増加した言葉が、なぜ大切なのか、どのように大切なのかを支えている。

　こう考えると、揺さぶりのなかったクラスは、命というものは「大切」であるとの方向に子どもの意識が集中したものの、なぜ大切なのか、どう大切なのか、が子どもに見えていない。子どもにとって、命が大切、だけが強調された授業になった。揺さぶりのある授業では、エントロピの0.09増加、連想量総和の0.73増加と量的にあまり動いておらず、意味づけの変化を認める。揺さぶりのない授業以上に、なぜ大切なのかやほかの命を考えたわかり方をしている。図5－7の4つに分けた理解からすると、2の理解の質の違いが連想マップに現れている。

d．提示語〈死〉

　揺さぶりのあった学級では大きな変化はなく、揺さぶりの過程がなかった学級は「悲しい」が2人から7人、「かわいそう」が1人から5人、いずれも増えた。これらはすべて資料文中の観客の立場で感じ取られたのであり、資料文の内容がそのまま回答語となって現れたもので、子どもの思考が資料文の域を出ることがなかったと言える。

　〈死〉の提示語で、授業過程を通じての気づきや

連想マップ（Association Map）
揺さぶりのある授業（ライオンと子犬）授業後
Date: May 1997　　　　　　　Cue Word：いのち
produced by K. KAMIZONO
Module Version 2.94, Programmed by T. Fujiki 1997.3

回答者数：22名，回答語種数：33種類，回答語総数：84語

エントロピ 4.12

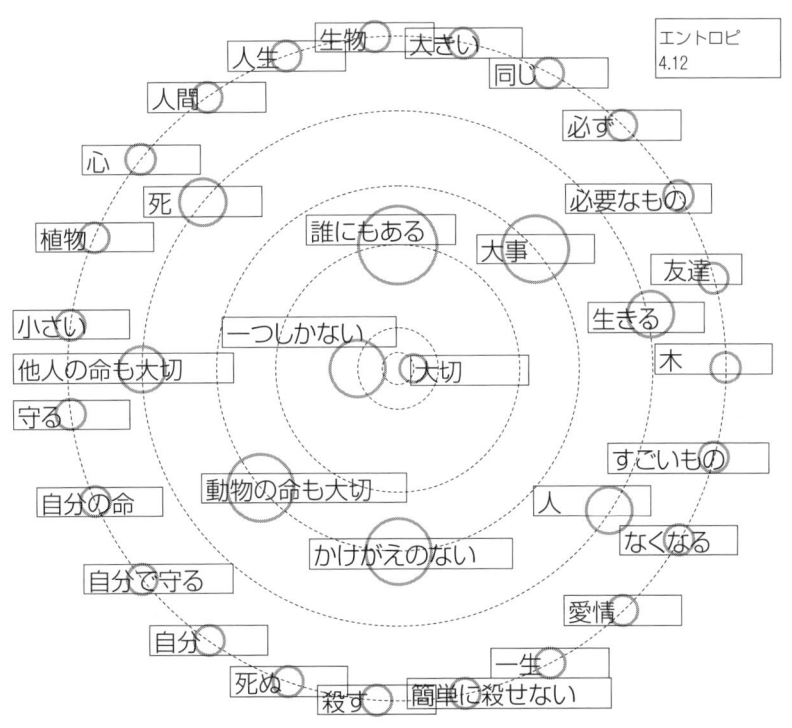

図5－10　授業3（揺さぶりのある授業）の授業後〈いのち〉

第5章　連想法による道徳授業評価

子ども同士の意見交換による理解といった有効な回答が見られないのは，〈いのち〉に関してはさまざまにめぐった子どもの思考も，資料文以上にもう一段階突きつめて〈死〉を見つめるには至らなかったようだ。

5-1-Ⅳ-3　授業3および4の全体傾向

思い起こされた言葉の種類と数に関して，授業前の数値に2つの学級で差が見られる。この原因は，学級の違いもあるが，授業をした時間帯も要因ではないか。揺さぶりのあるクラスは午前中，揺さぶりのないクラスは午後から実施という条件の違いも多少影響したかと授業者は思っている。

揺さぶりのあるなし，どちらの授業が適切かを抜きにして述べてきたが，授業者にしかわからない授業時間の雰囲気に触れておきたいと佐藤良平は言う。授業者の直感で判断すると，揺さぶりをかけた授業の方がよかったのではないか。この感触は，先に説明した子どもの言葉の動きに現れている。エントロピに関していうと，いい授業だからエントロピが増加するわけではない。エントロピの増減だけで授業の良し悪しを判断することはできない。また，連想マップから回答語の変化のようすを読み取るのはそれなりに難しいと感じた。しかし授業で子どもの考えや思いに何が生じたのかをつかむことは授業者1人でもできる。連想マップに現れた言葉の散らばり具合とその大きさを見れば，子どもの考えや思いが拡散の方向にある

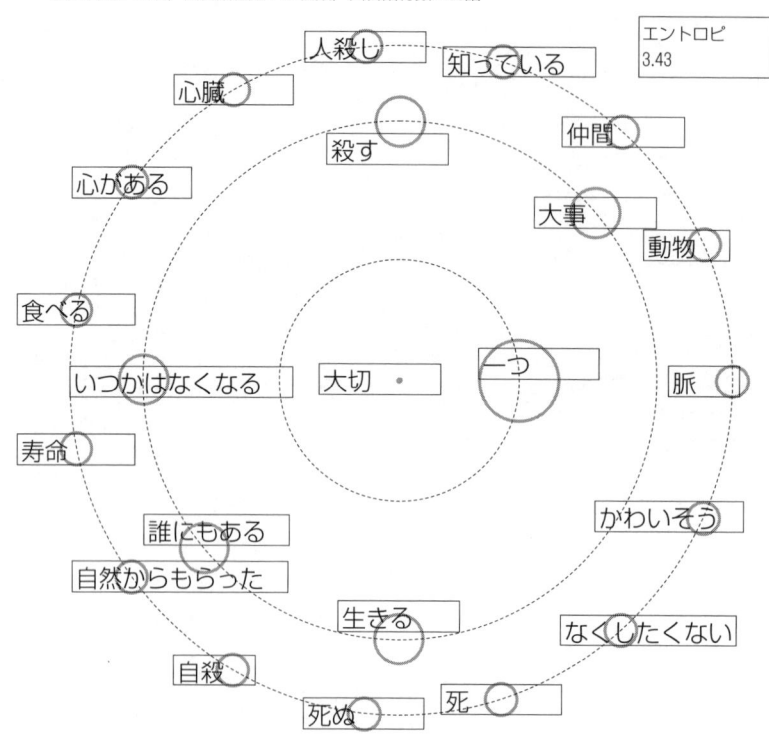

図5-11　授業4（揺さぶりのない授業）の授業後〈いのち〉

のか，収束の方向にあるのかが把握できる。授業者として感じた子どものようすと，連想マップの動きが合致する。そこから考えて，連想調査の示す傾向は信頼できると思った。

　また授業者としては，連想法は，授業者が設定したねらいが十分に伝わったかどうかを判断する評価法になると佐藤良平は言う。本授業では提示語〈いのち〉の回答語を見ることで，授業におけるねらいが子どもの意識に現れたかを判断できる。しかし連想調査で1人の子どもの変容を追うには無理があろう。諸量計算表の変化が一目でわかるようなプログラムにして個人のデータを出すことは可能である。しかし個人の変容を論じるには連想は安定せず，個人の評価は控えたほうがよい。

　以上のことから連想法による評価は，授業を評価対象にすることで，教員の授業改善の手段に有効である。

　授業3および4の連想法による指標をまとめて，それぞれの授業前後の変化を見る(表5-2)。揺さぶり発問をした授業の場合，回答語の種類・総数とも増える傾向にある。他方，揺さぶりのなかった学級は，提示語によって増減の違いはあるものの，回答語総数が減少する場合が多い。連想量総和で見ると(表5-4)揺さぶりのある授業では連想量総和が4つの提示語全部で増加している。これに対して，揺さぶりのない授業ではどの提示語も連想量総和は減少している。揺さぶりのない授業では，子どもの考え，思いは収束していった。

またエントロピ(表5-3)も全ての提示語で減少している。子どもの思いは，多様に広がるよりも，まとまって同じ方向をとった。つまり，揺さぶり発問のなかったクラスの思考は，1つの方向に向かって収束した。その方向が，いのちが大切との方向である。連想量総和やエントロピで〈いのち〉は動きが大きく，「大切」は総語数比で授業前17.5％であったものが39.6％に増加し，「一つ」が1語増加したほかの回答語は3.8％以下である。「大切」は授業前人数比47.6％だったものが100％になっており，減多に見ない連想マップになっている。このようすは，図5-11の中心に「大切」が位置し「一つ」が並んで，この2つの核になる言葉を取り巻く言葉がなく，他は外周にならんでいるようすに見てとれる。もう一つ揺さぶりのない授業において動きの比較的大きい〈食べる〉の場合，授業前に「ご飯」が回答語の1位で人数比38.1％だったのが19.0％に減少し，「肉」が1位になり33.3％に増加している。「肉」として食べられる子犬の緊迫感からいのちが「大切」という方向に子どもの意識は流れていったと理解できる。

　揺さぶりのあるクラスの〈食べる〉は，特に言葉の動きが大きい。授業後に，回答語種数，回答語総数とも19語増加している。エントロピも0.58増加し，連想量総量4.04も最大の増加を見せる(表5-4)。エントロピの増減で各提示語を見ると(表5-3)，揺さぶりのある授業は提示語4語のうち，2語が増加傾向であった。それに比べて揺さぶりのない授業では，4つの提示語全てが授業後減少

表5-2　語種数と回答語総数の授業前後変化

提示語		揺さぶりのある授業(22名)		揺さぶりのない授業(21名)	
〈食べる〉	語種数	40→ 59	増加 +19	47→43	減少 -1
	回答語総数	92→111	増加 +19	80→64	減少 -16
〈ライオン〉	語種数	35→ 33	減少 -2	27→24	減少 -3
	回答語総数	80→ 91	増加 +11	71→79	増加 +8
〈いのち〉	語種数	30→ 33	増加 +3	25→22	減少 -3
	回答語総数	73→ 84	増加 +11	57→53	減少 -4
〈死〉	語種数	50→ 58	増加 +8	37→34	減少 -3
	回答語総数	84→ 98	増加 +14	58→64	増加 +6

表5-3　エントロピの授業前後変化

提示語	揺さぶりのある授業(22名)		揺さぶりのない授業(21名)	
〈食べる〉のエントロピ	4.90→5.48	増加 +0.58	5.27→5.15	減少 -0.12
〈ライオン〉のエントロピ	4.52→4.24	減少 -0.28	4.16→3.86	減少 -0.30
〈いのち〉のエントロピ	4.03→4.12	増加 +0.09	4.23→3.43	減少 -0.80
〈死〉のエントロピ	5.23→5.47	増加 +0.24	4.95→4.65	減少 -0.30

表5-4　連想量総和の授業前後変化

提示語	揺さぶりのある授業(22名)		揺さぶりのない授業(21名)	
〈食べる〉の連想量総和	11.84→15.88	増加 +4.04	12.74→10.80	減少 -1.94
〈ライオン〉の連想量総和	7.62→ 9.08	増加 +1.46	8.12→ 7.31	減少 -0.81
〈いのち〉の連想量総和	7.62→ 8.35	増加 +0.73	7.58→ 5.28	減少 -2.30
〈死〉の連想量総和	12.59→14.78	増加 +2.19	9.63→ 9.27	減少 -0.36

した。

　授業前後の変化という意味では，揺さぶりのある授業での回答語の変化は，劇的とは言えない。回答語の1位は変わらず「おいしい」(人数比授業前50.0%から45.5%へ)のままである。「肉」は増加したが，22.7%から31.8%，「ご飯」は31.8%から27.3%，変化は大きくない。子どもは，授業前からの自分の意識を保ちながら追い込まれることなくゆったり考えたのであろう。

　授業後に新しく出現した言葉は「うまい」(人数比18.2%)「生きものを食べる」(13.6%)で，いずれも授業を通して獲得した言葉である。揺さぶりのある授業で新しく出てきた回答語は27種類に及ぶ。消失した言葉は8種類である。新出語と消失語による回答語種の入れ替わった割合を算出すると，52.2%であり，子どもが〈食べる〉に関して新しい言葉をたくさん仕入れた授業であったと言える。それは，図5－8の連想マップの中身の詰まったようすに現れている。授業者の表現によると，授業中の子どものつぶやきが連想マップに現れて，中心にある言葉を支える回答語が多くなった。〈食べる〉だけではなく，全体として連想量

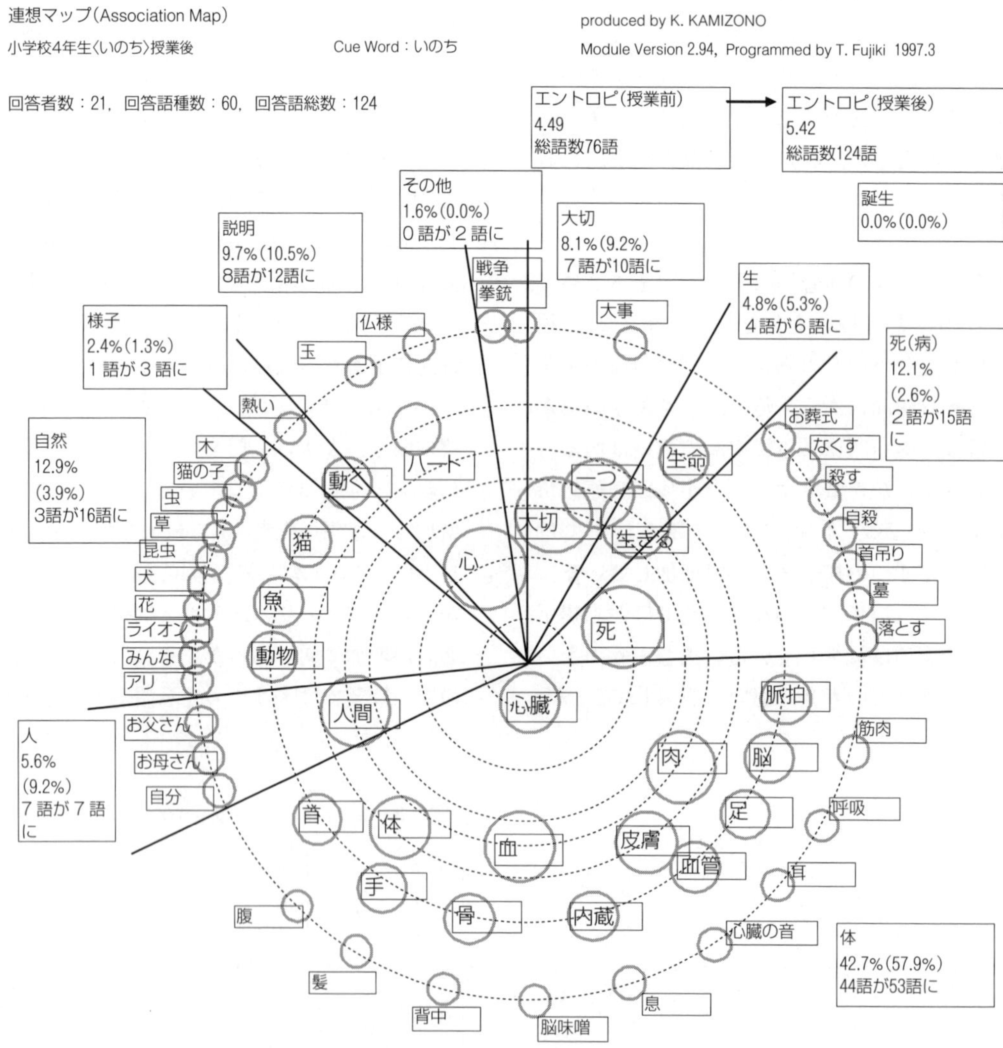

連想マップ(Association Map)
小学校4年生〈いのち〉授業後　　Cue Word：いのち

produced by K. KAMIZONO
Module Version 2.94, Programmed by T. Fujiki 1997.3

回答者数：21，回答語種数：60，回答語総数：124

エントロピ(授業前) 4.49 総語数76語 → エントロピ(授業後) 5.42 総語数124語

その他 1.6%(0.0%) 0語が2語に
大切 8.1%(9.2%) 7語が10語に
誕生 0.0%(0.0%)
説明 9.7%(10.5%) 8語が12語に
生 4.8%(5.3%) 4語が6語に
様子 2.4%(1.3%) 1語が3語に
死(病) 12.1%(2.6%) 2語が15語に
自然 12.9%(3.9%) 3語が16語に
人 5.6%(9.2%) 7語が7語に
体 42.7%(57.9%) 44語が53語に

図5－12　小学校4年生〈いのち〉授業後のカテゴリマップ

総和など回答語が増えていくこの授業は，子どもの言葉の創造性を引き出したのだろう。子どもがいろいろと考え，多くの言葉となって返ってくる授業は創造的で，やっていておもしろい。

これに比べて，揺さぶりのない授業では授業後に消失した言葉は23種類と多く，新しく想起された言葉は19種類である。回答語種の入れ替わった割合を出すと63.6％で，揺さぶりのない授業での回答語の動きはむしろ大きい。授業者の表現では，いのちが大切と感じるだけであった授業，授業の資料の範囲を出なかった授業とはいえ，子どもの回答語を変えたのは事実である。授業者と子どもにとって，豊かさや楽しさがあったかどうかはともかく，授業主題であるいのちが大切と強調する点に関して力の発揮された授業であった。

5-1-V　授業5：再びいのちの授業

生命尊重について佐藤良平は小学校4年生を対象に再び「ライオンと子犬」を取り上げ，〈死〉を見つめる授業を試みた。ここでは，回答語の質を見るために，回答語をカテゴリに分けた。授業後の〈いのち〉の連想マップを図5−12に示す。

カテゴリ	回答語数	回答語総数比％
大切	171	39.2
死	51	11.7
体	49	11.2
自然	47	10.8
人	40	9.2
説明	25	5.7
生	24	5.5
様子	14	3.2
他	11	2.5
誕生	4	0.9

回答者数：130名，回答語種数：96種類，回答語総数：436語

エントロピ 5.10

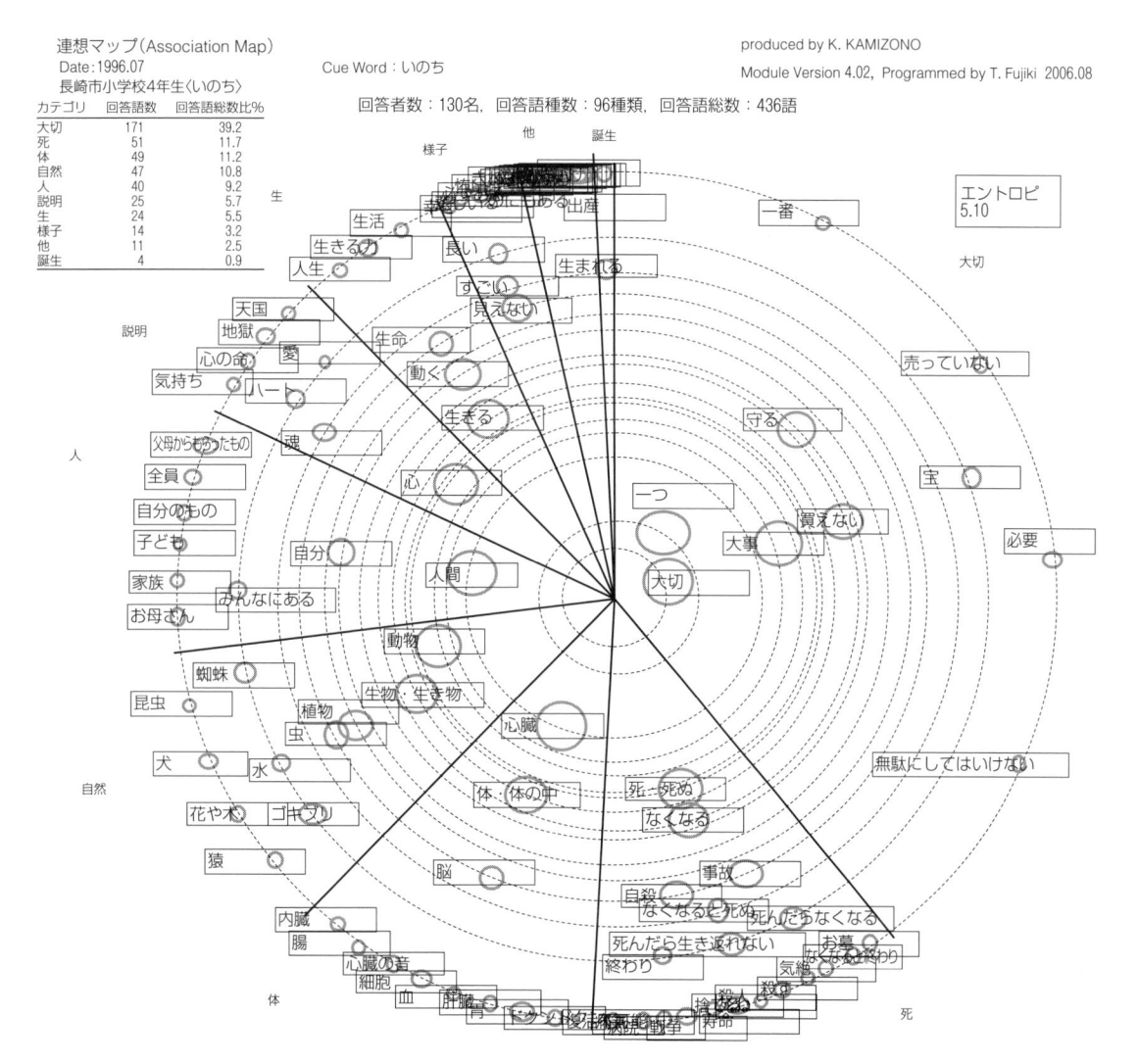

図5−13　長崎市の小学校4年生生130名が想起する〈いのち〉

連想マップにおいて通常1つの言葉の円が大きいほど連想量が大きく，多くの子どもが思いついた言葉であるが，「心臓」については，この授業では人数比66.7％と非常に多くの子どもが思い浮かべ，いのちの定義といえる核心の位置にある，その場合回答語の円は逆に小さくなる（第3章図3－8連想量の動きを参照）。

　授業5の〈いのち〉の連想マップ図5－12で，授業後にエントロピが0.93増加し，言葉の種類が授業前の33語種から60語種に増えた点は注目される。授業後に新しく出現した言葉が，授業前後の全回答語種の51.5％を占めるところから，子どもは多くは授業の過程で獲得した言葉で考えていった。この授業では授業前後に共通する言葉でも20.6％の語種が増加しており，減少した語種と消失した語種を合計しても17.6％と，子どもの言葉の獲得がこの授業を特徴づけている。連想量の総和も9.54から16.87に大きく増加しており，授業が子どもにとってさまざまに考えをめぐらす機会になったことを示している。

　回答語全体を10のカテゴリに分けて，長崎市の調査と比較したが，《誕生》にあたる言葉はなかった。子どもは，いのちを誕生と結びつけていない。すると，誕生と結びつけていのちの授業をおこなう可能性があると読み取れる。言いかえれば，いのちを誕生と結びつけることが，子どもにとって新しく知る学びになることがわかる。なお図5－12で各カテゴリの括弧内の数字は授業前の百分率である。

　この授業の特徴は，授業後の回答語数の増大である。回答語種数の33語から60語への増大，回答語総数の76語から124語への増大という大幅な増加が，エントロピの0.93という大きな増大となっている（図5－12）。《大切》カテゴリは授業後に3語増えている（7語が10語に）が，回答語総数が増えたために，回答語総数に占める割合で見ると減った印象になる。《生》カテゴリも2語増えているが，回答語総数が増加したことにより全体に占める割合は細かく見ると減少している。

　カテゴリ別に見ると，《自然》カテゴリに属する言葉の割合が9％増加し，《死》に関する言葉の割合が9.5％増加した点が目につく。《自然》に関しては，資料にライオンと子犬が登場したこと，授業の導入部で「ライオンは何を殺すでしょうか」と問うて動物の名前を挙げさせた発問に原因がある。言いかえれば連想マップに授業展開過程が現れている。《死》カテゴリの増加は，授業が死を軸に展開したためである。回答語としては「死」が授業後に6語(人数比28.6％)増加しているのが目につく。カテゴリ《死》が人数比で61.9％増加したこと，回答語「死」の増加は，この授業の特色である。そのほかでは，「心」「大切」「生きる」がそれぞれ2語(人数比9.5％)増加している。子どもは死を考えた。しかし〈死〉が授業後に「自殺」(2語増加して人数比76.2％)，「殺す」(8語増えて57.1％)，「首つり」(2語増えて57.1％)である点を見ると，また〈いのち〉における「大切」(2語増加して人数比23.8％)を見ると，死について，命について，十分な授業ではなかった。

　1996年の長崎市の小学生〈いのち〉の連想マップを示して，授業5のいのちの授業をおこなった子どもの意識状況が長崎市全体と比較してどのような状況かを示す。

　授業をおこなった小学校同学年の学級の子どもは，いのちが大切という抽象性よりも，最初から具体的に「心臓」や「血」に傾いていたが，この傾向は減少したとはいえ授業後も残っている。カテゴリ《死》が当該小学校で2.6％であったものが12.1％に増加し，長崎市の11.6％程度になった。《自然》は自然の豊かな地域だから意識にあるとは限らない。むしろ長崎市より少なく3.9％であったが，扱った資料にライオンや子犬が登場したせいであろう，12.9％に増加している。

　さらに，提示語〈死〉による連想結果の授業前後

の変化を見ると，言葉の出現具合はあまり変化していない。前後どちらも〈死〉から連想する言葉の第1位は「自殺」であって，これはこの授業がおこなわれたクラスを含まない長崎市の小学校4年生の1位（図5-13）と一致する。授業で大きく変化したのは，「殺す」である。用いた資料が，ライオンが子犬を殺して食べるかどうかをめぐって緊迫した場面をつくりだしたため，子どもの印象が深かったようだ。

全体として，当該学級の子どもは素直なのであろう，授業者の意図，資料によって素直に意識が動いたようすが連想マップに現れている。

5-1-VI　5つの授業全体として

2人の授業者による連想マップの分析を総括しておきたい。連想調査を日常の道徳授業ならびに授業展開方法の異なる授業で実施し，授業前後の連想マップを比較してみると，授業者の意図が子どもにどのように伝わったかを知ることができた。すなわち連想調査とその結果としての連想マップによって，道徳授業の評価（アセスメント）をおこなうことができる。本節では，ベテランの授業者の感覚から，連想法の結果の妥当性を確認することになった。他の評価方法を併用する場合でも，連想法は授業者の感覚，授業者にとって合理的に理解可能な結果を示す評価方法であり，また新たな実践への道を示すことのできる技法である。すなわち，授業と子どもの姿を離れずに授業を評価できる方法である。子どもと授業を知るベテランによっておこなわれた授業について，連想マップが授業者にとって合理的に了解できる結果を示したことは，連想調査による評価方法が有効であることを示している。連想法の特色である情報論的処理，連想マップとしての表現は，数値化と視覚化によって，多くの実践者にとって授業をふりかえる支援となる。教育臨床における技法開発は，子どもと授業を知るベテラン教員の感覚から離れて成立しない。

授業1では，子どもが自分たちの生活と重ねて授業のねらいを受けとめていることが読み取れた。連想マップによって生活と道徳授業とが切り結ぶ接点を授業結果に読み取れることは，授業者として学級担任として，授業が生きていることを示して貴重である。授業2では，教員同士の視点からはうまく流れたと見えても子どもはたいして学んでいないことを明らかにし，子どもの意識において何が起こったかによって授業を判断する重要性を示した。授業3が価値の根拠について多く考えさせる授業であったのに対して，授業4は，1つの価値の方向に導く様を見せた。この授業のように学級の子ども全員が同じ言葉を答え，回答語が連想マップ上で，目が点になるような形，中心点になることはまれである。全員がそのように思うようになるのだから，これは教員の力量による。授業5は同じ読み物資料で学年を変えて視点を変えておこなった。死を介して生を考える趣旨が，子どもの連想マップに現れている。連想法は，授業者がどのように授業を組み立て，子どもの意識がどのように動くかを見せてくれる。

子どもの考えが広がっていく授業と，考えが収束していく授業があることは，授業者の意図によって，授業の型を選択していく可能性を示している。連想法を使いながら道徳授業実践を積み重ねることによって，さまざまな授業理論によって示される授業のやり方を整理することも可能だろう。さまざまな道徳授業理論や評価方法の子どもにとっての意味を明らかにしていくことが，授業の場からリアクションとして必要である。評価方法の有効性によって授業を彫琢する教育臨床の行き方が有意味である。

教員は自分の考えと印象によって，授業を評価する。印象を形づくるのは，教員の授業に対する思いと授業中の学習者の発言であろう。授業の終わりまでに教員の解釈枠組みが形づくられるから，学習者の感想もこの枠組みにおいて理解される構造になる。連想法は，授業解釈の枠組みを学習者

の思いの全体によって構成する。授業の場にいて発言しなかった学習者の言葉を含めて，回答語数よって言葉を配置し，情報量として処理して数値として表現する過程には，授業者や参観者や研究者の思いは入らない。基礎になるのは，学習者の応答である。学習者全体の応答した言葉によって枠組みが示される。言い換えれば，学習者の思いから連想マップはつくられる。連想法による授業理解は，学習者の思いによる授業理解である。連想法は，学習者の意識において何が起こったかによって授業を評価する技法である。学習者全体の意識に何が起こったかによって評価する技法の存在意義は大きい。

第2節　ゲーム感覚の，また ゲスト・ティーチャーを招いた 道徳授業の評価

　道徳授業の新しい試みとしてゲーム感覚で気を楽に進める授業ならびにゲスト・ティーチャーを招いた授業において子どもの意識がどのように動いたかを連想法によって描く。気楽な感覚の授業には，道徳上の意味があるのか不安があろう。連想法はその効果のほどを明らかにしている。また，ゲスト・ティーチャーを招いての授業では，発問に現れない子どものいわば隠れた意識の動きを連想法が明らかにしている。

5-2-I　ゲーム感覚の授業〈あき缶〉

　ゲーム感覚の授業として最初に取り上げるのは，冨野聡による「みんなと私」という小学校6年生の公徳心の授業である。図5-14が資料の中心概念〈あき缶〉の授業後の連想マップである。この授業で使った資料は，後に「アキカンを拾いますか」として，『子どもの在り方生き方を支える新しい道徳資料集　九州パイロット版』(道徳教育研究会九州（代表上薗恒太郎），2003, p.15)に載せた。どんな状況で空き缶を拾うか，拾わないかを，問いにしたがって矢印をたどっていき，最後に理由を書いてもらう資料である。どうすべきか当為は資料に描かれていない。「学校に入ろうとするときに門のところに空き缶」「バス停で足もとに空き缶」「教室の自分の机の下に空き缶」など，6つの場面を設定して尋ねる。遊び感覚でたどれる道徳資料として用意した。説教するタイプの資料ではなく，みんなの感覚を教えて欲しいと尋ねる資料のつくりである。授業過程は，互いの考えを開きあい耳を傾ける関わりが軸であり，また身近なゴミに対処する課題について互いの価値観や考えや態度の開きあいである。授業者もまた子どもに耳を傾けることが授業になる。この，子どもに耳を傾ける授業づくりの結果を見たい。

　授業後に提示語〈あき缶〉から想起された言葉を図5-14のような7つのカテゴリに整理した。カテゴリに，空き缶を《捨てる》と《拾う》をつくり，それぞれに属する言葉が回答語総数に占める割合を見ると，授業前は《捨てる》が14％，《拾う》が2％で，差が12％あったが，授業後には《拾う》(6％)が増えて《捨てる》(11％)が減り，差が7％縮まっている。そのようすは「拾う」「捨てる」の回答語に現れる。授業前後を比べると「拾う」が2語から8語に増え「捨てる」が12語から6語に減る。さらに，《ゴミ》であるとのカテゴリが5％増え，《飲料》カテゴリが9％減少している。1つ1つの回答語で増減の大きい言葉を見ると，「ゴミ」が7語増え，「ジュース」と「ポイ捨て」がそれぞれ7語減っている。特徴的なのは，回答語の第1位が授業前の「ジュース」(人数比67.6％)から授業後「ゴミ」(58.8％)に変わった点である。

　この授業において，以上のような回答語の変化を認めることができるが，連想エントロピは0.13の増加とあまり変化せず，連想量総和も12.52から13.58へとあまり変化していない。語種数で授業後に2語増加，回答語総数で12語増加しており，全体として増加の方向にあるが，大きな変化ではない。消失語種数も新出語種数も同じく22語で

あり，この授業は言葉を増やすことになっていない。それでも消失・新出した回答語の種類は授業前後全語種数の57.1%になる。いろいろ考えはしたのだろう。

授業は子ども全体に次のような効果があったと考えられる。すなわち，空き缶が単に飲み物であった授業前から，ゴミだとの意識が強くなり，拾う考えがより強く思い浮かぶようになった。道徳における4つの理解（図5-7）からすると，主に2と4に関わって，空き缶のわかり方がゴミだと

の方向に動き，拾うか拾わないか訪ねる過程が行為のシミュレーションを教室でおこなう意味をもった。

この授業は，空き缶を拾いなさいと命令する型ではなく，さまざまな場合をならべてどうするかを尋ねている。授業を参観したが，子どもは，自分は拾わないかもね，と率直な気持ちにしたがって楽に答えていた。答えに圧力のない点は，授業後の連想結果でも〈捨てる〉が依然として多いところに現れている。この授業は，劇的な授業ではな

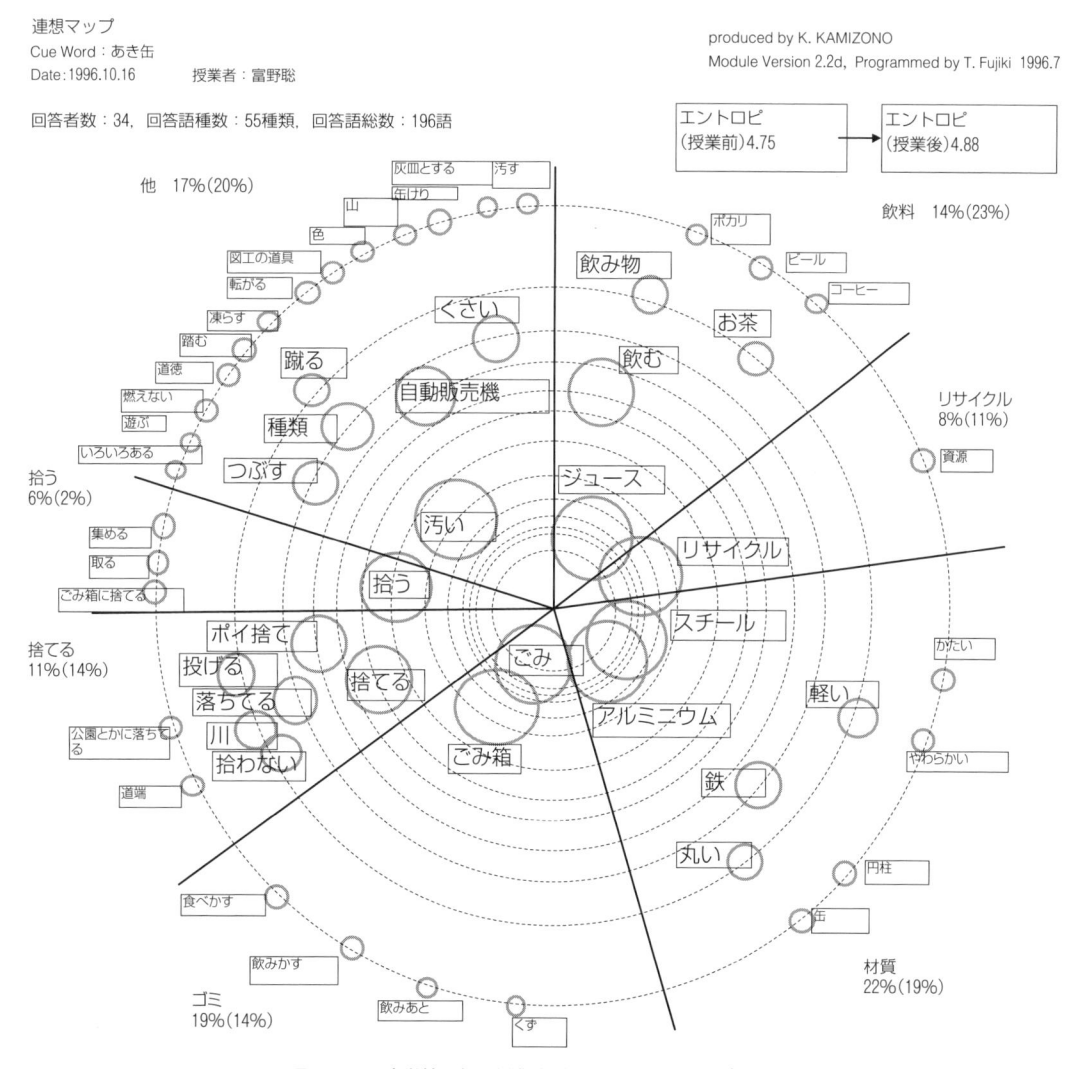

図5-14 小学校6年，授業後〈あき缶〉連想マップ

第5章　連想法による道徳授業評価

い。それでも言葉が全体として増加の方向にあるのは，友だちの意見を聞いたからであろう。耳を傾けた言葉の数々による増加が回答語総数に現れたのだろう。劇的ではないとしても子どもはこの授業を通して，ゴミになる，拾ったほうがいいと思った，と連想調査結果(図5-14)から判断できる。

では，子どもはこの道徳授業後に空き缶を拾う行為をするようになるのかという問いには，次のように答えたい。道徳授業はいつも行為を迫らなければならないのか，子どもを追いつめる授業によって道徳嫌いにしているのではないか，そういう問題意識が授業者と筆者にあった。互いの価値観に耳を傾ける授業があっていいと考えた。耳を傾け，互いに自分の通常の感覚を語ることで向上する道徳意識もあろう。わかっていることについては，この授業のように，行動を迫らず，日常の感覚を尋ね，互いに語り合う，それだけで意識変容に至っている。ほかの道徳授業とは異なり，むしろ行為に踏み込んだところにこの授業の特色がある。そして気楽な授業の結果は，単に思いついた言葉を書きならべる気楽な連想法によって有効に析出されている。

5-2-II　ゲスト・ティーチャーを招いての授業
5-2-II-1　ステレオタイプの意識の変容〈外国人〉

山本和佳の「外国からの花嫁さん」は，国際理解を主題とする小学校5年生の授業で，千綿小学校で2時間を2週間に分けておこなった。この授業は2回目にゲスト・ティーチャーに登場いただいたが，その話はすぐれており，「外国から来た花よめ」として読み物資料にしてある(道徳教育研究会九州(代表上蘭恒太郎)，2003，pp.10-11)。

授業がおこなわれた地域について，どうということもない田舎だと子どもは認識していた。しかし周辺には，中国から来た花嫁の悲しい伝説があり，この地域の産物であるお茶は長崎の出島からの海外貿易品であった。小学校高学年になるとともに，視野を世界へと拡大して欲しいとの思い

が授業者と筆者にあった。道徳授業の1時間目は，外国から来た花嫁の昔物語を資料にして授業をおこなった。翌週2時間目に韓国から花嫁として日本におみえのゲストに登場いただき，経験を話していただいた。

子どもがいだく，地域〈千綿〉に対する意識は当初，図5-15に見られるように，閑散としていた。〈千綿〉は何よりも「田舎」(人数比65.5%)であり，「学校」(24.1%)の名前で，「自然」(24.1%)があり，特産といえば「お茶」(17.2%)のとれるところ，それ以外になかなか思いつかないようすである。回答語種数は29名で23種類に止まる少なさで，エントロピ3.76，連想量総和は5.93であった。

提示語〈外国人〉の授業前後の連想マップ(図5-16, 5-17)のほかに，最初と2回目の授業後の回答語を全て表5-5に示した。授業の前〈外国人〉について，子どもはステレオタイプのイメージをいだいていた。「英語」(人数比62.1%)を話し，「金髪」(20.7%)で「背が高い」(10.3%)という図5-16の淡灰色の回答語で表されるイメージである。また，「会えない」「知らない人」「よそ者」「よその国」といった，自分とは関わりがないという思いをいだいている。カテゴリで見ると，回答語総数比で33.8%が《言葉》を意識している。人数比79.3%が《言葉》カテゴリに関わる回答語を挙げており，「英語」意識の強さがわかる。また人数比72.4%が《様子》に属する回答語を挙げており，〈外国人〉について思いつくところはあまり多くない。1人あたり2.34語の回答語を答えているのだが，29人で語種数29語と多くない。

質問紙票で授業前に「外国人とお友だちになりたいですか」と尋ねた。すると人数比31.0%が「いいえ」と回答した。その理由は「英語をしゃべれないから」「英語がわからないから」「言葉が通じないから」と，話せない点を理由に挙げて外国人との距離感を表現している。質問紙による調査でも，英語を意識して言葉の壁を感じる割合が

三分の一ほどになる。

　友だちになりたいと答える子どもは，「いっしょにサッカーをしたい」「遊んでみたい」「友だちになりたい」「同じ人間だから友だちになれると思う」「違う国の友だちも欲しい」「滅多にないから」「言葉を教えてもらいたいから」など，期待感を肯定する理由に挙げた。

　この授業は，外国人に対する態度変容をめざしたわけではない。しかし子どもの当初の意識が，足もとの歴史的過去の物語による授業ならびに欧米系ではない外国人の登場によって大きく変わる。

　子どもは授業前に外国人との言葉の壁を感じていたからであろう，言葉についてのゲスト・ティーチャーの話は印象に残ったらしい。授業後の回答語の1位に「言葉」(人数比39.3%，図5-17)が挙がっている。ステレオタイプのイメージを構成していた「英語」(17.9%)「金髪」(10.7%)「背が高い」(3.6%)は消失するわけではないが，それぞれ44.2%減，10.0%減，6.7%減となっている。特に外

連想マップ（Association Map）
千綿小5年授業前　授業者：山本和佳
Date：Dec. 1995　Cue Word：千綿

produced by K. KAMIZONO
Module Version4.02, Programmed by T. Fujiki 2006.08

回答者数：29名，回答語種数：23種類，回答語総数：68語

エントロピ 3.76

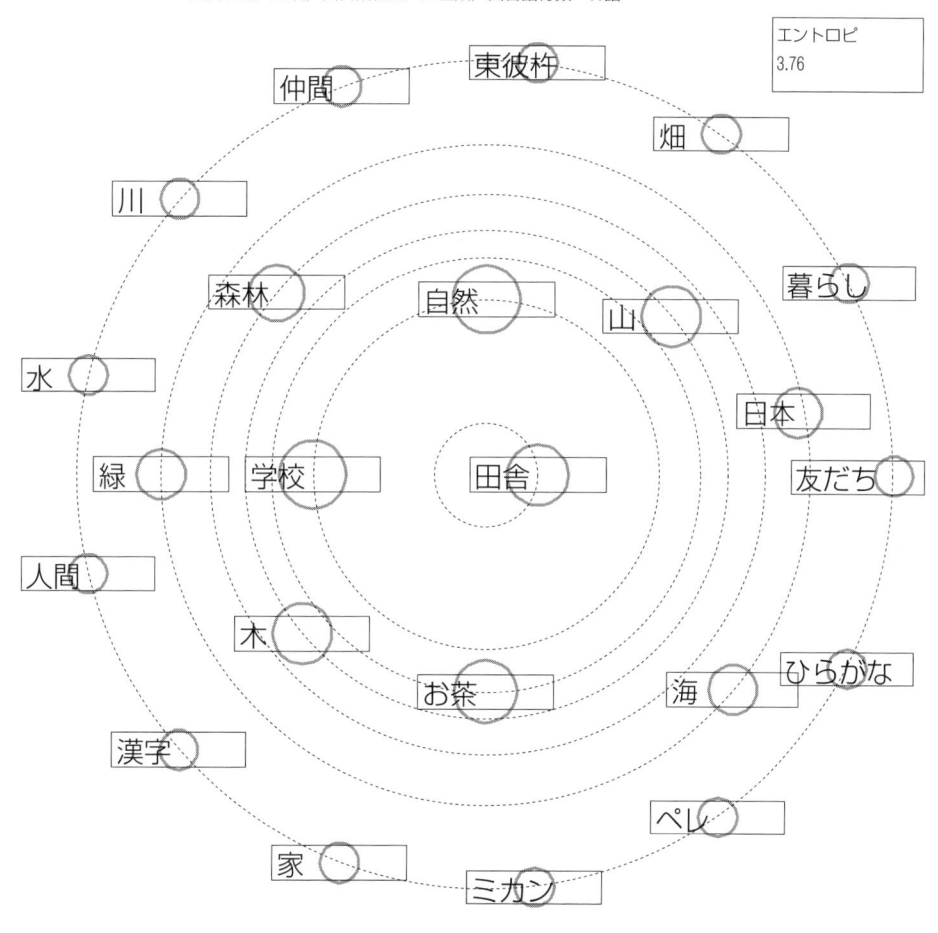

図5-15　〈千綿〉授業前の連想マップ

国人に対する「英語」のイメージは大幅に減少した。「金髪」は大きく減少しているとは見えにくいが,「髪」の回答語が消失したこととあわせると,2割ほどの減少である。ほかに1割ほどを占めた「黒い」の消失,「アメリカ」の消失を見ると,ステレオタイプの外国人イメージは崩れている。

さらに〈外国人〉は関係ない人との理解が消失していく。2回目の授業後には「よその国」「よそ者」「知らない人」「会えない」の回答語が消失する。目の前に〈外国人〉が現れたという事実は子どもにとって大きく,しかもその人に「やさしい」(授業後に新しく登場,人数比14.3%,図5-17)印象をもったとなると,外国人への思いが大きく動いたようだ。

〈外国人〉の連想では,回答語種数が10語増加しているが,内実の移動は大きく,授業前の16語が消失し,26語新しい回答語が出現している。エントロピの0.65増,連想量総和の1.77とともに,言葉が大きく入れ替わって,思いがふくらんでいっ

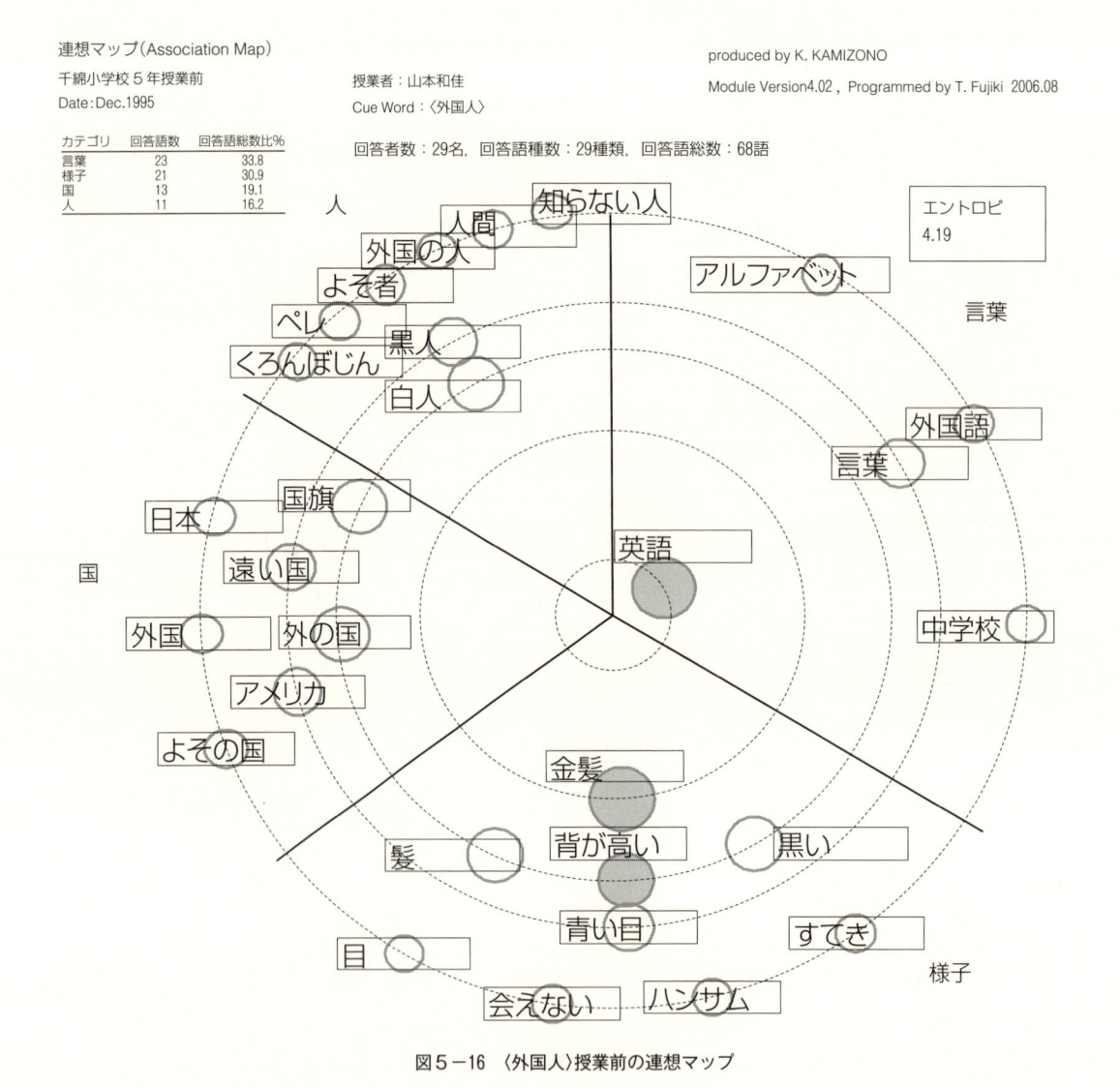

連想マップ(Association Map)
千綿小学校5年授業前
Date:Dec.1995

授業者:山本和佳
Cue Word:〈外国人〉

produced by K. KAMIZONO
Module Version4.02, Programmed by T. Fujiki 2006.08

カテゴリ	回答語数	回答語総数比%
言葉	23	33.8
様子	21	30.9
国	13	19.1
人	11	16.2

回答者数:29名, 回答語種数:29種類, 回答語総数:68語

エントロピ 4.19

図5-16 〈外国人〉授業前の連想マップ

た。

　子どもは授業後新たに，文化圏の違う人たちにはその人たちの「食べ物」(人数比14.3%)があり，「暮らし」(10.7%)「生活」(7.1%)があるとの認識をもち(図5-17)，《生活》を意識するに至った。外国人の食や生活といった新しい視点を獲得している。

　2時間の授業実施後におこなった質問紙による調査，外国人とお友だちになりたいですか，は1名を除いて「はい」に変わった。「英語がわからないから」と答えていた1名は，やはり「言葉を話せないだろうから」と自らの感覚に踏み止まった。2回目の授業の後に態度変更した子どもは27.6%で，「楽しく遊べると思う」「外国のことがわかる」「以前中国人と友だちになれたから」「外国語がしゃべれるようになる」「友だちは多いほうがいい」「心が通じるだろう」と考えるようになった。最初から友だちになりたいと答えていた子どもは，「ゲスト・ティーチャーのようになりたい」「自分も外国に行ったとき寂しいだろうか

連想マップ(Association Map)
千綿小学校5年，2回目の授業後
Date: Dec. 1995
授業者：山本和佳
Cue Word：〈外国人〉
produced by K. KAMIZONO
Module Version4.02, Programmed by T. Fujiki 2006.08

カテゴリ	回答数	回答語総数比%
様子	19	27.5
言葉	17	24.6
国	14	20.3
生活	12	17.4
人	7	10.1

回答者数：28名，回答語種数：39種類，回答語総数：69語

エントロピ 4.83

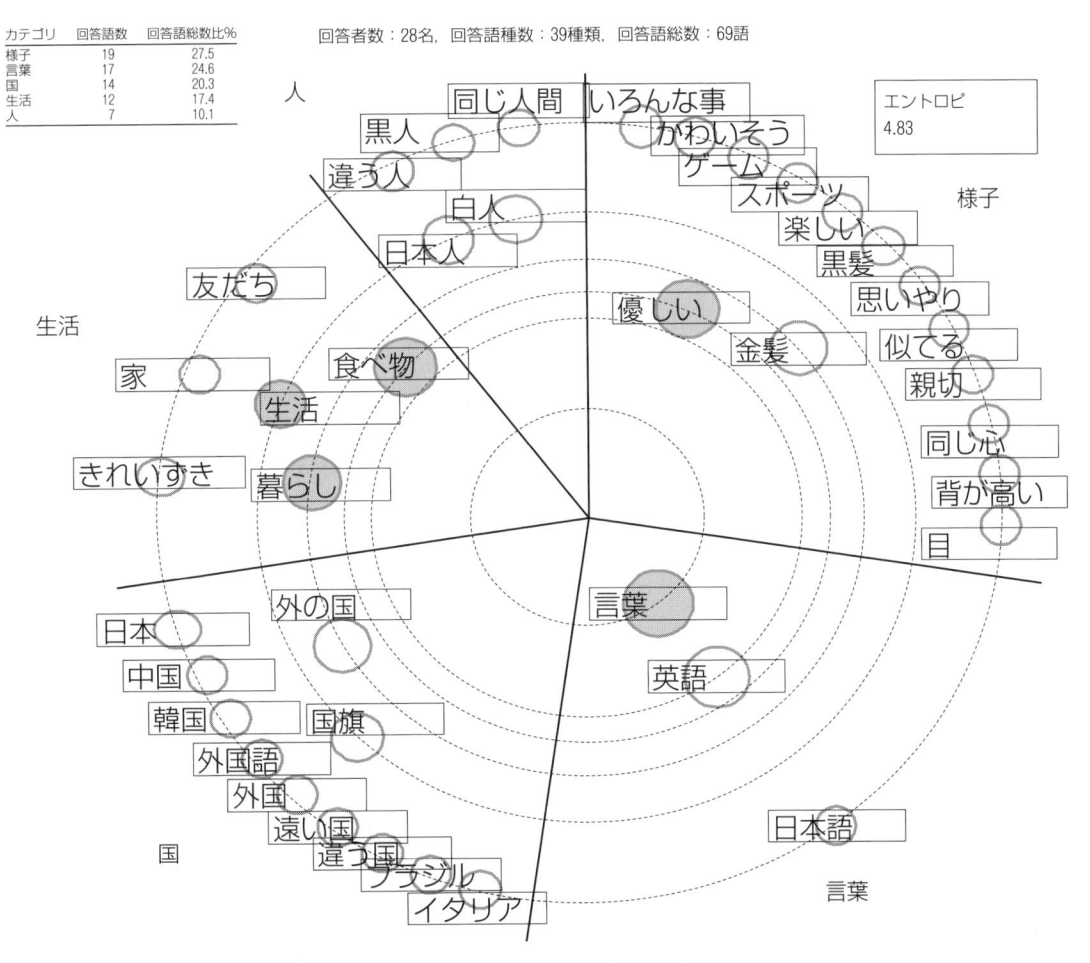

図5-17　2回の授業後の〈外国人〉

ら」「外国人が好きだ」「気持ちが通じれば仲よくできる」「心が通じるだろう」「外国人からいろんな話を聞きたい」「その国のことを知りたい」「外国の遊びなどを聞きたい」「外国の人と友だちになるのはすばらしいと思う」など，積極的になった。

表5-5 〈外国人〉の全回答語
「外国からの花嫁さん」全回答語の授業前後比較

回答語	授業前の語数	人数比	2回目の授業後の語数	人数比	授業前後の差
言葉	2	6.9%	11	39.3%	32.4%
英語	18	62.1%	5	17.9%	−44.2%
食べ物			4	14.3%	14.3%
優しい			4	14.3%	14.3%
暮らし			3	10.7%	10.7%
外の国	3	10.3%	3	10.7%	0.4%
金髪	6	20.7%	3	10.7%	−10.0%
国旗	3	10.3%	2	7.1%	−3.2%
白人	3	10.3%	2	7.1%	−3.2%
生活			2	7.1%	7.1%
日本人			2	7.1%	7.1%
背が高い	3	10.3%	1	3.6%	−6.8%
黒人	2	6.9%	1	3.6%	−3.3%
目	1	3.4%	1	3.6%	0.1%
日本	1	3.4%	1	3.6%	0.1%
外国	1	3.4%	1	3.6%	0.1%
外国語	1	3.4%	1	3.6%	0.1%
日本語			1	3.6%	3.6%
イタリア			1	3.6%	3.6%
ブラジル			1	3.6%	3.6%
韓国			1	3.6%	3.6%
中国			1	3.6%	3.6%
違う国			1	3.6%	3.6%
遠い国			1	3.6%	3.6%
違う人			1	3.6%	3.6%
きれいずき			1	3.6%	3.6%
家			1	3.6%	3.6%
友だち			1	3.6%	3.6%
同じ人間			1	3.6%	3.6%
いろんな事			1	3.6%	3.6%
かわいそう			1	3.6%	3.6%
ゲーム			1	3.6%	3.6%
スポーツ			1	3.6%	3.6%
楽しい			1	3.6%	3.6%
黒髪			1	3.6%	3.6%
思いやり			1	3.6%	3.6%
似てる			1	3.6%	3.6%
親切			1	3.6%	3.6%
同じ心			1	3.6%	3.6%
黒い	3	10.3%			−10.3%
髪	3	10.3%			−10.3%
アメリカ	2	6.9%			−6.9%
遠い国	2	6.9%			−6.9%
青い目	2	6.9%			−6.9%
よその国	1	3.4%			−3.4%
くろんぼじん	1	3.4%			−3.4%
よそ者	1	3.4%			−3.4%
知らない人	1	3.4%			−3.4%
会えない	1	3.4%			−3.4%
ペレ	1	3.4%			−3.4%
アルファベット	1	3.4%			−3.4%
中学校	1	3.4%			−3.4%
外国の人	1	3.4%			−3.4%
人間	1	3.4%			−3.4%
すてき	1	3.4%			−3.4%
ハンサム	1	3.4%			−3.4%

語数欄が空白の語は，授業後に新出また消失した言葉

「食べ物」「生活」「暮らし」と連想していた回答語は，外国人と友だちになりたい理由には登場しない。《生活》に目を見開いた子どもであるが，友だちになりたい理由となると，また違う答え方になった。質問紙票の「なりたい」「好きだ」「知りたい」「聞きたい」の内容に，《生活》が入っていると見なしていいのではないか。

道徳における4つの理解（図5-7）で見ると，2を中心に1と3の方向をもった授業である。すなわち，外国人に対する理解の変容を軸に，海外の人と関わることができそうだと心が動き，海外の人を受け入れる方向に傾いている。この学級では，外国人に関する道徳的雰囲気がこの授業によって変わった。この授業は，ステレオタイプの外国人イメージを崩し，子どもの考え方，感じ方を動かして，生活のようすへと，肯定的な思いへと導いた。

5-2-Ⅱ-2　発言からはうかがえない意識の変容〈ふるさと〉

この授業による子どもの意識変容は，授業で取り上げたわけではないふるさと〈千綿〉にも向かったことを，連想調査が明らかにしている。

子どもにとって〈千綿〉が「田舎」「自然」「学校」で構成される基本は授業後も変わらない（図5-18）。回答語総数も全く変わらない。回答語種数が8語増加しているが，〈外国人〉ほどの大きな移動はない。しかしこの授業で，7語の回答語が2回の授業後に消失し，16語が新しく出現し，エントロピ（0.725），連想量総和（1.849）とも増加して，故郷への思いがふくらんでいる。

特徴的なのは，次の2点である。「日本」が11.0％増加し，「九州」が新しく回答語に登場して10.7％になり（図5-18左上），自分たちの居場所を地理上で巨視的に見ての言葉が増加した。子どもが外から自分のいる地域を鳥の目で見る視点が生まれた。さらに，「友だち」（10.8％増加）を想起し，「自分の家」「楽しい」「明るい」「いいとこ

ろ」などそれぞれ1語,ふるさとに対する肯定的回答語が新しく出現した。外国を意識して見て,自分の住む地域は友だちのいるところで,いいところだとの認識が加わっている。いずれも,授業では取り上げなかったし,授業中の子どもの発言には見られなかった思いである。

　国際理解を趣旨とする道徳授業が,子どもの心の中で郷土を思い起こさせたことは,意識の動きにおいて道徳上の価値項目が1つに限定されるわけではないことを示している。ともなって生じる意識の変化も意味をもつ。この授業で子どもに随伴して起こったのは,外を意識する授業によってふりかえって郷土を意識する変化であった。何のための国際理解の答が,海外へと向ける思いだけでなく自分の足もとへのふりかえりを含むところにあると,子どもの意識変化が示している。海外を受け入れる意識は,ふるさとを受け入れる意識を呼びさました。この授業で,子どもがふるさとの地域への肯定的な思いをふくらませたことは,授業の意義として特筆していい。連想法は,授業

連想マップ (Association Map)
千綿小学校5年,2回目の授業後　　授業者：山本和佳
Date: Dec. 1995　　Cue Word：千綿

produced by K. KAMIZONO
Module Version4.02, Programmed by T. Fujiki 2006.08

回答者数：28名,回答語種数：31種類,回答語総数：68語

エントロピ 4.48

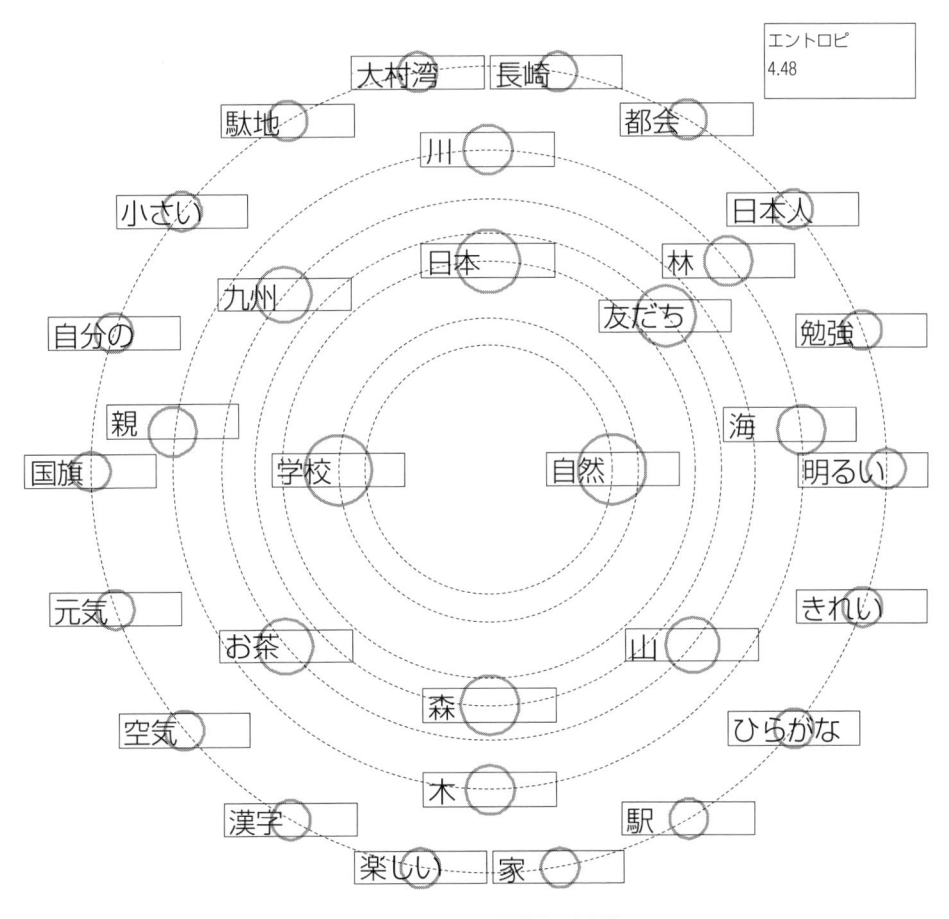

図5-18　2回目の授業後の〈千綿〉

での発言や質問紙に現れない子どもの意識の動きを明らかにしている。

5-2-Ⅲ 子どもの意識変容をとらえる

本節で扱ったのは，子どもの道徳上の態度の変容を必ずしもめざさない授業の子どもの意識変容と，ともなって生じる意識の動きであった。連想法は授業中の発言では見えない意識の動きをとらえている。

本節では道徳授業を取り上げたが，指導案や子どもの授業中の発言について，語らなかった。連想マップと関連情報だけで語った。その情報だけで授業を実際に見ていない者にも，子どもの意識に何が起こったのかを語り得たとすれば，それは連想法の成果である。

連想調査による授業評価法は，次の特徴によってすぐれている。1．子どもの意識に何が起こったかを，2．1時間の授業について，3．授業前後数分間を割くことで知ることができ，4．誰もが（授業を見ていない人でも）連想マップを見ながら論議に参加できる。

第3節　グループ・エンカウンターとつなげた道徳授業

5-3-Ⅰ 子どもの関わり
5-3-Ⅰ-1 よりよい人間関係

今日学校のかかえる課題は，人間関係をうまくつくれない子どもである。希薄な人間関係が，自分をわかってもらえないと悩む孤立気味の子どもを生み，容易にいじめの傍観者を生む状況を生じている。これまで，人間関係をつくっていく子どもの力は，やり方を学ばせる意識はないまま，地域の人間関係，友だち関係のなかで育っていた。しかし今日，関わりのなかで自己認識が育つには，日常だけでは，外から自分自身を見つめ，ふりかえる経験が不足しがちである。教員としてまたカウンセラーとして，子どもが周りの人たちと関係をつくっていくことができるのか，必要な構えを身につけることができるのか，不安があった。今日学校教育において，子どもの関係づくりを支える営みが必要であろう。本節は，この課題に応える道徳授業実践を取り上げる。

友だち関係づくりを，西田利紀が新しく担当した学級が必要としていた。そこで，この課題を担う道徳授業のために，大学で道徳教育論を講じている上薗恒太郎と，多くの道徳授業実践を積み重ねてきた西田利紀，臨床心理士として学校カウンセリングをおこなっている内野成美の共同作業が組まれた。

現在の学校教育で，子どもが，よりよい人間関係を意識化する指導過程が意図的におこなわれるのは，道徳と特別活動である。しかし，道徳の時間と特別活動の時間が切り離されて，実践されている。道徳の時間においては，内容項目をもとにねらいを設定し，それに見合う読み物資料を選んで価値の自覚をはかる授業過程が主である。ところが，人間関係をうまくつくれない子どもに友情の大切さを説く道徳授業をおこなっても，授業のねらいが子どもの人間関係にまで届かない。子どもの課題に応えるために，教壇からおこなう授業を離れて，子どもの間に入る授業を考えるべきである。

友だちとの関係を深めるには，よりよい人間関係の意識化をめざして，互いに自己開示し，互いに1人1人を受け入れる態度を道徳授業と日常に一貫すること，そのためには，価値を教える道徳授業だけではなく，カウンセリング・マインドをベースにした過程が必要であると考えた。道徳授業で指し示すティーチングだけではなく，ケアリングによる支援を授業過程として組み込むことが重要である。

構成的グループ・エンカウンターは教育現場に広がってきたが，これを道徳授業とどのように関連づけるか，道徳教育において考えるべきであろ

う。子どもの人間関係の浅さに対する問題意識は，多くの教員がもっており，それゆえ，グループ・エンカウンターの手法に関心を示す者が多く，実践もおこなわれている。しかし，グループ・エンカウンターを道徳に振り替えてしまい，道徳授業の意味を失わせている例も多い。学級の人間関係づくりは，学級経営にとってだけでなく，道徳授業を円滑に進める土台でもある。展開した一連の授業は，友情をテーマにした道徳授業の前に，教室内の友だちのよいところを見る目を意識させ，道徳授業において視点を確かなものとした。約言すれば，友だちをよりよく見る主旨を総合的につないだ単元構成であった。

子どもが人間関係のなかで育つことを考えれば，互いにすぐれた関わりをもつ教室であって欲しいと考えるのは，当然であろう。個人を育成するにしても，個人を支える関係を育てることが不可欠である。まして学校教育と道徳教育のめざすところが人格の育成となれば，互いの関係の質が大きな意味をもつ。1つの教室にいる子どもの関わりをよりよいものにする努力が，人格育成の基本に属するなら，この努力を意識的におこなう手法と道徳授業とを結びつける新たな試みに意義がある。

本単元では，よりよい人間関係を意識化することを，

① 自分自身に対する誇りと他者に対する寛容を育てる，

② 自分を価値ある存在として肯定的に認め，自分に自信をもつ，

③ 他人との関わりの中で，自分の人権を犯されたくないように，他人の人権も犯さない，

この3点であるととらえた。自己肯定感を土台に，よりよい人間関係を意識化し，子ども同士がお互いを認め，友情を育む基盤をつくることによって，子ども同士の自然な支援関係もできていくだろう。

5-3-Ⅰ-2 授業の必要性

本授業は学校の子どもの状況を学年当初に見てとった西田利紀が，生活指導の必要と友だち関係の課題を道徳教育につなごうとして生まれた。この授業は，次のような学校を取り巻く状況によって必要であった。

1) 親戚関係，出身保育園・幼稚園のメンバーによって，友だち関係が幼児期から固定し，入学以来そのままの友人関係で過ごしている。

2) 親子代々同じ地区に暮す家庭が多く，転入がほとんどない。また，住居区域によって職業が分かれていた傾向が残存している。こうした人間関係の閉鎖性が子どもに反映しており，学級で同じ時間，空間を共有するにもかかわらず，3人から5人ほどの友だちのほかには互いに関心が薄く，教室全体の子どもを友だちとして意識することが少ない。子どもの自己認識についても，安定した，慣れ親しんだ人間関係から出て，あえて新たに自分を意識化する必要もなかったようである。

この状況下で，友情を道徳授業で取り上げても，狭い交友関係の中でのみ理解されてしまう恐れがある。この学校にも，いじめの芽や不登校の芽が散見されるところから，次の必要があると判断した。

1) 友人関係を広げる。

2) 自分に対する誇りを育てる。

友人関係の拡大と自己肯定感の育成は，一般的に小学校5年生という発達段階を考えても必要である。

そのため，意識的な人間関係づくりの技術として構成的グループ・エンカウンターを用い，人間関係を広げる基盤をつくったうえで，他者と自分の長所を見ることを意識させながら，道徳授業で友情の意識化を図り，友だちとの関係において成立する自分について考える一連の展開を構想した。

5-3-I-3　よりよく見ることを意識する

　子どもは，学級の中で，時間と空間を共有しているにもかかわらず，仲のよい友だち以外のことは知らないし，互いに無関心なまま過ごしている。そこでまず，仲よし以外を含めた友だちを「見る」ことを意識する活動が必要になる。ここでいう「見る」とは，自分の利益になる行為だけではなく，お互いの関係が深まるような相手の「よさ」を見つける方策である。よりよく見る関係づくりが，よりよい自分をつくり，さらに，よりよい人間関係へと発展していくと考える。

　構成的グループ・エンカウンターを通して，子どもに「見る」ことを意識するようにしたい。これまで無意識に接してきた友だちについて「よいところ」を見つけ，自分との共通点を見いだす。他人を見ることが，自分自身を見ることにもつながる。こうした過程を経ながらできていく関係によって，子どもは教室で，安心感や，存在感を味わうことができよう。

　一連の活動を，学級活動の時間を使って計画的に取り組み，子どもが意識化した道徳的価値を内面化するように道徳授業と結びつけていく。読み物資料等を用いながら，子どもがつかんだ道徳的価値を，子ども同士の経験を基にした話し合いを通して，ねらいとする価値へと結びつける授業を仕組む。授業のなかで教員は，支援する役割をはたす。つまり，子どもが動くことで，「子どもと子どもの関わり」を中心に授業を展開していく。

5-3-II　授業の全体構成
5-3-II-1　構成

　本授業は，信頼・友情を内容項目として，
1) よりよく見ることをグループ・エンカウンターで意識化し，
2) 道徳授業で視点をつくる流れを構想した。
授業の目標を，
　1) 他の人をしっかりと見る，
　2) 友だちのよさに気づく，ひいては
　3) 自分のよさに気づく点においた。

　本授業の特徴は，最初に2つの構成的グループ・エンカウンターを，①見る，②詳しく見る，ためにおこない，③いいところを見る活動，続いて④友だちを見るグループ・エンカウンター，⑤最後に友情を明確にする道徳授業を結びつけた点にある。つまり，3つの構成的グループ・エンカウンターと1つの活動，1つの道徳授業をおこなった。

　第1時の構成的グループ・エンカウンター「ふくろうゲーム」(長崎市教育研究所，1999)は，次の4点をねらいとした。
1) 自己開示するための関係をつくる，
2) クラスの人に積極的に関わる体験をする，
3) 自己紹介をしながら，自分をどれだけ語れるかを知る，
4) 他者紹介によって相手の人を知る。

　第2時の構成的グループ・エンカウンター「まちがいさがしゲーム」においては，
1) 目的をもって見る活動を通して，
2) よく見ることを意識化することを企画した。

　常時活動としての「いいとこ発見」では，1)よいところを見る目的で，友だちを見る，2)いいとこ発見カードに記入することによって，友だちを肯定的にとらえることを図った。

　第3時の構成的グループ・エンカウンター「友だち発見クイズ」(國分久子・岡田弘編，1997，pp.66-69)では，
1) 友だちの自分史を知り，
2) 自分と同じところも違うところもあることに気づくことをねらいとした。

　最後の道徳授業において，工藤直子作『ともだちは海のにおい』(工藤直子，1999，pp.124-126)から「いるかのてがみ」を資料として，読み聞かせの形で使用した。

　子どもの友だちの「いいとこ発見」の記録を見ると，行為に着目している者が多いところから，

この作品においても，心情よりも行為に着目して，作品の文中に出てくる「頭をなでてくれる」行為を軸に授業を進めた。

この授業において友情とは，子どもの状況から，次のように定義した。
1) お互いにとっていいことであり(相互性)，
2) 長い間続いている行為である(持続性)。

相互性と持続性という友情理解から，友だちを肯定的にとらえることを子どもが意識し，ひいては自分自身にもいいところがあると思えることを願っての授業であった。

授業実施の時期は，学級が新しく編成された4月からおこなった。

5-3-Ⅱ-2　実施の流れ

授業は1999年4月から6月にかけて，長崎市内の小学校5年生を対象に実施した。

特別活動(構成的グループ・エンカウンター)　…3時間
第1時　「ふくろうゲーム」　1999年4月22日
第2時　「まちがいさがしゲーム」
　　　　　　　　　　　　　　1999年4月26日
第3時　「友だち発見クイズ」　1999年5月21日
常時活動…いいとこ発見カード
　　　　　　　　　　1999年4月26日～6月8日
道徳授業「いるかの手紙」…1時間
　　　　　　　　　　　　　　1999年6月8日

以下，各活動の概略とねらいについて説明する。

「ふくろうゲーム」

ふくろうゲームは，自己紹介と他者紹介を組み合わせたエクササイズである。まず，2人1組になりそれぞれ3分間ずつ自己紹介をし，3分という時間の中で自分を語る難しさや相手に聞いてもらう心地よさを体験する。その後，別の2人組と合わせて4人組になり，他の2人に自分のペアになった人のことを紹介していった。このエクササイズは，積極的に自己開示をするなかで，相手に自分を受けとめてもらう楽しさ，あるいは相手に伝える自分像を言葉にまとめる難しさを体験し，また他者紹介のなかでは，自分が知らなかった相手の一面を知る意味がある。

「まちがいさがしゲーム」

まちがいさがしゲームでは，3人組になり別の3人組と向かい合う。そして片方がもう片方のグループをじっくり観察した後，教室を出て3人で5つ違うところを作る(靴下を折り曲げる，ボタンを外す等)。そして，戻った後，どこが違っているかを当てて，当たった数を競う。このエクササイズは，通常はあまり意識していない友だちの姿を，目的をもってじっくり見ることを通して，"よく見る"ことを子どもに体験してもらい，意識づける意味がある。

「友だち発見クイズ」

用紙に自分自身についてあらかじめ記入し，それを集めて教員が壁面に貼っておく。子どもは順番に回りながら，誰が記入したのかを他の人とは相談せずに当てていくゲームである。このエクササイズは，友だちの自分史を知ることにより，同じところ・違うところに気づき，友だちとひいては自分に気づく意味がある。

「いいとこ発見」―常時活動―

「まちがいさがしゲーム」で体験した"よく見る""じっくり見る"活動を活かして，友だちのよいところを発見し，いいとこ発見カードに記入する。このエクササイズは，よさを見つける目的で友だちを見ることによって，友だちを肯定的にとらえる，あるいは友だちから肯定的にとらえられる体験をする意味がある。

道徳授業は，信頼・友情を指導内容とした。授業のねらいは，友情への視点の確立であるが，指導案に記述したねらいは3点，「日ごろの行為を見つめ直すことによって，お互いにいいことであり，持続性のある行為が信頼友情につながることに気づかせる」「友だちが見つけた自分のよさを知り，受け入れられる喜びを味わう」「友だちに信頼される行為をしていこうとする心情を育てる」を書いた。

「いるかのてがみ」は600字に満たない短いもので，手紙文と，手紙を持参したいるかに対するくじらの対応，すなわち，ゆっくりと手紙を読み，いるかとともにもう一度読み，きれいな小箱に大切にしまい，しばらく２人で夕日の沈むのを眺めたあと，くじらはいるかの頭をなでた，（このように分解して記述しては原作を伝え得ないが）などの行為を感じ取ってもらうようにゆっくり読まれた。

授業は「つかむ」「ふかめる」「みつめる」「まとめる」の４つの段階に分けて展開した。最初の「つかむ」段階で，いるかとくじらの切り抜きを示し，くじらにあてた「いるかのてがみ」を読み，両者の行為に焦点を当てながら，双方の関わりについて，またどうしてそうしたのかについて考えた。続いて「ふかめる」段階で，「いいとこ発見」をもとに，どんなとき友だちをいい人だと思うかを挙げ，黒板に書き，話し合ってもらった。さらに，いい人だと思える行為を分析して，似たものをまとめさせた。ここで，友情の相互性と持続性に気づき，「みつめる」段階で，自分に焦点

連想マップ(Association Map)
Date:1999.4.22
フクロウゲーム　友だちプレ
Cue Word：友だち

produced by K. KAMIZONO
Module Version3.01, Programmed by T. Fujiki 1999.11

回答者数：32名，回答語種数：35種類，回答語総数：101語

カテゴリ名	回答語数	人数比%
肯定	26	81.3
友情	24	75.0
遊び	14	43.8
交流	9	28.1
他	8	25.0
人	6	18.8
大切	5	15.6
否定	4	15.6
亀裂	4	12.5

エントロピ 4.53

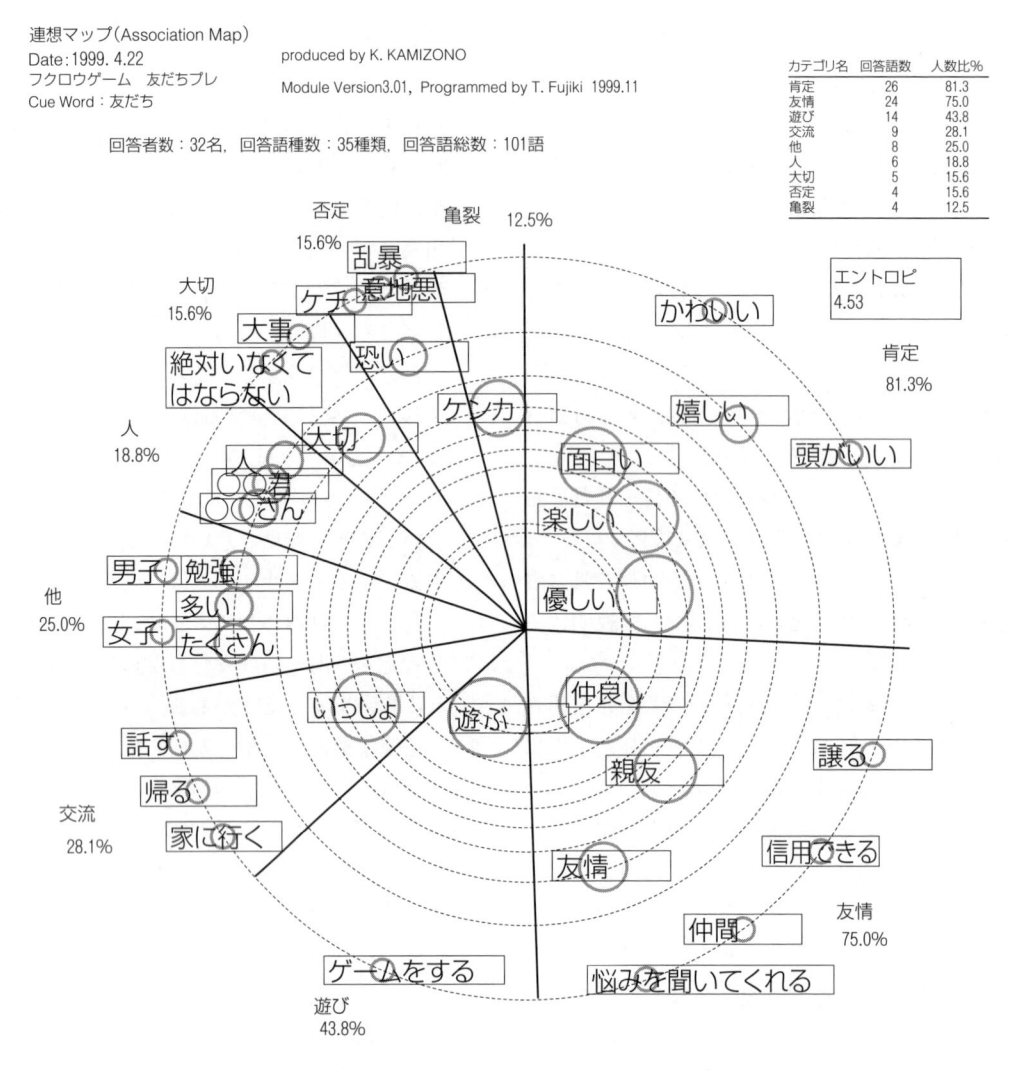

図５−19　提示語〈友だち〉　エンカウンターと道徳授業の前

を当てるようにした。すなわち「自分がしていたことで，当てはまることはないだろうか」「これからどんなことができそうか」を尋ねた。終末「まとめる」段階は，教員の経験による説話で締めくくった。

5-3-Ⅲ　結果の考察〈友だち〉〈自分〉
5-3-Ⅲ-1　授業結果の考察

この授業でめざした目標が達成されたかを子どもに尋ねても，何となくといった答や教員に向けた答に終わることが考えられた。子ども同士の関係の微妙な意識変化を，学級全体として見る評価方法が必要であった。一連の授業過程のために内野成美と上薗恒太郎は可能なときに訪問し，終了後，連想マップなどによって検討した。

連想法による結果を中心に，本授業を考える。

連想調査は，第1時の構成的グループ・エンカウンターの前後，第2時の構成的グループ・エンカウンターの後，第3時の構成的グループ・エンカウンター前後，道徳授業の前後に授業者が実施

連想マップ（Association Map）
Date：1999.6.8
「いるかのてがみ」友だちプレ
Cue Word：友だち
produced by K. KAMIZONO
Module Version3.01，Programmed by T. Fujiki 1999.11

回答者数：32名，回答語種類：63種類，回答語総数：148語

カテゴリ名	回答語数	人数比%
肯定	33	103.1
他	29	90.8
友情	23	71.9
人	22	68.8
遊ぶ	15	46.9
交流	12	37.5
否定	9	28.1
亀裂	4	12.5
大切	1	3.1

エントロピ 5.21

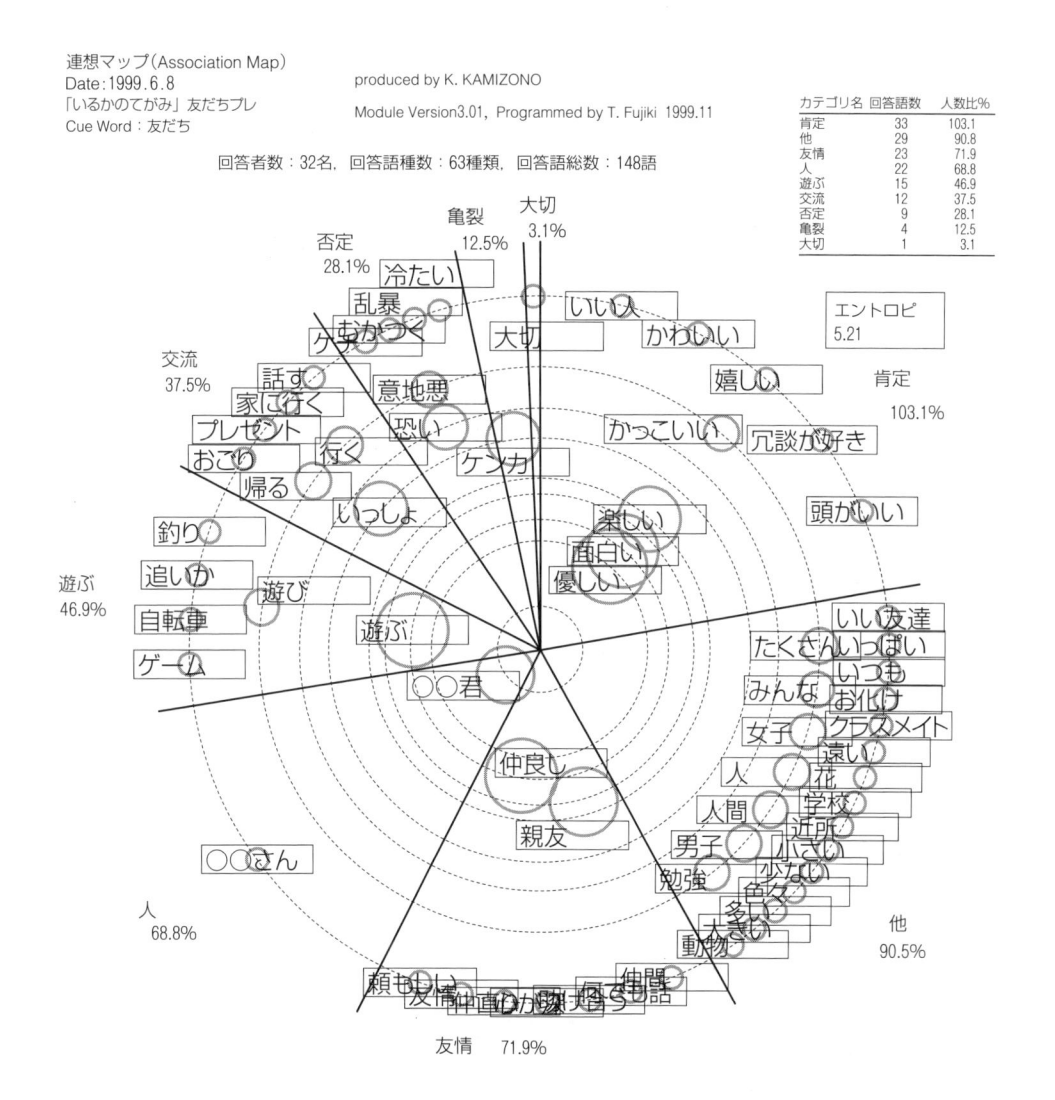

図5－20　提示語〈友だち〉　エンカウンター後で道徳授業前

した。図5-19，図5-22は一連の授業過程を始める前の状態，図5-20，図5-23は構成的グループ・エンカウンター後で道徳授業の直前，図5-21，図5-24は道徳授業の後を示している。

5-3-Ⅲ-2　連想マップ3枚の比較による考察

図5-19，図5-20，図5-21の提示語〈友だち〉の連想エントロピを比較すると，最初と最後で4.53から5.50に増えている。途中の経過を見ると4.53から4.88，5.28，5.39，5.06，5.21，5.50と変化し，第3時の構成的グループ・エンカウンターの後に減少している。これは，回答語として「○○くん」「○○さん」という特定の個人名が20語から40語へ増えたのに，回答語総数が1語しか違わず，回答語種数が9種類減ったためである。つまり，ここでクラス内の多くの友だちに意識を集中する傾向が生まれたために，結果としてグループ・エンカウンター後にはエントロピが下がった。

一連の過程を通して回答語を比較すると，当初出現した言葉の9種類が消失したのに対して，48

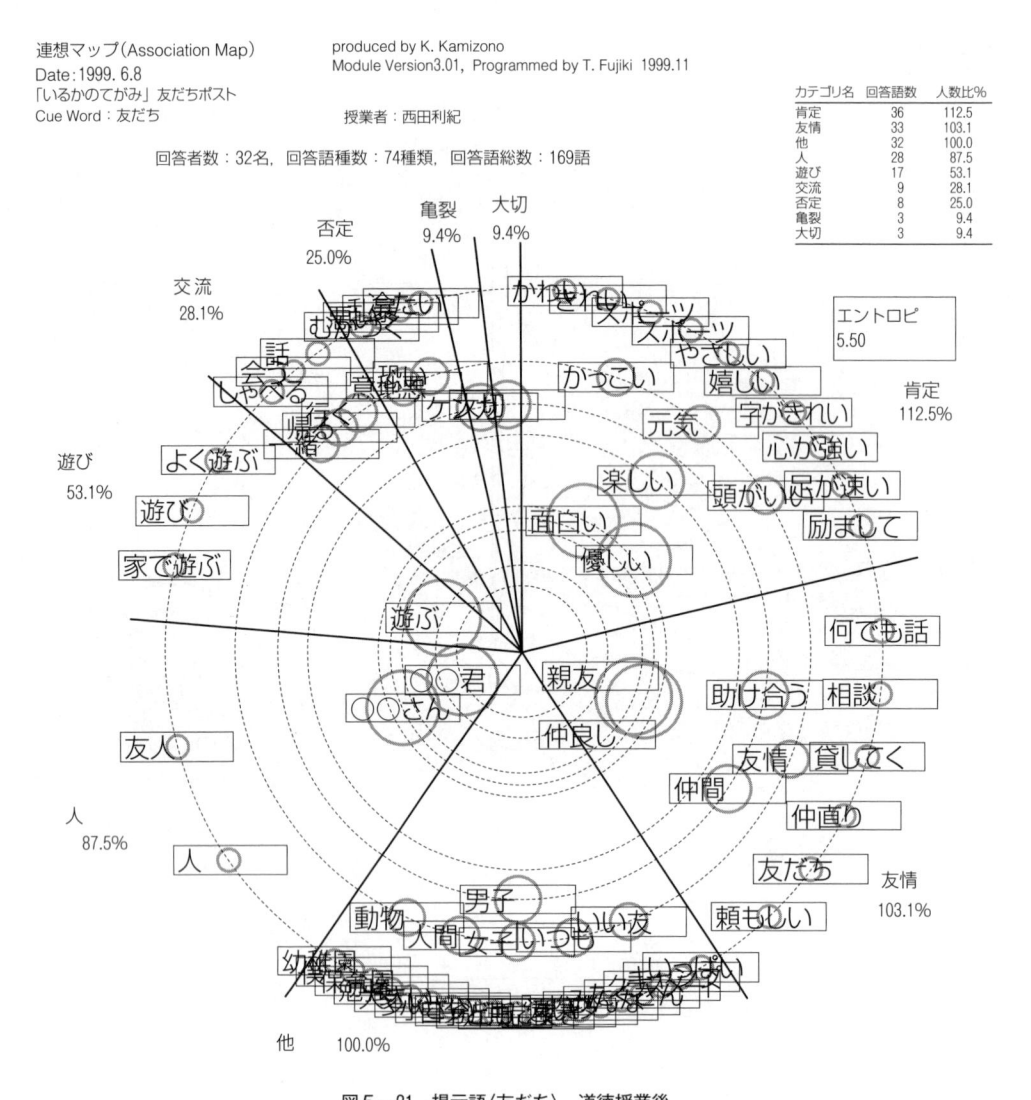

図5-21　提示語〈友だち〉　道徳授業後

種類が新しく出現している。「一緒」が4語減少し，一緒にいる友だちとの意識から離れて，具体的な学級の子どもの名前が22語増加し，「親友」が4語増加，「助け合う」が3語新出しているのが目立つところから，子どもの意識のなかで友だち関係の意識が広がり，また深くなったと推察される。

図5-22，図5-23，図5-24では，提示語〈自分〉に対するエントロピは最初と最後で5.42から6.17に増えている。途中の経過を見ると，5.42から5.73，5.89，5.92，6.01，6.03，6.17と連続して増えている。一連の過程を通して見ると，消失した回答語の種類が29あるが，新出の回答語種が66ある。複数時間構成の授業の場合，最初の授業後のエントロピとその後の授業前のエントロピは，いったん値が下がることも多い。この値の減少は中断による意識の低減として，意識の妥当な流れだと理解できるのだが，今回の流れでは常にエントロピが増加している。このことから，約1ヶ月

連想マップ（Association Map） produced by K. Kamizono
Date:1999.4.22 Module Version3.01, Programmed by T. Fujiki 1999.11
ふくろうゲームの前
Cue Word：自分

回答者数：32名，回答語種数：52種類，回答語総数：80語

カテゴリ名	回答語数	人数比%
体	31	96.9
否定	12	37.5
他	10	31.3
役割	9	28.1
外見	5	15.6
動き	5	15.6
肯定	3	9.4
内面	3	9.4
人間	2	6.3

エントロピ 5.42

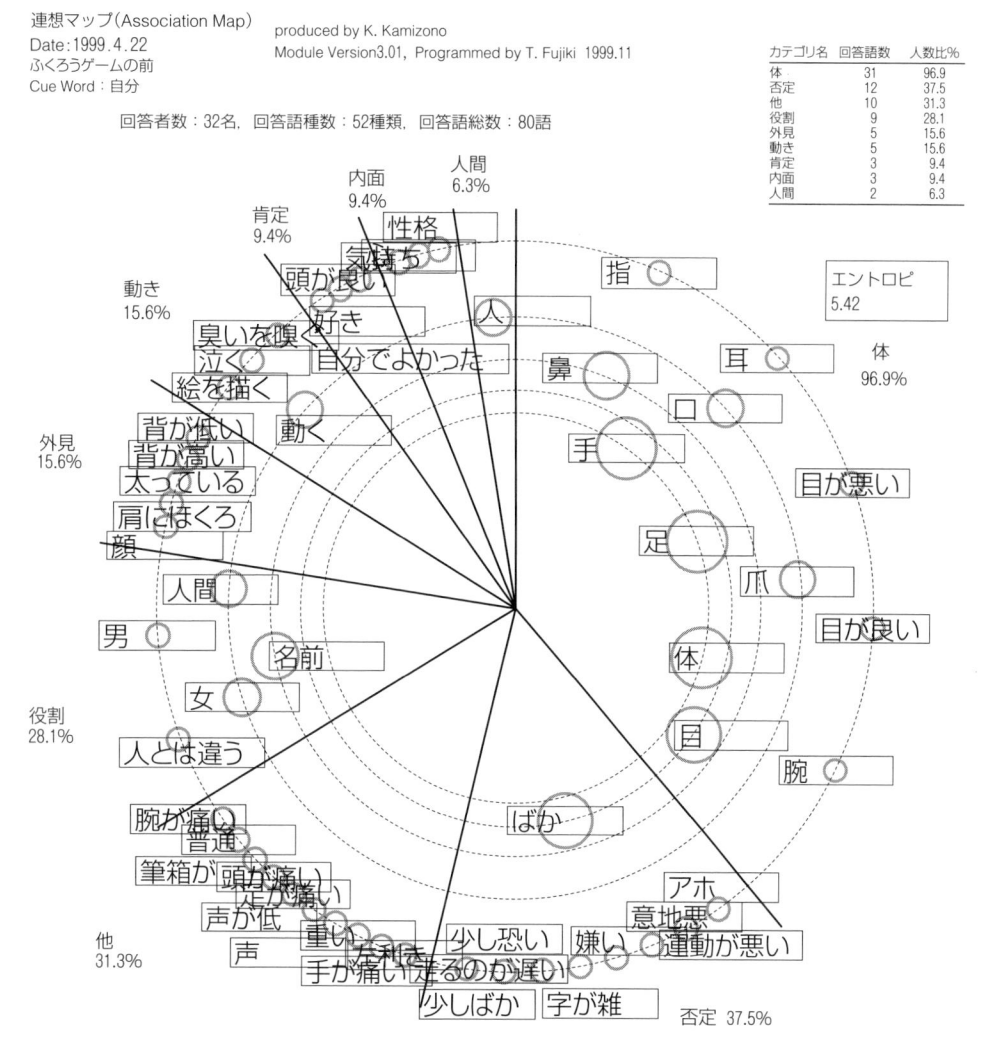

図5-22 〈自分〉 エンカウンター，道徳授業前

の間，日常生活のなかでも「友だち」「自分」が子どもの頭のなかにあったと考えられる。

一連の教育過程を通じて，提示語〈友だち〉および〈自分〉に対するエントロピが増加し，自分や友だちについての言葉の数が増え，多様な考えが生まれている。

5-3-Ⅲ-3　カテゴリ別回答語数の比較による結果の考察

子どもが想起した内容について，言葉をカテゴリに分類して考察する。

提示語〈友だち〉について，一連の授業過程前を示す図5－19，構成的グループ・エンカウンター後で道徳授業の直前図5－20，道徳授業後の図5－21を比べてみると，カテゴリ《人》の回答語数は6語から道徳授業後には28語に増加した（$p<.05$）。「〇〇君」「〇〇さん」と個人名を挙げる子どもが増えている。このことから，教室の1人1人を今まで以上に意識するようになったといえる。

また，一連の過程全体を図5－19から図5－21

連想マップ（Association Map）
Date：1999.6.8
「いるかのてがみ」〈自分〉授業前
Cue Word：自分
produced by K. Kamizono
Module Version3.01，Programmed by T. Fujiki 1999.11

回答者数：32名，回答語種数：80種類，回答語総数：129語

カテゴリ名	回答語数	人数比%
体	45	140.5
役割	24	75.0
動き	15	46.9
外見	13	40.6
他	12	37.5
他者	7	21.9
肯定	4	12.5
否定	4	12.5
人間	3	9.4
内面	1	3.1
命	1	3.1

エントロピ 6.03

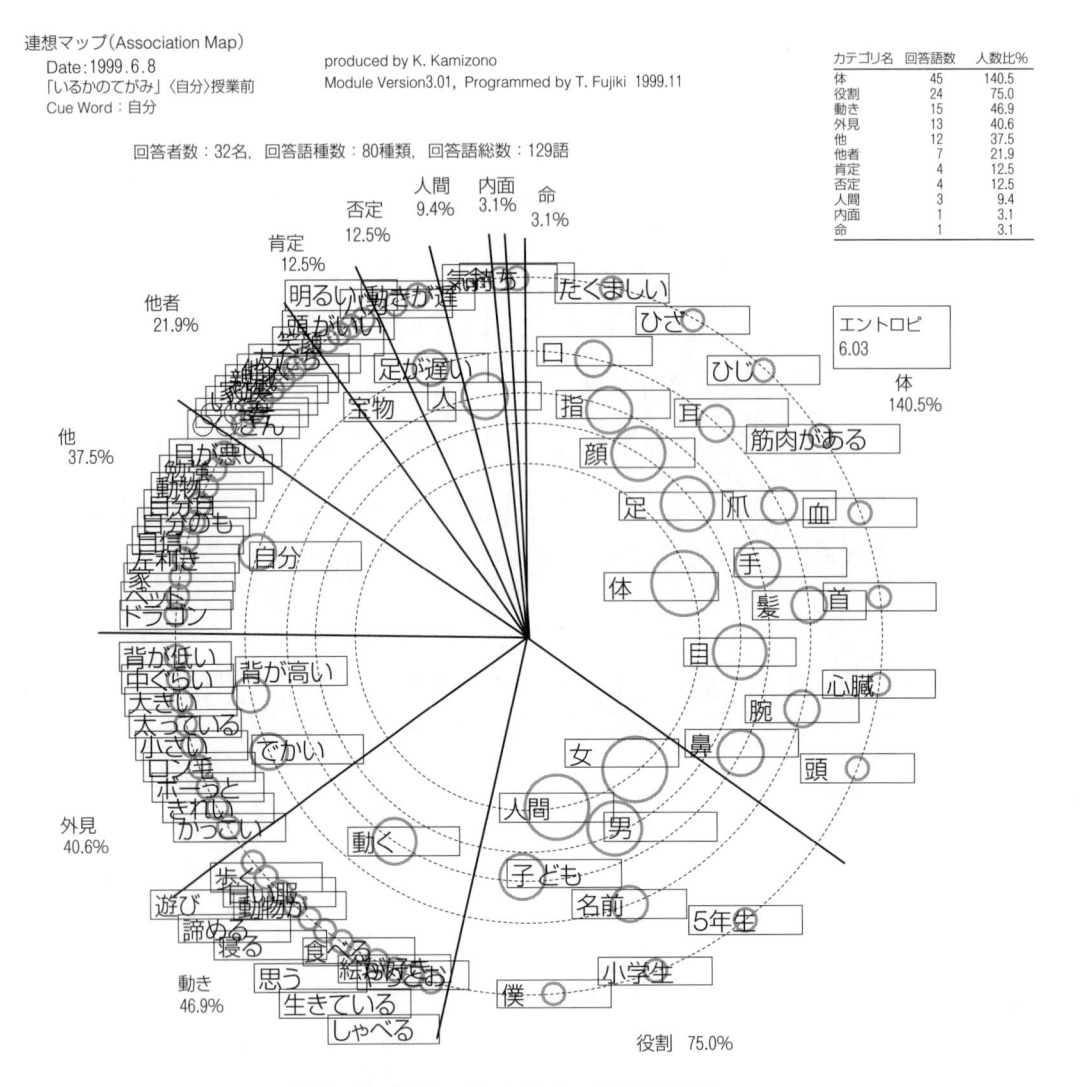

図5－23　〈自分〉　エンカウンター後で道徳授業前

で見ると,《その他》が増加しており(p<.05),「男子」「女子」といった属性も意識されたことがわかる。

〈友だち〉《肯定》の中心は,「やさしい」「楽しい」「おもしろい」で,最後まで変わっていない。子どもがいだいている友だち概念の基本構造が,簡単に動くものではないことを示している。しかし内容を見ると,回答語種数が6種類から16種類に10種類増え,回答語総数が26語(人数比81.3%)から36語(人数比112.5%)に10語(人数比31.3%)増えている。回答語として「元気」「かっこいい」「かわいい」「スポーツが好き」「字がきれい」「やさしい」「足が速い」「心が強い」「励ましてくれる」など,具体的な友だちの姿をとらえている。この結果から,友だちを肯定的に見る言葉の数が増えた,つまり友だちのいいところを見たことがわかる。道徳授業後にとった質問紙によるアンケートでも,学級の69%の子どもが,友だちのいいところを見つけることができたと書いた。

カテゴリ《友情》の中心は,「親友」「仲よし」が

連想マップ(Association Map)
Date:1999.6.8
「いるかのてがみ」〈自分〉授業後
Cue Word：自分

produced by K. Kamizono
Module Version3.01, Programmed by T. Fujiki 1999.11

カテゴリ名	回答語数	人数比%
体	58	181.3
役割	21	65.6
外見	16	50.0
動き	16	50.0
他	13	40.6
肯定	9	28.1
否定	8	25.0
他者	4	12.5
人間	2	6.3
内面	1	3.1

回答者数：32名,回答語種数：89種類,回答語総数：148語

エントロピ 6.17

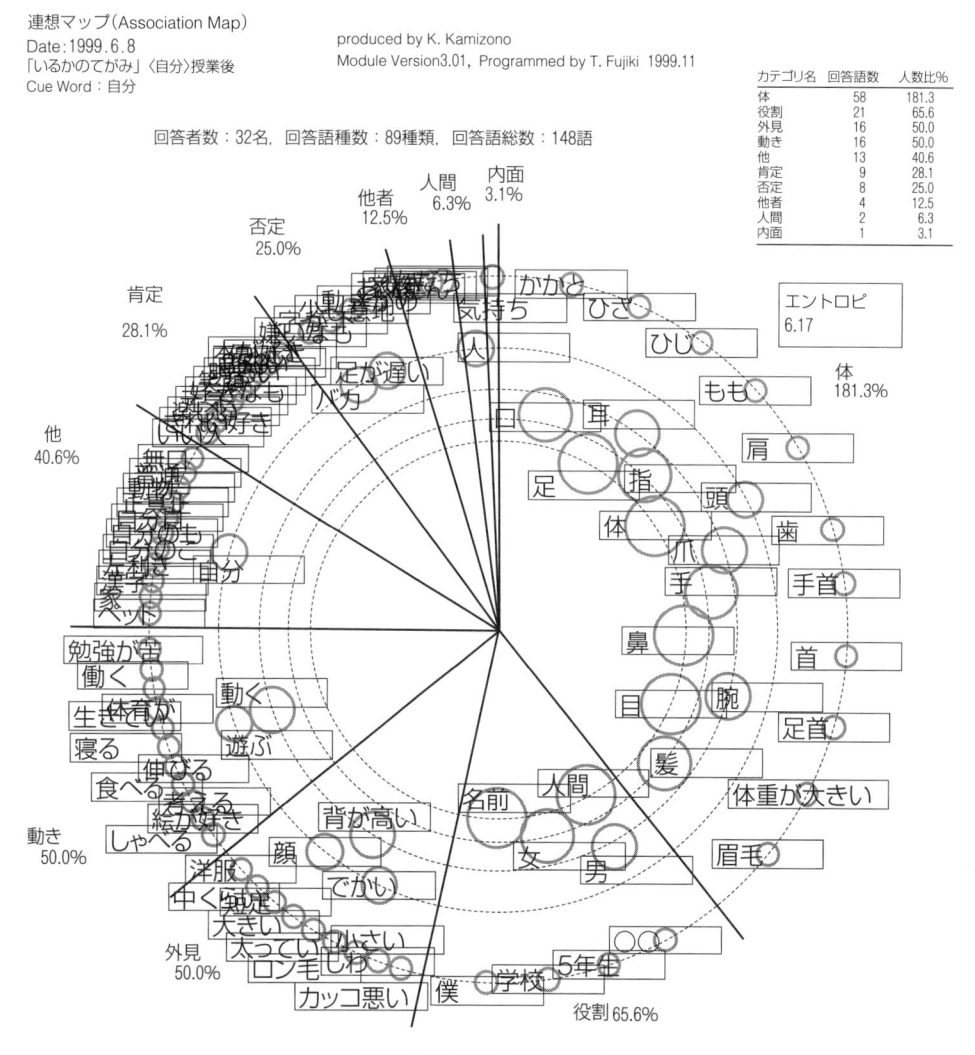

図5-24 〈自分〉道徳授業後

最後まで変わっていない。一連の授業過程前を示す図5-19と構成的グループ・エンカウンター後で道徳授業直前の図5-20を比較すると，回答語種数が7種類から9種類に2種類増え，回答語数が24語から23語と1語減っている。しかし道徳授業の前後（図5-20，図5-21）を比較すると，回答語数は23語から33語に10語増えている。「相談に乗ってくれる」が新しく出現し，「親友」「助け合う」「大切」「仲間」がそれぞれ2語増え，何人もの子どもが道徳授業によって友だちとは何かを確認したことがうかがえる。

図5-21では，回答語「保育園」，「幼稚園」が新しく出てくる。これは，道徳授業で信頼・友情の定義の持続性として「長い間続いている」ことを挙げたところから出てきたものであろう。子どもにとっての長い間とは，「保育園」・「幼稚園」時代から，現在までと考えたことがわかる。

これらの結果から，子どもは，友だちに関して，特定の個人を意識するとともに，友だちのよさといい関係を意識するようになった。

提示語〈自分〉について考察する。図5-22，5-23，5-24を比較する。図5-22から図5-23のカテゴリ《否定》で自分に否定的な言葉が12語（人数比37.5%）から4語（12.5%）に8語減っている。それに対して，カテゴリ《肯定》は3語（人数比9.4%）から4語（12.5%）に1語増えているが，1語だけである。自分を肯定的に見るまでにならなかったが，否定的に見ることは減った。

道徳授業前後の図5-23から図5-24のカテゴリ《肯定》は，4語から9語に5語増加している。《否定》の方も，4語から8語に4語増えている。道徳授業によって，自分を肯定する意識が高まったが，〈自分〉について否定的な部分の意識化もともなったようである。

図5-22と5-24で一連の過程全体の〈自分〉を比較すると，《否定》の減少が目立つ（$p<.05$）。語数にして12語から8語への変化であるが，回答語総数が80語から148語に増加したなかでの減少で

ある。この変化は，友だちをよりよく見ることを意識化した過程での変容が大きい。回答語では「バカ」「アホ」「少しバカ」が当初6語出現していたものが，道徳授業後は「バカ」の2語に減少している。全体として《体》についての言葉の多い友だち認識に大きな変化はなかった。しかし，子どもの意識において自分を否定する言葉が有意に減少した意義は大きく，また子どもが自分を《肯定》する多くの言葉を獲得した点は自分意識の質の変化として意味がある。

5-3-Ⅲ-4 子どもへのアンケートから

一連の授業過程終了後におこなった「ふりかえり」アンケートによれば，

1) 友だちのよいところを見つけることができた子どもが69%，
2) 自分のよいところを見つけてもらえた子どもが47%，
3) 友だちから「いい人」だと思ってもらえるようなことをした子どもが63%，
4) 友だちから「いい人」だと思ってもらえるようなことができそうだと答えた子どもが65%だった。

いいところを見つけた子どもと見つけてもらえた子どものギャップは，この調査が相手の何を見つけたか無記名のままであったところから，ある行為を友だちはいいと思ったが，自分では自覚していない点が大きいと思われる。また，教員によるいいとこ発見の指示は見ることであり意図して行為することを含まなかったが，何人かの子どもは自分の行動に相手を意識したことがわかる。視点の設定だけでも，行為に影響を与えている。道徳授業における視点の設定が，子どもにとっては視点だけに止まらず行為までを含んだことは，子どもの素直さであろう。

同アンケートの「あなたが今，友だちについて思っていることを書いてください。」の答えを分析すると5つに分けられる。友だちのいいところ

を発見するのはそれなりに困難をともなったようで，10％が「いいところは，わかりにくかった」という類の答をしている。発見できたと書いた子どもは「みんな人にいいことをしているんだなあと思いました」など30％に見られ，道徳授業で定義した友情のよさを再確認した者が「ひとりぼっちにならないように，いっしょに遊ぼうと声をかけてあげよう」「やさしい友だちがいると，みんなもやさしくなれる」など20％，自分自身をふりかえった者が「今はまだ（自分は）いい人じゃないから，これからいい人になっていきたい」など17％であった。自発的に友だちのいいところを発見できたと書いた子どもが30％，友だちのいいところを発見できたと答えた子どもが69％，〈友だち〉からの自由連想での肯定的な回答語の増加が31.3％で，この授業で友だちのよさを発見したことは確かである。

　授業は，授業の終末に意志を固めさせるような展開ではなかった。説話は教員自身の友情経験であったが，アンケートに全体として決意の趣旨を書いた子どもが47％あったのは，一連の指導過程が子どもに浸透したからだろう。

5-3-Ⅲ-5　長崎市内の小学生との比較

　友だちをよりよく見ること，友情を主題にした授業過程で，子どもは自分自身をもふりかえりながら考えていた。提示語〈自分〉について，授業をおこなっていない長崎市内の小学校5年生153名の連想調査とこの学級の授業後の子どもとを比較すると，1人あたりの回答語数が長崎市内の3.0語に比べて4.6語と多くなっている。授業前にはこの学校の子どもは，1人あたり2.5語と少なかった。友だちについて考えながら，翻って〈自分〉についてもいろいろ考えている。

　しかし，課題も残っている。長崎市内の小学校5年生153名の〈自分〉についての連想調査結果とこの学校の子どもを比べると，カテゴリ《体》が多い。長崎市内では回答語総数に対して4％である《体》に関わる回答語が，この学校では39％出現している。人数比で181％である。〈自分〉概念が，この学校の子どもにとって，直接的な身体を連想させることが多く，抽象度が低い。自分についての《長所》についても，長崎市内の小学校4年生が11％，5年生が19％，6年生が19％挙げているのに比べると，この学校の子どもは授業後で6％に止まっている。教員の継続した関わりを必要としている。

5-3-Ⅳ　本節のまとめとして

　今までのように道徳授業1時間で「友情」が大切だと説くだけでは，子どもの現実に生きる道徳授業にはならなかっただろう。構成的グループ・エンカウンターの手法と結びつけたために，道徳授業の視点が子どもの友だち関係につながる道を得た。

　本授業過程では，子どもの意識に焦点を当てた。すなわち，見ることの意識化と視点づくりである。この授業構成において，子どもの意識がどこに向かうのか結果の具体的予測は難しかった。授業は，連想マップで回答語の動きによって子どもの意識の全体像を見て，有効であると確かめられた。実際，該当クラスではその後，グループづくりがスムーズになったという。こうした結果を見ると，この授業は子どもの自己肯定感育成に，子どもの互いの見方を変えることによって役割をはたし，学級の雰囲気を変えた。

　よさという抽象性をもった自己認識については，長崎市内の同学年の子どもに比べて，この学校の子どもの自分イメージが身体に多く結びついており，長所を認識して欲しいとの教員の思いからすると，今後とも継続的な関わりが必要である。しかし，自己認識に関して子どもは，いい人に向かう目標を見いだしており，道徳授業と構成的グループ・エンカウンターとを組み合わせた単元は子どもの意識変容への道筋をつけた。

　友だちのいいところ探しは，どんな子どもにも

いいところを見いだす教員の姿勢を子どもに示す意味とともに，子どもにとって自分のいいところを見いだす結果を得る。友だちのよさの認識を土台として友情と自己認識を育てることは，道徳の時間を要とする教育となる。

道徳の4つの理解(図5-7)からすると，本単元は2と3に関わって，よりよくわかることと友だちと自分を受け入れることを主眼にしている。

この授業を発展させる次のような構想も考えられる。子ども相互の関わりを通じて自己認識を育てる道徳授業は，例えばキャリア教育とつなぐことによって，「児童が自分自身を見つめ，自らの将来について目を向ける機会などを通して，自分の特徴に気付き，自分らしい生き方を実現していこうとする態度を育成していく」(文部科学省，2008c, p.69)教育を構成することができる。自分を見つめること，自分のよさに気づくこと，将来の自分を考えることはいずれも道徳教育の範囲に入る。

第6章　道徳遠隔授業の授業評価

　子どもが共同で進める遠隔授業の形は道徳にとってすぐれた思考体験装置である。掲げた3つの道徳遠隔授業から，課題を明確にして子どもが話し合いによって動かす授業，離れていながら一体となった道徳遠隔授業の成果は大きいと言える。

　掲げたのは，1つには視野を拡大して郷土についてふりかえった授業である。ローカルな特性は，グローバルな視点に立つことによって見えてくる。2つには，話し合いの相手とは別に，観客としての第3者を組み込んだ遠隔授業である。第3者に見られている意識が，緊張感とともに公的な視点から自分をふりかえることになったのではないか。また少人数での対話を組み込んだ授業構成によって，子どもの発言量は大きく増え，したがって授業全体の情報の量は増大した。豊かな情報は，深い思考を支える。3つには，少人数での対話を入れ子構造で組み込んで，死という個人の対話に適したテーマをあつかった授業である。授業全体に流れる情報の量は，個別の対話が同時進行するから，大きくなる。反面，子ども同士の対話によって進める授業形態は，教員の制御を離れ得るから，予め授業計画を深く入念に検討しておく必要がある。いずれの遠隔授業も子どもの反応はよく，道徳遠隔授業がすぐれた思考体験であったことが，連想調査による子どもの意識変容からうかがえる。

第1節　郷土を見つめる道徳遠隔授業の構成

6-1-I　郷土を見つめる道徳遠隔授業の構成

　1999年9月30日に，長崎県五島列島福江市奥浦小学校6年生22名と福岡県浮羽郡浮羽町姫治小学校5・6年生19名が，「見つめよう！　わたしたちの郷土」を主題に合同で道徳授業をおこなった。視野を拡大し，自分とふるさとをふりかえる課題のために，遠隔による外部の視点を，鏡として必要とした。授業は上薗恒太郎が主導し，奥浦小学校で山本和佳と増田祥子が教員として授業に関わり，姫治小学校では森永謙二が授業に関わり，システム構成は主に藤木卓が担当した。授業は連続した2時間を使い，前半30分間をふれあいの時間，後半60分間を道徳の時間として組み合わせた。郷土愛の概念を本授業では次のような子どもの姿として定義した：子どもが，地域の自然，人々の努力，生活を支える文化を再発見することにより，地域とのつながりにおいて生きている自分を見つめ直し，地域の継承・発展に向けた心構えをもつこと。

6-1-I-1　道徳遠隔授業という形

　本道徳遠隔授業を構成する意味は次の3点にある。

　第1点目，ローカルな特性を認識するには，グローバルな視点からの反省思考を必要とする。遠隔授業はこの視点を提供する。遠隔授業として道徳授業は数少ない。それは道徳の生きる場が子どもの生活だと考えるとローカルだけに意識が向かう点に一因があろう。生活につながる道徳はローカルであり，遠隔授業といったグローバル化する流れに乗りにくいと考えられているのではないか。しかし，ローカルな特性を認識するには，グローバルな視点が必要である。特設された授業時間の要点はむしろ，広い視野に立った道徳の視点を獲得し，自らを省みる点にある。つまり，遠隔授業で異なる相手と一体となって広い視野に立つ道徳授業はすぐれた授業になる可能性が高い。

学校・学級崩壊，いじめといった課題に，ただちに道徳の効用を期待するのは直線的にすぎるとしても，すぐれた道徳授業への期待は高い。地域，保護者と学校の連携が強調されるなか，本道徳授業は子どもと学校を地域に位置づける一環である。この道徳の時間では，子ども同士が地域と大人の努力をふりかえるのであって，地域の人を授業に登場させることはない。子どもに，自分たちで話し合い，考えてもらった。

考える作業を，本授業では
1) 個人で考える，
2) グループで話す，
3) 書く作業によって考える，
4) 考えるための対比対象を設定する，
5) 隔たった他者の視点から地域を見直す，

活動として組み込んだ。すなわち，対比する視点で考え，離れた視点に立つために遠隔という形を必要とした。

特設された道徳の時間を本授業では，視点の獲得および深化に役割がある，子どもが主題をあたためて追求する場だと位置づけた。授業は価値内容を子どもに教える場ではなかった。道徳授業の資料（授業素材）を地域と生活に求め，地域を象徴する画像を提示して，子どもに，郷土を感じて考えてもらおうとした。授業展開を，
1) 導入で画像を見る，感じる，
2) 展開1で相手への説明による意識化，
3) 展開2でグループ討議と意見交換，みんなで考える，
4) 終末で表現を意識することにより今後につなげる，

の4段階に分けた。

6-1-I-2　今後に使える遠隔授業のモデルをつくる

第2点目は，深い思考体験のための，今後に使える道徳遠隔授業のモデルをつくることである。

遠隔地をつなぐ授業が日常となるには，共通の課題に向かう一体化した授業の形をとる必要がある。授業目標に向かって構成された1つのまとまりが日常の授業だからである。そのため本授業では2つの工夫がなされた。1つ目は，2画面構成による授業の形を準備したこと，2つ目には，ティーム・ティーチングにしたことである。

第1に，遠隔地にある2つの教室が一体化して1つの授業となり，近未来に使える日常の遠隔授業として開発したモデルは，提示画面（教員画面）と一体化画面（友だち画面）と名付けた2画面構成であり，2回線2系統（あるいは2回線広帯域1系統）による品質が高くしかも特別な機器を必要としない構成であった。さらに画像と音声，教室全体の画像と子どもの不規則発言，教員間の連絡ないし発言者間の連絡を，2系統の回線（この授業の場合ISDN回線）で効率よく，画像伝送スピードの向上など，より品質の高い通信環境を得ながら構築することをめざした。

本授業は技術面でも一体となるための構成を工夫した。一体化画面を子どもの横いくらか前に置き，子どもが提示画面を向いた状態で隣り合わせに遠隔地の子どもがいるように演出する，教室の天井には傘マイク（集音機能のマイク）をつるして頷きなど賛否表出の声や雰囲気を音で拾う，の主に2点である。

第2に，総合司会ならびに各教室の授業者を配置し，3名の授業者によるティーム・ティーチング体制を組んだ。この授業では全体の流れを確保するための，総合司会に主な発問を割り当て，授業者がそれぞれの教室で子どもの支援をおこなった。各教室の授業者は，子どもが発言しやすいような配慮をしながら授業テンポの調整や，必要な場合の指名，補助質問，マイクをまわす作業などをおこなった。具体的には，総合司会を姫治小学校の教頭がおこない，クラス担任が各教室で授業支援を担当した。本授業は，管理職の授業参画においても1つの形を示すものである。

遠隔授業に馴れると2人で授業進行できるが，

各教室の子どもを支援する役割，授業進行を司る役割の3つは，1つの授業として遠隔授業をおこなう基本形であろう。

6-1-I-3 情報格差是正と共同の授業

第3点目として，奥浦小学校，姫治小学校ともいわゆる過疎地にあり，思考範囲の拡大，情報格差の是正を必要としている。今回の道徳遠隔授業に参加した奥浦小学校の6年生，姫治小学校の5年生と6年生総計で41名という人数は，学ぶ仲間，話す相手をほかに求めることにより，思考範囲や情報の拡大を図る有効性を示している。奥浦，姫治とも遠隔授業体制の整備によって広範な情報のなかで生活し思考する術を手にする意味は大きい。情報ネットワークに支えられた学校で，子どもがグローバルな世界に意識を広げ，自分で地域を確認する目をもつことは，地域の願いでもある。

遠隔授業は，交流段階を超えて，日常の授業として使う形を考える時であろう。特に島嶼部の多い長崎県では，遠隔授業の有用性が高い。しかるに，道徳の遠隔授業は難しいだろうとの声を耳にする。これは逆に理解すると，道徳が遠隔授業として成立するならば，他の授業も可能だとの声である。道徳遠隔授業研究を進めた動機は，地域としての有用性であり，道徳から学校教育全体に遠隔教育の道を開く点にあった。その際，1つの授業として道徳を遠隔で成功させることが目的の第1であった。

遠隔授業を日常に使えれば，特に小規模校に利点がある。少人数のよさを活かすためには，少人数教育に欠けがちである人間関係と考え方の多様性を拡大する機会を保証する必要がある。意識の視野の広がりを得るために，遠隔教育はすぐれた手法である。そこで，日常に使えるとともに，授業として有効な機器設定が遠隔授業計画の目的の第2であった。

授業としての有用さ，すなわち道徳の時間として意味があったか否かについて，連想法を軸とした授業評価をおこなった。

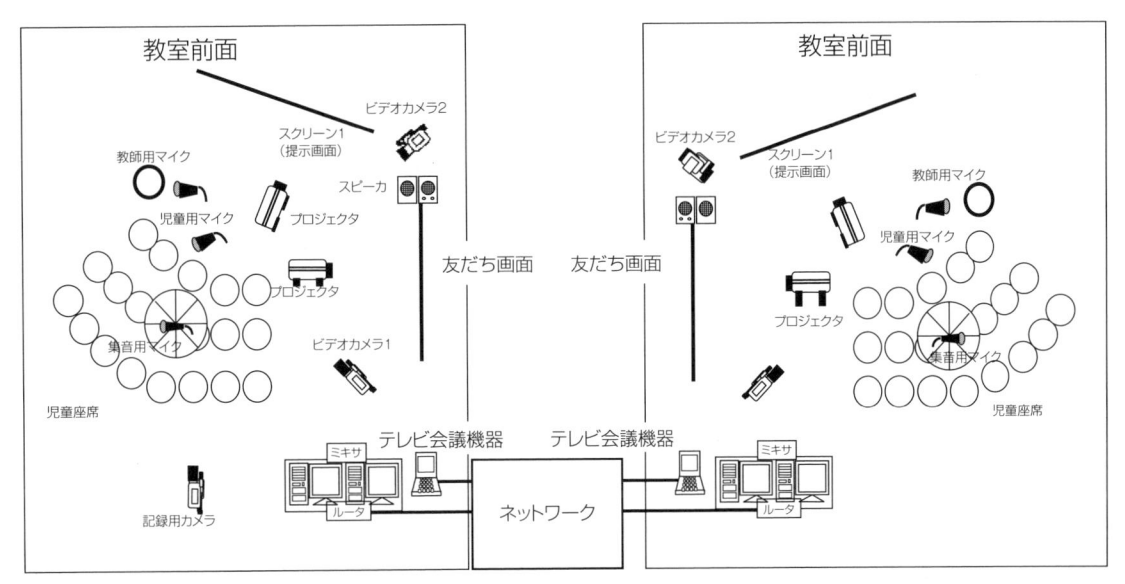

図6-1　2教室間遠隔授業機器配置

（藤木卓，上薗恒太郎ほか，2画面を利用した小学校道徳における遠隔授業の実践と評価，長崎大学教育学部附属教育実践研究指導センター紀要第2号，2000，機器等の教室内配置図をもとに改作）

6-1-Ⅱ 共同の学びを組み込んだ遠隔授業
6-1-Ⅱ-1 道徳遠隔授業の機器構成

　この授業で用いた教室の基本的な機器構成を示しておく。なお２つ目の目的である有効な機器設定についてはここでは多くを論じない。

　教室構成は，複数教室が一体となるように工夫した（図６－１）。教室にスクリーンを２つ，前面と側面に置き，提示画面（教員画面）と一体化画面（友だち画面）とした。教員が立つあるいは教材を提示する教室前面の画面のほか，子どもから見て側面に友だち画面を置き，相手方の子どもを映す。すなわち，よそ見をすればそこに友だちがいる設定である。これにともなって，教室での座席もおよそ左半分，ならびに右半分に配置する。こうして教室全体を左右鏡像配置にして，一体化を図った。

　われわれの遠隔授業の独自の工夫とは別に，松河秀哉ら（松河秀哉ほか，2004）が，画面上で２つの場所を左右同時につなぐ超鏡（ハイパー・ミラー）をおこなっている。画面上で視覚的に一体の様子を示す工夫であり，例えば握手する格好をすれば画面上で合成されて手が重なるように見える工夫がなされる。松河らの場合，自分の写像が画面上に位置して，一体の様子を画面で見るようになっている。ここでは見る自分と見られている自分の２分割を体験することになる。自分の写像と相手の写像の画面上の出会いになり，自分は離れて見ている存在である。

　本授業がめざしたのは，鏡像にせよヴァーチャル空間における自分像の登場にせよ，画面上での演出ではなく，日常の教室が２つながらに一体として体験できる工夫であった。この構成には２つの理由がある。第１に，子どもにとって，教室体感上で友だちといっしょであることが一体感の演出にはいい。体感上，よそ見をすれば友だちがいて，一体となって授業に取り組むことができる。そのために，大画面を使って実像に近い大きさの友だちの姿を映すだけではなく，相手方のどよめきも頭上の集音装置で拾い，聞こえるようにした。つまり，視覚と聴覚によって，日常の教室を新たな体験のための空間に変える工夫をした。一体感のために聴覚の果たす役割は無視できない。また第２に前面画面は，授業成立を基本とする考え方からすると，共同の提示画面（教員画面）として授業のために空けておき，一体化画面は側面に位置づけるほうが進行しやすい。一体化を横に，子どもにならべて置くことが，ゲームなどへの専心や一体化を自己目的とする画面設定と，授業成立を第１の目的とする設定との相違である。友だち画面には，大写しの相手方の友だちの姿とともに，自分たちの姿を別枠の小画面に映し出し，自己確認できるようにした。

　本授業の機器構成は，学習の成立を意図して組まれた。学習の成立が第１の要件であるとのチームの意志一致によって本道徳遠隔授業は始まった。使用した機器は，大型スクリーン，プロジェクタ，マイクなど，集音マイクも傘を集音機器として傘の中心にマイクを取り付けて使った。テレビ会議システム，ネットワークとも特別なものではなく，ISDN回線を使った。授業成立を第一にしたため，音声がスムーズに流れることを優先した。万一の場合でも音声が生き残れば話ができて授業は進行する。画像だけでは手を振ったり子どもは遊び始めるだろう。学校にある機器を使う，音声を優先する，雰囲気を伝え体感上の一体をめざし，日常で使う装置を考えた。空き教室でもあれば，遠隔授業教室として機器をセッティングしたままにできる。

　複数教室による同時対面型の遠隔授業は技術上の新味に乏しいためであろう，教育工学では論文数として少ない。金森克浩ら（金森克浩，小林厳，2005）のシステムは，離れた場所の高等部の生徒１人を本体の教室とつなぐ形である。石川英志ら（石川英志ら，2005）の遠隔授業は大学における講義の配信である。大作勝は，「情報通信技術を用い

た遠隔教育は初等教育になじむか」の問いを提出しているが，教えることを軸にしたシステムを視野においている。大作勝は，メディアを同期的利用と非同期的利用の2つに分け，放送メディア，衛星放送が同期的メディアとして学校教育に適しており，インターネットは非同期的利用に，コンピュータにデータをためることができまた非同期的に取り出せるなど，適していると解説する（大作勝，2005，p.442）。この分け方だと本授業は同期的利用になる。しかし，同期的相互性の対面授業にインターネット，コンピュータ利用が適していると，本論は言うことになる。義務教育段階で，相互交流ではなく，1つの授業を共同でおこなう遠隔授業は多くなく，また子ども同士で進める学びの構築に遠隔システムが使われることは少なく，まして道徳授業となると見あたらない。

日本教育工学会論文誌と教育システム情報学会誌の近年の論文を追ってみても，友だちを学習に活かす発想の論考は見うけない。対面型授業としては講義の配信を主にしている。林敏弘，渡辺健次ら（林敏弘，渡辺健次ほか，2005）は板書を鮮明に映そうと試みている。板書型講義のリアルタイムでクリアな画面を，演示型講義，講演型講義に比べて論じており，大学の通常の講義に対応する意味がある。これはスタジオからの講義の形であり，教卓と黒板の間から出ない旧来の講義を，機器を使って拡張することになる。講義形式でもアイコンタクトを課題にして，谷田貝雅典，坂井滋和（谷田貝雅典，坂井滋和，2006）は視線一致を試みているが，一斉講義形式での授業者と受講者の視線一致である。評価として学習者に質問紙の項目によって印象を尋ねて有効性を分析している。藤木卓，寺嶋浩介ら（藤木卓，寺嶋浩介ほか，2007）が複式学級3地点を結ぶ学習をおこなっている。複式学級の子ども同士を授業の軸にしている点や3地点を結んだ点で評価するが，授業の質から見ると，学習者の課題を見いだしての授業のねらいが絞りこまれず，交流ができたかどうかを教員が視認する評価に止まっている。

これらの遠隔授業が落としているのは，学びによる学習者の変容の視点である。教育工学の授業の発想は多く，機器を使用しての普遍の実験結果に止まっている。授業のねらいに関わる学習者の意識変容は授業の内実であって教育工学は立ち入らず，教育工学は学びの環境要因としての機器の性能に限るという二分法の思考によって棲み分けていると思わせる。テレビが，きれいと思わせる性能の機器かどうかと，見たい番組が見たいように映るかは異なる。個別の学習に応じて機器を構成し学習者の変容で評価する学びの臨床の発想が欲しい。学びに向かう動機としての友だちの存在，例えば友だちとのアイコンタクトの発想に至って欲しい。学習者と授業者にとって，必要な学びが成立する機器構成へと，個別臨床へと教育工学は向かっていい。個別の学びに応じた学習環境設計が，学びによる学習者の意識変容を視野に入れて，教育工学の目標に入っていい。いかなる質の学びを成立させるかという臨床の場の視点から，教育工学を語る方向をとっていい。

教育における機器設定は2つの方向をとりうる。1つは個別化であり，2つには共同化である。多くのe-learningが個別化をよしとした方向をとっている。多鹿秀継は『認知心理学からみた授業過程の理解』で「個人の適性と指導方法との相性が一致するとき，高い指導効果が期待できる」（多鹿秀継，1999，p.161）と適性に応じた指導方法を伝統的な指導方法と自己調整学習法とを例に取り上げて適正処遇交互作用（ATI）について解説する。学びは，個別と適性に細分化すれば適切になるわけではなく，互いの関わりをつなぐように機器を設定して成果をあげるのではないか。現実の授業では，方法が組み合わされるばかりでなく，子どもは私語などの方法によっても友だちと自主的に自己調整しながら学習したりする。本道徳遠隔授業のように，複数の方法を組み合わせる授業では，教員が主導する伝統的な授業の流れと携帯電話を

使って会話を子どもに任せる流れのどちらでも合う授業方法で考えを深めることができる。多くの場合授業者は複数の手法を組み合わせており，参加する子どもを全体として見渡した学びを仕組む知恵をもっていると見うける。

多鹿秀継はチェックしていない他の適性が絡んだ場合の二次の交互作用を懸念して「ATI の成果を通常の授業設計に適用できるかといえば，現在のところ肯定的に回答できる状況にはない」(多鹿秀継，1999, p.161)と率直に述べる。適性処遇交互作用は授業者による授業方法の適性対応だけでなく，さらに学びの目標を個人の適性に対応させる考えにたどり着くだろう。

指導方法は，しかし個別化した成果の効用によって判断されるだけでなく，学習の動機としても考慮されるべきである。子どもの学校に通う動機が友だちにあることを考えるとき，互いの違いと，異なる授業のやり方を含み込んだ共同の楽しさを考えていいし，また学びの楽しさという総合評価を学習の機器設定や学習方法の設定において重視していい。

6-1-Ⅱ-2 友だちとの共同の学び

遠隔授業は基本的に2つ，授業者がつくりあげた内容を学ぶ形と，学習者同士によって展開する共同の学びの形とがある。前者は，多様な選択と展開を組み込んで，あるいは一斉授業として，予定された学習内容の習得を趣旨とする。

本論でおこなう同時対面型の遠隔授業は後者に属する。子どもの出会いと思考展開のなかで子どもの新しい次元への成長物語が生まれることを期待するからである。そのために学びの組み合わせや場所を工夫する，その際に生じる空間上や時間上の困難を機器が埋める。学習の課題が地域と重なるとき学びの余波は地域に広がり，学びの課題が人の生き方あり方に本質的であるとき年齢層を超えて反響が広がる。課題に意義を認めるとき，機器や教室構成について地域の人々や保護者の自発的協力がある。教えることを成立させる教育工学ではなく，課題に対応する学習のための機器構成が，保護者，地域，研究者を巻きこんで，集団のなかで学習者個人に意味のある学びを創りだすだろう。

学びにおいて，予定された学習内容を学ぶ形は基本的に，テレビ視聴態度(TV attitude)であり，学習者同士が友だち関係において学ぶ形を，友だち態度(friend attitude)と名付けておきたい。テレビ視聴態度を必要とする授業では，授業者が教室前面に立ち，子どもの視線を引きつけ，いわば実物のいる大型スクリーンによる授業者と，互いに切り離された視聴者である子どもとの応対が，授業の軸となる。テレビ視聴態度は，基本において受け身であり，孤立した個人としての反応が授業の軸になる。テレビ視聴態度では，切り離された個人を評価対象とする合理性がある。これに対して友だち態度では，子どもは能動的であり，自己を表現することが比較的に自由で容易である。それは，友だちという共同のコミュニケーションの場が形成されているからである。友だち態度においては，友だち同士によるメタ情報，すなわち学習内容を評価し位置づける情報が流れる。情報を位置づける情報，すなわちメタ情報は，学びの意味のために必要である。本論の道徳遠隔授業は，学習者の相互関係による情報の位置づけ情報を含む友だち態度を軸に学習を進めることを志向している。友だちスクリーンを提示画面と同等に設置した理由は，友だち態度による学びを志向するからである。

友だち態度を授業の基本とするのは，子どもの動機が友だちにあるからである。第4章で説明した対連想マップによって，子どもの学校への動機を見ると，友だちがいるから学校に通う点が明らかである。子どもにとって，友だちの存在が学校の好きで良いところだとの意識は，図6－2，6－3において小学校5年生においても中学校3年生においても明瞭である[6-1]。学校への動機が友

だちにあることは，どの学年においても同様であった。それならば，友だち関係のある教室という場を学びに生かすことが，子どもの意識の実態に沿う。教員が教える人だと自己認識している限り，教育という仕事の育てる部分を看過することになるし，友だちゆえに学校に行く子どもと意識のずれがある。学習者が互いにケアしながら共同の学びを進める形が友だち態度による学びであろう。教員は，子どもに学ばせるとしても，子どもの意識に沿った学びを構築するほどには教育の専門家であるべきだろう。教室が子どもを集団として集める場だから，友だちとの共同の学びを組み込むことが素直である。そして付け加えるならば，評価も共同の成果を見ることが自然である。

遠隔授業においても友だち態度による授業構築をめざすのは，子ども同士の学びを考えるからである。子どもは，何を学ぶかよりも，どんな相手と学ぶかに関心を示す。何をどう学ぶかは，学習者にかかっている。とくに遠隔授業において，互いの認知，関係づくりを学習内容より先にするのは，友だちと認めるところから学びが始まるからである。遠隔授業においては，子ども相互の出会わせ方に注意を払う。それは，友だち関係が，互いに率直に深く考える学びの基盤であるからである。互いに準備した成果の発表だけならば，それは互いにテレビを見るだけの遠隔授業である。テレビ視聴態では学びの過程は従来の仲間の範囲を超えず，送り手になるか受け手になるかの差である。友だちの態度による授業，日常の友人とは異なる友だちとの遠隔授業は，子どもを新しい思考体験の世界へと誘う。異なる感覚との出会いによって，異なる思考体験をすることが新鮮な遠隔授業である。遠隔授業においては，授業設計者の思考の枠内に学習者を止めて学ばせるよりも，子ども相互の思考と感覚に即した学びが可能であり，

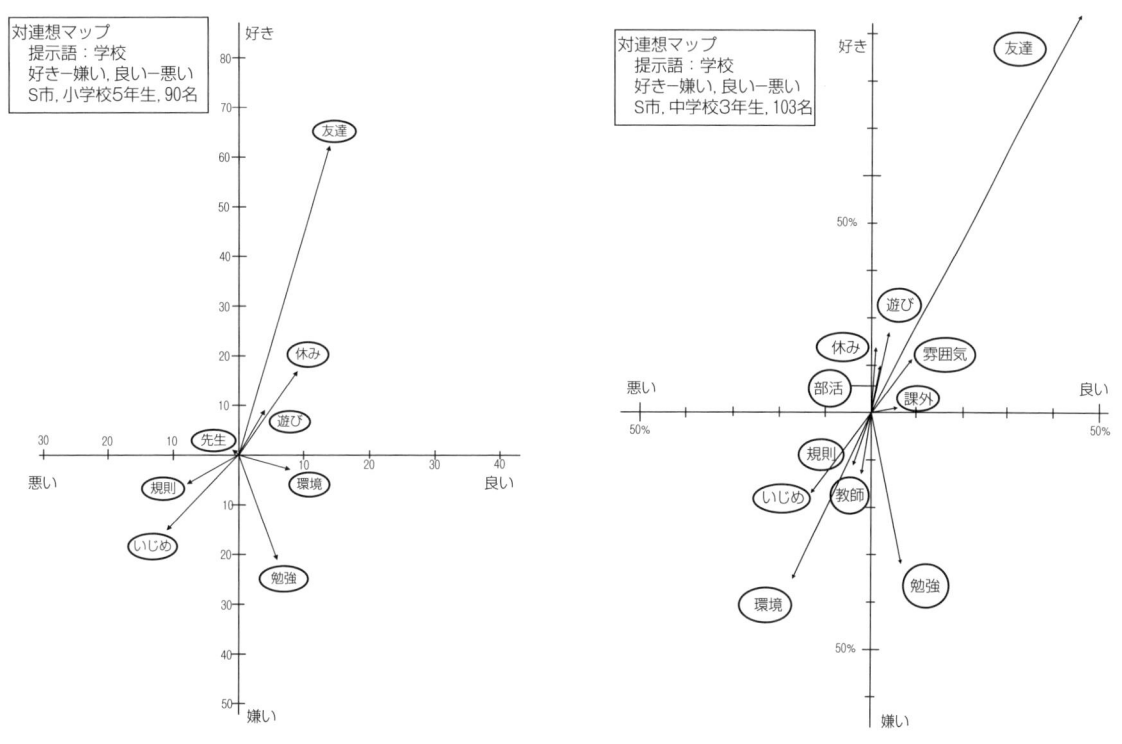

図6－2　図6－3　対連想マップ：長崎県S市，1996年調査
（子どもにとって学校の良いところで好きなところは，友だちであることが明瞭である。）

新しい仲間との共同の学びが期待できる。したがってわれわれは，テレビ視聴態度を基本とした遠隔授業ではなく，ライブな展開を重視した友だちとの学びの形を志向した。とくに道徳授業の場合，決められた学習内容の理解よりも，共同学習者との出会いによる知識，考え，心情の視野拡大をめざす。そこでは，子どもの思考体験がどのように展開するか，指導案で指定しておくことは難しい。展開を予定しにくいだけに予め授業で扱う基本概念を入念に検討し，授業者間とシステム構築者間の授業認識のコンセンサスを図り，授業素材の構成を練り上げる。異なる他者との言葉による相互理解は，日常に分かりあった言葉とは異なりうる。遠隔教育の意味は，地理的距離のみにあるのではなく，質の差を考慮して構成して，すなわち見方，考え方，判断，心情，感覚の距離によって構成して，本質的である。学習者のもつ質の距離が生みだす，日常とは異なる世界で，子どもが自分の身体感覚に沿った努力によって，遠隔授業の世界における見聞，考え方，判断，気持ちによる新しい物語を展開すると期待できる。

これまで遠隔という新しい場のなかで，機器の不調を子どもが乗り超えていくようすを，凍りつく授業場面を子どもが切り開いていくようすを，自分の生のストーリーを賭けて発言するようすを目にしてきた。出会いによって子どもが新しい世界に踏み込むこと，共同で考えること，自らをふりかえることは，特に道徳授業において意味がある。

本論の道徳遠隔授業は，限定された地域で育つ視野を超えて，成長して欲しいという地域の子どもにかける願いを形にしている。地域と授業者とシステム構築者の願いによって授業が具現化され，地域の地理的・社会的・文化的文脈から課題が設定される。大谷尚が東洋の日本教育工学会発足時のシンポジウムの台詞を引きながら「『願いと予想されるインパクトとのすりあわせ』がまさに教育工学の成果を社会的・文化的文脈で検討するこ とだ」(大谷尚，2004，p.136)として教育工学における質的研究を掲げるとき，こうした授業の考え方を含むのだろう。視野を広げて成長する場を設定する授業の必要は，いわゆる過疎地の学校にあるばかりでなく，島国日本の課題である。

6-1-Ⅲ 道徳遠隔授業

本道徳授業が共通の課題によって異なる地域集団をむすんでおこなった点を説明し，授業が子どもに何を結果したかを見たい。

奥浦と姫治は，過疎の傾向では共通課題があっても，異なった性格をもつ地域でもある。奥浦が島にあって海に面しながら山がちな地域をかかえるのに対して，姫治は福岡県内とはいえ大分県に近く，棚田と彼岸花に彩られる山里の性格をもつ。奥浦が校区に2つの教会があるキリスト教徒の多い地域であるのに対して，姫治は神社のある町である。奥浦は行政上福江市に属するが，外に出る感覚で福江市街を考え，また都市といえば当時40数万の長崎市と海を隔てるのに対して，姫治は福岡市と北九州市といういずれも100万を超える都市とのつながりを村興しに考えうる位置である。教員の生活においても，奥浦は福江市に住んで勤務するが，姫治は陸続きの他の町に住んで通勤可能である。飛行機や船で行く奥浦と，車で移動できる姫治の違いがある。

両校がいっしょに郷土を考えることは，自分たちの問題を違う背景から考える可能性を示している。それは，互いにないものを求める交流ではなく，同質性による共感と異質性による思考の拡大をめざすことができる組み合わせである。この組み合わせは，授業が教室を抜けだして広がりをもつとともに，固定しがちな情報解釈に異なった視点からの刺激を与えうる。

授業が子どもにどのように受けとめられたのか，本授業では授業評価を重視し，連想法を用いて授

業前後における子どもの意識や心情の変化を見た。連想調査は提示語7語でおこなったが，ここでは本授業の中心価値である〈ふるさと〉，地域ならびに学校を示す言葉〈おくうら〉，〈ひめはる〉，遠隔授業の手段に対する評価項目として〈インターネット〉の4つを取り上げる。なお提示語を〈 〉，回答語を「 」，カテゴリを《 》で示す。

結論から先に言うと，今回の授業は，相手地域のイメージを変え，相手の反応が自己の地域を見つめ直すきっかけとなり，主題である郷土への感情が呼びさまされたり郷土をよいところにしたいとの志に至った点で，授業のねらいに達している。

6-1-Ⅲ-1 〈インターネット〉

学びの方法を代表する提示語〈インターネット〉のイメージは，変わったのだろうか。

表6-1を見ると，授業前，インターネットは，内容よりも媒介する機器を連想させるものであった。奥浦，姫路いっしょに集計すると，「パソコン」や「コンピュータ」と授業前合計29人が答えたが，授業後7人減少している。

増えた回答語を見ると，「すごい」「友だち」「ふれあう」「遠い」「通信」「勉強」「調べる」である。回答語総数の増え方からすると，これらの増加の影響が大きかった。これらの言葉は，感嘆，友だちとの触れ合い，遠隔による勉強，と意味を読みとることができる。遠くの友だちとの触れ合いのなかで授業を展開する授業者側の意図が，子どもに通じている。それを「すごい」と感じてもらえたのであれば嬉しい。エントロピ，回答語種数，回答語総数ともに授業後は増加し，インターネットに対応する言葉は多様になっている。

「楽しい」という回答語が〈インターネット〉による授業後の回答語の第2位であり（表6-1），25％の子どもが答えている。特に奥浦では，授業前に「欲しい」「やってみたい」という姿勢が見られたが，授業後は「すごい」が3語増え，満足したのであろう，3位であった「楽しい」が1位になった。2語増えたのはほかに「スクリーン」「遠い」であり，大きなスクリーン2枚を使っておこなった遠隔授業を楽しみ，感激したようすがうかがえる。

姫治では語数の増減はないものの「メール」が授業前，授業後で3位，2位と高く，メール機能を知っているようすがうかがえる。姫治で2語増加したのは「調べる」「触れ合う」「勉強」で，この授業で〈インターネット〉による勉強の面を意識したことがわかる。

2つの学校の違いは，校風の違いだろうか。提示語〈インターネット〉について奥浦，姫治それぞれのエントロピの増加を見ると，奥浦が姫治よ

表6-1 提示語〈インターネット〉授業後の回答語

奥浦・姫路　連想法による調査			
提示語：インターネット（授業後）	回答者総数　40　回答語種数　70（+4）　回答語総数　142（+6）　エントロピ　5.59（+0.21）		

Response Words	回答者数（人）	人数比	増減実人数	増減人数比
パソコン	16	40.0%	-5	-12.5%
楽しい	10	25.0%	1	2.5%
コンピュータ	6	15.0%	-2	-5.0%
すごい	5	12.5%	2	5.0%
機械	5	12.5%	0	0.0%
友だち	5	12.5%	2	5.0%
情報	5	12.5%	-1	-2.5%
通信	4	10.0%	2	5.0%
世界	4	10.0%	-1	-2.5%
メール	4	10.0%	0	0.0%
スクリーン	3	7.5%	2	5.0%
便利	3	7.5%	0	0.0%
調べる	3	7.5%	2	5.0%
遠い	2	5.0%	2	5.0%
遠くの人	2	5.0%	1	2.5%
画面	2	5.0%	0	0.0%
姫路	2	5.0%	0	0.0%
話	2	5.0%	1	2.5%
キーボード	2	5.0%	1	2.5%
ゲーム	2	5.0%	1	2.5%
ホームページ	2	5.0%	0	0.0%
会話	2	5.0%	1	2.5%
難しい	2	5.0%	0	0.0%
触れ合う	2	5.0%	2	5.0%
勉強	2	5.0%	2	5.0%

り動きが大きい。姫治の子どものほうが硬くなっていたのかも知れない。

6-1-Ⅲ-2 〈相手：ひめはる，おくうら〉

相手に対するイメージはどのように変わったのだろうか。図6－4と6－5で姫治の授業後の変化を見ると，姫治の子どもにとって「教会」と「海」，これが遠隔授業による〈おくうら〉の鮮やかな印象である。

姫治小学校の子どもにとって，〈おくうら〉は授業前，「長崎」の「学校」「小学校」だった（図6－4）。授業を通じて，姫治の子どもに印象に残った〈おくうら〉は，「教会」であり，次いで「海」「長崎」「自然」「きれい」「広い」である（図6－5）。「海」は，「海の近く」「海がある」「海に囲まれている」を加えると，13語に及ぶ。「自然」は「教会」に次いで増えた言葉で，5語増加している。「海」という「自然」，ならびに「教会」は，われわれが予想した以上に印象的だったらしい。「教会」は，授業前5％の子どもが意識していたにす

連想マップ（Association Map）
Date：1999.9.30　　　　授業前
Cue Word：おくうら

produced by K. Kamizono
Module Version3.01, Programmed by T. Fujiki 1999.11

回答者数：19名，回答語種数：25種類，回答語総数：52語

エントロピ
4.26

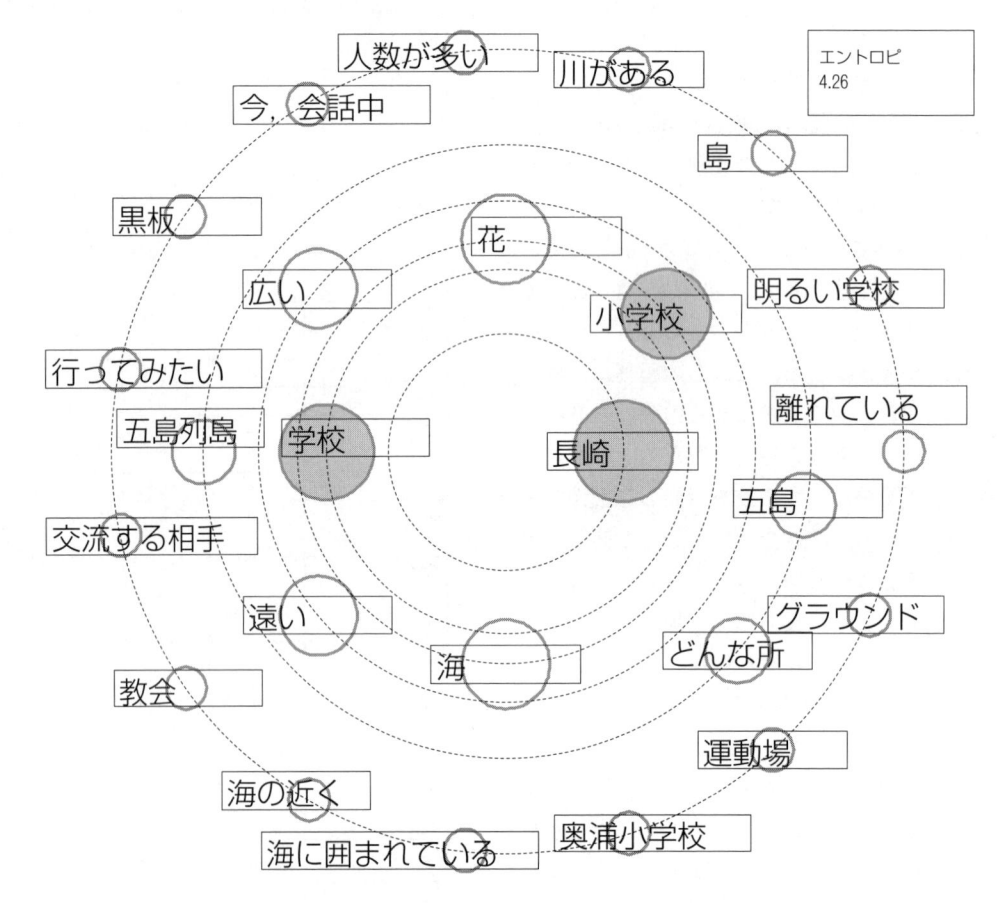

図6－4　姫治小学校の子どもにとっての〈おくうら〉：授業前

ぎなかったが，授業後は58％が「教会」を思い起こしている。

減ったのは「遠い」「どんな所」「学校」「小学校」「長崎」などである。姫治の子どもは〈おくうら〉と問われて，当初は，どんな所かわからない遠い長崎の小学校としか書けなかったものが，授業後には鮮鋭なイメージをもつに至った。

6-1-Ⅲ-3 〈ふるさと〉

授業主題〈ふるさと〉について，子どもはどのように受けとめたのか。〈ふるさと〉に関する連想マップは，回答語をカテゴリに分けて示す（図6－6, 6－7, 6－8, 6－9）。回答語を分類すると，どんな種類の言葉が現れ消えたのか，全体を整理できる。〈ふるさと〉についてカテゴリを次の6つに分けた：「生まれた所」「親」などふるさとの定義にあたる《関連語》，「山」「海」「田舎」などようすを示す《属性》，「姫治」「奥浦」など《地名》，「懐かしい」など《感情》，「よくしていく」「戻ってくる」など意志と見なせる《決意》，「歌」への

連想マップ（Association Map）
Date：1999.9.30　　授業前
Cue Word：おくうら

produced by K. Kamizono
Module Version3.01，Programmed by T. Fujiki 1999.11

回答者数：19名，回答語種数：30種類，回答語総数：73語

エントロピ
4.46

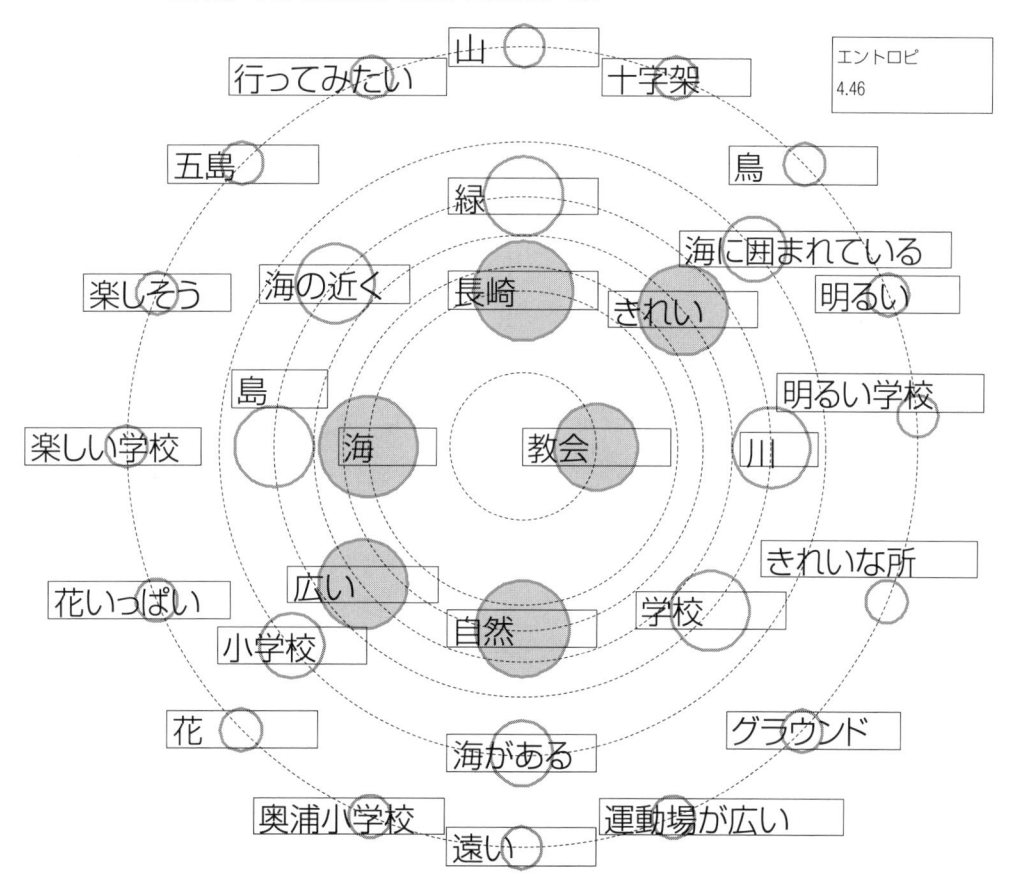

図6－5　姫治小学校の子どもにとっての〈おくうら〉：授業後

連想など《その他》である。各カテゴリ名と回答語の割合を，連想マップの左上に示した。

図6-6，6-7，6-8，6-9をみると奥浦，姫治ともに〈ふるさと〉のエントロピは特に変化していない。奥浦はいくらか増加し，姫治はいくらか減少しているが，取り上げるほどではない。奥浦の場合，回答語総数が59から70に増加していることが目につく程度である。

しかし，図6-6と図6-7を比較すると，回答語の内容が入れ替わっている。姫治では《感情》カテゴリの増加(図6-6左下，図6-7右上)が目立つ。この授業が姫治の子どもに〈ふるさと〉への感情を呼び起こしている。「懐かしい」「良い所」がそれぞれ授業後に2語増加し，「きれい」との感覚が3語増加している。「好き」「大好き」という言葉の登場も，〈ふるさと〉へ向けるまなざしが好意ある方向に向かったことを示している。その意味で本授業は，郷土を好意的に見つめる方向に至っている。

連想マップ(Association Map)
Date：1999.9.30　姫治授業前
Cue Word：ふるさと

カテゴリ名	回答語数	語数比%	回答者数比
関連語	16	31.4	84.2%
属性	12	23.5	63.2%
感情	3	15.7	42.1%
地名	8	15.7	42.1%
他	7	13.7	36.8%

produced by K. Kamizono
Module Version3.01, Programmed by T. Fujiki 1999.11

回答者数：19名,
回答語種数：26種類,
回答語総数：51語

エントロピ 4.32

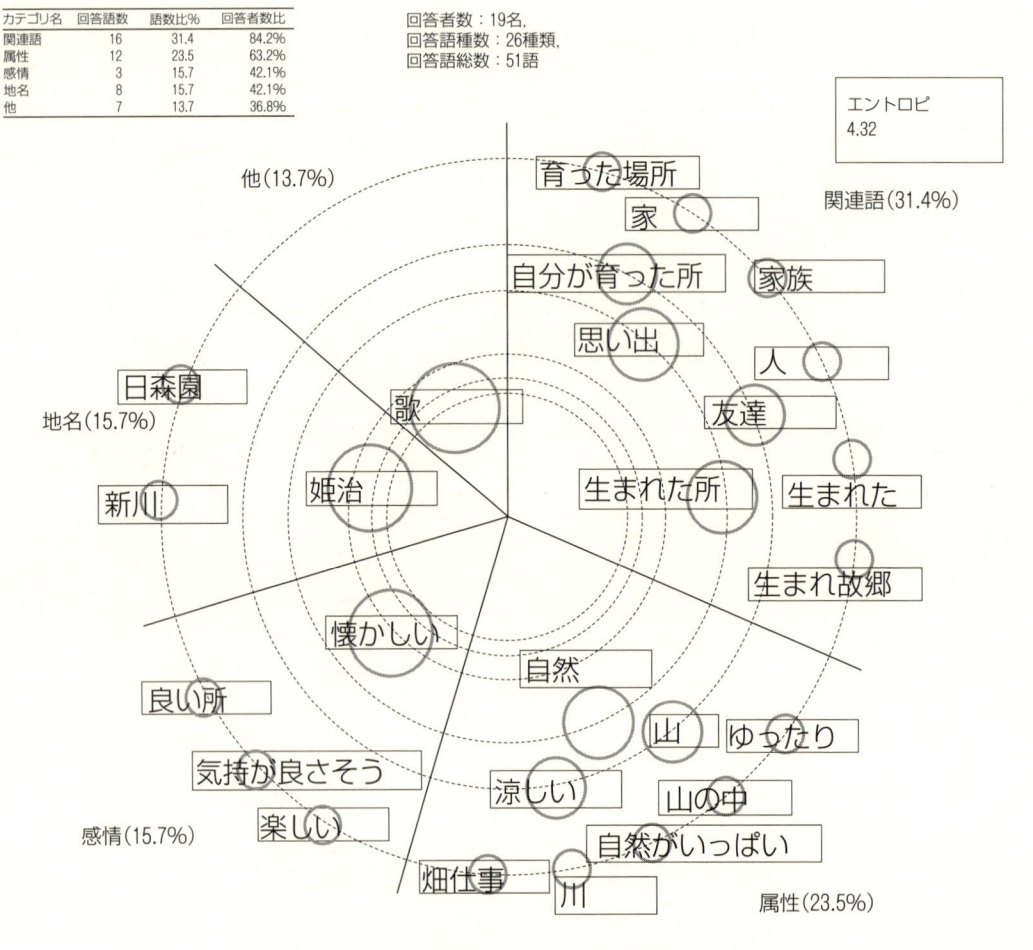

図6-6　姫治，授業前〈ふるさと〉連想カテゴリマップ
（カテゴリの（　）内は回答語総数比百分率）

図6-8と図6-9を比較すると，奥浦では《決意》カテゴリ（図6-8左上，図6-9左上）の増加が目につく。子どもの「戻る」「大切」「親孝行」「きれいにしたい」「よくしていく」など，1人ずつの言葉が，全体としての割合の増加を生んでいる。授業は終末に決意表明を求める型ではなかったが，子どもは郷土をよりよい所にしたいとの意志を抱いた。決意のようすは，子どもの感想文にも現れる。

　「ゴミを自ら進んで拾ってゴミが1つもないようにしたらいいと思う。雑草をとって花を植え，花いっぱいにしたらいいと思います。だからみんなで地いき全体のために協力していったらいいと思います。」他にも意志を伝えようとする文章が多かった。

　同一の授業にもかかわらず，奥浦は決意，姫治は感情と，両校が違う方向に向かったのはなぜだろう。おそらく地域の取り組みの違いが影響しているだろう。奥浦にとって，姫治は地域興しの先進的な場所と映ったようだ。奥浦では，一度ふ

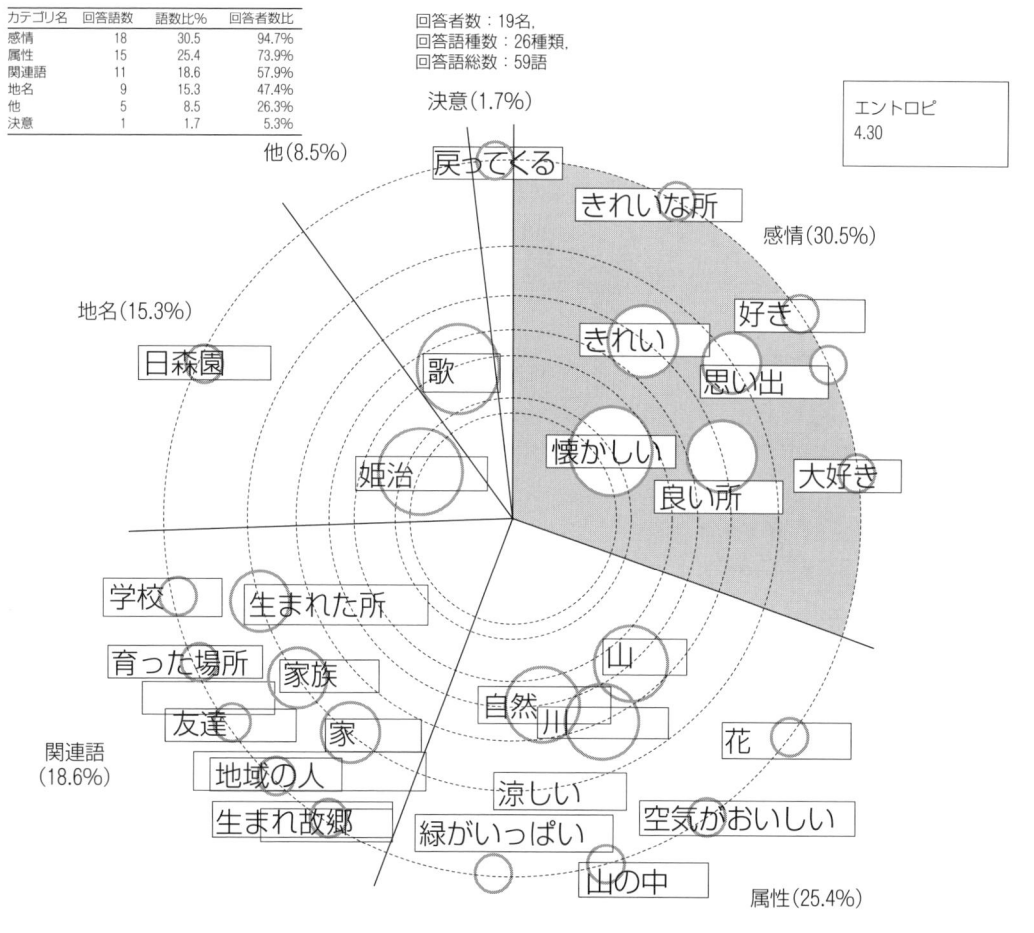

図6-7　姫治，授業後〈ふるさと〉連想カテゴリマップ
（カテゴリの（　　）内は回答総数比百分率）

第6章　道徳遠隔授業の授業評価

るさとを離れてまた戻る家族も多く（それには大きな決意が必要である），離れた場所が子どもの〈ふるさと〉の回答語，つまり子どもの生地「岐阜」「福岡」「大阪」に現れている。姫治では，行事などによって都市圏から人を集めてふるさとを活性化する努力がおこなわれており，奥浦と比べて新たに決意を抱く必要がなかったのだろう。日頃の授業のあり方の影響もあるだろう。

奥浦の子どもの決意による応答は，姫治側から地域興しのいろいろな行事が語られたことに原因があるようだ。奥浦には島を超えて対外的にアピールする地域興しの行事がなく，子どもなりに引け目を感じたようすがうかがえた。姫治は地域をPRする努力をしているのに，奥浦はやっていない，何かをやらなければと感じたことが，決意を生むきっかけになった。

姫治でも《決意》は増加したが，それ以外に《属性》が15.7％増えている。言葉としては「山」「川」「自然」が増えている。「川」は，奥浦との対話によって意識されたものだろう。「山」や

連想マップ（Association Map）
Date：1999.9.30　奥浦小　授業前
Cue Word：ふるさと

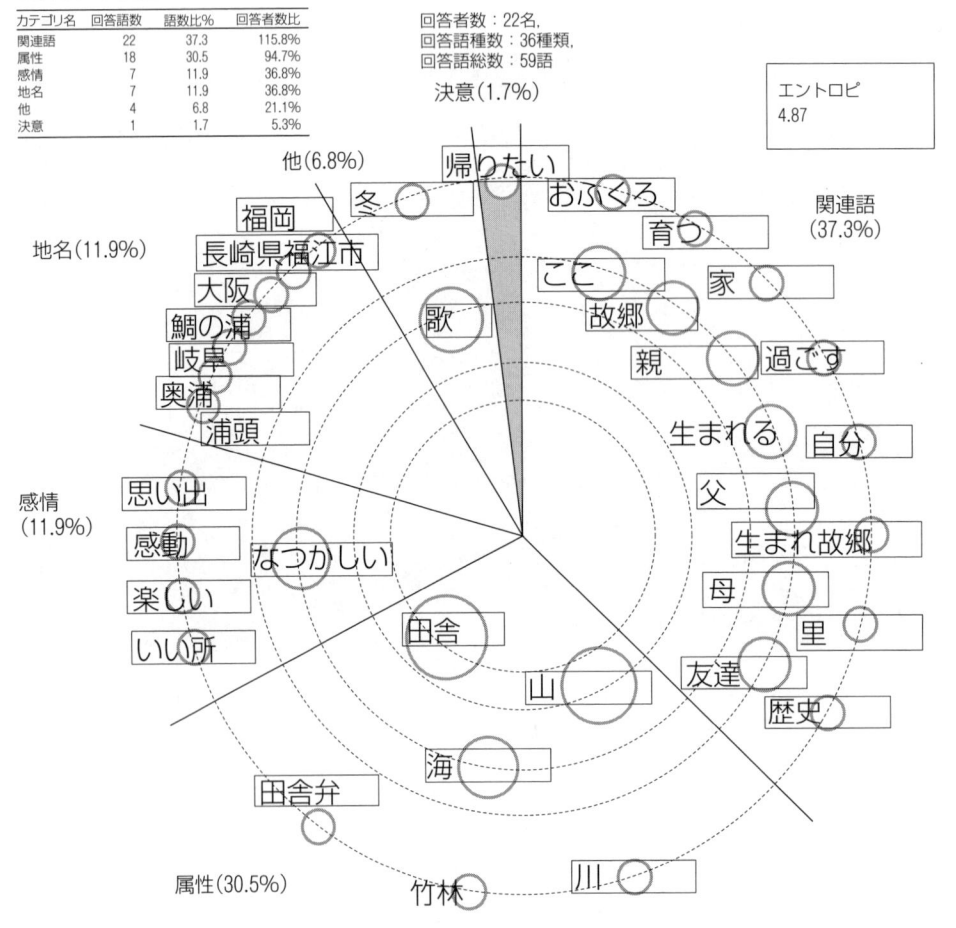

カテゴリ名	回答語数	語数比%	回答者数比
関連語	22	37.3	115.8%
属性	18	30.5	94.7%
感情	7	11.9	36.8%
地名	7	11.9	36.8%
他	4	6.8	21.1%
決意	1	1.7	5.3%

回答者数：22名，
回答語種数：36種類，
回答語総数：59語

produced by K. Kamizono
Module Version3.01，Programmed by T. Fujiki 1999.11

エントロピ 4.87

図6−8　奥浦，授業前〈ふるさと〉連想カテゴリマップ
（カテゴリの（　）内は回答語総数比百分率）

「自然」も相手との対話を通じて自分のふるさとが意識化されたと考えられる。

奥浦では《属性》が人数比で31.6％増加している。「田舎」は，授業前後変わらず奥浦での回答語の1位を占め，7語で動かない。「山」「海」「祭り」がいずれも1語増えて《属性》全体が増加するとともに，「自然」が2語増えている。《関連語》も人数比では21.0％増加しており，「ここ」「父」「母」「家」「里」「みんなある」などがそれぞれ1語増えているが，回答語全体に占める割合は0.2％減と変わらない。

〈ふるさと〉の回答語を見ると，〈ひめはる〉や〈山〉など他の提示語で見られた地域の特徴が〈ふるさと〉認識として再び現れていることに気づく。授業の話題は個別の授業素材であったが，授業素材が子どもの意識のなかで授業全体のテーマに結びついていっている。

6-1-Ⅳ　子どもの感想による授業評価

道徳遠隔授業を終えた子どもは，やりとげた充

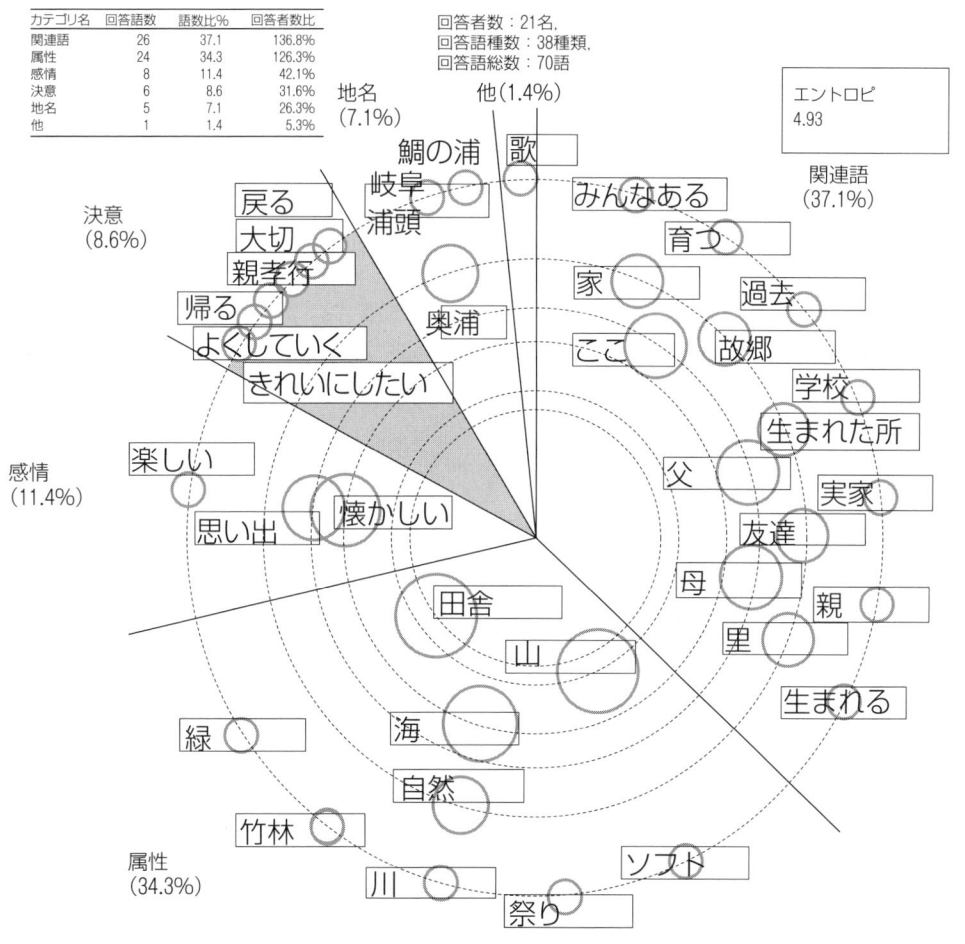

図6-9　奥浦，授業後〈ふるさと〉連想カテゴリマップ
（カテゴリの（　　）内は回答語総数比百分率）

実感でいっぱいの顔をしていたと授業者は感じた。奥浦では，初めて会う姫治小の子どもから自分たちの知らないことを聞き，それに対して発表する使命感もあり，聞き漏らすまいと，どの子も集中していた。

また姫治の子どもも遠隔授業に対する感激を綴っている。「私は，えんかく授業は初めてで，インターネットを使って長崎の友達と授業ができるなんてすごいと思いました。おくうらの様子は海があって，姫治と同じで自然にかこまれていました。そして今日は，地域の好きな所，なやみなど，ふだんは気がつかないことを勉強しました。とても最初はどきどきしていたけれども，なれて，意見がいっぱい言えました。インターネットですぐとなりに友達がいる様子がありました。今度は，もっと外国の人やいろいろな人と授業をしたいと思いました。楽しかったです。」

本授業に対する子どもの5件評価によるアンケートの平均点は，高い。高い順に平均点が4を超える項目をならべると，1．遠隔授業への興味，2．楽しかった，3．遠隔授業システムは必要，4．おもしろい授業だった，5．またやりたい，6．遠隔授業は役にたち，深く考えさせられた，であり，平均3点以上の高い順で，相手の友だちへの親近感，7．発表はわかりやすい，8．学習内容への興味で，時間が早く感じた，9．満足感，10．ドキドキする授業，11．進んで発表できた，12．相手の先生への親近感，が続いている。遠隔授業への子どもの評価は高く，興味と期待感に充ちた授業であり，授業を大いに楽しんだだけでなく深く考えたことがわかる。同じ項目の質問を教員に対しておこなったが，興味深いのはすべての項目で子どもよりも評価が高かった。教員で子どもより評価が高かったのは，11．進んで発表できた，8．学習内容への興味，10．ドキドキする授業，であり，この道徳遠隔授業への教員の評価の高さと関心の高さを表している。

連想調査および授業へのアンケート調査から，本授業は，郷土を見つめる目標に至り，また高い評価を得たことがわかる。〈ふるさと〉の連想マップが示すところでは，姫治では主に心情が深まり，奥浦では主に意志を固める方向に向かった。

遠隔授業での対話は，相手側のイメージを変え，あるいは創っていく。姫治から見た〈おくうら〉は，「長崎」の「学校」であったものが，「教会」と「海」に1，2位が変わったのは鮮やかな変化である。また，奥浦では「棚田」とは「田んぼ」だという理解のしなおしも連想マップに現れた。授業後には互いの地域についてイメージの中身がつまった連想マップになっている。

もともと知っている自分の地域に関する回答語も，対話によって変化した。しかし，地域認識の基本構造は揺らいでいない。

授業で用いた素材の話題は，素材の連想結果に影響を及ぼしただけではなく，主題である〈ふるさと〉に及んだ。授業素材と授業目標の連想が結びついて動いた結果は，授業素材が適切だったことを示している。

授業の手段であった〈インターネット〉には，授業前の機器イメージに，感嘆，触れ合い，勉強の意味が生まれた。

余波として，この道徳遠隔授業が長崎をはじめ多くのメディアによって報道され，福岡では浮羽郡の各学校にISDN回線設置という教育政策決断を生んだ。これは授業に使える道具としての遠隔の意味を広く認識いただいたからであろう。

問題点も残る。遠隔授業という方法上ティーム・ティーチングが必然である。その場合，道徳授業の共通する理論基盤が必要だと感じた。現状では，道徳授業展開は学校あるいは教員個人の型に依存しており，理論上の統一は問題になりにくい。しかしティーム・ティーチングとして1つの授業を構成する場合には，授業理論レベルでの相互確認が必要だと指導案検討の段階から感じた。授業を進行する総合司会の困難の遠因は授業観の

違いにあったように思う。道徳授業理論の相互検討が，道徳遠隔授業に必要である。

第2節　多地点接続による道徳授業

6-2-I　生活の素材で自己をふりかえるしかけ
6-2-I-1　生活を構成する授業素材で

民話を含めて地域素材を道徳授業素材として取り上げるのは，道徳が人のあり方生き方につながるからである。地域は大人以上に子どもの生きる場であり，個人の行為は場において意味を，したがってまた道徳上の意味をもつ。意味は物語として編まれる。道徳授業は，学校教育における意図的な営みである限り，意識された意味のつながりである物語に働きかけ，あり方生き方を支えようとする。

多くの道徳授業の終末に，生活場面とのつながり，すなわち実践への方向づけを設定するのは，道徳授業が実践に結びついていないいわば裸の価値項目をもちだして教えることの裏返しではないか。子どもの物語にもともと存在する素材ならば，あらためてつなぎを設定する必要もあるまい。子どもの生活からとった素材を授業に取り込むやり方がいいとする教員の思考は，実践への方向づけを意識するからだろう。

子どもをまるごと受けとめようとする道徳授業からは，価値項目とそれを体現した読み物資料(何を言わせたいか読めばわかるような)を教える型に，しっくりこないものを覚える。同時にまた，子どもの生活の要素を取り上げて説諭する型にも，道徳は説教の時間ではなかろうと思う。一直線一方向の教えや説諭では，成果が物語に編み込まれるかどうかは，あなた任せである。子どもを受けとめ，生きる場で考えるために，地域を構成する素材を授業として取り上げるやり方が有効だろう。

生きる意味を構成する素材を取り上げる授業だから，生活に紛れさせず，教員の意図による成果を見極めたい。意図的に営む学校教育だから，1時間で伝えるねらいを明確にし，子どもに何が伝わったかを検証したい。授業素材を生活の場に探り，子どもの課題を見てとり，意図によって授業を組み，子どもの意識において授業を評価する，この循環が授業の楽しさの基盤であろう。

6-2-I-2　自己をふりかえる道徳授業を

道徳授業の特質は，自己をふりかえるところにある。教える教えられるの一方向で成り立つ授業にあきたりず，子どもが価値を自分の意識生活へ組み込むふりかえりを不可欠と考えるとき，終末の命令(説教ないし説話という教員の命令や，決意表明という子ども自身による自己命令など)よりも，子どもに子ども自身を見せる装置を授業に組み込むことがスマートであろう。いわば自分の生活を鳥瞰する仕掛け，いわば自己を見つめる体験装置があれば，楽しくふりかえる道徳授業になるだろう。

自分を見る装置の簡便なものは鏡である。意識に映る自分を見ることができるのは，他者の位置に自分が立つ装置であろう。他者が鏡として存在し，他者の意識に映っている自分を知り，他者に映る自分から自分をふりかえる体験装置，いわば他者の位置から自己を鳥瞰する装置，双方向の遠隔授業はこの役割を果たすのではないか。

交流による自己表出だけではふりかえる機能は働かない。全体を1つの授業として舞台構成することによって，共通の高みから自分を見る機能が働く。今回の授業ではいわば観客にあたる第三者を布置して3地点の多地点接続とし，子どもが同じ1つの舞台に立つように仕組み，そのための大型スクリーン，別教室，博物館などで全体を構成した。

生活の場を構成する地域素材を用い，相手に映る自分たちを意識して進める授業，この点に本遠隔授業の意義がある。

6-2-Ⅱ 多地点接続による道徳遠隔授業の概要

携帯電話18台，各舞台2つの大型スクリーンなどを使った双方向，多地点接続による今回の遠隔授業の機器構成は，図6-10のようであった。

「赤米でつなぐ道徳遠隔授業」[6-2]と称した本授業は，2002年2月1日，長崎県島嶼部南端の5・6年生22名，鹿児島県島嶼部南端の5・6年生19名，長崎県中央沿岸部の6年生31名の参加をえて実施した。午前11時グループ・エンカウンターから始め，互いの交流を図り，昼食後13時から14時まで60分計画で道徳授業をおこなった。実際にはしかし，大幅に時間延長して終了した。

この遠隔授業は上薗恒太郎が主導して，システム構成は藤木卓を軸として，中村千秋，森田裕介が担当し，内野成美がグループ・エンカウンターを準備し，山本和佳が長崎県大村市立竹松小学校にあって授業を進行し，相田悦子が竹松小学校のクラス担任として，西川誠二，藤田智子，長瀬陽一が長崎県厳原町立豆酘小学校でまた佐藤良平が豆酘小学校瀬分校の教諭として，真方浩志，加藤哲が鹿児島県南種子町立茎南小学校から，また増田祥子が長崎県時津町立時津小学校から参加しておこなった。

この道徳遠隔授業の特徴は次の点にあった。
1．遠隔では困難と思われがちな道徳授業を遠隔形式で成立させ，可能性を広げる。

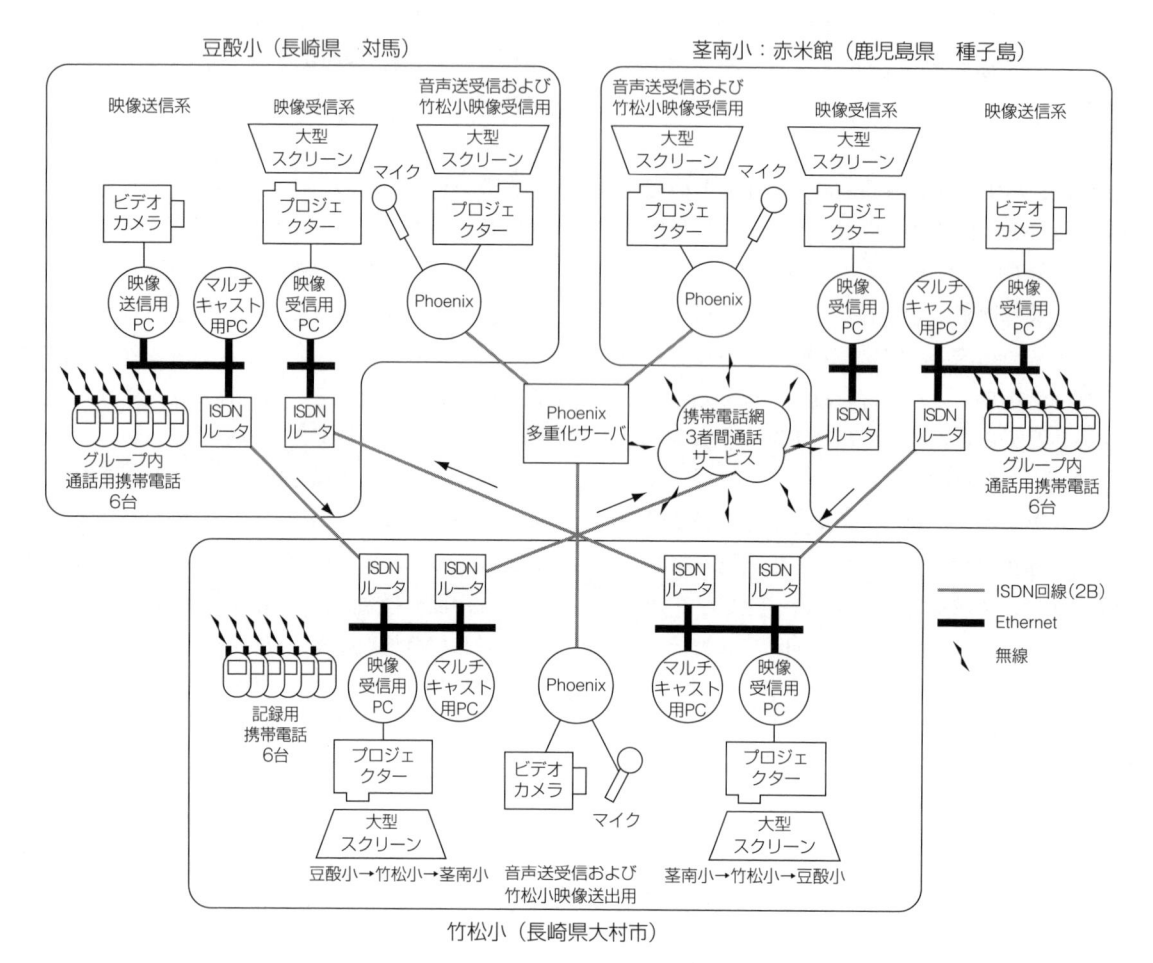

図6-10 多地点遠隔授業の機器構成

(1) 全体として1つの授業を，交流を超えておこなう。
　(2) 郷土愛を軸とし，畏敬の念と生命尊重を組み合わせた複数価値を視野に入れた道徳授業である。
2．多地点双方向の遠隔授業システムを組む。すなわち3地点を結ぶ授業である。
　(1) 総合司会（授業進行を担う授業者）を赤米の2校と離れた第3地点に置く。
　(2) 互いに赤米を地域に抱える2校に対して，第3者としての1校を加え，2校の共通性を際だたせるとともに第3者の目による評価の役割を期待した。
　(3) 遠隔形式による情報の拡大を，子どもの思考や心情の深化につなげる。
3．携帯電話を使い，1人1人を活かす場面を遠隔授業に設ける。
4．地域に伝承された素材（赤米，五寸にんじん）を扱い，継承する人を取り上げ，郷土の歴史を背景にして自分のあり方生き方を考える道徳授業をおこなう。
5．各教室2画面を設置しプロジェクタで等身大に近い子ども画像を提示するとともに，傘マイクにより雰囲気を集音して，3地点の子どもの一体感を保つ。
6．赤米館という博物館を授業の場に使い，授業素材や地域と緊密な場に子どもをおく。また通常とは別教室に機器を設置し，分校の子どもや観客のいる場で，モチベーションの高い授業への条件を整える。
7．グループ・エンカウンターを，実施2校と離れた地点からカウンセラーが指示し，遠隔によるグループ・エンカウンターの有効性を確かめる。子どもが個別の学びをグループ単位で，携帯電話を使っておこなう。
8．異学年，合同による授業であり，授業がそのまま学年交流，本校分校交流の場となる。また教員にとっても，遠隔によるティーム・ティーチングの場であり，教室の枠を超えた未来志向の授業実践の機会となる。
9．通常の評価に加えて，連想調査，グループ・エンカウンターのふりかえり調査，質問紙による技術面の調査など，授業評価を充実する。
10．各校における総合的な学習の時間につながる。本授業は，地域の誇りを介して郷土について思いを深め，生命尊重の方向と重なった自分たちのあり方生き方につなげ，総合的な学習の時間につながる道徳授業として企画された。以下その結果について連想調査を中心に叙述する。

6-2-Ⅲ　連想調査で見る，赤米でつなぐ道徳遠隔授業

　授業評価として連想調査を，グループ・エンカウンター前，授業前，授業後の3回おこなった。そのうち4提示語による連想マップを示す。

6-2-Ⅲ-1　遠隔授業システムについて

　遠隔授業システムに関して，提示語〈インターネット〉の結果を示す。図6－11，図6－12でグループ・エンカウンター前と授業後のエントロピを比較すると，豆酘は4.29bit（以下単位bitを略して記述）から4.79に増えている。同じく茎南は5.27から5.35に，竹松は5.23から5.72へと増加しており，それぞれインターネットのイメージが拡充したことがわかる。子どもにとって〈インターネット〉は当初，「パソコン」「機械」「メール」などカテゴリ名《パソコン》という機械として認識されていたのが，授業後には「コミュニケーション」により「人」や「友だち」が《つながる》すなわち「つなげる」道具として認識された。《つながる》内で授業後に新出の回答語には，「コミュニケーション」「写真」「赤米」「人」「声」「お話」「しゃべる」「話す」などがあり，授業での発言だけではなく携帯電話の果たした役割を見ることができる。子ども同士のコミュニケーションが十分図られたようだ。

図6-11と6-12の豆酘小学校〈インターネット〉の場合，各指標が大きく増加している。連想量総和で7.87から11.52へと3.65の増加，回答語種数で10種類の増加，回答語総数で32語の増加である。その結果図6-12の授業後の連想マップの中身が充実した印象を受ける。授業後の子どもの頭の中が授業前よりたくさんの言葉で満たされている。回答語として授業後に「すごい」(18.2%増加)，「楽しい」「おもしろい」(各13.6%増加)，が増加しており，「むずかしい」(13.6%新出)も登場している。

全体として道徳遠隔授業は好評であったことがうかがわれるが，3地点接続の様子を見ながら難しさを感じた子どももいたのだろう。そのほかでは本道徳遠隔授業のようすを表す回答語「スクリーン」「種子島」「大村と鹿児島」「授業」「赤米」など各1語(人数比4.5%)が10語新しく出現している。

質問紙による技術面のアンケートからは，携帯電話の音声が不調で隣に友だちがいるような気まではしなかった(五件法で平均3.2)が，他校の雰囲気を感じとることができた($p<.05$)，もう一度遠隔

連想マップ(Association Map)
Date：2002.2.1
豆酘小：エンカウンター前
Cue Word：インターネット

カテゴリ名	回答語数	回答語総数比%
パソコン	38	61.3
感じ	12	19.4
つながる	10	16.1
他	2	3.2

produced by K. Kamizono
Module Version4.02, Programmed by T. Fujiki 2006.08

回答者数：22名，回答語種数：31種類，回答語総数：62語

エントロピ
4.29

豆酘小〈インターネット〉エンカウンタ前

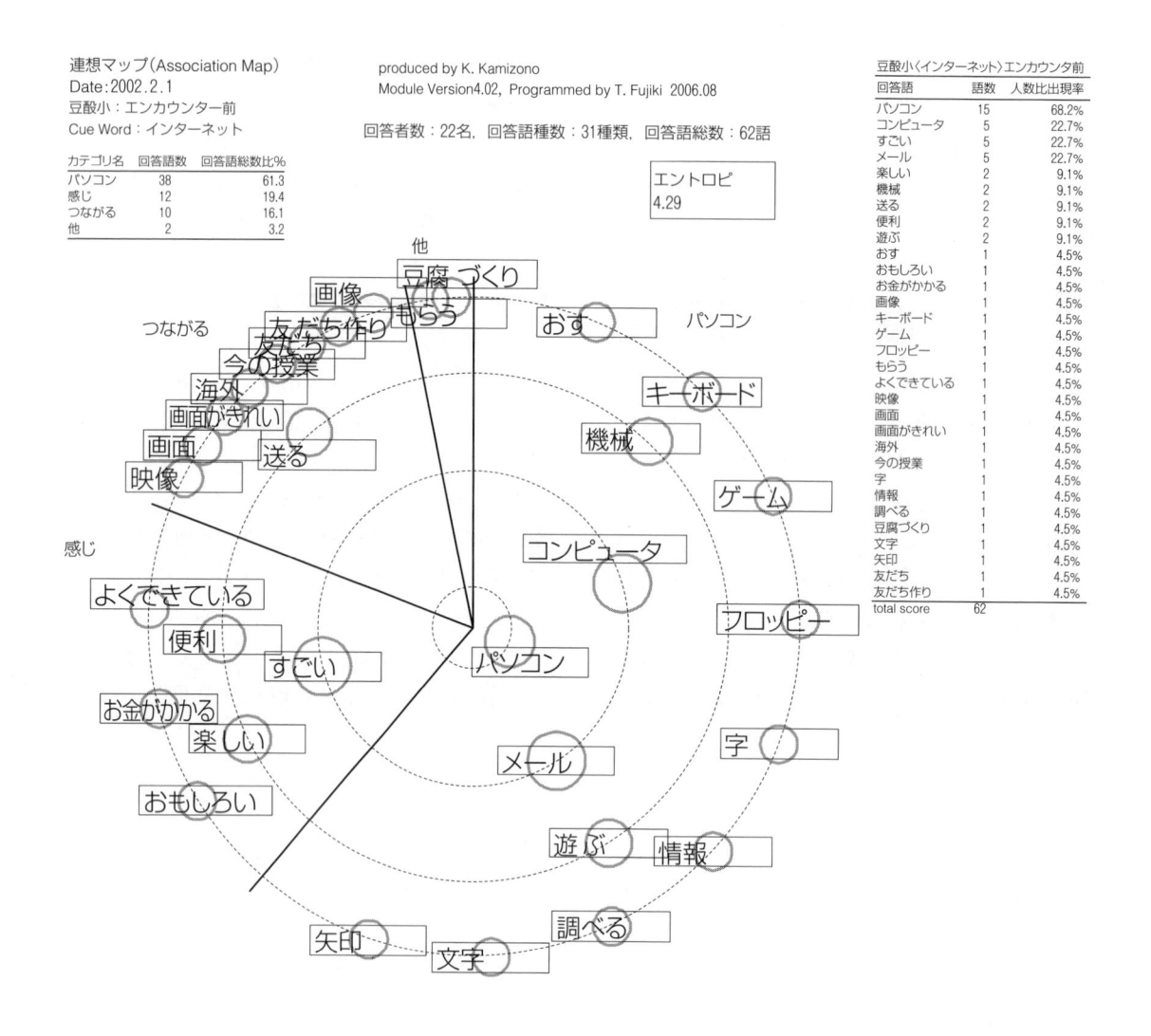

回答語	語数	人数比出現率
パソコン	15	68.2%
コンピュータ	5	22.7%
すごい	5	22.7%
メール	5	22.7%
楽しい	2	9.1%
機械	2	9.1%
送る	2	9.1%
便利	2	9.1%
遊ぶ	2	9.1%
おす	1	4.5%
おもしろい	1	4.5%
お金がかかる	1	4.5%
画像	1	4.5%
キーボード	1	4.5%
ゲーム	1	4.5%
フロッピー	1	4.5%
もらう	1	4.5%
よくできている	1	4.5%
映像	1	4.5%
画面	1	4.5%
画面がきれい	1	4.5%
海外	1	4.5%
今の授業	1	4.5%
字	1	4.5%
情報	1	4.5%
調べる	1	4.5%
豆腐づくり	1	4.5%
文字	1	4.5%
矢印	1	4.5%
友だち	1	4.5%
友だち作り	1	4.5%
total score	62	

図6-11 道徳遠隔授業システムに関する子どもの評価 〈インターネット〉 豆酘小学校 エンカウンター前

授業をやりたい（p＜0.5），携帯の相手と顔を合わせて話したい（p＜.05）の項目で，子どもの意欲の高まりをうかがうことができた。

6-2-Ⅲ-2　グループ・エンカウンターの結果

携帯電話と友だちスクリーンを使って，配布しておいた自己紹介カードを見ながら，グループごとのエンカウンターをおこなった。映しだされた画像は，アイコンタクトには荒かったが，子どもは手を振り服の色を指示しながら互いを認め合った。友だちスクリーンと携帯電話による会話は，グループで話し合う場面で使われ，提示画面によって示された授業素材についての補完情報やメタ情報を個人同士の会話として送る役割を担った。

豆酘のエントロピは〈茎南〉について，グループ・エンカウンター前に4.70，授業前は4.75，授業後には5.01と増加しており，〈茎南〉についていろいろ知ったことがうかがえる。〈友だち〉では，エンカウンターとともに期待を表す回答語「楽しそう」「おもしろそう」「初めて」「友だちにな

連想マップ（Association Map）
Date:2002.2.1
豆酘小：道徳授業後
Cue Word：インターネット

カテゴリ名	回答語総数	回答語総数比%
パソコン	46	48.9
感じ	24	25.5
つながる	22	23.4
他	2	2.1

produced by K. Kamizono
Module Version4.02, Programmed by T. Fujiki 2006.08

回答者数：22名，回答語種数：41種類，回答語総数：94語

エントロピ
4.79

豆酘小〈インターネット〉授業後

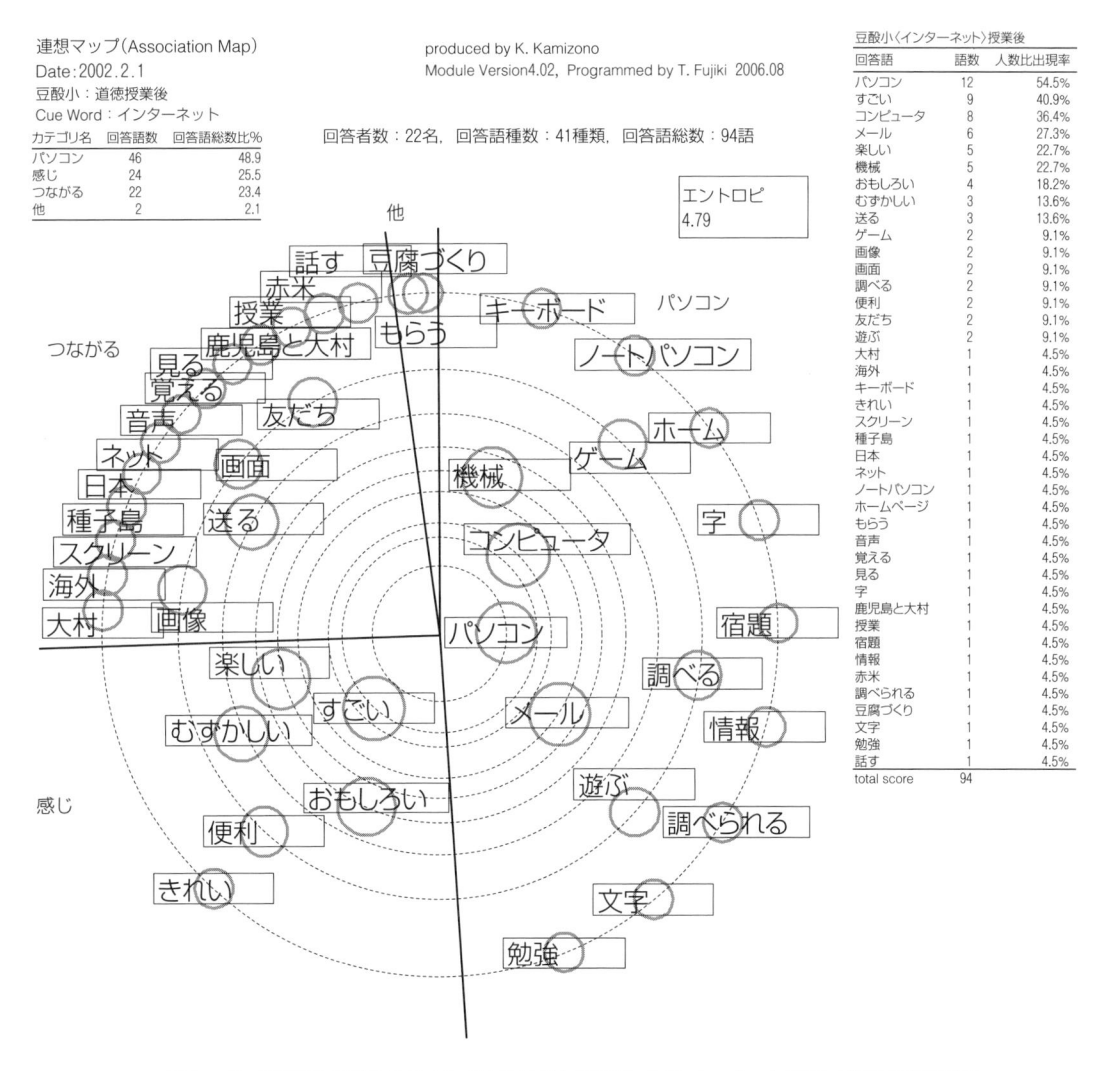

回答語	語数	人数比出現率
パソコン	12	54.5%
すごい	9	40.9%
コンピュータ	8	36.4%
メール	6	27.3%
楽しい	5	22.7%
機械	5	22.7%
おもしろい	4	18.2%
むずかしい	3	13.6%
送る	3	13.6%
ゲーム	2	9.1%
画像	2	9.1%
画面	2	9.1%
調べる	2	9.1%
便利	2	9.1%
友だち	2	9.1%
遊ぶ	2	9.1%
大村	1	4.5%
海外	1	4.5%
キーボード	1	4.5%
きれい	1	4.5%
スクリーン	1	4.5%
種子島	1	4.5%
日本	1	4.5%
ネット	1	4.5%
ノートパソコン	1	4.5%
ホームページ	1	4.5%
もらう	1	4.5%
音声	1	4.5%
覚える	1	4.5%
見る	1	4.5%
字	1	4.5%
鹿児島と大村	1	4.5%
授業	1	4.5%
宿題	1	4.5%
情報	1	4.5%
赤米	1	4.5%
調べられる	1	4.5%
豆腐づくり	1	4.5%
文字	1	4.5%
勉強	1	4.5%
話す	1	4.5%
total score	94	

図6-12　道徳遠隔授業システムに関する子どもの評価　〈インターネット〉豆酘小学校 道徳授業後

る」などが72.5％（グループ・エンカウンター前，人数比出現率）から22.6％（授業前後とも）へ減少する。グループ・エンカウンター後には回答語が「楽しい」「おもしろい」「友だち」へと変化しており，遠隔形式でおこなってもエンカウンターの成果があったようだ。

茎南では〈豆酘〉について，「分からない」「知らない」といった回答語がグループ・エンカウンター前は63.3％（人数比出現率）あったが，授業前には26.7％，授業後は5.3％と減少する。未知の相手が，「楽しい」「おもしろい」「人」と理解され，子どもの好ましい関係が芽生えている。

提示語〈友だち〉の回答語に，各校の友だち認識の特徴が現れる。友だちとは茎南では「仲間」であり，豆酘では「仲良し」であり，竹松では「親友」ととらえられている。また，グループ・エンカウンターにより，〈友だち〉に関する《肯定》的な言葉が回答語数で29語（図6－13左上の回答語数）から34語に増加しており，授業後には36の増加に止まる（図6－14左上の回答語数）。

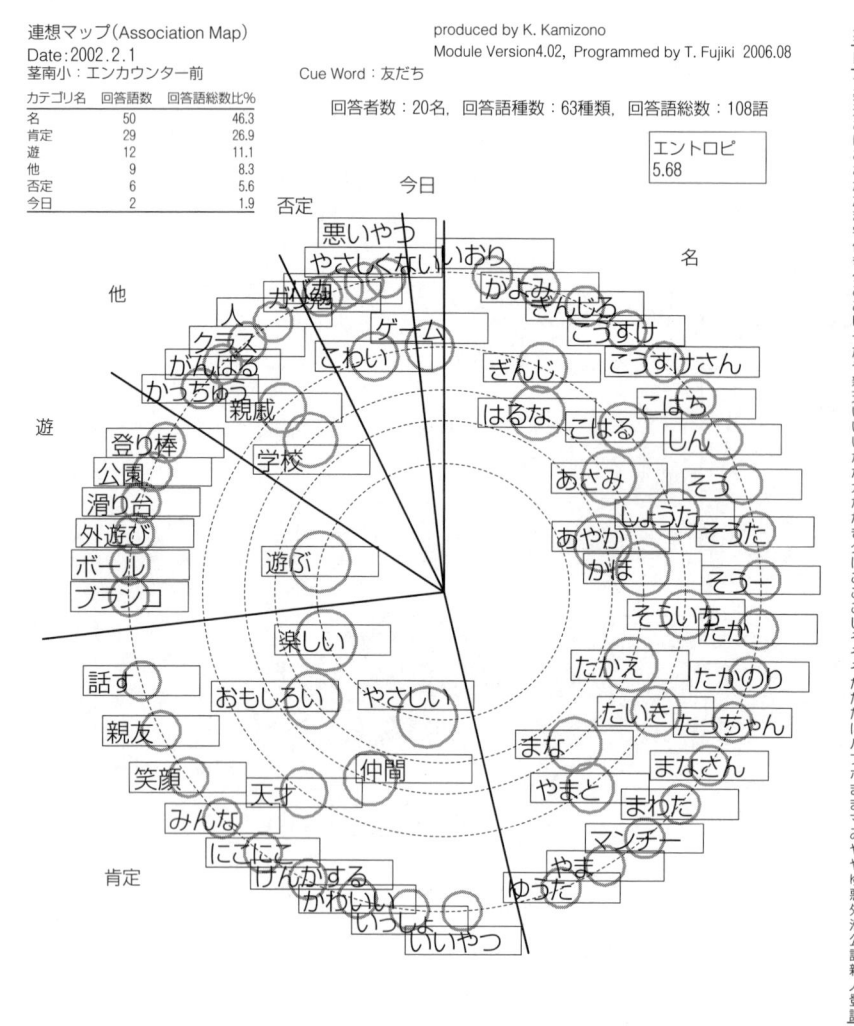

図6－13　〈友だち〉　茎南小学校　エンカウンター前

6-2-Ⅲ-3　道徳授業の結果

　五件法による子どもの道徳遠隔授業への意欲の高さを，先に遠隔授業システムについての有意な評価の高さとして記したが，それは授業への評価でもある。この学習が楽しかったかについて五件法で4.2，遠隔でいっしょに勉強した友だちに会いたい(4.3)，もう一度遠隔授業をやりたい(4.0)の3つの項目がとくに子どもに評価が高かった。

　学びの内実を知るために，授業素材の授業前後の動きを示す連想マップの図6-15，6-16の〈赤米〉，および数量化Ⅲ類を用いた回答語分析の図6-17，6-18，さらに授業のねらいを示す郷土に関する連想マップの図6-19，6-20〈ふるさと〉をもとに道徳授業について述べる。

　〈赤米〉の授業前後を比較すると，エントロピ，回答語種数，回答語総数が増加し，全体として子どもが授業を通して赤米について多くのことを考えたようすがわかる。エントロピは，茎南小学校で授業前5.42から授業後5.71，竹松小学校で授業前5.12から授業後5.54と増加し，赤米に関して情

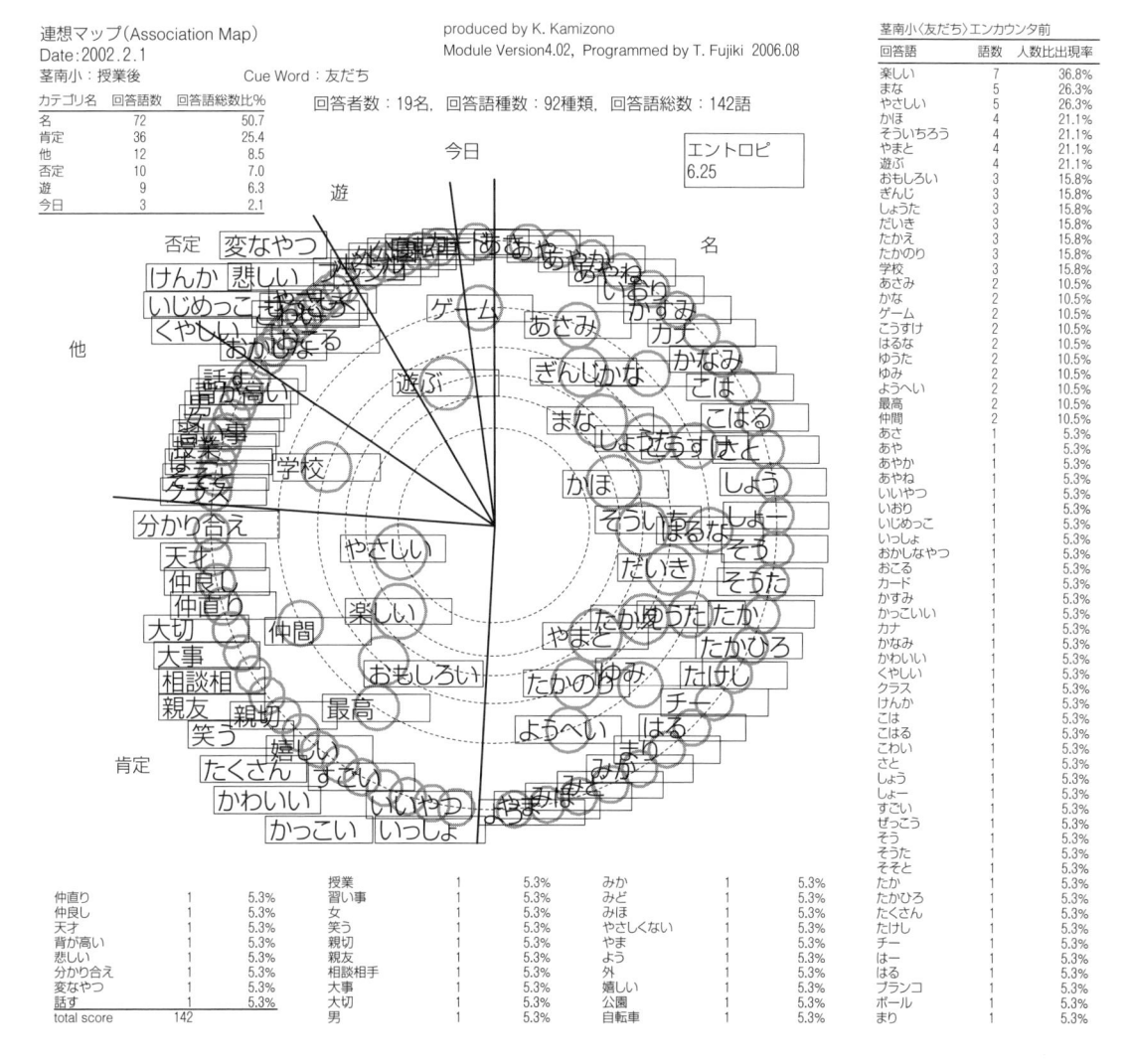

図6-14　〈友だち〉茎南小学校 道徳授業後

第6章　道徳遠隔授業の授業評価

報量の増加と多様な広がりがうかがえる。

なかでも《意味》カテゴリが増えており（図6－16），赤米に「伝統」や「歴史」があり「大切」で「貴重」で「珍しい」との思いが強くなっている（$p<.05$）。地域の特色への畏敬が芽生えたのではないか。赤米のもつ《意味》は，豆酘で授業前16.1％から授業後23.2％，茎南では10.8％から17.6％，竹松では13.4％から21.8％へと増加している。とくに竹松小学校の場合，授業前は赤米が珍しい食べ物であったが，地域の遺産であるとの理解が強くなる。竹松小学校の場合「伝統」が授業後に7語新しく現れ，逆に「めずらしい」は9語から5語に減少している。地域の「伝統」意識は茎南小学校でも2語から5語に増加し《意味》カテゴリ内の1位になった。図6－16で，〈赤米〉の《行事》としての認識が竹松小学校において新出しており，赤米について行事として受け継がれていること，女性の参加は認められていないとの内容も知識として，4語新しく認識されている（$p<.05$）。

また，豆酘小学校の提示語〈茎南〉で「赤米」が

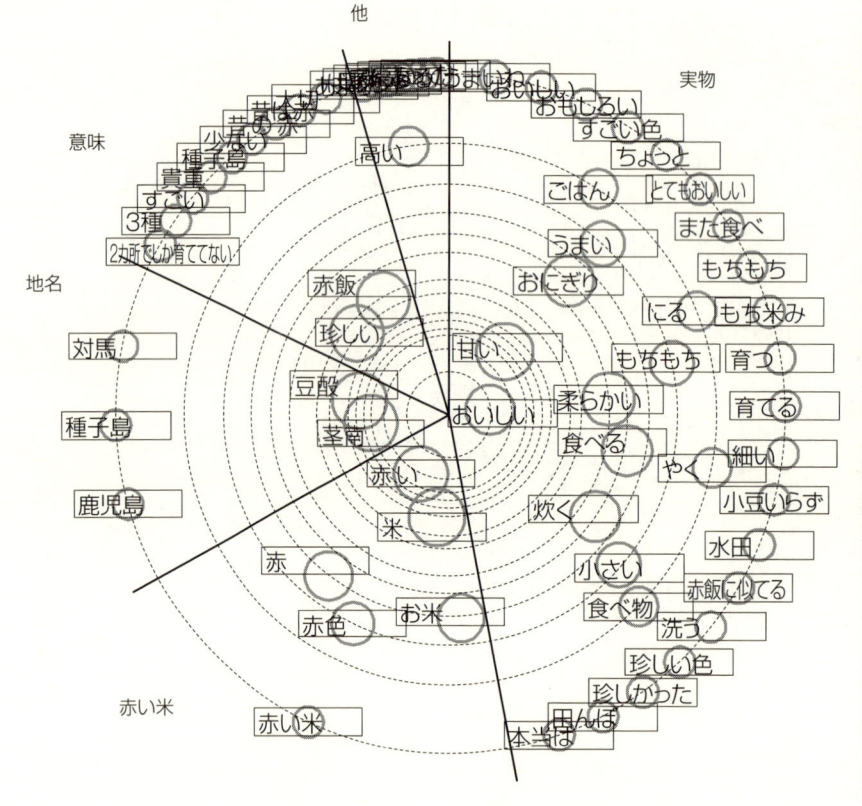

図6－15 〈赤米〉に関する子どもの連想 竹松小学校 道徳授業前

新たに出現し36.4％を占め，茎南でも〈豆酘〉で15.8％増加し，授業を通じて互いに地域の赤米が認知されている。

これらは，授業素材に使った赤米について，授業のねらいに沿って子どもの思いが動いたようすを示している。

連想法と他の方法による分析とを比較するために，同じデータの多変量解析をおこなった。多変量解析数量化Ⅲ類によって〈赤米〉の回答語分析を

おこなった。回答語を集計し，それぞれの回答語をカテゴリに分け，カテゴリが回答にあるなしのバイナリデータに変えて，数量化Ⅲ類の分析をおこなった。カテゴリは連想マップよりも詳細な11に分け，その他を加えた。図6－17，6－18はその他を省いてある。連想マップでは回答語の1つ1つが読み取れるので大くくりのカテゴリでよく，1つのカテゴリに多くの回答語が含まれるために安定した比較をおこなうことができる。数量化Ⅲ類分析のためには，回答語は消えてカテゴリの動

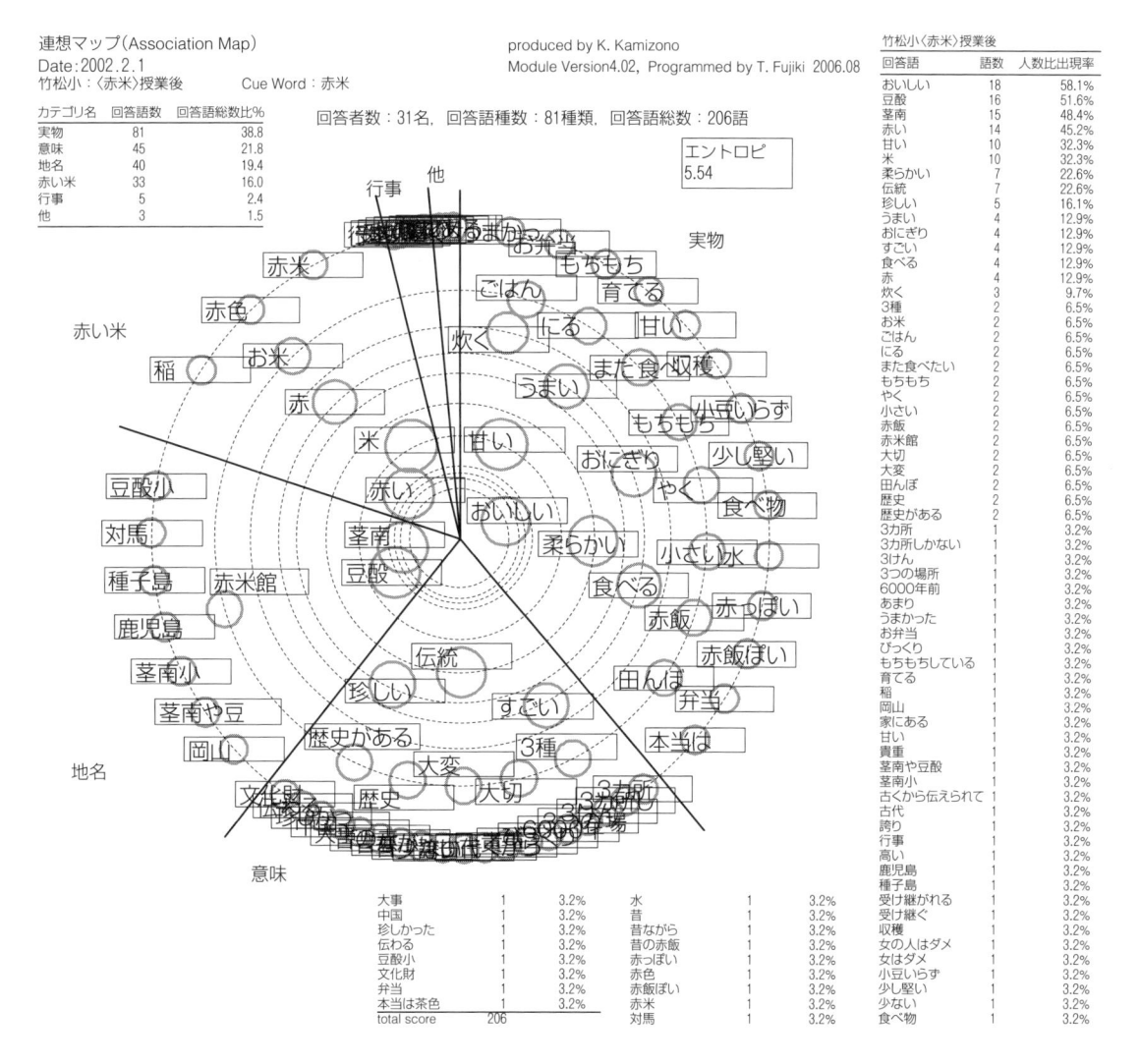

図6－16 〈赤米〉に関する子どもの連想 竹松小学校 道徳授業後

第6章 道徳遠隔授業の授業評価

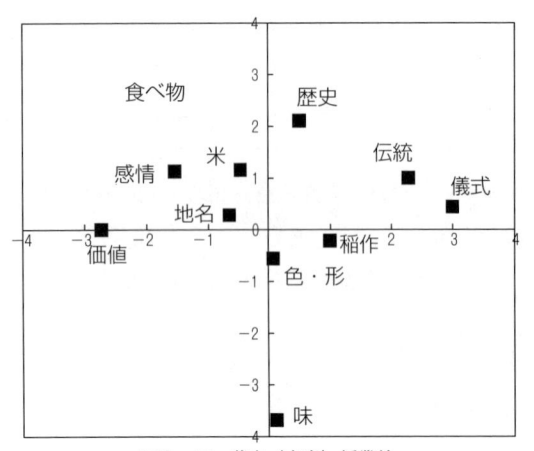

図6-17 茎南〈赤米〉授業前

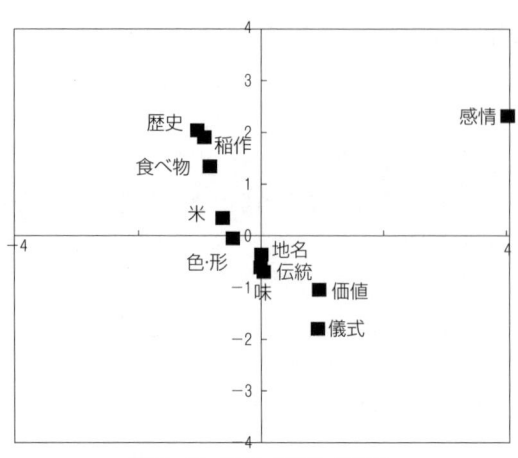

図6-18 茎南〈赤米〉授業後

連想マップ（Association Map）
Date：2002.2.1
茎南小：授業前　　Cue Word：ふるさと

produced by K. Kamizono
Module Version4.02, Programmed by T. Fujiki 2006.08

カテゴリ名	回答語数	回答語総数比%
人	24	29.6
感情	21	25.9
回帰	12	14.8
自然	10	12.3
場所	7	8.6
他	6	7.4
赤米	1	1.2

回答者数：19名，回答語種類：54種類，回答語総数：81語

エントロピ
5.52

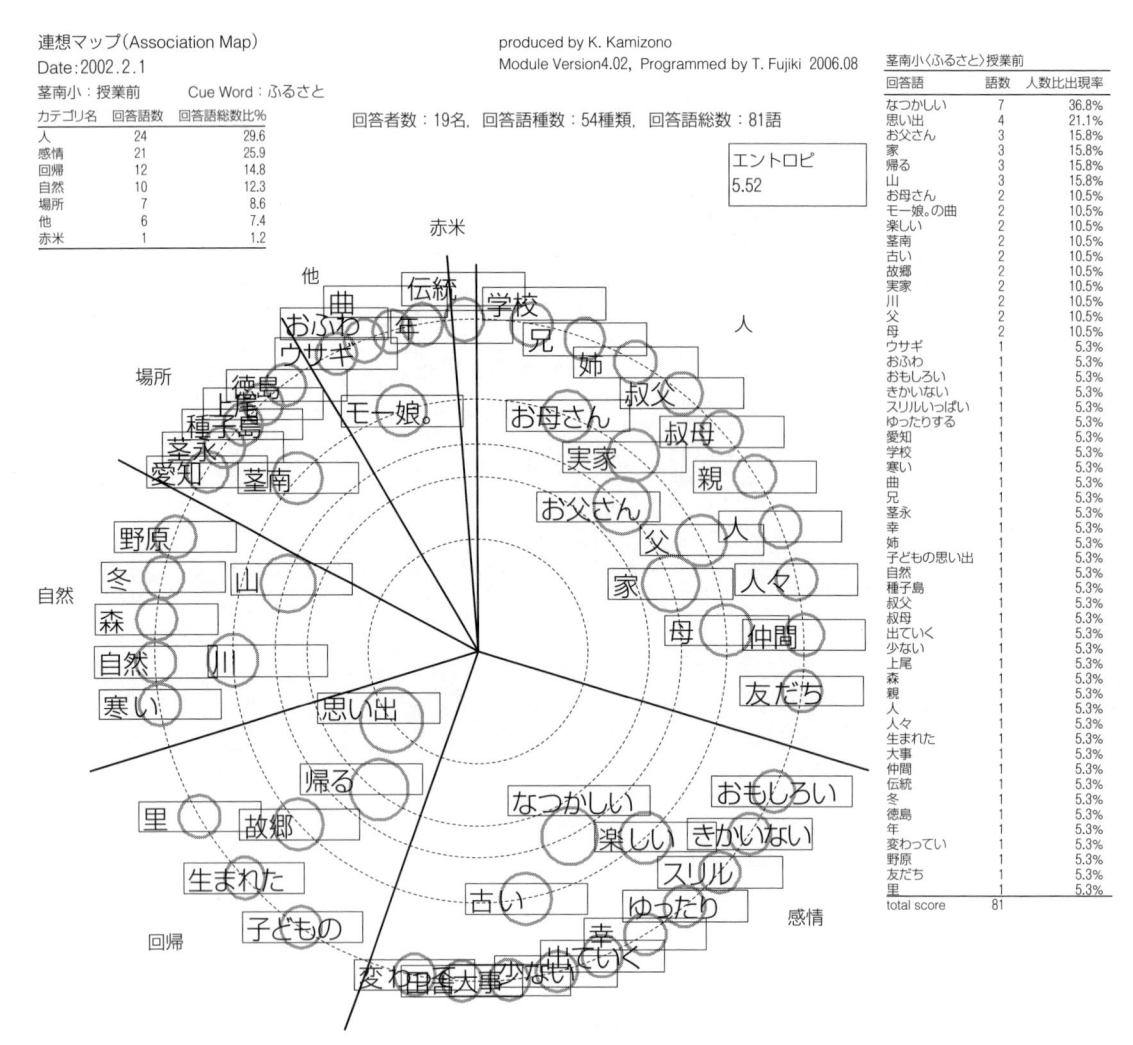

茎南小〈ふるさと〉授業前

回答語	語数	人数比出現率
なつかしい	7	36.8%
思い出	4	21.1%
お父さん	3	15.8%
家	3	15.8%
帰る	3	15.8%
山	3	15.8%
お母さん	2	10.5%
モー娘。の曲	2	10.5%
楽しい	2	10.5%
茎南	2	10.5%
古い	2	10.5%
故郷	2	10.5%
実家	2	10.5%
川	2	10.5%
父	2	10.5%
母	2	10.5%
ウサギ	1	5.3%
おふわ	1	5.3%
おもしろい	1	5.3%
きかいない	1	5.3%
スリルいっぱい	1	5.3%
ゆったりする	1	5.3%
愛知	1	5.3%
学校	1	5.3%
寒い	1	5.3%
曲	1	5.3%
兄	1	5.3%
茎永	1	5.3%
幸	1	5.3%
姉	1	5.3%
子どもの思い出	1	5.3%
自然	1	5.3%
種子島	1	5.3%
叔父	1	5.3%
叔母	1	5.3%
出ていく	1	5.3%
少ない	1	5.3%
上尾	1	5.3%
森	1	5.3%
親	1	5.3%
人々	1	5.3%
生まれた	1	5.3%
大事	1	5.3%
仲間	1	5.3%
伝統	1	5.3%
冬	1	5.3%
徳島	1	5.3%
年	1	5.3%
変わってい	1	5.3%
野原	1	5.3%
友だち	1	5.3%
里	1	5.3%
total score	81	

図6-19 〈ふるさと〉 茎南小学校 道徳授業前

きだけで見ることから，意味の動きを先鋭化するために詳細に分けた。

図6-17および6-18[6-3]の累積説明率は39.3%，および45.7%である。X軸は価値性，Y軸は日常性だと解釈した。授業前，茎南小学校の子どもは，赤米を，伝統と歴史がある儀式ととらえ（図6-17），価値や感情面の認識は少なかった。それが授業後には日常ではないとしても価値ある儀式で，感情の面でも心動かされ（図6-18），授業後に赤米の意味を心情とともに改めて認識するに至った。この結果は，連想マップでの言葉の動きと基本的に即応している。

多変量解析数量化Ⅲ類による竹松小学校の子どもの認識を取り上げて連想マップの分析結果との類似性を補強して論じておく。竹松小学校の回答語による数量化Ⅲ類による動きは，他の2校と異なった。竹松小学校の場合，累積説明率が授業前47.1%，授業後39.8%である。竹松小学校では，授業前には伝統，儀式は想起されず，珍しい食べ

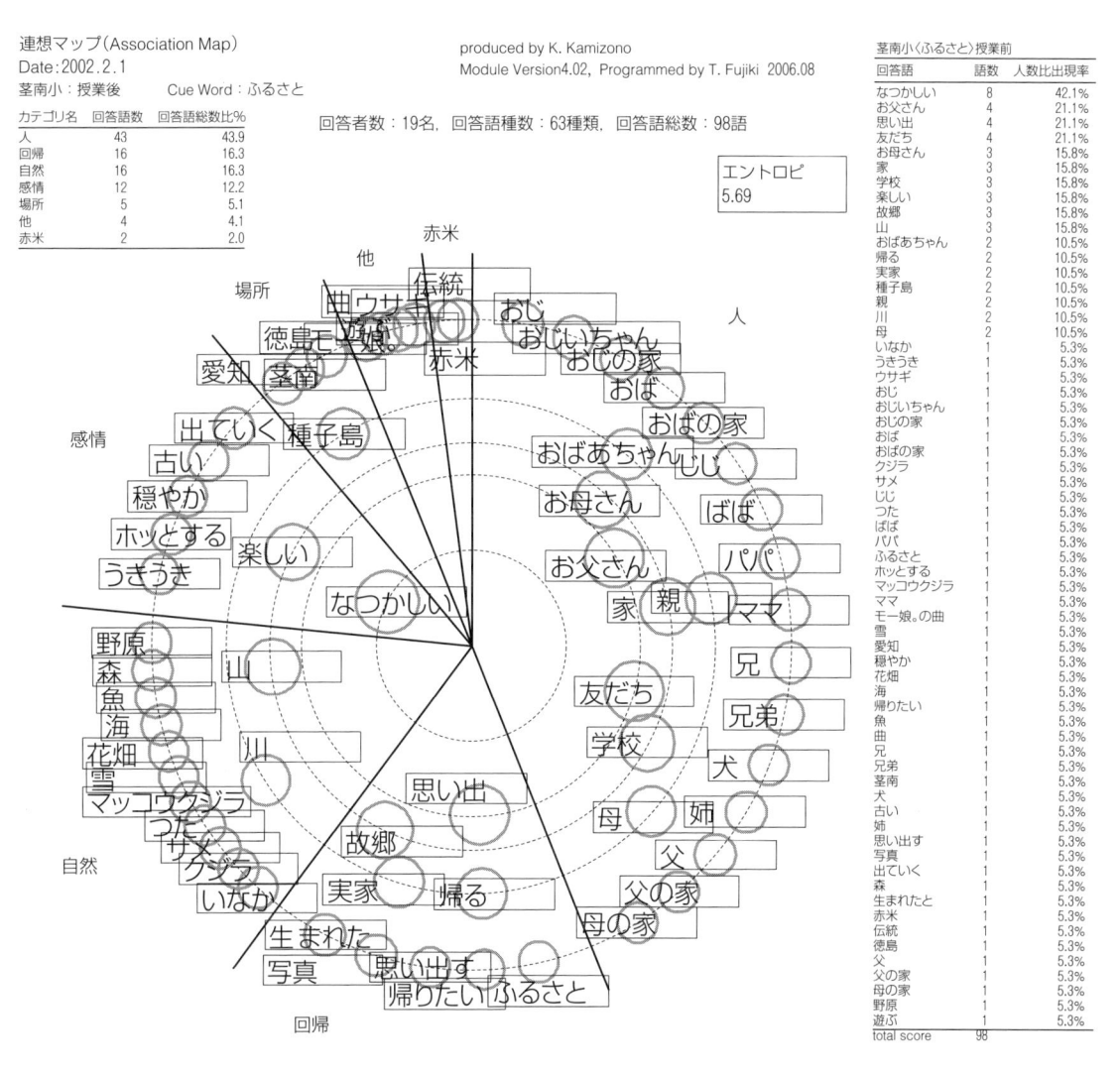

図6-20 〈ふるさと〉 茎南小学校 道徳授業後

物と認識していた。授業後には，それが，赤米に伝統と価値の意味を見いだしている。しかし非日常的な行事としての理解は薄かったようである[6-4]。

この動きは，連想マップにも現れている。竹松の《実物》カテゴリの占める割合が授業後に減少し，「おいしい」「赤い」「甘い」といった食べ物としての表現が減少している(図6-15，6-16)ところに対応している。竹松では《意味》カテゴリが増加している点が伝統と価値の認識に対応している。回答語「伝統」が人数比22.6%出現して《意味》カテゴリの最多回答語に躍り出，心情としても意味カテゴリに「すごい」が人数比9.6%増加している。竹松では，赤米に関する行事を神事としてもつ豆酘や茎南と異なり，《行事》としての認識はなかったが，授業後に人数比16.1%登場している。その割合は神事として赤米の伝統行事を担ってきた2つの地域，茎南(授業後に人数比47.4%)，豆酘(授業後に人数比113.6%)に比べると少ない。大村の子どもは赤米について学んだとはいえ，意識変容のようすが，赤米の伝統とともに生活する2地域と異なる。この知り方の差には，テレビ視聴態度による学びを考えていいだろう。すなわち知ることにはなっても，自分の経験として組み込まれない。

〈ふるさと〉のエントロピは，豆酘では授業前5.356から授業後5.443，茎南では5.516から5.69(図6-19，6-20)，竹松では5.631から5.82といずれも増加し，〈ふるさと〉に対するイメージがふくらんでいる。

〈ふるさと〉は，道徳授業を介して特に人に結びついた。茎南では《人》が授業前29.6%から授業後39.8%と増加し，竹松でも《人》が19.3%から25.9%へと増加している。本時の郷土愛について赤米を継承する人に焦点を当てたために〈ふるさと〉と《人》が結びついたのであろう。赤米というモノに始まった授業の意識が，郷土を支える人へと移っている。これは本道徳授業の意図の方向であった。

また，父母に関する回答語が豆酘で授業前0%(人数比出現率)から授業後13.5%，茎南で47.3%から83.4%，竹松で25.9%から38.7%に増加している。これによって，子どもの〈ふるさと〉の人への思いは父母や家族に向かった。子どもにとって〈ふるさと〉の人として思うのは父母や家族であることを連想調査結果は示している。父母を表す用語でも学校生活の言葉ではなく，生活場面の言葉である「パパ」「ママ」「おばあちゃん」などとして授業後に新たに登場する。こうした〈ふるさと〉についての思いは，授業中の発言からはうかがい知ることはできなかったが，連想によって授業の表面に現れなかった思いの方向を見ることができた。

この道徳遠隔授業において子どもは，赤米のもつ意味の認識が深まり，郷土を支える人について考えるようになり父母を思い起こすに至った。この点で，「赤米を継承してきた人々の生き方を知り，互いの良さを話し合うことにより，郷土の文化や伝統を大切にしようとする心情を育てる」と設定した授業のねらいに至った。しかし，自分へのふりかえりという点では，家族への思いを新たにしたほかは〈自分〉の回答語に特段の変化はなかった。その意味で自己認識の変容は見られなかったが，子どもは自分の生きる場所に思いをはせながら授業を受けとめたといえる。

6-2-Ⅳ　多地点接続による道徳授業の意義

この多地点接続による道徳遠隔授業において特徴的なのは，大村の子どもの存在である。大村の子どもは，授業の最初と最後に登場するものの，赤米の話題に関しては観客であった。観客であったから授業への興味を失ったかというとむしろ逆であった。五件法でのこの授業への評価によると，遠隔授業をまたやりたいですか，ほかの学校の人と顔を合わせて話したいですか，の質問に他の2校に比べて有意に($p<.05$)高く答えている。つまり，いわば観客席に置かれた子どもが，やりたいと大いに興味を抱いたことを示している。授業は楽しかったですか，の質問項目についても，

豆酘と茎南小学校の子どもも平均4ほどの答えをしているために大村小学校の子どもとの有意差はないが，平均4.5ほどの評価の高さであり，観客席におかれた子どもが授業を楽しんだことを示している。

　子どもの学習動機という点では，この道徳授業に対する子どもの意欲は授業後の五件法の調査において高かったことを先に述べた。なかでも授業素材についておおかたテレビ視聴態度に置かれた大村の子どもの意欲の高さは予想しなかった。3校と1分校全体を通じての動機の高さの理由には，以下の要因が考えられる。

1．道徳遠隔授業という特別な学習環境であり，準備段階から興味と意欲が高かった。
2．グループ・エンカウンターによって，動機の高さを硬くならずに発揮する，リラックスした雰囲気をつくることができた。
3．友だちスクリーン，携帯電話によって個人的対話をできるようにした機器設定ならびに共同の学習が，友だち関係による授業進行を進め，新しい友だちとの学びという，動機の高い状態をつくり出した。
4．地域特有の授業素材が，対外的な学習の素材として取り上げられ，子どもの関心をひき，自分たちが地域素材を背負って話し合った。
5．学習の場が，博物館や分校との合同教室など，通常とは異なる場所に設けられ，特別な授業だとの子どもの意識を高めた。

　大村の子どもの学びへの動機が高かった背景には，以下の点が考えられる。

6．豆酘と種子島の子ども同士の動機の高い学習を見た大村の子どもが，子ども相互の影響により，意欲を高くした。
7．主たる授業進行を担う教員が大村小学校の先生で大村にあって授業を進めたことから，大村の子どもが自分たちは部外者だという意識に陥らなかった。
8．大村の子どもは，総合的学習の時間で，黒田

五寸ニンジンを素材として郷土学習を進めており，郷土の産物とふるさとのテーマについて学ぶ意欲があった。授業素材は赤米とニンジンで異なったが，授業に流れる課題が共通していた。

　本遠隔授業における子どもの意欲の高さには，総合学習などの事前準備によって学びの意識構造が準備されたこと，学校の教員や地域の人の事前の動きが子どもに意欲を高めたこと，場所が特別に設定されたことの要因が考えられるが，友だち要因を大切にした授業であったことが子ども相互の意欲の高い学びを推し進めたと思われる。

　この道徳遠隔授業は，予定され予め構成された内容を学習するe-learningと比較すると，対面型の遠隔授業がもつ創造的な学びを提供している。子ども同士遠隔授業によってともに学ぶ過程は，ときとして予め予定する以上の動きを生み出す。ライブでおこなう授業は，学びとして，子どもの学習動機，視野の拡大，体験的授業としてすぐれている。

　今回の道徳遠隔授業で，授業を仕組んだ者にとって興味深かったのは，物語が生まれたことである。物語は，道徳的な価値の伝達に視野を狭めると周辺にあるエピソードとして捨てられがちだが，授業者の意図の中心から離れたことが学習者の意識に刻まれる場合がある。授業から生じた物語が子どもの生きる場において，あり方生き方の積み石となることも多いのではないか。遠隔授業のおもしろさは，物語を喚起する力にあると思う。

　子どもにとって赤米は，関わった体験はあっても地域では傍観者として大人から聞かされる話だったが，遠隔という舞台で自分たちが地域の意味を考える主役を体験する意義は大きかった。3地点を結んだ舞台で地域の特色である素材をあつかうことは，1つの郷土に限定されないより大きな物語のなかに自分をおく意味をもつ。地域を考える広い視点から大きな物語を相互につくりあげるなかで，郷土と自分をふりかえって生まれる個人

の物語が印象として残るのだろう。

　大きな物語とは，3地域とスタッフが関わって織りなす授業の場の物語であり，また赤米サミットを開くなど交流をはかってきた地域の人々にとっての道徳遠隔授業という新しい物語の1ページであり，参加した大人と子どもに生まれたさまざまな物語の総体である。

　大きな物語から，子どもに多くの物語が生まれた。3つを記したい。

　遠隔授業全体の最後に発言した子どもが「大村の黒田五寸にんじんも忘れないでください」と語ったとき，図らずもよくできた発言だと思ったが，長崎のテレビ局が彼の発言をとらえて放映し，祖母が知り，学校に連絡をとり，実はその子が黒田五寸にんじん創始者の孫だったと，後で担任もわれわれも知った。この子どもと一家にとって，この道徳遠隔授業のドラマは大切な家族の物語として語り継がれるだろう。

　不登校気味で道徳遠隔授業当日転入する子どもが出現した。子どもの写真を前もって交換済みであった遠隔授業スタッフにとってこの転入情報はやっかいな驚きであったが，前日に子どもの転校前の学校まで車を飛ばし，顔写真を撮りメールに添付して相手校に送って備えた。この子どもにとって，転入して初めての授業がグループ・エンカウンターだったのは幸いであり，授業のなかで担任がさりげなくこの子どもに発言をうながしたことも，彼の新しい出発として上々であった。

　博物館での授業実現に尽力いただき，また前日の夜中まで6時間を超えて続いた最終打ち合わせを見守られた地域の方のお子さんが授業の場にいるとは知らなかったし，授業中にはこの子どもの発言が冷えかけた場の空気を盛り返してくれた。結果として私たちはこの父と娘に裏舞台，表舞台とも支えてもらった。後に，父子ともに道徳遠隔授業に関わった体験は大きかったという話をうかがった。授業が終わっての帰り道，父と娘はガソリンスタンドでばったり出会ったそうだ。父親はどうだったと尋ねずにはおれない，子どもは疲れたと満足した表情で答えたらしい。そうだったろうと思う。親子それぞれに傾けた渾身の努力は，家族の物語として意味をもつだろう。

　家族の物語という表現について述べておきたい。家族への言及は，学級と子ども1人，すなわち集団と個人というパターンで分けるよりも，授業の広がりをとらえる。例えば松下佳代は，物語を「出来事を個別に構造化し自らの経験を形作っていく行為である」(松下佳代，2005，p.223)と定義する。この「個別」が個人なのかはっきりしないが「自らの」は個人であろう。するとこの定義は，個人による物語を，物語として定義する思考に傾いていると思わせるが，また学級通信を「教師によって書かれた学級の物語」(松下佳代，2005，p.205)と語るところを見ると，学級が物語の単位であると言っているようにも見えるし，しかし学級の物語も教師個人によって編まれたとも受けとれる。しかるに子どもにとって，学級の物語に包摂されて意味を理解する，あるいは家族の物語に包摂された理解として，物語は多様な関わりの場において編まれていくこと，すなわち個人に解体せず関係のなかで生まれると考えることが事態に即する。子どもは，個人を先行要件として物語を再構成するよりも，物語の重なる場にあって自分を見いだす，言いかえれば場をどのような物語として構成するかによって個人を包摂する教育が成立するのではないか。本論は授業評価に焦点を当てる限り，物語という言葉を使うならば，遠隔授業全体における意識の場に生まれた物語を描くが，遠隔によって結ばれた各学級がそれぞれの物語をもち，また家族は家族の物語をもつ。1人の子どもを見ようとするとき，そして1人の子どもを見ることは必要であるが，子どもを包摂する学級や家族にとっての物語を取り込んで授業の評価とすることが，子どもに生起した授業の意味に近い。

　子どもに生まれた物語を記してエピソードを語りたいのではない。道徳授業の舞台で生まれる大

きな物語を1人1人のドラマとして体験すること，言いかえれば，新しく知り，より広い視野で体験した物語から自分を見ること，ここに道徳授業の意味がある。多地点接続・携帯電話という技術上の意義や，エンカウンターの方法，授業のねらいといったいわば技術陣や臨床心理士や授業者にとっての意図に包摂されず，エピソードとされがちな各人の物語にまた道徳授業の意味がある。すぐれた資料を求め，効果的な手法を求めての道徳授業への努力は，子どものなかに物語を生み出すすぐれた体験を授業でして欲しい点にある。子ども自身の物語に授業の成果が組み込まれて欲しいとは，道徳授業だけの願いではないだろう。他の教育活動との連携をはかり，地域や家庭に資料や人材を求める努力が学級を超えて生きるとき，授業を通じた家庭，地域，学校の連携が子どもにおいて実現する。ここに教育活動があり，物語は教育を評価する有効な視点となろう。連想法は，意識に生じた変容をとらえて，織りなされる物語をとらえる助けになる。

6-2-Ⅴ 多地点接続による道徳遠隔授業の終わりに

提示語〈道徳〉の結果からは3校の日頃の道徳授業実践が現れた。道徳授業の《本質》に関わる発言「心」「思いやり」「心の勉強」が4割を超える学校，授業の《手段》が4割を超え「テレビ」「本」「考える」の多い学校，「おこられる」「きらい」「わからない」（遠隔授業後にはこの回答語は消えた）が出現する学校と，子どもの回答は別れた。遠隔で1つの道徳遠隔授業をおこなっても，日頃の授業実践に道徳とは何かが左右されたことを，子どもの回答が示している。

1. 複数の学級をつなぐ道徳遠隔授業の今後のために，各教室で一定の質をもった授業がおこなわれる必要がある。各教科では，授業によって質を保証することが求められるが，道徳授業にも質の確保が必要である。

2. 1つの道徳授業として展開する道徳遠隔授業のやり方は，教員にとっていわば強化合宿の意味をもつ。日常それぞれの授業の質や型が一堂に会することになり，日頃の授業をすりあわせて評価されることになる。授業を組むための相互のやりとりから教員が相互に気づき学ぶところは大きい。今回，3地点で総合司会が2つのクラスから離れていたこと，第3者となる子どもが参加したことは，道徳遠隔授業の共通基盤をつくるために有意義であった。

1つの授業実現に向けて，日頃の道徳授業の成果である子どもを開きあいながら道徳遠隔授業の過程を通じて協同すること，意見を交わすことによって，教員が伸びていく。

子どもの学校に行く動機を考えて，遠隔授業において学習の動機を高めるためにおこなった，1．関係づくり，2．対面型の授業，そこに友だち画面と携帯電話を個人の道具として使う試み，3．郷土資料によって生活と結びつける試みは有効であった。連想法は道徳遠隔授業における子どもの意識の動きをとらえて，子どもの意識において授業がどのような意味をもったかを見せてくれた。この道徳遠隔授業は，授業のねらいから子どもの意識変容を見て，所期の目標に到達した。また3地点接続によるテレビ視聴態度による学びは，学びの質は考える必要があるとしても，高い動機に至ることがわかった。この授業が生み出した周辺でのエピソードまで考えるとき，授業進行過程の物語以上に，生活と結ぶ物語を生み出した。

1人の児童の授業後の感想が，この道徳遠隔授業を的確にまとめている。「遠隔授業をして一番楽しかったのは携帯電話で豆酘小学校の人たちと話をしたことです。最初は緊張したけれど，後からすごく楽しかったです。…赤米について，とても伝統があるとか伝えていくのが難しいとかいろいろわかることができました。インターネットで，二校のみんなと仲よくなれてよかったです。」

第3節　いのちへの思いを育てる道徳遠隔授業

　この道徳遠隔授業において子どもは，死について個人的に話し合いながら自己肯定感を高めた。2つの大画面とテレビ付き携帯電話によって一体として構成された教室で，子どもはタンポポや自分がいつか死ぬかを話し合い，いのちはつながっていくから大切だという新鮮な定義に到達した。さらに連想調査は，授業を通じて子どもが自分を肯定する思いに至ったと明らかにした。

　子どもの周囲に死に関する話題が流れる社会状況にあるとき，死を介していのちを考える課題を避けるべきではないだろう。いのちを考えることはさらに，自分を大切にするところにつながってほしい。

6-3-I　死を取り上げて遠隔で話し合う授業
6-3-I-1　道徳遠隔授業の世界へ

　長崎県五島市川原（かわら）小学校の4年生11名ならびに福岡県うきは市の妹川（いもがわ）小学校3・4年生17名，合計28名の子どもは，2006年2月28日のこの授業をとても楽しみにしていた。見たこともない遠くの友だちと一緒に勉強すること，テレビ付き携帯電話や2画面構成のテレビ会議システムを使って話せること，これだけでもわくわくしていた。

　事前のメールのやりとりを通して日増しに子どもの期待感が大きくなり，前日からコンピュータやビデオカメラやプロジェクタがもち込まれ，テレビ付き携帯電話の実物が配られ，教室が別の空間に変わっていき，期待感は高まった。

　移動やセッティングによって教室がいつもと違う空間になり，当日はじめて子ども同士が画面で顔を合わせ，グループ・エンカウンターによる自己紹介。スクリーン2枚でつくりだされた空間，

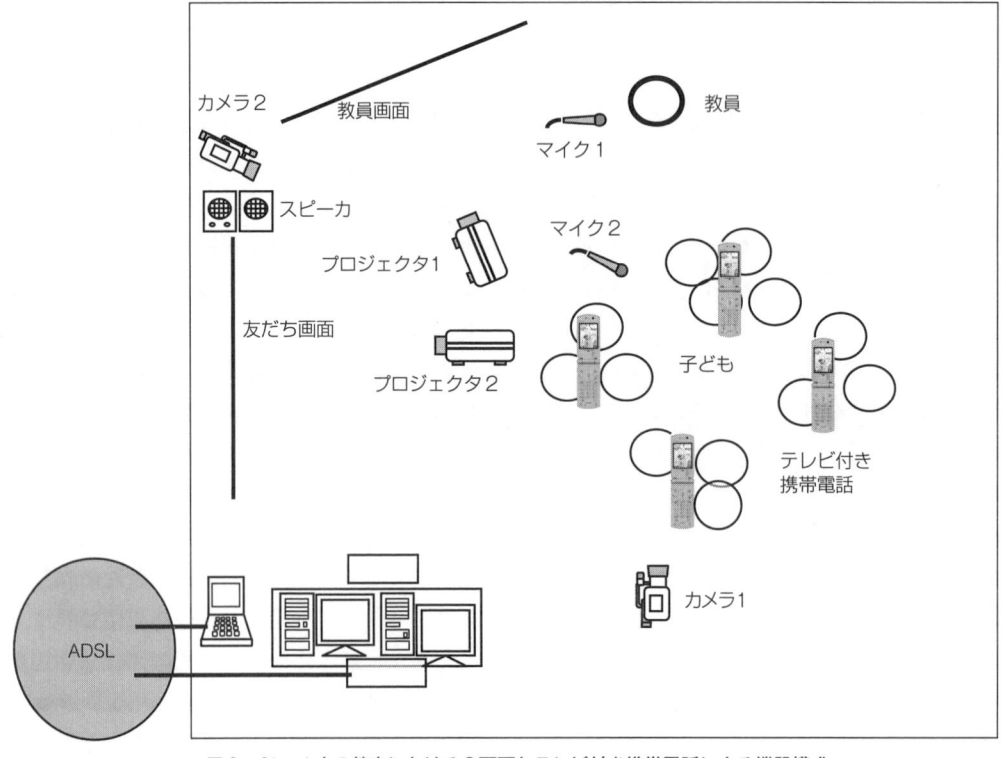

図6-21　1方の教室における2画面とテレビ付き携帯電話による機器構成
（他方の教室は，これと鏡像配置になる）

参観の人や報道関係のテレビに囲まれた空間。多少の緊張感はあったようだが，授業に入る頃には緊張もほぐれ，自分の意見を言うことができた。子どもの機器に馴れるスピードは速かった。個人で触れて使える道具，テレビ付き携帯電話の喜びは子どもにとって大きかった。

この道徳遠隔授業で用いた片側の教室の機器配置は図6-21のようであった。もう1つの教室の機器配置は左右対称になっており，両方で仮想上一体教室となる。提示画面(教員画面)と一体化画面(友だち画面)の2画面構成に，テレビ付き携帯電話を各グループに配置した。グループ・エンカウンター20分，道徳授業60分で実施した。

6-3-I-2 限られた人間関係に他者性の鏡をもち込む道徳遠隔授業

島嶼部や山間部の教育は，意見の多様性や見知らぬ他者との対話が少ない。それは，より広い公的な視野で考える場が必要であるとの課題を示している。とくに道徳授業において，他者を鏡として自分を認識する機会の必要性は大きい。

少人数学校の子どもは，多くの人の目に守られ，皆の前で発表する機会も多いが，言葉足らずでも察してもらえる。その点で道徳遠隔授業は，考えてきちんと話す機会になった。つまり私的にわかってもらえて支えられるわけではない場に立つことを意味した。子ども同士で違う相手に自分を映して，反省思考によって考えを深めることができた。

6-3-I-3 価値の大きさが共通基盤

生命尊重は，地域を超えて地域を包摂する大きさをもち，価値項目の包括性が遠隔授業に適していた。地域自慢で交流するのではなく，共通で対等の基盤に立つ対話ができる価値であった。

死を話し合うことは，タブー視されがちであったテーマ，現代社会に生きる子どもの直面するテーマを取り上げることになった。死をどのように取り上げて道徳授業をおこなうか，今日必要で新しい道徳教育の1つの形を提示した。

9歳の時期は，死ぬか死なないかの判断において他の年齢段階よりも，20歳代のいのちあるものは死ぬという常識的な判断に近い判断をしており，死の意識を現実的なものとして確立していく段階である[6-5]。そこでこの時期に，死をテーマとして取り上げる意義がある。

6-3-I-4 子どもが話し合う授業

死のテーマは，個人の話し合いに適すると思われる。個人の対話の道具である携帯電話の使用は，テーマに沿った形態であった。みんなのなかで個人として，という入れ子構造をつくるのに，教室での携帯電話は有用である。みんなのなかで個人としてとの構造は，公的に自分なりに考える場となる。

携帯電話を使って個別グループで話す手法により，授業における子どもの発言量は飛躍的に増えた。教員の子ども全体への説明は学習指導案作成段階で抑制されて，ほとんどなかった。教員は発問するが説明しない授業であった。子ども同士の対話が授業を推進した。

6-3-I-5 教員の研究

道徳遠隔授業をつくりあげるためのスタッフ相互の対話が，教員，研究者，スタッフにとって道徳授業のあり方をふりかえる意味をもった。2人の授業者がいっしょに授業を構成する作業で，互いに押したり引いたりしながら相手教員と照らし合わせ，またスタッフ全員で論議しながら機器の配置と使い方を含む指導案を書いた。本番になり，共同授業者の映し出された姿を見ながら進める授業は，自分のやり方を見つめ直す機会になり，いい勉強になった。子どもが自分について問うように，教員が自分の授業を問いなおす機会になった。ほかの教員の授業を参観する場合は，わが身を安全圏において評論できる。しかし遠隔授業は，

自分を相手に開示するほかなく，教員としての日頃の成果である子どもの姿を共同の場にもち出すため言い訳しにくく，教員にとって自分をさらけ出して体験する学びになる。

6-3-I-6　日常を超えた抽象空間にいざなう発問

授業において，基本的な発問は2つあった。1．タンポポはいつか死ぬと思いますか，ならびに，2．自分はいつか死ぬと思いますか，である。

タンポポを取り上げたのは4つの理由による。

1．1994〜5年の上薗恒太郎の死の意識調査において，タンポポの生死が子どもの間で議論を巻き起こしたこと，
2．九州では2月末はタンポポが葉を伸ばす季節であり，子どもの目に新鮮な時期であったこと，
3．小学校中学年における死に関わるいのちの定義として，唯一性と連続性，子どもの言葉として，「ひとつだけ」および「つながっている」の2つを授業関係者全体の認識としたこと，連続性がタンポポによって伝わりやすいと判断したこと，
4．理科でかつてタンポポが取り上げられており知識の準備ができていること，からである。

タンポポは普通，枯れると言う，それを死にますかと尋ねた発問が，抽象化された死を考える学びへの入り口となった。植物と人間に共通に死ぬという言葉で考えた。つながるいのちのあり方と同じ地平に自分もいることを学んだ。タンポポのタネを植えた植木鉢，芽も何も見えない鉢を見せての導入は，見えない世界，抽象化された世界への導入となった。授業開始後5分12秒に発せられた「タンポポはいつか死ぬと思いますか」の発問は，日常とつながっているけれど非日常の思考空

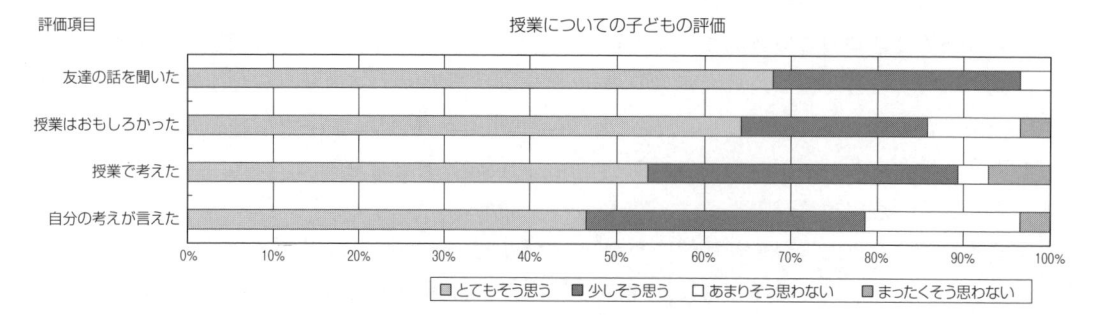

図6-22　授業について授業後の子どもの4件法による評価

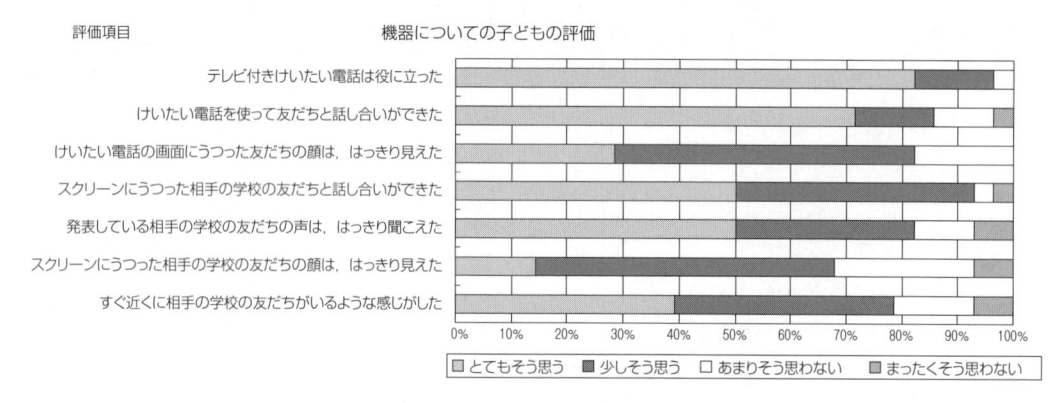

図6-23　機器について授業後の子どもの4件法による評価

間へ，知的な好奇心へと子どもを引き込んだ。機器によって構成された教室空間だけではなく，小学校中学年の年齢段階の死に対する関心の強さに支えられて，この発問は，一般的に死を考える学びの空間に入るおもしろさに子どもを導いた。子どもは，60分の思考体験にのめり込んだ。

6-3-Ⅱ　質問項目による子どもの授業評価

子どもは各教室4つのグループに分かれて，計8台のテレビ付き携帯電話をつかって個別の話し合いをおこなった。1人1人イヤホンを耳にして耳を傾けた。個人化された対話とは別に，全体発表はマイクと大画面を使った。

子どもの授業と機器に対する4件法による評価（図6－22，6－23）から次のように言える。テレビ付き携帯電話は役に立ち，友だちと話ができた。友だちの話をとてもよく聞いたのは，興味ある課題だったことと，個人の道具である携帯電話の力，そして子ども同志の集団の力が大きいだろう。授業はおもしろかったし，けっこう考えた。でも自分の意見が言えたかとなると，まあ言えたというところであろう（図6－22）。

携帯電話は役にたち，友だちと話し合いができた。しかし，画面についての評価は低い。携帯電話は，顔を明瞭に映すよりも，音声による個別の話し合いに威力を発揮したと子どもは評価する（図6－23）。相手を見ようと携帯電話画面に体をかぶせてかえって顔の映りが悪くなる，声は胸元のマイクロホンで拾うのだが携帯電話に口を寄せて話すなど，使う者の意識とセッティングの乖離が見られた。

図6－23の集計では，「相手の学校」として合算したが，子どもへの設問では学校の実名でそれぞれ尋ねた。図6－22，6－23の結果は，近くに相手校の友だちがいる感じがして，スクリーンに映った相手と話し合いができたものの，顔は明瞭ではなかったとまとめられよう。この道徳遠隔授業において2つの学校をつなぐ手段は特設し

たADSL以外になかった。必要な場所に欲しい通信手段がいきわたっていない技術的制約により，個人の顔を明瞭に識別する画質は得られなかった。顔がはっきりしなくても，すぐ近くに相手の学校の友だちがいる気がした点に79.6％が肯定的なのは，2画面構成，特に子どもの横においた友だちスクリーンが功を奏したからだろう。また子どもの想像力が力を発揮したのだろう。

テレビ付き携帯電話は役に立ち，友だちと話ができたと子どもの回答結果から述べた。しかし，個別の子どもに関わる，好意的ではなかった回答について述べておきたい。授業で考えたとは「全くそう思わない」と答えた子どもが2人おり，2人は他の項目でも「全くそう思わない」と答えている。

〈授業で考えた〉かの設問に「全くそう思わない」と答えた子どもの1人は，〈授業はおもしろかった〉かに「あまりそう思わない」と答え，「友だちの話を聞いた」の項目で「あまりそう思わない」と答えた。しかし〈自分の考えが言えた〉〈テレビ付き携帯電話は役に立った〉〈スクリーンに映った相手の学校の友だちの顔は，はっきり見えた〉〈発表している相手校の友だちの声は，はっきり聞こえた〉ではいずれも「とてもそう思う」と答えており，回答の揺れが大きい。

〈授業はおもしろかった〉とは「全くそう思わない」と言うもう1人は，〈授業で考えた〉でも「全くそう思わない」と答えている。この子どもは〈スクリーンに映った相手の学校の友だちの顔は，はっきり見えた〉〈発表している相手の学校の友だちの声は，はっきり聞こえた〉〈発表している相手校の友だちの声は，はっきり聞こえた〉〈すぐ近くに相手の学校の友だちがいるような感じがした〉のいずれにも「全くそう思わない」と答えた。しかし〈自分の考えが言えた〉かには「とてもそう思う」と答え，〈テレビ付き携帯電話は役に立った〉に「とてもそう思う」と答えている。友だちの考

えを聞かなかったが，自分の考えは言ったと読み取れる。

教室には特別な支援を必要とする子どもが複数おり，必要なときの個別支援を他の先生にお願いした。また聴覚過敏な子どものイヤホンの音量調整が難しく，その子にとって満足のできる音声状況にならなかった。また，イヤホンのサイズが合わない子どもがいた。

全体として子どもにとって，相手の姿があり，リアルタイムで向かい合って，個人としてまたみんなで合同で意見交換できるのは楽しかったようだ。

この授業で小グループのまとめ役を果たして飛躍した子どもがいる。人前で何かをすることはなかった妹川小学校の子どもが，携帯電話を扱いたさからであろう，まとめ役を志願した後，5年生に進級して運営委員を買って出た。授業での経験がこの子の転機になったようだと担任は語った。

連想マップ(Association Map)
Date：2006年2月28日　　　Cue Word：大切
道徳遠隔〈大切〉授業後

produced by K. KAMIZONO
Module Version4.00, Programmed by T. Fujiki 2005.08

回答者数：27名，回答語種数：52種類，回答語総数：153語

2語以上増加

エントロピ
4.77(0.11増加)

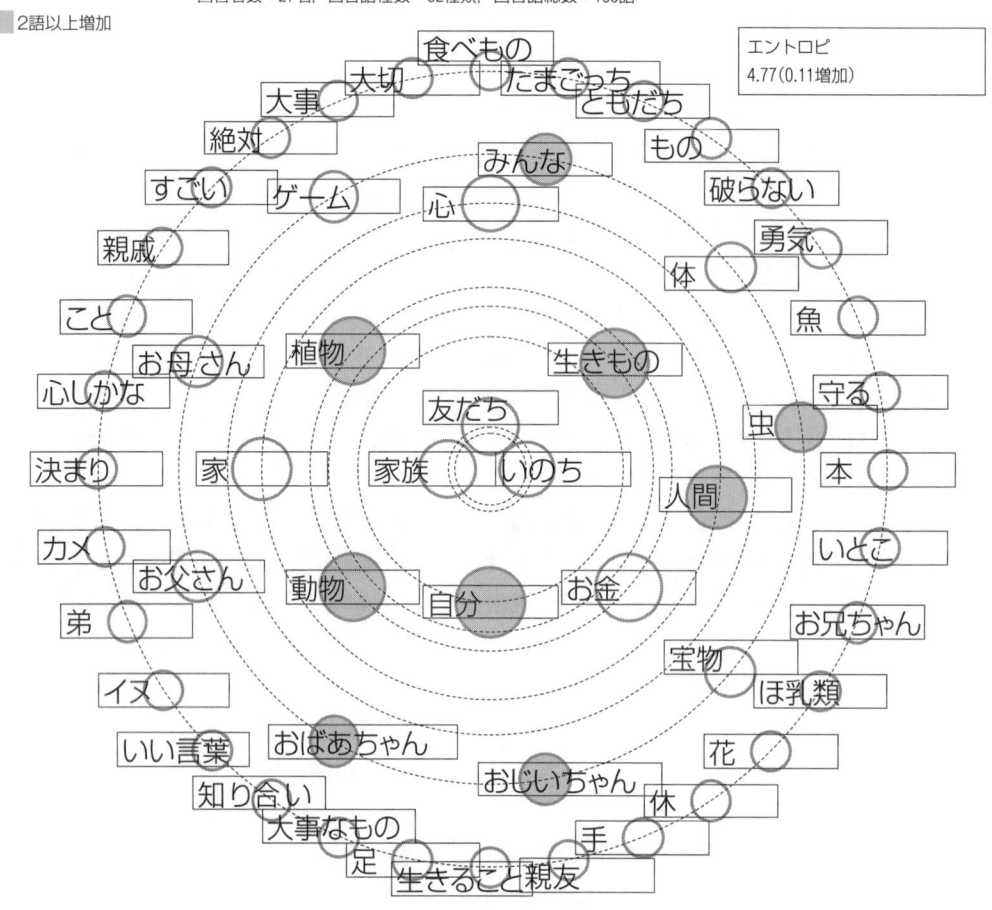

図6－24　提示語〈大切〉による授業後の変化を示すマップ

6-3-Ⅲ 連想調査による子どもの意識の動き

6-3-Ⅲ-1 子どもは〈死〉について考えなかった

　授業において2回，死をテーマに話し合った。しかし提示語〈死〉のカテゴリマップに有意な変化はなかった。提示語〈死〉からの回答語で目立つのは，「人間」（人数比14.8％），「イヤ」（11.1％）の増加であった。つまり子どもは，授業において死に意識を向けたわけではなかった。子どもは，命の先にある死ではなく，今の命のあり方に応答した。小学校中学年は，生きるエネルギーがいっぱいの年頃で，死をあつかっても生が主になるのであろう。すなわち，いのちが途切れること，いのちが続くこととして死を考えたのだろう。

6-3-Ⅲ-2 〈大切〉なものの中心は変わらず，いのちとのつながりを自覚

　〈大切〉の連想マップで（図6－24）子どもが大切だと感じているのは「いのち」「家族」「友だち」で，授業の前も後も基本構造に変わりがない。授業後〈大切〉の連想において「いのち」が人数

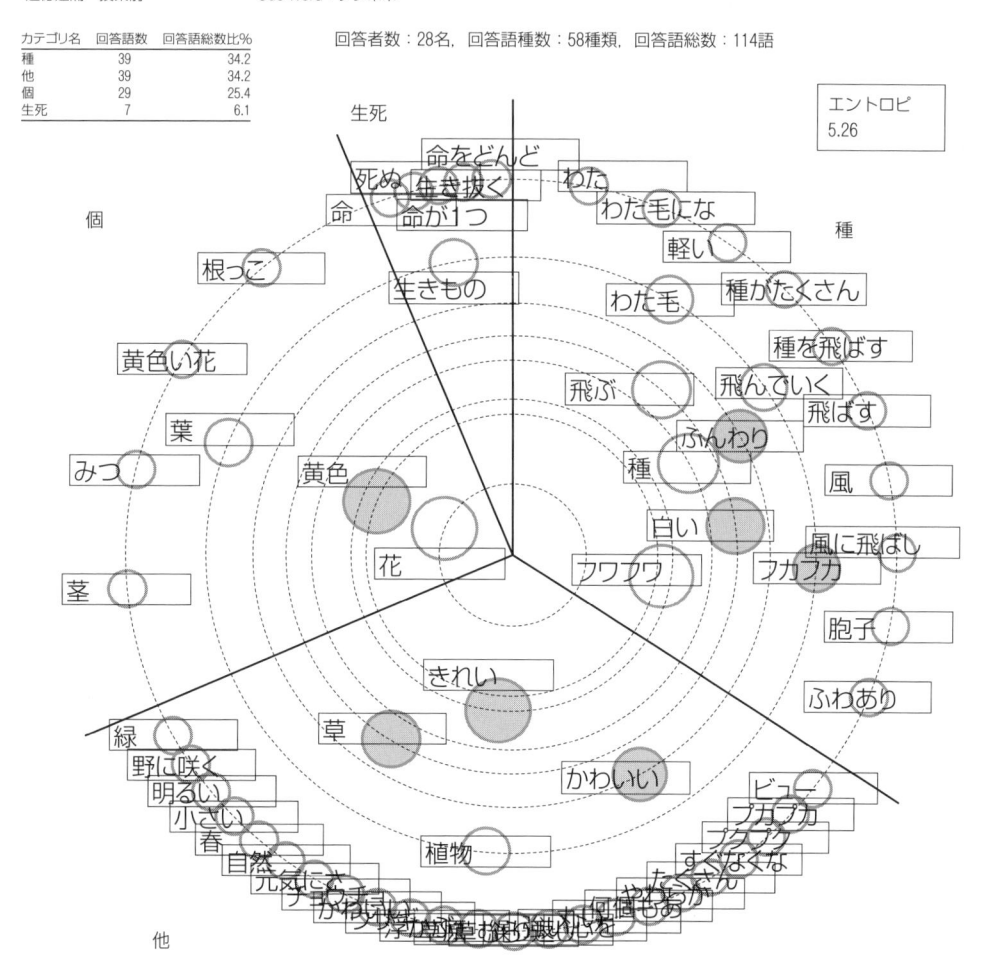

図6－25　提示語〈タンポポ〉授業前

比74.1％で最多回答語になり，エントロピが0.11増加，総語数が18語増加した。増加した回答語は「生きもの」「植物」が人数比18.5％，「動物」が14.8％，「自分」が11.1％，「人間」「おじいちゃん」「おばあちゃん」「みんな」「虫」が7.4％であり，図6-24に淡灰色で示してある。増加した回答語の動きから，〈大切〉の意識の生物への拡大，自分とのつながり，いのちのつながりがうかがえる。すなわち大切なものとして，植物を含めて生き物全体の，人間と自分を含めたいのちの大切さの意識が高まっている。

先に述べた(6-3-Ⅲ-1, 6-3-Ⅲ-2)と同様の結果が提示語〈いのち〉の回答語に見られる。〈いのち〉において，カテゴリ《死》が有意に減少し($p<.05$)，《連続性》が有意に増加($p<.05$)した。子どもの意識が〈いのち〉と対比される死ではなく，いのちの連続性に向かったことを示している。いのちを《大切》と思う回答語は人数比にして48.1％増加しており，この道徳遠隔授業が生命尊重の意識育成

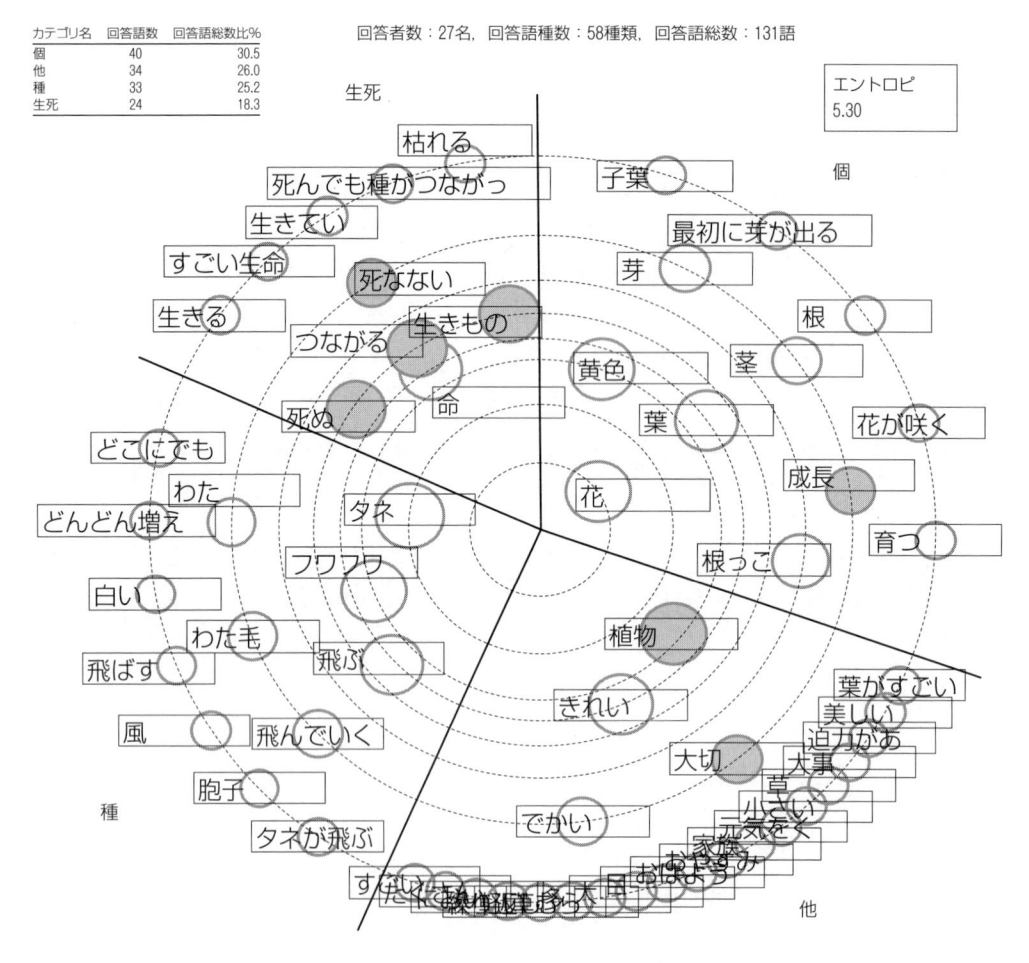

図6-26 提示語〈タンポポ〉授業後

に意義のあったことを示している。

6-3-Ⅲ-3 授業素材〈タンポポ〉による授業前後の比較

提示語〈タンポポ〉で授業後にカテゴリ《生死》の回答語数が有意に増加している（$p<.01$）。《生死》は授業後に回答語総数比で12.2％増加し，人数比で63.9％増加している（図6-25，6-26）。回答語として「命」が人数比14.8％増加して18.5％に，「つながる」が新出で14.8％増加，「生きもの」が7.4％増加して14.8％になり，「すごい生命力」「生きている」「死んでもつながって次の種が生きる」「迫力がある」などが各3.7％増加した。ほかに，「死ぬ」が人数比11.1％増加して14.8％に，「死なない」が7.4％新出，「死んでもタネがつながって次のタネが生きる」が3.7％新出した。授業前の〈タンポポ〉の連想マップの淡灰色は減少した回答語，授業後の連想マップの淡灰色は増加した回答語である。子どもがタンポポの生死について意識を集中させたことを，回答語の変化に読み取れる。

話し合いを通じて，子どもの言葉の質が変化した。〈タンポポ〉について授業後，感覚表現，色彩などタンポポの姿を表現する言葉「ふんわり」「かわいい」「白い」「草」がそれぞれ人数比11.1％減少し，「黄色」「きれい」「フカフカ」が7.4％減少した（図6-25，灰色の回答語）。これに対して抽象的な言葉「植物」「つながる」が人数比14.8％増加，「死ぬ」が11.1％増加，「生き物」「成長」「大切」「死なない」が7.4％増加している（図6-26，灰色の回答語）。テーマに沿って考えるなかで子どもは，タンポポが植物であり，いのちがつながっていくという概念，生死に関して一般的に使える抽象概念を獲得している。日常や理科の観察でとらえていたタンポポに関する言葉が，生死を考える概念へと道徳授業のなかで変化した。

授業前後に変化した〈タンポポ〉による回答語のうち，抽象的な言葉が，授業前後の回答語種数総計のうち26％を占める（図6-27）。授業後に増加した語種に限定すると，82％が抽象的な言葉であった。〈タンポポ〉において，生死に関する回答語が増加したという事実と重ね合わせると，話し合いながら子どもはタンポポの生死を一般的に生死を語る言葉で考えるようになっている。

子どもはこの授業において，タンポポについての話し合いによって，生死を考える抽象概念を獲得し，次に〈自分〉について考える道具として使ったと推測できる。

タンポポをめぐる言葉が生死を考える抽象的な言葉に変化し，そのまま自分の生死について考えた結果は，授業開始後50分45秒のいのちの継続性に関する発言に現れる：「死ぬけど，子どもを産んでまた他の人間にバトンタッチする」。

授業者は子どもに次のようすを感じていた：タンポポの印象が残っており，論議が生死に集約されたところで，自分の死を問う展開がスムーズにできた。タンポポを論議する言葉の質の変化によって，自分の死の話し合いに移ることができた。生死を語る抽象的な言葉の獲得によって，自分をめぐって話し合い，その結果，授業の終末に入る段階の授業開始後51分11秒で『心のノート』に移る説明として，授業者が「１つの命だから」「つながる命だから」とならべて語りかけた言葉が子どもにすんなり入っていった。授業の終末に入る

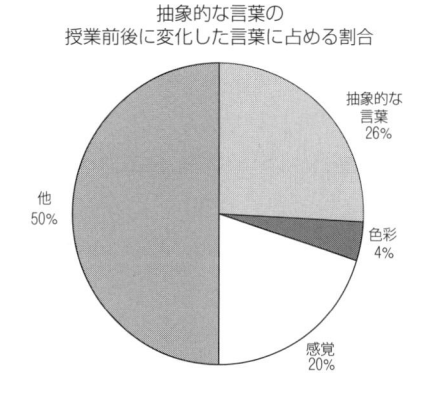

図6-27 〈タンポポ〉に占める抽象的な言葉

段階では，子どものなかに，1つのいのち，つながるいのち，の思いがすでにあった。

6-3-Ⅳ 〈いのち〉の授業として

2006年に至るおよそ20年間を，日本における子どものいのちに関わってふりかえっておきたい。

1985年に日本でいじめが広がり[6-6]，1985年は子どもの間でのいじめ発生件数の1つのピークになり，管理教育が問題になった。1986年にも，いじめが絡むと見られる子どもの自死が続き，1986年は子どもの自殺件数のピークとなる。10年を経て1995年がいじめ発生件数のもう1つのピークとなる。1995年とその前後の年は，いじめ報道件数でも多い。三たびおよそ10年を経て，2006年がいじめ発生件数と報道数のピークとなる。文部科学省はこの間にいじめの定義を変更しているが，それを考慮しても，およそ10年おきにいじめと子どもの自死が学校にまつわって繰り返されている。言いかえれば学校教育は，子どものいじめと自死に対応しきれていない。

筆者が長崎県でおこなった1996年と2005年の連想調査は，日本におけるいじめと自死の動きからすると，第2から第3のピークに至る時期をとらえていることになる。長崎県も，1995年に中学校2年生女子がいじめられたと遺書を残し学校屋上から飛び降りるなど，例外ではなく，衝撃の大きかった2003年と2004年の件を契機に，特にいのちの教育に力を入れた時期である。2003年7月には長崎・駿ちゃん誘拐殺害事件，2004年6月には佐世保・小6女児同級生殺害事件が起こっている。こうした経緯を背景に長崎県では，生命尊重を軸とする道徳授業がおこなわれた時期である。

1996年の連想調査と2005年の調査を考え合わせて，この道徳遠隔授業を見てみる。1996年長崎市とその周辺の調査において〈いのち〉が大切だとする回答語は小学校4年生156名の回答語総数比で39.0％を占めたが，2005年末の9歳156名の調査で49.4％に，10歳382名で46.9％に増加している。この事実から，7.9パーセントを超える増加は，いくつもの事件を契機にした長崎県のいのちの教育の成果だと見なせるだろう。

この道徳遠隔授業においては，授業前に49.6％（図6-28）あったいのちが大切との思いが授業後に52.8％（図6-29）に増加している。この3.2％の増加が，本授業による成果である。回答語総数比のこの数値は人数比で見ると48.1％の増加であり，半数近くがいのちは大切だと新たに回答語を記したことになる。本授業は，いのちの大切さへの思いの面から，生命尊重の授業として子どもの意識を動かして成果をあげている。

〈いのち〉の連想マップで授業前後に有意に変化したカテゴリは，《死》（$p<.05$）と《連続性》（$p<.05$）である。《死》では，「死ね」（人数比7.1％であった）の消失が象徴的である。死について真摯に考えると，こうした言葉は自然と言えなくなるのだろう。それは，後述する本授業後の川原小学校での事後授業からも言える。

《連続性》では，「つながっている」が6語増加して7語，人数比25.9％になった。6語の増加は提示語〈いのち〉で最も増加した回答語の1つである。子どもがいのちの連続性について考えた点が人数比22.2％の増加となって現れている。《人》カテゴリの内実の変化も注目される。「自分」が同じく6語増加し，「人間」が5語減少し，《人》カテゴリ内の最多語が入れ替わった。自分のいのちについて考えたということであろう。いのちの授業として本授業は，いのちが1つしかないから，またつながっているいのちだから大切だという認識に至り，いのちの大切さを新しい根拠から確認することになった。

6-3-Ⅴ 〈自分〉の育成

子どもの死を前にして，いのちの大切さを子どもに教えることが大切だと大人は考えたけれども，

生命尊重の道徳授業によって事態が改善されたわけでもないことは，2006年が三たび子どものいじめと自死の増加を結果したことから見てとれる。日本全体でも自死は1998年以来人口10万人あたり25人を超えてOECD加盟国のなかで高い割合にはねあがり，20歳台ならびに30歳台の死因として最多である。つまり，自死を選ぶ傾向への対応と社会的セーフティネットの構築は，日本の教育が対応を迫られている課題である。長崎県下でも2006年に中高生の自死が相次いでおり，生命尊重の教育によって事態が好転しているとも言い難い。

子どもの意識を動かすいのちの教育の必要は引き続いており，これに止まらず学校制度，教育行政など教育の基本的な改革，多様化への改革，学校と地域におけるいのちのセーフティネットの課題として対応する必要がある。

ここではしかし，子どもの意識に関わる道徳教育を要とする学校教育の課題に限定して結論的に述べる。2005年12月に長崎県佐世保市・五島市でおこなった学校一般の連想法による調査結果から，子どもはいのちの大切さを認識しているが，自分を大切にするところにつながっていない点が明ら

連想マップ（Association Map）
道徳遠隔授業前〈いのち〉
Date: Feb. 2006
Cue Word：いのち
produced by K. KAMIZONO
Module Version4.00, Programmed by T. Fujiki 2005.08

カテゴリ名	回答語数	回答語総数比/%
大切	56	49.6
自然	19	16.8
死	12	10.6
人	12	10.6
他	7	6.2
生	6	5.3
連続性	1	0.9

回答者数：28名，回答語種数：57種類，回答語総数：113語

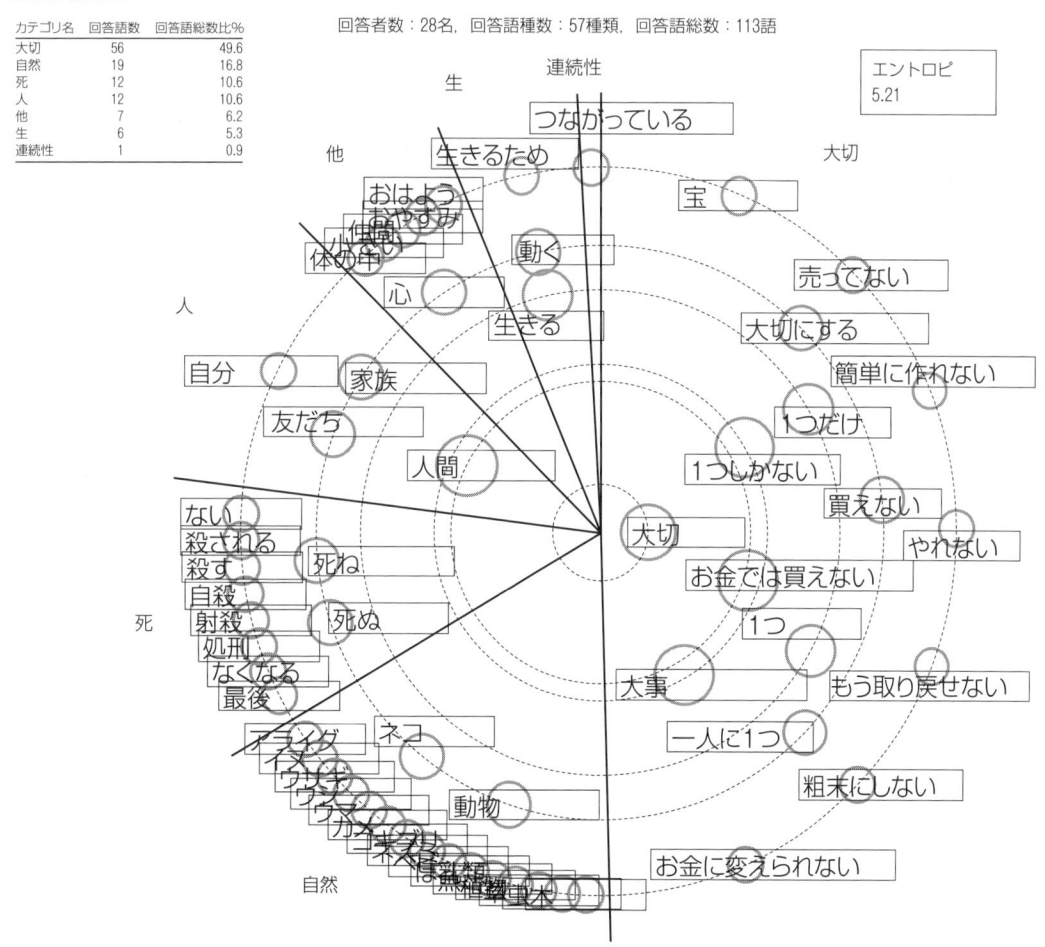

エントロピ 5.21

図6-28 〈いのち〉授業前

かになった。この調査による14歳が意識する〈自分〉の連想マップ，子どもが「バカ」と自分を切り捨てているようすは，道徳教育の課題として第1章(図1－1)に掲げた。自己肯定感を支える教育の課題は，調査した地域に止まらず，日本の課題であろう。田中智志の言葉を使えば「自己存在への信頼は，全ての倫理的判断の基礎」(田中智志, 2005, p.146)である。

2005年12月の長崎県での連想法による調査で見ると，9，10歳において自分は「人間」との回答語が最多で次に多い回答語は「足」「手」である。

しかし，「バカ」の回答語が年齢とともに増えていき，12，13，14歳になると「人間」の次に2番目に多くなる(それぞれ調査対象者数389，397，422名のうち人数比で9.5，9.8，12.3％)。これは見ようによっては，学校に長く行けばそれだけ自分を否定する言葉が増加することになる。また〈自分〉の回答語に将来の夢を語る言葉が見うけられない。この状況では，いのち大切の繰り返し授業に止まらず，自己肯定感の育成が公教育の課題である。自分を肯定できずに，自分のいのちを，そして他者を大切にすることは難しい。序章に課題として掲

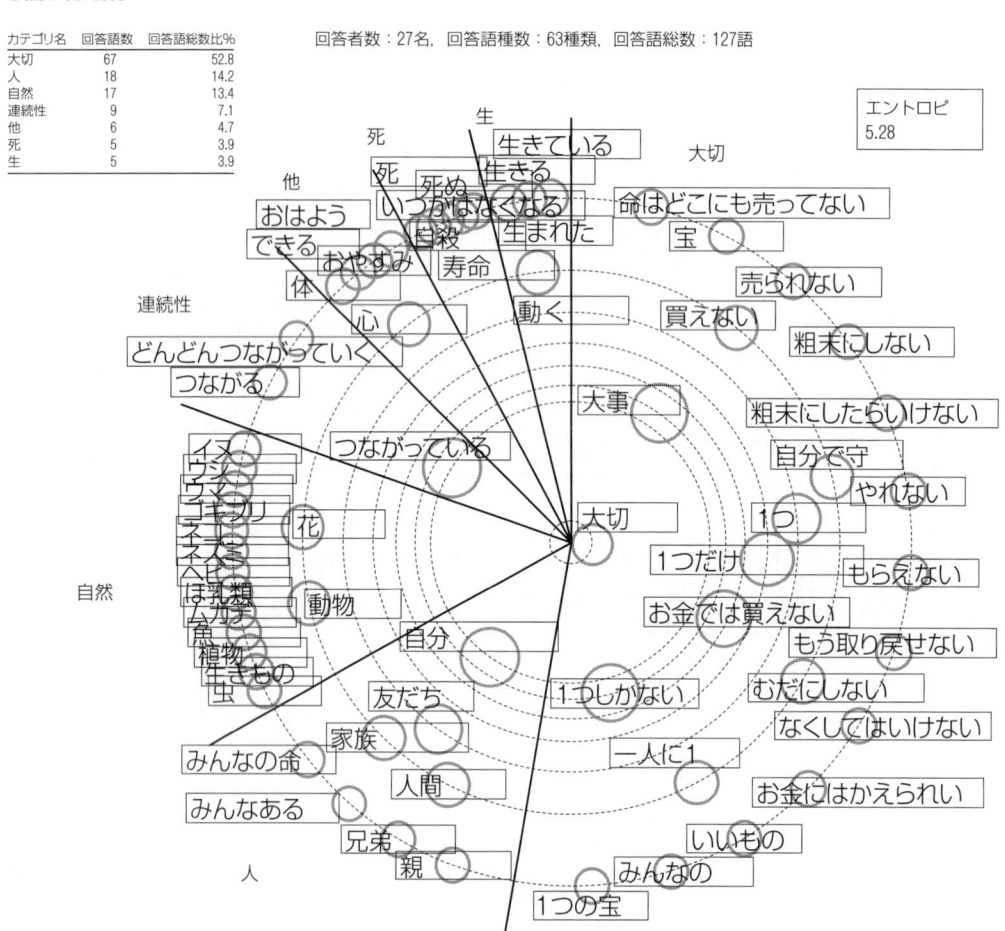

図6－29 〈いのち〉授業後

げた図では2つの市を集計してあるが，それぞれの市も同様の傾向であった。つまり，この道徳遠隔授業をおこなった五島市において，自己肯定感育成の課題があった。

自己肯定感を育てる点から見て，本道徳遠隔授業は成果をあげている。本授業によって，参加した小学校3・4年生の意識のなかで，〈自分〉に対する肯定的な意識が総語数比12.8％有意に増加し（$p<.05$），人数比で57.9％増えている（図6-30と6-31の左上《肯定》の比較）。本授業において回答語「人間」「動く」「足」「手」はそれぞれ人数比7.4％減少し，全体として自分の《属性》を表す回答語は総語数比で20.6％有意に減少（$p<.01$）した。これは人数比にすると64.0％の減少である。授業後に回答語「大事」「大切」はそれぞれ人数比14.8％，7.4％増加しており，自分に対して《肯定》的な回答語が人数比で57.9％有意に増加しているところから，子どもはこの授業で，自分の死について話し合いながら，自分の大切さを認識するに至った。

自分はいつか死ぬと思うかの問いは，必ずしも，自分を大切にしましょうとのメッセージにはなら

連想マップ（Association Map）
道徳遠隔授業前〈自分〉
Date：Feb. 2006

カテゴリ名	回答語数	回答語総数比％
属性	48	47.5
肯定	18	17.8
生死	15	14.9
他	12	11.9
否定	8	7.9

Cue Word：自分

produced by K. KAMIZONO
Module Version4.00, Programmed by T. Fujiki 2005.08

回答者数：28名，回答語種類：66種類，回答語総数：101語

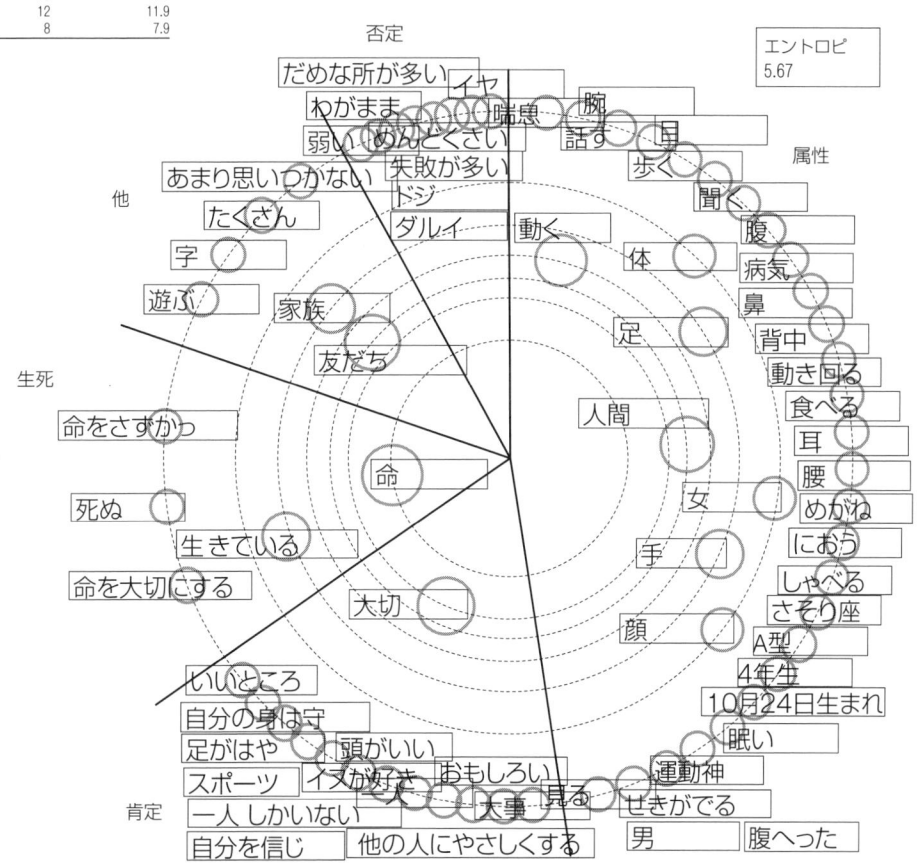

エントロピ 5.67

図6-30 〈自分〉についての意識：授業前

ない。それは，自分を真摯にふりかえって生起する思いであろう。本授業では，自分はいつか死ぬかの話し合いが自分をふりかえる過程となったと，〈自分〉の連想結果は語っている。授業者が授業中に語らず知り得なかった子どもの内面の思いを，連想法は描き出した。

本道徳遠隔授業が成果をあげた要因として次の6点をあげることができる。

1．（一体化した意識空間構成）事前のメールによる交流，授業前のグループ・エンカウンター，友だち画面を含む子どもを半周取り囲んだ2画面の構成，こうした関係づくりおよび機器構成によって，離れた2教室が一体となる雰囲気をつくることができた。

2．（個別化したコミュニケーション手法）一体化した雰囲気のなかで子どもは，テレビ付き携帯電話によって個人として共に話し合った。個別の対話によってコミュニケーションの量は飛躍的に増大した。さらに，死のテーマに，個別に話し合う形が適合した。

3．（授業のねらいの大きさ，新しさ，明確な定

連想マップ（Association Map）
道徳遠隔授業後〈自分〉
Date：Feb. 2006
Cue Word：自分

produced by K. KAMIZONO
Module Version4.00, Programmed by T. Fujiki 2005.08

カテゴリ名	回答語数	回答語総数比%
肯定	33	30.6
属性	29	26.9
生死	22	20.4
他	18	16.7
否定	6	5.6

回答者数：27名，回答語種数：72種類，回答語総数：108語

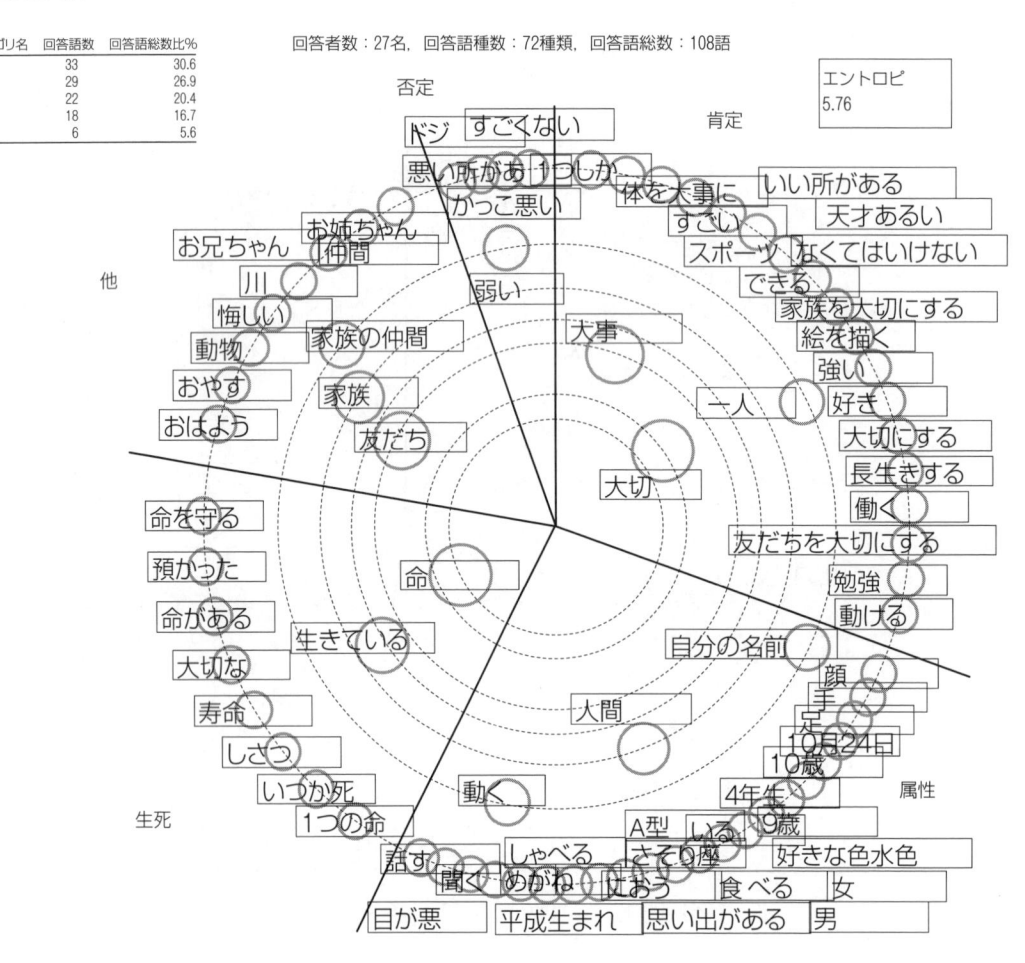

エントロピ 5.76

図6-31 〈自分〉についての意識：授業後

義）死のテーマは大きく，本質的で，地域の違いや子どもの個性を包括して語る一般性をもっていた。だから異なる地域で育った子どもが，1つの場を共有して話し合うことができた。

大きく本質的なテーマは，おうおうにして漠然とあつかわれる。それだけに事前に授業スタッフ同士の徹底した討論によって，当該年齢段階の子どもに見合った明確な定義を見いだして，授業のねらいとした。授業のねらいは，明確さと，当該年令段階への適合と，みんなで少し背伸びすれば到達するであろうところにおかれた。当該教室の子どもが到達するには少し難しいとの意見があったから，背伸びできるように，授業素材は注意深く準備された。思考のチャレンジも，周到に準備すれば，授業のおもしろさになる。

また死のテーマは，道徳授業として新鮮であり，日本と各県の状況から取り上げるべきテーマであると教員と遠隔授業スタッフが共通に認識して，新しい授業の創造として取り組んだ。一般的で新しいテーマであったために，授業は，授業者が教える形ではなく，別言すると子どもをテレビ視聴態度におくことなく，子どもの話し合いに授業者が耳を傾ける姿勢で臨んだ。

4．（授業素材の適合）タンポポが，死についての授業素材として適切であった。タンポポが死ぬか否かの判断は，死ぬが12名，死なないが16名と分かれた。子どもはタンポポ論議においていのちの唯一性と連続性の概念を獲得し，一般化された生死の抽象概念によって自分のいのちを考えた。また他の授業素材も，各授業段階に組み込まれて，子どもの思考をうながした。

5．（授業の段階構成）以下の3つで段階的に授業を構成したことが，テーマに適合した。
1）「一つだけ」ならびに「つながっている」との子どもの言葉によるタンポポについてのいのちの理解，
2）タンポポ生長の複数の動画，自然観察，見えないいのちを示す植木鉢などによる，成長と死と再生の多様な形，
3）『心のノート』3・4年66ページが「たったひとつのいのち，わたしのいのち」と文字で記述しながら図柄では母子間のいのちの連続性を示唆する二面性，これら3つの授業用素材構成が，この授業の基本を構成した2つの発問とともに授業全体の意識の流れを導いた。

6．（日常の道徳授業の積み重ね）川原，妹川の学級とも，日常に道徳授業をおこない，自分へのふりかえりを大切にしてきた。この日常の積み重ねが，子どもが本授業の流れにすぐに乗って，自分をふりかえる思考に踏み込んだ重要な要因である。

授業の終末は子どもがまとめてしまった。授業開始後58分32秒「いのちは一つだから大切にしないといけない」，58分45秒「つながるいのちだから，大事。いのちを粗末にしない，自殺をしたりするといのちはつながっていかないので自殺をしてはいけない」。

6日前に祖父を亡くした子どもも，保護者と話し合った上で授業に参加した。この子どもの参加は，死について語る授業であるだけに，注意深いケアを要すると意識された。子ども個人へのケアだけではなく，授業の質に対するケア，つまり死の悲しみを身にまとった者にとって参加する意味のある時間でなければならない，傷つける授業であってはならないとの思いがあった。すでに死の概念のこの授業における定義は固まっていたし，授業展開案も固まっていた。変更の必要はないと思った。しかし，授業が浮き彫りにしたい死の概念やいのちへのメッセージと，その子どもの思いとが出会うかどうか，授業の展開がその子どもに何を引き起こすか，見守り，場合によっては対応する必要があることを授業者と授業計画者は感じていた。かといって，その子どもを特別あつ

かいするようにスタッフに伝えるわけではなかった。あるいはこの子どもの参加が，授業の質に注意深くあるような気分に全てのスタッフを導いたかもしれない。その子どもを集団のどの位置におくか考え，さりげなく配慮された。その子のようす，その子が授業で発言してくれるか，ほかの子どもと同様に気にかけた。

ずっと沈黙していたその子どもが，授業の最後(59分21秒)に発言した：「いのちはつながっているから，いのちを大切にしないといけないと思います」。参加を危ぶんだ子どもが自分の体験をかかえて授業全体の締めとなる発言をしたことは，授業スタッフにとって嬉しい驚きであった。授業を通じてこの子どもは死についての考えに専心していたのだろう。はからずも授業がねらいとしたところを語ったこの発言が，授業の正当性を保証するように思えた。その子どもの体験と思いをかけての死についてのケアによって，授業は重いものになったと感じられた。授業者が最後をまとめるよりも，参加した子どもへの反響として重かった。

この道徳遠隔授業は，子どもの成果ばかりではなかった。参観，マスコミを介して学校が何をしているか，保護者と地域へ発信することになった。何より教員の授業改善に役立ち，子どもの学びの活性化になった。

6-3-Ⅵ　本節の結語

友だち画面を含む2画面構成によって2つの離れた教室が1つの思考空間に変わった。個人の道具である携帯電話は，子どもが操作するという体験の要素をもち込んで関心をひき，イヤホンで1人1人聴く状況が個人に信号を送って参加を誘い，個人と全体での対話を組み合わせて，コミュニケーションの増大に有効であった。小学校中学年での友だち関係が自分中心性を残していることを思えば，また昨今の子どもの個別化する傾向からすれば，個人の道具の意味は大きかった。

授業者はこの道徳遠隔授業で，子どもが疲れたけれどよく頑張れたな，との印象をもった。この1時間は子どもが進める思考体験であった。

本授業は，いのちへの思いの量的増加に止まらず，いのちの新たな定義を獲得させ，自分の大切さの思いにまで導いた。

連想法は，子どもの意識が，タンポポの論議において獲得した生死の抽象概念を自分についての判断に用いた流れを解明し，さらに直接のねらいに設定したわけではない自己肯定感の増加に至った点を明らかにした。連想法による連想マップは以下の点で有用だった。

1．子どもの意識の流れを明らかにすることができた。
2．1時間の授業について成果を明らかにすることができた。
3．1語50秒で実施するため授業の前後短時間で簡便に使えた。
4．授業を見ていない人も，連想マップによって授業で起こったことを論議できた。

本授業の事後談をつけ加えておく。授業の6日前に祖父を亡くした子どもの母親が本授業を参観し，後日感想を届けた：遠く離れた子どもといかにもそこにいるかのように話していたのですごいなぁと思った，いつも見慣れた友だちとだけと過ごしている子どもにいい刺激になった，そして子どもが祖父と似ている点につながりを実感し，また思い出がつながっていくこと，生と死の授業に参加できてよかった，と綴られていた。担任はこの手紙を子どもに紹介し，3年生の国語で学習した「わすれられないおくりもの」をゆっくり読み聞かせた。その後子どもの間で，死ぬ，死ねの言葉を耳にする機会が激減したという。

本授業は，子どもが互いに死を語ることによって子どもの自己肯定感を育て，学級の道徳的雰囲気を変えた。

終 わ り に

　最後にこれまでとは異なる評価方法を提出した本論の特異性に関わる2つの展望を，土戸敏彦と正村俊之の論に依拠して語っておきたい。

　本論は，人の意識において何が起こっているかを知るアセスメントの技法として連想法を提出した。連想法は広範な分野で使える技法である。集団の意識を知る技法として使える。本論に挙げたほかこれまで，人々の意識における概念の定義，言葉の語感の比較，町や会社のイメージ調査，落語など落ちの観客による理解，映画を見ての意識変化，実習や体験による考えや心情の変容，スポーツチームの意識の一体化などに使って有効であることを確かめてきた。

　本論では，とくに道徳授業を評価する技法として有意義であることを主張した。そしてこうした技法が生きるのは，教育臨床を設定することによってであると論じた。課題に向けた道徳授業という考えの背景に，これまでの道徳授業と教育学についての危機感がある。教育臨床というのは，連想法を技法として価値自由だと放置するのではなく，教育のつながりのなかにある子どもを見る眼として位置づけたいためであった。しかし本論は，道徳授業のあり方を授業評価によって論じることを軸として記述しており，教育臨床の設定が教育学にもつ意味を十全に論じてはいない。

　教育臨床を設定することが教育学にとってもつ意味について，教育学の存立可能性を批判的にえぐっている土戸敏彦を手がかりに考えたい。

　土戸敏彦は1990年の論文で「超越論的批判教育学」の徹底した規範批判が「現実のただ中に立つべきことを迫っているように思われる」(土戸敏彦，1990，p.46)と総括する。超越論的批判教育学の思考が，精神科学的教育学の拠って立つ普遍性の基盤として想定された「教育現実」を掘り崩し，また経験的な教育科学の規範性の根拠を崩している点を指摘して，「教育という営みが，すぐれて具体的な状況下でしかなされない以上，この教育学(超越論的批判教育学―引用者註)はむしろ個々の教師，学生，生徒，あるいは一般に批判性をもちうるに至った人間に対して，そのつどの具体的な形での批判的反省を促すのであり，それゆえたえず現実と向き合い，対決することを要求している」(土戸敏彦，1990，p.46)という。

　土戸敏彦は1994年の論文で，「普遍的真理の標榜をむしろ拒絶する教育学」(土戸敏彦，1994，p.62)として「超越論的批判教育学が，その内的論理によって，多元性を指向する教育学へと変貌する」(土戸敏彦，1994，p.62)と述べる。

　批判を経ない教育学の論への批判を背景に，土戸敏彦は2005年に道徳教育に関わって，規範伝達のルーティンを批判して，「規範そのものの源泉・由来・根拠等の認識や反省について関わる余地はないのだろうか」(土戸敏彦，2005，p.29)と問う。そして「決定不可能性に身を曝」し「規範創設の瞬間に思いを致すこと」(土戸敏彦，2005，p.32)を唱え，規範創設の瞬間としての道徳授業の可能性を思わせる発言をする。すなわち，普遍妥当的な価値の伝達ではなく，課題に向かう集団が規範を創設する過程として道徳教育を構成する可能性を示唆すると受け止められる発言をしている。すると，本論の方向は，土戸敏彦の方向と通底すると思わせる。本論は，1．課題に応じる授業によって子どもの意識にもたらされる規範意識の変容を明らかにし，2．すぐれた道徳授業が子どもの意識に規範を生み出し深化させる瞬間を捉えると主張するからである。

現実の状況でおこなわれる授業は，さまざまな制度上のまた思想上の混合した前提に取り巻かれており，教育臨床として課題に向かう道徳授業といえども，課題に純粋であることは難しい。むしろ，現実の授業遂行を支える思考が絶えず批判に曝され，検討されなければならない。課題をどのように切り出すか，子どもと臨床課題に沿った価値の定義，子どもの意識の再構成や深化を構想する基盤，それらについての批判が，状況に沿うことを支える。土戸敏彦が教育学の学問理論は現実の教育と別ではなく「現実のただ中に立つべき」だと要請し，「普遍的真理の標榜をむしろ拒絶」して「具体的な状況」のもとで，「多元性を指向して」「規範創設の瞬間に思いを致す」ことを道徳授業として考える試みを視野に収めていると考えると，本論はその視野のもとにある。「多元性を指向して」「規範創設の瞬間に思いを致す」というキーワードは，道徳教育へと土戸敏彦が提出している手がかりであろう。

　とはいえ，土戸敏彦の提出した手がかりから学校教育における道徳授業までには，距離がある。本論の，道徳性という価値を規範として教える道徳授業を批判し具体的な状況に課題を見いだしておこなう道徳教育が，現実のただなかにどのように立つかは，学問理論としての批判を必要とする。

　連想法は画期的な評価技法である。これによって授業を1つのまとまりとして，情意や知識に分解せずに，個人に分断することなく，1つの場において成立した意識の全体として，アセスメントできる。これによって，難問とされていた道徳授業評価を，教員が日常におこなう容易な作業にする。教員にとって，授業によって生じる学習集団の意識の動きを知り，規範が創設される瞬間に立ち会うのは，楽しみであろう。

　連想マップをつくると，意識にのぼる言葉の動きを，視覚によってまた数値によって表現できる。視覚と数値に拠って確かめるのは，近代の思考である。情報論による処理は，近代の要請に応えるやり方であるが，しかしまた，近代を超える質をもつと思われる。それは，近代が依拠した個人を基盤にせず，コミュニケーションの場を基盤にするからである。学級という学びの場を情報の場として，情報の行き交う1つのまとまりとして見ることによって，連想法は成立する。

　すると，情報の行き交う場が成立するならば，学級は地理条件に限定されないことになる。地域を超えて道徳上の課題について対話することが有効であるならば，むしろ積極的におこなうべきことになる。遠隔での道徳授業による対話は，課題を共有し，視野を拡大し，思考を深化するために，有意義である。試みた道徳遠隔授業では，学級相互の話し合いのほかに小グループでの対話など多様な形を入れ子構造で組み込んで，場に流れる情報量の飛躍を組織した。そこには，複数の教室を一体とする情報の場と，個別化された対話の場を，場のなかの場として組み込んでいた。教員は本論の遠隔授業において，伝達する役割よりも組織者の役割を果たし，むしろ教えない学習指導案が作成された。遠隔授業は，ローカルであってグローバルである授業の形と対話とを準備した。こうした情報の流れのしつらえは，近代を超える世界を見ていることになるのではないか。

　正村俊之は，「『情報』概念を学術用語として確立したのは20世紀の情報科学であるが，そこで確立されたのは，正確にいえば，『情報量』という数量的な概念であった。この概念は一切の意味内容を捨象したことから，情報概念を人文社会科学の分野に持ち込むことに対しては少なからぬ抵抗があった。しかし，この概念は，すべてを量に還元していく近代的思考の産物であるとはいえ，近代合理主義には収まりきらない問題を孕んでいる」(正村俊之，2007a，p.37)，『情報量』は量的な概念であるとはいえ，複数の選択肢のなかから特定の選択肢が選択されることによって生ずる『不確実性の減少の度合い』を表している。情報の単位である1ビットというのは，2つの選択肢のな

かから1つの選択肢が選ばれた場合の情報量を指している。選択肢の数が増える程，そのなかから特定の選択肢が選ばれた場合の情報量は増大する。」(正村俊之，2007a, p.38) と解説する。

1ビットの定義は，本論が情報論に依拠する限り連想法の計算のlogの底を2にする根拠になっているが，しかしむしろ底をeにする可能性を考える理由になる。というのも，連想の言葉の選択は必ずしも2つからの選択ではない。とはいえこの課題は，連想計算とマップの実用上は大きな変化をもたらさない点で急な変更がかえって混乱を招くこと，また連想の意味づけの基盤の整備ができていないことによって，今はおいておきたい。

正村俊之は続ける。近代になると「個体(Individual—原著者による，次も同じ)は，文字通り分割不可能(individual)な存在，すなわち…実体とみなされ，世界は個体間の因果作用によって説明されるようになった」(正村俊之，2007a, p.39)，すなわち近代は「個体論的世界観への転換で」(正村俊之，2007a, p.39)あった。しかし「情報的世界観は，…個体主義を基礎にした近代的世界観とも一線を画している。情報と主観，コミュニケーションと主体は相互に依存しているとはいえ，情報的世界観は，カントの思想とは逆に，主観に対して情報を，主体に対してコミュニケーションを根幹に据える世界観として構想される」(正村俊之，2007a, p.41)。

すると，連想法による連想マップは，視覚化と数値化によって近代の要請に応えるだけではなく，個人に依存しない形をとって，すなわち情報とコミュニケーションを視覚化し数値化していることによって，情報的世界観を体現していることになる。

正村俊之はさらにいう。「現代社会では，情報化とグローバル化の進展によって2つの動きが同時に進展している。一方では，『社会の崩壊』『個人の原子化』というかたちで『断片化』が進行している。国民国家という土台のうえに築かれてきた『全体社会』のイメージが解体するとともに，個人も中心化された主体という近代的なあり方から一層遠のいている。しかし他方では，これまで特有の場所に根ざし，場所の違いによって隔離されていた機能や文化の融合が起こっている」(正村俊之，2007b, pp.113-114)，「現代の公共圏は，ローカル・ナショナル・グローバルといった多層的なレベルをもったコミュニケーションの重層的かつ多元的な場として形成されつつある」(正村俊之，2007b, p.115)。

道徳教育はこれまで国民教育において役割をはたしてきたし，今もその期待は強い。しかし，グローバル化し情報化する社会において，情報基盤社会と語られるとき，近代国家の枠組みのなかだけで道徳上の価値をとらえるにはもはや無理がある。教室を学びの場ととらえることは，重層的かつ多元的な公共圏の場における学びとして学習を再生することになる。ローカルである地域は，ただちにグローバルである。複数の教室をつなぐことは，異質性と同質性を意識的に組み合わせて，重層的で多元的な学びを形にすることになる。グローバルな世界のなかでアジアを考えた価値の創造を志向する授業を試みるとき，正村俊之の論考はそうした展望の支えとなりうる。

場を構成する方法，場を情報論に依拠して評価する連想法は，教員にとって簡便に有意味に使えるだけでなく，個人を超えた場において規範が生まれる瞬間をとらえる技法として，また近代を超える世界を見ている点で意義があり，新しいのではないか。連想法は技法であるとはいえ，その考えは近代を越えて新しい局面を切り開く可能性を期待しうる。

註 本論中の引用において，各著者の文章様式のうち，ドット，コンマは，本論の様式の句点読点に置き換えた。

第1章 註

1-1) 上薗恒太郎は『民話による道徳授業論』において次のように論じている。「成長への励まし，生きていきなさいと子どもに伝えること，このメッセージを送る場が学校教育のなかで設定されうるとすれば，道徳の時間であろう」(上薗恒太郎，2006，民話による道徳授業論，p.30；北大路書房)。

1-2) 本論でケアというとき，人に関わってばかりでなく，物事や考えについての専心を含む。ミルトン・メイヤロフは「哲学的概念について考えているとき…観念をケアしている」(メイヤロフ，ミルトン，田村真，向野宜之訳，1998，p.26；ゆみる出版)との表現を使う。ミルトン・メイヤロフにとって，ある「構想」「子供」「共同体」も「ケアの対象」(ibid，p.27)である。また「専心は…ケアにとって本質的なものである」(ibid，p.24)という。専心はまたヘルバルト教育学の用語でもあった。

1-3) 上薗恒太郎，2008，地域・学校・教科をつないで進める道徳教育；教育展望，2008年6月号(第54巻第5号)，pp.4-10；教育調査研究所

1-4) 技法という言葉を，皇紀夫が臨床教育学を語る際に使っている。「教育『問題』や教師『問題』を臨床教育学の『テクスト』として見立てる着想と語りの筋への着目が重要であること，そしてそのためにはある種の技法が必要であることに気づかせてくれた契機は二つあった。ひとつは教育相談に来談した教師たちである。今ひとつは言語哲学の巨大な展開の波紋である」。(皇紀夫，2002，教育「問題の所在」を求めて―京都大学の構想；小林剛，皇紀夫，田中孝彦編，臨床教育学序説，p.22；柏書房)ここでは，「テクスト解釈の方法論」(皇紀夫，2002，p.25)を指しての表現であり，また「ある種の」と断りをつけており，「技法」の用語が確定した概念として提出されているわけではない。

　上薗恒太郎は連想法を，教育臨床の場を成立させる技術上の方法として提出している。技法の用語について，技術が芸術を除外した印象をもつのに対して，技術と芸術の双方を含む Kunst また art を含む言葉として使いたい。しかし場と技法の成立が，ただちにすなわち学問を成立させると主張するわけではない。そこで，教育臨床という表現を使う。

1-5) 日本の道徳教育の控えめな態度については以下を参照。Kohtaro Kamizono, 2008, Reticence towards Moral Lessons in Japanese Schools ― Moral education at a crossroad ―；長崎大学教育学部紀要教育科学第72号，pp.1-12

1-6) 石黒の指摘する「問題」は評価と個人との関係ではないが，歪みを個人に帰すのではなく関係のあり方だとする見方は，評価技法と人間との関係に当てはめていい。

1-7) 集団としての意識評価は，道徳授業という集団を相手にした授業形態をもつ東アジアなどの地域に受け入れられやすいようだ。もちろん，宗教の時間，倫理の時間，市民教育，個人・社会・健康教育(PSHE)といった授業においても有意義である。授業は教室という関わりの場において生起するから。また，集団における共同を先に考える地域において，個人の独自性を先に見ようとする地域よりも，話が通りやすいようである。もちろん，個人の多様な独自性も，子ども集団のまとまり，コミュニティの共同性，学校文化の共通性，言語の共通性，文化の共同性に支えられており，つながりの全体をとらえることによって，個人も有効に視野に入れることができる。

1-8) ケーニヒスベルク時代を中心としたJ. F. ヘルバルトの教育への関わりについて，筆者は1998年にライプチヒのDr. Eva Matthes のゼミナールで報告している。また山内芳文，脇道へ逸れる愉しみ ～ある教育書編集者のこと～；つくばね vol.28 no.1，筑波大学付属図書館報，2002年6月，に山内芳文はケールバッハを軸にケーニヒスベルク時代のヘルバルトの史実について書いている。

1-9) Kohtaro Kamizono, 2004, Zur Herbart-Rezeption in Japan；Theodor-Litt-Jahrbuch 2003/3, pp.145-160；Leipziger Universitaetsverlag

1-10) 技術と個々の営みとの区別に関するパラグラフは，翻訳されていない。すなわち，高久清吉訳，最初の教育学講義；梅根悟・勝田秀一監修，世界教育学選集66，高久清吉訳，世界の美的表現，1972に訳出されていない。高久清吉は自分の著作1990年初版の『教育実践学　教師の力量形成の道』でも学問としての教育学と教育の技術との区別だけを取り上げ，「技術(実践)」と「学問(理論)」との2項をたてている(高久清吉，1999，教育実践学　教師の力量形成の道，pp.102-103；教育出版)。

1-11) ヘルバルトのタクト論については，鈴木晶子，1990，判断力養成論研究序説―ヘルバルトの教育的タクトを軸に；風

間書房，に詳しい。鈴木晶子はヘルバルトのタクト概念がシュタイガー宛ての第3報告書にすでに見いだされる（同書，p.84）としてヘルバルトの教育体験とのつながりに言及しているが，またヘルバルトの陶冶論の発展にともない「心理学上の概念として，後期ヘルバルトの著作に落ち着く」（同書，p.108）と説明する。また中野和光は「マーネン（Max van Manen）の教育的タクト論に関する一考察」（九州教育学会研究紀要第30巻，2002，pp.37-43）において，ヘルベルトのタクト論から書き起こしてマーネンのタクトを位置づけようとしている。

1-12) http://www.honda.co.jp/news/1998/2980320.html，2008年1月。ホンダの1998年3月のセールス文句としては「使い勝手に優れた装備やスムーズで力強い走り味」。市場の紹介として，http://www.goobike.com/1010335.html，2008年1月。「使い勝手の向上と時代に合わせたデザイン，…利便性と安全性」の文言が見られる。

1-13) 船山謙次，戦後道徳教育論史 上，1981，p.276より重引。なお船山健次は内藤初等中等局長としか書いていないが，内藤譽三郎である。

1-14) イソップ物語批判については，上薗恒太郎，2006，民話による道徳授業論，p.21；北大路書房。また上野瞭もイソップ寓話を批判している。同書 p.36註57を参照。

1-15) 東京書籍の西村達馬画による「一ぽんばしのやぎ」はイソップ作とされたが，遠竹弘幸画に挿絵が変わり，イソップの名は消されて編集委員改編に改められた。

1-16) 横湯園子は，「見え隠れする子どもの虐待」の章にとくに「教育臨床から」の副題をつけている。「不登校・登校拒否状態に陥った子どもたちの中に，あるいは家出や非行をくり返す子どもたちの中に，しばしば被虐待児であったことの痕跡や進行中の虐待を見てきた。大抵の場合，それらの子どもたちは学校では不登校・登校拒否生徒として処理されてきた」（横湯園子，2002，p.82）という。学校から見える課題が，時に恢復への道にならないことを示唆して，教育における異なる分野の共同の必要を示唆している。

第2章 註

2-1) 情意面が私事に属し，これを公教育としての学校教育であつかうべきではないとの論議は，学校の性格に関わる。教育そのものが私事に属するとの論議から，子どもの保護と知識の教授が社会の公的関心事であるとの論議，また公教育が子どもの人格の育成全体に関わるとの論議，3つのいずれも学校教育の基本的性格に関わる。日本の学校教育のように，教育の目的が「人格の完成を目指し…国民の育成を期して行われなければならない」（教育基本法，教育の目的）とされるとき，私事としての人格の完成が，国民の育成として，その限りでの公共性（例えば荒井明夫は国家的公共概念と地域的公共概念によって日本の公教育成立を読み解こうとする。cf. 荒井明夫，2005，近代日本公教育成立過程における国家と地域の公共性に関する一考察；教育学研究第72巻第4号，pp.467-479）としておこなわれると読み取ることができる。道徳教育が公共の性格をもつとしても，道徳教育を受けることを義務とするかは，また別の問題である。選択自由な制度を導入すると，現状の道徳授業参観が保護者に人気がないとの各学校での声からして，最も選ばれないのは道徳授業である可能性がある。義務教育と公教育は別であり，公教育の担い手が国家であるか州（名称はほかにもあるとして）であるかは，また別の問題である。公教育や義務教育概念に関しては例えば，佐藤学（2005），「義務教育概念」の歴史的位相―改革のレトリックを問い直す―；教育学研究第72巻第4号，pp.432-443。

2-2) B. S. ブルームほか，梶田叡一ほか訳（1977），p.323-324。引用した部分は重引である。文学鑑賞について the Evaluation Committee of the Eight-year Study の内面化の水準を7つに分けて記述したものの6番目の項目を示した。もとの出典は E. R. Smith & R.W. Tyler Appraising and recording student progress, Adventure in American Education Ser., Vol.3, 1942, pp.251-252

2-3) 三浦香苗は教育が意図的に変化させうる要素を「独立変数」と呼ぶ。三浦香苗，1983，教授・学習の過程；藤永保，三宅和夫，山下栄一，依田明，空井健三，伊沢秀而編，教育心理学（上）テキストブック心理学(1)，第7章，p.77；有斐閣

2-4) 懐奘編，古田紹欽訳注，1965，正法眼蔵随聞記；角川文庫。これは流布した，面山による明和版（1770年）を底本にしているが，随聞記の最古の形を伝えるとされる長円寺本（西尾實，鏡島元隆，酒井得元，水野彌穂子校注，日本古典文学大系 正法眼蔵随聞記；岩波書店，1966）には，引用したくだりは記載されていない。引用は僧の字を現代漢字にした。

2-5) コールバーグの名を記したが，この流れには多くの見解があり展開を続けている。当初の6段階の道徳性認知発達段階説は，ギリガン，山岸明子，ハーバーマスなどの批判を受けながら，その後修正され，ジャスト・コミュニティとしての実践，道徳授業実践が続けられている。ギリガンは，男女の道徳性発達に異なる道筋があることを指摘し（キャロル・

ギリガン，生田久美子，並木美智子共訳，もうひとつの声　男女の道徳観のちがいと女性のアイデンティティ；川島書店，1986)．山岸明子は，日本の青少年ではステージ3の比重が大きくなる文化との関連を指摘し(山岸明子，1995，道徳性の発達に関する実証的・理論的研究，p.249；風間書房)．ハーバーマスとの関係について渡邉満は，相互行為の発達段階として読み替えていった批判が関わってコールバーグのジャスト・コミュニティへの転換が行われたのではないかと推察する(cf. 渡邊充，教室の人間関係に根ざす道徳教育試論；道徳教育方法研究第5号，p.84)．コールバーグの段階説は，例えば0段階を加えて計7段階の考え方（荒木紀幸，2003，道徳性の発達をどう見るか；土戸俊彦編，〈道徳〉は教えられるのか，pp.147-148；教育開発研究所．また道徳性の発達と構造の図が，荒木紀幸編著，1997，続　道徳教育はこうすればおもしろい　―コールバーグ理論の発展とモラルジレンマ授業―，p.128およびp.148；北大路書房）があるし，彼の影響は今日もAME(Association for Moral Education)など色濃い．

2-6)　例えば，G. B. マシューズ，倉光修・梨木香歩訳(1997)，哲学と子ども　子どもとの対話から；新曜社，マルテンス，エッケハルト，有福美年子，有福孝岳訳(2003)，子供とともに哲学する―ひとつの哲学入門書―；晃洋書房，など．

2-7)　日本之小学教師　第二巻第二十一号に所収．稲垣忠彦(1995)，増補版　明治教授理論誌研究；評論社，より重引．

2-8)　道徳の時間特設に至る審議過程については，押谷由夫(2001)，「道徳の時間」成立過程に関する研究―道徳教育の新たな展開―；東洋館出版社，に詳しく，道徳の時間特設の流れについては，小寺正一(1997)，道徳教育の歴史，pp.50-57；小寺正一，藤永芳純，道徳教育を学ぶ人のために；世界思想社，に整理してある．

2-9)　日本道徳教育学会第71回(平成20年春季)大会，2008年6月29日

2-10)　1966年の小学校道徳の指導資料第3集(第1学年)には，「自分かってなかぼちゃ」として冒頭に掲載されている（pp.1-7)．

2-11)　「橋の上のおおかみ」は1964年の小学校道徳の指導資料第1集(第1学年)に掲載(pp.69-74)．また「はしの上のおおかみ」として1967年文部省編の道徳資料に，合本として再刊されたなかに入っている(pp.71-73)．

2-12)　上薗恒太郎，2000，民話による道徳授業論，pp.14-30；北大路書房，を参照．19世紀半ばにP. C. アスビョルンセンとヨルゲン・モオによって集められたノルウエーの民話集「太陽の東月の西」(佐藤俊彦によって一部が訳され，岩波少年文庫に収める)に収録された話の1つにアメリカ合衆国のマーシャ・ブラウンが絵をつけたものが日本では訳され，せたていじ訳で『三びきのやぎのがらがらどん』として福音館書店から1965年に出された．

第3章　註

この章のもとになった論文は，上薗恒太郎(2005)，刺激語〈死ぬ〉から連想する言葉の経過時間による変化；長崎大学教育学部紀要―教育科学―第69号，pp.1-10であるが，ほとんど新たに書いた．

3-1)　梅本堯夫は「呈示された語」の表現を使っている，むろん心理学専門用語としては「刺激語」を使っているが．梅本堯夫(1963)，言語学習及び言語行動の分析に於ける連想法の位置；京都大学教育学部紀要第9巻，p.66

3-2)　対話編の成立年代は藤沢令夫の解説による．藤沢令夫(1974)，『メノン解説』；プラトン，藤沢令夫訳，プラトン全集9，pp.372-373；岩波書店

3-3)　アウグスティヌスは連想によって取り出されるものとして，対象の表象，手続き，感情を視野に納めていたが，それ以上に至福の生が記憶のうちあると論じ，真理そのものである神が記憶のうちにあることを感謝する流れで論述する．

3-4)　大槻春彦訳では「憶起」，原文はremembrance．

3-5)　C.G. Jung (1973), Experimental Researches, in Sir Herbert Read et. al Editor, translated by Leopold Stein et. al, The Collected Works of C. G. Jung Volume 2, p.444；First published by Routledge & Paul Kegan, Princeton University Press. (日本語訳：林道義訳（2000），連想実験；みすず書房) 日本語訳は『アメリカ心理学雑誌』21巻，1910，の訳である．先の全集は1909年のユングのドイツの草稿からの翻訳である．訳文は林道義を参考にしたが上薗恒太郎による．

3-6)　訳は上薗恒太郎による．

3-7)　何をポピュラーな回答語とするか多様である．梅本堯夫は，平凡反応(popular response)の代表的なものとして「もっとも多数の人が反応した言葉」(梅本堯夫，1969，p.8)，として，「一般に女性は男性に比べて最多，自他反応などの平凡反応に集中する傾向が強」(梅本堯夫，1969，p.18)いという．荒木紀幸は，「少なくとも被験者の20％以上によって共通に連想されたことば」(梅本堯夫，1995，p.17)としている．本連想法では，平凡ないしポピュラーといった用語は使わな

い。あえて対比させると，後に連想量(A_i)の動きで述べるように，36.8パーセントを超えて想起された回答語が，誰もが認めるイメージによる提示語の定義を構成していると考えていいだろう。

3-8) 本論では，授業，学校，文化圏をまとまりのある場として，その集団の連想をあつかうが，ジェンキンス(James J. Jenkins) は「The change in some American word association norms in the twentieth century」(Proceedings of the Fifteenth International Congress of Psychology, Brussels, 1957)においてマスメディアや学校の標準化された教科書の例を挙げて「連想の過程が，われわれがそうだと思っているように，思考に関わっているのであるならば，実際"集団思考(group-think)"の時代がやってきている」(p.584)と示唆している。情報のグローバル化が，集団の連想のグローバル化をもたらす方向性を考えていいのかもしれない。

3-9) 海保博之は原著で概念地図法と記述されたものを連想マップと言いかえているが，本論の連想マップとは異なる。本論では意味ネットワークにあたる。海保博之が示している例は，荒川義則，大場基博，弓野憲一，1993，p.119右の図にある。

3-10) 水越敏行は次のように説明する。「最初に連想できた語を二重枠の中へ記入さす。…再び中核のキーワードにもどって，連想できた語を第一リングへ，次いで第二リングへとひろげていく」(水越敏行，1982，授業評価研究入門，pp.114-115；明治図書)

3-11) 第3章で使用する連想調査と図表には上薗恒太郎が独自におこなった調査のほか，糸山景大がおこなった調査，また両者を統合したデータ，共著として発表し書いた論文の図と糸山景大の作図をもとに上薗恒太郎が新たに描いた図が含まれる。また連想調査結果を連想マップにし，授業前後の回答語を比較するコンピュータ・プログラムは，藤木卓のアドインソフトによる。むろん本論全体は上薗恒太郎の責である。

3-12) 上薗恒太郎(2005c)，ヒトゲノム研究と学校教育 ―知識に基づく道徳上の判断を育成するために―；道徳教育方法研究 第10号，pp.1-10を参照。科学研究を市民が判断する事態に対応する道徳教育が必要である。

3-13) 情報理論における対数の底を2とするエントロピや情報量は1997年にJISによってシャノンの呼称が導入されているが，一般的な広がりと教育現場におけるなじみを考慮してビット(bit)と記述する。

　また，人間の連想が相応するならば，logの底をeにすることも可能である。その際には，連想法の考えが情報論から離れて，人間の連想の動きを基盤に置くことになる。

3-14) 電子情報通信分野の慣例に従って筆者らはこれを$p_{pi}=1/\varepsilon$と書き表してきたが，より一般的なeで記述する。

3-15) 1996年の長崎市とその周辺での調査，小学校4年生で43.4％，小学校5年生で54.9％，小学校6年生で44％，中学校1年生で51.2％，中学校2年生で61.4％，中学校3年生で64.4％。

3-16) 2002年オスナブリュックでの調査で71.7％，2位の回答語「lernen(学ぶ)」は37.7％。提示語は〈Schule〉である。

3-17) 心理学における連想諸量については，梅本堯夫(1963)，言語学習及び言語行動の分析に於ける連想法の位置；京都大学教育学部紀要第9巻，p.80のほか，依田新監修(1979)，新・教育心理学事典；金子書房，および小林利宣編(1997)，教育臨床心理学中辞典，p.439；大路書房を参照した。以下の説明では出典箇所を記さず引用する。

3-18) 使用したデータは，糸山景大と上薗恒太郎それぞれが収集したもの。回答者は長崎大学の学生で，学年は1，2，3年生を中心に，1996年から2000年におこなった。

3-19) 線の重なりを避けて見やすいように〈うれしい〉の対数関数の線は省いた。

3-20) 上薗恒太郎(2005b)，子どもの死の意識；長崎大学こころの教育総合支援センター，こころ育てVol.1 特集：子どもと死を考える，p.15；教育出版，を参照。

3-21) この事項について一度論じた。上薗恒太郎(1997b)，「死」について回答した言葉と連想語；長崎大学教育学部教育科学研究報告，第52号，pp.15-24

3-22) この記述は上薗恒太郎(2005a)，刺激語〈死ぬ〉から連想することばの経過時間による変化；長崎大学教育学部紀要―教育科学― 第69号，p.10，註6による。提示語〈友だち〉の回答語については次の論文で一度論じた。上薗恒太郎，藤木卓，糸山景大(1997)，連想調査による〈生命〉と関連語の分析 ―石垣市との比較を含む長崎市の小学校4年生から中学校3年生―；長崎大学教育学部教育科学研究報告第53号，pp.15-31

3-23) 使っている連想調査票を，表紙を含めて3ページ例示する。4ページ以降は3ページ目と同じ形式である。

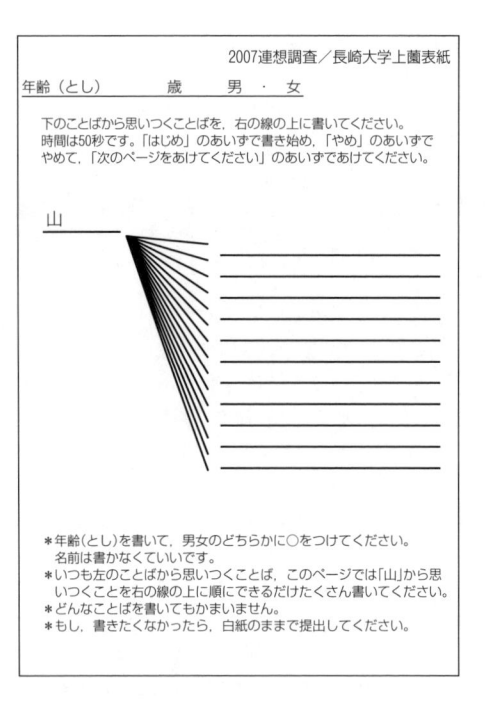

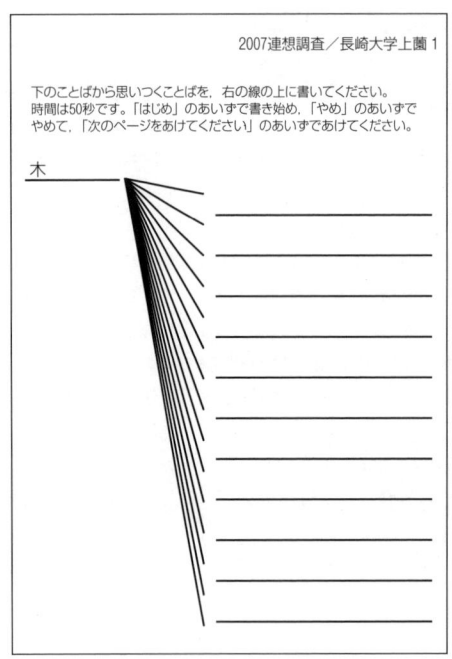

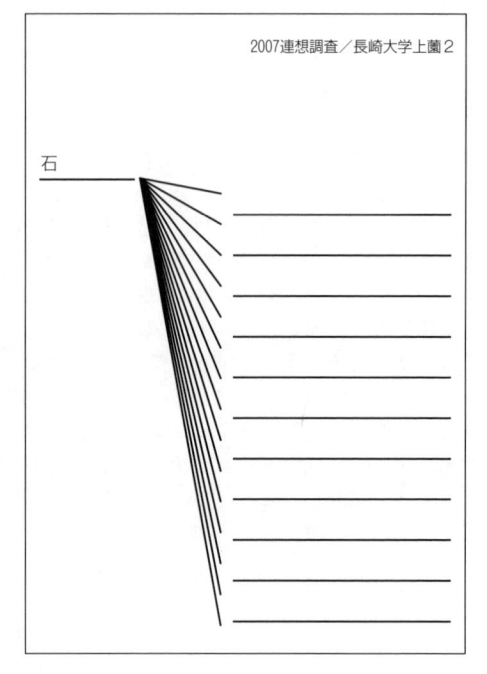

第4章 註

　第4章第1節は，上薗恒太郎，糸山景大(1998)，連想調査による情意測定の試み—子どもたちが感じた学校—；長崎大学教育学部教育科学研究報告第54号，pp.27-41による。なお関連して，糸山景大，上薗恒太郎(2004)，連想法を用いた情意ベクトルによる授業評価；長崎大学教育学部紀要—教育科学—第67号，pp.1-11がある。第2節は，上薗恒太郎(2003)，いじめ

に関するドイツ，マレーシア，日本の意識比較研究―連想調査によるオスナブリュック，ペナン，長崎の大学生の調査―；長崎大学教育学部紀要―教育科学―第64号，pp.13-27をもとにした。なお学校概念に関しては，上薗恒太郎(2003)，学校に関するドイツ，マレーシア，日本の意識比較研究―連想調査によるオスナブリュック，ペナン，長崎の調査―；長崎大学教育学部紀要―教育科学―第65号，pp.13-27がある。第3節は，上薗恒太郎(2005)，ヒトゲノム研究と学校教育―知識に基づく道徳上の判断を育成するために―；道徳教育方法研究第10号，pp.20-29をもとにした。なお関連して，Kohtaro Kamizono(2004), Consciousness of "evolution" and "human gene" in German high school students, Bulletin of the Faculty of Education, Nagasaki University:Educational Science No.66, pp.16-24, および，上薗恒太郎(2005)，長崎とドイツの高校生のヒトゲノムに関する意識比較；長崎大学教育学部紀要―教育科学―第68号，pp.1-10がある。

4-1) 例えば，小林千代美校長は「価値の自覚を計る尺度はあるのか」の問いに，「ある」と言うが「私の考える尺度は，数字で表すものでもなく，ある種の方式にあてはめて計るものでもない。それは，教員の磨かれた感性が織りなすものと私は考える。漠とした表現ではあるが，子どもへの愛情に裏打ちされた教員の心に内在する感性が織りなすもの，それを私は尺度と考える」と言う。(道徳教育，No.454,'97.2；明治図書，p.65)

4-2) J. F. Herbartはすでにタクトについて，教育場面における「すばやい決断と決定」であり，「実践のなかで経験するものがわれわれの感情へと働きかけることによって作り上げられる」と言い，教員の側についてではあるが情意面に注目している。(高久清吉訳，1972，最初の教育学講義；世界の美的表現―教育の中心任務としての―，pp.98-99；明治図書) また，O. F. Bollnowが教育の雰囲気について「教育のおこなわれる背景である感情と気分の状態と，共感と反感との関係のすべてを意味している」，「教育の雰囲気は，教育を行なううえにきわめて本質的な意味を持っている」という。重要性は指摘されながら，ボルノウの言い方を借用すれば「気分の要素…は，これまでの教育学ではあまりにも無視されていて」，測定し表現することには「ほとんど手がつけられていないようである」(浜田正秀訳，1972，人間学的に見た教育学，pp.58-59；玉川大学出版)。本論の例えば上薗恒太郎，糸山景大(1998)，連想調査による情意測定の試み―子どもたちが感じた学校―；長崎大学教育学部教育科学研究報告第54号，pp.27-41，は，子どもの学校に対する情意面を表現したものになる。

4-3) 調査は長崎市内の中学校で予備調査をおこない，佐世保の6校で実施した。予備調査分は，Ⅶ友だち，で扱った以外，本論の集計には含まれない。

4-4) 提示語〈学校〉で，《友達》の〈好き―嫌い〉すなわちY軸の数値は小学校4年生から中学校3年生まで，各学年で，55.9，71.1，57.7，72.0，74.0，84.5(%)の高さである。ほとんど〈好き〉の数値と一致するが，中学校2，3年生で〈嫌い〉が8.7%，4.9%ある。友だち関係においても「荒れる中学2年生」を示すのだろう。

4-5) 1996年におこなった小学校4年生から中学校3年生までの児童・生徒906名に対する長崎市での単一自由連想調査結果。大学生の分は同年425名についての調査。なお単一自由連想で回答語として「先生」が最も多いが，これは対連想のカテゴリとしては《教師》カテゴリに属する。

4-6) 本調査に道具を使っての教員の暴力も登場するが，多くはいわゆる「表沙汰」にならない暴力である。
　　本調査で現れたものは，表沙汰にならなかった暴力事件，たとえ教員には自覚はなかったとしても，子どもには暴力として自覚されたものと理解すべきである。本調査からは多く，手で，顔面や頭部に暴力を加えている実態が，回答語から読み取れる。下村哲夫の引用によれば「経験の浅い若い教師に多く」「体罰の態様としては『殴打』が小・中・高を通じて最も多く，全体の76%に達する。『殴打』の方法としては，約半数が平手である…。『殴打』の部位では顔面が67%，頭部が25%をしめる。体罰が懲戒の手段としてというより，怒りや激情のおもむくままの制裁として行われているという実態を示すものであろう」。
　　なお「全体」とは，法務省が発表した同省人権擁護期間により「教師による人権侵犯事件」として取り上げられた件のうち昭和50年度から59年度までに特別事件として処理された体罰事件の実態調査による。(下村哲夫，1997，現代教育の論点　教育と法律のはざまで，p.226；学陽書房)

4-7) 内外教育，1996年11月12日4774号は「体罰による処分者数が史上最多」と伝えたが，1997年11月21日付朝日新聞はさらに「教え子らへの体罰やわいせつ行為で1996年度中に懲戒処分を受けたり訓告・諭旨免職となったりした公立学校の教員はそれぞれ393人と66人にのぼり，過去最悪だったことが20日，文部省のまとめでわかった」と報じた。

4-8) 提示語として，小学生には〈クラブ活動〉，中学生には〈部活〉を用いた。

4-9) 長崎市内の中学校1年生38名に対する調査，1996年。調査方法は佐世保での調査と同じ。

4-10) 例えば子どもは，友だちに相談するといっても，死については尋ねない。友だちは，死という分野になると，母親，父親，祖父母，他の大人に次ぐ相談相手にすぎない。(上薗恒太郎，1995，死について子どもは誰に聞くか―日本とドイツでの調査研究―；長崎大学教育学部教育科学研究報告第49号，p.20) また千石保は「友人は昔の定義にいう親友ではなく，つまりは，ちょっとした冗談の言い合える間柄にすぎないようだ」(千石保，鐘ヶ江晴彦，佐藤郡衛，1994，国際比較でみる　日本の中学生；日本放送出版協会，p.181)という。

4-11) 糸山景大，上薗恒太郎(2004)，連想法を用いた情意ベクトルによる授業評価；長崎大学教育学部紀要―教育科学―第67号，pp.1-11。また大久保好純，金崎良一，藤木卓，糸山景大(1996)，連想調査による授業の情意的側面の表現；電子情報通信学会技術研究報告(教育工学)，ET96‐2(1996‐04)。また公開講座について情意ベクトルによって評価した例として，糸山景大(2003)，情意面の評価法としての情意ベクトル図，および新田照夫による公開講座評価図がある(長崎大学生涯学習教育研究センター季報2002年度冬季号，2003，pp.3-4および pp.5-8)。

4-12) 上薗恒太郎(2002)，連想調査によるドイツ，マレーシア，日本の死の意識比較，―オスナブリュック，ペナン，長崎における大学生の調査研究―；長崎大学教育学部紀要教育科学第63号，12頁。なお，いじめに関して本論文で取り上げた1996年の連想調査は，死の意識比較論文で用いた調査とは異なる。同じく長崎大学生による調査であるが，調査対象が異なる。しかし，基本的傾向は同じだった。

4-13) 文部科学省初等中等教育局児童生徒課，生徒指導上の諸問題の現状と文部科学省の施策について，平成13年2月。この集計で，いじめは1985年に大きなピークを示し155,066件，1995年にもう一つのなだらかなピークを迎え60,096件である(いじめの発生件数図4‐2，30頁)。児童生徒の自殺に関しては1986年が一つのピークで268件，1998年がまた小さなピークで198件である(第7章自殺，p.63)。

4-14) ブルネイでの調査は Hj Abd Rahman Abd Hamid Bin 氏による。

4-15) 独和大辞典，1985；小学館，は「(激しく持続的でさいなむような肉体的・精神的) 苦痛，苦悶，苦悩，懊悩」さらに「(人を苦しめる)責め苦，呵責，苦難。苦しい試練」とし，ドイツ人にとっての Qual の Schmerz，Leid の面を指摘する。デイリーコンサイス独和辞典(1985)，三省堂，は「苦痛，苦しみ，激痛，辛労，苦悩，心痛〔の種〕」。アポロン独和辞典第3版(1996)，は「苦しみ，苦痛，苦悩，心痛(英 pain)」と，英語では pain と説明してドイツ人にとっての Schmerz，Leid の面を表している。

4-16) Gerhard Wahrig(1978), Deutsches Wörterbuch mit einem "Lexikon der Deutschen Sprachlehre"；Bertelsmann Lexikon―Verlag，Qual の項目。なお1985年 Mosaik Verlag 版になると，Pein が削除されるが，同じ説明になっている。

4-17) Duden(1972), Sinn‐und Sachvenwandte Wörter und Wendungen；Duden Band 8；Dudenverlag, Qual の項目

4-18) 英語の bully には，「(弱い者いじめをする) ごろつき，威張り鼠（学校の）いじめっ子，ガキ大将，生徒を怒鳴っていじめる教員」が訳語としてあげられている（小学館ランダムハウス英和大辞典，1999年第2版；小学館。なお，同じく小学館のプログレッシブ英和中辞典第3版1998年でも全くと言っていいほど同じ表現になっている。違うのは，「威張り屋」が「威張り散らす人」に，「ガキ」が「がき」になっているだけである)。1997年重版発行の旺文社英和中辞典は bully を，弱い者いじめをする人，いばり散らす人，暴漢，がき大将，と訳しておりほとんど変わらない。弱者を傷つける米語のイメージは，次の表現にも読み取れる：a person who hurts, frightens, threatens, or tyrannizes over those who are smaller or weaker(Webster's New World Dictionary of the American Language, College edition, 1966；the world publishing company)。また弱い者，小さい者に対する脅しの面は，bully を a blustering, quarrelsome, overbearing person who habitually badgers and intimidates smaller or weaker people と説明する Random House Unabridged Dictionary, Second Edition(1993), Random House, New York にも現れる。しかし Cambridge International Dictionary of English(1995), Cambridge University Press の，to hurt or frighten other people, often forcing them to do something they do not want to do という望まぬことを強いる感覚と比べて，マレーシア，ブルネイでは bully の語感は身体的圧力である。

4-19) いじめが社会問題化していなかった1972年に発行された日本国語大辞典(1972年発行，日本国語大辞典縮刷版第1版第3刷，1982；小学館)では「弱い者などを，苦しめたり悩ませたりすること」であり，1981年初版発行の国語大辞典では「いじめ」は採録されず「いじめる」について「弱い者に対して意識的に精神的または肉体的な苦痛を与える。苦しめる。さいなむ」と記述し(国語大辞典，1982，第1版第6刷；小学館，による)，昭和44年第2版第1刷発行の広辞苑は「いじめる」だけについて「弱いものを苦しめる」とのみ記している。

4-20) 新村出(1998)，広辞苑第5版；岩波書店。いじめ

4-21) 日本国語大辞典第二版編集委員会(2000)，小学館国語辞典編集部，日本国語大辞典第一巻，2000年12月第二版第一一

巻第一刷；小学館
4-22) 糸山景大，藤木卓，金崎良一，上薗恒太郎(1997)，標本サイズの変化に対する連想における諸量の挙動；信学技報（電子情報通信学会）ET97-99(1997-12)，p.141
4-23) 回答語「Wal 鯨」の多さは，筆者が調査をおこなうに際して日本人である旨自己紹介したところから日本との連想とつながっていた可能性を想定できそうであるが，同時におこなった〈Japan 日本〉からの回答語として「Walfang 捕鯨」が2名「Wal 鯨」が1名にすぎなかったことから，日本とのつながりで〈いじめ〉から鯨が思い起こされた可能性はないと見ていい。
4-24) 図4-19の最多回答語は「わからない」で被験者数比19.7%。2番目は「遺伝子」11.5%。「人間」(11.7%)，「人」(9.8%)も〈ゲノム〉を《知》っているとカテゴリ分けした。すると《知》の回答語数は回答語総数比で30.8%。「解読」は回答者数比3.3%。（連想調査は1提示語30秒での単一自由連想。）
4-25) ドイツ高校生の調査は回答者数60名，うち Hauptschule17名，Gymnasium43名。実施は2003年7月，Nordrhein-Westfalen 州及び Rheinland-Pfalz 州で調査。いずれもドイツの西に位置する。ドイツの大学生の調査は，旧東ドイツの Leipzig と旧西ドイツの Osnabrück で実施，オスナブリュック大学50名，ライプチヒ大学39名の計89名。学年は2年生相当，教育学の学生。長崎の〈ヒトゲノム〉回答者数73名。回答者の男女構成比は各々大差ない。
4-26) 田邊裕他(2000)，新しい社会　公民，p.55；東京書籍，2002年2月10日発行
4-27) 川島誠一郎他(2003)，高等学校生物I；数研出版，平成15年1月10日発行，は遺伝関係 p.34，DNA 中心に8ページ記述。太田次郎他(2002)，高等学校生物I；新興出版社，啓林館，平成14年12月10日発行，は遺伝関係で36ページ，遺伝子本体に6ページ使い，見返しで生物の多様性を一言記述。同じ著者・出版社の高等学校新編生物I，平成14年12月，も遺伝子本体で6ページ。第一学習社（田中隆荘他，2003，高等学校生物I，p.154；平成15年2月，また同著者他，高等学校新生物I，p.87；平成15年2月）はヒトゲノムに関して読物1ページを割く。第一学習社，高等学校生物I，は遺伝全体で45ページと詳しいが，ヒトゲノムに関する記述は少ない。
4-28) 石原勝敏他(2003)，新版生物I，p.135；実教出版，平成15年1月。「話題」として記述。
4-29) 総合図説生物，2002年2月改訂14版；第一学習社，およびニュービジュアル版　新詳生物図表，2002年2月；浜島書店。
4-30) 阪上順夫他(2003)，高等学校現代社会，p.40；平成15年2月；第一学習社。次箇所も同ページ。
4-31) 鷲田清一他(2003)，倫理　自己を見つめて，p.60；平成15年1月；教育出版
4-32) 平木幸二郎他(2003)，倫理，p.181；平成15年2月；東京書籍
4-33) 堀尾輝久(2003)，現代社会；平成15年1月；実教出版，は p.18から p.23まで6ページにわたって「遺伝子技術と生命のゆくえ」について記述する。
4-34) 菅野覚明他(2003)，高等学校新倫理　人間とは何か—思索の糧に—，平成15年2月，p.168；清水書院
4-35) 生命倫理教育研究協議会(1999)，テーマ30生命倫理；教育出版。学校における生命倫理教育ネットワーク (2000)，総合的な学習　こう展開する生命の教育；清水書院。水準はともかく鳥居信夫 (2003)，科学絵本　生命進化のなぞを解く　ゲノム王と二人の家臣；誠文堂新光社
4-36) 野中郁次郎，竹内弘高は，「組織的知識創造が起こるためには，個人やグループの創り出したコンセプトが，それを直ちに必要としないほかの人たちにも共有される必要がある。…情報の冗長性は知識創造プロセスを加速する。」「要するに，情報冗長性は，互いに近く領域に『侵入することによる学習』をもたらす」と，冗長性が知識創造に果たす役割を論じる。（梅本勝弘訳，2002，知識創造企業，pp.119～120；東洋経済新報社，）また，redundancy check は冗長性検査と訳されるコンピュータ用語で，検査用ビットを付加することにより，誤りの検出や訂正をおこなうこと（ランダムハウス英和大辞典第2版，1999，p.2270；小学館）。冗長性をもたせた知によって創造性を高め誤認を防ぐ措置は，学校教育や教科書編成に必要である。
4-37) 研究技術大臣編，1985，体外受精，ゲノム解析及び遺伝子治療，研究技術大臣及び法務大臣の共同研究班による報告，およびドイツ連邦議会調査委員会，W-M. カーテンハウゼン，H. ノイマイスター編，1987，遺伝子技術の見通しと危険　ドイツ連邦議会への報告文書。
4-38) 章立ては，Aはじめに，からB倫理的法的指標，で始まるが，この章の最初の節が人間の尊厳／人間の権利，である。この委員会(Enquete-Kommission)の当該文書は，ドイツ連邦議会 (Deutscher Bundestag) によりインターネット上に公開。

4-39) 例えば Schroedel 社の 'Biologie heute 2H Rheinland-Pfalz'は，Rheinland-Pfalz 州用の高等学校教科書である。Ein Lehr - und Arbeitsbuch für Hauptshulen（7.-9. Schuljahr）in Rheinland-Pfalz と記してあり，Rheinland-Pfalz 州の Hauptschule 用，学年は7～9学年，日本のちょうど中学生。複数年使うためにハードカバーで，241ページある。

4-40) Karl Wolfgang Miram, Karl-Heinz Scharf(1997), Biologie heute SII Ein Lehr- und Arbeitsbuch；Schroedel。また Horst Bayrhuber, Ulrich Kull(1998), Linder Biologie Lehrbuch für die Oberstufe 21., neu bearbeitete Auflage, 21.Auflage；Metzler

4-41) Wilhelm Weber, Bernhard Sieve, 2002, Entwicklungsbiologie, Materialien für den Sekundarbereich II Biologie, Schroedel 出版。羊水検査の方法は p.59。「再生生物学の倫理的法的問題」に関して3ページを含む章全体のタイトルが「再生生物学とその問題性」で，12ページにわたる。

4-42) Linder Biologie 前掲書，p.357から。「ゲノム技術のリスクと倫理的問題」が p.363。

4-43) Uwe Gerber u.a.(1990), ethic Ein Arbeitsbuch für den Ethikunterricht im 11. Schuljahr, Verlag Moritz Diesterweg, S.103；Kösel-Verlag

4-44) Karl Wolfgang Miram, -Heinz Scharf(1997), Biologie heute SII Ein Lehr - und Arbeitsbuch；Schroedel, S.235 のコラム。

4-45) Wilhelm Weber, Bernhard Sieve (2002), Entwicklungsbiologie, Materialien für den Sekundarbereich II Biologie, Schroedel, pp.61-62

4-46) Bundeszentrale für die politishce Bildung 発行，Wolfgang Beer, Elisabeth Bremekamp, Edith Droste, Claudia Wulff (1999), Gentechnik Arbeitshilfen für die politische Bildung（ゲノム技術　政治教育授業支援）；Bonn

第5章　註

本章第1節は，上薗恒太郎，山本和佳，佐藤良平，1997，連想調査でおこなう道徳授業の実例；道徳教育方法研究第3号，pp.66-81，また第3節は，上薗恒太郎，西田利紀，内野成美，2001，グループ・エンカウンターとつなげた道徳授業；長崎大学教育学部紀要—教育科学—第60号，pp.9-20をもとにした。

5-1) 道徳資料におけるリアリティの欠如についてすでに以下の論文で論じた。上薗恒太郎(1988)，物語と教訓—「赤ずきん」，「一ぽんばしの　やぎ」—，長崎大学教育学部教育科学研究報告第35号，pp.59-77。特に「思慮の欠落およびリアリティ欠落の意味」。また上薗恒太郎(1991)，道徳的価値—資料—こども，の構造からみた道徳資料，長崎大学教育学部教育科学研究報告第40号，pp.11-21。

第6章　註

第6章第1節は，上薗恒太郎，増田祥子，山本和佳，森永謙二(2000)，郷土を見つめる道徳遠隔授業；道徳教育方法研究第6号，pp.11-20，および Kohtaro Kamizono, Yusuke Morita, Takashi Fujiki, Chiaki Nakamura(2005), Construction of a System that improves Motivation in Distance Learning — Two Types of Association Tests Reveal Motivation and Change of Pupils —；Proceedings of the IADIS International Conference E-Commerce 2005, pp.424-428をもとにした。本授業の学習指導案は以下に掲載した：藤木卓，里慎也，上薗恒太郎，山本和佳，増田祥子(2000)，2画面を利用した小学校道徳における遠隔授業の実践と評価；長崎大学教育学部附属教育実践研究指導センター紀要第2号，pp.33-45。

第6章第2節は，上薗恒太郎，増田祥子，内野成美，山本和佳，藤木卓，中村千秋，森田裕介 (2003)，多地点接続による道徳授業；道徳教育方法研究第8号，pp.11-20を軸に再構成した。

第6章第3節は，上薗恒太郎，柳瀬浩三，増田祥子，寺嶋浩介，森田裕介，森永謙二，藤木卓(2007)，いのちへの思いを育てる道徳遠隔授業　—テレビ付き携帯電話でつないで—；道徳教育方法研究　第12号，pp.19-28をもとにした。第5章第3節の授業の学習指導案は以下に掲載した：上薗恒太郎，藤木卓，柳瀬浩三，増田祥子，寺嶋浩介，森田裕介，森永謙二(2006)，いのちへの思いを育てる道徳遠隔授業　—テレビ付き携帯電話で死を話合う小学校中学年の授業—；長崎大学教育学部附属教育実践総合センター紀要　第5号，pp.81-102。

6-1) 子どもが学校に行く動機が友だちにある点は第3章第1節で論じた。図として図4-1，4-2，4-3，4-4，を参照。

6-2) 本道徳遠隔授業の指導案ならびにグループ・エンカウンターのエクササイズ展開案は，以下に載せた。上薗恒太郎，増田祥子，山本和佳，藤木卓，中村千秋，森田裕介，内野成美，真方浩志，加藤哲，西川誠二，佐藤良平，長瀬洋一，相田悦子(2002)，多地点接続による道徳遠隔授業の意義と計画；長崎大学教育学部附属教育実践総合センター紀要 第1号，pp.47-70

6-3) 数量化Ⅲ類による図6-17ならびに6-18は，Kohtaro Kamizono, Yusuke Morita ほか，2005, Construction of a system that improves motivation in distance learning — Two types of association tests reveal motivation and change of pupils —；Proceedings of the IADIS International Conference E-Commerce 2005, の図を改変した。

6-4) 道徳遠隔授業参加各学校の連想データの数量化Ⅲ類による分析図は，森田裕介，上薗恒太郎ほか，2006，数量化Ⅲ類を用いた連想調査データの分析の試み：遠隔授業における学習者変容の可視化；長崎大学教育学部附属教育実践総合センター紀要 第5号，pp.163-170, に掲載

6-5) 子どもの死の意識については以下を参照：上薗恒太郎(2005)，子どもの死の意識；こころ育て Vol.1 特集：子どもの死の意識，pp.12-23；教育出版。上薗恒太郎(1994)，子どもの死の判断における年齢ごとのカテゴリの類似性；長崎大学教育学部教育科学研究報告第47号，pp.1-13。上薗恒太郎(1995)，死の判断における常識；長崎大学教育学部教育科学研究報告第48号，pp.41-56。

6-6) いじめに関する海外との比較は次を参照：上薗恒太郎(2003)，いじめに関するドイツ，マレーシア，日本の意識比較研究 —連想調査によるオスナブリュック，ペナン，長崎の大学生の意識—；長崎大学教育学部紀要教育科学第64号，pp.13-27

引用文献 (a b c 順)

安倍晋三(2006), 美しい国へ；文藝春秋社
青木孝頼編著(1990), 道徳授業技術双書26 授業に生かす価値観の類型；明治図書
青木孝頼(1980), 道徳指導双書5 道徳授業の指導過程と基本発問；明治図書
青木孝頼, 瀬戸真(1980), 新学習指導要領の授業展開 小学校道徳指導細案1年；明治図書
荒井明夫(2005), 近代日本公教育成立過程における国家と地域の公共性に関する一考察；教育学研究第72巻第4号, pp.467-479
荒川義則, 大場基博, 弓野憲一(1993), 概念地図法による国語学習の研究；静岡大学教育学部附属教育実践研究指導センター紀要 No.2, pp.115-129
荒木紀幸(2003), 道徳性の発達をどう見るか；土戸俊彦編,〈道徳〉は教えられるのか？；教育開発研究所
荒木紀幸編著(1997), 続 道徳教育はこうすればおもしろい―コールバーグ理論の発展とモラルジレンマ授業―；北大路書房
荒木紀幸(1995a), 小学生の言語連想に関する心理学的研究；風間書房
荒木紀幸編著(1995b), モラルジレンマ授業のすすめ④ 道徳性の測定と評価を生かした新道徳教育；明治図書
荒木紀幸編著(1988), 道徳教育はこうすればおもしろい コールバーグ理論とその実践；北大路書房
アリストテレス, 副島民雄訳(1994), 記憶と想起について；アリストテレス全集6；岩波書店
A. アウグスティヌス, 泉治典訳(1989), 自由意志, アウグスティヌス著作集3 初期哲学論集(3)；教文館
A. アウグスティヌス, 山田晶訳(1968), 告白；世界の名著14；中央公論社
紅林伸幸(2004), 教師支援における「臨床的な教育社会学」の有効性；教育社会学研究 第74集 特集 教育臨床の社会学；東洋館出版
Wolfgang Beer, Elisabeth Bremekamp, Edith Droste, Claudia Wulff, (1999), Gentechnik, Arbeitshilfen für die politishe Bildung；Bundeszentrale für politishe Bildung, Bonn
O. F. ボルノー, (1973), 浜田正秀訳, 人間学的に見た教育学；世界教育宝典25；玉川大学出版
W. A. Bousfield, (1953), The Occurrence of Clustering in the Recall of Randomly Arranged Associates；The Journal of General Psychology, 1953, 49, pp.229-240
ジュディス・バトラー, 佐藤嘉幸・清水知子訳(2008), 自分自身を説明すること 倫理的暴力の批判；月曜社
B. S. ブルーム, G. F. マドゥス, J. T. ヘスティングス, 梶田叡一, 藤田恵璽, 渋谷憲一訳(1977), 教育評価法ハンドブック―教科学習の形成的評価と総括的評価―；第一法規
トニー・ブザン, 田中孝顕訳(2005), 人生に奇跡を起こすノート術 マインドマップ放射思考；きこ書房
Center for Civic Education, 江口勇治監訳, 2001, テキストブック わたしたちと法 権威, プライバシー, 責任そして正義；現代人文社
大作勝(2005), 情報通信技術を用いた遠隔教育は初等教育になじむか；日本教育工学会論文誌29(3), pp.441-446
James Deese, (1962), On the structure of associative meaning；Psychological Review, Vol.69, No.3, pp.161-175
道徳教育研究会九州(代表上薗恒太郎)(2003), 子どもの在り方生き方を支える新しい道徳資料集 九州パイロット版；教育出版
江橋照雄編著(1996), 新しい道徳授業づくりへの提唱5 子どもが生き生きと取り組む役割演技ハンドブック；明治図書
江橋照雄編著(1997), 道徳教育全書13 授業が生きる役割演技；明治図書
江口勇治(2004), 規則・規範の意味を考える授業のあり方について―「法教育」が問いかけるもの―；道徳教育方法研究第10号, pp.97-99
江口勇治(2003), 日本での法教育のこれからを展望する 世界の法教育の動きから考える；江口勇治編, 世界の法教育；現代人文社
懐奘編, 古田紹欽訳注(1965), 正法眼蔵随聞記；角川文庫
懐奘編, 西尾實, 鏡島元隆, 酒井得元, 水野彌穂子校注(1966), 日本古典文学大系81 正法眼蔵随聞記；岩波書店,

Doris R. Entwisle (1967), Word Associations of Young Children；The Johns Hopkins Press, Baltimore

Doris R. Entwisle, Daniel F. Forsyth, Rolf Muuss (1964), The Syntactic − Paradigmatic Shift in Children's Word Associations；Journal of Verbal Learning and Verbal Behavior 3, pp.19-29

W. エソロー，D. ウイリス(1996)，世界から注目される学校―日本；二宮晧編著，世界の学校　比較教育文化論の視点にたって；福村出版

イソップ，山本光雄訳(1987)，イソップ寓話集；岩波書店

藤木卓，里慎也，上薗恒太郎，山本和佳，増田祥子(2000)，2画面を利用した小学校道徳における遠隔授業の実践と評価，長崎大学教育学部附属教育実践研究指導センター紀要，第2号，pp.33-45

藤木卓，寺嶋浩介，園屋高志，米盛岳市，仲間正浩，森田裕介，関山徹(2007)，三大学の連携による離島の複式学級を結ぶ遠隔共同学習の実践；日本教育工学会論文誌31(Suppl.) pp.137-140

藤木卓，糸山景大，上薗恒太郎(1997)，連想調査による反応語の意味ネットワーク表現；信学技報，ET97-35(1997-07)，pp.1-7

藤永芳純(1995)，道徳授業の評価；道徳教育方法研究創刊号，pp.57-62

藤田昌士(1987)，道徳教育　その歴史・現状・課題；エイデル研究所

深澤久(2004)，道徳授業原論；日本標準

福井明(1984)，多様な評価による授業の改善；水越敏行・梶田叡一編集，授業と評価ジャーナル1集／評価で授業を変える，pp.116-126；明治図書

福岡敏行(2002)，コンセプトマップ活用ガイド　マップでわかる！子どもの学びと教師のサポート；東洋館出版

船山謙次(1981)，戦後道徳教育論史　上；青木書店

E. フッサール，浜渦辰二訳(2001)，デカルト的省察；岩波文庫

E. フッサール，山口一郎・田村京子訳(1997)，受動的綜合の分析；国文社

学校における生命倫理教育ネットワーク(2000)，総合的な学習こう展開する　生命の教育；清水書院

ハワード・ガードナー，松村暢隆訳(2006)，MI：個性を生かす多重知能の理論；新曜社

賀集寛(1973)，日本語の連想メカニズム―反対語連想を中心として―；人文論究，第23巻第2号，pp.1-22.

賀集寛(1966)，連想の機構；日本心理学会，心理モノグラフNo.1；東京大学出版会．

銀林浩(1986)，算数・数学における理解；佐伯胖編，認知科学選書4　理解とは何か；東京大学出版会

P. G. W. Glare (1983), Oxford Latin Dictionary；Oxford Clarendon Press

キャロル・ギリガン，岩男寿美子訳(1986)，もうひとつの声　男女の道徳観のちがいと女性のアイデンティティ；川島書店

J.&W. グリム，金田鬼一訳(1986)，完訳グリム童話集(一)；岩波文庫

ジュディス・リッチ・ハリス，石田理恵訳(2000)，子育ての大誤解　子どもの性格を決定するものは何か；早川書房

Judith Rich Harris (1995), Where is the Child's Environment? A Group Socialization Theory of Development；Psychological Review, Vol.102, No.3, pp.458-489

服部敬一(1995)，道徳授業の評価はどこまで可能か？；道徳教育方法研究創刊号，pp.63-67

林道義(2000)，訳者解説；C. G. ユング　連想実験；みすず書房

林敏浩，渡辺健次，大谷誠，田中久治，岡崎泰久，林田行雄，近藤弘樹(2005)，高精細メディア機器と超高速ネットワークを用いた遠隔環境での板書型講義の設計と運用；教育システム情報学会誌 Vol.22 No.1，pp.3-13

林泰成(2000a)，ケアする心を育む道徳教育―伝統的な倫理学を超えて；北大路書房

林泰成(2000b)，モラル・スキル・トレーニングの構想；道徳と教育 No.304・305

J. F. Herbart (1802), Zwei Vorlesungen über Pädagogik；Karl Kehrbach und Otto Flügel (1989), Johann Friedrich Herbart Sämtliche Werke, Bd.1；Scientia Verlag Aalen, pp.279-290

J. F. Herbart (1841), Umriss Pädagogischer Vorlesungen Zweite vermehrte Ausgabe；Walter Asmus (1965), Herbart Pädagogisch-Didaktische Schriften Bd.3；Verlag Helmut Küpper Vormals Georg Bondi

J. F. ヘルバルト，高久清吉訳(1972)，最初の教育学講義；梅根悟・勝田秀一監修，世界教育学選集66，世界の美的表現；明治図書

H. ヘルマン，小熊均訳(1978)，詳説言語心理学 ―その研究と理論―；誠信書房，(翻訳底本：Hans Hermann, (1971), Psycholinguistics : An introduction to Research and Theory，原著表題：Psychologie der Sprache

平山祐一郎(2002),作文指導における言語連想法の効果 —その心理学的分析—;風間書房

広木克行(2002),不登校問題から見た「新しい教育相談」とその担い手;小林剛,皇紀夫,田中孝彦 編著,臨床教育学序説;柏書房

Davis Howes(1957), On the relation between the probability of a word as an association and in general linguistic usage;The Journal of Abnormal and Social Psychology, Vol.54, No.1, pp.75-85

D. ヒューム,木曾好能訳(1995),人間本性論 第一巻 知性について;法政大学出版局

飯尾憲士(1989),開聞岳;集英社文庫

池田芳和(2008),学校の質,教師の質のアップを目指した校長の役割;教育展望2008年3月号(第54巻第2号);教育調査研究所

稲垣忠彦(1995),増補版 明治教授理論誌研究-公教育教授定型の形成;評論社

石黒広昭(2003),心理学を実践から遠ざけるもの-個体能力主義の興隆と破綻-;佐伯胖,宮崎清孝,佐藤学,石黒広昭,心理学と教育実践の間で;東京大学出版会

石川佾男,竹ノ内一郎(1984),心を育てる道徳の授業 新しい道徳教育を目ざして;国土社

石川英志,江馬諭,加藤直樹,小林一貴,西澤康夫,根岸泰子,廣田則夫,松川禮子,松原正也,山田敏弘,大和隆介(2005),モジュール交換方式を用いた国際遠隔授業の取り組み;日本教育工学会論文誌29(1),pp.59-67

石川俊司(1975),多時間主題の構想と指導;井上治郎,全国道徳授業研究会編,道徳授業入門;明治図書

伊丹敬之(2005),場の論理とマネジメント;東洋経済新報社

伊藤啓一,名古屋グループ著(2002),子どもが主役の道徳授業2 統合的ショートプログラムの展開;明治図書

伊藤啓一,奥浦小学校著(2000),子どもが主役の道徳授業1 学校ぐるみで取り組む小学校統合的プログラム;明治図書

伊藤啓一編著(1998a),「思いやり」の心を育む道徳授業—小学校における統合的プログラムの展開—;明治図書

伊藤啓一編著(1998b),「思いやり」の心を育む道徳授業—中学校における統合的プログラムの展開—;明治図書

伊藤啓一(1997),1時間の授業で子どもの何が変わるか;道徳教育方法研究第3号,p.99-104

伊藤啓一編著(1996),新しい道徳授業づくりへの提唱9「生きる力」をつける道徳授業—中学校統合的プログラムの実践—;明治図書

伊藤啓一(1991),道徳教育全書12 統合的道徳教育の創造 現代アメリカの道徳教育に学ぶ;明治図書

伊藤吉之助編(1947),岩波哲学小辞典増訂版;岩波書店

糸山景大,藤木卓,金崎良一,上薗恒太郎(1997),標本サイズの変化に対する連想における諸量の挙動;信学技報,電子情報通信学会,ET-97-99(1997-12)

糸山景大,藤木卓,金崎良一,椿山健一(1995),情報論的手法を用いた教科教育学の研究と実践(その1)—教科教育学研究のモデル化と授業設計理論—;平成7年度日本教育大学協会研究集会 発表論文+全体討議要旨,pp.13-16

糸山景大(1994),発達段階に対する連続連想の諸量の変化—小学生から大学生まで—;長崎大学教育学部教科教育学研究報告第23号,pp.59-68

岩崎久志(2001),教育臨床への学校ソーシャルワーク導入に関する研究;風間書房

岩下豊彦(1992),SD法によるイメージの測定 その理解と実施の手引き;川島書店

James J. Jenkins(1957), The change in some American word association norms in the twentieth century; Proceedings of the Fifteenth International Congress of Psychology, Brussels, 1957. -North-Holland, 1959

C. G. ユング,林道義訳(2000),連想実験;みすず書房

C. G. Jung(1973), Experimental Researches;Sir Herbert Read et. al Editor, translated by Leopold Stein et. al, The Collected Works of C.G. Jung Volume 2;First published by Routledge & Kegan Paul, Princeton University Press

海保博之(1999),連想活用術 心の癒しから創造支援まで;中央公論新社

上薗恒太郎(2008),地域・学校・教科をつないで進める道徳教育;教育展望 2008年6月号;教育調査研究所,pp.4-10

Kohtaro Kamizono(2008), Reticence towards Moral Lessons in Japanese Schools — Moral education at a crossroad —;Bulletin of Faculty of Education, Nagasaki University;Educational Science No.72, pp.1-12

上薗恒太郎(2005a),刺激語〈死ぬ〉から連想する言葉の経過時間による変化;長崎大学教育学部紀要—教育科学—第69号,2005年6月,pp.1-10

上薗恒太郎(2005b),子どもの死の意識;長崎大学こころの教育総合支援センター,こころ育て Vol.1 特集:子どもと死

を考える，pp.12-23；教育出版

上薗恒太郎(2005c)，ヒトゲノム研究と学校教育 ―知識に基づく道徳上の判断を育成するために―；道徳教育方法研究 第10号

上薗恒太郎(2005d)，学校蘇生のためのスクールリーダーの役割；九州教育学会第57回大会総合部会 テーマ 学びの場の再構築―スクールリーダーの役割―；九州教育学会研究紀要第33巻2005，pp.9-14

上薗恒太郎(2003a)，いじめに関するドイツ，マレーシア，日本の意識比較研究―連想調査によるオスナブリュック，ペナン，長崎の大学生の意識―；長崎大学教育学部紀要教育科学第64号，pp.13-27

上薗恒太郎，増田祥子，内野成美，山本和佳，藤木卓，中村千秋，森田裕介(2003b)，多地点接続による道徳授業；道徳教育方法研究第8号，pp.11-20

上薗恒太郎(2002)，連想調査によるドイツ，マレーシア，日本の死の意識比較―オスナブリュック，ペナン，長崎における大学生の調査研究―；長崎大学教育学部紀要教育科学第63号，pp.1～14

上薗恒太郎(2001)，「学校臨床教育学」構想の手がかり―教育学とスクールカウンセラーの立場から―；九州教育学会研究紀要第29巻2001，pp.4-9

上薗恒太郎，増田祥子，米倉典子，森永謙二，山本和佳，藤木卓(2000)，郷土を見つめる道徳遠隔授業の意義，長崎大学教育学部附属教育実践研究指導センター紀要，第2号，pp.46-68

上薗恒太郎，糸山景大(1998)，連想調査による情意測定の試み ―子どもたちが感じた学校―；長崎大学教育学部教育科学研究報告第54号，pp.27～41

上薗恒太郎(1997a)，子どもの死の意識といのちの教育；教育学研究第64巻第1号，pp.19-21．

上薗恒太郎(1997b)，「死」について回答した言葉と連想語；長崎大学教育学部教育科学研究報告，第52号，pp.15-24

上薗恒太郎(1997c)，連想調査による道徳授業評価；道徳と教育 No.294・295，1997，pp.47-59

上薗恒太郎，藤木卓，糸山景大(1997)，連想調査による〈生命〉と関連語の分析―石垣市との比較を含む長崎市の小学校4年生から中学校3年生―；長崎大学教育学部教育科学研究報告第53号，pp.15-31

上薗恒太郎(1995)，死について子どもたちは誰に聞くか―日本とドイツでの調査研究―；長崎大学教育学部教育科学研究報告第49号，pp.17-25

上薗恒太郎 (1993a)，子どもの死の意識における感情表出年齢と道徳教育；長崎大学教育学部教育科学研究報告第45号，pp.11-25

上薗恒太郎(1993b)，死に関する子どもの意識の日米比較・序説―長崎での調査とクーハーの調査―；長崎大学教育学部教育科学研究報告第45号，pp.27-39

上薗恒太郎(1991)，道徳的価値―資料―こども，の構造からみた道徳資料，長崎大学教育学部教育科学研究報告第40号，pp.11-21

上薗恒太郎(1988)，物語と教訓―「赤ずきん」，「一ぽんばしの やぎ」―，長崎大学教育学部教育科学研究報告第35号，pp.59-77

金森克浩，小林厳(2005)，訪問教育の充実を指向した携帯型テレビ電話を用いた遠隔教育システムの活用に関する研究；日本教育工学会論文誌29(3)，pp.379-386

金崎良一，藤木卓，糸山景大(1996)，連想調査における文脈を考慮した反応語マップの提案；信学技報 ET96-3(1996-04)，pp.18-19

河合隼雄(1995)，子どもと教育 臨床教育学入門；岩波書店

川本隆史(2002)，公民科教育という試練の場―〈教育における臨床の知〉に寄せて―；教育学研究第69巻第4号，pp.452-463

河村敬一(1996)，公民科教育研究序説；甘棠社

Grace Helen Kent, A.M, A. J. Rosanoff, M.D.(1910a), A study of association in insanity, Part I ; The American Journal of Insanity, pp.37-96

Grace Helen Kent, A.M, A. J. Rosanoff, M.D.(1910b), A study of association in insanity, Part II ; The American Journal of Insanity, pp.317-390

Wolfgang Klafki, (1994), Festvortrag von Wolfgang Klafki, Pädagogische Erfahrung und pädagogische Theorie bei Johann Friedrich Herbart, Vortrag anläßlich der Festwoche zum 150jährigen Bestehen des Herbartgymnasiums

Oldenburg am 9. Mai 1994：ヘルバルトの生誕地オルデンブルクにあるヘルバルトギムナジウム150周年記念講演，http://www.herbartgymnasium.de/schule/herbart/vortrag.shtml，2007年9月

小林毅夫(2002)，学習活動に応じた評価方法と評価の技法；児島邦宏，工藤文三，小学校「総合的な学習の時間」評価の工夫と実際；教育出版，pp.42-47

小林博英(1984)，教育の人間学的研究；九州大学出版会

小林利宣編(1997)，教育臨床心理学中辞典；北大路書房．

小林剛(2002)，教育・心理・福祉を包含した臨床教育学—武庫川女子大学の構想；小林剛，皇紀夫，田中孝彦 編著，臨床教育学序説；柏書房

小林俊雄(2004)，臨床心理アセスメントの実際—カウンセリングと連想テスト；関西看護出版

小林芳和(2003)，心理学からみた質的授業研究，今日の授業研究の問題点，および，授業場面における理解過程の分析—国語科の授業を中心に—；平山光義編著，質的研究法による授業研究—教育学，教育工学，心理学からのアプローチ—，pp.203-269；北大路書房

T. コホネン，中谷和夫訳(2003)，自己組織化と連想記憶；シュプリンガー・フェアラーク東京

T. コホネン，大北正昭監修，徳高平蔵，大藪又茂，堀尾恵一，藤村喜久郎訳(2005)，自己組織化マップ 改訂版；シュプリンガー・フェアラーク東京

児島邦宏，工藤文三(2002a)，小学校「総合的な学習の時間」評価の工夫と実際；教育出版

児島邦宏，工藤文三(2002b)，中学校「総合的な学習の時間」評価の工夫と実際；教育出版

児島邦宏，村川雅弘編(2001a)，中学校ウェビングによる総合的学習実践ガイド；教育出版

児島邦宏，村川雅弘編(2001b)，小学校ウェビングによる総合的学習実践ガイド；教育出版

國分久子・岡田弘編，國分康孝監修(1997)，エンカウンターで学級が変わるPart2(小学校編)；図書文化

国立国語研究所(1981)，幼児・児童の連想語彙表；東京書籍

小牧啓介(1998)，概念地図法のバリエーション2 疑問を整理し，問題を把握する道具としての概念地図法 —5年生「水溶液の性質」での利用—；中山迅，稲垣成哲，授業への挑戦160 理科授業で使う思考と表現の道具 概念地図法と描画法入門；明治図書，pp.41-47

サリー・J. クーパー，森田ゆり監訳，砂川真澄訳(1995)，「ノー」をいえる子どもに CAP／子どもが暴力から自分を守るための教育プログラム；童話館出版

小寺正一(1997)，道徳教育の歴史；小寺正一，藤永芳純編，道徳教育を学ぶ人のために；世界思想社

窪島務(2002)，教育実践学の再構築としての臨床教育学 —「特別ニーズ教育」の観点から—；教育学研究第69巻第4号，pp.474-483

工藤直子(1999)，ともだちは海のにおい；理論社．

栗加均(1997)，道徳指導過程の変遷—代表的な指導過程から学んだこと—；道徳教育No.454，2月号 特集道徳授業の基本形・指導過程の創造，明治図書，pp.74-81

栗加均(1995)，道徳の授業における道徳性の変容の評価；道徳と教育 No.286・287，道徳性の評価について，pp.53-61

黒田耕誠(1995)，道徳授業の基盤に求められる人格的視座からの評価；道徳教育方法研究創刊号，pp.75-80

古賀正義(2004)，構築主義的エスノグラフィーによる学校臨床研究の可能性 —調査方法論の検討を中心に—；教育社会学研究 第74集 特集 教育臨床の社会学；東洋館出版

小浜逸郎(1987)，学校の現象学のために；大和書房

小松郁夫(2007)，質保証の観点から公教育の再企画を図る；教育展望1・2月合併号(第53巻第1号)，教育調査研究所

Anton O. クリス(1992)，神田橋條治・藤川尚宏訳，自由連想 過程として方法として；岩崎学術出版，(Anton O. Kris)

教師養成研究会(1972)，テキスト 道徳教育の研究 改訂版；学芸図書

Julius Laffal & Sheldon Feldman(1962), The Structure of Single Word and Continuous Word Associations；Journal of Verbal Learning and Verbal Behavior 1, pp.54-61

Julius Laffal(1955), Response faults in word association as a function of response entropy；The Journal of Abnormal Social Psychology, Volume 50, Issue 2, pp.265-270

クルト・レヴィン，猪股佐登留訳(1985)，社会科学における場の理論 増補版；誠信書房

ジーン・レイヴ，無藤隆，山下清美，中野茂，中村美代子訳(1995)，日常生活の認知行動 ひとは日常生活でどう計算し，

実践するか；新曜社
Charlton T. Lewis(1964)，A Latin Dictionary for schools；Oxford Clarendon Press
Marcia Z. Lippman(1971)，Correlates of contrast word associations: Developmental trends；Journal of Verbal Learning and Verbal Behavior, Volume 10, pp.392-399.
M. v. マーネン，岡崎美智子，大池美也子，中野和光訳(2003)，教育のトーン；ゆみる出版
M. v. Manen(1991)，The Tact of Teaching；The State University of New York Press
正村俊之(2007a)，コミュニケーションと情報空間の相互構成(上)　―情報的世界観からみた人間と社会―；思想2007年2月号，pp.36-56；岩波書店
正村俊之(2007b)，コミュニケーションと情報空間の相互構成(下)　―情報的世界観からみた人間と社会―；思想2007年3月号，pp.107-130；岩波書店
増山真緒子(2002)，臨床教育学の可能性―ワークショップ「排除と差別への気づき」を中心として―；教育学研究第69巻第4号，pp.464-473
ミルトン・メイヤロフ，田村真，向野宜之訳，(1998)，ケアの本質　生きることの意味，ゆみる出版
松下佳代(2005)，活動と物語―教育実践の事例研究を通して；鹿毛雅治編著，教育心理学の新しいかたち；下山晴彦シリーズ企画・編集，心理学の新しいかたち第7巻，pp.201-226；誠信書房
Clemens Menze(1976)，Die Wissenschaft von der Erziehung in Deutschland；Hrsg. v. Josef Speck, Problemgeschichte der neueren Pädagogik I. Wissenschaft -Schule -Gesellschaft；Verlag W. Kohlhammer
G. B. マシューズ，倉光修・梨木香歩訳(1997)，哲学と子ども　子どもとの対話から；新曜社
エッケハルト・マルテンス，有福美年子，有福孝岳訳(2003)，子供とともに哲学する―ひとつの哲学入門書―；晃洋書房
松河秀哉，今井亜湖，重田勝介，岡野恭子，景平義文，前迫孝憲，内海成治，関嘉寛(2004)，衛星携帯電話を媒体とした遠隔学習における超鏡(HyperMirror)システムの利用；日本教育工学会論文誌28(Suppl.)，pp.257-260
松木健一(2002)，臨床的視点からみた教育研究と教師教育の再構築―福井大学教育地域科学部の取り組みを例に―；教育学研究第69巻第3号，pp.344-356
松山真之助(2005)，マインドマップ読書術；ダイヤモンド社
David McNeil(1966)，A study of word association；Journal of Verbal Learning and Verbal Behavior, 5，pp.548-557.
右島洋介(1985)，現代教育学叢書4，民主的道徳教育の理論　増補版；新評論
宮田丈夫(1968)，小学校学習指導要領「道徳」改訂の趣旨；宮田丈夫，松村謙編，改訂小学校学習指導要領の展開道徳編；明治図書
水越敏行(1983)，特集「情意領域の評価と指導」について；水越敏行・梶田叡一編，授業と評価ジャーナル3集／情意領域の評価と指導；明治図書
水越敏行(1982)，授業評価研究入門；明治図書
A. ミラー，山下公子訳(1987)，魂の殺人　親は子どもに何をしたか；新曜社
文部科学省(2008a)，小学校学習指導要領
文部科学省(2008b)，中学校学習指導要領
文部科学省(2008c)，小学校学習指導要領解説総則編
文部科学省(2008d)，小学校学習指導要領解説道徳編
文部科学省(2008e)，中学校学習指導要領解説道徳編
文部省(1999a)，小学校学習指導要領解説道徳編
文部省(1999b)，中学校学習指導要領(平成10年12月)解説―道徳編―
文部省(1990a)，小学校道徳教育指導上の諸問題
文部省(1990b)，中学校道徳教育指導上の諸問題
文部省(1989)，小学校指導書道徳編
文部省(1978)，小学校指導書(道徳編)；大蔵省印刷局
文部省(1969)，小学校指導書　道徳編
文部省(1968)，初等教育実験学校報告書1　小学校道徳の評価；1961初版，1968年第8版，
文部省編(1967)，小学校　道徳の指導資料(第1学年)；大蔵省印刷局発行

文部省(1967)，小学校　道徳教育の諸問題
文部省(1962)，小学校道徳指導資料Ⅲ　小学校道徳についての評価；日本文教出版
文部省(1961b)，小学校道徳指導書；日本書籍
文部省(1960)，中学校社会指導書；実教出版
文部省(1958a)，小学校道徳指導書；明治図書
文部省(1958b)，中学校道徳指導書；東洋館出版
文部省(1955)，中学校学習指導要領社会科編；二葉
文部省(1951a)，初等教育の原理；東洋館出版
文部省(1951b)，道徳教育のための手引書要綱　児童・生徒が道徳的に成長するためにはどんな指導が必要であるか；文部時報第886号別冊付録
文部省(1948)，小学校社会科学習指導要領補説
文部省(1947a)，学習指導要領一般編（試案）
文部省(1947b)，あたらしい憲法のはなし；1983，日本平和委員会復刻版
森岡卓也(1981)，発達段階を踏まえた道徳授業論とその展開；現代道徳教育研究会編，道徳教育の授業理論　十大主張とその展開；明治図書
諸富祥彦(1997a)，価値の明確化で進める「展開」；道徳教育No.454，2月号　特集道徳授業の基本形・指導過程の創造；明治図書
諸富祥彦(1997b)，新しい道徳授業づくりへの提唱11　道徳授業の革新―「価値の明確化」で生きる力を育てる；明治図書
毛利猛(2006)，臨床教育学への視座；ナカニシヤ出版
武藤孝典編著(1991)，道徳教育全書11　生活性に根ざす道徳指導；明治図書
武藤孝典，木原孝博著(1978)，道徳教育全書2　生活主義の道徳教育；明治図書
長崎市教育研究所(1999)，平成10年度研究紀要第29集(4)　教育相談，資料3
名越清家(1999)，教育実践と教育社会学―教育社会学研究のアクチュアリティ―；教育社会学研究第64集　特集　教育社会学の自省と展望―学会50周年によせて―；東洋館出版
中村昇(1958a)，「道徳実施要綱」をめぐって―「要綱」作成委員との一問一答―；古川哲史監修：「道徳」指導の手引き（小学校篇）　付・文部省『道徳実施要綱』とその解説；大阪教育図書
中村昇(1958b)，小学校道徳実施要綱の実践；明治図書出版
中野和光(2002)，マーネン(Max van Manen)の教育的タクト論に関する一考察，九州教育学会研究紀要第30巻，pp37-43
中野禎二(2006)，マインドマップ図解術；秀和システム
中島義明編集代表(1999)，心理学辞典；有斐閣
中田基昭(1993)，授業の現象学―子どもたちから豊かに学ぶ；東京大学出版会
中田基昭(1997)，現象学から授業の世界へ　―対話における教師と子どもの生の解明―；東京大学出版会
中田基昭(2004)，教育の現象学―授業を育む子どもたち；川島書店
中山迅，稲垣成哲編著(1998)，理科授業で使う思考と表現の道具　―概念地図法と描画法入門―，授業への挑戦160；明治図書
生越詔二(1997)，道徳授業の基本形とは；道徳教育No.454，2月号　特集道徳授業の基本形・指導過程の創造；明治図書
John C. Nesbit & Olusola O. Adesope(2006)，Learning with Concept and Knowledge Maps: A meta-analysis; Review of Educational Research Fall 2006, Vol.76 Num.3, pp.413-448
日本教育学会教育政策特別委員会(1957)，道徳教育に関する問題点（草案）；教育学研究24巻6号，pp.38-62
日本道徳教育方法学会(2004)，第10回シンポジウム記録　テーマ：規則の意味を考える道徳授業；道徳教育方法研究第10号，pp.96-105
日本道徳教育方法学会(1997)，シンポジウム「1時間の授業で子どもの何が変わるか」；道徳教育方法研究，第3号
日本道徳教育方法学会(1995)，パネル・ディスカッション「道徳授業の評価はどこまで可能か？」；道徳教育方法研究創刊号，p.56-111
日本社会科教育連盟(1958)，中学校における道徳教育指導計画　社会科シリーズ第8集；教育出版
Clyde. E. Noble(1952)，The role of stimulus meaning (m) in serial verbal learning； Journal of Experimental

Psychology Vol.43 No.6, pp.437-446

野口裕二(2005), ナラティヴの臨床社会学；勁草書房

野中郁次郎, 竹内弘高著, 梅本勝博訳(2002), 知識創造企業；東洋経済新報社

納三生(1998), 概念地図法のバリエーション6　学習の振り返りとまとめの道具としての概念地図法　―4年生「物のあたたまり方」での利用―；中山迅, 稲垣成哲編著, 授業への挑戦160　理科授業で使う思考と表現の道具　概念地図法と描画法入門, 明治図書, pp.69-76

J. D. ノヴァック, D. B. ゴーウィン, 福岡敏行, 弓野憲一訳(1992), 子どもが学ぶ新しい学習法　概念地図法によるメタ学習；東洋館出版社

ロナルド・J. ニューエル, 上杉賢士, 市川洋子訳(2004), 学びの情熱を呼び覚ますプロジェクト・ベース学習；学事出版

小川太郎(1963), 道徳教育の方法；小川太郎編著, 国民のための道徳教育；法律文化社

大橋精夫(1963), 道徳教育の原理；小川太郎編著, 国民のための道徳教育；法律文化社

大村英昭, 野口裕二編(2000), 臨床社会学のすすめ；有斐閣

大瀬甚太郎(1893), 教育学；金港堂

大谷尚(2003), 教育工学からみた質的授業研究；平山光義編著(2003), 質的研究法による授業研究―教育学, 教育工学, 心理学からのアプローチ―, pp.123-181；北大路書房

C. E. Osgood, G. J. Suci, P. H. Tannenbaum, (1971), The Measurement of Meaning；University of Illinois Press (originally published in 1957)

C.E. Osgood, (1962), Studies on the generality of affective meaning systems；American Psychologist, Journal of the American Psychological Association, Inc., Volume17, No.1, pp.10-28

押谷由夫編(2003), 豊かな自分づくりを支える道徳の授業3年；教育出版

押谷由夫(2001), 「道徳の時間」成立過程に関する研究―道徳教育の新たな展開―；東洋館出版社

押谷由夫(1994), 道徳教育新時代　生きる喜びを子どもたちに；国土社

押谷由夫(1992a), 子供のよさを生かす道徳教育と評価；初等教育資料, 平成4年4月号, No.577

押谷由夫(1992b), 家庭・学校・地域社会の連携協力, および, 道徳教育の計画；村田昇, 大谷光長編, これからの道徳教育, 第9章および第5章, 東信堂

小沢宣弘(1975), 道徳授業と学級集団の指導；井上治郎, 全国道徳授業研究会編, 道徳授業入門；明治図書

プラトン, 松永雄二訳(1980), パイドン, プラトン全集1；岩波書店

プラトン, 藤沢令夫訳(1980), メノン, プラトン全集9；岩波書店

J. ロック, 大槻春彦訳(1972), 人間知性論(一)；岩波書店

I. R. Rosanoff, A. J. Rosanoff (1913), A study of association in children；Psychological Review, Vol.20, No.1, (Reprinted., Johnson Reprint, 1964), pp.43-89

リチャード・ローティ, 野家啓一監訳(2002), 哲学と自然の鏡；産業図書

Robert R. Rusk, (1910), Experiments on mental association in children；The British Journal of psychology Volume 3/ British Psychological Society (Reprinted., Swetz & Zeitlinger, 1976), pp.349-385

佐伯胖(2007), 二つの"わかり方"；科学　第77巻第1号；岩波書店, pp.46-48

斉藤武次郎編著(1970), ひとり・ひとりを生かす道徳授業；酒井書店

斉藤武次郎編著(1975), 道徳授業の展開過程―価値観のみがきあいを求めて―；酒井書店

坂口弘昭, 植田治昌, 森岡卓也(2001), チェックカードを用いた道徳授業評価の実際；道徳教育方法研究第7号, pp.11-20

酒井朗(2004), 教育臨床の社会学―特集にあたって―；教育社会学研究第74集　特集　教育臨床の社会学；東洋館出版

坂本昂, 水越敏行(1799), 授業技術の開発3　授業評価の新技術；明治図書

坂野幸彦(1998), 考察を深める道具としての概念地図法―中学3年生「酸・アルカリ・塩」での利用―, 中山迅, 稲垣成哲, 授業への挑戦160　理科授業で使う思考と表現の道具　概念地図法と描画法入門；明治図書, pp.55-61

佐久間章(1968), 言語の習得と文法―語連想における直列-並列移行をめぐって―；テオリア第11号, pp.45-64

佐藤学(1995), 学びの対話的実践へ；佐伯胖, 藤田栄典, 佐藤学編著, シリーズ学びと文化1, 学びへの誘い；東京大学出版会

生命倫理教育研究協議会(1999), テーマ30　生命倫理；教育出版

瀬戸真編著(1987), 道徳授業技術双書16　小学校郷土資料の開発と活用；明治図書
瀬戸真編著(1986), 新道徳教育実践講座1　自己をみつめる　道徳の時間における価値の主体的自覚；教育開発研究所
瀬戸真, 成田国英編著(1983), 小学校の生徒指導と道徳教育　2実践編；明治図書
W. シェイクスピア, 福田恆存訳(1968), お気に召すまま, 新潮世界文学2　シェイクスピアⅡ；新潮社
重松鷹泰(1967), まえがき；重松鷹泰監修, 講座 授業分析の科学5；明治図書
F. シラー, 草薙正夫訳(1974), 美と芸術の理論　―カリアス書簡―；岩波書店
清水博(2003), 場の思想；東京大学出版会
下村湖人(1987), 次郎物語　中；新潮文庫
下中邦彦編(1986), 新版心理学事典；平凡社
下中邦彦編(1971), 哲学事典；平凡社
霜田一敏(1967), 集団思考の過程；重松鷹泰監修, 講座 授業分析の科学5；明治図書
新堀通也(2002), 臨床教育学の体系と展開；多賀出版
新堀通也(1996), 教育病理への挑戦　臨床教育学入門；教育開発研究所
庄井良信(2002a), 臨床教育学の研究方法論・探訪―普遍的具体の生成振動（ヴァシレーション）を照射するネオモダニズムの鼓動；小林剛, 皇紀夫, 田中孝彦, 臨床教育学序説；柏書房
庄井良信(2002b), 臨床教育学の〈細胞運動〉―ネオモダン・パラダイムから教育の臨床知への軌跡―；教育学研究第69巻第4号, pp.442-451
皇紀夫(2005), 「臨床教育学」とは；和田修二, 皇紀夫 編著, 臨床教育学；アカデミア出版会(1996初版)
皇紀夫(2003), 臨床教育学の生成；玉川大学出版部
皇紀夫(2002), 教育「問題の所在」を求めて―京都大学の構想；小林剛, 皇紀夫, 田中孝彦 編著, 臨床教育学序説；柏書房
住田正樹(2004), 子どもの居場所と臨床教育社会学；教育社会学研究第74集　特集　教育臨床の社会学；東洋館出版
鈴木憲(1988), 小学校高学年における実践Ⅰ「けい子のまよい」(第5学年)；荒木紀幸編著, 道徳教育はこうすればおもしろい　コールバーグ理論とその実践；北大路書房
SSI ブレインストラテジー センター(2005), 人生に奇跡を起こす　図解　マインド・マップ ノート術；きこ書房
ステファニー・ジャドソン編, 三国千秋訳(2001), 静かな力　子どもたちに非暴力を教えるための実践マニュアル；嵯峨野書院(1995年初版)
多鹿秀継(1999), 認知心理学からみた授業過程の理解, 北大路書房
武田正浩(2003), 臨床教育学の展開―教育実践基礎論―；青葉図書, (2000初版)
竹ノ内一郎(1997), 評価の視点としかた；石川佾男, 尾田幸雄, 神保信一編, 教員養成基礎教養シリーズ　新訂道徳教育の研究；教育出版, pp.143-150
竹ノ内一郎(1987), 道徳授業の深め方　子どもの心にせまる指導；新光閣書店
竹内敏晴(1984), 子どものからだとことば；晶文社
田中秀央(1966), 研究社羅和辞典, 増訂新版 (Lexicon Latino-Japonicum, amplificatum emendatumque)；研究社
田中毎実(2003a), 臨床的人間形成論の成立可能性；皇紀夫 編著, 臨床教育学の生成；玉川大学出版部
田中毎実(2003b), 臨床的人間形成論へ　ライフサイクルと相互形成；教育思想双書3；勁草書房
田中毎実(2000), 臨床的教育理論と教育的公共性の生成；教育学研究第67巻第4号, pp.427-436
田中耕治(2008), 教育評価；岩波書店
田中智志(2005), ケアリングのモラル形成―対話的関係のなかの倫理―；越智貢, 金井淑子, 川本隆史, 高橋久一郎, 中岡成文, 丸山徳次, 水谷雅彦編, 岩波応用倫理学講義　6教育；岩波書店, pp.132-148
谷田貝雅典, 坂井滋和(2006), 視線一致型及び従来型テレビ会議システムを利用した遠隔授業と対面授業の教育効果測定；日本教育工学会論文誌30(2), pp.69-78
帝国地方行政学会(1958), 道徳教育実施要綱；帝国地方行政学会
德永悦郎(1997), 授業への挑戦133　ジレンマ学習による道徳授業づくり；明治図書
德永悦郎(1995), 道徳授業の評価はどこまで可能か？―ジレンマ学習における授業評価とその意義―；道徳教育方法研究創刊号, pp.68-74

徳永悦郎(1988)，小学校高学年における実践　Ⅱ「サッカー大会」(第6学年)；荒木紀幸編著，道徳教育はこうすればおもしろい　コールバーグ理論とその実践；北大路書房
徳永正直(2004)，教育的タクト論　―実践的教育学の鍵概念―：ナカニシヤ出版
鳥居信夫(2003)，科学絵本　生命進化のなぞを解く　ゲノム王と二人の家臣；誠文堂新光社
豊田久亀(1988)，明治期発問論の研究―授業成立の原点を探る―；ミネルヴァ書房

Martin Trautscholdt(1883), Experimentelle Untersuchungen über die Association der Vorstellungen；Wilhelm Wundt, Philosophische Studien 1, pp.213-250
土戸敏彦(2005)，規範伝達のルーティンから規範創設の瞬間へ；教育哲学研究第91号，pp.29-34
土戸敏彦(1994)，超越論的批判の視角からみた「ポストモダン」の教育学的位相；教育哲学研究第69号，pp.57-70
土戸敏彦(1990)，「超越論的批判教育学」の意味するものとその射程；教育哲学研究第61号，pp.37-49
土谷みち子，太田光洋(2005)，「気になる」からはじめる臨床保育　保育学からの親子支援；フレーベル館
塚田泰彦編著(2005)，国語教室のマッピング　個人と共同の学びを支援する；教育出版
植田治昌(1996)，道徳授業評価の客観的基準　―チェックカードによる評価の方法―；道徳教育方法研究第2号，pp.51-57
上杉賢士編著，千葉総合的学習研究会著(2002)，総合的な学習の評価／小学校編―子どもが伸びる評価の実際―；明治図書
梅本堯夫(1969)，連想基準表／大学生1000人の自由連想による；東京大学出版会
梅本堯夫(1963)，言語学習及び言語行動の分析に於ける連想法の位置；京都大学教育学部紀要第9巻
宇佐美寛(1975, 1993)，「道徳」授業批判；明治図書
宇佐美寛(1989)，外へ，事実へ，行動へ；現代教育科学4月号No.389　どうする？「道徳」の授業　1-発問を斬る；明治図書
宇佐美寛(1984)，現代授業論叢書43「道徳」授業をどうするか；明治図書
和田修二(2005)，臨床教育学専攻を設置した経緯と期待―京都大学大学院教育学研究科の場合；和田修二，皇紀夫 編著，臨床教育学；アカデミア出版会(1996初版)
和田修二(1995)，教育する勇気；玉川大学出版部
和田修二(1982)，子どもの人間学；教育学大全集22；第一法規出版
渡邊満(1999)，教室の人間関係に根ざす道徳教育試論；道徳教育方法研究第5号
渡辺三郎(2005)，タクトシステム；児島明世ほか編，楠のある道から　第21海軍航空廠の記録；活き活きおおむら推進会議発行
John Wilson(1973), The Assessment of Morality；NFER Nelson Publishing Company Ltd.
レフ・セミョノヴィチ・ヴィゴツキー，柴田義松訳(2006)，新訳版・思考と言語；新読書社(2001年初版)
レフ・セミョノヴィチ・ヴィゴツキー，柴田義松訳(1982)，学齢期における子どもの知能の発達と教育の問題，思考と言語　上；明治図書(1962初版)
ホワド・ワレン，矢田部達郎訳(1952)，心理学史(原タイトルはA History of the Association Psychology)；創元社
Richard White, Richard Gunstone(1992), Probing Understanding, London
リチャード・ホワイト&リチャード・ガンストン，中山迅，稲垣成哲監訳(1995)，子どもの学びを探る　知の多様な表現を基底にした教室をめざして；東洋館出版
ジェニ・ウィルソン&レスリー・ウィング・ジャン，吉田新一郎訳(2006)，「考える力」はこうしてつける；新評論
Herbert Woodrow, Frances Lowell(1916), Children's Association Frequency Tables；Psychological Review Publications Vol.22 No.5(Whole No.97), The Psychological Monographs；Psychological Review Company, G.E. Stechert & CO., London
柳沼良太(2006)，問題解決型の道徳授業〜プラグマティック・アプローチ〜；明治図書
柳沼良太(2002)，プラグマティズムと教育　デューイからローティへ；八千代出版
山岸明子(1995)，道徳性の発達に関する実証的・理論的研究；風間書房
山下栄一(1981)，「教育状況の現象学」が意味するもの；山下栄一，加藤誠一編著，教育状況の現象学；金子書房
山下恒男(1995)，「臨床」の歴史性と社会性；日本社会臨床学会，人間・臨床・社会　社会臨床シリーズ4；影書房
矢田部達郎(1948)，矢田部達郎著作集3，思考心理学史―思考研究史；培風館

横山利弘(2007),道徳教育,画餅からの脱却 ―道徳をどう説く―,廣済堂出版
横湯園子(2002),教育臨床心理学:愛・いやし・人権 そして恢復;東京大学出版会
依田新監修(1979),新・教育心理学事典;金子書房
吉川悟編(1999),システム論から見た学校臨床;金剛出版
吉田兼好,安良岡耕作注釈(1968),日本古典評釈・全注釈叢書 徒然草全注釈 上巻:角川書店
善岡宏(1994),子どもに及ぼす教師のひとことの影響(1);長崎大学教育学部教育科学研究報告,第47号
豊秀一(2007年2月26日付朝刊),歴史と向き合う 第6部 愛国心再考 2)命を懸けた祖国とは;朝日新聞
Georg Theodor Ziehen(1898),Die Ideenassoziation des Kindes I. Abhandlung;hrsg. H. Schiller, Th. Ziehen, Sammlung von Abhandlungen aus dem Gebiete der Pädagogischen Psychologie und Physiologie, I. Band 6. Heft;Verlag von Reuther & Reichard,Berlin
Georg Theodor Ziehen(1898),Psychophysiologische Erkenntnistheorie;Verlag von Gustav Fischer,Jena

索引

《人　名》

あ行

青木孝頼　*76, 78, 80, 87, 286*
安倍晋三　*43, 286*
荒井明夫　*277, 286*
荒川義則　*113, 279, 286*
荒木紀幸　*46, 47, 88, 89, 104, 105, 106, 107, 108, 128, 278, 286, 294, 295*
飯尾賢士　*43*
池田芳和　*3, 288*
石川俊司　*77, 288*
石川佾男　*81, 288, 294*
石黒広昭　*6, 7, 288*
伊丹敬之　*11, 288*
伊藤吉之助　*91, 92, 288*
伊藤啓一　*55, 56, 57, 69, 87, 288*
糸山景大　*iv, 104, 112, 114, 116, 122, 148, 279, 280, 281, 282, 283, 287, 288, 289*
稲垣忠彦　*52, 57, 58, 59, 278, 288*
岩崎久志　*34, 50, 288*
岩下豊彦　*119, 120, 288*
上杉賢士　*27, 293, 295*
植田治昌　*51, 52, 293, 295*
宇佐美寛　*79, 188, 189, 190, 295*
梅本堯夫　*97, 98, 99, 106, 107, 108, 128, 129, 278, 279, 295*
江口勇治　*48, 49, 286*
江橋照雄　*89, 286*
大作勝　*230, 231, 286*
大瀬甚太郎　*59, 293*
大谷尚　*234, 293*
大場基博　*113, 279, 286*
大橋精夫　*24, 293*
大村英昭　*31, 293*
岡田弘　*216, 290*
小川太郎　*24, 25, 293*
生越詔二　*86, 87, 292*
納三生　*113, 293*
小沢宣弘　*77, 293*

押谷由夫　*23, 65, 86, 278, 293*
小浜逸郎　*9, 290*

アウグスティヌス　*44, 94, 99, 278, 286*
アリストテレス　*93, 94, 95, 109, 286*
イソップ　*22, 23, 68, 79, 80, 89, 277, 287*
ヴォルフガング　*179*
ヴィゴツキー　*6, 7, 295*
D. ウイリス　*158, 287*
ウィルソン，J.（ジェニ）　*112, 295*
ウイルソン，J.（ジョン）　*6, 7*
ウッドロウ，H.　*103, 109, 110*
エソロー，W.　*158, 287*
エッケハルト・マルテンス　*49, 278, 291*
エントウィッスル，D.R.　*104*
オスグッド，C.E.　*100, 119, 120*

か行

海保博之　*111, 279, 288*
賀集寛　*98, 103, 104, 287*
金森克浩　*230*
河合隼雄　*27, 28, 30, 289*
河村敬一　*116, 289*
川本隆史　*30, 289, 294*
木原孝博　*77, 78, 292*
銀林浩　*192, 287*
工藤直子　*216, 290*
窪島務　*30, 290*
栗加均　*54, 87, 290*
紅林伸幸　*31, 32, 286*
黒田耕誠　*45, 290*
古賀正義　*31, 290*
國分久子　*216, 290*
児島邦宏　*113, 290*
小寺正一　*73, 278, 290*
小林毅夫　*115, 116, 290*
小林剛　*27, 30, 276, 288, 290, 294*
小林俊雄　*99, 100, 128, 290*
小林博英　*12, 13, 290*
小林芳和　*7, 290*
小牧啓介　*113, 290*
小松郁夫　*3, 290*

ガードナー，ハワード　*38, 46, 287*
ガンストン，R.　*116*
ギリガン，キャロル　*46, 277*

クラフキ，W. *15, 19, 41*
クリス，A.O. *96, 97*
グリム，J.&W. *155*
ケント，G.H. *97, 98, 100, 101, 109, 119*
ゴーウィン，D.B. *112, 113, 293*
コールバーグ，ローレンス *17, 38, 46, 88, 277, 278*
コホネン，T. *92, 290*
コメニウス，J.A. *180*

さ行

斉藤武次郎 *76, 77, 293*
佐伯胖 *192, 287, 288, 293*
坂口弘昭 *51, 52, 293*
坂本昴 *116, 293*
佐久間章 *103, 109, 110, 293*
佐藤学 *64, 277, 288, 293*
重松鷹泰 *25, 294*
清水博 *11, 294*
霜田一敏 *25, 294*
下中邦彦 *92, 294*
下村湖人 *59, 294*
庄井良信 *27, 30, 33, 294*
新堀道也 *29*
鈴木憲 *88, 294*
住田正樹 *32, 294*
皇紀夫 *27, 28, 29, 30, 276, 288, 290, 294, 295*
瀬戸真 *78, 79, 87, 286, 294*

シェイクスピア，W. *155, 294*
ジャン，L.W. *112, 295*
シラー，F. *44, 193, 294*
ソクラテス *92, 93, 94*

た行

多鹿秀継 *231, 232, 294*
竹内敏晴 *79, 294*
武田正浩 *29, 294*
竹ノ内一郎 *52, 80, 81, 288, 294*
田中耕治 *27, 294*
田中毎実 *29, 30, 294*
田中智志 *268, 294*
塚田泰彦 *112, 116, 295*
土戸敏彦 *273, 274, 295*
土谷みち子 *35, 295*
道元 *42*
徳永悦郎 *45, 46, 47, 89, 294, 295*

徳永正直 *14, 17, 295*
豊田久亀 *59, 295*
鳥居信夫 *283, 295*

ツィーエン，Th. *102, 103, 105, 110*
ディーズ，J. *102*
デカルト *20, 21, 94*
デューイ，J. *15*
トラウトショルト，M. *95, 109*

な行

中田基昭 *8, 292*
中野禎二 *114, 292*
中村昇 *65, 66, 67, 69, 83, 292*
中山迅 *112, 113, 116, 290, 292, 293, 295*
名越清家 *31, 292*
成田國秀 *79*
野口裕二 *31, 32, 33, 293*

ニューエル，ロナルド J. *27, 293*
ノヴァック，J.D. *112, 113, 293*
ノーブル，C.E. *129*

は行

服部敬一 *50, 51, 287*
林道義 *96, 99, 287*
林泰成 *90, 287*
坂野幸彦 *113, 293*
平山祐一郎 *113, 288*
深沢久 *41, 87*
福井明 *120, 287*
福岡敏行 *112, 113, 287, 293*
藤田昌士 *190, 287*
藤永芳純 *45, 47, 278, 287*
船山謙次 *22, 277, 287*

ハウズ，D. *100*
バトラー，ジュディス *44, 286*
ハリス，J.R. *8, 9, 104, 287*
ビア，ヴォルフガング *179*
ヒューム，D. *94, 95, 109, 288*
ブースフィールド，W.A. *100, 101*
フォルシス，D.F. *103*
ブザン，トニー *112, 114, 286*
フッサール，E. *95, 287*
プラトン *37, 92, 93, 94, 99, 278, 293*

ブルーム，B.S. 38, 39, 40, 41, 277, 286
ペスタロッチ 15
ヘルバルト，J.F. 15, 16, 17, 19, 41, 52, 57, 58, 59, 90, 92, 276, 277, 287, 290
ヘルマン，H. 100, 101, 102, 103, 110, 287
ボルノー，O.F. 17, 34, 286
ホワイト，リチャード 116, 295

ま行

正村俊之 273, 274, 275, 291
増山真緒子 30, 291
松木健一 30, 291
松下佳代 256, 291
松山真之助 114, 291
右島洋介 59, 291
水越敏行 37, 38, 112, 116, 279, 287, 291, 293
宮田丈夫 63, 73, 291
武藤孝典 77, 78, 81, 292
村川雅弘 113, 290
毛利猛 29, 292
森岡卓也 51, 52, 80, 81, 292, 293
諸富祥彦 88, 292

マーネン，M.v. 14, 17, 18, 19, 34, 277, 291, 292
マクニール，D. 104, 109
マシューズ，G.B. 49, 278, 291
メイヤロフ，ミルトン 276, 291
メンツェ，C. 20, 21, 291

や行

柳沼良太 89, 295
矢田部達郎 95, 97, 99, 295
矢田美恵子 113, 114
山岸明子 277, 278, 295
山下栄一 8, 11, 277, 295
山下恒夫 34
豊秀一 43, 296
弓野憲一 112, 113, 279, 286, 293
横山利弘 41, 61, 296
横湯園子 30, 277, 296
吉川悟 32, 296
吉田兼好 42, 296

ユング，C.G. 95, 96, 97, 109, 129, 278, 287, 288

ら行

ライン，W. 15, 102
ラスク，R.R. 103
ラファル，J. 129, 130
リップマン，M.Z. 104
レイヴ，ジーン 158, 194, 195, 290
レヴィン，クルト 10, 11, 97, 290
ローウエル，F. 103, 109, 110
ローティ，リチャード 29, 89, 293, 295
ロザノフ，A.J. 97, 98, 100, 103, 109
ロザノフ，I.R. 103
ロック，J. 94, 95, 102

わ行

和田修二 14, 28, 294, 295
渡邊充 278

ワレン，ホワァド 94, 95, 295

A－Z

Adesope, O.O. 112, 292
Nesbit, John C. 112, 292

《用 語》

あ行

赤米 244, 245, 246, 249, 250, 251, 252, 253, 254, 255, 256, 257
アセスメント 1, 6, 26, 27, 65, 100, 120, 122, 123, 147, 181, 205, 273, 274, 290
意識の視野 8, 10, 11, 12, 13, 22, 24, 45, 229
いじめ 2, 55, 107, 108, 110, 111, 117, 118, 134, 144, 145, 147, 149, 151, 152, 157, 158, 159, 160, 161, 162, 163, 164, 165, 166, 167, 168, 169, 170, 171, 214, 215, 228, 266, 267, 280, 282, 283, 285, 289
イソップ型 23, 68, 79, 80, 89
一体化画面（友だち画面） 228, 230, 259
いのち 5, 120, 134, 195, 197, 198, 199, 200, 201, 202, 203, 204, 258, 259, 260, 263, 264, 265, 266, 267, 268, 271, 272, 284, 289
意味ネットワーク 111, 112, 114, 115, 116, 121, 122, 279, 287
イメージマップ 112, 113, 115, 116

インターネット　231, 235, 242, 245, 246, 247, 257, 283

ウェビング　112, 113, 115, 290

ウワバミ　79, 188, 189, 190

エンカウンター　32, 55, 218, 219, 221, 222, 246, 247, 248, 257, 290

遠隔授業　10, 55, 227, 228, 229, 230, 231, 232, 233, 234, 235, 236, 242, 243, 244, 245, 246, 249, 254, 255, 256, 257, 259, 271, 274, 284, 285, 287, 288, 294

か行

回答語　91, 93, 94, 95, 96, 97, 98, 99, 100, 101, 102, 103, 104, 105, 106, 107, 108, 109, 110, 111, 114, 115, 117, 118, 119, 120, 121, 122, 123, 124, 125, 126, 127, 129, 130, 131, 132, 133, 134, 135, 136, 137, 138, 139, 140, 141, 142, 143, 144, 145, 161, 163, 165, 166, 167, 169, 170, 175, 195, 204, 212, 224, 235, 237, 238, 240, 241, 242, 245, 246, 247, 248, 249, 251, 253, 254, 257, 263, 264, 265, 266, 268, 269, 278, 279, 281, 283

　—回答語種数　110, 127, 129, 130, 131, 132, 133, 134, 135, 136, 141, 145, 167, 174, 182, 183, 185, 186, 201, 204, 208, 210, 212, 220, 223, 224, 235, 246, 249, 265

　—回答語総数　110, 111, 118, 125, 129, 130, 132, 133, 134, 135, 136, 140, 154, 155, 157, 166, 167, 170, 173, 174, 182, 183, 184, 185, 187, 198, 201, 204, 206, 208, 212, 220, 223, 224, 225, 235, 238, 240, 241, 246, 249, 265, 266, 283

回答者　91, 95, 96, 97, 98, 99, 100, 110, 111, 117, 120, 122, 124, 125, 126, 127, 128, 129, 130, 131, 132, 133, 136, 137, 146, 148, 155, 162, 167, 174, 184, 185, 235, 279, 283

概念地図　111, 112, 113, 114, 116, 279, 286, 290, 292, 293

カウンセリング　1, 31, 34, 35, 50, 82, 85, 88, 169, 178, 180, 214, 290

鏡　10, 227, 230, 243, 258, 259, 291, 293

学習指導要領　4, 5, 6, 19, 20, 23, 26, 36, 45, 50, 51, 53, 54, 55, 58, 59, 60, 61, 63, 64, 69, 72, 73, 76, 78, 80, 81, 85, 194, 286, 291, 292

学習指導要領解説　56, 63, 64, 82, 83, 84, 85, 191, 192, 277, 291

学習素材　49, 55, 123, 124, 182

学習方法　123, 124, 232

確率　iii, 100, 120, 121, 125, 126, 127

課題　1, 2, 4, 5, 6, 7, 8, 11, 12, 13, 15, 16, 17, 19, 20, 22, 23, 24, 25, 26, 27, 28, 29, 30, 31, 32, 33, 34, 35, 48, 49, 50, 54, 55, 60, 62, 64, 66, 70, 71, 72, 73, 74, 77, 80, 81, 82, 85, 86, 87, 88, 89, 91, 93, 97, 109, 110, 115, 116, 124, 158, 159, 171, 173, 174, 175, 178, 179, 180, 190, 191, 192, 194, 195, 206, 214, 215, 225, 227, 228, 231, 232, 234, 243, 255, 258, 259, 261, 267, 268, 269, 273, 274, 275, 277, 287

価値項目　4, 6, 20, 23, 40, 49, 50, 54, 55, 56, 59, 63, 64, 65, 69, 73, 77, 79, 80, 87, 180, 186, 190, 191, 195, 213, 243, 259

学校評価　iii, 9, 147

カテゴリ　2, 3, 18, 68, 90, 93, 94, 98, 101, 105, 107, 109, 110, 114, 135, 136, 137, 138, 140, 141, 142, 143, 144, 148, 149, 151, 152, 154, 155, 161, 163, 164, 165, 166, 167, 169, 170, 173, 174, 202, 203, 204, 206, 208, 222, 223, 224, 225, 235, 237, 238, 239, 240, 241, 245, 250, 251, 254, 263, 264, 265, 266, 281, 283, 285

間主観　21

間主観的　21

規範　8, 13, 19, 42, 273, 274, 275, 286

技法　iii, iv, 1, 4, 6, 9, 16, 17, 19, 21, 26, 27, 29, 32, 33, 34, 37, 45, 47, 50, 51, 52, 57, 70, 81, 86, 90, 105, 113, 119, 120, 121, 122, 147, 148, 193, 205, 206, 273, 275, 276

教育　iv, 1, 2, 4, 5, 6, 7, 8, 9, 11, 12, 13, 14, 15, 16, 17, 18, 19, 20, 21, 29, 34, 36, 37, 38, 39, 41, 42, 43, 44, 45, 48, 50, 57, 58, 59, 60, 62, 65, 66, 68, 71, 78, 82, 83, 84, 85, 86, 90, 92, 93, 95, 100, 110, 147, 148, 152, 165, 169, 171, 177, 180, 191, 192, 193, 194, 226, 231, 233, 256, 257, 259, 266, 267, 268, 276, 277, 281, 290, 291, 294

教育学　iii, iv, 1, 4, 6, 12, 13, 14, 15, 16, 17, 18, 21, 26, 27, 28, 29, 30, 33, 34, 58, 59, 71, 90, 273, 274, 276, 281, 290, 293, 305

教育現実　13, 29, 273

教育臨床　iii, 1, 4, 9, 11, 13, 14, 16, 17, 18, 19, 26, 27, 30, 31, 32, 33, 34, 35, 38, 50, 59, 74, 91, 126, 147, 148, 273, 274, 276, 277, 286, 288, 290, 293, 294, 296

　—教育臨床家　30

郷土　213, 227, 228, 234, 235, 238, 239, 242, 245,

249, 254, 255, 284, 289

共同　iv, 2, 6, 7, 8, 18, 24, 25, 33, 34, 50, 61, 72, 75, 112, 179, 227, 229, 230, 231, 232, 233, 234, 255, 260, 276, 277, 295

近代教育　17, 30, 58, 72
　―近代教育制度　16

近代的個人　1, 6, 7, 12, 20, 121

グループ・エンカウンター　50, 214, 215, 216, 217, 219, 220, 222, 224, 225, 244, 245, 247, 248, 255, 256, 258, 259, 270, 284, 285

ケア　2, 33, 233, 271, 272, 276, 287, 291

ケアリング　50, 89, 90, 193, 214, 294

経験主義　52, 64

ゲーム感覚の授業　206

ゲスト・ティーチャー　206, 208, 209, 211

ゲノム　172, 173, 175, 176, 177, 178, 179, 180, 283, 284, 295

行為　5, 11, 13, 15, 16, 19, 22, 23, 29, 35, 36, 39, 40, 41, 42, 43, 44, 45, 64, 78, 90, 91, 96, 97, 122, 152, 158, 166, 181, 190, 192, 193, 194, 195, 207, 208, 216, 217, 218, 224, 243, 256

公共　5, 38, 178, 277
　―公共性　148, 174, 180, 277, 286, 294

行動主義　8

個人　iii, 1, 2, 4, 5, 6, 7, 8, 9, 12, 13, 14, 17, 18, 20, 21, 22, 25, 26, 27, 30, 32, 33, 34, 35, 36, 39, 41, 43, 44, 47, 48, 49, 50, 53, 56, 59, 60, 68, 69, 70, 71, 72, 73, 74, 75, 79, 81, 83, 84, 88, 89, 90, 92, 93, 95, 96, 98, 100, 101, 104, 107, 112, 116, 119, 120, 121, 122, 129, 130, 131, 132, 135, 137, 141, 148, 169, 176, 188, 201, 215, 224, 227, 228, 231, 232, 243, 255, 256, 257, 259, 261, 262, 270, 271, 272, 274, 275, 276, 283

個人主義　6, 7, 8, 121

個人の評価　iii, 48, 84, 116, 122, 123, 201

コミュニケーション　iii, 1, 10, 11, 13, 36, 47, 53, 112, 121, 122, 232, 245, 270, 272, 274, 275, 291

コンセプトマップ　112, 113, 287

さ行

死　1, 2, 33, 43, 49, 50, 65, 90, 107, 108, 120, 130, 131, 132, 133, 134, 135, 137, 138, 139, 140, 141, 142, 143, 144, 159, 161, 165, 166, 167, 168, 169, 170, 171, 177, 179, 191, 195, 199, 200, 201, 203, 204, 205, 227, 258, 259, 260, 261, 263, 264, 265, 266, 269, 270, 271, 272, 279, 282, 284, 285, 288, 289

自己意識　2, 20, 21

思考実験　111, 123, 191

思考体験　227, 228, 233, 234, 261, 272

自己形成　7, 29

自己肯定　56

自己肯定感　2, 3, 4, 23, 48, 56, 85, 86, 191, 215, 225, 258, 268, 269, 272

自己認識　29, 179, 214, 215, 225, 226, 233, 254

自己反省　20, 61, 180

自己評価　55, 60, 68, 84, 85, 188

自殺　107, 108, 109, 134, 135, 137, 138, 144, 159, 162, 163, 165, 166, 167, 168, 169, 170, 171, 204, 205, 266, 271, 282

自死　147, 171, 266, 267

指導書　45, 65, 67, 68, 71, 72, 73, 75, 76, 78, 82, 85, 291, 292
　―道徳指導書　67, 68, 69, 70, 72, 73, 75, 292

死ぬ　108, 110, 111, 117, 118, 132, 133, 134, 135, 136, 137, 138, 139, 140, 141, 142, 143, 144, 145, 161, 165, 258, 259, 260, 265, 269, 270, 271, 272, 278, 279, 288

自分　iv, 2, 3, 8, 11, 12, 13, 17, 24, 25, 26, 28, 32, 39, 41, 43, 44, 48, 49, 54, 56, 57, 62, 65, 68, 72, 73, 78, 82, 83, 84, 85, 86, 87, 88, 96, 99, 104, 113, 122, 123, 132, 137, 139, 144, 145, 148, 152, 155, 165, 176, 179, 180, 181, 183, 184, 185, 187, 188, 189, 190, 192, 193, 194, 195, 197, 198, 202, 205, 206, 207, 208, 211, 212, 213, 214, 215, 216, 217, 218, 219, 221, 222, 224, 225, 226, 227, 228, 229, 230, 234, 241, 242, 243, 245, 254, 255, 256, 257, 258, 259, 260, 261, 262, 264, 265, 266, 267, 268, 269, 270, 271, 272, 276, 290, 293

市民教育　iii, 38, 49, 171, 276

自由　11, 17, 20, 21, 41, 42, 44, 49, 52, 55, 56, 64, 67, 68, 96, 97, 116, 123, 124, 139, 149, 155, 157, 175, 191, 193, 197, 232

自由意志　44, 286

修身　5, 20, 42, 57, 59, 60, 61, 63, 66

自由連想　3, 96, 98, 99, 103, 104, 108, 110, 116, 119, 120, 122, 124, 225, 283, 290, 295

授業素材　iv, 1, 19, 22, 23, 26, 40, 52, 80, 83, 89, 188, 228, 234, 241, 242, 243, 245, 247, 249, 251, 255, 265, 271

情意　iii, 27, 37, 147, 148, 158, 171, 192, 274, 280, 282

―情意測定　*148, 280, 281, 289*

状況　*2, 5, 6, 8, 10, 11, 12, 13, 16, 17, 18, 19, 21, 22, 23, 24, 26, 29, 30, 32, 34, 43, 49, 51, 55, 60, 72, 74, 75, 76, 80, 88, 90, 96, 99, 107, 108, 120, 132, 144, 151, 152, 159, 166, 168, 169, 175, 177, 180, 194, 195, 204, 206, 214, 215, 217, 232, 268, 271, 272, 273, 274*

情報理論　*iii, 125, 279*

　―情報論　*32, 91, 120, 121, 122, 129, 130, 205, 274, 275, 279, 288*

ジレンマ　*45, 46, 47, 48, 88, 89, 294*

心情　*iii, 1, 4, 5, 13, 20, 41, 43, 44, 45, 46, 47, 48, 50, 57, 58, 62, 64, 68, 69, 71, 72, 74, 89, 90, 91, 108, 116, 119, 121, 122, 123, 124, 132, 133, 135, 136, 137, 138, 140, 143, 147, 181, 189, 190, 192, 193, 217, 234, 235, 242, 245, 253, 254, 273*

深層心理　*95, 96, 100, 132*

心理主義　*20, 22, 23*

スキル　*5, 19, 90*

スキルトレーニング　*90, 193*

生活世界　*40*

正義　*48, 49, 62, 286*

生命尊重　*65, 123, 203, 245, 259, 264, 266, 267*

説教　*22, 23, 45, 55, 68, 73, 79, 80, 123, 189, 190, 191, 193, 206, 243*

説明責任　*4, 54*

専心　*2, 10, 230, 272, 276*

全体　*iii, iv, 1, 2, 4, 6, 10, 12, 13, 14, 17, 18, 19, 25, 26, 27, 30, 33, 36, 47, 48, 51, 53, 56, 60, 61, 64, 66, 68, 72, 74, 75, 77, 83, 84, 85, 86, 89, 92, 97, 101, 102, 103, 108, 109, 114, 118, 120, 121, 122, 123, 124, 131, 135, 142, 148, 149, 152, 154, 155, 170, 176, 181, 190, 197, 198, 202, 204, 205, 206, 207, 208, 224, 225, 228, 232, 237, 239, 241, 243, 245, 246, 249, 259, 262, 269, 272, 274, 276, 281*

全面主義　*61*

想起　*iii, 3, 20, 21, 37, 91, 92, 93, 94, 95, 97, 99, 100, 101, 102, 104, 106, 107, 108, 109, 111, 112, 113, 114, 115, 118, 119, 120, 125, 126, 127, 128, 129, 130, 132, 133, 135, 136, 137, 138, 139, 140, 141, 145, 149, 152, 159, 160, 161, 166, 168, 170, 188, 198, 203, 206, 212, 222, 253, 279, 286*

相互主観　*110, 114, 120, 125, 148*

ソーシャルワーク　*34, 50, 55, 288*

た行

対回答語確率　*91, 125, 126, 130*

対回答者確率　*91, 125, 126, 127, 129, 130*

タクト　*14, 16, 17, 18, 19, 34, 58, 59, 276, 277, 281, 292, 295*

多時間　*59, 77, 81, 288*

他者　*7, 8, 10, 12, 17, 33, 44, 45, 46, 49, 85, 89, 119, 139, 144, 148, 215, 216, 228, 234, 243, 259, 268*

多地点接続　*243, 244, 254, 257, 284, 285, 289*

単一自由連想　*93, 116, 120, 123, 124, 135, 147, 148, 149, 151, 171, 181, 281, 283*

地域素材　*243, 255*

対連想　*121, 124, 147, 149, 150, 151, 153, 154, 155, 156, 158, 232, 233, 281*

つながり　*5, 6, 7, 8, 12, 13, 14, 15, 17, 21, 23, 29, 33, 34, 41, 44, 49, 50, 51, 69, 71, 72, 73, 100, 101, 108, 112, 114, 115, 116, 122, 124, 130, 159, 178, 190, 192, 195, 227, 234, 243, 263, 264, 272, 273, 276, 277, 283*

定型　*57, 59, 78*

　―定型化　*57, 58, 59, 87*

提示画面（教員画面）　*228, 230, 259*

提示語　*iii, 3, 91, 93, 94, 95, 96, 97, 98, 99, 102, 103, 104, 105, 106, 107, 108, 110, 111, 113, 114, 115, 116, 117, 118, 119, 120, 122, 123, 124, 125, 126, 127, 128, 129, 130, 131, 132, 133, 134, 135, 136, 138, 139, 140, 141, 143, 144, 145, 146, 147, 148, 149, 151, 152, 158, 165, 166, 170, 172, 173, 174, 182, 184, 185, 186, 188, 189, 195, 196, 198, 199, 201, 204, 206, 208, 218, 219, 220, 221, 222, 224, 225, 235, 241, 245, 248, 250, 257, 262, 263, 264, 266, 279, 281, 283*

手品師　*181, 182, 185, 186, 187, 188, 189, 190, 194*

道徳遠隔授業　*iii, 120, 227, 228, 229, 230, 231, 232, 234, 241, 242, 244, 245, 246, 247, 249, 254, 255, 256, 257, 258, 259, 261, 264, 266, 269, 270, 272, 274, 284, 285, 289*

道徳教育における理解　*188, 193, 194*

道徳授業　*iii, iv, 1, 4, 5, 6, 7, 8, 11, 14, 19, 20, 21, 22, 23, 24, 25, 26, 27, 36, 37, 38, 39, 40, 41, 42, 44, 46, 47, 48, 49, 50, 51, 52, 54, 55, 57, 58, 59, 63, 64, 65, 66, 68, 69, 72, 73, 75, 76, 77, 78, 79, 80, 81, 83, 84, 85, 87, 88, 89, 115, 122, 123, 147, 171, 181, 188, 189, 190, 191,*

192, 193, 194, 195, 205, 206, 208, 213, 214, 215,
216, 217, 218, 219, 220, 221, 222, 223, 224, 225,
226, 227, 228, 231, 234, 242, 243, 244, 245, 247,
249, 250, 251, 252, 253, 254, 255, 256, 257, 259,
265, 266, 267, 271, 273, 274, 284, 286, 287, 289,
290, 293, 294

道徳授業の型　87, 90
道徳授業の展開　76, 80, 85, 293
道徳性発達段階　47, 88
道徳的価値　45, 60, 83, 86, 87, 216, 284, 289
道徳的実践　45, 56, 194
　―道徳的実践力　36, 45, 194
道徳的心情　45, 56, 74, 75, 194
道徳的判断　38, 46, 71
　―道徳的判断力　45, 46, 47, 48, 56, 71, 75, 194
道徳的雰囲気　55, 69, 212, 272
特設　5, 20, 23, 26, 50, 63, 64, 65, 66, 67, 68, 70,
72, 73, 75, 76, 82, 227, 228, 261, 278
特設道徳　21, 23, 26, 70, 73
　―特設道徳授業　68, 69, 70
徳目　20, 57, 60, 62, 188
友だち　9, 25, 40, 71, 86, 88, 105, 107, 110, 111,
117, 118, 130, 143, 145, 147, 149, 155, 157, 158,
163, 170, 186, 188, 208, 211, 212, 215, 216, 217,
218, 219, 220, 222, 223, 224, 225, 226, 230, 231,
232, 233, 234, 235, 242, 245, 246, 247, 248, 249,
257, 258, 261, 263, 272, 279, 281, 282, 284

な行

内容項目　19, 20, 58, 83, 89, 214, 216
二元論　20, 44
人間学　13, 14, 20, 27, 28, 95, 281, 286, 290, 295
認知発達段階　46, 47, 88, 277
ねらい　iv, 5, 13, 45, 47, 50, 51, 53, 54, 55, 65,
70, 73, 74, 75, 78, 81, 85, 87, 88, 90, 123, 181,
182, 184, 186, 188, 189, 190, 194, 201, 205, 214,
216, 217, 231, 235, 243, 249, 251, 254, 257, 270,
272

は行

場　iii, iv, 1, 2, 4, 6, 7, 8, 9, 10, 11, 12, 13, 14,
17, 18, 19, 21, 22, 24, 25, 26, 27, 30, 32, 33,
34, 35, 36, 40, 43, 44, 45, 48, 49, 50, 52, 56,
66, 67, 68, 72, 73, 74, 77, 81, 84, 91, 93, 96,
97, 100, 102, 105, 107, 110, 120, 121, 122, 123,
124, 126, 146, 148, 152, 157, 158, 166, 171, 180,
191, 205, 227, 228, 231, 232, 233, 234, 243, 245,
255, 256, 259, 260, 271, 274, 275, 276, 279, 288,
289, 290, 294
発達段階　46, 47, 51, 56, 75, 88, 215, 278, 288, 292
発問　iv, 50, 52, 53, 59, 195, 197, 201, 204, 206,
228, 259, 260, 261, 271
パラディグマティック　103, 104, 105
反省　iv, 5, 12, 18, 20, 34, 47, 54, 55, 56, 64, 72,
79, 84, 94, 147, 273
　―反省過程　39, 124
　―反省思考　18, 148, 227, 259
　―反省的理解　21
判断　7, 9, 13, 18, 27, 34, 37, 40, 41, 42, 43, 44,
45, 46, 47, 48, 49, 50, 52, 54, 57, 62, 66, 68,
73, 74, 84, 88, 89, 90, 93, 100, 120, 122, 147,
148, 149, 162, 164, 171, 172, 176, 179, 180, 186,
190, 193, 196, 200, 201, 205, 208, 215, 232, 234,
259, 260, 271, 272, 279, 281, 285, 289
　―判断力　20, 47, 56, 64, 77, 89, 100, 276
控えめ　5, 17, 26, 42
ヒトゲノム　48, 147, 171, 173, 174, 175, 176, 177,
178, 179, 180, 276, 279, 281, 283, 289, 295
批判　15, 16, 20, 21, 22, 29, 31, 58, 61, 62, 66, 69,
73, 75, 79, 82, 89, 97, 148, 157, 181, 189, 190,
194, 273, 274, 278, 286
　―批判思考　25, 42, 48
評価　iii, iv, 11, 27, 36, 37, 38, 39, 40, 41, 42, 43,
45, 46, 47, 48, 49, 50, 51, 52, 53, 54, 55, 56,
57, 58, 59, 60, 61, 63, 65, 66, 68, 69, 71, 73,
74, 75, 76, 78, 79, 80, 81, 82, 83, 84, 85, 231,
232, 233, 242, 243, 245, 249, 254, 256, 257, 261,
276, 282, 284, 286, 287, 290, 291, 292, 293, 294,
295
評価項目　51, 77, 79, 80, 89, 235
普遍　iii, 10, 12, 13, 17, 22, 23, 56, 67, 74, 92, 93,
100, 105, 109, 111, 121, 231
　―普遍性　6, 10, 12, 13, 14, 16, 24, 29
普遍性志向　1, 6, 10, 13
ふりかえり　14, 19, 39, 46, 88, 112, 132, 192, 213,
224, 225, 243, 245, 254, 271
文化　1, 8, 9, 10, 11, 12, 18, 24, 49, 58, 80, 81,
104, 107, 133, 147, 191, 195, 227, 254, 275, 276,
278, 293
　―文化圏　2, 18, 21, 30, 107, 120, 126, 159, 171,
211, 279
　―文化比較　iii

法教育　*48, 49, 193, 286*

ま行

マインドマップ　*112, 114, 286, 291, 292*
マッピング　*112, 114, 295*
まとまり（cluster）　*4, 7, 21, 25, 38, 56, 60, 101, 107, 109, 113, 118, 125, 144, 274, 276, 279*
まとまり（授業）　*iv, 6, 9, 36, 51, 69, 86, 228, 274*
学び　*iii, 7, 11, 12, 13, 18, 23, 26, 40, 52, 53, 54, 58, 60, 63, 81, 84, 92, 94, 96, 112, 113, 114, 122, 123, 124, 158, 180, 189, 190, 191, 193, 204, 230, 231, 232, 233, 234, 235, 249, 254, 255, 257, 260, 261, 272, 274, 275, 287, 289, 293, 295*
物語　*1, 23, 32, 40, 44, 80, 84, 180, 185, 188, 191, 209, 234, 243, 255, 256, 257, 284, 289, 291*
モラルジレンマ　*46, 47, 88, 278, 286*
モラルスキル　*40, 90, 193, 287*
問題解決　*25, 34, 50, 60, 62, 64, 89, 158, 295*

や行

役割演技　*75, 89, 286*
役割取得　*46, 47, 48, 89*
揺さぶり　*195, 196, 197, 198, 199, 200, 201, 202, 203*
4つの理解　*194, 207, 212, 226*

ら行

リアリティ　*1, 13, 82, 189, 190, 191, 284*
良心　*20, 161*
臨床　*iii, iv, 1, 6, 12, 14, 16, 17, 18, 19, 21, 22, 24, 26, 27, 28, 29, 30, 31, 32, 33, 34, 35, 56, 69, 74, 87, 91, 100, 105, 107, 120, 158, 231, 289, 295*
　—臨床研究　*iv, 30, 31, 72, 290*
　—臨床的　*iii, 27, 29, 31, 32, 33, 35, 88, 93, 109, 121, 191, 286, 291, 294*
臨床教育学　*14, 26, 27, 28, 29, 30, 31, 276, 288, 289, 290, 291, 292, 294, 295*
臨床心理学　*18, 28, 31, 32*
連想エントロピ（エントロピ）　*91, 125, 126, 129, 130, 131, 132, 133, 135, 136, 141, 145, 167, 168, 174, 182, 185, 186, 187, 188, 197, 198, 199, 200, 201, 204, 206, 208, 210, 212, 220, 221, 235, 238, 245, 247, 249, 254, 264, 279*
連想基準表　*97, 98, 99, 100, 104, 105, 106, 109, 111, 295*

連想距離　*91, 126, 127*
連想実験　*95, 96, 97, 100, 102, 109, 110, 278, 287, 288*
連想心理学　*iii, 92, 95, 101, 102, 109, 110*
連想テスト　*99, 104, 145, 290*
連想反応　*98, 99, 100, 106, 109, 129*
連想法　*iii, iv, 1, 2, 9, 21, 22, 25, 27, 32, 36, 37, 38, 39, 53, 57, 78, 90, 91, 92, 96, 97, 98, 100, 101, 102, 108, 110, 113, 120, 121, 122, 123, 124, 128, 132, 133, 141, 145, 146, 147, 181, 188, 195, 197, 201, 205, 206, 208, 213, 214, 219, 229, 234, 235, 251, 257, 267, 268, 270, 272, 273, 274, 275, 276, 278, 279, 280, 282, 295*
連想マップ　*iii, iv, 2, 91, 96, 97, 114, 119, 120, 121, 122, 124, 125, 126, 130, 139, 140, 147, 158, 159, 160, 161, 164, 165, 166, 167, 168, 169, 181, 182, 183, 184, 185, 186, 187, 188, 195, 196, 197, 198, 199, 200, 201, 202, 203, 204, 205, 206, 207, 208, 209, 210, 214, 219, 220, 225, 232, 233, 237, 238, 242, 245, 246, 249, 251, 253, 254, 263, 265, 266, 268, 272, 274, 275, 279*
連想量　*91, 126, 127, 128, 129, 131, 166, 182, 183, 198, 199, 201, 202, 204, 206, 208, 210, 212, 246, 279*
連続連想　*32, 93, 104, 116, 124, 146, 288*

【著者紹介】

上薗　恒太郎（かみぞの　こうたろう）

長崎総合科学大学教授（教育学：教育哲学・道徳教育）
博士（教育学）

九州大学卒業，九州大学大学院修了後
　1979年　九州大学教育学部助手（教育哲学）
　1982年　長崎大学教育学部講師（教育学）
　1993年　長崎大学教授
　2014年　長崎総合科学大学教授
　　ボン大学客員講師，ライプチヒ大学客員教授，
　　長崎大学副学長，ロンドン大学教育研究所客員研究員
　　（いずれも兼任）を経験。

日本道徳教育方法学会国際委員会委員長，
長崎平和文化研究所長，九州教育学会長など。

学問としての教育学研究，
道徳教育の資料，授業，評価研究，
子どもの死の意識研究，自己肯定感を育てる道徳授業の海外展開
などをおこなっている。

連想法による道徳授業評価
－教育臨床の技法－

2011年3月28日　初版第1刷発行
2017年2月1日　初版第2刷発行

著　者　上薗恒太郎
発行者　山﨑富士雄
発行所　教育出版株式会社

101-0051　東京都千代田区神田神保町2-10
電話 03-3238-6965　振替00190-1-107340

©K. Kamizono　2011
Printed in Japan
乱丁・落丁本はお取替いたします。

組版　ビーアンドエー
印刷　モリモト印刷
製本　上島製本

ISBN978-4-316-80323-4

付属 CD-ROM の使い方

● 動作に必要な環境
- Windows XP 以上を搭載した PC（※ Windows はマイクロソフト社の登録商標です。）
- Microsoft Excel 2003以上が必要です。

連想マップアドインソフトの使用について

以下に，Microsoft Excel 2007の場合について説明します。他のバージョンの場合は，同様の操作により実行できます。

● 連想マップアドインソフトのインストール方法
1. 本書付属の CD-ROM にあるファイル "連想マップ処理.xla" を，PC の任意の場所にコピーします。
2. Microsoft Excel を起動して左上の Microsoft Office ボタンをクリックし，[Excel のオプション]をクリックして「Excel のオプション」画面を開きます。
3. 左メニューの［アドイン］をクリックし，［管理］プルダウンから"Excel アドイン"を選びます。すぐ右にある［設定］ボタンをクリックして「アドイン」ダイアログを開きます。
4. ［参照 ...］ボタンをクリックして「ファイルの参照」ダイアログを開き，1でコピーしたファイルを探し出して選び，［OK］ボタンをクリックします。
5. 「アドイン」ダイアログで "連想マップ処理" にチェックマークがついていることを確認し，［OK］ボタンをクリックします。［アドイン］メニューに［ユーザー設定のツールバー］が追加されていればインストールは完了です。

● 連想マップアドインソフトの使用方法　～データの入力からマップ作成まで～
- ［アドイン］メニューの［ユーザー設定のツールバー］で，［入力→マップ］メニューの各項目により，データ入力，整列，諸量計算，連想マップの作成が行えます。
- 2つの調査の変化を調べるには，［変化計算］メニューを選びます。
- カテゴリの設定，カテゴリマップの作成は，［カテゴリ］メニューから行えます。

● 旧バージョンデータの読み込み
- 旧バージョンの連想マップ処理アドインソフトで作成したデータを読み込むには，［旧データ読み込み］メニューから行います。
- 旧バージョンのデータの読み込み機能は，Ver.3以降のデータにのみ対応しています。
- 旧バージョンのデータは，内容を改変してある場合，正常に読み込めない場合があります。

ご注意
- 本 CD のデータにより生じた直接的・間接的な損害，障害，その他いかなる事態にも，教育出版㈱は一切責任を負いません。また，弊社では，パソコンおよびプリンタの操作方法に関するご質問にはお答えできません。
- CD の表面に指紋や傷をつけると，データを読み取れなくなる場合があります。CD は細心の注意を払ってお使いください。
- CD-ROM ドライブに CD を入れる際，正しい操作で行ってください。破損に対しては一切責任を負いませんのでご注意ください。
- 本 CD のファイル，データの複製（コピー）を禁じます。